宁波文化研究工程·特色文化研究　TS30.201706

宁波科举录·宋元卷

NINGBO KEJULU · SONGYUANJUAN

万湘容　编

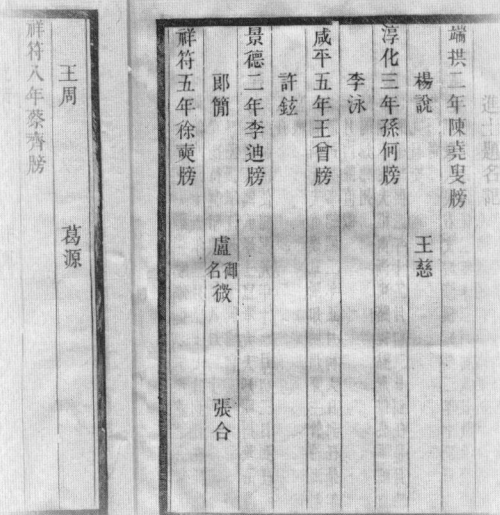

ZHEJIANG UNIVERSITY PRESS
浙江大学出版社

前　　言

　　我国的科举制度肇始于隋朝,发展完善于宋朝,绵延至清朝。在漫长的1300年的科举考试中,曾产生出近11万名进士,其中状元700多名。中国历史上,善于治国安邦的名臣、名相,有杰出贡献的政治家、思想家、文学家、艺术家、科学家、外交家、军事家等大都出自进士之中。

　　北宋时期,我国古代科举制度发生了重要变化,录取人数增加,取士范围扩大,考试规则也渐趋完善,同时经由科举考试登第的士人亦开始大量进入官僚阶层,并产生了日益深刻的社会影响。随着宋室南迁,中国政治中心和经济重心南移,从而使得两浙地区教育的普及程度、文化艺术水准、学术思想传播呈现出前所未有的新气象。

　　南宋庆元元年(1195)宁波由一个普通的州升为庆元府,元大德七年(1303)浙东道都元帅府治移至庆元路。宋元时期宁波凭借独特且优越的区位优势,一跃成为畿辅之地,经济发达,贸易繁荣,文教昌盛。《延祐四明志》序中记载:"浙东七州,推明为首""扼塞户版、物产、地利是宜"。宁波通过科举制度而登科,甚至为官任相的人数也剧增,成为多产进士的府治。据《雍正浙江通志》记载,北宋时期宁波共有进士161名,占全省进士总数的10%;南宋时期宁波共有进士983名,占全省进士总数的17%;元代宁波共有进士9人,占全省进士总数的6%。宁波因此有"进士之乡"、"文献之邦"的美称。

　　但是,由于早期科举文献的缺失、遗漏和错讹,由于进士的祖籍、本贯与徙居地异同,由于进士录取名额有限只好寄籍甚至冒籍考试,宗谱中伪造进士及认宗同姓进士被方志采信等原故,要准确完整确认旧境和现境宁波地区进士的数量和名录,考订进士生平和著述,仅仅依靠方志记载还远远不够。从《乾道四明图经》、《宝庆四明志》、《延祐四明志》到《嘉靖宁波府志》、《光绪余姚县志》、《民国鄞县通志》、《民国象山县志》,直至当今的《宁波市志》、《奉化市志》、《余姚市志》、《镇海县志》、《宁海县志》都或多或少记载本地进士的相关资料,但是大多数仅仅留存登科录,其人物生平和历史贡献却无详载。即使某些历史名人有详细载录,也存在讹误,缺乏原典支撑。

因此,必须从历史文献、碑刻文献、谱牒文献、出土文献等各形态文献中搜罗宁波进士信息,从《宋会要辑稿》、宋元方志人物传记资料、宋人文集等宋元典籍中辑录宁波进士资料,相互比勘订误,进一步厘清宋元时期宁波进士的真伪,增补进士的史料,弥补当今宁波进士只有考定的题名录而未系统载录进士之生平仕履的不足之处。这点正是本书的出发点和落脚点。

关于宋元科举,海内外学人已作了较深入的研究,推出了大量成果。如乔卫平《中国教育制度通史》第三卷《宋辽金元》、张希清《中国考试文献集成》第三卷《宋》、何忠礼《宋史选举志补正》、金中枢《北宋科举研究》、(美)贾志扬《宋代科举》、萧启庆《元代进士辑考》、桂栖鹏《元代进士研究》、余来明《元代进士生平补证》、龚延明《宋登科记考》,这些著述从不同角度对宋元科举内容及其变迁情况进行了探讨和分析。从目前科举制度研究的内容来看,主要集中在三点:第一,跨朝代跨地域的科举制度的宏观性研究;第二,断代科举制度的微观性研究;第三,区域科举制度的微观性研究。尤其是区域科举制度的研究如火如荼,有《海南进士传略》(1998)、《临朐进士传略》(2002)、《诸城明清进士传略》(2007)、《吉安历代进士录》(2010)、《闽侯进士录》(2010)、《日照进士录》(2010)、《山西历代进士题名录》(2005)、《昆山历代登科录》(2012)、《嘉兴历代进士研究》(2013)等一大批成果问世。

宁波作为古代科举考试的重镇,历来都是学界的研究重点。如多洛肯《明代浙江进士研究》、《清代浙江进士群体研究》研究了明清宁波进士的地域分布特点和社会规律,龚延明《宋登科记考》和《鄞县进士录》搜集了鄞县自宋代以来的进士名录,朱海滨《近世浙江文化地理研究》探讨了近世时期宁波进士分布的时空变迁,还有杨军《慈溪历代进士录》、沈毅《慈城科举文化述略》、胡审严《宁波的进士》、饶国庆《慈城冯氏科举兴盛考》等论文也从各方面揭示了宁波科举的历史面貌。宁波也是科举文献收藏中心,出版过《天一阁藏明代科举录选刊(登科录、会试录、乡试录)》,明代科举文献独步天下,现存明代科举录的80%收藏在天一阁博物馆。尽管如此,从目前情况来看,宁波科举研究与其他地市科举研究相比,还有一定的差距。迄今为止,尚无一本较全面的宁波科举史专著面世。

　　本书充分吸收历代科举史研究成果,以年代和榜次为序,逐条罗列进士的生平、艺文及研究成果,文献来源包括历代文集笔记,尤其是宋元时期宁波人的文集和笔记,有关宋元的基本史籍,古今地方志,宋元时期登科录和同年小录,同时广泛吸收宁波地区的碑刻及出土文物资料,并与原典进行比较性研究。这不仅彰显了宁波"人文之邦"的风采,更为科举研究、进士研究提供了丰富而可靠的资料。本书还选录了部分宋元时期宁波进士图像,来源有《中国历代人物图像数据库》、《中国历代人物图像索引》、《中国历史博物馆馆藏中国人物图像索引》等图录文献和数据库等,从中遴选图像,以图证史,增添了可读性,也为区域科举史研究提供了一种范例。

　　　　　　　　　　　　　　　　　　　　　　　万湘容

　　　　　　　　　　　　　　　　　　　　2015 年 12 月 15 日

目　录

宋朝进士录

宋太祖朝(960—976)

开宝四年(971)刘寅榜

陈矜(932—990) 字宜武,号寓庵,姑苏长洲人,后徙明州。登开宝四年进士第,谥庄靖,追赠太尉,四明仓基陈氏一世祖。曾任鄢陵县尉、南海知县、监察御史、左司谏、起居舍人、侍御史等职。端拱元年,任明州太守,有政声,疏浚鄞之东钱湖,修筑常浦碶等水利工程,疏通河道,造碶闸御咸蓄淡,灌溉农田,发展生产。卒年五十八,死后葬于鄞南茅山。当时百姓怀念他造福于民,立庙祀之,庙额题"忠惠庙"。其子陈轩,太平兴国八年进士。

《乾道四明图经》卷十二《太守题名记》:"陈矜,侍御史,端拱年。"《宝庆四明志》卷一《太守》:"陈矜,侍御史,端拱年。"

搜检《四明走马塘陈氏行五房谱》,又查得以下信息:

陈隆镛等《四明仓基陈氏家谱·走马塘历代本支事迹·宋一世祖庄靖公讳矜事迹》:"科名:开宝四年辛未隶苏州籍,登刘寅榜进士。案曰:宋史开宝四年辛未举进士科,宋太祖之世榜首亦无刘寅其人,姑仍之。

"爵秩:赐进士出身。除鄢陵县尉,秩满调和州历阳主簿。开宝九年丙子改河南府户曹参军,除武信军判官。寻迁岭海东道掌书记,知南海县。太平兴国五年庚辰召试,充馆阁校勘,迁太子中允,判润州,擢监察御史。八年癸未,迁右赞善大夫,知泸州。雍熙三年丙戌,入为左司谏议大夫,改起居舍人,充侍御史。端拱元年戊子,出知明州。熙宁七年孙谧请于朝,谥庄靖。元丰七年以谧贵追赠太傅。配陆氏封长洲县君,元丰七年,追赠秦国太夫人。”

“世传:公讳矜,字宜武,号寓庵,江苏长洲人。宋开宝四年辛未进士。累官侍御史。端拱元年戊子,知明州,有善政。轸念水利,筑东钱湖等碶,又筑常浦碶。浦北通大浃,南汇金溪、龙溪诸水,遇亢旱,溪流涸竭,咸潮直上,农辄窘于灌溉,自公成是碶,民咸德之,因庙祀焉,俗名常浦庙,详见《崇祀录》。熙宁七年,赐谥庄靖。元丰七年,追赠太尉。”

宋太宗朝(976—997)

太平兴国八年(983)王世则榜

陈轩(967—1044)　登太平兴国八年进士第,任窦州录事参军。雍熙元年,改监真州仓,领明州录事。淳化二年为父守丧,期满调补青州录事。至道元年任邵武知军。咸平二年当荆湘南路转运使判官。景德四年为母守丧,期满补三司盐铁副使。大中祥符五年升陕西都转运使。天禧三年入为宣徽南院使。景祐三年告老,特进枢密直学士。庆历四年特赠银青光禄大夫,谥号孝靖。元丰七年以子谧贵追赠太子太保。乾道元年以曾孙曙贵加赠太子太傅。四年,以曾孙曦贵加赠特进。

搜检《四明走马塘陈氏行五房谱》,又查得以下信息:

陈隆镶等《四明仓基陈氏家谱·走马塘历代本支事迹·宋二世祖孝靖公讳轩事迹》:“科名:太平兴国八年癸未登王世则榜进士。爵秩:赐进士出身。除窦州录事参军。雍熙元年甲申改监真州仓,领明州录事。淳化二年辛卯,以父寓庵公服阕调补青州录事。至道元年乙未,改知邵武军。咸平二年己亥转荆湘南路转运使判官。景德四年丁未,以母陆太夫人服阕补三司盐铁副使。大中祥符五年壬子迁陕西都转运使。天禧三年己未,入为宣徽南院使。景祐三年丙子致仕,特进枢密直学士。庆历四年甲申卒,悼辍视朝,内出祭文,遗使致奠,特赠银青光禄大夫,谥孝靖。元丰七年,以子谧贵,追赠太子太保。乾道元年以曾孙曙贵,加赠太子太傅。四年,以曾孙曦贵,加赠特进。配陆氏,累封河南郡君,追赠河南郡太夫人。元丰七年,追赠崇国太夫人。乾道元年，加赠唐国太夫人。"

端拱二年己丑(989)陈尧叟榜

杨说 明州鄞县人。登端拱二年进士第。事迹无考。

《乾道四明图经》卷十二《进士题名记》："端拱二年陈尧叟榜：杨说。"《宝庆四明志》卷十《进士》："端拱二年陈尧叟榜：杨说。"《延祐四明志》卷六《人物考下》："端拱二年陈尧叟榜：杨说。"

王慈 明州慈溪县人。登端拱二年进士第。宋大中祥符年间知汀州武平县。

《乾道四明图经》卷十二《进士题名记》："端拱二年陈尧叟榜：王慈。"康熙《武平县志》卷六《官帅志》："知县，王慈，校书郎，大中祥符任。"

淳化三年壬辰(992)孙何榜

李泳 明州鄞县人。登淳化三年进士第。事迹无考。

《乾道四明图经》卷十二《进士题名记》："淳化三年孙何榜：李泳。"《宝庆四明志》卷十《进士》："淳化三年孙何榜：李泳。"《延祐四明志》卷六《人物考下》："淳化三年孙何榜：李泳。"

宋真宗朝(997—1022)

咸平五年壬寅(1002)王曾榜

许铉 明州鄞县人。登咸平五年进士第。事迹无考。

《乾道四明图经》卷十二《进士题名记》："咸平五年王曾榜：许铉。"《宝庆四明志》卷十《进士》："咸平五年王曾榜：许铉。"《延祐四明志》卷六《人物考下》："咸平五年王曾榜：许铉。"

景德二年乙巳(1005)李迪榜

郎简 明州鄞县人。登景德二年进士第。事迹无考。

《乾道四明图经》卷十二《进士题名记》："景德二年李迪榜：郎简。"《宝庆四明志》卷十《进士》："景德二年李迪榜：郎简。"《延祐四明志》卷六《人物考下》："景德二年李迪榜：郎简。"注：《宋史》卷二百九十九《郎简》中亦载有一郎简，为杭州临安人，和鄞之郎简非一人。

卢慎微 明州人。登景德二年进士第。事迹无考，而《光绪鄞县志》卷六十七收录卢慎微《惠安寺记》一文。

《乾道四明图经》卷十二《进士题名记》:"景德二年李迪榜:卢御名微。"《宝庆四明志》卷十《进士》、《延祐四明志》卷六《人物考下》:"景德二年李迪榜:卢慎微。"注:《乾道四明图经》载"卢御名微"乃避宋孝宗赵昚讳。昚,同"慎"。

张合　明州奉化县人。登景德二年进士第。事迹无考。

《乾道四明图经》卷十二《进士题名记》:"景德二年李迪榜:张合。"《宝庆四明志》卷十《进士》:"景德二年李迪榜:张合。"《延祐四明志》卷六《人物考下》:"景德二年李迪榜:张合。"

大中祥符五年壬子(1012)徐奭榜

葛源(993—1054)　字宗圣。明州鄞县人。其祖原寓丽水,葛源始迁至鄞县。未仕时,杨适等从其学。登大中祥符五年进士第,历任洪州司理参军、吉州太和县主簿、知庆成军、知南剑州等职,官至度支郎中、荆湖北路提点刑狱公事。为官善断狱讼,正直有名。注:葛源死后葬丹徒,后世亦徙之,故世又称其为江苏人。

宋王安石《王文公文集》卷八十七《尚书度支郎中葛公墓志铭》:"葛,公姓也。源,名也。宗圣,字也。处州之丽水,公所生也。明州之鄞,后所迁也。贯,曾大考也。遇,大考也。旺,累赠都官郎中,考也。进士,公所起也。洪州左司理参军、吉州太和县主簿、江州德化县令、太常博士、通判建州、屯田员外郎、知庆成军、都官员外郎、知南剑州、司封员外郎、祠部郎中、江浙荆湖福建广南提点银铜坑冶铸钱、度支郎中、荆湖北提点刑狱,此公之所阅官也。

"州将之甥与异母兄殴人,而甥杀之。州将胁公曰:'两人者皆吾甥,而杀人者乃其兄也,我知之,彼大姓也,无为有司所误,不然,此狱也将必覆。'公劾不为变。此公之为司理参军也。州符徙吉水,行令事。他日,令始至,大狝吏辄诱民数百讼庭下,设变诈以动令,如此数日,令厌事,则事常在吏矣。公至,立讼者两庑下,取其状,视有如吏所为者,使自书所诉。不能书者,吏受之,往往不能如状,穷,辄曰:'我不知为此,乃某吏教我所为也。'悉捕劾,致之法,讼以故少,吏亦终不得其意。毛氏寡妇告其子,以恩义说之不得,即使人微捕,得之与间语者,验其对,乃书寡妇告者也。穷治,具服为私谋诬其子孙。距州溪水恶,而岁租几千万,硕舟善败,民以输为愁,公始议县置仓以受输,则官漕之亦便。州不听,公议之不已,仓成,至今赖其利。此公之为主簿也。中贵人击驿吏取所给,过家以言府,府不敢劲。公曰:'中贵人何惮？为吾民而有陵之者,吾亦耻之。'上书论其事,中贵人坐绌。此公之为县于雍丘也。属吏常有隙于公同进者,因谗之,公察其旨,不听,以为举首,此公之为州于南剑也。铸钱岁十六万,其所施置后以为法程,此公之为银铜坑冶铸钱也。鄂州崇阳大姓与人妻谋而杀其夫,州受赇,出之,公使再劲,劲者又受赇,狱如初,而公终以为不直。其弟诉之转运使,虽他在事者亦莫不以为冤。复置之狱,卒得其奸赇状,论如法。此公之为提点刑狱也。

"甲子四百三十五,公所享年也。至和元年六月乙未,卒之年月日也。润州之丹徒县长乐乡显阳村,公所葬也。嘉祐元年十月壬申,葬之年月日也。乡邑孙氏,今祔以葬者,公元配也;万年县君范阳卢氏,公继配也。良肱、良佐、良嗣,公子也。妻太常博士黄知良,曰金华县君,公女也。起进士,为越州余姚县尉,主公之丧而请铭以葬者,良嗣也。论次其所得于良嗣,而为之铭者,临川王安石也。铭曰:士窾以养交兮,弛官之不忌。维公之所至兮,乐职嗜事。彼能显闻兮,公则不晰。不铭示后兮,孰劝为瘁。"

胡宿《文恭集》卷十五《葛源可司封员外郎制》:"敕:国家沿挟铜之令,以收七福;因采山之法,用广五铢。参选干能,分莅经画。属叙稍迁之典,宜推加异之恩。具官某:材堪治烦,政有能迹。尝更守于列郡,适分委于轺车。按南州宝冶之饶,佐县官圌府之用。宣劳于外,兴利在公。章叙前勤,聊及今绩。宜宠左曹之秩,用优主爵之名。就虔吾恩,益营乃职。"

宋王安石《王文公文集》卷九十二《葛兴祖墓志铭》:"父讳源,以尚书度支郎中终仁宗时。度支君三子,当天圣、景祐之间,以文有声,赫然进士中。先人尝受其挚,阅之终篇,而屡叹葛氏之多子也。既而三子者,伯仲皆早死,独其季在,即兴祖。"

《乾道四明图经》卷十二《进士题名记》:"祥符五年徐奭榜:葛源。"《宝庆四明志》卷十《进士》:"大中祥符五年徐奭榜:葛源。"《延祐四明志》卷六《人物考下》:"大中祥符五年徐奭榜:葛源。"

杨适《宋故国君墓志铭》:"度支郎中葛公源未第时,处乡里,负俊声,君乃从而师之。"注:是志撰于宋嘉祐四年(1059)。

王周　明州奉化县人。登大中祥符五年进士第。宋庆历年间官司封郎中、知明州。有《王周诗集》,仅存《和程刑部三首》、《岳州众湖阻风》。

清厉鹗《宋诗纪事》卷四《王周》:"周登进士第,会官巴蜀。诗一卷。胡震亨云:唐宋《艺文志》并无其人,惟《文献通考》载入唐人集目中。今考《峡船诗序》引《陆鲁望茶具诗》,其人盖在鲁望之后,而诗题纪年有戊寅、己卯两岁,近则梁之贞明,远则宋之太平兴国也,自注地名,又有汉阳军、兴国军,为宋郡号,殆五代人而入宋者。"

清陆心源《宋诗纪事小传补正》卷一《王周》:"王周,明州人。祥符五年进士。庆历中,司封郎中,知明州。

《乾道四明图经》卷十二《太守题名记》:"王周,司封郎中,庆历年。"《乾道四明图经》卷十二《进士题名记》:"祥符五年徐奭榜:王周。"《宝庆四明志》卷一《郡守》:"王周,司封郎中,庆历年知,土人也。"《宝庆四明志》卷十《进士》:"大中祥符五年徐奭榜,王周。"《延祐四明志》卷六《人物考下》:"大中祥符五年徐奭榜:王周。"

注:王周此人,厉鹗认为由五代入宋,陆心源以为厉氏所谓"王周"即明州方志所载"王周",但据傅璇琮先生考证,明州方志所载"王周"应与厉氏所载"王周"非一人,参见傅璇琮《唐才子传校笺》第四册(中华书局 1990 年版),第 369—372 页,今仍附厉氏、陆氏文于上。

大中祥符八年乙卯(1015)蔡齐榜

沈偕　明州鄞县人。登大中祥符八年进士第。事迹无考。

《乾道四明图经》卷十二《进士题名记》:"祥符八年蔡齐榜:沈偕。"《宝庆四明志》卷十《进士》:"大中祥符八年蔡齐榜:沈偕。"《延祐四明志》卷六《人物考下》:"大中祥符八年蔡齐榜:沈偕。"

许恽　明州鄞县人。登大中祥符八年特奏名进士第。赐同《三传》出身。事迹无考。

《乾道四明图经》卷十二《进士题名记》:"祥符八年蔡齐榜:许恽。"《宝庆四明志》卷十《进士》:"大中祥符八年蔡齐榜:许恽,同《三传》出身。"《延祐四明志》卷六《人物考》下:"大中祥符八年蔡齐榜:许恽。"

宋仁宗朝(1022—1063)

天圣二年甲子(1024)宋郊榜

杨佐　字良助。明州鄞县人。登天圣二年进士第,历官资政殿侍读,官至龙图阁直学士。玄孙珏,登绍定二年进士。

《光绪鄞县志》卷二十《选举表一》:"天圣二年甲子杨佐,据《四明诗汇》补。案《诗汇》:字良助,除宁海县令,累迁资政殿侍读,以龙图阁直学士致仕。"《光绪鄞县志》卷三十《人物传五》:"杨珏,字君实。高祖佐,官龙图阁直学士。"

注:《光绪鄞县志》前,历代宁波府、鄞县方志均不载杨佐,其虽据郑大节《四明诗汇》增补,然郑书已佚,不知郑氏所据。另查光绪前宁海诸志,亦无载杨佐为县令之内容。

沈兼(974—1046)　字子达。明州鄞县人。登天圣二年学究科进士第。祖籍吴兴,乃望族沈氏之后,五世祖沈陵吴越时任官明州,故徙家于明,天圣二年举进士得同学究出身。历卫尉寺丞、知归安县、知邵武军归化县。官至太子中舍、苏州通判。为官甚直,与使、守议多不和,常与之争,遭诬坐免。晚年安居乡里,能文。子起,登庆历二年进士,事父孝。

宋王安石《王文公文集》卷九《太子中舍沈君墓志铭》:"沈氏世家吴兴,其后有陵者仕吴越王,卒官明州,家之,五世而生公。公讳兼,字子达,以五举进士得同学究出身,再补尉,有能名,用举者迁卫尉寺丞、知湖之归安县。移知邵武之归化,又有能名。迁太子中舍、通判苏州,其以能闻愈甚。

"公好刚,遇事果急不顾计。为通判日,与守争可否,不为之小屈。重犯转运使,使、守相与害公,入之法,除名,天子薄其罪,免所居而已。公归怡怡,间为五字诗自戏娱,无躁戚言。卒于家,年七十三,庆历六年七月也。

"子男一人,起;女三人。起好学,能守节法,为进士,与安石同时得科名者也,公之坐狱,为判官滁州,立弃官从公以得罪,世以为孝。将以某年某月葬公某处,以夫人柳氏祔,先三月来求铭。与铭曰:生也不得其须而死,死也何有,有嘉者子。呜呼!已矣夫!"

《乾道四明图经》卷十二《进士题名记》:"天圣二年宋郊榜:沈兼。"

注:宋天圣二年榜于《宋元四明六志》中,宝庆志、延祐志均失载。沈兼一支乃吴兴沈氏迁明之重要支脉,涉及吴兴沈氏及其迁徙的主要著作有唐燮军《六朝吴兴沈氏及其宗族文化研究》(中国社会科学出版社 2007 年版)、周扬波《从士族到绅族:唐以后吴兴沈氏宗族的变迁》(浙江大学出版社 2009 年版)。

天圣五年丁卯(1027)王尧臣榜

李弈　一作李亦。明州鄞县人。登天圣五年进士第。事迹无考。

《乾道四明图经》卷十二《进士题名记》:"天圣五年王尧臣榜:李弈。"《宝庆四明志》卷十《进士》:"天圣五年王尧臣榜:李弈,《登科记》作亦。"《延祐四明志》卷六《人物考下》:"天圣五年王尧臣榜:李弈,《登科记》作亦。"

虞协 明州鄞县人。登天圣五年进士第。事迹无考。

《乾道四明图经》卷十二《进士题名记》:"天圣五年王尧臣榜:虞协。"《宝庆四明志》卷十《进士》:"天圣五年王尧臣榜:虞协。"《延祐四明志》卷六《人物考下》:"天圣五年王尧臣榜:虞协。"

天圣八年庚午(1030)王拱辰榜

朱公绰(?—1077) 明州鄞县人。登天圣八年进士第。其族自吴越时朱琼守明州,故自越州徙至明州。父朱亿,曾知官邕州,并率族迁至苏州,故世称其族贯苏州。公绰少从学于范仲淹,为范氏所重,曾提出建州学之议,为范氏采纳,捐舍立学。登第后,初授盐官县令,究察民瘼,建盐法,损荽输,省茶税,清田畛,颇有官声。后历知广济军,仕至光禄卿、知舒州,兴修水利,亦有政绩。《全宋文》录其《赐司命冕服记》一文,《全宋诗》则录有《与宋景文公唱酬牡丹诗》诗一首。其子朱长文,登宋嘉祐四年进士,于方志、艺术、诗文等皆有建树,著《琴史》等。

宋朱长文《乐圃余稿》卷九《朱氏世谱》:"至我高祖,为越州剡人。高祖讳滋,会董昌乱越,钱氏据杭,隐居田里,涵德匿耀,乡人尊之。武肃王常召置幕府,卒辞以去,年八十九,生于唐乾符之丙申,卒于本朝乾德平蜀之岁,葬剡之游谢乡。有子四人:长曰某,次曾祖也,次曰承厚,次曰承福。曾祖讳琼,百行完粹,达于从政,钱氏以宗子守明州,高选僚属,仕于四明,遂家焉,卒,葬于鄞县。生四子:长曰曙;次曰昉;次曰万;季,吾大父也。昉生正伦。公,言公辅正伦,三班奉职。吾大父讳亿,始来京师,太宗皇帝召对便殿,仍命以官,自壮年越于耆龄,其所历皆有功最。接人和,待物厚,取与义,治家严,赒亲戚不吝。以内殿崇班阁门祗候守邕州,卒葬于苏州吴县南峰山西,赠刑部尚书。生五子:长曰炳,才高文奇,不幸未仕而死。次先君也。先君讳公绰,少从学范文正公,为高第,以辞章魁冠士林,擢进士第,仕至光禄寺卿,历彭州、广济军、舒州太守,民闻至而喜,去而思,有智谋才术而未尽其用也。曜早世,次公彦,长洲主簿;次公愿,今以宣德郎致仕。先君生六子:长曰长文,宣德郎、太学博士;次百药,早卒;次仲方,明州象山尉;次季端,颍昌府节度推官;次叔旳,早卒;次从悌,瀛洲防御推官,监陈留酒税。自承厚之曾孙曰昱,与大父同徙姑苏。昱生何,登进士科,为循州司户参军卒。何生二子:曰删,曰虎。删今为朝散郎,通判楚州。高祖之诸孙在剡,居宋村崎山者:曰德昌,曰德倪,德昌之子曰仁赏,德倪之子曰仁长,曰仁遇,曰仁盛,四人者各有子,皆服先畴,不失旧业。"

宋李焘《续资治通鉴长编》卷二百六十四之"熙宁八年五月丙戌"条："诏兴修水利工役,大者听守臣申监司交割公事,与以次官讫,躬诣彼案验,具往复日数以闻。从知舒州朱公绰请也。"

曾枣庄等《全宋文》卷五百七十八《苏梦龄·盐官重建公宇记》："景祐三年秋八月,试典校秘书朱君公绰莅兹土。君勤宣利泽,究察其瘼,期岁报政,四年大成。先是海涛常乘风害田畴,既过则其稼皆瘁,大至于坏郭漂庐,民垫而咨,莫为噢咻。君乃上议州牧泊计台,作为大防,以纾海祸。次以牢盆之家,计丁赋盐,口率九斛,而富娿不侔,有终身不识鞭楚者,有肤血未尝少干者,得罚者月以百数。君恻然伤之,于是建户盐之法,以科力亭界刍莽,为重轻之差,条成五等,盐民怗而从之。旧课仅四万,法既变,乃登至前所谓六万者焉,是谓课常。既而邑农且当岁输荽秣,既非杭郡之产,乃相与远出市之,行路会计之用凡费钱百,而数未能及秤,下益重困。公又决策课民,俾秤输钱三十,官立场购之,先秋募匄所产地,愿鬻者鹜焉。台即颁其例于属邑,因符君并治之。众邑之输凡数万秤,盖不逾月而集,远迩莫不称便,逮乎浙东支郡,亦皆乞用是例,于今赖之。复以郡例,常岁官出茶荈科卖于邑,以千二百缗为限,弥三十年,率以课亏,遣官捶吏;且强售于贱贫,然所出悉已腐恶,无堪饮者。君又白台,请疏于朝,得灭旧课大半,今才于五百缗;仍诉之于郡,祈必选精以给。是以民获息肩,而继君者亦无虑非罪之谪矣。嘻嗟乎,斯民痛此数害久矣,而皆闵然无如之何,君能研其筹虑,一为革之,始欣然乐其生焉。凡君之莅政,其荦荦大节概若此。治既和,民用讫宁,乃合而请曰:'君于吾民,其赐厚矣,民无以图报。今县署久隳弊,殆不可以居,愿更而葺之,俾其明燥。'君颔之曰:'兹所以朝夕虔君命也,尔曹议修,固吾志耳。'初,斯署构于太平兴国中,至是岁四百甲子矣。其署隘,门不容驷,中偃污潦,幽林翳蔽,黕如丛祠。前尹虽悉懑,嗟然规治之,则靡遑暇也。君即徇人之欲,以闻于州,然后艾其灌木,斩其蓬蒿,夷其朽坏,爰大其闳,而创为高观,次阖重键。东西设长庑,至于堂寝垣墙,悉涂墍之、缮完之,一变于新。不僭以侈,不猥以险,邦人瞻顾,其心滋欢焉。众君子谋落之以文,且不知梦龄之无似,而谓其尝为《春秋》之学,固请以图不朽云。康定元年冬十月初吉。"

清厉鹗《宋诗纪事》卷十三《朱公绰》："公绰,吴人。天圣八年进士。曾为盐官令。"

清陆心源《宋诗纪事补遗》卷一《朱公绰》："字成之,长文父也。少从范文正学,为时名儒。景祐四年,自秘书省校书郎为盐官令,勤宣惠泽,究察民瘘,建盐法,损菱输,省茶税,清田畛,首称循吏。宝元元年,权本州书记,历知彭城县、广济军。仕至光禄卿、知舒州。"

《吴郡图经续集》卷上《学校》:"吴郡昔未有学,以文请解者,不过数人。景祐中,范文正公以内阁典藩,而叹庠序之未立。我先君光禄,率州人请建学,文正公请于朝,奏可,乃割南园一隅以创焉。"注:是志乃宋元丰间朱公绰子朱长文所纂修,故其先君即公绰。

《乾隆海宁州志》卷七《职官·县令》:"朱公绰,(景祐)四年□月任,宝元二年正月权本州书记,详《名宦传》。《金志》按《赵志》言本州,不知何州。今考《宋史·地理志》,太平兴国三年吴越国王俶纳土,国除,复为杭州,至建炎三年始升杭州为临安府,则本州即杭州也。"注:《金志》即清人金鳌修《乾隆海宁县志》,今有清乾隆二十三年刻本及乾隆三十年增刻本传世,藏上海图书馆。《赵志》为明赵维寰《宁志备考》,上海图书馆藏清抄本。

《乾道四明图经》卷十二《进士题名记》:"天圣八年王拱宸榜:朱公绰。"《宝庆四明志》卷十《进士》:"天圣八年庚午科王拱宸榜:朱公绰。"

注:学界对于朱公绰尚无专题研究,多在涉及朱长文的研究中提及,如邓小南之著《朱长文家世、事历考》(见北京大学历史系《北大史学 4》,北京大学出版社 1997 年版)及《北宋苏州的士人家族交游圈—以朱长文之交游为核心的考察》(见袁行霈《国学研究》第三卷,北京大学出版社 1995 年版)。

施渥 明州鄞县人。登天圣八年进士第。事迹无考。

《乾道四明图经》卷十二《进士题名记》:"天圣八年王拱宸榜:施渥。"《宝庆四明志》卷十《进士》:"天圣八年王拱辰榜:施渥。"《延祐四明志》卷六《人物考下》:"天圣八年王拱辰榜:施渥。"

景祐元年甲戌(1034)张唐卿榜

吴毅 《宋登科记考》作明州人。登景祐元年进士第。历官濠州知府,有才名,与其兄吴毂并称"二难"。

《康熙庆元县志》卷八《人物志·文学·宋》:"吴毅,景祐甲戌进士。授濠州知府。其才名与兄毂齐称,诗文行世虽残绿剩幅,一字一金,时人以'二难'称之。"

《雍正处州府志》卷十《选举志·进士》:"景祐甲戌科张唐卿榜:吴毅,官知府,俱龙泉人。"《光绪处州府志》卷十六《选举志·进士》:"景祐甲戌科张唐卿榜:吴毅,濠州知府,俱龙泉人。"《乾隆龙泉县志》卷九《选举志·进士》:"景祐元年甲戌张唐卿榜:吴毅。"

注:《宋登科记考》作吴毂为明州人,然甬上历代诸志皆不载吴毂。考处州(今浙江丽水)、龙泉、庆元方志,吴毂应为丽水庆元人士。或因庆元县古属龙泉,宋庆元三年(1197)方设,而宋绍熙三年(1194)明州已升为庆元府,两者同名易混淆。《宋登科记考》实为误著。

苗振 《宋登科记考》作明州人。景祐元年以第四名及第,初授大理评事、签书诸州节度判官厅公事,后传召试馆职不中,被晏殊称之曰"倒绷孩儿"(因一时疏忽失误)。熙宁时知明州,纵容属下,多行不法,陷害属下,后遭查处,贬斥为抚州团练副使。

宋王安石《临川先生文集》卷五十《苗振职方郎中制》:"敕某:尚书郎中,序列五品,其于朝廷之位亦已显矣。尔用选擢,尝更任使,积功久次,得在此位。所居三岁,宜进一官。至今而后得迁。乃以尔尝有谪,朕于黜陟,岂苟然哉?自尔取之而已。往思自勉,以称褒升。可。"

宋李焘《续资治通鉴长编》卷二百十四"宋神宗熙宁三年八月辛酉"条:"辛酉,光禄卿苗振责授抚州团练副使,前明州司理参军辛肃特勒停,国子博士裴士尧依冲替人例。振坐前知明州不法及故入士尧罪,而肃以阿随故也。初,士尧知奉化县,振所为不法事下县,士尧皆格不行。振怒,械系士尧于狱,且文置其赃罪,案上,士尧勒停,经恩未得叙用。已而士尧击登闻鼓自诉。至是,重罪皆得雪,独有带沽耗酒私罪徒一年,贷所监临坐赃论笞二十。会赦,故有是命。于是,尝签书士尧狱事者,虽去官,皆罚铜二十斤。通判丁谭降远小处差遣。又明州胥吏十人,挟振恣横,号"十大卿"者,内七人特编管。初,上欲止降丁谭,曰:'通判与知州体敌,不能救正,所以当深责。'王安石曰:'方今官小者,大抵莫肯任责以救正其长。若示不足责,则愈不知惧。'乃并罚之。"

宋魏泰《东轩笔录》卷七:"苗振以第四人及第,既而召试馆职。一日,谒晏丞相,晏语之曰:'君久从吏事,必疏笔砚,今将就试,宜稍温习也。'振率然答曰:'岂有三十年为老娘,而倒绷孩儿者乎?'晏公俯而哂之。既而试《泽宫选士赋》,韵押有王字,振押之曰:'率土之滨莫非王。'由是不中选。晏公闻而笑曰:'苗君竟倒绷孩儿矣。'"

宋魏泰《东轩笔录》卷十二:"苗振以列卿知明州,熙宁中致仕,归郓州,多置田产,又自明州市材为堂,舟载归郓。时王逵亦致仕,作诗嘲振曰:'田从汶上天生出,堂自明州地驾来。'此句传至京师,王荆公大怒,即出御史王子韶使两浙廉访其事,子韶又言知杭州祖无择亦有奸利之迹,于是明州、秀州各起狱鞫治,振与无择贬斥。熙宁已后,数以谣言起狱,然自逢诗为始也。"

清徐松《宋会要辑稿·选举》二之七:"景祐元年四月十八日诏新及第进士第一人张唐卿,第二人杨察,第三人徐绶,并为将作监丞,通判诸州;第四人苗振,第五人作中立,并大理评事,金书诸州节度判官事。"

清徐松《宋会要辑稿·选举》三十一之十五、三十一之十六:"康定元年四月九日大理寺丞谭嘉震召试舍人院,策四上,诏换内殿崇班。……八月七日殿中丞苗振召试学士院,赋四下、诗五上,诏升知军差遣。"

《宝庆四明志》卷一《郡守》:"苗振,光禄卿。熙宁初以知明州致仕,鸠材为堂,联舟载归郓州,且多置田产。王逵作诗曰'田从汶上天生出,堂自明州地驾来',句传京师。时王安石当国,闻之,遣御史王子韶廉其事于明州,起大狱治之,振竟贬斥。见《续通鉴》。"

注:《宋登科记考》作苗氏为明州人。然查甬上历代方志,皆无载苗振为明州人,仅记其在明州事。又疑其致仕后,归郓州营田建堂,或为郓州(今山东东平)人,查东平方志,又不载苗氏其人,故其籍贯存疑。

许敏　明州鄞县人。景祐元年头甲及第,初授大理评事、知县,然治案不严,多冤狱。后迁太常博士、苏州通判,在完成护送宋帝画像入汴京的任务后,卒于青阳驿。

宋孔平仲《孔氏谈苑》卷一《许敏冤屡见》:"许敏,明州人,张唐卿榜第一甲及第,为大理评事、知县。尝因用刑箠杀人,其后冤屡见,但相去尚远。经二十年,敏以太常博士通判苏州,其冤渐近,稍至榻,与敏夫妇同寝。其始,敏夫妇在外,冤卧于内,既而间隔,卧于夫妇之间,知其为鬼,无如之何也。是时,诏索天下御容,令转运司差官护送入京,敏与太守林大卿不协,于上司求行。自京师归,至汴上青阳驿,其冤逼之,敏死驿中。"

《乾道四明图经》卷十二《进士题名记》:"景祐元年张唐卿榜:许敏。"《宝庆四明志》卷十《进士》:"景祐元年张唐卿榜:许敏。"《延祐四明志》卷六《人物考下》:"景祐元年张唐卿榜:许敏。"

沈言　明州鄞县人,一说奉化县人。登景祐元年进士第。《光绪奉化县志》有传。

《光绪奉化县志》卷二十三《人物传一·宋》:"沈言,字圣谟,封山人。景祐元年进士。任南昌推官,升河南道御史。明法制,公听断每庭谳,判决如流,日理数十,词悉中肯綮。政严令肃,惩贪振良,视南昌尤厉,人莫敢触其锋。长于诗赋,操笔千余言,旨邃词葩,识者珍之。卒年九十。《沈谱》。"

《乾道四明图经》卷十二《进士题名记》:"景祐元年张唐卿榜:沈言。"《宝庆四明志》卷十《进士》："景祐元年张唐卿榜：沈言。"《延祐四明志》卷六《人物考下》："景祐元年张唐卿榜：沈言。"《光绪奉化县志》卷十九《选举表一》："宋景祐元年甲戌沈言，补，有传。"

注：考沈言籍贯：一，《光绪奉化县志》所补录，晚于《乾道四明图经》等宋元三志的记载，而光绪前奉化诸志皆不载沈言，故难以征信；二，《光绪奉化县志》据沈氏族谱而补，而志传多误，如其载"任南昌推官"，查南昌历代方志所载宋推官，并无沈言，且宋自开宝八年已废道为路，无河南道之建制，更无所谓"河南道御史"之职。故所采"沈谱"有伪造嫌疑，并为志书误采。

刘孝先　明州奉化县人。登景祐元年进士第。事迹无考。

《嘉靖宁波府志》卷三《选举表·宋》："景祐元年奉化刘孝先。"《雍正宁波府志》卷十七《选举上·宋》："仁宗景祐元年刘孝先，奉，《宝庆志》无。"《光绪奉化县志》卷十九《选举表一》："宋景祐元年甲戌刘孝先，张唐卿榜。"

宝元元年戊寅（1038）吕溱榜

丁渐　明州鄞县人。登宝元元年进士第。事迹无考。

《乾道四明图经》卷十二《进士题名记》："景祐五年吕溱榜：丁渐。"《嘉靖宁波府志》卷三《选举表·宋》："宝元元年鄞县丁渐。"

注：丁渐中举之事，仅《乾道志》载，《宝庆志》、《延祐志》均失载，然明以后府志、鄞县志俱载。又据《宋登科记考》引《宋史·科举志》、《宋会要·科举》等文献记载，并无景祐五年榜，当为宝元元年榜，实为《乾道志》误。

王昪　明州鄞县人。登宝元元年进士第。原籍齐州，历官太常寺丞，后累官至司封郎中，充秘阁校理，熙宁间知湖州，后又知太平州、潭州。有诗《题招提院静照堂》，见《嘉禾志》、《宋诗纪事补遗》、《全宋诗》。

宋胡宿《文恭集》卷十四《王昪可太常寺丞制》："敕某：早跻俊等，寖服朝联，长治剧邑之烦，介居左蜀之险。节廉既著，政敏亦修，条上计文，覆视官簿，劳最甚白，褒陟信宜。擢丞礼乐之司，尚委弦歌之宰。益思自效，勉绩来勤。"

宋王安石《临川先生文集》卷五十《都官员外郎充秘阁校理王昪可司封员外郎制》："敕某：尔以艺文高第，进仕朝廷。廉靖谨良，有称于世。校文秘阁，典事方州。甄序岁劳，进迁惟允。往共厥服，其愈懋哉。可。"

清陆心源《宋诗纪事补遗》卷十《王昪》："王昪，鄞县人。宝元元年进士，治平四年司封郎中，充秘阁校理，知湖州。"

《嘉泰吴兴志》卷十四《郡守题名·宋》："王昪，司封郎中。熙宁元年四

月到任,二年移知太平州,改知潭州。"《宝庆四明志》卷十《进士》:"宝元元年
吕溱榜:王异,继文子,贯齐州,系考中魁选,以文有摩改,奉旨特降第五名。"
《延祐四明志》卷六《人物考下》:"宝元元年吕溱榜:王异。"

庆历二年壬午(1042)杨寘榜

申屠会　明州鄞县人。登庆历二年进士第。历官太常博士、殿中丞。

宋胡宿《文恭集》卷一四《武康可太常博士裴耕马先张应符申屠会并可
殿中丞史珍薛端并可守太子中舍人李巽可大理评事制》:"敕某等:朕日者右
飨合宫,咸泽庶位,并甄一等之秩,用洽三神之和。尔等类偕曲恩,差进茂
级,而满课已上,考格当迁。吏劳不可以外遗,王泽当令于下究。并申后宠,
匪隔前恩,往承朝绂之华,勿替王官之守。

《乾道四明图经》卷十二《进士题名记》:"庆历二年杨寘榜:申屠会。"《宝
庆四明志》卷十《进士》:"庆历二年杨寘榜:申屠会。"《延祐四明志》卷六《人
物考下》:"庆历二年杨寘榜:申屠会。"

陈骙《宋故母夫人申屠氏墓记》:"母夫人姓申屠氏,世为明之鄞人。……
大父会,故任太常博士。"注:是记撰于宋乾道五年(1169)。

沈起(?—1088)　字兴宗。明州鄞县人。登庆历二年进士第,授滁州
判官,监真州转般仓。后其父沈兼病,弃官服侍,遭劾,终为仁宗赦免。其事
后为世所重,列入《百孝图》。后迁知海门,修筑堤坝,以抵御潮水,利于溉
田,为民所称。包拯荐为监察御史,立考课之法,设河渠之司。后因论事不
合,通判越州,后知蕲州、楚州等。后历任京东路提点刑狱、湖南转运使,平
盗贼,减商税,有政绩,擢三司盐铁副使、陕西都转运使,平定庆州叛乱。曾
以吏部流内铨出使契丹,争国节。后世宋使使契丹礼制,乃自其始。再迁天
章阁待制,知桂州,行王安石之法,意攻交趾,然后交趾侵宋,贬官郢州,后又
知越州、秀州等,卒于苏州。其文集已佚,仅有奏札若干,散见于《宋史》、《宋
会要辑稿》、《续资治通鉴长编》等,今已全收于《全宋文》第三十八册。

《宋史》卷三百三十四:"沈起,字兴宗,明州鄞人。进士高第,调滁州判
官,与监真州转般仓。闻父病,委官归侍,以丧免。有司劾其擅去。终丧,荐
书应格当迁用,帝谓辅臣曰:'观过知仁,今由父疾而致罪,何以厚风教而劝
天下之为人子者?'乃特迁之,知海门县。

"县负海地卑,间岁海潮至,冒民田舍,民徙以避,弃其业。起为筑堤百
里,引江水灌溉其中,田益辟。民相率以归,至立祠以报。御史中丞包拯举
为监察御史。吏部格,选吏以赃私挂法,无轻重终身不迁。起论情可矜者,

可限年叙用,遂著为令。立县令考课法,设河渠司领诸道水政,乞采汉故事,择卿大夫子弟入宿卫,选贤良文学高第给事宫省,勿专任宦官,宗室袒免亲令补外官,复府兵,汰冗卒,书数十上。以论兴国铁官事不合,出通判越州,改知蕲、楚二州。

"京东岁饥盗起,除提点刑狱。至,则开首赎法携其伍,盗内自睽疑,转相束缚唯恐后。改开封府判官,为湖南转运使。凡羽毛、筋革、舟楫、竹箭之材,多出所部,取于民无制,吏挟为奸。起会其当用,自与商人贸易,所省什六七。召为三司盐铁副使,直舍人院。

"熙宁三年,韩绛使陕西,加起集贤殿修撰、陕西都转运使。庆州军变,将寇长安,起率兵讨平之。会韩绛城绥州不利,起亦罢知江宁府。入知吏部流内铨。奉使契丹,至王庭,其位著乃与夏使等,起曰:'彼陪臣尔,不当与王人齿。'辞不就列,遂升东朝使者,自是为定制。六年,拜天章阁待制、知桂州。

"自王安石用事,始求边功,王韶以熙河进,章惇、熊本亦因此求奋。是时,议者言交阯可取,朝廷命萧注守桂经略之。注盖造谋者也,至是,复以为难。起言:'南交小丑,无不可取之理。'乃以起代注,遂一意事攻讨。妄言密受旨,擅令疆吏入溪洞,点集土丁为保伍,授以阵图,使岁时肄习。继命指使因督馈盐之海滨,集舟师寓教水战。故时交人与州县贸易,悉禁止之。于是交阯益贰,大集兵丁谋入寇。

"苏轼知邕州,以书抵起,请止保甲,罢水运,通互市。起不听,劾缄沮议,起坐边议罢。命刘彝代之以守广,日遏绝其表疏,于是交人疑惧,率众犯境,连陷廉、白、钦、邕四州,死者数十万人。事闻,贬起团练使,安置郢州,徙越,又徙秀而卒。

"起生平喜谈兵,尝以兵法谒范仲淹,仲淹器其材,注《孙武书》以自见,卒用此败。"

宋刘敞《公是集》卷三十《制诰·都官员外郎邢梦臣可侍御史殿中丞沈起可监察御史里行》:"御史执宪毂下,纪纲国体,非雅亮劲正之士,不足参论议,广聪明。拯与景初,吾所信也,使之慎简厥僚,必皆其人,而拯也以起闻,景初也以梦臣可,稽之阀阅,察之望誉,人咸曰:'允哉。'予甚嘉之。夫鉴以明故可正容,绳以直故可形枉。毋勤小补而遗大体,毋忽近务而隳常守,事君尽礼,其可以报知己乎!"

宋王安石《临川先生文集》卷八十二《通州海门兴利记》:"以余所闻,吴兴沈君兴宗海门之政,可谓有志矣。既堤北海七十里以除水患,遂大浚渠川,酾取江南,以灌义宁等数乡之田。方是时,民之垫于海,呻吟者相属。君至,则宽禁缓求,以集流亡。少焉,诱起之以就功,莫不蹶蹶然奋其惫而来也。由是观之,苟诚爱民而有以利之,虽创残穷敝之余,可勉而用也,况于力足者乎!

"兴宗好学知方,竟其学,又将有大者焉。此何足以尽吾沈君之才,抑可以观其志矣。而论者或以一邑之善不足书之,今天下之邑多矣,其能有以遗其民而不愧于幽之吏者,果多乎?不多,则予不欲使其无传也。至和元年六月六日临川王某记。"

宋沈括《长兴集》卷十八《故天章阁待制沈兴宗墓志铭》:"沈氏之先以国命,三代之前为帝少昊、玄冥之后,国绝于商周之间。周武王以封其季弟(郮)季。盖其后有沈子嘉,见灭于楚,楚以为县,使公子王为沈王。其子孙时时见于《春秋》经传,而叶公诸梁最显于楚。凡沈国三绝,其子孙有出于茅姓者。自汉以后,居武康者为大族。齐郡、丹阳、下邳皆沈望,其人微不足称,自以其望卑,稍折而入于武康,故武康之沈亦不坚知其所出。

"自公六世祖陵仕吴越府为奉国军镇遏使,复为鄮人。公之曾祖敬,其子干,始赠屯田郎中。孙兼,太子中舍,赠刑部侍郎,公之考也。公讳起,字兴中,少笃学,有闻州间。州举进士第一人,复以高第调滁州军事推官。发运使表监真州转般仓。刑部病,公委官守归侍,少时以丧免。有司坐公擅去以法。丧除,为天平军节度推官。荐公者数十人,皆名辈显人,格当迁,以前坐报罢。廷议以亲疾得罪,既以绳法,而又不与其进,无以劝天下为子者,乃特迁大理寺丞、知通州海门县。海门负海土卑,间一二岁潮一至,辄冒人庐舍。民逃徙以避之,至相奴隶以自给。公为设防障水,为堤百里以长,引江水以灌其中,田益辟,民相招携以归。僮仆其民者感公义,亦折券归之,户口大息。公抚纳休劳,民以阜饶。人德公,相与筑祠以报之。长吏欲表上其事,公力止之,曰:'此令职也,安可以为利?'

"秩满,迁殿中丞、知饶州鄱阳县。饶,剧郡,鄱阳,州所治,令少称职者,公特与此得誉。御史缺中丞,包拯未成识面,骤引公自辅,除监察御史,公亦慨然喜于得言。其所指摘弹劾,无所假借。每论朝廷大体,如吏部格选焉,吏以私挂法,无重轻终身不迁。公以为人才难得,一挂文则废其终身为已甚,可限岁年,使得自新。立县令考课法,设河渠司领诸道水政。用汉故事,择卿大夫子弟入宿卫,选贤良文学高第给事宫省,不宜专任宦人。书数十上,会兴国军铁官补吏法下从官御史议,皆谓法已弊,不可无议,独公抗议以从旧便。论不合,出为太常博士、通判越州。

"御史中丞韩康公以公议是,亦请去,而补吏法竟不便。岁余知蕲州,迁屯田员外郎。亲祠明堂,改都官,赐绯衣、银鱼袋。去,知楚州,齐鲁间岁饥,盗数发,州县不能禁,以公提点京东路行狱公事,督捕盗贼。公至部,开首赎法,使其党自相图。不二三月,盗皆睽疑,转相束缚,唯恐在后且虏,海岱间悉平。移广南西路转运使,进司封员外郎,改工部郎中、开封府判官。出为荆湖南路转运使,赐三品服。凡山林川泽所出,毛羽、筋革、舟楫、竹箭之材,皆资于刑部,发取于民者,岁以不赀。吏相囊橐为奸,户率计亩以取盈,费或倍蓰,而州县或莫之省,公计实用,所省十六七。官自与商估交易,民无所预,而簿入有余。召为三司盐铁副使兼直舍人院。

"熙宁三年,出师宁夏,韩康公以宰相宣抚陕西五路,首制军食,亟荐公可以倚办。除集贤殿修撰、陕西路都转运使。公驰至部,发诸郡藁粟大集塞下。会环庆军政不戢,丞相去位,公亦罢知江宁府。才三月,入提举在京诸司库务,知吏部流内铨,三司度支副使。尝奉使契丹。至王廷,其著位乃与党项使人班。公立争,以谓党项陪臣,不当辈王人,辞不就位。久之,乃黜夏人。自后根此以为法。五年,除刑部郎中、天章阁待制、广南西路经略使,兼知桂州。明年,坐边议罢,以都官员外郎、直史馆刘彝代领广西。未几,复起公知潭州。再阅月,移知杭州,进爵为男,食长兴县三百户。熙宁八年,安南作叛,攻陷钦、廉、邕三州,乃免彝官,徙涪陵。公亦坐谪为郢州团练副使。会赦移秀州,又移温州。元祐初,彝复用为都水丞。人谓公且复起,不幸以疾终于苏州,年若干,盖元祐三年七月二十六日也。

"公乐善,好奖拔人物,敦尚风义。一与人从容,不问其浮沉,终身不少替,弊弊出其天性。公之通判越州,自御史出佐大府,未为谪也,乃深自刻砺为善。所居有室,易名曰'志省',自为之记,以谓:'人患自谓不当免者寡,一不得意,则郁屈见于色;不然,仿慢略以为放达。二者皆失士之处退。当退省自修,资朋友以攻其过。虽一堂奥之安,不敢以为泰,而必志吾思焉。'某贤公之志,而未知其自进者果何如。及公放弃十余年,而畏整严惧,口未尝议人过,言不及官府间事,惟以经史著述自修,乃始见公处优能自刻,信'志省'不为徒言。方公出使湖湘,对延和,乞令宗子袒免亲出,外汰冗卒,而复府兵屯田法,后皆施行。

"公生平喜言兵,尝以《兵说》干范文正公。文正器其才,期有所施用,公乃著《吴武子》三篇以自见。有文集二十余卷藏于其家。夫人雷氏,长安县君。子男九人。二女子,嫁承议郎王松年、宣德郎晏宜孙。诸孙二十有三人。以元祐四年十一月十八日卜苏州吴县之长山乡五顾原以葬。

"某与公同远祖，乡闾相邻，以晚时辈见公，公不以先生长者自居，与之
伉酬推引，白首不移。识公三十年，见公门下人皆终始如儿女子，知公为天
性，非勉强所能也。诸孤来求铭以葬，某在罪谴，不当评品人物，生平与公
厚，某可以无铭？铭曰：'自其邦人，少也与公。至于易箦，一辄始终。不宁
其居，揭揭自励。谓无尔艰，中道以踬。愈退益修，此公自期。寿夭得丧，付
莫我知。狄胥之坟，原田苺苺。公宫之图，宜莫此材。下幽既墟，纳此信刻。
不骞不崩，逮石斯勒。'"

《延祐四明志》卷四《人物考上》："沈起，鄞县人，举进士，监真州仓。父
时家居，起闻父得疾，即弃官归里。转运使定弃官罪，如律入奏，仁宗曰：'父
疾论罪，何以劝人子，非厚风教也。'诏释之。

"知海门县，海水时至，居民不便，争徙去。起筑堤以捍，导其水为畎浍
以溉民田，民始复。后除开封府判官、湖南路转运副使，土贡羽革、竹箭，率
以亩敛民，吏大为奸，起书所贡示民，岁省什之七。召为三司盐铁副使，迁陕
西都转运使，庆州军变，起讨平之。奉使契丹，将与西夏使者同列，起曰：'大
国之卿，不宜与陪臣并。'契丹从其言。后知桂州，交趾岁数侵扰，起治舟师，
习水战。交趾岁与内地贸易，起悉禁之，将绝其利，使便畏詟。邕州守苏缄
力陈不便，起劾缄沮议，徙知潭州。后交趾大举兵，陷钦、廉、邕三州，起坐首
议边失计，谪郢州团练副使，会赦，移温州。卒。"

清徐时栋《宋元四明六志校勘记》卷二《佚文》："沈起，按《先贤传》引此
传，与今本多异，今凡同一事而详略互异者，不复采列，其为今本所未载者，
依其，先后条缀于下。字兴宗，三字在'鄞县人'之上。除滁州判官。五字在
监真州之上。御史中丞包拯举为监察御史，书数十上。后以论兴国铁官事
不合，出通判越州，改知蕲、楚二州。京东饥，盗起，除提点刑狱，至则开首赎
法，携其党，盗内相疑，渐解散，民以安。六十六字在'后除开封府判官'之
上。熙宁三年，韩绛使陕西，荐授集贤殿修撰。十六字在'迁陕西都转运使'
之上。改知江宁府，入知吏部流内铨。十二字在奉使契丹之上。六年，拜天
章阁待制。八字在知桂州之上。旋徙越、徙秀。五字在会赦之上。同上，
《列传一》引《延祐志》。

《乾道四明图经》卷十二《进士题名记》："庆历二年杨寘榜：沈起。"《宝庆
四明志》卷十《进士》："庆历二年杨寘榜：沈起。"《延祐四明志》卷六《人物考
下》："庆历二年杨寘榜：沈起。"

周造　明州鄞县人。登庆历二年进士第。历官大理评事，仕至殿中丞。
卒后，赠正议大夫。其子处厚、温厚、师厚，孙锷、铢皆为进士，蛟川周氏由其

始兴。

宋楼钥《攻媿集》卷一百三《周伯济墓志铭》:"周氏为鄞闻族。始庆历中,殿中丞造以进士起家。"

《光绪鄞县志》卷二十六《人物传一·宋》:"周处厚,字景载,父造。舒亶撰《墓志》,庆历二年进士。《乾道图经》由大理评事仕至殿中丞,告老于朝,归为乡里荣。《墓志》。赠正议大夫。舒亶撰《周师厚墓志》。"

《乾道四明图经》卷十二《进士题名记》:"庆历二年杨寊榜:周造。"《宝庆四明志》卷十《进士》:"庆历二年杨寊榜:周造。"

注:周造事迹无直接记载,散见于其子周处厚、周师厚相关传记及墓志中,但舒亶文章多佚,今引《光绪鄞县志》略加介绍。蛟川周氏一族宋元时为甬上望族,时称西湖周氏,显者不乏其人,如周处厚、周师厚、周温厚、周铢、周锷等,而首推周造。然今尚无专门关于周氏家族的研究,周时奋《〈鄞蛟川周氏宗谱〉考释》一文涉及源流。其文见于宁波文物考古博物馆学会会刊《浙东文化》1999 年第 1 期。

庆历六年丙戌(1046)贾黯榜

王该　字蕴之。明州鄞县人。登庆历六年进士第。官吉州安福县尉,任上拒绝使者察访金橘。熙宁间任襄州邓城县令,因多采树叶,以诗书于上,颇具文名。为官又十分清廉,罢官时,仅携诗叶而归乡。晚年隐居望春山,故世称望春先生,与兄王说开桃源王氏学风。著有十卷文稿,早佚,仅存董沛《甬上宋元诗略》所辑《昭惠庙黄柏歌》一首(上海图书馆藏有清光绪七年刻本),该诗亦为《全宋诗》所收。

《宝庆四明志》卷八《先贤事迹》上:"弟该,字蕴之,登庆历六年进士第。王安石宰鄞时,与之友善,以诗章相唱酬。与兄齐声,仕不偶。官舍傍有嘉木,叶长可尺许,每得一诗,取叶书之。既殁,归囊萧然,惟脱叶甚富,遗稿十卷。"

清徐时栋《宋元四明六志校勘记》卷二《佚文二》:"弟该,字蕴之,庆历六年进士,好古文,尤长于诗,官吉州安福尉。使者过境,上属该访金橘,该曰:'民事窃尝有意矣,兹非该之所知也。'使者不说(悦)而去。熙宁中,终襄州邓城令。初,官舍有树,叶长尺许,每诗成,取树叶书之,罢官,萧然满箧诗叶而已。隐居广德湖之望春山。"

宋王安石《临川先生文集》卷七十七《答王该秘校书》:"某不思其力之不任也,而唯孔子之学,操行之不得,取正于孔子焉而已。宦为吏,非志也。窃自比古之为贫者,不知可不可耶? 今之吏,不可以语古,拘于法,限于势,又不得久,以不见信于民,民源源然日入贫恶。借令孔子在,与之百里,尚恐不得行其志于民。故凡某之施设,亦苟然而已,未尝不自愧也。足下乃从而誉之,岂其听之不详耶? 且古所谓蹈之者,徒若是而止耶? 殆不若是而止也。易子之事,未之闻也,幸教之,亦不敢忽也。

"某顿首:自足下之归,未得以书候动止而以慰左右者之忧。乃辱书告以所不闻,幸甚,如见誉,则过其实甚矣,告者欺足下也。其尤显白不可欺者,县之狱,至或历累月而无一日之空。属民治,以苟自免以得罚者以十数,安在乎民之无讼,而服役之不辞哉! 且某之不敏,不幸而无以养,故自縻于此。盖古之人有然者,谓之为贫之仕,为乘田,曰:'牛羊蕃而已。'为委吏,曰:'会计当而已矣。'牛羊之不蕃,会计之不当,斯足以得罪;牛羊蕃而已矣,会计当而已矣,亦不足道也。唯其所闻,数以见告,幸甚。"

清王梓材等《宋元学案补遗》卷六《士刘诸儒学案补遗·补县令王望春先生该》:"史真隐《王望春先生赞》曰:'使者入境,金橘是求。公责以义,彼实怀羞。晚使作邑,投劾归休。邓城彭泽,千载同流。'谢山《句余土音·望春先生居诗》:'庆历两纯儒,笃生佳子弟。清风满莺湖,百世生遥企。学道在爱人,一官非小试。罢民吾所怜,珍味吾所弃。垂垂黄金橘,不登奉进笥。归来老望春,清风衫袖肆。赋诗良自佳,得纸苦不易。萧然柿林中,足我遍题字。斯人骑鹤去,流风贻后嗣。可怜提举君,身后无余积。太府亦自佳,少年立名氏。可怜为妇翁,废湖分余蒔。'原注云:'望春先生,鄞江先生之侄,桃源先生之弟也。'"

《乾道四明图经》卷十二《进士题名记》:"庆历六年贾黯榜:王该。"《宝庆四明志》卷十《进士》:"庆历六年贾黯榜:王该。"《延祐四明志》卷六《人物考下》:"庆历六年贾黯榜:王该。"

周处厚　明州鄞县人。父周造。登庆历六年进士第。初授江州司理参军,后调福州,执法清明,后历官和州、新安、鄞县等地。通判绛州时,赈河东饥荒,饥民多得以存活;知建州时,更移风易俗,振兴州治。后知永州等地,官至著作郎、朝议大夫。

宋楼钥《攻媿集》卷一百三《周伯济墓志铭》:"周氏为鄞闻族,始庆历中殿中丞造以进士起家,是生三子,曰处厚、温厚、师厚。伯、季俱蹑世科,仲亦以特恩入官。父子兄弟皆以儒奋,家声卓然。伯知建州、永州。"

《光绪鄞县志》卷二十六《人物传一·宋》:"处厚登庆历六年进士,《图经》。授江州司理参军,调福州。一日悮得死囚,守欲论如法,处厚察其非持不可,脱之,果得真犯者。迁和州军事判官,河南府新安县金书,新安旧置,吏督民赋扰甚,处厚用保伍法自相谕会,民顺便之。调梓州郪县,金书淮南节度判官公事。熙宁中通判绛州,河东饥,流民道相属,处厚在绛主赈济,所全活甚众。监在京粮科院,知建州,俗嚣悍,喜斗善讼,号剧郡,处厚往,则尽得其情伪,摘其尤者痛惩之,不数月,州遂大治。元祐中,知永州。案:澹山岩题名石刻有'左朝请大夫知永州周处厚,在元祐五年'。官著作郎,迁朝议大夫,已而致仕以归。

"处厚身长七尺,性方重沉悟,长于剸剧,其所居官,多可纪者。特寡默不以语人,世故莫或知之也。绍圣三年卒,年七十七。墓志。"

清王昶《金石萃编》卷一百三十三《宋十一·澹山岩题名六十段·庆历七年》:"左朝请大夫知永州军州事周处厚命工刊之。"

《嘉靖建宁府志》卷五《官师·宋》:"周处厚。"《乾道四明图经》卷十二《进士题名记》:"庆历六年贾黯榜:周处厚,造之子。"《宝庆四明志》卷十《进士》:"庆历六年贾黯榜:周处厚。"《延祐四明志》卷六《人物考下》:"庆历六年贾黯榜:周处厚。"

周处厚《宋故清河张君墓志铭》:"承直□守太常博士、前知梓州郪县事、骑都尉赐绯鱼袋周处厚撰。"注:是志撰于宋熙宁元年(1068)。

注:周处厚墓志未见于文献,而《光绪郪县志》纂者或曾见之,文中所载地名、官职皆无误,又有岩刻题名、周氏所撰墓志题款佐证,可靠性较高。

俞翱 明州鄞县人。登庆历六年进士第。事迹无考。

《乾道四明图经》卷十二《进士题名记》:"庆历六年贾黯榜:俞翱。"《宝庆四明志》卷十《进士》:"庆历六年贾黯榜:俞翱。"《延祐四明志》卷六《人物考下》:"庆历六年贾黯榜:俞翱。"

李抚辰 明州鄞县人。登庆历六年进士第。宋元丰至元祐间守台州,亦曾知明州。其诗仅存《延祐四明志》所以《题瑞岩寺》诗一首。

《延祐四明志》卷十八《释道考下》:"瑞岩禅寺,县东南九十里。唐会昌中,郡守黄公晟为普化禅师创立精舍,景福初改为寺。宋治平初赐额名开善,祥符中因产灵芝,因名瑞岩山。有十二峰,峰下有阁,知郡李公抚辰题云:'高阁玲珑倚半空,秋来净扫白云踪。无人写此天然景,十二阑干十二峰。'"

宋苏辙《栾城集》卷十《次韵李抚辰屯田修州门》:"六月江涛壁垒颓,苍崖翠甓就新台。咄嗟双阙还依旧,咫尺群山信有材。画戟风生两衙退,飞桥日出万人来。不因毁圮催兴筑,谁见雍容治剧才?"

《嘉定赤城志》卷九《秩官门二·本朝郡守·国朝》:"元丰八年,李抚辰九月二十九日以朝奉大夫知,元祐三年二月二日替。"《乾道四明图经》卷十二《进士题名记》:"庆历六年贾黯榜:李抚辰。"《宝庆四明志》卷十《进士》:"庆历六年贾黯榜:李抚辰。"《延祐四明志》卷六《人物考下》:"庆历六年贾黯榜:李抚辰。"

沈绛　明州鄞县人。登庆历六年进士第。事迹无考。

《乾道四明图经》卷十二《进士题名记》:"庆历六年贾黯榜:沈绛。"

冯准　明州慈溪县人。登庆历六年进士第。历官江州法曹,其余无考。

《乾道四明图经》卷十二《进士题名记》:"庆历六年贾黯榜:冯准。"《宝庆四明志》卷十《进士》:"庆历六年贾黯榜:冯准。"《延祐四明志》卷六《人物考下》:"庆历六年贾黯榜:冯准。"

佚名《宋虞氏墓志铭》:"次准,用文辞登进士第,调授江州法曹。"注:是志撰于宋皇祐三年(1051)。

陈诜(960—1127)　明州象山人,一说明州鄞县人。陈辅之侄。登庆历六年进士第。元丰间历知棣州军州事、提点滨德博州巡检司等,终于朝散大夫。

《道光象山县志》卷十四《宦绩》:"按史志云:陈氏自诜而后,世踵甲科,然事迹俱无,征今之所传者,唯辅及应魁而已。"《乾道四明图经》卷十二《进士题名记》:"庆历六年贾黯榜:陈诜。"《宝庆四明志》卷十《进士》:"庆历六年贾黯榜:陈诜。"《延祐四明志》卷六《人物考下》:"庆历六年贾黯榜:陈诜。"

舒亶《宋故郭君秘校墓志铭》:"朝请郎知棣州军州事、兼管内劝农事、兼提点滨德博州巡检司、公事护军借紫陈诜书并题盖。"按:是志约撰于宋元丰四年(1081)。

丰稷《宋故奉议郎致仕陈公墓志铭并盖》:"厥弟诜,俄以朝散大夫终,而公继升朝籍,遂得极其恩数,州里荣之。……金紫生三子:仲即朝散大夫诜;季曰谟,嘉祐中再赴南宫,卒于大夫丹阳之官舍。"注:是志撰于宋元符二年(1099)

注:陈诜一族,世皆以为象山人,故《象山县志》往往自陈诜起,下至陈辅、陈谅、陈诒等诸人。然自1982年宁波鄞州塘溪镇邹溪村出土《宋故陈府君并俞氏夫人墓志铭并序》后,经章国庆先生等研究,一般认为陈氏一族当为鄞县上桥人,详见章国庆《宋代四明上桥陈氏及其家学——以出土墓志为例》(宁波市社科联编《历史与人文:文化发展·城市精神》,浙江大学出版社2012年版)。

皇祐元年己丑(1049)冯京榜

杜谘 明州鄞县人。登皇祐元年进士第。历官大理寺丞,熙宁时知端州,贪夺端砚无数,民间称之"杜万石",后为周敦颐所禁。

宋欧阳修《欧阳文忠公集》卷八十一《杜谘转官制》:"敕具官杜谘:吏部之格,吏之升降、远迁、劳逸之均,皆有法焉,不可以乱。今衍以尔为请,吾既重违大臣之言,而顾有司之法,苟不甚戾,则吾岂不从?无专尔私,其率厥职。可。"

宋胡宿《文恭集》卷十四《杜谘可大理寺丞张文告可著作郎制》:"敕:某等或积资至幕,或被举治县,参画有补,抚字弗苟。监司荐闻,铨覆应状。秘丘领著,谳寺为丞。尚勉来课之修,以对陟恩之茂。"

《康熙肇庆府志》卷七《秩官·宋》:"端州知军州事:杜谘,熙宁元年任。"《康熙肇庆府志》卷十八《名宦一》:"周敦颐,字茂叔,道州营道人,本名敦实,避英宗旧讳改焉。以舅龙图阁学士郑珦任主簿分宁。熙宁初用,赵朴、吕公著荐为广东转运判官提点刑狱,以洗冤泽物为己任,不惮劳苦,虽瘴疠险远,亦缓视徐按。端守杜谘取砚无厌,人号为'杜万石',敦颐恶其夺民利,因请著令:凡仕于州者,买砚无过二枚。"

《乾道四明图经》卷十二《进士题名记》:"皇祐元年冯京榜:杜谘。"《宝庆四明志》卷十《进士》:"皇祐元年冯京榜:杜谘。"《延祐四明志》卷六《人物考下》:"皇祐元年冯京榜:杜谘。"

陈翊 明州鄞县人。陈之翰父。登皇祐元年进士第。官终殿中丞,赠朝散大夫。

《延祐四明志》卷四《人物考上》:"陈之翰,字宪之,鄞县人。殿中丞、赠朝散大夫翊之子。"《乾道四明图经》卷十二《进士题名记》:"皇祐元年冯京榜:陈翊。"

《永乐大典》卷三千一百四十五《陈宪之·宋陈瓘〈了斋集·宪之墓志铭〉》:"君讳之翰,字宪之,明州鄞县人也。殿中丞、赠朝散大夫讳翊之子。"

郭暨(1009—1086) 字照邻,明州鄞县人。幼年丧父,登皇祐元年进士第。初授知义乌县,后平贼乱,调知杭州新城,后历官原武县令、著作佐郎、南雄州判官厅公事、太常博士、屯田员外郎等,终朝奉郎,加恩朝散郎,年七十七卒。

舒亶《舒懒堂诗文存》卷三《宋故秘校郭公墓志铭》:"郭君讳浑,字仲醇,其先汾阳人,居四明五世矣。曾祖讳师从,龙宦吴越,为谏议大夫;祖讳继崇,任太子太傅;父讳琏□,潜德不仕,以子故封大理评事,再封大理寺丞。盖寺丞有子二人:长曰暨,第进士,位于朝,今为屯田员外郎;其一人,即君也。生而俊迈,风韵秀爽,不杂流俗。性耿易,不为歧曲崖岸,议论□直,无所回容讳避,中心坦然,绝无一毫芥蒂。读书务穷圣人之奥旨,剔去传注,不为肤闻浅见者之所道也。发为辞章,遒丽精密,学者无不喜悦。被乡大夫荐,不利于有司,慨然有终焉之志。归以诗书自娱,放宕山水间,若将终身焉,余十年矣。

"一日,朝廷广搜择之路,凡籍名贡部者,限年特与奏名,适诏下,君在奏中。州郡勉□驾以行,覆试于□,赐第以归。逾年,法当拟官,左右皆勉君西去。行李及泗解□,一夕被疾,遽卒于□。吁!可痛哉!乃熙宁十年十二月十有四日也,寓窆于僧舍焉。讣至,嗣子敦方号泣殒灭,奔赴越数千里,扶护东下,以元丰四年十月二十九日壬午葬于慈溪县石台乡光德村太平里先茔之侧也,享年六十有四。娶俞氏,有子曰敦方,曰敦仁,曰敦复,曰敦临,四人皆业进士。女五人,长适前池州军事推官童于;次适进士张孝臻,皆郡人;余尚幼。

"葬有日矣,予既知君为人也,于是与之为铭,铭曰:谓命不授,胡材之茂?谓德之懋,胡艰尔祐?□□于君,其孰能究。必曰诒谋,以大尔后。"

《乾道四明图经》卷十二《进士题名记》:"皇祐元年冯京榜:郭暨。"《宝庆四明志》卷十《进士》:"皇祐元年冯京榜:郭暨。"《延祐四明志》卷六《人物考下》:"皇祐元年冯京榜:郭暨。"

佚名《宋故郭朝散墓志铭》:"暨字照邻。……先实钱塘人,五代乱离,流落于江湖间,遂家于明,今为明之鄞人。暨十岁失所怙,孤苦无以自业。一日感奋,克意于学。皇祐元年第进士,尉婺州义乌县。获贼,改杭州新城县令,未几,以母忧去官。服除,得郑州原武县令。改著作佐郎,签书南雄州判官厅公事,权监韶州泺水银铜场;改秘书丞,知常州武进县;改太常博士,监黄州都盐仓,到黄一年,以泺水银铜溢额酬奖;改尚书屯田员外郎,□仕官制,改朝奉郎,覃恩加朝散郎。暨生平好读书,平居无顷刻忘去卷秩,所赋朴直。在官事贵势多所遗忤;处州里往往人以信行相期。……今七十七岁,不为不寿矣,所享皆溢所望,谓非神明扶持者哉?……元祐元年二月初十日终于鄞郭。"注:是志撰于宋元祐元年(1087)。

胡穆(1019—1101) 越州余姚县人。登皇祐元年进士第。官至屯田员外郎。

宋李光《庄简集》卷十八《胡府君墓志铭》:"吾友胡浚明,讳宗汲,世为越之余姚人。自其叔祖父穆始以进士起家,仕至屯田员外郎,子孙遂以儒为业。"

《宝庆会稽续志》卷六《进士》:"皇祐元年冯京榜:胡穆。"

皇祐五年癸巳(1053)郑獬榜

卢隐　明州鄞县人。登皇祐五年进士第。事迹无考。

《乾道四明图经》卷十二《进士题名记》:"皇祐五年榜郑獬榜:卢隐。"《宝庆四明志》卷十《进士》:"皇祐五年郑獬榜:卢隐。"《延祐四明志》卷六《人物考下》:"皇祐五年郑獬榜:卢隐。"

周师厚　字敦夫,明州鄞县人。周造子,周处厚、周温厚弟,登皇祐五年进士第。历官荆湖北路农田水利差事,曾就各地实际情况之差异,而主张不实行统一的挡甲法,又建议朝廷在辰州、沅州等地开辟土地,或耕或守,为朝廷采纳。官至左朝散郎、荆湖南路转运司判官。

有著《洛阳牡丹记》、《洛阳花木记》传世,收于《说郛》(上海古籍出版社2012年《说郛三种》本),另前者又收于《香艳丛书》(上海书店出版社1991年、2014年据民国二年上海中国图书公司和记铅印本影印本)。

宋范纯仁《范忠宣公文集》卷十一《祭周朝散文》:"字敦夫,元祐二年四月十日。生之有死,是虽朝暮,百龄大期,鲜或能度,间有促延,孰识具故,享非所宜,悲用难措。呜呼!敦夫生德,则丰孝友,自少仁义积躬。纯懿之行,乡党式宗;错综之文,士服其工。奋于清朝,寔有成绩,所至必显,厥闻无绎,领使一道,宽不容恶,俗方察察,治独绰绰。众嫉君异、君安,我仁逡巡后时,逍遥道真,少尹西都,监州朔方,有政有议,不柔不刚,仁宜有年,德宜有位。曾未耆耋,俄惊川逝,越我士夫,痛此凶鞫,曰:'天佑善相,斯不淑矧。伊凉薄义,忝姻好稔。君家行既久,弥劭兹焉,永诀孰均?'予悼写哀于辞,一奠兹告,呜呼哀哉!"

宋楼钥《攻媿集》卷一百九《周伯范墓志铭》:"周氏为四明望族,不惟名宦相继,而前辈源流其来也远,孰不欲仕?惟周氏之仕者多以壮年退休,有四休堂,则家风可知。明今为庆元府,周氏世为鄞人,居城中西湖十洲之西。君之高祖告,赠正议大夫,曾祖师厚登皇祐五年进士科。娶范氏文正公之女,忠宣公之姊也。仕至朝散郎,任荆湖南路转运判官,赠银青光禄大夫。"

宋邹浩《道乡先生邹忠公文集》卷三十七《高平县太君范氏墓志铭》:"夫人范氏,世为苏之吴县人,太子中舍仲温之女,资政殿大学士谥文正公仲淹之侄女也。中舍仕未显而逝,文正迎其嫂及诸孤以归,尤器爱夫人,曰:'异时当为择良婿。'其后文正薨,其家追用先意,以夫人嫁四明周公师厚,公自衢州西安令改官,由制置条例司即提举湖北常平,迁运判,易湖南,久之,乃通判河南府宝州以卒。"

清黄宗羲等《宋元学案》卷六《运判先生师厚》:"周师厚,字敦夫,鄞县人,从王鄞江游。皇祐五年进士,仕至朝散郎、荆湖南路转运判官。时役法方行,先生言四方风俗不同,复有劳逸轻重,不宜概赋,朝议是之。章惇闻溪峒蛮扰辰、沅二州,议输常平粟以备边,先生持不可,曰:'溪獠静扰无常,常平岁入有程,当使边卒屯田为便。'从其议。参《延祐四明志》。"

清王梓材等《宋元学案补遗》卷六《补运判周先生师厚》:"梓材谨案:先生娶范文正公女,生鄞江先生锷,故鄞江以忠宣为舅氏,《延祐志》云旧志言舅氏范镇太史,非是。"

《乾道四明图经》卷二《人物》:"周师厚,字敦夫,邑人也。皇祐五年及进士第。历荆湖北路农田水利差异事。时朝廷方议役书,本路特纷更未定,且有欲为挡甲法者,师厚具论四方风俗、盗贼、婚田、狱讼、簿书繁简之所不同,则役有劳逸轻重,宜亦不可以一,朝廷以为是,下其说行之。

"辰、沅两州初复版图,县官念所以备边,且欲岁发常平粟,师厚谓溪獠啸聚无常,而常平之入有限,不可继,宜乘事,始择旷土,使戍卒且耕以守,亦古法也。天子然其策,至今以为利。"

《乾道四明图经》卷十二《进士题名记》:"皇祐五年榜郑獬榜:周师厚,造之子。"《宝庆四明志》卷十《进士》:"皇祐五年郑獬榜:周师厚,处厚弟。"《延祐四明志》卷六《人物考下》:"皇祐五年郑獬榜:周师厚,处厚弟。"

项睎　明州鄞县人。祖籍开封。登皇祐五年进士第。事迹无考。

《乾道四明图经》卷十二《进士题名记》:"皇祐五年榜郑獬榜:项睎。"《宝庆四明志》卷十《进士》:"皇祐五年郑獬榜:项睎,贯开封。"《延祐四明志》卷六《人物考下》:"皇祐五年郑獬榜:项睎。"

楼郁(?—1078)　字子文,明州人。登皇祐五年进士。其祖自婺州迁明州奉化县,后其因教学于郡学,故迁鄞县。嘉祐时历官庐江主簿,后辞官,授大理评事,赠正议大夫,故后世称"楼正议"。楼郁曾在奉化县学和明州州学长期执教,门下学生无数,闻名者有舒亶、丰稷等人,人称"西湖先生",与杨适、杜醇、王致、王说并称为"庆历五先生",为甬上先贤。

楼郁有《正议集》三十卷,《唐书解题》三十卷,皆散佚,今仅存文数篇,如《春秋繁露序》,见于《春秋繁露》《四部丛刊》本,收于《全宋文》;《常乐寺记》,载《宝庆四明志》,另有碑文一篇,已列于下。诗仅见于《宝庆四明志》卷二

"五经高阁倚云开"一句,收于《全宋诗》。

宋楼钥《攻媿集》卷八十五《高祖先生事略》:"楼某,字子文。其先婺人,不详徙居之始,居奉化县,世以财雄于乡。祖以选为县录事,有阴德及人。父某,尤积善,以古学为乡人所尊。庆历中,州县立学,掌教县庠者数年。郡学寻又延请至十余年,遂居城中为郡人。登皇祐五年进士第,调舒州庐江主簿,禄不及亲,不欲出官,以继母无以养,弟妹未成立,具见辞墓祝文。既归,遂致仕,授大理评事。其孝行节操如此。

"自后,又主郡庠十余年,为州县士子师前后凡三十余年,号'楼先生','四明五先生',某其次也。成就一时人物甚众:丰尚书稷、舒中丞亶、俞待制充、袁知府毂等,皆其门人,又罗提刑适自天台来学。诸公学业既成,舒公试乡里,袁公试开封,罗公试台州,一举三处皆魁选。其亡也,舒公为墓铭,丰公书丹,袁公篆额,罗公以仕北方不得预,后为浙东提刑,拜墓下,用阙里故事,手植数木,今有存者。祭文见《赤城先生集》中,郡邑学中皆立祠碑,志登载甚备,莫教授冠卿一书尤详。

宋王应麟《深宁文钞摭余编》卷一《城南楼先生传》:"楼先生郁字子文,自奉化徙鄞,卜居城南。志操高厉,学以穷理为先,为乡人所尊,处穷约,履空自乐。

"庆历中,诏郡县立学,延致乡里有文学行义者为之,先生掌教县庠数年,又教授郡学,前后三十余年。学行笃美,信于士友,一时英俊皆在席下。门人之知名者,清敏丰公稷、光禄袁公毂、天台罗公适也。

"登进士第,调庐江主簿,自以禄不及亲,绝仕进意,以大理评事终于家。有遗集三十卷,赠正议大夫。子孙皆踵世科,五世孙钥德行文章为时名臣,仕至参知政事。"

清黄宗羲等《宋元学案》卷六《正议楼西湖先生郁》:"楼郁,字子文,自奉化徙鄞,卜居城南。志操高厉,学以穷理为先,为乡人所尊。处穷约,屡空自乐。庆历中,诏郡县立学,延致乡里有文学、行义者为之师。先生掌教县庠者数年,又教授郡学,前后三十余年。学行笃美,信于士友,一时英俊皆在席下。门人之知名者,清敏丰公稷、光禄袁公毂、天台罗公适也。登进士第,调庐江主簿。自以禄不及亲,绝仕进意,以大理评事终于家。有遗集三十卷,赠正议大夫。子孙皆踵世科。五世孙钥德行文章为时名臣,仕至参知政事。"

清王梓材等《宋元学案补遗》卷六《补正议西湖楼先生郁》:"附录:先生祖以选为县录事,有隐德及人。父某尤积善,以古学为乡人所尊。

"王荆公与先生书曰:'足下学行笃美,信于士友,穷居海滨,自乐于屡空之内,此某所仰也。'

"史真隐《西湖楼先生赞》曰:'翁临西蜀,一化南闽,公以是教作成。吾鄞逮今,士子传学彬彬,收功贻厥,世有显人。'

"戴剡源曰:'吾乡奉化经学渊源可考者,起楼先生文叔,文叔与慈溪杜先生醇,一时俱为鄞令王荆公所尊礼。文叔终庆历中,其门人弟子散布东南,而私淑于奉化者:赵教授芘民、舒文靖公元质。荆公为政,以经义设科,取士奉化,去开封远,文叔之徒多不屑仕。至渡江久之,乃稍以经进,而毛氏《诗》最盛。'

"黄南山《先贤正议楼先生赞》曰:'仁乎正议,箪瓢屡空。春风乡校,时雨名公。晚遗禄养,邈尔云鸿。本支百世,子孙其逢。'"

《乾道四明图经》卷三《奉化县·人物》:"楼郁,字子文,志操高厉,尚友古人,经明博学,其为词章,务极于理,教授乡里,人咸以先生称之。按曰:'此数卷脱略殊甚,然自明以来传写,但只此本,则久非全书矣。今所校补,具详佚文卷中。'"

《宝庆四明志》卷八《先贤事迹上》:"楼郁,字子文。志操高厉,学以穷理为先。庆历中诏郡国立学,其不置教授员者,听州里推释,公首应选,郡人翕然师尊之。俞公充、丰公稷、袁公毂、舒公亶,皆执经焉。荆国王公安石宰鄞,以书致之曰:'足下学行,信于士友,某所仰叹。'

"登皇祐五年进士第,调庐江主簿,丁母忧,自叹禄不及亲,绝仕进意,以大理评事终于家。有遗集三十卷。子常、光,孙异、弁,五世孙锷、铉、钥、钒,六世孙汶、淮、澈,七世孙采,皆取世科。"

《延祐四明志》卷四《人物考上》:"楼先生郁,字子文。自奉化徙鄞,卜居城南,志操高厉,学以穷理为先,为乡人所尊,处穷约,屡空自乐。

"庆历中,诏郡县立学,延致乡里有文学、行义者为之。先生掌教县庠者数年,又教授郡学,前后三十余年,学行笃美,信于士友,一时英俊皆在席下,门人之知名者清敏丰公稷、光禄袁公毂、天台罗公适也。登进士第,调庐江主簿,自以禄不及亲,绝意仕进,以大理评事终于家。有遗集三十卷,赠正议大夫,子孙皆踵世科。五世孙钥德行文章,为时名臣,仕至参知政事。"

《乾道四明图经》卷十二《进士题名记》:"皇祐五年郑獬榜:楼郁。"《宝庆四明志》卷十《进士》:"皇祐五年郑獬榜:楼郁。"

楼郁《宋故夫人洪氏墓志铭》:"将仕郎试秘书省校书郎前守无为军庐江县主簿楼郁撰。……郁与陈君同年中进士第。"注:是志撰于宋嘉祐七年

（1062）。

舒亶《宋明长史王公墓志铭》："明有五先生，前则慈溪杨君适、杜君醇、鄞王君致，其后则奉化楼君郁与先生其人也。之五人者，皆以行谊术业表其州乡者也。"注：是志撰于元祐元年（1086）。

汪大猷《宋故楼君墓志铭》："曾大父郁，故任大理评事，累赠正议大夫。"注：是志撰于宋绍兴十一年（1141）。

注：楼氏家族为甬上望族，研究颇多，较有代表性的有黄宽重《宋代的家族与社会》第二篇（国家图书馆出版社 2009 年版）、包伟民《宋代明州楼氏家族研究》（收于《传统国家与社会：960—1279 年》，商务印书馆 2009 年版）。专题性专著则有郑传杰等《楼氏家族》（宁波出版社 2012 年版）。黄宽重《宋代四明士族人际网络与社会文化活动——以楼氏家族为中心的考察》则为楼氏家族和宋代士族交游研究之重要文章，见于《文化的馈赠——汉学研究国际会议论文集·史学卷》（北京大学出版社 2000 年版）。

庆历五先生之研究，因资料奇缺，故较少，多为概述性研究，如管敏义《浙东学术史》（华东师范大学出版社 1993 年版）第二章有一节论述。近来研究有张如安《汉宋宁波文学史》（中国文联出版社 2001 年版），该书专注于庆历五先生的诗文创作。他的《北宋宁波文化史》（海洋出版社 2009 年版）和陈晓兰《南宋四明地区教育和学术研究》（凤凰出版社 2008 年版），均对庆历五先生之教育乡里进行研究。

另有俞信芳先生《鄞县楼氏研究中若干难点试释——读〈宋代明州楼氏家族研究〉、〈鄞塘楼氏宗谱〉札记》一文，载于《天一阁文丛》第五辑（宁波出版社 2007 年版），对目前楼氏家族研究的部分问题有若干灼见，亦对楼郁有大量论述。

葛良嗣　字兴祖，明州鄞县人，后因父源葬丹徒，故迁丹徒。皇祐五年登进士第。历官余姚县尉，终于许州长社县主簿。为官勤勉，王安石为此称颂之，治平间卒。

宋王安石《临川先生文集》卷九十二《葛兴祖墓志铭》："许州长社县主簿葛君，讳良嗣，字兴祖。其先处州之丽水人，而兴祖之父，徙居明州之鄞，兴祖葬其父润州之丹徒，故今又为丹徒人矣。曾大父讳遇，不仕。大父讳旴，赠尚书都官郎中。父讳源，以尚书度支郎中终仁宗时。

"度支君三子，当天圣、景祐之间，以文有声，赫然进士中。先人尝受其挚，阅之终篇，而屡叹葛氏之多子也。既而三子者，伯仲皆早死，独其季在，即兴祖。兴祖博知多能，数举进士，角出其上。而刻励修洁，笃于亲友，慨然

欲有所为,以效于世者也。年四十余,始以进士出仕州县。余十年,而卒穷
于无所遇以死。嗟乎！命不可以控引,而才之难恃以自见盖久矣。然兴祖
于仕未尝苟,闻人疾苦,欲去之如在己。其临视,虽细故,人不以属耳目者,
必皆致其心。论者多怪之,曰:'兴祖老矣,弊于州县,而服勤如此。'余曰:
'是乃吾所欲于兴祖,夫大仕之则奋,小仕之则殆忽以不治,非知德者也。'兴
祖闻之,以余言为然。

"兴祖娶胡氏,又娶郑氏。其卒年五十三,实治平二年三月辛巳。其葬
以胡氏祔,在丹徒之长乐乡显扬村,即其年十一月某甲子也。兴祖三男子:
繁、蕴,皆有文学。繁,许州临颍县主簿;蕴,登州穄县主簿。蕨,尚幼也。四
女子皆未嫁云。铭曰:'蹇于仕以为人尤,不慭施以年,孰主,孰谋。无大憾
于德,又将何求。'"

佚名《京口耆旧传》卷一《葛良嗣》:"葛良嗣,字兴祖,丹徒人。王安石为
撰墓志,称其先家处之丽水,父度支郎中源徙居明州之鄞,死葬丹徒,故为丹
徒人。博知多能,数举进士,角出其上。而克厉修洁,笃于亲友,慨然欲有所
为,以效于世。

"年四十余,始以皇祐五年进士出仕州县十余年,终于许州长社县主簿。
兴祖于仕未尝苟,闻人疾苦,欲去之如在己。其所临视,虽细故,人不以属耳
目者,必皆致其心。论者多怪之,曰:'兴祖老矣,弊于州县,而服勤如此。'余
曰:'是乃吾所欲于兴祖者,夫大仕之则奋,小仕之则殆,忽不治,非知德者
也。'兴祖闻之,以余言为然。安石又作良嗣挽诗云:'忆随诸彦附青云,场屋
声名看出群。孙宝暮年会主簿,卜商今日更修文。山川凛凛平生气,草木萧
萧数尺坟。欲写此哀终不尽,但今千载少知君。'子繁尝知镇江府,蕴亦擢嘉
祐八年进士第云。"

《乾道四明图经》卷十二《进士题名记》:"皇祐五年郑獬榜:葛良嗣。"《宝
庆四明志》卷十《进士》:"皇祐五年郑獬榜:葛良嗣,贯开封。"《延祐四明志》
卷六《人物考下》:"皇祐五年郑獬榜:葛良嗣,贯开封。"《光绪余姚县志》卷十
八《职官表》:"宋尉,葛良嗣,丽水人,嘉祐六年任。"

陈诒　明州象山县人,一说明州鄞县人。陈诜堂弟。登皇祐五年进士
第,历官彰信军节度推官。

《乾道四明图经》卷十二《进士题名记》:"皇祐五年郑獬榜:陈诒,诜之堂
弟。"《宝庆四明志》卷十《进士》:"皇祐五年郑獬榜:陈诒,诜堂弟。"《延祐四
明志》卷六《人物考下》:"皇祐五年郑獬榜:陈诒,诜堂弟。"《道光象山县志》
卷十二《选举·宋》:"陈诒,皇祐五年癸巳科郑獬榜,《宝庆志》:诜堂弟。"

周镛《宋故陈府君并俞氏夫人墓志铭并序》："而府君又不能治之,唯喜购书营塾,延四方伟业之士,而教其子以学。合伯氏之子凡十有四人,皆使为士,彬彬然以文行相胜。曰:'此而为产,何患于贫哉?'未几,登进士第者三人,领乡荐者六七人。……子男三人:长曰诒,彰信军节度推官。"注:是志约撰于宋熙宁五年(1072)。

注:陈诒籍贯、事迹,有象山、鄞县二说,可见于前"陈诜"条。

陈谅 明州象山县人,一说明州鄞县人。陈诜之兄。登嘉祐二年进士第,初授庐州慎县主簿,后历官蔡州司法参军、石楼县令、德化县令,五十余岁时以秘书省著作佐郎致仕。元丰改制后,改宣作郎,后迁奉议郎,绍圣时卒,终年七十九岁。

《乾道四明图经》卷十二《进士题名记》:"皇祐五年郑獬榜:陈谅,诜之兄。"《宝庆四明志》卷十《进士》:"皇祐五年郑獬榜:陈谅,诜之兄,贯开封。"《延祐四明志》卷六《人物考下》:"皇祐五年郑獬榜:陈谅,诜之兄,贯开封。"《道光象山县志》卷十二《选举》:"陈谅,皇祐五年,《宝庆志》:诜兄,贯开封。"

楼郁《宋故夫人洪氏墓志铭》:"初陈君主庐州慎县簿,以廉白惠爱闻于人,人唯称主簿之善政,而不知夫人之有助也。……郁与陈君同年中进士第。"注:是志撰于宋嘉祐七年(1062)。

丰稷《宋故奉议郎致仕陈公墓志铭并盖》:"公讳谅,字深甫。陈氏为四明望族久矣,其来不可得。而考曾大父招,大父延禄,皆不仕。父轲,赠金紫光禄大夫。母王氏,追封太原郡太夫人。……公皇祐五年中进士第,释褐主庐州慎县簿。再补泰州司理参军,不赴,丁郡太夫人忧。服除,任蔡州司法参军,次调隰州石楼县令。用举者监在京大通北门,复授泉州德化县令。……年方五十余,奋然请谢事,宗族朋旧与其州将慰勉之甚力,竟不可夺,以秘书省著作佐郎致仕。元丰五年官制肇新,改宣德郎。元祐初,以今上践祚需恩,迁奉议郎,赐五品服,加飞骑尉勋,父母赠封未尽一等。……公以绍圣五年正月初二日终于家,享年七十有九。卜以元符二年四月初一日,葬于鄞之翔凤乡邹溪里,从先茔也。"注:是志撰于宋元符二年(1099)。

注:陈谅籍贯、事迹,有象山、鄞县二说,可见于前"陈诜"条。

嘉祐二年丁酉(1057)章衡榜

刘仲渊 明州鄞县人。登嘉祐二年进士第。事迹无考。

《乾道四明图经》卷十二《进士题名记》:"嘉祐二年章衡榜:刘仲渊。"《宝庆四明志》卷十《进士》:"嘉祐二年章衡榜:刘仲渊。"《延祐四明志》卷六《人物考下》:"嘉祐二年章衡榜:刘仲渊。"

于锐　明州鄞县人。登嘉祐二年进士第。嘉祐间为余姚县主簿。

《乾道四明图经》卷十二《进士题名记》:"嘉祐二年章衡榜:于锐。"《宝庆四明志》卷十《进士》:"嘉祐二年章衡榜:于锐,贯开封。"《延祐四明志》卷六《人物考下》:"嘉祐二年章衡榜:于锐,贯开封。"

舒亶《宋故丁氏夫人墓志铭》:"将仕郎守越州余姚县主簿于锐书。"注:是志撰于宋嘉祐八年(1063)。

注:查历代《余姚县志》所载职官,无于锐,或可增补史阙。

陈辅　字安国,先世居泉州,后徙明州象山县。陈大雅之子,登嘉祐二年进士第。初授校书郎、司理滨州部使者,后迁义乌令,整饬吏治,禁绝私货,颇有政绩。又在忠武军推官,知武当县,移风易俗,筑塘防洪,因知安吉,赈济灾民,清理狱讼,更定"浙西法",为沈括所推行。后又迁屯田员外郎等职,官终知邛州。

宋晁补之《鸡肋集》卷六十七《朝奉郎致仕陈君墓志铭》:"陈,妫姓,舜后,满始封陈,至完有齐。其裔徙泉州仙游者曰郁,有文学,事王审知,为谏议大夫。郁生荣绪,以勇名。福州归于钱氏,而儇为东府安抚使,治福州,奏荣绪司马,复徙明州象山。世乱,子孙因不仕,而其四世孙曰大雅,工为诗,而甚好义,尝舍逆旅,遇之远官病坐死者,倒囊济之,留阅月,病者去乃去。尤为清宪赵公抃所知,而年八十有八,竟不用。用钟其庆于君,以君登朝,累迁通直郎。配丁氏,封仙源县君,继刘氏,封仁寿县君,而仙源实生君。

"君讳辅,字安国,四岁丧仙源县,哀慕如成人。七岁,诵书百卷,能为人言其意。中嘉祐二年进士第,授校书郎,司理滨州部使者,郡守争欲出己门下。迁义乌令,尉王锡轻且专,一日,无罪鞭其吏十辈,皆不服,哗然欲起。君闻,往候锡,徐数隶罪,收去,锡曰:'微君,殆不济。'双林傅大士道场岁输供至二百万缗,提点刑狱元积中欲尽以助公,君持不可,犹取七十万,然双林赖是不为墟。民有以财雄其里中,私货禁物者,君忽出令曰:往某民室,取某物几何。民不得逃,物若合契,咸以为神。秦固监兵润州,其子勉,君妹之婿也。勉死,家常有怪扰人,会君道润,止固家三日,阒然。君适登舟,怪已复。迁忠武军推官,知武当县。县濒汉,数溃堤,君教民以大竹络石为岸,高五丈,方冬下之,明年水至,无患。武当山有诸葛孔明庙,俗以清明数百人为社祠神,以佟相夸,或格斗死,君因其俗加约束,争为衰。改著作佐郎,知安吉县,岁饥,籍富家出粟食,流民所活以千计。将代,民诣郡及使者,言:'古之循吏,所去见思:我曹于陈君,不待去而思,思其将去而不乐也。'使者知其才，命摄华亭，且俾求前令张若济罪。君不愿，使者怒，徙摄寿昌。日与其僚饮酒，寻山水，作诗百篇，率以"县小为官乐"冠之。时王介守湖，请使者曰：'安吉不可以无陈君也。'乃得归，道闻其系囚众，以旦至邑，遽阅牍：有竞渡殴人死，至系百人者，且情得矣，既械应法者于州，余悉遣。至暮，庭为虚，人欢舞。天目山水溉一邑，其附山六乡为防，专利，而下二十一乡请决堤。主簿刘琦视之，千余人拥琦堤下，琦走还。君徐以他事至旁佛舍，召六乡老人谕散之，与约：决堤三日，慰二十一乡民。老人唯，争趋令。而溪悍猛，既决，三日不能复，下乡用穰。

"朝廷初以七十五等定家业、均役钱，使者属君立"浙西法"，而翰林沈公括方察访二浙，遽言于朝，挽与俱，遂推其法浙东。部使者交荐，监杭州市易务兼市舶司。以劳迁秘书丞、太常博士，服五品，差通判信州，未行。丞相苏公颂方尹开封，引以知左军巡判官事，又差通判扬州，或欲穿渠龟山南，径洪泽以避淮波者，疑下有石不可凿，使者复属君，君言可凿，渠成，民便之。迁屯田员外郎，改朝奉郎，管句京东排岸司。时托西疆，又擢通判秦州，未行，权度支。且用矣，会有以君扬州释寄杖事为言者，由是罢去。拘催两浙市易贷钱。继丁仁寿通直忧。服除，管句成都府转运司，文字有飞语：井研令申宗道取井户金。会宗道在府，使者遽遣搜囊，得金，怒，欲自掠讯，君言：匿名书勿治，而金何必井户物。苟未白，以属吏可也。后所司言：金有从来。王子文、霍唐臣、张尧士、赵衮以治郡无状得罪，诏大中大夫以上，以岁举堪知州一员，今门下侍郎许公将首以君应，诏差知邛州事。丞相吕公大防、范公纯仁亦寝知君，复欲用矣。

"会君以疾致仕，元祐四年十一月庚午卒，以某年月日葬于某乡某原。娶张氏德安县君，有淑德，先君二年卒。二子：琦，瀛洲推官，知临江军录事参军；瑸，举进士，志艺甚修。而琦问学有才智，干其蛊者也。三女，嫁朝请郎曹易、西头供奉官曹晗、左侍禁曹习，而习妻早卒。孙男伯群、仲寔，女一人。君为人恺弟敏强，会亲族，喜宾客，轻财重义，胸中洞然。少贫贱，刻意于学，夜不寝床，置足水中以警寐，故早以文辞有场屋声。东明刘温奇之，使其子概等师焉，概后试礼部第一知名云，铭曰：'以此其志，则无不可成也，命不与期。以此其才，则无不可能也，位不得为。何以信此于时耶？曰：有大君子者数人焉，皆知之，君尚何悲！'"

《宝庆四明志》卷八《先贤事迹上》："陈辅，字安国。五世祖自福州徙居象山。父大雅，工诗，好为义事。辅七岁诵书百卷，家贫力学，夜不寝，置足水中以警寐。登嘉祐二年进士第，知武康县，教民以大竹络石筑海塘，始免水患。知安吉县，救饥，活流民以千计。将代邑，民诣郡及使者借留，使者才之，命摄华亭，俾求前令张若济罪，辅不愿，使者怒，使摄寿昌，守请于使者，复还安吉。后倅扬州，穿渠龟山，南径洪泽，以避淮波，民便之。管句成都转运使文字，知邛州，丞相吕公大防、范公纯仁欲用之，会以疾卒。见晁无咎所撰行状。"

《乾道四明图经》卷十二《进士题名记》："嘉祐二年章衡榜：陈辅，诒之子。"《宝庆四明志》卷十《进士》："嘉祐二年章衡榜：陈辅。"

注：《象山县志》误以鄞县上桥陈辅为象山陈辅，故将陈诜、陈谅、陈诒等子弟当作象山县人，实为错误。见前"陈诜"条。嘉祐二年榜为宋时科举名榜，该榜中第者对北宋政治、文化发展有重大影响，相关研究见曾枣庄《文星璀璨：北宋嘉祐二年贡举考论》（复旦大学出版社 2010 年版）。

嘉祐四年己亥（1059）刘辉榜

丰稷（1033—1107）　字相之。明州鄞县人。登嘉祐四年进士第。初授蒙城主簿，后任谷城令。为政清廉、公平，颇有政声，百姓将其与叶康直并称，有谚："叶光化，丰谷城，清如水，直如衡。"后从官安焘，随使高丽，途遇巨浪，而不变色，安焘为之叹服。因此事为神宗召对，授监察御史。自此屡任台谏，弹劾不避权要，斥退蔡京、章惇之流，以唐仇士良故事直谏徽宗，清直之名闻于朝野，神宗称之最为诚实。后遭蔡京一党排挤，屡贬为海州团练副使等官，卒于任上。建炎时，追赠学士，谥"清敏"。

丰稷著作颇多，但《孟子注》、《浑仪浮漏景表铭词》等皆散佚。民国张寿镛辑有《丰清敏公遗书》六卷，辑录丰稷遗事、诗文、奏疏等，收于《四明丛书》

丰稷
像取自清光绪修《安徽歙县丰氏宗谱》

第一集(广陵书社 2006 年影印本)。

宋刘攽《彭城集》卷二十三《殿中侍御史丰稷可右司谏制》："在廷之臣，位下而望重者，唯谏官而已。为其劘切人主，纪纲国体也。然非其学足以达道，其智足以周务，见微而知著，择善而有容，亦安能称其事而宜其官哉？以某自居宪府，绰有士誉，名不虚得，材实允副。移珥笔之权，当伏蒲之选。谠言正色，乃其素守。吐刚茹柔，毋愧前哲。则我为知人，尔号称职矣。"

宋苏辙《栾城集》卷二十九《丰稷工部员外郎》："敕：具官某：周官司空之职，曰居四民，时地利，盖宫室械器之事不及焉。朕方以恭俭自居，凡兴建百役有所未暇。而大河西流，水性未得。冬宫之责，莫斯为重。尔性质方厚，居官可纪，往佐尔长，职思其忧，以称朕意。可。"

宋苏辙《栾城集》卷三十《丰稷殿中侍御史》："敕：具官某：孔子称有德者必有言。德之无素，而言以为责，则言有失当，而听者惑矣。尔昔为御史，不得其言而去。出使诸道，入居郎曹，端良之声，予有闻焉。其尚一乃心，时以德言来告。俾予一人，获听德之助。可。"

宋吕祖谦《皇朝文鉴》卷三十九《通直郎著作佐郎丰稷可权发遣提举利州路刑狱公事》："尔以儒学有闻，而颇称澹默。试之莅事，其殆不烦。度此祥刑，训于厥属。若予钦恤，尔则有辞。"

宋袁燮《絜斋集》卷九《丰清敏公祠记》："行天下之道，立天下之大节，惟豪杰之士能之。盖豪杰之士，天资高，学力固，不为世俗气味之所诱怵，此所以甚异于常人也。呜呼！若尚书清敏丰公者，真所谓豪杰之士也欤！历事三朝，以道自任，巍乎如泰华之崇，确乎如金石之坚，凛乎如冰霜之洁。夷险一致，始终不渝。公道赖以维持，善人赖以植立，至今海内咸推尊之。盖尝诵公之诗，有曰：'日来月往无成期，好把心源早夜思。'而后知公之所以特立者，源乎是心而已，大哉心乎！天地同本，精思以得之，兢业以守之，则亦可以与天地相似。箪食豆羹，得之不得，死生分焉。呼而与之不受，蹴而与之不屑，人之本心，何尝不刚哉！物欲摇之，不能无动，而本然之刚，转而为弱矣！弱而不返，以顺为正，自同妾妇，岂不悲哉！公之使绝域，涉巨海，震风折樯，势若覆矣，恬弗为惧。正色立朝，辨宣仁之诬，排章蔡之奸。论熙宁之法度，以为当改，宁与时忤，不为己计。非有得于心，能如是乎？内而退朝之后，外而公事之余，独处一室，恬无他好，惟以图史自娱，不侈奉养，不畜妾媵。萧然一山林学道之士也。名位清显，余三十年，所得俸赐，散与亲故，家无余赀。

"岁晚还乡，有田才十亩，敝庐仅十余间，陶然自适，年逾从心，头发不白。陈忠肃公,谪居于鄞,于是得朋,病且危,犹与陈公对语,清爽如平日然。所养之深,于是可占矣。"

宋陈瓘《宋礼部尚书叙复朝请郎提举亳州太清宫丰公墓志》:"公讳稷,字相之,明州鄞县人。曾祖衍不仕,祖表,赠朝奉郎,父禄,赠通奉大夫。

"公嘉祐四年及进士第,初任亳州蒙城县主簿,历真州六合主簿、襄州谷城县令。丁太夫人忧。服除,以宁海军节度推官,知越州山阴县丞,未赴。河北京东安抚使安焘辟,构当公事,还朝复用。安焘辟借著作佐郎,奉使高丽,书状官使还,迁著作佐郎,知开封府封邱县,召上殿,除太子中允、监察御史。里行官制,行易通直郎、监察御史,改秘书省、著作佐郎,擢吏部员外郎,以尝言右丞王安礼避嫌,不就。提点利州路刑狱。哲宗即位,再迁承议郎,移成都府路,召拜工部员外郎、殿中侍御史、右司谏,转朝奉郎、国子司业、起居舍人、太常少卿、国子祭酒,转朝散郎。上幸太学,命讲《尚书·无逸》,面赐金紫,遂兼侍讲,迁权刑部侍郎。乞外郡。绍圣元年以集贤院学士知颍州,移知江宁府。过阙,拜龙图阁待制知广州,充广东经略安抚使,陛辞,留拜吏部侍郎。复丐出,以待制河南府兼西京留守,移知郓州,京东西路安抚使,复知西京。明年,移知成德军兼真定路安抚使,转朝请郎,改知颍昌府,西京北路安抚使,徙知应天府兼南京留守。复知西京,又知南京,以疾乞知湖州,俄徙知杭州,浙西兵马钤辖,转朝奉大夫。上即位,转朝奉大夫,召拜左谏议大夫。未至,拜御史中丞,改工部尚书兼侍读,迁礼部尚书,复乞乡郡,以枢密直学士知苏州,改越州,浙东兵马钤辖,降授宝文阁待制,知明州,未至。落待制,知常州,贬海州,团练副使睦州安置,道州别驾,台州安置。除名建州居住,移婺州居住。叙复朝请郎,提举亳州太清宫。以大观元年十二月二十九日薨于正寝,享年七十有五。积勋至上柱国,缙云郡开国侯,食邑一千二百户。

"公娶李氏,太宁郡君;陈氏,文安郡君。男三人:长安常,试太学正;次大常,寿州寿春县主簿,皆早卒,次希仁,承奉郎。女二人:长适朝散大夫蔺中谨,次适奉议郎郭受。孙男四人:长济,辽山县尉;治,承奉郎;涣、渐未仕。孙女一人,适承议郎张琪。希仁得迷罔之疾,不能当大事,济自辽州弃官,承重而归,以三年十二月十五日庚寅葬公于鄞县通远乡银山妙智之原。门人叙复宣德郎赐绯鱼袋陈瓘谨次。"

宋李朴《丰清敏公遗事》:"公讳稷,字相之,明州鄞县人。登嘉祐四年进士第。……始仕,主蒙城簿书……为襄州谷城令,县居汉上,号剧邑,富赀豪族聚居,前令鲜能以苟苴自洁,公独以善政公平称。会曾子固、韩持国相继守襄，皆深奇公，与为笔研友，不以诸吏待之。时兵部侍郎叶康直宰光化，亦有能名，襄阳人歌之曰：'叶光化，丰谷城，清如水，直如衡。'……安厚卿安抚河北京东，辟为属官，同列往往务矜肆，过饬舆马，凌忽州县。公独不为表襮，每单骑挟以一卒，所至，躬见父老，延问疾苦，接官吏尽礼，人皆叹服。厚卿于是益叹重之，使高丽。……乃改著作佐郎，改秩，选知封邱，县为畿邑。若素权要请托，公亦不峻拒，第直其情，取平于法，终不以人为重轻，人亦不敢干以私，民吏畏爱之。会御史中丞李资深定荐公可为台官。……翌日，拜太子中允、监察御史。……公为御史三年，弹劾不避权要，神宗尝谓谏官舒亶曰：'丰稷论事最诚实。'公益感励，执政忌之，会高选，馆职遂徙公著作佐郎，在馆逾年，迁吏部员外郎。……提点利州路刑狱，公在利路，会军贼王冲劫略商号、金洋间，有旨陕西与利路、京西提刑督捕盗，官擒捉久未获，诏促限愈急。公躬率巡尉扼截险要，至逾时不归廨舍。冲与其党欲度汉中，而公以兵阻隘，卒不得西，遂为险军所擒。哲宗即位，徙成都府路提点刑狱。……召为工部员外郎。……罢为太常少卿。公力辞，乞捕外，章六上，……乃迁公为国子祭酒，……翌日诏兼侍讲，儒者荣之，权刑部侍郎，……权侍郎二周岁迁待制，公累章乞补外官，上不从，……公但逊谢而乞外愈力，遂以集贤知颍州，自颍而知江宁府，过阙入觐，擢龙图待制，知广州，……更徙西京，未几，复守南都，以眩疾丐知湖州，诏从之。几岁，改知杭州，在杭凡三年杭为东南会府，民物繁富甲天下，风俗多以侈靡自尚，公素以简俭恬静称，始至，吏辈以为公必革奢费，过为削弱以取禀，公徐度其宜，裁以中制。民讼至庭，辨析毫厘，听断明审，吏不能欺，钱塘人至今诵说其政。……徽宗即位，首召公为左谏议大夫。……改御史中丞，……建中靖国元年，方议哲宗配享功臣，公为礼部尚书，……遂罢，迁礼部尚书。……崇宁初，蔡京复得政，……降职知明州，……贬海州团练副使，睦州安置，道州别驾，台州安置。"

元脱脱等《宋史》卷三百二十一《丰稷传》："丰稷，字相之，明州鄞人。登第，为谷城令，以廉明称。从安焘使高丽，海中大风，樯折，舟几覆，众惶扰莫知所为，稷独神色自若。焘叹曰：'丰君未易量也。'知封丘县。神宗召对，问：'卿昔在海中遭风波，何以不畏？'对曰：'巨浸连天，风涛固其常耳，凭仗威灵，尚何畏！'帝悦，擢监察御史。治参知政事章惇请托事，无所移挠，出惇陈州。徙著作佐郎、吏部员外郎，提点利州、成都路刑狱。

"入为殿中侍御史。上疏哲宗曰：'陛下明足以察万事之统，而不可用其明；智足以应变曲当，而不可用其智。顺考古道，二帝所以圣；仪刑文王，成王所以贤。愿以《洪范》为元龟，祖训为宝鉴，一动一言，思所以为则于四海，为法于千载，则教化行，习俗美，而中国安矣。'刘奉世册立夏国嗣子乾顺，而乾顺来贺成坤节，奉世遽出境，稷劾之，奉世以赎论，迁右司谏。扬、荆二王为天子叔父，尊宠莫并，密令蜀道织锦茵。稷于正衙论曰：'二圣以俭先天下，而宗王僭侈，官吏奉承，皆宜纠正。'既退，御史赵几谓曰：'闻君言，使几汗流浃背。'

"改国子司业、起居舍人，历太常少卿、国子祭酒。车驾幸太学，命讲《书·无逸篇》，赐四品服，除刑部侍郎兼侍讲。元祐八年春，多雪，稷言：'今嘉祥未臻，沴气交作，岂应天之实未充，事天之体未备，畏天之诚未孚欤？宫掖之臣，有关预政事，如天圣之罗崇勋、江德明，治平之任守忠者欤？愿陛下昭圣德，祗天戒，总正万事，以消灾祥。'帝亲政，召内侍居外者乐士宜等数人。稷言：'陛下初亲万机，未闻登进忠良，而首召近幸，恐上累大德。'

"以集贤院学士知颍州、江宁府，拜吏部侍郎，又出知河南府、加龙图阁待制。章惇欲困以道路，连岁亟徙六州。徽宗立，以左谏议大夫召，道除御史中丞。入对，与蔡京遇，京越班揖曰：'天子自外服召公中执法，今日必有高论。'稷正色答曰：'行自知之。'是日，论京奸状，既而陈瓘、江公望皆言之，未能动。稷语陈师锡等曰：'京在朝，吾属何面目居此？'击之不已，京遂去翰林。又乞辨宣仁诬谤之祸，且言：'史臣以王安石《日录》乱《神宗实录》，今方修《哲宗实录》，愿申饬之。'时宦官渐盛，稷怀《唐书·仇士良传》读于帝前，读数行，帝曰：'已谕。'稷为若不闻者，读毕乃止。

"曾布得助嬖暧，将拜相，稷约其僚共论之。俄转工部尚书兼侍读，布遂相。稷谢表有'佞臣'之语，帝问为谁，对曰：'曾布也。陛下斥之外郡，即天下事定矣。'改礼部。论宋用臣不当赐美谥，不为书敕。哲宗升祔，议功臣配享，稷以为当用司马光、吕公著。或谓二人尝得罪，不可用。稷曰：'止论其有功于时尔，如唐五王岂非得罪于中宗，何嫌于配享？'又言：'陛下以"建中靖国"纪元，臣谓尊贤纳谏，舍己从人，是谓"建中"；不作奇技淫巧，毋使近习招权，是谓"靖国"。以副体元谨始之义。'禁内织锦缘宫帘为地衣，稷言：'仁宗衾褥用黄绨，服御用缣缯，宜守家法。'诏罢之。

"稷尽言守正，帝待之厚，将处之尚书左丞，而积忤贵近，不得留，竟以枢密直学士守越。蔡京得政，修故怨，贬海州团练副使、道州别驾，安置台州。除名徙建州，稍复朝请郎。卒，年七十五。建炎中，追复学士，谥曰清敏。

"初，文彦博尝品稷为人似赵抃，及赐谥，皆以'清'得名。稷三任言责，每草疏，必密室，子弟亦不得见。退多焚稿，未尝以时政语人。所荐士如张庭坚、马涓、陈瓘、陈师锡、邹浩、蔡肇，皆知名当世云。

"论曰:'……稷劾蔡京,论司马光、吕公著当配享庙廷,盖亦名侍从也。'"

《乾道四明图经》卷二《人物》:"丰稷,字相之,邑人也。弱冠登嘉祐四年进士第。历襄州谷城令,韩持国维、曾子固巩相继守襄,奇之,荐于朝。是时兵部侍郎叶康直方为光化令,亦有能名,韩公尝曰:'丰叶二令,它日必皆清。'近襄阳人歌之曰:'叶光华、丰谷城,清如水,平如衡。'以选知封丘县。大臣荐其清修俭直,宜为御史,乃除监察御史里行,为御史三岁,惮劾不避权要,神宗尝谓台谏曰:'惟丰稷论事最诚实。'后自成都府路提刑召为工部外郎,复以荐拜殿中侍御史,改国子司业,除起居舍人,权中书舍人,迁太常少卿、国子祭酒兼侍讲、刑部侍郎。以集贤院学士知颍州,自颍迁待制,移知广州,过关留觐,拜吏部侍郎。丐出,累典大藩,召拜谏议中丞、工部尚书,责降,叙复提举亳州太清宫以薨。"

"被遇三朝,出入数十年,终始一节,清德重望,达于天下。性嗜学,逮老不衰。素恬静寡言,平居危坐,终日不跂,倚常若对大宾,虽见卒隶,必正衣冠,无倨惰容。追复枢密直学士,谥曰清敏。"

《乾道四明图经》卷十二《进士题名记》:"嘉祐四年刘辉榜:丰稷。"《宝庆四明志》卷十《进士》:"嘉祐四年刘辉榜丰稷。"《延祐四明志》卷六《人物考下》:"嘉祐四年刘辉榜:丰稷。"

丰稷《宋故奉议郎致仕陈公墓志铭并盖》:"朝请郎充龙图阁待制知湖州军州事、兼管内劝农使、上护军高邮县、开国子食邑五伯户、赐紫金鱼袋丰稷撰。"注:是志撰于宋元符二年(1099)。

注:丰氏家族自丰稷起,为四明望族,由宋至明,不乏丰安常、丰治、丰有俊、丰坊等名宦雅士。然丰氏家族的相关研究,多重于明代丰坊,宋代丰氏族人,研究较少,仅张如安《鄞县望族》(浙江古籍出版社 2009 年版)一书中有所介绍,另有陈斐容《丰氏家族考述》,收于《浙东文化论丛》2009 年第一辑(上海古籍出版社 2009 年版)。而关于丰稷本人的研究,疑因其诗文传世较少,仅张如安《北宋宁波文化史》(海洋出版社 2009 年版)中有专节涉及。

俞充(1033—1081) 字公达,明州鄞县人。登嘉祐四年登进士第。初令虞乡,有诗传世。熙宁时为都水丞、提举沿汴淤泥溉田,政绩斐然,曾得良田八万顷。后历官检正中书户房,加集贤校理、淮南转运副使等职,又迁成都路转运使。俞氏以边功闻名。神宗时,任右正言、天章阁待制,知庆州、环庆路经略安抚使,平定羌族叛乱,力阻西夏劫掠环庆路田产,且严肃军纪,主张西伐西夏,然未竟而死,年四十九岁。

俞氏所著《奏议》、《边说》均佚，今存诗二十一首，为厉鹗《宋诗纪事》、陆心源《宋诗纪事补遗》所辑，《全宋诗》亦录。

清厉鹗《宋诗纪事》卷二十七《俞充》："充，熙宁中为虞乡令。"

清陆心源《宋诗纪事补遗》卷二十三《王官谷十咏并序》："王官谷，山水之胜，甲于关右，由司空表圣所尝居，名尤著于天下。好事者道出虞阪，必枉辔以游之。洒涤尘虑，想慕清风，随其人所得，皆有以为乐。题名满山岩屋壁，独诗篇未甚闻于世，岂骚雅之客多牵于车马之劳，不暇作耶？抑有之不能传耶？不然，何遣之耶？予为令于此三年，暇日登览，王官之景，尽得之矣。因成十咏，自愿其词之鄙俚，不足以暴人之视听，更冀当世之能诗者共赋之，将以扬山川之清辉，发古人之潜德云。"

清陆心源《宋诗纪事补遗》卷二十三《贻溪怀古十篇并序》："唐衰，全忠僭窃，士之有忠义之心者，皆深嫉之。而能洒然脱去，不污其身，得全其节者，表圣一人而已。予令于虞，表圣之居适在境内，造其祠，拜其像，想慕其平生，为之赋《王官谷十咏》，更邀世之能诗者和之，以发扬其潜德。奈何士之知表圣者，以休休、莫莫而止耳。

宋陆游《老学庵笔记》卷十之"俞充条"："元丰间，有俞充者，谄事中官王中正，中正每极口称之。一日，充死，中正辄侍神庙言：'充非独吏事过人远甚，参禅亦超然悟解。今谈笑而终，略无疾恙。'上亦称叹，以语中官李舜举。舜举素敢言，对曰：'以臣观之，止是猝死耳。'人重其直。"

宋秦观《淮海集》卷三十八《代御书手诏记》："元丰元年八月，诏以先臣某为天章阁待制、环庆路安抚经略使。三年四月，环州肃远寨慕家白子等，剽属羌，构兵马乱，攻杀旁族。先臣遣第二将张守约，走马承受陆中招降之，诛其不听命者，于是羌族始定。而亡入夏国者，凡三百人。复遣守约屯寨上，檄夏人使归其众，夏人承命震恐，以其众归。

"初，慕羌之叛也，附置以闻，有诏：'得亡者无小大长少，皆即其地斩之。'至是，斩其酋豪百二十有二人，而录其胁从幼弱妇女百四十有二人。请于朝，诏皆原之。既又别赐手诏褒谕，先臣跪捧伏读，感激涕下，退谓臣曰：'我本孤生，蒙上识拔，宠遇如此，自度无以报万一，惟与汝曹共誓捐躯而已。'

"明年先臣下世，臣等衔奉遗训，夙夜殒越。念无以致区区者，辄求金石，具刻明诏，以为不朽之传。盖亦先臣之念也。昔唐相权德舆尝读太宗所赐手诏。至流涕曰：'君臣之际乃尔耶！'臣以为万世之后，当有读明诏而感动复如德舆者矣，岂特今日为百执事之劝哉。六年月日，承务郎臣俞次皋记。”

《宋史》卷三百三十三《俞充传》：“俞充，字公达，明州鄞人。登进士第。熙宁中为都水丞、提举沿汴淤泥溉田，为上腴者八万顷。检正中书户房，加集贤校理、淮南转运副使，迁成都路转运使。茂州羌寇边，充上十策御戎。神宗遣内侍王中正同经制，建三堡，复永康为军，因诈杀羌众以为中正功，与深相结，至出妻拜之。中正还阙，举充可任。召判都水监，进直史馆，中书都检正御史彭汝砺论其媚事中正，命遂寝。

“河决曹村，充往救护，还，陈河防十余事，概论‘水衡之政不修，因循苟且，浸以成习。方曹村决时，兵之在役者仅十余人，有司自取败事，恐未可以罪岁也’。加集贤殿修撰、提举市易，岁登课百四十万。故事当赐钱，充曰：‘奏课，职也，愿自今罢赐。’诏听之。

“擢天章阁待制、知庆州。庆阳兵骄，小绳治辄肆悖，充严约束，斩妄言者五人于军门。闻有病苦则巡抚劳饷，死不能举者出私财以周其丧，以故莫不畏威而怀惠。环州田与夏境犬牙交错，每获必遭掠，多弃弗理，充檄所部复以时耕植。慕家族山夷叛，举户亡入西者且三百，充遣将张守约耀兵塞上，夏人亟反之。

“充之帅边，实王珪荐，欲以遏司马光之入。充亦知帝有用兵意，屡倡请西征，后言：‘夏酋秉常为母梁所戕，或云虽存而囚，不得与国政。其母宣淫凶恣，国人怨嗟，实为兴师问罪之秋也。秉常亡，将有桀黠者起，必为吾患。今师出有名，天亡其国，度如破竹之易。愿得乘传入觐，面陈攻讨之略。’诏令掾属入议，未及行，充暴卒，年四十九。

“论曰：‘……俞充制军禁暴，足为能臣，而希时相之意，倡请西征，使其不死，边陲之祸，其可既乎？’”

《乾道四明图经》卷二《人物》：“俞充，字公达，邑人也。中嘉祐四年进士第。官至右正言、天章阁待制、环庆路经略安抚使。环州有田与夏国相错，岁种为虏所掠，未有敢诘者，由是委而荒之。充至，檄州所部以时耕种，卒不敢犯。属羌山夷啸聚叛，充授第二将张守约以筹算，且招且讨，有亡入夏国者三百户。充又遣守约耀兵塞上，夏人亟归亡者，充释其胁从老弱，以奏不浹，旬遂获安妥，手诏褒焉。沿边属羌乏马，充条上劝赏买马之法，朝廷可其奏，下诸路行之。未久，属羌乐于畜养，大增战马之利。

“庆阳兵素玩恩，稍绳治往往震摇。充至，严约束，斩五妄言者于和门，军始肃然。卒之夕，大星陨于寝堂之北，有《奏议》五卷、《边说》二卷藏于家。”

《宝庆四明志》卷八《先贤事迹上》："俞充字公达，鄞人。登嘉祐四年进士第。熙宁三年五月，以著作郎、编修中书条例。累迁都检正，集贤殿修撰、都提举市易司及在京诸司库务。宰臣王珪知上欲伐夏国，元丰元年八月，奏充为右正言、天章阁待制，知庆州、环庆路经略安抚使。环州有田，与夏相错，委而荒之。充檄所部以时耕种，虏不敢犯。属羌山夷啸聚背叛，充授第二将张守约以筹算，且招且讨，有亡入夏国者三百户。充又遣守约耀兵塞上，夏人亟归亡者。条上劝赏买马之法，骑马顿增。

"庆兵素玩恩，充绳以法，军始肃然。屡上取灵武之章。四年六月，暴卒。高遵裕代之，西师乃困。充有《奏议》五卷、《边说》二卷，藏于家。以旧志所载及《续通鉴》参修。"

《乾道四明图经》卷十二《进士题名记》："嘉祐四年刘辉榜：俞充。"《宝庆四明志》卷十《进士》："嘉祐四年刘辉榜：俞充。"《延祐四明志》卷六《人物考下》："嘉祐四年刘辉榜：俞充。"

朱长文　字伯原，宋元诸志以其为明州鄞县人，然据其墓表、墓志，中举时应已随父祖徙苏州。师从北宋著名学者孙复未冠即登嘉祐四年进士乙科。然初未授官，归居乡里，修葺乐圃，著书立说，一时为东南文人交游之重地。后屡荐出仕，历官苏州教授、太学博士等职，为官清明，重教礼学，元符元年终于官。

朱长文存世著作颇多，以《吴郡图经续记》和《琴史》最为著名，其余有《墨池编》（浙江人民美术出版社 2012 年点校本）、《乐圃余稿》（上图藏清康熙刻本，台湾商务印书馆影印文渊阁《四库全书》本）、《续书断》（上图藏明刻本）、《易经解》（上海古籍出版社《续修四库全书》影印明崇祯四年刻本）等。

宋郑虎臣《吴都文粹》卷一《学校记》："……由景祐迄今五十余载，学者倍蓰于当时，而居不加辟也。长文适忝命掌学，周视黉舍，倾陊褊迫，寒薄暑燠，诸生病之，来者无所处，乃与同僚议请南园隙地以广斋庐。屡念于郡守，部刺史病财用之不给，会文正之子兵部侍郎公纯礼以厚德远业，见器朝廷，出自奉常制置江淮六路漕事，拥使者节过乡上冢，乃以学舍之微白公。公既即学，拜文正公遗像，延见诸生，感慨陈迹，即奏言：'苏、润之学，皆先臣所建，后之人不葺而斋室不庇风雨，讲习无所，愿给钱修广。'而今太守谏议王公在润，先以润学为请，有诏各以度牒千纸充其费。时元祐四年五月也。……（淳熙）十六年赵彦操建御书阁、五贤堂在讲堂左，五贤谓陆贽、范仲淹、范纯仁、胡瑗、朱长文也。"

明钱谷《吴都文粹续集》卷一《吴郡图经续记序》："方志之学，先儒所重。

故朱赣《风俗》之条，顾野王《舆地》之记，贾耽‘十道’之录，称于前史。盖圣贤不出户知天下，矧居是邦而可懵于古今哉？按《唐六典》：‘职方氏掌天下之地图，凡地图命郡府三年一造，与版籍偕上省。’圣朝因之，有闰年之制，盖城邑有迁改，政事有损益，户口有登降，不可以不察也。

“吴为古郡，其图志相传固久。自大中祥符中诏修图经，每州命官编辑而上，其详略盖系乎其人，而诸公刊修者立类例，据所录而删撮之也。夫举天下之经而修定之，其文不得不简，故陈迹异闻难于具载。由祥符至今逾七十年矣，其间近事未有纪述也。元丰初，朝请大夫临淄晏公出守是邦，公乃故相国元献公之子，好古博学，世济其美，尝顾敝庐，语长文曰：‘吴中遗事与古今文章湮落不收，今欲缀辑，而吾所善练定以为惟吾子能为之也。’长文自念屏迹陋巷，未尝出庭户，于求访为艰，而练君道晏公意，屡见趣勉。于是参考载籍，探摭旧闻，作《图经续记》三卷，凡《图经》已备者不录，素所未知则缺如也。会晏公罢郡，乃藏于家。今太守朝议大夫武宁章公治郡三年，以政最，被命再任，比因临长文所居，谓曰：‘闻子尝为《图经续记》矣，予愿观焉。’于是稍加润饰，缮写以献置诸郡府，用备咨阅。固可以质凝滞，根利病，资议论，不为虚语也。

“方圣上睿谟神烈，声教光被，海隅出日，罔不率俾，广地开境，增为郡县。倘或申命方州，更定图籍，则此书庶几有取也。事有缺略，犹当刊补其古今文章，别为吴公总集云。元丰七年九月十五日，州民前许州司户参军朱长文上。”

明钱谷《吴都文粹续集》卷一《图经续记后序》：“秘书省正字枢密院编修朱公伯原尝为前太守晏公作《吴郡图经续记》三卷。既成，而晏公罢去，遂藏于家。其后太守章公虽求其本，以置郡府而见之者尚鲜也。元符改元，安上以不才，滥绾倅符。到郡之后，周览城邑，顾瞻山川，窃欲究古今兴替盛衰之迹，而旧经事简文繁，考证多缺，方欲博访旧闻，稍加增缀而得此书于公之子耜。读之终卷，惜其可传而未传也。于是不敢自秘，偶以承乏郡事，俾镂板于公库，以示久远。若乃著述之本意，则详于自序而虑辞之博赡，指意之深远，则又详于常、林二君之后序矣。兹不重见，姑志其刻镂志岁月云，越明年。岁在庚辰八月望日，朝请郎通判苏州权管军州事祝安上书。”

宋沈遘《西溪集》卷四《敕赐进士及第朱长文可试秘校守许州司户参军》：“敕某：前日朕诏有司以天下所贡士来试于廷，尔以文辞之美，得署乙科，属于吏部。吏部举限年之法，未即用也。今既冠矣，请命以官，惟尔早成，既登策选，复归于家，益修不怠。而且大夫之世也，其人事，其吏方，宜亦习而明矣。往揉州服，毋废毋易，以启扬我休命。可。"

宋米芾《宝晋英光集》卷七《乐圃先生墓表》："乐圃先生，吴郡朱氏，名长文，字伯原，光禄公之子。十九岁登乙科，病足不肯从吏趋。筑室居郡乐圃坊，有山林趣。著书阅古，乐尧舜道。久之，名称蔼然。一邦向服，郡守、监司莫不造请，谋政所急。士大夫过者，必奔□乐圃。以禄为耻，名动京师，公卿荐以自代者甚众，天子贤之，起为本郡教授，以为未广也。起为太学先生，以道授多士。未几，擢东观，仍兼枢府属。元符元年二月丙申，遘疾不禄，享年六十。子耘，杭州盐官尉；耦、耕，举进士。以六月葬至德乡，从先光禄之莹。

"先生道广，不疵短人，人亦乐趋，先生势不在人上，而人不敢议，盖见之如麟凤焉。方擢，欲使大施设而命不假，朝野惜之。著书三百卷，六经有辩说，乐圃有集，琴台有志，吴郡有续记。又著《琴史》，其序略曰：'方朝廷成太平之功，制礼作乐，以比隆商周，则是书也。'岂虚文哉！此先生志也。至于诗书艺文之学，莫不骚雅造古。死之日，家徒藏书二万卷。天子知其清，特赠缣百匹。呜呼！先生可谓清贤矣！余昔居郡，与先生游，知先生者也。

"表曰：穷达有命，出处有时，司出处者，非命而谁。时与命违，士能不出，出而无命，孰稔于时。升公之堂，理公朱丝，清音不改，乐圃松悲。"

宋朱长文《乐圃余稿》之附录《张景修墓志铭》："乐圃先生朱伯原卒于京师，识与不识者皆叹之。先生故人，自玉堂青琐与夫一时贤士大夫，多挽之以诗。

"先生妙龄登乙科，以疾求闲，学且养逾三十年，特起为苏州教授。历五考，召为太学博士，改宣德郎，除秘书省正字，兼枢密院编修文字。先生文章，前宰相范公、今宰相章公尝荐其典丽，可备著述矣。先生行义，中书侍郎许公尝荐其纯固，可为师表矣。先生博闻强识，笃学力行，枢密林公先除礼部侍郎及宝文阁直学士，尝荐自代矣，前后荐者，盖不可殚数，宜得名公巨儒，志其墓，而诸孤乃以其季父明州象山县尉仲之状，属予铭，予岂足以知先生耶！

"按先生家谱：昔高辛氏有才子曰朱虎，先生其后也。先生讳长文，伯原其字也。其先为越州剡人，自其祖居苏者三世。曾祖讳琼，仕钱氏。祖讳亿，始入朝，太宗皇帝召对便殿，命以官。数有功，迁内殿崇班，阁门祗候，知邕州，累赠刑部尚书。考讳公绰，光禄卿，知舒州，为时名儒。妣蔡氏，封宣城郡君，所生周夫人，方娠，梦覆锦衾，或谓光禄公曰：'生子能文必矣。'先生果幼而不群，光禄器之。十岁善属文，读书辄终夜，光禄公命彻烛，先生侍其寝,不彻也。泰山孙明复讲《春秋》于太学,往从之,明复韪焉,先生书无所不知,尤深于《春秋》。

"擢嘉祐四年进士第。吏部限年,未即用。时光禄公守彭,先生不俟宴,归,州人荣之。既冠,除秘书省校书郎,守许州司户参军,诰有美辞。先生无他疾,第伤足,不果仕,非行怪而固隐也。郊禋,光禄公欲以任子恩,丐先生幕官,先生推与其季弟,光禄公拊之曰:'兄以官畀汝,因名之曰从悌。'先生逮光禄公捐馆,左右凡二十年,以孝称,居丧如礼。服除,人劝以仕,无意也。抚弟妹,毕婚嫁。安贫乐道,因旧圃葺台榭池沼、竹石花木,有幽人之趣。州侯贵客,山翁野叟,或觞或咏,去则醉卧便腹,不知身世之在城郭也。太守章公伯望表其所居为乐圃坊,乡人相与尊之称乐圃先生。当是时也,使东南者以不荐先生为耻,游吴郡者以不见先生为恨。

"左丞邓公先在翰林,与给事胡公、孙公,中书舍人范公、苏公列荐先生于朝,先生不得已,起典乡校,州有两教授,以先生故也。同时徐积举于楚,陈烈举于福,世号三先生。先生之教人,先经术而后华藻,曩岁作《东都赋》,自视不减班、张、太冲辈。前宰相苏公尝荐先生曰:'称述历代京邑之盛,莫如国家。汴都之美,深有可观焉。'客有使之献者,先生曰:'此吾少时也。今老矣,尚何赋为哉!'讲《春秋》、《洪范》、《中庸》,学者无虑数百。苏学,范文正公建也,岁久隳甚,其子侍郎公时领大漕,得请修葺,先生有力焉。吴中水灾,先生陈五浦之利,郡不克行。逮右丞公之守是邦,先生作《救荒议》四篇以献,黄公从之。民赖以安,其仁心类如此。晚游辟雍,著《释问》以见意,后罢《春秋》博士,亦颇有归志,想闻猿鹤,数请还乡。内相蒋公诗曰:'玉杯旧学无施设,空有新诗满锦囊。'盖叹之也。暨登芸省,有喜色,尝曰:'天下奇书,在我目中矣。'明年,枢密曾公、林公荐兼尚书局,未期月,以疾终于家。命夫实元符元年二月十七日丙申也,享年六十。家徒四壁,大臣以闻,赐缣百。丧归,吴人迎于境上,行路为之流涕。

"先生天资忠朴,有致君泽民之志,不少见于用,中年仕宦,先畴悉委诸弟,所同者一圃,藏书二万卷,且曰:'以此遗子孙,不贤于多财者乎?遗以财,是教之为利也;遗以书,是教之为学也,可不慎欤。'著书三百卷,六经皆有辩说,乐圃有集,琴台有志,《吴郡图经》有续记。作诗稚训,得古风,及类古今章句,为《吴门总集》,以备史官采录。善书,有颜鲁公体,藏碑刻自周穆王始,至于本朝诸名公帖,皆有之。作《墨池》、《阅古》二编,尝谓:'书画事,昔人犹多编述,而琴独未备。'元丰中作《琴史》,其叙曰:'方当朝廷制礼作乐,比隆商周,则是书也。岂虚文哉!'今太常少卿曾孙为之后序亦曰:'《琴史》之作,固有志乎明道而待时之用者也。'元符己卯,果诏太常,按协雅乐,命前信州司法参军吴良辅政造琴瑟,教习登歌。惜乎! 先生不及见斯时也!

"娶张氏,三子:耕,前婺州东阳县主簿;耦,改名发;耕,举进士,皆有文行。一女未嫁。孙男曰愈。以元符元年六月乙酉,葬先生于吴县至德乡南峰山之西,从先茔也。

"铭曰:先生之乐,非玉非金。室则有书,几则有琴。出而不返,猿哀鹤吟。壁水师筵,兰台儒馆。未如命何,丹旐云远。吴山迎丧,学者大半。有丘有园,有子有孙。清白传家,孝友盈门。我铭永久,南峰之原。"

元脱脱等《宋史》卷四百四十四《朱长文》:"朱长文字伯原,苏州吴人。年未冠,举进士乙科,以病足不肯试吏,筑室乐圃坊,著书阅古,吴人化其贤。长吏至,莫不先造请,谋政所急。士大夫过者以不到乐圃为耻,名动京师,公卿荐以自代者众。元祐中,起教授于乡,召为太学博士,迁秘书省正字。元符初,卒,哲宗知其清,赙绢百。

"有文三百卷,六经皆为辨说。又著《琴史》而序其略曰:'方朝廷成太平之初,制礼作乐,比隆商、周,则是书也,岂虚文哉!'盖立志如此。"

《乾道四明图经》卷十二《进士题名记》:"嘉祐四年刘辉榜:朱长文。"《宝庆四明志》卷十《进士》:"嘉祐四年刘辉榜:朱长文,贯开封。"《延祐四明志》卷六《人物考下》:"嘉祐四年刘辉榜:朱长文,贯开封。"

注:朱长文研究较多,除前"朱公绰"条所论及邓文外,尚有姚淦铭《朱长文〈续书断〉》(江苏美术出版社 2009 年版)。而关于其琴学思想,则有张晓娟《建国以来的〈琴史〉研究》(载于《吉林艺术学院学报》2012 年第 3 期)、俞飞《儒学视野中的朱长文琴学思想探析:以〈琴史〉为例》(载于《音乐探索》2011 年第 11 期)等,方志学方面有王瑞来《〈吴郡图经续记〉考述》(载于《苏州大学学报》哲学社会科学版 1988 年第 4 期)一文,可资借鉴。

嘉祐六年辛丑(1061)王俊民榜

周弁 字君仪。台州宁海县人。登嘉祐六年进士第。授官会稽主簿,后令松溪、武义、黄陂,迁平江军节度推官,官至宣教郎,知青阳县,卒赠少师。

周弁著有《文集》、《韵略》等,均佚,仅存宋人王象之《舆地纪胜》(可参四川大学出版社 2005 年点校本)卷十二载周弁诗一首,又为清厉鹗《宋诗纪事》所收,题为《临海净土院》。

《嘉定赤城志》卷三十三《人物门三》:"嘉祐六年王俊民榜:周弁。宁海人，字君仪，终宣教郎，知青阳县，后赠少师。见《宁川志》云。”

清陆心源《宋诗纪事小传补正》卷二《周弁》：“周弁，字君仪，宁海人，嘉祐六年进士，终宣教郎，知青阳县，后赠少师。著有《周少师集》二十卷。《赤城志》。”

《崇祯宁海县志》卷七《人物志》：“周弁，字君仪，东岙人。父良史没日本国，弁不及见。母施氏教之。年十八登嘉祐进士，授会稽主簿，历松溪、武义、黄陂三县令。迁平江军节度推官，改保宁军节度掌书记，转宣教郎，知清阳县，卒。

“平生好读书，至老手不释卷。家贫未尝语生事，甚为王介甫所器重，有《文集》二十卷，《韵类》十七卷传世。子炳、炜同登元祐进士，炤、熳、灿、爔皆举进士，炬，迪功郎。孙七人，曾孙四人，俱以仕显，其余举进士者又二十余人，见《魏国夫人碑记》。”

项瞻　明州鄞县人。项晞堂弟。登嘉祐六年进士第，为判官，王安石有诗赠。

《乾道四明图经》卷十二《进士题名记》：“嘉祐六年月王俊民榜：项瞻，晞之堂弟。”《宝庆四明志》卷十《进士》：“嘉祐六年王俊民榜：项瞻，晞堂弟。”《延祐四明志》卷六《人物考下》：“嘉祐六年王俊民榜：项瞻，晞堂弟。”

宋王安石《临川先生文集》卷十七《律诗·送项判官》：“断芦洲渚落枫桥，渡口沙长过午潮。山鸟自呼泥滑滑，行人相对马萧萧。十年长自青衿识，千里来非白璧招。握手祝君能强饭，华簪常得从鸡翘。”

袁毂　字容直，又字公济。明州鄞县人。楼郁门生。登嘉祐六年进士第。官建安尉，后又任官青州，治狱颇有名。后移知邵武军，条陈盐法，奏减课税。后通判杭州，与苏轼唱和，多有诗文酬韵，东坡公称其博洽。后以朝奉大夫知处州，卒赠光禄大夫。

袁毂所著文集早佚，而所撰类书《韵类题解》，楼钥以为第一，惜佚。《延祐四明志》录有其《多福院记》一篇，亦为《全宋文》所收。

宋韩元吉《南涧甲乙稿》卷十四《高祖宫师文编序》：“高祖《宫师文编》仅三十卷，皆兵火所辑，非旧本也。公自少喜为诗，然见子弟传录辄毁去，曰：‘士大夫当以行义为先，是何足成名，吾以自适尔。’绍圣中，党议既兴。公谪均州，归未终岁而薨，其治命则曰：‘吾平生行事，人自知之。他日毋请谥，毋志吾墓也。’故自建中靖国以来，公虽追复元官，诸子不敢议铭事。中兴四十年，元祐大臣往往得谥，子孙亦莫敢请也，独鲜于大受所为行状犹在，用列于篇首。某逮事曾叔祖留司御史讳宗质，时王、蔡、方、张，有所畏避，凡家集手自镌之,无得观者。故公之论新法,触时禁之言,皆不传于外,而所传奏议,十不四五也。南渡流离,集稿遂逸,访于四方,莫克尽获,惟诗尚多,而内制特少。至其他文如《与苏子美书》、《志程伯淳墓》,士大夫虽知有之,无复见也。呜呼!公固不以文自名者,其在家庭诲子弟,每以西汉为宗,故其笔力雄健,尤为南丰兄弟所推。曾舍人既葬,必得公之文碑于道,而豫章黄太史自言因公诗得用事法,岂道德之蕴于内者深,其发于文词者皆余事哉。小子不佞,无以绍君子之泽,独其文编,负笈而藏,欲俟备而传焉。惧有河清之叹,因衷而刊之东阳郡斋。夫自涯而观于澜,历阶而望于奥,亦足以知其大略矣。异日求于好事之家,继有得者,尚将附益云。淳熙元年十月玄孙具位某谨书。

宋楼钥《攻媿集》卷七十七《跋袁光禄毂与东坡同官事迹》:"庆历诏郡国立学而置教官者才数处,多延致乡里之有文学行谊者为之师。我高祖正议先生教授四明前后三十余年,一时名公皆在席下。是时赴乡举者才百余人,解额六人,试于谯楼。秋赋之年,先生谓舒公亶、袁公毂、罗公适曰:'二三子学业既成,不应有妨里人荐名。'于是舒试于乡,袁试于开封,罗试于丹丘,三人皆在魁选,为一时之盛。舒以《舜琴歌南风》、袁以《易更三圣赋》,名于时。而袁之著述传于世者,有《韵类题选》百卷,后学赖之。

"元祐五年,倅杭州,东坡为郡守,相得欢甚,有《迓新启事坡书》、《龙泉何氏留槎阁记》、《介亭唱和诗》。坡次韵二诗,一谢芎椒,一为除夜,如'别乘一来,风月平分坡'之词最为脍炙,正为公而作,则其宾主之间,风流可想而知也。抑尝闻坡一日谓公曰:'素知博洽,试征袜事。'公一夕录数十百项,坡曰:'可谓博矣。'又从而增之。前辈之不倦于学如此,尚书丰公稷亦正议之高第,志公之墓。当崇宁中,方讳言苏氏,但言为守者,至不言坡之姓字。钥随侍括苍于郡斋,见公作守时十诗石刻,摹遗其家,此外罕见。

"公之遗文,自少学赋,最重韵类之书,窃以为古今类书第一。盖类书必须分门,虽多出名公,而事多重叠,又必有杂门。惟此书以韵别之,读者随字径取,一索而获,每一目之下必有赋题,故以《题选》为名。况公编纂精确,诸经注疏,搜括无疑。蜀有书林,号为'该博',止取《白氏六帖》,散于此书之间,其实反成猥酿,殊失本意,世鲜知者。

"公之五世孙櫰录公与东坡同官事迹及丰公所为铭,谓钥书于后,因诵所闻,并书之两家子弟。衷门既幸未坠,而公之后儒风日兴,有孙字质甫,好古笃学,教子有闻于时,觉名乡书。夑以吏部知九江,櫰以特科为丞。夑之子肃,甫一孙,字叔平。又有名方,亦以特科进。其子洽与肃俱收世科,其兴殆未艾也。罗公亦为杭之贰车，与坡同时，有启云：'谈笑风云，咳唾珠玉。弟兄射策，有机、云慷慨之风；父子谈经，无歉、向异同之论。是故名动四海，号称三苏。'亦为坡所深知。意与公适相先后，因附见云。"

《乾道四明图经》卷二《人物》："袁毂，字容直，世为明人。一程文于开封，两试于乡，皆第一。嘉祐六年中进士第。历任知兴化军，累官至朝奉大夫，而以文名天下。其为人磊落明白，推诚自信，急人之所不足。著文集七十卷，藏于家，纂《通题》九十卷、《韵类》一百卷，行于世。"

《宝庆四明志》卷八《先贤事迹上》："袁毂，字容直，一字公济。举进士，一试于开封，两试于乡，皆第一。嘉祐六年中第，博观群书，擅名词藻。历知邵武军，通判杭州。其为开封举首也，苏文忠公轼实为之亚；及贰郡，而轼为守，相得益欢，唱酬篇什甚富。移知处州，终朝奉大夫。赠光禄大夫。有文集七十卷，纂《韵类》一百卷。"

清徐时栋《宋元四明六志校勘记》卷二《佚文二》："袁毂，字容直，一字公济，王鄞江先生门人也。博贯群书，擅词藻。一试开封，两试于乡皆第一。嘉祐六年举进士。除建安尉，改倅青州，治狱多得其情。知邵武军，条盐法利害以便民，奏减其课。调通判杭州，其为开封举首也，苏文忠公轼实为之亚。及贰郡，而文忠为守，唱酬相得极欢，坡一夕语毂曰：'素闻博洽，试征袜事。'毂一夕录百数十项，坡曰：'可谓博矣。'复取笔，增十余事。原注见楼攻媿《跋袁容直与东坡同官事迹》及施武子《苏诗注》。后移知处州，以老乞致仕，卒赠光禄大夫。同上。

"按：各本《袁毂传》有录无书，《浙志·循吏传》中毂上为周师厚，毂下为俞伟，皆引《延祐志》，惟毂传则采成化，疑彼所见本亦脱，此外诸志亦无引者。今樗庵独得，采引如此，其所据本固完好无恙耶。"

《乾道四明图经》卷十二《进士题名记》："嘉祐六年王俊民榜：袁毂。"《宝庆四明志》卷十《进士》："嘉祐六年王俊民榜：袁毂。"《延祐四明志》卷六《人物考下》："嘉祐六年王俊民榜：袁毂。"

注：四明南门袁氏家族为甬上望族，自袁毂始，屡有名宦显达，如后世袁燮、袁甫等，皆为名士。袁氏家族的相关研究可参照黄宽重《宋代四明袁氏家族研究》（载"中央研究院"历史语言研究所1992年编《"中央研究院"历史语言研究所会议论文集之一：中国近世社会文化史论文集》）、《发明本心——袁氏家族与陆学衣钵》（见《宋代的家族与社会》北京图书馆出版社2009年版）。袁毂相关研究，因材料极少，故以前举两文献中所涉及为主。

童于　明州鄞县人。登嘉祐六年进士第。娶郭暨之女。熙宁间为温州司法参军,亦历官池州军事推官。

《乾道四明图经》卷十二《进士题名记》:"嘉祐六年王俊民榜:童于。"《宝庆四明志》卷十《进士》:"嘉祐六年王俊民榜:童于。"《延祐四明志》卷六《人物考下》:"嘉祐六年王俊民榜:童于。"

周处厚《宋故清河张君墓志铭》:"□仕郎试秘书省校书郎、守温州司法参军童于填讳。"注:是志撰于宋熙宁元年(1068)。舒亶《宋故郭君秘校墓志铭》:"女五人:长适前池州军事推官童于。"注:是志约撰于宋元丰四年(1081)。

舒昭 明州奉化县人。登嘉祐六年进士第。历官大理评事。

《光绪奉化县志》卷十九《选举表一·宋·进士》:"嘉祐六年舒昭,王俊民榜,大理评事。"注:舒昭其人,历代《宁波府志》《四明志》均不载,笔者所见,仅《光绪奉化县志》有载,光绪前《奉化县志》是否有录,尚不得而知,待考。

嘉祐八年癸卯(1063)许将榜

冯硕 明州慈溪县人。冯准侄,陈辅婿,冯确弟,冯景族兄。登嘉祐八年进士第。濠州军事推官。

《乾道四明图经》卷十二《进士题名记》:"嘉祐八年许将榜:冯硕。"《宝庆四明志》卷十《进士》:"嘉祐八年许将榜:冯硕,准侄。"《延祐四明志》卷六《人物考下》:"嘉祐八年许将榜:冯硕,准侄。"《乾隆汀州府志》卷十六《职官一》:"宋军事推官:冯硕,……以上俱嘉定间任。"

宋周锏《宋故陈府君并俞氏夫人墓志铭并序》:"女五人:长适濠州军事推官冯硕。"

宋姚希《宋故冯府君莫氏夫人合葬墓志铭并盖》:"府君既长,与兄察推君硕、族弟通直君景日夜淬砺,以事业相先。二人者蹑贤利,府君独不利,因叹曰:'门户有托,父祖之望慰矣!'遂掩关,无进取意。"注:是志撰于宋绍圣二年(1095)。

注:《宋登科记考》引《民国福建通志》卷四,以为冯硕为汀州军事推官,然查所引《乾隆汀州府志》,冯硕为嘉定间人,嘉祐与南宋嘉定相隔一百余年,故若非嘉祐乃嘉定之误,则两冯硕并非一人。

陈谧(1033—1103) 字康公,陈禾父。明州鄞县人。登嘉祐八年进士第。其子陈禾、孙陈曦皆为进士,可见陈氏教导之功。平生素善教,元丰时,令华亭,建县学兴教。又喜藏书,舒亶称其归舟尽书,陈曦亦有文追悼,惜佚。

《乾道四明图经》卷二《人物》："陈禾，……父谥，字康公。博学。教子有法。许将榜登第，而禾之子曦黄公度榜登第，明自国朝以来连三世科第者，陈氏而已，乡人以为甚荣也。世喜藏书，谥之亡，舒中丞亶作挽章，有曰：'尘埃满匣空鸣剑，风雨归舟只载书。'曦复为藏书记，以告于后，俾勿坠素业也。"

《宝庆四明志》卷八《叙人上》："禾父谥，字康公。博学。教子有法。嘉祐八年登第。子曦，绍兴八年又登第。兄秉以八行举，政和八年登第。世喜藏书，谥之亡，舒中丞亶作挽章有曰：'尘埃满匣空鸣剑，风雨归舟只载书。'曦复为藏书记以告其后，俾勿坠素业。"

《绍熙云间志》卷上《学校》："学旧有记五，尝考其本末，天禧间有夫子庙而已，湫隘庳陋，旁不可为斋馆。后六十有五年陈侯谥始欲兴学，邑人卫公佐公望献县之东南地，且自度殿材，为买国子监书，以资诸生，如是数年，至令刘鹏始克就绪。学之成其难也如此。绍兴以来，杨寿亨、周楗侍其铨相继修之。今学舍整好，什百俱备，学粮、租钱视他处为厚，国家所以养士者，可谓无负矣。"

《绍熙云间志》卷中《知县题名》："陈谥，元丰七年。"《乾道四明图经》卷十二《进士题名记》："嘉祐八年许将榜：陈谥。"《宝庆四明志》卷十《进士》："嘉祐八年许将榜：陈谥。"《延祐四明志》卷六《人物考下》："嘉祐八年许将榜：陈谥。"

注：陈氏家族亦为宋时望族，陈谥、陈禾、陈曦三世为进士，后世如陈大方等亦为四明显士。可惜文献多不传，故无研究，有待将来者专文记述。

柳韶　明州鄞县人。登嘉祐八年进士第。事迹无考。

《乾道四明图经》卷十二《进士题名记》："嘉祐八年许将榜：柳韶。"《宝庆四明志》卷十《进士》："嘉祐八年许将榜：柳韶。"《延祐四明志》卷六《人物考下》："嘉祐八年许将榜：柳韶。"

葛蕴　字叔忱，葛良嗣次子，明州鄞县人，登嘉祐八年进士第。其父后葬于丹徒，故徙之。其有文名，与曾巩有交，黄庭坚称其翰墨可为宝藏。官穰州主簿。

葛蕴诗文、书画皆无传，仅曾巩有《答葛蕴》诗一首，见于《元丰类稿》。

宋董史《皇宋书录》卷中《葛蕴》："葛蕴，字叔忱。山谷题李翰林醉墨云：'是葛公叔忱赝作，以尝其妇翁，诸苏果不能别。盖叔忱翰墨亦自度越诸贤，可宝藏也。'南丰题葛蕴书云：'葛君能属文，尤长于诗，又特善书。或以淡墨尘纸戏为之，假古人之闻名者以传，而人莫能辨也。惜其早死，不大显于世。其诗多自书，以余故家藏颇多，而参寥又集其平生所往还书，为大轴以示余，谓余尝知葛君者。欲余识之，若参寥于葛君，可谓笃矣。'"

《京口耆旧传》卷一《葛良嗣》："子繁尝知镇江府，蕴亦擢嘉祐八年第云。"

宋王安石《临川先生文集》卷九十二《葛兴祖墓志铭》："兴祖三男子：繁、蕴，皆有文学。繁，许州临颍县主簿；蕴，登州穰县主簿。苹，尚幼也。"

《至顺镇江志》卷十八《侨寓》："蕴，良嗣子，繁弟。嘉祐八年登进士第丙科。"《乾道四明图经》卷十二《进士题名记》："嘉祐八年许将榜：葛蕴。"《宝庆四明志》卷十《进士》："嘉祐八年许将榜：葛蕴，贯开封。"《延祐四明志》卷六《人物考下》："嘉祐八年许将榜：葛蕴，贯开封。"

宋英宗朝（1063—1067）

治平二年乙巳（1066）彭汝砺榜

罗适（1029—1101）　字正之，号赤城。台州宁海县人。治平二年登进士第，初授桐城县尉。仕至朝奉大夫、京西北路提点刑狱公事。

宋苏轼《东坡外制集》卷下《罗适知开封县程之邵知祥符县》："敕罗适等：赤县之众，甚于剧郡。五方豪杰之林，百贾盗贼之渊。盖自平时，号为难治。而况市易始去，逋负尚繁；役法初复，农民未信。以尔适，学行纯固，有恤民之心。以尔之邵，才力强敏，无偷安之意。各服乃事，以观其能。不患不己知，求为可知者。可。"

宋刘攽《彭城集》卷二十三《开封府推官罗适可府界提刑前河东提刑范子谅可开封府推官制》："邦畿千里，王化所先。内有幕府，参预谟画；外则节传，督视县邑。皆为剧任，宜付能者。以适强力民事，知其要务，方疏治亩浍，仅其就绪。以子谅前奉使指，按刑无颇，是用并从推择，付兹浩穰。详狱岸之巨细，察民情之真伪，其亦无怠初心，是则动罔不获。"

宋秦观《淮海集》卷三十八《罗君生祠堂记》："罗君之为江都，以诚心为主，耻言钩钜惠文之事。凡民有讼，曲直径决于前，不以属吏诖误。若小过，辄诲谕遣去。视鳏寡孤独之有失其所者，如己致焉。黎明视事，入夜犹不已。或讥其太劳，君曰：'与其委成于吏，民有不尽之情，孰若劳予之耳目哉?'居数月,政化大行,民知其所长者,不忍欺绐之,讼者益少。君乃出行诸郊,所遇召其耆老,问以疾苦及所愿欲,而不得者为罢行之。

"始复大石湖,改名元丰,广袤数百步,溉田千有余顷。是岁大穰,亩收皆倍。于是远近自陈,愿复陂塘沟渠之利者相属。君一切听许,亲至其地,与之经始,筑大堤以却潮之患,疏潦水而注诸江。凡水利之兴复者五十有五,溉田六千顷,而桑之以课种者亦八十五万有奇。徙其治于东南爽垲之地,为屋数百楹,以其赢材新驿埭亭馆之在境者。又颇出私钱营致药剂,以给疾病之民,所瘳至不可胜计。岁或干溢,有祷群祠,雨旸辄应如响,世益谓神其享之。

"岁满代去,其民思之不置,乃聚而谋曰:'我民之德罗君至矣,愿无以自效。闻古有召伯者善治民,民追思之,至不忍伐其所憩之棠。又有谢公者亦其流也,尝以斯城北筑埭,后人因名其埭曰召埭。今埭实在江都之北境。盍即其地堂画罗君之像而祠之,以慰吾民?'且曰:'使罗君之名与召、谢共传而不朽,不亦可乎?'众曰:'善。'于是即召埭之东法华佛寺,置生祠焉。

"罗君名适,字正之。台州宁海人。学术有本末,通于世务,风节凛然,国士也。尝再被召见,皆以不合罢归。其莅官行己所可书者甚有。书在江都者,以为《生祠记》云。"

宋叶适《水心文集》卷十一《台州台学三先生祠记》:"学者,聚道之地而仕所由出也。或畔道从利,苟荣其身,欲复之于学,弗可受矣,况可祠乎!台州之学,得祠者三人:罗提刑适,陈侍郎公辅,陈詹事良翰。提刑用不究,故事不显。

"余闻邹浩言,熙丰外贵人视民甚蒿莱,芟燎恨不力也。是时能慷慨建白,保赤子以对天命,惟江都令罗适、弋阳令董敦逸二人,而邹公独谓罗公,见而得之。然则推于所不见,其不畔道审矣。方靖康忧,惩艾已泮,岂不尚合!侍郎发明四肢心腹之论,无过此矣,竟失指远去。然后彷徨,宗周卒成分裂之祸。及隆兴,英睿愤激,大势宜若遽振,詹事力守绝和不弃地之策,最专一也。使坚忍待之,虏自当荡析,岂遗种至今哉!虽绍兴复用,而已与大臣异议,终不留;虽乾道再入,而既为近习擅事,迄自退。二公任谏诤,位从官,立朝本末,天下诵之。岂惟不畔道而固行道,道虽难行,而亦不苟荣其身而止也!

宋王应麟《深宁文钞摭余编》卷一《赤城书堂记》:"台之宁海,其先贤曰赤城先生罗公,德业为元祐名臣,道义为一乡师表。教思无穷,逾二百年,清风肃然,闻者兴起。旧祠于学,犹未特祀。邑之宿儒前进士胡君元叔,倡率乡人放古闾塾之制,即公游息之地创为书堂,合乡之俊秀子弟而淑艾之。诹诸乡评,延笃学多闻之彦。前进士舒君岳祥为之长,前进士孙君钧、赵君孟礼、胡君三省,前太学陈君应嵩、刘君庄孙为之录。训之以孝悌敬逊,其规约如蓝田丽泽。而稽经订史,种学积文,以为有用之实。矜佩济济,弦诵洋洋,邹鲁之风蔼如也。"

清黄瑞《台州金石录》卷四《宋朝散大夫罗适墓志铭》:"奉议郎管句潭州、衡山南岳庙轻车都尉、赐紫金鱼袋舒亶撰,朝奉大夫知台州军州、见管内劝农事上轻车都尉、借紫楼常书,朝奉大夫新羌、知歙州军州兼管内劝农事、上轻车都尉借紫汤景仁篆盖。

"哲宗皇帝即位改元二年诏曰:'知开封府开封县罗适,岂弟廉平,出于天性,视民疾苦如在于己。朕惟京师大众之地,宜得仁人往体朕心,可权发遣开封府推官公事。'当是时,天下晓然,咸知天子仁圣,所以惠养元元之意至深厚,而公行治暴耀翕翕,为一时公卿大夫之所叹誉,谓且用世矣。既而推迁出入,奔走使事,凡十有余年。比还,得对天子而公老矣,于是遂致其事以归。归之三年,夏,明适大旱,公曰:'民病甚,国事也。余虽老,且得谢窃服,明诏所以褒谕甚宠,夙夜念不报万分,义终不忍以仕,已贰其心。'顷令江都旱,命浮屠氏作瑜伽法,祷于扬子江神,验。乃即佛祠,用前法。方祥暑,自夕通旦,擎跽曲拳,百拜不少闲,因以感疾,浸剧,遂卒于其家。实建中靖国元年辛巳八月十有六日乙巳也。

"公讳适,字正之,世为台州宁海县人。曾祖爽,祖德诚,皆不仕。父允明,赠中散大夫。公两举乡书,第治平二年进士。尉舒州之桐城县。县俗习,病不知医,独用巫治。公一日属群巫,尽取所谓像设,焚之庭下。即捐私帑市药以予民,既又石刻方书以示后用。举者移兖州泗水令,山东旷地数万顷,民佃居几数千户。部使者欲取以规利,以祸福憾公使任其事,公力建不可,使者卒感悟。改著作佐郎,知曹州济阴县。居数月,察访使人飞语奏劾公,辄夺官去,父老诣阙诉留者殆万人。朝廷察之,以太平军节度推官还旧治,阅二岁,复官如初。守臣以公最上,即徙知开封府陈留县,畿甸宿兵余数万,主将不得其情。方春阅,俄有以变告者,僚佐惶骇,噤不敢出气。公笑曰:'妄人也。'即其众杖之,军以无事。上遣内侍制德音为称善。

"邑当孔道,四方宦游,死不能归,而旅殡佛庙,残骸破棺,无复主名以数千计。公请于朝,即县之东南隅葬之。有官于南方溺死,其妻挈孤惸丐于道,公馆之传舍,解衣缀食衣食之,卒移其所居,州里亲党使收恤以去。开封府军巡院官阙,以公摄事,院狱淹不决,寒饿疾病相枕藉狼藉,吏玩为常。公至,则首惩其黠吏:一疏其连坐之无辜者出之,斥案牍之无用者,为衣衣之,宿垢陈敝,不阅月殆尽。

"朝廷患市易积乾没张职钩考,公与辟为属同列,有忌公前数出异论者,官长谋为君罢之,公曰:'进已退人,非所愿也。'去,知扬州江都县,前此更七令皆不得以理去。诉牒日盈庭,大抵缘遍赋不能均。公以保伍法集民庑下,给笔札,使自列,人人得其平。淮俗类嵯峨,农惰不劝,公为易置耕器,身自教督之。

"朝廷议盐法,使者妄意欲以强民,他郡县皆应矣。公独弗听,人莫不为公危之,公曰:'为国爱民,令职也。纵得罪何憾。'事卒寝。时近臣有荐公可任,剧召对,久不报。会大臣守扬最为知公者,归相天子,于是擢知开封府开封县,就迁府推官。未几,除提点府界刑狱,兼相度京西等路水利。畿邑沟洫久湮茀,岁积潦,田至种不得下,公设法疏畎之,民始不病。广济军南里堤田凡数千顷,地形相倾,水上下交为患。公行视,即下流酾为渠,以注之淮,其功利居多,朝廷赏之。公曰:'吏僚力也。'推不受。虽不行,公志也。

"两浙道苏、秀水,议者不一,朝廷遣专使相视经理,而又以公为提点刑狱,佐其事。经费不赀,民力殆不支,公不及请,辄发常平贷助之。朝廷为薄其罪,最后移京西北路提点刑狱。熙宁中,河北灾。诏许流民处荒土,汝州几数百户至是,或者规其地以冒佃,告数更,有司不能判。公请如方田法,民以奠居。

"盖公少长田间,于民事无所不知,故仕官自初暨终,更十任而六为长官,其所设施,初虽若烦碎,及其既久,上下情得,是非曲直,至则辨察,事无大小,罔不饬举。教条所下,吏服民听,如父诏子。以至四为监司,一切务在恤民隐,戒督官吏,必先廉恕,而于水事尤为不苟有劳以故。所至称治,去则人思之,多为立生祠,而论者以谓有古循吏之风,信然。

"公资浑厚,质直不华,临事巍巍,信理直前,不肯为利害俯仰。闻人之善,奖与成就,维恐不力;急人艰危,勇往不倦,如赴嗜欲。奉禄所入,应手随尽,未始为子孙后日毫发计。其事亲孝,于兄弟友,待亲戚交旧笃恩义,立然诺。异母兄欲异财,听其所欲取,季弟死,为择婿嫁其妇,又嫁其女如己出。初未知学,自大母族党发之。其后家困,为抚育其孤女。妻之士族,尝学于乡先生,既死,与教养其子,至分俸以舍之太学。少举进士,与友生偕上,中道辄卧疾,他皆委以自便,公独留不去。故人死,久不能举,唱乡人营宅兆卜日月,哭泣以葬之。有使者数侵公,他日公出使,乃在部中,初疑其不能忘也,公曰:'本自不记,无可忘者。'盖公义节厚德类如此,而多至不可胜数。

平日与客语，常谓：'忧人之忧，然后可以乐其乐。'盖其意向所在，大抵不以私自营。晚虽退休，志犹不衰，而其余力长智若尚可以为世用，近臣使者方且交章，而公亡矣。人莫不惜之。

"公好古博学，虽老不废书。当嘉祐、治平间，学者方事声律，而公已能用意经传，然颇独嗜《易》，其所为注解，合其他歌、诗、章、疏、碑碣、杂文仅百卷。雅喜藏书，凡遗文古事与夫国朝新书，家多有之。晚岁奉佛尤严云。

"公享年七十有三，官自著作佐郎换宣德郎，七转为朝散大夫，勋至上护军，服五品。中散公两娶，前吴，赠慈溪县太君。后周，赠金华县太君。公即金华出也。娶周，封永嘉县君。男六人，四亡，曰璪、曰球，皆为太庙斋郎。女九人，一亡，长归陈师渐，次陈惇，次王庭筠，次朱充，皆举进士。一在室，余尚幼。以崇宁元年壬午三月初七日壬辰归葬于宁海海游之东原。公虽世居宁海而姻旧多在明，且爱其湖山可乐，去坟墓为不远，遂家焉。比讣至于其乡，父老为置位，聚而哭者凡三日。余与公少同笔砚，又为同年生，又尝为同僚，今又为同里，投分实四十年。自公寝疾，得日造其门，追治命与之，握手而诀，且诘其所欲属我者，曾不及他。夫岂谓余自足以深知其心，而不待言与？故当其葬也，为具论其平生，泣而为之铭曰：'允矣罗公，其德孔夷。维人之忧，弗苟弗随。维圣天子，民瘼是咨。大众之区，曰唯京师。'"

罗适《宁海桑洲永乐院碑记》："赐进士前江令提刑、两浙朝散大夫、邑人正之罗适撰。"注：是文撰于宋元祐八年(1093)。

舒亶(1041—1103)　字信道。明州慈溪县人。舒氏受业于楼郁，少有文名，博闻强识。登治平二年进士第，遂闻名士林。初授临海县尉，移风易俗，执法公允，后为王安石所荐，任审官西院主簿、监察御史，亦外知南康军、荆南府等职。舒亶在京多任言官，举劾多私，曾和李定等制造"乌台诗案"，使得苏轼等人卷入其中，故多为史家诟病。然其在外政绩卓著，曾平定辰州寇乱，又驻军沅江，设寨建城，以控扼当地，对于平定南方苗乱作用显著。卒后赠龙图阁直学士。

舒氏颇有文名，曾在月湖和丰稷、周锷、陈瓘、晁说之等唱和，在当时名声颇重，筑有"懒堂"。《宋史·艺文志》载舒氏有《元丰圣训》、文集百卷，然多散佚。现存世者有张寿镛辑录的舒亶诗文及王庭秀、全祖望记叙舒氏文章，是为《舒懒堂诗文存》，收于《四明丛书》第八集(广陵书社 2006 年影印本)。

元脱脱等《宋史》卷三百二十九《舒亶传》："舒亶字信道，明州慈溪人。试礼部第一，调临海尉。民使酒詈逐后母，至亶前，命执之，不服，即自起斩之，投劾去。王安石当国，闻而异之，御史张商英亦称其材，用为审官院主簿。使熙河括田，有绩，迁奉礼郎。郑侠既贬，复被逮，亶承命往捕，遇诸陈。搜侠箧，得所录名臣谏草，有言新法事及亲朋书尺，悉按姓名治之，窜侠岭南，冯京、王安国诸人皆得罪。擢亶太子中允、提举两浙常平。

"元丰初，权监察御史里行。太学官受赇，事闻，亶奉诏验治，凡辞语微及者，辄株连考竟，以多为功。加集贤校理。同李定劾苏轼作为歌诗讥讪时事。亶又言：'王诜辈公为朋比，如盛侨、周邠固不足论，若司马光、张方平、范镇、陈襄、刘挚，皆略能诵说先王之言，而所怀如此，可置而不诛乎？'帝觉其言为过，但贬轼、诜，而光等罚金。

"未几，同修起居注，改知谏院。张商英为中书检正，遗亶手帖，示以子婿所为文。亶具以白，云商英为宰属而干请言路，坐责监江陵税。始，亶以商英荐得用；及是，反陷之。进知杂御史、判司农寺，超拜给事中、权直学士院。逾月，为御史中丞。举劾多私，气焰熏灼，见者侧目，独惮王安礼。

"亶在翰林，受厨钱越法，三省以闻，事下大理。初，亶言尚书省凡奏钞法当置籍，录其事目。今违法不录，既案奏，乃谩以发放历为录目之籍，亶以为大臣欺罔。而尚书省取台中受事籍验之，亦无录目，亶遽杂他文书送省，于是执政复发其欺。大理鞫厨钱事，谓亶为误。法官吴处厚驳之，御史杨畏言亶所受文籍具在，无不承之理。帝曰：'亶自盗为赃，情轻而法重；诈为录目，情重而法轻。身为执法，而诈妄若是，安可置也！'命追两秩勒停。亶比岁起狱，好以疑似排抵士大夫，虽坐微罪废斥，然远近称快。十余年，始复通直郎。

"崇宁初，知南康军。辰溪蛮叛，蔡京使知荆南，以开边功，由直龙图阁进待制。明年，卒，赠直学士。"

宋王称《东都事略》卷九十八《舒亶》："舒亶字信道，明州慈溪人也。擢进士，调临海尉。民有使酒逐其叔母者，亶命执之，不服，即斩之，投劾去。王安石当国，闻而奇之，用为审官院主簿。熙河路分画疆界，命亶驰往。于时洮、陇新喋血，亶即日引道，至则示以朝廷威信。夷人以肉置刀头啖亶，亶以口承之，众皆欢呼。使还，提举两浙常平，召为太子中允、御史里行。

"太学官受赇事闻，神宗不悦，亶奉诏验治，穷尽党与，加集贤校理。与李定、何正臣交论苏轼，作为歌诗，讥证时事，轼坐贬黄州。寻修起居注，知谏院，擢御史知杂。上言：'郡邑不治，监司得以按劾。至中都官不治，而御史顾不得行法。诚使御史如监司，人知所畏矣。'于是置六察官。朝廷推行新法，亶言役法不均，责在提举官。神宗曰：'提举官未可责也。近臣僚有自陕右来者，欲尽蠲免中下之民，朕谓不然。且中下之民多，而上户少，若中下

尽免而取足上户,则不均甚矣。朝廷立法,但欲均尔。卿更可讲求以闻。'

"迁给事中、直学士院,拜御史中丞。上疏论尚书省凡奏钞法,当置籍录其事目,今违法不录,既案奏,乃谩以发历为录目之籍,亶以为大臣欺罔。而尚书省取御史台受事簿,亦无录目,亦奏亶为欺罔。又劾奏亶直学士院日违法请厨钱,台官朋蔽不言,请付吏。事下大理,狱具,当坐赃,追两官勒停。

"哲宗即位,授保康军节度副使。至徽宗即位,起知无为军,复以言者罢。久之,知南康军。崇宁初,辰州蛮叛,以直龙图阁知荆南府。亶选形势,得飞山福纯坡,建新城,为控扼之要。以功除龙图阁待制,卒,年六十三。"

清黄宗羲等《宋元学案》卷六《中丞舒懒堂亶》:"舒亶,字信道,鄞县人,号懒堂。官至中丞。为楼正议高弟,本属正学。特以附丽荆公,遂为吕、蔡一流,力与东坡为难,良可惜也。"

《乾道四明图经》卷五《慈溪县·人物》:"舒亶,字信道,县人也。生而隽异,魁梧特达。垂髫时为《四皓颂》,言伟志大,老师宿儒知其有远识。博学强记,为文不立稿,尤长于声律,程文太学,词翰秀发,为天下第一,有《舜情歌南风赋》脍炙人口,流辈服之。

"登治平二年进士第。授台州临海县尉,县负山濒海,其民慓悍,盗夺成俗。有使酒逐其叔之妻至亶前者,命执之,不服,即斩其首。以令投檄而去,亶有诗题尉厅壁云:'一锋不断奸凶首,千古焉知将相才。'丞相王安石闻而异之,召除审官西院主簿,充熙河路。分画蕃汉疆界时,洮陇新喋血,帅臣王韶欲以重兵防护,亶一切却去,独以单骑径往,宣示朝廷威信。夷人以刃割肉试其诚否,亶受之无难色,于是欢呼畏服,乃定其界而还。授太子中允御史里行,累迁试给事中直学士院,制命辞令简重浑厚有两汉风,众论称之。擢御史中丞,被诏举任御史者十人,所举皆称职,时以为知人。崇宁元年,荆南辰州蛮反,除直龙图阁,知荆南府,亶被命讨荡,督励士卒,兵未压境而群蛮屈膝,请命朝廷遣使抚问。加待制职,亶时计议进筑移屯沅之洪江。俄得疾,是夕有大星陨于洪江之西,遂卒于军,徽宗皇帝悼惜其才,赠龙图阁学士,泽及其子孙。有手编《元丰圣训》三卷并《文集》百卷藏于家。"

《宝庆四明志》卷八《先贤事迹上》:"舒亶,字信道,慈溪人。生而魁梧,博闻强记,为文不立稿。登治平二年进士第。授台州临海县尉,县负山濒海,其民慓悍,盗夺成俗。有使酒逐其叔之妻者,至亶前,命执之,不服即断其首。以令投檄而去,留诗云:'一锋不断奸凶首,千古焉知将相材。'丞相王安石闻而异之,欲召用,会丁父忧。服阕乃除审官西院主簿,徙秦凤等路提点刑狱。郑民宪相度熙河营田,民宪言其宣力最多,乞以减年磨勘回授之。

特改奉礼郎,提举两浙常平。

"熙宁八年十一月,入为太子中允权监察御史里行。元丰二年七月谕知湖州,苏轼上谢表讥切时事,并上其印诗三卷。时御史中丞李定、御史何正臣亦攻轼,诏罢轼任,逮赴御史狱,十二月狱成,轼责授检校水部员外郎黄州团练使,本州安置。亶又言张方平、司马光、范镇、钱藻、陈襄、曾巩、孙觉、李常、刘攽、刘挚等收受轼讥讽朝廷文字,各罚铜二十斤,亶为县尉,坐废。时张商英为御史言其材可用,得改官。及亶知谏院,商英为中书检正,以其婿王沨之所业属亶,亶并其手简缴进,自以职在言路,不受干请也。四年,自侍御史知杂事除知制诰兼判国子监,累迁试给事中直学士院御史中丞,六年以论奏尚书省录事坐废。绍圣元年三月复通直郎管句洞霄宫。崇宁元年正月起知南康军,时方开边,蛮寇扰辰州。七月,除亶直龙图阁知荆南府,荆湖北路都钤辖。辰州,故黔中郡,历汉唐皆建郡县,至五代始弃不通,然亦有内属者。熙宁元丰开复沅、诚,而元祐中又弃之。自是猺人恃险难制。亶图上地形,募施黔土人分七路,遣将授以方略,斩贼首并其徒党三千余级,俘数百人,破洞百余,遂分叙浦、辰溪、龙潭为七,以忠顺首领主之。既奏功朝廷,又诏亶兴复诚州,乃进屯沅州,兵未压境而渠阳五溪降胡耳。西道最为僻远,至是亦请命天子为之,告庙肆,赦改诚州为靖州。亶复计议筑屯沅之洪江,分兵江之南,建若木、丰山、贯堡三寨。靖州跨大江,在飞山之东,猺人出,人多以为障蔽,亶乃选形胜,得飞山福纯坡,建新城,最为控扼之要。二年,朝廷遣使抚问,除龙图阁待制,卒于军,年六十三,赠龙图阁学士。有手编《元丰圣训》三卷、文集百卷。出《续通鉴》。旧志,自熙河分画蕃汉疆界,还授太子中允御史里行,与《续通鉴》不合。"

清徐时栋《宋元四明六志校勘记》卷二《佚文二》:"舒亶,字信道,慈溪人。神宗朝为御史中丞,徽宗时累官龙图阁待制。亶初与丰稷、周锷同学于楼郁。及入朝,稷尝荐之。亶有园在西湖,归里后与稷、锷倡酬,陈瓘、晁说之咸与焉,所谓懒堂者也。《乾隆鄞县志》十八引《延祐志》,此下七传皆今本所无,卷首亦无其目,今并附第五卷之末。"

《延祐四明志》卷六《人物考下》:"嘉祐八年许将榜:舒亶。"舒亶《宋故丁氏夫人墓志铭》:"乡贡进士舒亶撰。"注:是志撰于宋嘉祐八年(1063)。

舒亶《宋故郭君秘校墓志铭》:"通直郎知制诰、知谏院兼判国子监、兼判司农寺骑都尉、赐紫金鱼袋舒亶撰。"注:是志约撰于宋元丰四年(1081)。

舒亶《宋故吴氏夫人墓志铭并盖》:"通直郎管句杭州洞霄宫骑都尉、赐紫金鱼袋舒亶撰。"注:是志撰于宋绍圣四年(1098)。

舒亶《宋太医李君墓志铭并盖》:"通直郎管句杭州洞宵宫骑都尉、赐紫金鱼袋舒亶撰。"注:是志撰于宋元符元年(1098)。

翁升《宋故舒君济强墓志铭》:"国朝嘉祐迤逦,龙图公以少年魁太学,登高第,凌厉显仕,而直銮坡、长乌台,以文翰高天下,遂为四明之著姓。……龙图公谪官,以教掖为己任,坐席滋广。"注:是志撰于宋靖康元年(1126)。舒亶卒赠官为龙图阁学士,故称龙图公。

注:因舒亶文章多佚,故其相关研究不多。人物研究有戴松岳先生著《至性任情、特立独行——北宋明州词人舒亶评述》一文(见于《鄞州文史》2009年第8辑),从政治生涯、词学、家乡情怀等方面评述舒亶一生。近年有首师大赵淑英《舒亶及其词作研究》硕士论文一篇,或可借鉴。

楼常 明州鄞县人,楼郁之子。登治平二年进士第。崇宁年间任朝奉大夫,外知台州。绍圣间知兴化军,后任朝议大夫,终赠金紫光禄大夫。

楼常诗文大多散佚,仅存《令江夏时作》一首,见于董沛《甬上宋元诗略》(该书收于清光绪四至七年刊刻《董孟如所刻书六种》,宁波市图书馆、天一阁博物馆有藏),亦收录于《全宋诗》。

《光绪鄞县志》卷二十六《人物传一》:"(楼郁)子常,治平二年进士,官著作郎。元符三年以朝奉大夫知台州。"明黄仲昭《八闽通志》卷三十五《秩官·历官·兴化府》:"宋兴化军知军事:……傅镕、黄彦臣、楼常、饶方。俱绍圣间任。"《嘉定赤城志》卷八《秩官门·国朝郡守》:"元符三年楼常,七月二十三日以朝奉大夫知。按《普济院记》作朝奉郎,与壁记异,崇宁元年十二月十一日替。"

《乾道四明图经》卷十二《进士题名记》:"治平二年彭汝砺榜:楼常,郁子。"《宝庆四明志》卷十《进士》:"治平二年彭汝砺榜:楼常,郁子。"《延祐四明志》卷六《人物考下》:"治平二年彭汝砺榜:楼常,郁子。"

汪大猷《宋故楼君墓志铭》:"大父常,故任朝议大夫,累赠金紫光禄大夫。"注:是志撰于宋绍兴十一年(1141)。

楼洪等《宋故宣教郎楼君圹志》:"曾祖讳常,朝议大夫、赠金紫光禄大夫。"注:是志撰于宋嘉泰三年(1204)。

冯师古 明州慈溪县人。治平二年登进士第,一说为治平四年进士。事迹无考。

《乾道四明图经》卷十二《进士题名》:"治平四年许安世榜:冯师古。"《嘉靖宁波府志》卷三《选举表·进士·慈溪·宋》:"英宗治平二年冯师古。"

宋神宗朝(1067—1085)

熙宁三年庚戌(1070)叶祖洽榜

王桓　一说名王吉,明州鄞县人。登熙宁三年进士第。事迹无考。

《乾道四明图经》卷十二《进士》:"熙宁三年叶祖洽榜:王钦宗庙讳。"注:宋钦宗名讳"桓",故全名应为王桓。《宝庆四明志》卷十《进士》:"熙宁三年叶祖洽榜:王吉。"《延祐四明志》卷六《人物考下》:"熙宁三年叶祖洽榜:王吉。"

沈辅臣　明州鄞县人。登熙宁三年进士第。事迹无考。

《乾道四明图经》卷十二《进士》:"熙宁三年叶祖洽榜:沈辅臣。"

王夬　明州奉化县人,王周之子,寄籍和州。熙宁三年登进士第。事迹无考。

《光绪奉化县志》卷十五《选举表一·进士·宋》:"熙宁三年庚戌王夬,叶祖洽榜□□,寄籍和州。"《乾道四明图经》卷十二《进士》:"熙宁三年叶祖洽榜:王夬,周之子。"《宝庆四明志》卷十《进士》:"熙宁三年叶祖洽榜:王夬,周子,贯和州。"《延祐四明志》卷六《人物考下》:"熙宁三年叶祖洽榜:王夬,周子,贯和州。"

冯景　明州慈溪县人,冯确、冯硕族弟,寄籍开封。熙宁三年登进士第。事迹无考。

《乾道四明图经》卷十二《进士》:"熙宁三年叶祖洽榜:冯景。"《宝庆四明志》卷十《进士》:"熙宁三年叶祖洽榜:冯景,贯开封。"《延祐四明志》卷六《人物考下》:"熙宁三年叶祖洽榜:冯景,贯开封。"

姚希《宋故冯府君莫氏夫人合葬墓志铭并盖》:"府君既长,与兄察推君硕、族弟通直君景日夜淬砺,以事业相先。二人者蹑贤利,府君独不利,因叹曰'门户有托,父祖之望慰矣',遂掩关无进取意。"

刘致一　明州奉化县人。熙宁三年登进士第。官待制。

《光绪浙江通志》卷一百二十四《选举·进士》:"熙宁三年刘致一,奉化人,待制。"注:刘致一登第情况,宋元四明六志及历代宁波府志、奉化志均不载,不知《浙江通志》何据。

熙宁六年癸丑(1073)余中榜

韦著 明州鄞县人。登熙宁六年进士第。事迹无考。

《乾道四明图经》卷十二《进士》:"熙宁六年余中榜:韦著。"《宝庆四明志》卷十《进士》:"熙宁六年余中榜:韦著。"《延祐四明志》卷六《人物考下》:"熙宁六年余中榜:韦著。"

项傅 明州鄞县人。项瞻子。登熙宁六年进士第。事迹无考。

项氏文章诗文仅存二,一乃陆心源所提及的《慈溪县证心院记》,其文收于《光绪慈溪县志》,二有诗《书邓先生石几》,见宋人晁补之《鸡肋集》卷六十三《邓先生墓表》一文(《四部丛刊初编》影印明诗瘦阁仿宋刊本)。

清陆心源《宋诗纪事补遗》卷二十一《项傅》:"项傅,鄞人。熙宁六年进士,元丰中,撰《慈溪县证心院记》。"

《乾道四明图经》卷十二《进士》:"熙宁六年余中榜:项傅,瞻子。"

俞伟 字仲宽。明州鄞县人。俞充叔父。登熙宁六年进士第。元祐时知顺昌县,时顺昌匿籍溺女陋俗大盛,俞氏为邑令后,劝诫百姓,作《戒杀子文》告示乡间,并召集耆老置礼规劝。一时百姓皆弃陋俗,生子皆用俞伟名姓,得到朝廷褒奖。同时又赈济灾民,全活者众,县民立碑建阁,纪念其政绩,为史家所赞颂。

俞伟传世诗文较为零散,今所存文章有《人与物同》、《五戒之首》、《众生爱恋生命》(见《善诱文》卷一,有中华书局 1985 年据《百川学海》点校本),诗有"笠泽渔帆翠叶轻,洞庭山色青螺小"二句(见《舆地纪胜》卷五,中华书局 1992 年点校本),收录于《全宋文》、《全宋诗》。

《乾道四明图经》卷二《鄞县·人物》:"俞伟,字仲宽,邑人也。元祐初为南剑州之顺昌令。邑民生子多不举,伟乃集耆老谕之,以理且伸约束曰:'孕者登籍。'邑人悔悟,遵其教,再期而阅其籍,欲弃而留者甚众,率以伟字名之。部使者状其绩以闻,朝廷嘉之,降诏奖谕,进秩再任,且许出粟以赈其蓐卧而贫者。伟益恳恻,宣谕朝廷好生之意,数年间赖以活者万余人。邑士廖峣为立德政碑,而郡人黄裳作邑中步云阁,亦纪其政绩,以循吏许之。"

《宝庆四明志》卷八《先贤事迹上》:"伟,字仲宽,充之叔父也。元祐初为南剑州之顺昌令。邑民生子多不举,伟乃集耆老谕之,以理且申约束曰:"孕者登籍。"邑人悔悟,率以伟字名之。部使者状其绩以闻,朝廷嘉之,降诏奖谕,进秩再任,且许出粟以赈其蓐卧而贫者。伟益恳恻,宣谕朝廷好生之意,数年间赖以活者万余人。邑人廖峣为立德政碑,而郡人黄裳作邑中步云阁,亦纪其政绩,以循吏许之。见旧志。"

《延祐四明志》卷四《人物考上》:"俞伟,字仲宽,鄞人。熙宁六年进士。元祐初,宰南剑之顺昌。闽人生子多者皆不举,建、剑尤甚。仲宽作《戒杀子》文,召父老列坐庑下,以俸置醪醴,亲酌之,使归劝。乡人活者以千计,生子多以'俞'为字。朝廷为立法,推行一路。仲宽被差他郡,还,邑有小儿数百迎于郊。部使者闻于朝,降诏奖谕,进秩再任;且许出粟以赈其蓐卧而贫者。伟从子充,字公达。"

宋王得臣《麈史》卷上《惠政》:"闽人生子多者,至第四子则率皆不举,为其资产不足以赡也。若女则不待三,往往临蓐以器贮水,才产即溺之,谓之"洗儿",建、剑尤甚。四明俞伟仲宽宰剑之顺昌,作《戒杀子文》,召诸乡父老为人所信服者列坐庑下,以俸置醪醴,亲酌而侑之,出其文使归谕劝其乡人无得杀子,岁月间活者以千计,故生子多以"俞"为小字。转运判官曹辅上其事,朝廷嘉之,就改仲宽一官,仍令再任,复为立法推行一路。后予奉使于闽,与仲宽为婚家,法当避,仲宽罢去。予尝至其邑,闻仲宽因被差他郡还邑,有小儿数百迎于郊,虽古循吏未之有也。"

《乾道四明图经》卷十二《进士》:"熙宁六年余中榜:俞伟,充之叔。"《宝庆四明志》卷十《进士》:"熙宁六年余中榜:俞伟,充叔。"《延祐四明志》卷六《人物考下》:"熙宁六年余中榜:俞伟,充叔。"

陈诩　明州象山县人,一说鄞县人。陈说之子。登熙宁六年进士第。事迹无考。

《乾道四明图经》卷十二《进士》:"元丰八年焦蹈榜:陈诩,说之子。"《嘉靖宁波府志》卷三《选举表·进士·宋·象山》:"神宗熙宁六年:陈诩。"《万历重修象山县志》卷二《选举表·进士·宋》:"神宗熙宁二年:陈诩。"《乾隆象山县志》卷四《选举》:"陈诩,元丰八年乙丑科焦蹈榜。"注:陈诩中第之年,有"熙宁六年"、"熙宁二年"、"元丰八年"三说,"籍贯鄞县说"见前"陈诜"条。

熙宁九年丙辰(1076)徐铎榜

楼光　明州鄞县人。楼郁之子。登熙宁九年进士第。元丰时尉浦江,后调为无为州判官、仁和县丞等职。绍圣时为濠州团练推官,后宰畿县,不惧上级威势,罢归不久后卒。

楼光诗文今存一首,见明潘琰《天台胜迹录》卷三(台湾成文出版社《中国方志丛书》影印明嘉靖二十五年刻本,浙江大学出版社 2010 年胡正武点校本)。

宋慕容彦逢《摘文堂集》卷七《朝奉郎张伯昌宣义郎王万承议郎徐宅供备库副使魏伯成李鹏年皇城使京畿提举保甲兼提刑刘戒朝奉大夫赵士宇朝奉郎提举京畿常平王仲原承议郎孙奎周廷坚奉议郎向涛宣德郎楼光翟敦仁宣奉郎向涤应安道入内内侍省供备库副使黄希叟左藏库副使王朗皇城使河东第六将开德府驻札刘永德可各转一官制》：“敕：具官某：尔等预修比辅，各迪有功，宜赐宠章，以示甄奖，进官一等，时乃茂恩，往其钦承，益图称塞。可。”

宋楼钥《攻媿集》卷五十二《纸阁诗序》：“我家业儒旧矣，曾叔祖承议才气尤俊伟不群，妙年决科，刚介自守，承平时宰畿县，尹以势临之，不为动，未几罢归，卒不偶以死。时时闻诸父言之，恨生晚不及识也。”

《光绪鄞县志》卷二十六《人物传一》：“楼光，郁之子。才气俊伟不群。楼钥熙宁九年进士。元丰中调婺州浦江尉，历新无为州判官、仁和县丞，后以承议郎宰畿县，尹以势临之，不为动，未几罢归，卒不偶以死。”《乾道四明图经》卷十二《进士》：“熙宁九年徐铎榜：楼光，郁之子。”《宝庆四明志》卷十《进士》：“熙宁九年徐铎榜：楼光，郁子。”《延祐四明志》卷六《人物考下》：“熙宁九年徐铎榜：楼光，郁子。”

姚希《宋故冯府君莫氏夫人合葬墓志铭并盖》：“新授濠州团练推官楼光书。”注：是志撰于宋绍圣二年（1095）。

陈伯强　明州鄞县人。登熙宁九年进士第。历官右正言，后因与蔡京不合遭贬黜，宋室南渡后，其子因其得官。陈氏仅余下诗两首，皆为歌颂昌国州诗，见《舆地纪胜》（有四川大学出版社 2005 年点校本）。

清陆心源《宋诗纪事补遗》卷二十二《陈伯强》：“陈伯强，明州人。熙宁九年进士。历官右正言，忤蔡京被黜。建炎中，官其一子。”

《乾道四明图经》卷十二《进士》：“熙宁九年徐铎榜：陈伯强。”《宝庆四明志》卷十《进士》：“熙宁九年徐铎榜：陈伯强，贯开封。”《延祐四明志》卷六《人物考下》：“熙宁九年徐铎榜：陈伯强，贯开封。”注：陈氏另有《宋昌州刺史陈伯强缮考妣文石刻》一文，收于《明清未刊稿汇编·张介侯所著书·养素堂文续集》，因笔者未见全文，录以备考。

杜屺　明州鄞县人。登熙宁九年进士第。事迹无考。

《乾道四明图经》卷十二《进士》：“熙宁九年徐铎榜：杜屺。”《宝庆四明志》卷十《进士》：“熙宁九年徐铎榜：杜屺。”《延祐四明志》卷六《人物考下》：“熙宁九年徐铎榜：杜屺。”

翁巚　明州鄞县人。登熙宁九年进士第。事迹无考。

《乾道四明图经》卷十二《进士》："熙宁九年徐铎榜：翁巘。"《宝庆四明志》卷十《进士》："熙宁九年徐铎榜：翁巘。"《延祐四明志》卷六《人物考下》："熙宁九年徐铎榜：翁巘。"

张祖良　越州余姚县人，一说会稽人。登熙宁九年进士第。事迹无考。

《宝庆会稽续志》卷六《进士》："熙宁九年徐铎榜：张祖良。"《乾隆绍兴府志》卷三十二《选举志二·进士》："熙宁九年丙辰徐铎榜：张祖良，会稽人。"《光绪浙江通志》卷一百二十四《选举·进士》："熙宁九年丙辰徐铎榜：张祖良，余姚人。"注：张祖良籍贯，《宋登科记考》定为余姚人，然《光绪余姚县志》不载此人，苦于事迹无考，录此备考。

姚辇　字舜徒，明州慈溪县人。登熙宁九年进士第。初授尉掾小吏，后为桃源令，政绩卓著；压制武人气焰，断狱公正，兴学利民，为百姓所称颂，死后乡人立祠祭祀之。后被荐提举成都府路常平茶盐公事、湖南常平茶盐公事等职，两次为朝廷褒奖，终官直龙图阁知夔州，亦劝农兴教，可称名吏。

姚氏诗文较为零散，奏疏存崇宁二年上之《乞禁授邪说诐行并元祐学术政事奏》（见《宋会要辑稿》，上海古籍出版社 2014 年点校本），内容多为禁止邪说，只采先圣之学，又不授元祐学术者，可见其政治倾向。又有《朝霞阁题名》（可见《补续全蜀艺文志》，《续四库全书》第 1677 册有收）叙姚氏经历朝霞阁之事。诗有《碧波亭》一首，收于《宋诗纪事》。

《乾道四明图经》卷二《鄞县·人物》："姚辇，字舜徒，县人也，以字行。幼开爽颖悟，学如宿植。登熙宁九年进士第，历尉掾，以考第荐章应格，改秩为鼎之桃源宰。承虐政后，讥民之疾苦，苟利于民，无不为也。郡将武人怙威凌僚吏，属吏苦其扰，辇毅然以民病告，郡将终不敢以气焰挫之，为之少戢。旁郡讼诉有不得其平者，必丐于部使者付辇决之。捐金修夫子庙，躬率士子日劝以学，学者翕然归之。乡有虎，辇祷诸社，谕以文，越三日，虎仆于社旁。奏课为天下第一，部使者举辇学行优异，才能显著，以应元符之诏，赐对称旨，乃除提举成都府路常平等事。陛辞，玉音谕以'闻卿久任桃源，有爱民之心'。辇退，谒丞相，论蜀道利疢，乞以义仓之储，置吏立法，收养鳏寡老疾。死给衣衾，官为殡瘗。岁荐饥，间有遗儿，请雇妪以乳，丞相上之。丁家艰，服除提举湖南常平等事，上复'谕以居养、安济、漏泽，朕施实德于民，卿向有言，故复命卿'。易使浙部，过家上冢，会闾里耆旧，握手尽欢，未始以持节自荣。朝廷遣使三韩，渡曹娥江，非潮时，舟胶公适董其事，祷于神女，潮应祷而迈。由江东副漕除直龙图阁知夔州，兴学校，劝农桑，有古循吏风。卒之日，夔民罢市，哭于牙门。讣闻桃源，民乃即辇生祠，争出赀，命道德士以伸荐导,其为民所思如此。"

《宝庆四明志》卷八《先贤事迹上》:"姚孳,字舜徒,慈溪人,登熙宁九年进士第。历尉掾,为鼎之桃源宰,施泽于民深。郡将武人怙威凌其属,孳不为屈,苟利于民,必求直乃已。旁郡诉讼,不得其平,率丐于部使者付孳决之。兴修庠序,士劝于学。乡有虎,祷于社,谕以文。越三日,虎仆于社旁。奏课为天下第一,部使者举学行优异、材能显著,以应元符之诏。赐对称旨,除提举成都府路常平等事。陛辞,上以久任桃源,有爱民之心奖之。孳退,谒丞相,论蜀利疚,乞以义仓之储,收鳏寡老疾。死给衣衾,敛瘗。贫困,有子不举,官给乳媪,丞相奏行。丁家艰,服阕,提举湖南常平等事,上谕之曰:'朕施实德于民,立居养院、安济坊、漏泽园,卿向有言,故复命卿易使浙部。'徙江东转运副使,除直龙图阁知夔州,兴学校,劝农桑,有古循吏风。卒于官,夔民罢市聚哭,讣闻桃源,民倾赀命缯黄即生祠为祈福焉。'"

清厉鹗《宋诗纪事》卷二十七《姚孳》:"孳字舜徒,慈溪人。熙宁九年进士。累除提举成都府常平事,后以直龙图阁知夔州事卒。"

《乾道四明图经》卷十二《进士》:"熙宁九年徐铎榜:姚孳。"《宝庆四明志》卷十《进士》:"熙宁九年徐铎榜:姚孳。"《延祐四明志》卷六《人物考下》:"熙宁九年徐铎榜:姚孳。"

虞昆 越州余姚县人。熙宁九年登进士第。事迹无考。

《宝庆会稽续志》卷六《进士》:"熙宁九年徐铎榜:虞昆。"《乾隆绍兴府志》卷三十一《选举志二·进士》:"熙宁九年徐铎榜:虞昆,余姚人。"《光绪余姚县志》卷十九《选举表》:"宋熙宁九年虞昆,余姚人。"

王说(1010—1085) 字应求,号桃源。明州鄞县人。登熙宁九年特奏名进士第。王该兄,王瓘、王衍父,王勋祖父,三代五进士。

宋王应麟《深宁先生文钞摭余编》卷一《桃源王先生传》:"王先生说,字应求,鄞人。鄞江王大隐先生之门人也,与弟设皆著名,教授乡里三十余年。熙宁中以特恩补州长史,无田以食,无桑麻以衣,怡然自得,子孙世其学。元丰八年卒,年七十六。有《五经发源》五十卷。"

清黄宗羲等《宋元学案》卷六《银青王桃源先生说附子珩》:"王说,字应求,鄞县人……熙宁中,以特恩补州长史。"

《乾道四明图经》卷十二《进士》:"熙宁九年徐铎榜:王说,该之兄。"注:未注明是特奏名进士。

《宝庆四明志》卷八《先贤事迹》上:"王说,字应求,鄞人。以其学教授乡里余三十年。熙宁九年,以特恩补将仕郎,为州长史。无田以食,无桑麻以衣，怡然自得。没，门人舒亶铭之。先是，有王致亦州间所师，至今郡庠以与杨公适、杜公醇、楼公郁并祠，谓之'五先生'云。说之弟该，字蕴之，登庆历六年进士第。王安石宰鄞时，与之友善，以诗章相唱酬，与兄齐声。仕不偶。官舍傍有嘉木，叶长可尺许。每得一诗，取叶书之。既殁，归橐萧然，惟脱叶甚富，遗稿十卷。……长子瓘，字元圭，登元丰五年进士第，喜藏书，以文称。……季子珩，字彦楚，登大观三年进士第，仕至宗正少卿，年八十卒，有《考经传异同论》三卷，《臆说》五卷，《时政更张议》四卷，《字学摭要》二卷，《杂言》三卷，《和杜诗》一百七十一篇。……勋字上达，说之孙也，以太学上舍登政和八年进士第。高宗东巡，命为鄞宰，徙提举广南市舶，以廉称，终朝散郎。正己，字正之，勋长子也。"

舒亶《宋明长史王公墓志铭》："先生讳说，字应求，其先睦州人也。五代时，曾祖耕尝推奉国军节度事，因家焉。今遂为明之鄞人。……先生元丰八年八月六日以疾卒于家，享年七十有六。以明年三月三日，葬于鄞之桃源乡清泉里，从新卜也。

"明有五先生，前则慈溪杨君适、杜君醇、鄞王君致，其后则奉化楼君郁与先生其人也。之五人者，皆以行谊术业表其州乡者也。……以其学教授乡里三十余年，一时朋辈与门人弟子去而仕宦，有老而归与未归而死者矣。而先生于是始得一命，为州长史。"注：是志撰于宋元祐元年(1086)。

郭浑　字仲醇，明州鄞县人。登熙宁九年特奏名进士第。熙宁九年曾祖师从，在吴越国从政，仕至谏议大夫，由汾阳移居鄞县。祖父继崇，官至太子太傅。父不仕。兄郭暨。至郭浑辈，在鄞已五世。熙宁十年在赴官途中病故。

曾枣庄等编《全宋文》册四十九之《宋故秘校郭公墓志铭》："郭君讳浑，字仲醇，其先汾阳人。居四明五世矣。曾祖讳师从，龙宦吴越，为谏议大夫。祖讳继崇，任太子太傅。父讳璡□，潜德不仕，以子故封大理评事，再封大理寺丞。盖寺丞有子二人：长曰暨，第进士，位于朝，今为屯田员外郎；其一人。即君也……一日，朝廷广搜择之意，凡籍名贡部者，限年特与奏名。适诏下，君在奏中，州郡勉□驾，奏以行，覆试于□，赐第以归。逾年，法当拟官，左右皆勉君西去……一夕被疾，遽卒……乃熙宁十年十二月十有四日也……葬于慈溪县石台乡太平里先茔之侧。"

《乾道四明图经》卷十二《进士》："熙宁九年徐铎榜：郭浑，暨之弟。"注：未注明是特奏名进士。

元丰二年己未（1079）时彦榜

吴矜　明州鄞县人。登元丰二年进士第。历官凤翔府教授、权单州团练判官。

《乾道四明图经》卷十二《进士》："元丰二年时彦榜：吴矜。"《宝庆四明志》卷十《进士》："元丰二年时彦榜：吴矜。"《延祐四明志》卷六《人物考下》："元丰二年时彦榜：吴矜。"

周锷　字廉彦，人称鄞江先生。明州鄞县人。登元丰二年进士第。造孙，师厚子，铢兄。锷娶副丞相胡宗愈女为妻，再娶翰林学士王觌之女，三娶谏官陈伯强之女。入元后仕至左中大夫，知南雄州。

宋楼钥《攻媿集》卷一百三《周伯济墓志铭》："周氏为鄞闻族。始庆历中。殿中丞造以进士起家，是生三子，处厚、温厚、师厚。伯、季俱蹑世科，仲亦以特恩入官。父子兄弟皆以儒奋，家声卓然。伯知建州、永州。季为荆湖两路转运判官，终左朝散郎，累赠银青光禄大夫。娶范氏文正公之女。二子皆有俊声。锷，登元丰二年第，以宏才直节，有志当世。坐党籍，仕至左中大夫，知南雄州而止，公论叹息。铢登崇宁二年第。"

宋楼钥《攻媿集》卷一百九《周伯范墓志铭》："周氏为四明望族，不惟名宦相继，而前辈源流，其来也远。孰不欲仕？惟周氏之仕者，多以壮年退休，有'四休堂'，则家风可知。明，今为庆元府。周氏世为鄞人，居城中西湖十洲之西。君之高祖造，赠正议大夫；曾祖师厚，登皇祐五年进士科，娶范氏文正公之女、忠宣公之姊也，仕至朝散郎，任荆湖南路转运判官，赠银青光禄大夫。次子曰锷，元丰二年登科，娶胡氏右丞宗愈之女。两娶王氏翰林学士觌之女，又娶陈氏正言伯强之女，仕至中大夫，才业尤高，尝以忠愤上书，遂陷党籍。又以外家妻族，皆一时名公，俱在奸党，动辄拘碍，以经世之才，仅知南雄小郡。贤士大夫多痛惜之。仲子讳渊，亦有家声，仕止右儒林郎。"

《乾道四明图经》卷十二《进士》："元丰二年时彦榜：周锷，师厚子。"《宝庆四明志》卷十《进士》："元丰二年时彦榜：师厚子。"《延祐四明志》卷六《人物考下》："元丰二年时彦榜：周锷。"

周锷《四明山宝积院记》："无住居士周锷记。"注：是文撰于宋元祐四年（1089）。

元丰五年壬戌（1082）黄裳榜

丰安常　明州鄞县人。丰稷长子，登元丰五年进士第。早年在太学便以儒行闻名，后为太学正，二十余岁去世。一生清白，太学诸生筹钱以殓葬，其妻不受。

宋李朴《丰清敏公遗事》:"公长子安常以儒行名太学,魁南省,再任太学正,年未三十而卒。公时留蜀,后事不能举,诸生赙钱二百万以赠安常之妻于氏,泣辞曰:'儿父节清行高,不可以此污之。'竟不受。"

《乾道四明图经》卷十二《进士》:"元丰五年黄裳榜:丰安常,稷之子。"《宝庆四明志》卷十《进士》:"元丰五年黄裳榜:丰安常,稷子。"《延祐四明志》卷六《人物考下》:"元丰五年黄裳榜:丰安常,稷子。"

王瓘　字元圭,明州鄞县人。登元丰五年进士第。王说长子。王瓘性喜藏书,为北宋时宁波地区少有的藏书文士,亦有文名。

《宝庆四明志》卷八《先贤事迹》:"长子瓘,字元圭,登元丰五年进士第。喜藏书,以文称。"《乾道四明图经》卷十二《进士》:"元丰五年黄裳榜:王瓘,说之子。"《宝庆四明志》卷十《进士》:"元丰五年黄裳榜:王瓘,说子。"《延祐四明志》卷六《人物考下》:"元丰五年黄裳榜:王瓘,说子。"

注:《延祐四明志》中指王瓘为王该子,不正确。《光绪鄞县志》卷二十六《人物传一》中已有考证,指出此乃历代方志层层误读之故,又引前文所用舒亶撰之《王说墓志》附证,详见该书。

江炳　明州鄞县人。江朴之子,其先世居衢州开化,元丰、元祐时随其父迁居鄞江。当居鄞时,登元丰五年第。治平年间,江炳曾和晁补之同学,少有声名,元祐时曾任巴东县主簿。

宋晁补之《鸡肋集》卷六十六《夔州录事参军江君墓志铭》:"江君讳朴,字文叔,世为衢州开化人,殿中丞房之曾孙,而尚书职方员外郎镒之子也。……中皇祐五年进士。……闲居鄞江十余年,又居无锡。元祐六年六月十三日无疾卒,年七十三。以明年二月二十九日葬于无锡县开元乡鸟墩岭,以夫人何氏祔。五男子:焕、烨、炳、煜、燎。女四人皆归士族。补之先君与君同年进士,而炳与补之治平中俱学江南相好也。……补之少时见炳学问已有声名,后亦中进士第,今为巴东县主簿,能干其蛊者也。"

《乾道四明图经》卷十二《进士》:"元丰五年黄裳榜:江炳。"《宝庆四明志》卷十《进士》:"元丰五年黄裳榜:江炳。"《延祐四明志》卷六《人物考下》:"元丰五年黄裳榜:江炳。"

陈㧑　明州象山人,一说明州鄞县人。登元丰五年进士第,和陈谅同族。事迹无考。

《乾道四明图经》卷十二《进士》:"元丰五年黄裳榜:陈㧑,谅之族。"《宝庆四明志》卷十《进士》:"元丰五年黄裳榜:陈㧑,谅族,贯开封。"《延祐四明志》

卷六《人物考下》："元丰五年黄裳榜：陈执，谂族，贯开封。"注：陈执籍贯亦有鄞县、象山二说，见前"陈诜"、"陈谂"条。

翁升 字南仲，明州慈溪县人。翁氏从学于"宋初三先生"之一的胡瑗，开四明学风之先河，元丰五年登第后，甚受地方器重。元符时曾上书神宗，然陷入党争，以朝散郎致仕，实被禁锢。后隐居山林，但常济恤乡里，以致慈溪一带民众避升讳为方。宋室南渡后，朝廷欲启用之，不赴。翁升诗文，传世献中无载，出土文献有其为舒勔所撰碑铭文一篇。

《宝庆四明志》卷八《先贤事迹》："翁升，字南仲，慈溪人。力学有志气，少从安定胡先生受《易》旨。入太学，中元丰五年进士第。出仕恪守官箴，济以廉谨，当路才之。元符中上书言事，切中时病，用事者方主党禁，锢贤士大夫，籍升名于初等。自是沉于选调。建炎初党锢解，将召用之，而山林之志已不可夺矣。升自奉简薄而勇于急人，睦亲恤孤，平籴赈乏，乡人敬之，至今尤讳'升斗'之字曰'方斗'云。"

清全祖望《鲒埼亭集外编》卷十四《淳熙四先生祠堂碑文》："吾乡远在海隅，隋、唐以前，儒林阙略。有宋奎娄告瑞，大儒之教遍天下。吾乡翁南仲始从胡安定游，高抑崇、赵庇民、童持之从杨文靖游，沈公权从焦公路游，四明之得登学录者，自此日多，然其道犹未大也。"

《乾道四明图经》卷十二《进士》："元丰五年黄裳榜：翁升。"《宝庆四明志》卷十《进士》："元丰五年黄裳榜：翁升。"《延祐四明志》卷六《人物考下》："元丰五年黄裳榜：翁升。"

翁升《宋故舒君济强墓志铭》："朝散郎致仕、赐绯鱼袋翁升撰。"注：是志撰于宋靖康元年(1126)。

杨总 明州鄞县人。登元丰五年进士第。事迹无考。

《乾道四明图经》卷十二《进士》："元丰五年黄裳榜：杨总。"

陈谠 明州象山县人，一说明州鄞县人。登元丰五年进士第，陈谂堂弟。事迹无考。

《乾道四明图经》卷十二《进士》："元丰五年黄裳榜：陈谠，谂之堂弟。"《乾隆象山县志》卷四《选举》："陈谠，元丰五年。"注：陈谠既为陈谂堂弟，则其籍贯似亦为鄞县，非象山籍贯。见前"陈诜"条、"陈谂"条。另宋有三陈谠，一为临海陈骙父陈谠，一为仙游陈谠，三人事迹易混淆。

陈俊 明州象山县人。登元丰五年进士第。事迹无考。

《嘉靖宁波府志》卷三《选举表·进士·宋》："象山，神宗元丰五年陈俊。"《乾隆象山县志》卷四《选举》："陈俊，元丰五年壬戌科黄裳榜。"

俞夒　明州象山县人。登元丰五年进士第。早年以渔业为营生，而苦读于夜。登第后，曾入舒亶幕府。崇宁时，舒亶讨平辰、沅贼寇，俞夒出力最多，后授官建德令。

《宝庆四明志》卷八《先贤事迹上》："俞夒，象山人。魁岸修伟，昼渔而夜读，登元丰五年进士第。舒公亶平辰、沅寇，奏夒筹画为幕府第一。终建德宰。"《延祐四明志》卷四《人物考上》："俞夒，象山人。魁岸修伟，昼渔而夜读，登元丰五年进士第。舒公亶平辰、沅寇，奏夒筹画为幕府第一。终建德宰。"

《乾道四明图经》卷十二《进士》："元丰五年黄裳榜：俞夒。"《宝庆四明志》卷十《进士》："元丰五年黄裳榜：俞夒。"《延祐四明志》卷六《人物考下》："元丰五年黄裳榜：俞夒。"

周温厚　明州鄞县人。周造子，周处厚弟，周师厚兄。登元丰五年特奏名进士弟，曾为富阳主簿，以承议郎致仕。

宋楼钥《攻媿集》卷一百三《周伯济墓志铭》："周氏为鄞闻族，始庆历中殿中丞造以进士起家，是生三子，曰：处厚、温厚、师厚，伯季俱蹑世科，仲亦以特恩入官。父子兄弟皆以儒奋，家声卓然。伯知建州、永州。季为荆湖两路转运判官，终左朝散郎，累赠银青光禄大夫。"

《光绪鄞县志》卷二十六《人物传一》："弟温厚以特恩入官，为富阳主簿，以承议郎致仕。"《乾道四明图经》卷十二《进士》："元丰五年黄裳榜：周温厚，造之子。"

元丰八年乙丑(1085)焦蹈榜

王景贤　明州鄞县人。登元丰八年进士第，事迹无考。

《乾道四明图经》卷十二《进士》："元丰八年焦蹈榜：王景贤。"

楼异(? —1123)　字试可，明州奉化县人，后徙鄞县，楼常子。登元丰八年进士第。初授汾州司理参军，后历任大宗正丞、度支员外郎，外知泗州吏部右司员外郎，又除直秘阁，知秀州，政绩最著。为两任明州之时，先求设高丽专司，以接待高丽使者，满足当时明州港口贸易兴盛的需要。方腊起义时，守备甚严，保境安民，明州亦得免遭兵祸。又填广德湖辟为田，鄞县百姓多有怨言。后升徽猷阁直学士，知平江府，卒赠少师，后再赠齐国公、太师。

楼异诗文至南宋楼钥时已无存，今仅余《嵩山二十四咏》组诗，收于乾隆《河南府志》卷一百三(有清乾隆三十二年刻本、清光绪二十八年补刻本、民国三年刻本)，收于《全宋诗》。

宋翟汝文《忠惠集》卷三《朝奉大夫楼异除直秘阁制》:"朕博集天下之遗文,以建册府,益选多士之俊杰,以广育才。虽不以殿最责之吏,然崇以誉望,就成德器,亦难其人矣。夫选之严则任之重,而得以为荣。汝以隽良,既果而艺,故宠汝东观之职,增重师帅之,选休哉。"

宋楼钥《攻媿集》卷七十《跋元丰八年进士小录》:"先祖少师以是年登科,为三等第十八。建炎中金兵至四明,诸父仓猝避难,室庐遭毁,故物一不遗。章公,择申公子也,实为同年生。其孙瀚与钥同登隆兴元年进士科,家藏此书。至绍熙改元,始得传录,以笃年契,以示后人。是时,当泰陵在谅闇,贡闱既试而火,时有'状元焦'之谣。已而果然,尝闻之长老,焦之文精而丽,亚魁刘公之文浑然天成,主文争而不胜,则曰:'魁恐终非远器。'焦竟不及禄,而刘遂为近臣。是书大略与今日相似,而不同者九,终榜无一宗子。盖天族未有试进士者。任子当有自锁试进,亦不见一人。既无廷试,止书第一、第二等,期集所供职才二十五人,卷首止以二版书杂事、试官,书不知举而不及参详,以下犹有明经科。谢恩延和殿,赐优牒于崇政殿门外,又不晓优牒之义,四月二十九日奏号,五月二十日御史拆卷封,三日奏名,六日奉敕放榜。此皆事之变。汪公瀚职纠弹,秦公观掌笺奏,兹又一时之盛也。"

宋楼钥《攻媿集》卷七十三《跋先大父徽猷阁直学士告》:"政和间,先大父少师被命守乡邦,再任至四年。宣和二年,方腊起睦州,连陷睦、杭、歙、处四郡,声摇两浙,承平既久,至勤京师遣大兵而后剿灭。时先祖备御甚严,保全郡境。适召赴阙下,不敢遽去,奏乞候代,以安人心。事定奏闻,遂升学士,纶告既登之石,足为家宝。惟是词臣不知其详,褒词既简,外祖汪公所记,钥实知之。时诸父多仕于外,九伯父暨先君待次里中,扬州倅下公养直圈在伯父馆下,为此跋语,亦未深考也。钥昔闻之,腊之初起,本无足畏,朱勔父子以花石进奉,等结怨东南,所在顽民好乱者,与腊相应。贼势日张,其实皆村民也。少随侍处州,闻其来处也,止以数舟载数百余人。绛帛帕首带镜于上,日光照耀,自龙泉山间,乱鸣钲鼓,顺流而下。诸邑洎城中望风而遁,略无守备,遂据州城。又欲破温州,赖刘教授士英唱义坚守,台州赖滕司户膂,二城皆全。钥尝仕二州,尤闻其详。温则处贼洪,再使其徒来攻其西,吕师囊以魔术,发于台之仙居。既破乐清,又攻其东,危甚。郭少保、仲荀等以西师来援始免。台亦师囊之党,攻城甚急,久而后解。二城虽仅免,而城外皆为盗区蹂躏,残灭甚矣。越分帅府,虽不至为贼所迫,而剡川、新昌魔寇大炽,被害最酷。及宁海俱与奉化为邻,避地而来者如织,恐贼徒杂于众中,人心恟恟。先祖经画大略,如汪公之记《神道碑》云:台、越二城虽全,而外境皆残破。惟明六邑秋毫无犯，为得其实矣。爰是东备海道，南塞新剡、宁川之冲，布耳目，远斥堠，戒僧寺不复鸣钟，有急则鸣以为警。贼知有备，不敢犯我，在诸郡中合境独全。明赏信罚，境内之盗，亦不得发，发亦辄得。祐陵知之，深嘉屡叹，故赏之尤厚。寇既平，改睦州为严州，歙州为徽，剡县为嵊，亦可见当时之事变矣。钥不肖且老，每念先祖之功，无有发其幽潜者。从子深以此卷求跋，敬叙所闻，使后来者知之。"

宋楼钥《攻媿集》卷七十六《跋先大父嵩岳图》："嵩高维岳，峻极于天，巍然居四岳之中，盖天下之绝境也。大父为登封宰，家间旧有《嵩山图》丹青，故暗扬州伯父设于云岫堂，屏间而书大父"二十四峰诗"于左右，钥幼时犹及诵之。先是建炎中四明遭兵毁最酷，诸父仅得生全，故庐焚荡，一物不遗，亦不知尝刻之石也。嘉定三年，钥叨居政地，乡人张致远翼仕京西。一日得书，谓北客有以杂碑至榷场贸易，忽见《嵩山图》碑下有序文及诗。知其为大父遗迹，远以见寄，如获拱璧，真我家旧物也。惜其岁久，细字欲漫，乃敬书之，移于乐石。于是钥年七十有四矣，不能更作注字，使第三子治书之碑，不载岁月。知县伯父生，于元符二年，小名曰嵩，家藏诗序书：元符庚辰，大父又于少室山达磨面壁处，作庵其上，后山先生陈无己为记。今在集中云'建中靖国元年则辛巳岁也，昙潜书'。潜即参寥子，以二者考之，在县首尾凡三年，大父字试可，《参寥集》中多有唱和，如《登嵩山绝顶》等诗，大父遗文顾无传焉。《三十六峰赋》亦不知何在，故此碑尤当宝之。呜呼！大父薨于宣和五年甲辰，后十四年是为绍兴七年丁巳，而钥始生，既不获逮事，而登封旧治尚沦于胡尘中。北望慨然，何能自已。大父登元丰八年乙科，文气政术过人远甚，读此碑者可以想见大概。受知祐陵，官至徽猷阁直学士，尝守乡郡，再任涉五载，其详见于《神道碑》铭中。后诸父累赠至少师，钥始追赠太师齐国公云。"

宋楼钥《攻媿集》卷五十五《平江府瞻仪堂画像记》："庆元二年，知衢州，郑公若容治行彰闻，浙东部使者合词以最，课表于朝，某月甲子有旨：除直秘阁改知平江府。……一日贻书于钥，谓郡中自至道以迄于今，更郡守一百五十人，率有绘像。旧在齐云楼两庑，绍兴末年，洪公枢密以内相出守，尝建瞻仪堂而列像其中，范公参政为之记。今又三十六年，绘事故暗，装潢寖以陊脱，欲尽图于壁间。良工名笔一开生面，而以旧像庪之阁上，庶几可久，子为我记之。……钥祖父宣和中尝以徽猷阁直学士为守，遗像在诸公间。屡其久或失真，谨以家藏写照，因托公为正之，并书始末，以塞公命。"

宋楼钥《攻媿集》卷五十七《望春山蓬莱观记》："祖父少师典乡邦，因湖之淤,请于朝而田之。岁得谷亡虑四十万斛,父老以为德,生立祠其中,又得道士何思远居之,于是观宇益兴,廊庑略备,思远澄心炼气,得黄老之真风,驱役鬼物,灵迹有不可掩者。尝之京师,有运船百千艘,欲绝淮而潮不登,为作法于其壖。未几潮溢,欢声如雷,悉赖以济,发运使以闻,敕差明州管内副道正。盗发清溪旁郡,山谷间多响应者,祖父大饬守备,郡以无恐,思远亦有阴助,石记存焉。”

宋楼异《嵩山二十四咏并序》:“仆性嗜山水,几成癖,所至虽假馆傥舍,莫不聚拳石,环斗池,终日玩观,殆忘食寝。一旦来令嵩阳,正在清泉白石中。始至数月,讼庭清暇,乃芟废圃,凿芙蓉、菡萏二池,取余土筑台,高五丈许,名之揖仙。北面嵩岳,西顾少室,南望许由,自余诸峰,环拥轩槛。于是居高远眺,尽山川之形势,暇日既作《三十六峰赋》以自广。然仆旧闻嵩山二十四峰,图经传记所不载,求之土人,亦莫知也。一日,观明大师李得柔胜之自京师来访,乃得其名,出道藏《吴天师灵迹记》,历东而西,一一可指。遂命画史图诸峰于仰嵩堂,以证其名。仆谓胜之曰:‘二十四峰之名,湮没久矣。今自吾二人者发之,不可无述也。’乃作《嵩山二十四咏》,并命胜之作焉。”

清厉鹗《宋诗纪事》卷二十九《楼异》:“异字试可,鄞人。元丰八年进士。建中靖国初,为登封令,累官徽猷阁直学士,知平江府,提举崇福宫。”

《宋史》卷三百五十四《楼异》:“楼异字试可,明州奉化人。进士高第,调汾州司理参军,徙永兴虞策幕府,监在京文绣院,知大宗正丞,迁度支员外郎。以养亲求知泗州,复为吏部右司员外郎、左司郎中、太府、鸿胪卿,除直秘阁、知秀州。

“政和末,知随州,入辞,请于明州置高丽一司,创百舟,应使者之须,以遵元丰旧制。州有广德湖,垦而为田,收其租可以给用。徽宗纳其说。改知明州,赐金紫。出内帑缣钱六万为造舟费,治湖田七百二十顷,岁得谷三万六千。加直龙图阁、秘阁修撰,至徽猷阁待制。郡资湖水灌溉,为利甚广,往者为民包侵,异令尽泄之垦田。自是苦旱,乡人怨之。

“在郡五年,既请温之船官自隶以便役,又请越、台之盐以佐费,诏责之曰:‘郡自有盐策不能兴,而欲东取诸台,西取诸越,斯乃以邻国为壑也。’睦寇起,善理城戍有绩,进徽猷阁直学士,知平江府,卒。”

《乾道四明图志》卷一《贤守事实》:“政和间太守楼异,明人也。被命再任,继而睦寇猖獗,蹂践邻郡,公备御有方,六邑无犯。”

《宝庆四明志》卷一《郡守》:“楼异,徽猷阁待制,政和七年知。异,明人也。任满命再任,睦寇猖獗,蹂践邻郡,异备御有方,六邑无犯。”

《宝庆四明志》卷八《先贤事迹上》："异，字试可，常子也。政和七年守乡郡，废广德湖为田，造舟舰供三韩使，甚称上意。因令再任，睦寇猖獗，备御有方，人皆德之。积官至朝议大夫，赠太师，封楚国公。"

《宝庆四明志》卷十《典乡郡》："楼异，其先奉化人，后徙城中。政和中守郡五年，所居号'昼锦堂'，南门内有锦照桥，与正堂相直，宅之。后有锦照堂，宅之。左有堂曰'继绣'，以继王之后也。"

《乾道四明图志》卷十二《进士》："元丰八年焦蹈榜：楼异，常之子。"《宝庆四明志》卷十《进士》："元丰八年焦蹈榜：楼异，常子。"《延祐四明志》卷六《人物考下》："元丰八年焦蹈榜：楼异，常子。"

楼洪等《宋故宣教郎楼君圹志》："祖讳异，徽猷阁直学士、朝议大夫，赠少师。"注：是志撰于宋嘉泰三年（1204）。

楼钥《宋乞增葺锦照堂劄子石刻》："臣祖赠太师齐国公异，政和中由卿列擢守乡郡，兴利除害，非止一端。每有奏闻，随即报可，其后因任首尾五季。宣和初，方腊猖獗，邻郡啸聚相应，如杭、严、处州皆遭攻破，越及温、台仅余城郭，外邑亦多涂炭。惟臣祖太师申饬备御，多设方略，合境无虞，就升徽猷阁直学士。告墨具在，前后玺书褒美，皆亲浓宸翰。"注：是劄子撰于宋嘉定五年（1212）。

注：楼异为楼氏家族在北宋时较为重要的族人，也是宁波发展史上的重要人物。包伟民《宋代明州楼氏家族研究》和唐燮军《两宋四明楼氏的盛衰沉浮及其家族文化》中对于其事迹都有详细论述。但相关研究肯定了楼异对于楼氏家族发展、宁波海外贸易发展等方面的功不可没，而在广德湖兴废上，争议不断。该湖的填平，在短时内带来了鄞县农业大丰收，但长期来看，对于广德湖下游的农业危害不小。楼钥作为楼氏族人，侧重于楼异功绩，强调民众"生祠"祭祀。而后世学者多褒贬不一，除包、唐所述外，又有王庭秀《水利说》和王正己《废湖辨》。

宋哲宗朝（1085—1100）

元祐三年戊辰（1088）李常宁榜

王光祖 明州鄞县人，贯齐州。登元祐三年进士第，王异之孙。事迹无考。

《宝庆四明志》卷十《进士》："元祐三年李常宁榜：王光祖，异之孙，贯齐州。"《延祐四明志》卷六《人物考下》："元祐三年李常宁榜：王光祖，异之孙，贯齐州。"

吴正平　明州鄞县人。登元祐三年进士第，初授婺州司理，绍圣时以奉议郎知嘉兴，宣和时迁正郎、提点南京鸿庆宫。靖康时为朝请大夫。

吴正平文章有《宋延庆寺罗汉像石刻并题记》，见《宁波历代碑碣墓志汇编（唐、五代、宋、元卷）》第 142 页。

《乾道四明图经》卷十二《进士》："元丰三年李常宁榜：吴正平。"《宝庆四明志》卷十《进士》："元祐三年李常宁榜：吴正平。"《延祐四明志》卷六《人物考下》："元祐三年李常宁榜：吴正平。"

吴正平《宋故宜人冯氏墓志铭并盖》："冯淑，字淑女。……年十有八，许嫁里士吴正平。后三年，登元祐戊辰第，授婺州司理，淑女始归焉。……正平以奉议郎知秀之嘉兴日，用绍圣初郊禋，封永睦县君。……明年，正平复朝奉，以冬祀封室人。……宣和四年秋，（正平）迁正郎，是岁以冬郊封宜人。……其夫朝请大夫前提点南京鸿庆宫吴正平为之铭"注：是志撰于宋靖康二年（1127）。

陈摭　字君益，明州鄞县人，一说明州象山县人。陈扐弟。登元祐三年进士第。绍圣年间令将乐，兴文教，奖掖后进。当地溺婴弃子之风盛行，陈氏施政刚柔并济，促使当地民众移风易俗。后卒于任上，民众立祠纪念之，朝廷赐额旌表之。

《乾道四明图经》卷二《人物》："陈摭，字君益，邑人也。绍圣间宰南剑之将乐，敦崇学校，奖进士类，政尚恺悌。先是邑民家举一子，富室不过二子，余悉弃之。摭至，谕以天性，申以令甲，犯者穷治，自兹民无不举子矣。男陈其名，女陈其氏者，皆然也。后卒于官邑，人思慕，祠而祀之。遇旱祷雨辄应，以至邻境淫雨亢阳，乞灵祠下，咸遂所祈。部使者以其有功于民，乃请于朝，锡旌福庙额。"

《乾道四明图经》卷十二《进士》："元祐三年李常宁榜：陈摭。扐之弟。"《宝庆四明志》卷十《进士》："元祐三年李常宁榜：陈摭，扐弟。"《延祐四明志》卷六《人物考下》："元祐三年李常宁榜：陈摭，扐弟。"

姚希《宋故冯府君莫氏夫人合葬墓志铭并盖》："南剑州将乐县令陈摭撰。"注：是志撰于宋绍圣二年（1095）。

注：陈摭，为陈扐弟，与陈谅同族。籍贯有两说，则陈摭籍贯亦有二说，见前"陈谅"、"陈扐"条。

姚希　明州鄞县人。登元祐三年进士第,绍圣时为南剑州司户参军。

《乾道四明图经》卷十二《进士》:"元祐三年李常宁榜:姚希。"《宝庆四明志》卷十《进士》:"元祐三年李常宁榜:姚希。"《延祐四明志》卷六《人物考下》:"元祐三年李常宁榜:姚希。"

姚希《宋故冯府君莫氏夫人合葬墓志铭并盖》:"新授南剑州司户参军姚希撰。"注:是志撰于宋绍圣二年(1095)。

陈毅　越州余姚县人。登元祐三年进士第,陈橐父。曾任缙云县令,后因子陈橐而有增官。

宋葛立方《归愚集》卷七《陈橐父毅冯楫父昌期赠官制》:"朕报天而成郊之祭,既逆三神之厘;推恩而及人之亲,爰锡九泉之赠。具官某:性资明隽,文艺精深,显爵弗洎其身,余庆乃寿其后。挺生令息,实吾侍从之良;究所往来,系尔义方之训。俾阶华秩,申赉闵书。尚觊英魂,歆此宠命。"

《宝庆会稽续志》卷六《进士》:"元祐三年李当宁榜:陈毅。"《万历新修余姚县志》卷十四《选举志下》:"宋元祐三年戊辰李常宁榜:陈毅,缙云令。"《光绪缙云县志》卷六《职官》:"县令,宋元祐陈毅,余姚进士。"

周炜　字光庭,台州宁海县人。周弁子。登元祐三年进士第。徽宗时,曾知徽州、温州、兴化军,历朝奉大夫,官终中大夫。

《嘉定赤城志》卷三十三《人物门三·仕进·进士科》:"元祐三年李常宁榜:周炜,宁海人,字光庭,弁之子。历知徽、温二州,兴化军,终中大夫。"《乾隆温州府志》卷十七《职官上·郡职》:"周炜,朝奉大夫知,靖康。"

周炳　字光佐。台州宁海县人。登元祐三年进士第。仕至琼州,兼琼管兵马都监。

《嘉定赤城志》卷三十三《人物门三·仕进·进士科》:"元祐三年李常宁榜:周炳,宁海人,字光佐,炜之兄。终知琼州兼琼管司安抚都监。"

张宏　字公度。明州鄞县人。登元祐三年经明行修第。张氏大观时历知泰州、则州,靖康时又以朝奉大夫知泰州,官至礼部郎中。又在家乡筑堰,有利农垦,至南宋时仍不废。

《宝庆四明志》卷八《先贤事迹》:"张宏,字公度,鄞人。元祐二年举经明行修,仕至礼部郎中,历守建昌军、泰州、泽州。尝筑慈溪县蓝溪洪庄保之堰,民至今赖之。"

《延祐四明志》卷四《人物考上》:"张宏,字公度,鄞人。元祐二年举经明行修,仕至礼部郎中,历守建昌军、泰州、泽州。尝筑慈溪县蓝溪洪庄保之堰埭,民至今赖之。"

《正德建昌府志》卷十二《秩官》："宋建昌军知军事，政和张宏，二年任。"《万历泰州志》卷四《叙官职》："宋张宏。"《雍正泰州志》卷四《官师志·职名·前代州司》："宋张宏，朝奉大夫。"《乾道四明图经》卷十二《进士》："元祐三年李常宁榜：张宏，举经明行修。"《宝庆四明志》卷十《进士》："元祐三年李常宁榜：张宏，举经明行修。"《延祐四明志》卷六《人物考下》："元祐三年李常宁榜张宏。举经明行修。"

佚名《宋张寅墓志铭》："弟宏尝举经明行修，被命于朝，今为尚书郎，亦四明之君子也。"注：是志撰于宋大观三年（1109）。

翁升《宋故舒君济强墓志铭》："朝散大夫致仕张宏篆盖。"注：是志撰于宋靖康元年（1126）

王发　明州慈溪人。登元祐三年进士第。王庭秀之父，其早年居鄞，后徙慈溪。其余事迹无考。

《乾道四明图经》卷十二《进士》："元祐三年李常宁榜：王发。"《宝庆四明志》卷八《先贤事迹上》："王庭秀，字颖彦，先世居鄞，父徙慈溪。"

姚竦　明州人。事迹无考。

《乾道四明图经》卷十二《进士》："元祐三年李常宁榜：姚竦。"

元祐六年辛未（1091）马涓榜

俞伸　明州鄞县人。俞伟之弟。登元祐六年进士第。事迹无考。

俞伸其诗文仅存下引之文，见《光绪慈溪县志》（光绪二十五年德润书院刻本）卷五十。

《乾道四明图经》卷十二《进士》："元祐六年马涓榜：俞伸。伟之弟。"

俞伸《明州慈溪县普济寺罗汉殿记》："河间俞伸撰。"

袁灼　字子烈，明州鄞县人。原籍开封。登元祐六年进士第。袁毂之子，袁燮曾祖父。其生平有墓志记之。然墓志今佚，仅知其早先和蔡京有隙，后以军器少监出知婺州，将蔡京亲党曹宗下狱而死，触怒蔡京，被迫离职。后又知随州，有官声，召为尚书仓部郎，直谏徽宗、安心清俭，终官泗州。像取自清代修《安徽潜县袁氏宗谱》。

"袁灼诗文今存者仅袁燮《絜斋集》卷八所录《戏贺何端明得子》一首，《全宋诗》亦收录之。

宋袁燮《絜斋集》卷十七《曾祖遗事》："□□袁氏墓表，曾祖讳灼，左朝议大夫、尚书仓部郎中。

袁灼
像取自清代修《安徽潜县袁氏宗谱》

　　"记有之曰：先祖无美，而子孙称之，是诬也；有善而弗知，不明也；知而弗传，不仁也。先仓部之本末，志铭中既详之矣，而尚有遗者，可无传乎！蔡京为宰相，奸回不忠，李林甫、卢杞之徒尔。公自军器少监出知婺州，往别之，因问焉，曰：'不知太师于婺州有何亲戚？'此亦人情之常谈尔，怒而答曰：'京无亲。'既到官，朝廷方严荆杖之禁。寓居武臣有曹宗者，辄用之，逮至庭下，诘之曰：'今官司且不敢慢令，汝私家也，擅施之可乎？'不答。而以指击其所服红鞓带，意自以为有官也。公怒，而械之狱中，数日死焉。乃京亲党，闻之大恨，公由是镌秩。寻丁太夫人忧，服除。留滞于外久之，始拜随州之命，声称甚著，召为省郎。自丰亨豫大之说炽，竭天下之力，谓之享上，献谀者袂相属。公因面对，力劝上清心省事，安不忘危，此奏最为明切，心知其难，言忠爱不忍缄默。黜知泗州，未上，而敌骑至阙矣。夫典州而不阿大臣，立朝而敢进忠言，人臣之大节也。而志其墓者，以为镌秩补外，皆非美事，不能备载，可为太息。某惧夫久而泯没不传于世，自陷于不明不仁之域，故表而出之。俾世世子孙，知先世风节如是，兴起于心，慕而效之，亦不为无补云。"

　　《乾道四明图经》卷十二《进士》："元祐六年马涓榜：袁灼，縠子。"

　　《宝庆四明志》卷八《先贤事迹上》："子灼，字子烈，仕于朝为光禄寺丞、军器少监。出知婺州，有武臣曹宗者，时相蔡京之戚党也，武断乡曲，灼械之狱，死焉。坐是贬秩。起知随州。宣和末召为仓部郎，面对，力劝上清心省事、安不忘危。言甚切直，黜知泗州，终朝议大夫。"

　　《乾道四明图经》卷十二《进士》："元祐六年马涓榜：袁灼，縠之子。"《宝庆四明志》卷十《进士》："元祐六年马涓榜：袁灼，毂子，贯开封。"《延祐四明志》卷六《人物考下》："元祐六年马涓榜：袁灼，毂子，贯开封。"

翁升《宋故舒君济强墓志铭》："朝请大夫、前知泗州军州事、兼管内劝农事、借紫金鱼袋袁灼书。"注：是志撰于宋靖康元年（1126）。

童铧 明州鄞县人。登元祐六年进士第。事迹无考。

《乾道四明图经》卷十二《进士》："元祐六年马涓榜：童铧。"《宝庆四明志》卷十《进士》："元祐六年马涓榜：童铧。"《延祐四明志》卷六《人物考下》："元祐六年马涓榜：童铧。"

吴遵古 明州鄞县人，登元祐六年进士第。吴矜之子，事迹无考。

《乾道四明图经》卷十二《进士》："元祐六年马涓榜：吴遵古，矜之子。"

刘渭 明州象山县人。登元祐六年进士第。刘氏出生寒门，早年力学，终登进士，但无实权，授官荆门长林县令、婺州永康令，官至西京留司御史台。勤于读书，有读书堂等遗迹，南宋时尚存。

其诗仅存一首，收于《舆地纪胜》卷四十二中。

《宝庆四明志》卷八《先贤事迹上》："刘渭，象山保德村人。家世业农，奋志为学，邻里哂之，不顾也。登元祐六年进士第。授荆门军长林令，历官至西京留台。其读书堂遗踪尚存，父老传以为美谈。"

清陆心源《宋诗纪事补遗》卷二十八《刘渭》："刘渭，四明人。元祐六年进士。崇宁元年，授荆门军长林县，权婺州永康县。"

《乾道四明图经》卷十二《进士》："元祐六年马涓榜：刘渭。"《宝庆四明志》卷十《进士》："元祐六年马涓榜：刘渭。"《延祐四明志》卷六《人物考下》："元祐六年马涓榜：刘渭。"

绍圣元年甲戌（1094）毕渐榜

注：该榜自元祐八年起始试，直至元祐九年哲宗改元绍圣后方考毕录士，详见龚延明《宋登记科考》。《乾道四明图经》、《宝庆四明志》、《延祐四明志》仍以元祐九年榜录之。

胡幹化 一作胡斡化，明州人。登绍圣元年进士第，曾任瀛洲防御推官、桐庐令。

胡氏有《九经堂赋》一文，见于《宝庆四明志》卷三，《全宋文》未录。

《乾隆桐庐县志》卷八《官师》："知县，胡幹化。"《乾道四明图经》卷十二《进士》："元祐九年毕渐榜：胡幹化。"《宝庆四明志》卷十《进士》："元祐九年毕渐榜：胡幹化。"《延祐四明志》卷六《人物考下》："元祐九年毕渐榜：胡斡化。"

叶之表《宋方府君并夫人钱氏合葬墓志铭》:"瀛州防御推官、知睦州桐庐县事胡斡化书。"注:是志撰于宋大观四年(1110)。

俞衮　明州鄞县人。父为俞伟。登绍圣元年进士第。事迹无考。

《乾道四明图经》卷十二《进士》:"元祐九年毕渐榜:俞衮,伟之子。"《宝庆四明志》卷十《进士》:"元祐九年毕渐榜:俞衮,伟子。"《延祐四明志》卷六《人物考下》:"元祐元年毕渐榜:俞衮,伟子。"

注:《俞家山志》(俞光透、俞志浩 2009 年内部出版)中载俞衮为"衢州司马行曹、德安知府,赠兵部侍郎",然查核衢州、德安(今湖北安陆)方志,未见,不知何据。

舒雍　明州奉化县人,舒亶兄。登绍圣元年进士第,为大理评事。

《光绪奉化县志》卷十九《进士》:"元祐九年甲戌,是年四月改元绍圣,舒雍,大理评事。"

舒亶《宋故丁氏夫人墓志铭》:"女四人:长适刘继贤;次适舒雍;一未嫁。一男一女俱早死。"

舒介　明州奉化县人。舒亶兄。登绍圣元年特奏名进士第,曾任德清主簿。

《康熙德清县志》卷五《职官表》:"主簿,唐宋元,舒介,元符二年任。"《乾道四明图经》卷十二《进士》:"元祐九年毕渐榜:舒介,亶之兄。"

翁升《宋故舒君济强墓志铭》:"考介,以特奏名试补官,调湖州德清县主簿。"注:是志撰于宋靖康元年(1126)。

沈俞　明州奉化县人,登绍圣元年特奏名进士第,历官闽县主簿。

《光绪奉化县志》卷十九《进士》:"元祐九年甲戌,是年四月改元绍圣,沈俞,特奏名,闽县主簿。"《乾道四明图经》卷十二《进士》:"元祐九年毕渐榜:沈俞。"

绍圣四年丁丑(1097)何昌言榜

冯泾　明州慈溪县人。冯确之子,冯潜之兄。登绍圣四年进士第。事迹无考。

《乾道四明图经》卷十二《进士》:"绍圣四年何昌言榜:冯泾。"《宝庆四明志》卷十《进士》:"绍圣四年何昌言榜:冯泾,贯开封。"《延祐四明志》卷六《人物考下》:"绍圣四年何昌言榜:冯泾,贯开封。"《光绪慈溪县志》卷十九《选举上·宋》:"绍圣四年丁丑何昌言榜:冯泾,《宝庆志》贯开封。"

姚希《宋故冯府君莫氏夫人合葬墓志铭并盖》:"府君享年七十,以绍圣元年九月初五日卒;夫人享年六十有五,以二年正月二十日卒。男二人,曰泾、曰潜,举进士。……呜呼!府君、夫人相去不数月捐馆,而适俞氏女先府君以亡,泾亦后夫人不幸,天之报施善人竟如何耶!闻者伤之。"注:是志撰于宋绍圣二年(1095)。

茹开 明州鄞县人,一说越州剡县人。登绍圣四年进士第,剡县说以为皇祐五年进士。事迹无考。

宋高似孙《剡录》卷一《进士登科题名》:"茹开,皇祐五年郑獬榜。"《乾道四明图经》卷十二《进士》:"绍圣四年何昌言榜:茹开。"《宝庆四明志》卷十《进士》:"绍圣四年何昌言榜:茹开,贯开封。"《延祐四明志》卷六《人物考下》:"绍圣四年何昌言榜:茹开,贯开封。"

夏敦 明州鄞县人。登绍圣四年进士第。元符时曾任密州文学参军,其余不详。

《乾道四明图经》卷十二《进士》:"绍圣四年何昌言榜:夏敦。"

夏敦《宋李府君并夫人陈氏墓志铭并盖》:"新授密州文学参军夏敦撰。"注:是志撰于宋元符元年(1098)。

童韫 明州鄞县人。为童铧堂弟。登绍圣四年进士第,事迹无考。

《乾道四明图经》卷十二《进士》:"绍圣四年何昌言榜童韫,铧之堂兄。"《宝庆四明志》卷十《进士》:"绍圣四年何昌言榜童韫,铧堂兄。"《延祐四明志》卷六《人物考下》:"绍圣四年何昌言榜:童韫。"

蒋璇 明州鄞县人,蒋浚明子、蒋琉兄。登绍圣四年进士第。因随其父从奉化迁鄞县,长期活动于鄞,死后随其父葬于奉化,故仍有作其籍贯为奉化者。少时受父命,从陈瓘学,与其弟同年中举,被陈瓘称为"连桂"。后知江阴县,和潘良贵有唱和,亦在应天、亳州等地有宦绩。晚年在月湖和王珩、薛朋龟、汪思温等有"五老会"文社活动,颇著名。

蒋氏为宋时鄞地名士,然其诗文散佚,仅有《和潘良贵题明州三江亭韵》一首存世,收于《延祐四明志》。

宋楼钥《攻媿集》卷七十五《跋蒋亢宗所藏钱松窗诗帖》:"吾乡旧有五老会,宗正少卿王公珩、朝议蒋公璇、郎中顾公文、衡州薛公朋龟、大府少卿汪公思温,外祖也,皆太学旧人,宦游略相上下,归老于乡,俱年七十余,最为盛事。"

清全祖望《鲒埼亭集》卷二十三《蒋金紫园庙碑》:"蒋氏自唐时实由天台来居奉化,已而迁湖上。金紫为丰清敏所荐士,官尚书金部员外郎,抗疏排新法被斥,将谪远州。母老,清敏力争之而免。金紫之子中奉大夫璇、宣奉大夫玨最有名。是时陈忠肃公来鄞,金紫即遗二子事之。未几,成进士,忠肃为书'连桂'二字以表其坊。中奉知江阴归,犹及与潘公良贵倡和三江亭上,其诗至今存。"

清全祖望《鲒埼亭集》卷四十七《答葛巽亭日湖故事问目》:"问:蒋金紫巷之蒋氏,有可考耶?湖上有坊曰'连桂'为蒋璇、蒋玨立,未知即此蒋氏否?考二蒋皆籍奉化,坊在湖上,则当居鄞。

"是也。慈湖先生作《蒋存诚墓志》曰:蒋氏世居小湖之西南,所云金紫,盖即二蒋之父浚明,以子累赠至金紫光禄大夫。今奉化县北三岭山尚有浚明之墓,而左朝议大夫璇、宣奉大夫玨附焉。蒋氏世籍奉化,而居鄞最早,清容所云'吾鄞士族之先,莫如楼、袁、杨、蒋是也。'盖唐末已居鄞。其自丹阳来之蒋,乃宣和学士猷之后,另为一宗。建炎降臣蒋安义自剡来又一宗。浚明在《奉化志》中有传,盖丰清敏所荐士。而清容作《蒋晓墓志》有云:'忠肃陈公,谪明绝朋,俾子允师,连桂以登。则朝议兄弟,皆尊尧弟子,金紫之世学可知矣。'中奉有《三江亭》诗亦佳,存诚则与慈湖讲学,蒋氏科名之盛,在宋亚于楼、史诸家,谏议岘、将作晓,皆名人也。"

《乾道四明图经》卷十二《进士》:"绍圣四年何昌言榜:蒋璇。"《宝庆四明志》卷十《进士》:"绍圣四年何昌言榜:蒋璇。"《延祐四明志》卷六《人物考下》:"绍圣四年何昌言榜:蒋璇。"

张邦彦《宋卢君墓志铭》:"朝请大夫管亳州明道宫蒋璇篆。"注:是志撰于宋建炎二年(1128)。

蒋浚明《宋卢氏墓记》:"夫人,明州鄞县卢用之女也。年十六归予。男五人,琚、璇、玢、环、珪,皆读书,璇中进士科,任应天府□□县主簿。"注:是志撰于宋崇宁年间(1102—1106)。

佚名《宋蒋户曹墓记》:"男七人,曰琚、璇、玢、环、珪、琦、璋。琚、环游三舍;璇第绍圣四年进士,今承议郎。"注:是志撰于宋政和七年(1117)。

注:蒋璇父蒋浚明自天台迁奉化武岭,后又率子弟至鄞县,然其后裔仍在奉化活动。其于鄞县,则为宋时和楼、袁、史家齐名的望族;在奉化则开武岭蒋氏,为溪口大族,明清乃至近代多有名人。然因种种原因,武岭蒋氏研究尚无专著问世,一般论著多涉及以下两点:一是关于蒋介石的著作中,考察其家世时略有提及;二是对于《武岭蒋氏宗谱》的研究,尤以沙孟海《武岭蒋氏宗谱纂修始末》一文(载于《浙江文史资料选辑》第三十八辑,浙江人民出版社1998年版)最著。

因蒋璇诗文较少,故其相关研究少有汲及,可资参看的论著有周金康《宋蒋浚明墓记考》(载于《东方博物》2012年第4期)。

吴博古　明州鄞县人。登绍圣四年进士第,事迹无考。

《乾道四明图经》卷十二《进士》:"绍圣四年何昌言榜:吴博古,遵古之兄。"《宝庆四明志》卷十《进士》:"绍圣四年何昌言榜:吴博古。"《延祐四明志》卷六《人物考下》:"绍圣四年何昌言榜:吴博古。"

陈讽　明州象山县人,一说明州鄞县人。登绍圣四年进士第,亦有说其为该榜特奏名进士或元祐三年进士。陈谅堂弟。事迹无考。

《乾道四明图经》卷十二《进士》:"元祐三年李常宁榜:陈讽,谅之堂弟。"《嘉靖宁波府志》卷三《选举表·进士·象山》:"绍圣四年:陈讽。"《乾隆象山县志》卷四《选举》:"陈讽,绍圣四年丁丑科何昌言榜,《宝庆四明志》不载,盖特奏名也。"

注:陈讽为陈谅堂弟,故其籍贯有鄞县、象山二说,见前"陈谅"条。

虞大猷　越州余姚县人。登绍圣四年进士第,事迹无考。

《宝庆会稽续志》卷六《进士》:"绍圣四年何昌言榜:虞大猷。"《万历新修余姚县志》卷十四《选举下·进士》:"绍圣四年丁丑何昌言榜:虞大猷。"

虞寅　越州余姚县人。虞宾之弟,登绍圣四年进士第,淳熙间知宁德县。

《宝庆会稽续志》卷六《进士》:"绍圣四年何昌言榜:虞寅,宾弟。"《万历新修余姚县志》卷十四《选举下·进士》:"绍圣四年何昌言榜:虞寅,宾之弟。"《乾隆宁德县志》卷三《秩官志·历官》:"知县,宋,虞寅,淳熙四年任。"

元符三年庚辰(1100)李釜榜

冯轸　明州慈溪县人。冯景偲孙。登元符三年进士第,绍兴九年至十年以左朝请大夫知严州。

《淳熙严州图经》卷一《贤牧附题名》:"冯轸,绍兴九年八月二十八日以左朝请大夫知,绍兴十年六月十二日罢任。"

《乾道四明图经》卷十二《进士》:"元符三年李釜榜:冯轸。"《宝庆四明志》卷十《进士》:"元符三年李釜榜:冯轸,景偲孙。"《延祐四明志》卷六《人物考下》:"元符三年李釜榜:冯轸,景偲孙。"

明郑岳《莆阳文献传》卷十三《方陈徐林传第十三》:"轸以父任太庙斋郎。蔡京复相,天下事滋坏。轸疏列其过千二百余言,其略云:京睥睨社稷,内怀不道,专以绍述为自媒之计。上以不孝劫持人主,下以谤讪诋诬天下。

交通阁寺,纳结宫禁,蠹国用则若粪土,轻名器以市私恩。尚书省元丰所造,京恶其地不利,宰相□命毁之,建四辅郡,屯兵数十万,遣门人为总管。又以宋乔年为京畿转运,密讽兖州父老诣阙,请登封意在为东京留守,与一动投间,窃发呼吸,群助不知宗庙何所依倚乎!又建方田法,欲扰百姓。而盐法朝行夕改,钞为故纸,盐为弃物,号泣□天,赴水自缢者,不知几千万人。元符末年,陛下嗣服忠义之士,投瓯自见者,无日无之,京分为邪等,黥配绣置,不齿仕籍,则谁肯为陛下言哉!又遣子攸日与陛下游戏,惟以花石禽鸟为献,欲愚陛下,使不知天下治乱。自古人臣之奸未有如京今日之甚!陛下安可爱一国贼,而忘社稷生灵之重乎?诏以疏宣示京,京请付有司,推究。于是命御史台鞫治狱,具诏贷死,编管岭南。靖康元年,轸诣登闻鼓院,上书陈诉,始得收叙。"

《嘉靖宁波府志》卷二十五《名宦》:"方轸,字克载。先闽之莆田人,登元符李釜榜进士。……上以轸长恶不悛,编管永州,后以牧燕云恩赦放归。靖康元年复收叙,其父通尚在,亦叙原官。轸迁鄞县令,贫不能归,遂家于慈溪之鸣鹤山,今循山而居者皆其裔云。"

注:龚延明《鄞县进士录》中冯轸为鄞县人,字克载。冯轸既为慈溪县人冯景之侄孙,当为冯景同族。又无其迁徙至鄞县的证据,故冯轸应为慈溪县人。而克载为莆田迁鄞之方轸字。方、冯二字相近,且方氏并无在严州(睦州)任官之经历,故《鄞》书有误。

附方轸事:宋李俊甫《莆阳比事》卷四《方轸》:"方轸,慎言之曾孙。宏放有文采,以父通任太庙斋郎。时蔡京当国,轸抗章列其过,云:睥睨社稷,内怀不道。效王莽自立为司空,效曹操自立为魏公。将视祖宗神灵为无物,玩陛下不啻如婴儿,专以绍述熙丰之说为自媒之计。上以不孝劫持人主,下以谤讪诋诬天下,自古为臣之奸未有如京今日之甚。"文多不载,坐是削籍,编置海外。

冯淮 明州鄞县人,一说慈溪县人。登元符三年进士第。《慈溪志》以为元符元年进士。事迹无考。

《嘉靖宁波府志》卷三《选举表·进士·宋》:"元符三年鄞县冯淮。"《天启慈溪县志》卷六《选举》:"宋哲宗元符元年冯淮。"

汪洙 字德温,明州鄞县人,先世居歙县,汪元吉子,汪思温父,汪大猷祖父。汪氏少时为神童,据传曾在文庙题诗,为地方官所奇,亦闻名于当时。登元符三年进士第。为明州教授,亦传其后任大宗正卿、观文殿大学士提举台州崇道观,以正议大夫致仕。后在西山教授乡里《春秋》,为甬上硕儒。卒后谥文庄。

汪洙著《春秋训诂》已散佚，全祖望称其和孙复所著《春秋尊王发微》相当。另著《神童诗》，据说乃辑录汪洙诗歌而成，为我国古代蒙学名著，传本颇多。

宋楼钥《攻媿集》卷六十《汪氏报本庵记》："是为外高祖大府君之墓，府君以才选为吏，古君子也。终身掌法，一郡称平，范文正公、王荆公皆以士人待之。我高祖正议先生为之志铭，盖积德之尤著者，是生正奉四先生，而汪氏之衣冠始于此。"

宋洪迈《友恭堂记》："友恭堂者，鄞江汪氏所立也。汪望于歙，宗家几十室而九，至于处鄞，则由正奉公始。大公用文学行谊表儒先，数随计偕，讫弗售。晚以经授井邑，从之游户外屦满，丰瀇不施。"

《嘉靖宁波府志》卷三十七《隽秀》："宋汪洙，字德温，鄞人。九岁善赋诗，时牧鹅黉宫，见殿宇颓圮，心窃叹之，题其壁曰：'颜回夜夜观星象，夫子朝朝雨打头。万代公卿从此出，何人肯把俸钱修。'上官奇而召见，时衣短褐，问曰：'神童衫子何短邪？'洙辄对曰：'神童衫子短，袖大惹春风。未去朝天子，先来谒相公。'世以其诗诠补成集，用训蒙学为《汪神童诗》。登元符三年李釜榜进士。任明州教授，著《春秋训诂》。召升宫教，拜大宗正卿，至观文殿大学士、提举台州崇道观。筑室西山，日集诸儒讲学，以教授族间之子弟，乡称崇儒，馆卒，谥文庄。平生禀性仁厚，忠孝著闻。子思温，观文殿大学士；思齐，端明殿大学士。孙大猷，敷文殿大学士。"

清黄宗羲等《宋元学案》卷六《士刘诸儒学案·正奉汪先生洙》："汪洙，字德温，鄞县人。父元吉为县从事，为范文正公所知。王荆公宰鄞，以廉平吏荐于转运使孙威敏沔。先生以《春秋》教授于乡，乡人称之为汪先生。"

清全祖望《鲒埼亭集外编》卷十六《庆历五先生书院记》："一编麟经，以绍绝学，汪正奉之丰瀇也。汪正奉《春秋》实与孙明复齐名，容斋称其丰瀇不施，近志妄谓其官阁学。"

《乾道四明图经》卷十二《进士》："元符三年李釜榜：汪洙。"《宝庆四明志》卷十《进士》："元符三年李釜榜：汪洙。"《延祐四明志》卷六《人物考下》："元符三年李釜榜：汪洙。"

汪之邦《宋故朝请大夫南剑知郡汪君圹记》："曾祖讳洙，正奉大夫，妣陈氏，太硕人。"注：是志撰于宋嘉熙二年（1238）。

注：汪氏家族为宋朝甬上望族，其族人汪洙、汪思温、汪大猷等皆对宋朝政治、文化造成重大影响。对于汪氏家族的研究，首推黄宽重《真率之

集——士林砥柱的汪氏家族与乡里文化的塑造》(载于《宋代的家族与社会》)。

关于汪洙的研究,除了侧重于其对乡里文化的贡献之外,更多的是对于《神童诗》的研究。如汪圣铎的《汪洙及其〈神童诗〉考辨》。

陈禾(1058—1129) 字秀实。明州鄞县人。陈谔之子,陈秉之弟。登元符三年进士第,初任郓州司法,断狱甚明,为人称道。又荐为潍州州学教授,教授经典,开当地学风,影响甚大。后为婺州教授、太学正、辟雍博士、监察御史,为徽宗所赏识,升为左正言。陈禾任正言时,曾上疏劾童贯,徽宗对此不满,又牵拉徽宗御服,以致徽宗衣裾断裂,甚为感佩。但不久又因童党上疏,谪信州。后得赦还乡,因陈瓘子坐狱。又起知广德军、和州、秀州等,后命下知舒州,未至而死。

陈禾对北宋宁波学术发展而言是一位极为重要的人物。他所筑的二灵山房,是藏书授学之所,为历代甬上后学所吟诵,可谓宁波早期较为著名的藏书楼。他著有《论语》、《孟子》、《易》、《春秋》四经解,为宁波当地儒者解释儒家经典的第一人,可惜其书已佚。

宋慕容彦逢《摛文堂集》卷四《宣德郎辟雍博士陈禾可监察御史制》:"敕:具官某:御史六察之臣,分纠官邪,纪纲所系,选用之际,必惟其人。以尔质直端良,邃于经术,燕朝赐对,敷纳详明。是用命尔,往践厥次,惟既乃心,察有司之不虔,以闻于朝,副朕综覆名实之意。是为称职,尔其勉哉。可。"

《乾道四明图经》卷二《人物》:"陈禾,字秀实,邑人也。元祐初,试国子监,擢第一,自是课试上庠,累居前列,声明籍甚。中元符三年进士甲科。初调郓州司法,直死囚之冤。部使者列荐于朝,除潍州州学教授,授以经术之学,讲明开悟,后进从者翕然,大变其俗。后由婺州教授入为太学正,迁辟雍博士。徽宗闻其才,召对甚喜,特旨改秩,擢监察御史。未几,迁殿院随事,献言补益为多,上愈嘉其忠,直命为左正言,专以言责付之。由是感激,展尽底蕴,无所回忌,因以谏净闻。后坐与忠肃陈公瓘交游,流落江湖,著书立言以垂世。有《论语》、《孟子》、《易》、《春秋》四经解流行,侍郎高阅抑崇为之序,四明士大夫解经者自禾始。其文集藏于家云。"

《延祐四明志》卷四《人物考上》:"陈禾,字秀实,鄞县人。父谔登进士第,博学教授乡里。禾兄秉入行举于乡。禾亦登进士第,乡人称其善教子。初为郓州司法,治狱多平反。使者荐之,调潍州教授,讲释经学,潍诸生始明经。再调婺州,复以经学教授。朝廷闻其名,召为学正博士,擢监察御史、左正言。童贯浸用事,禾言:'汉唐之祸首宦者,国家安危之几,宜谨于未然。'奏对反复不已。徽宗曰:'已晚,朕且饥矣。'禾挽上衣,愿毕其说,上衣裾为之裂,上曰:'正言碎朕衣。'禾曰:'陛下不惜碎衣,臣不惜碎首以报陛下。'上改容曰:'卿若是,朕无忧矣。'

"陈瓘子正汇上疏攻蔡京,下狱,辞连与禾同议,瓘、禾俱除名。建炎中诏由蔡京坐贬者皆叙复,禾独不及。始禾知和州时,秦桧以过客干禾,禾不之礼,故讫绍兴时,虽子孙诉于朝,桧力格不行。孝宗朝史浩侍经筵,上其所著《易》、《春秋》、《语孟解》,孝宗特官其孙正己。嘉定初孙立己请于朝,始赠中大夫,谥文介。高闶序其《春秋》,且言禾尝曰'吾历居台谏,未尝置人于狱,发人之私'。其《春秋》不以衰贬,言深得微旨。"

元脱脱等《宋史》卷三百六十三《陈禾》:"陈禾字秀实,明州鄞县人。举元符三年进士。累迁辟雍博士。时方以传注记问为学,禾始崇尚义理,黜抑浮华。入对契旨,擢监察御史、殿中侍御史。"

"禾性不苟合,立朝挺挺有风操。有《易传》九卷、《春秋传》十二卷,《论语》、《孟子解》各十卷。"

清全祖望《句余土音》卷二《陈文介公二灵山房》:"鄞东有湖洞壑清,万山之中推二灵。二灵又以贤者名,是为文介之居停。元祐党人渐凋零,文介晚出继其声,辛毗牵裾不足京。其在诸公后,可与清敏相抗衡。山房小筑足清致,湖云冉冉窥山扃,滴露研砆点四经。文介有《四经解》,佳儿聚书过万卷,相与疏通而证明,了翁遣子受学诚。至今空山风雨夜,佞臣过之凛精英。吁嗟乎! 文介不特善廷争,亦复辨奸于未形。不见定夫康侯皆贤者,妄夸文若误苍生。"

《乾道四明图经》卷十二《进士》:"元符三年李釜榜:陈禾,谥之子。"《宝庆四明志》卷十《进士》:"元符三年李釜榜:陈禾,谥子。"《延祐四明志》卷六《人物考下》:"元符三年李釜榜:陈禾,谥子。"

注:因陈禾著作已佚,故相关研究多涉生平,如冷洁《陈禾的谏官生涯及藏书活动》(载于《中共宁波市委党校学报》2008 年第 4 期),纪宁《不惜碎首以谏君——宋代名吏陈禾事迹小考》(载于《重庆科技学院学报》2011 年第 14 期)。

陈抃　明州鄞县人,陈执弟。登元符三年进士第,曾为将仕郎,赵州司理参军。

仅存《宋夏府君墓志铭》一文。陈抃《宋夏府君墓志铭》:"将仕郎前赵州司理参军陈抃撰。"注:是志撰于宋大观三年(1109)。

《乾道四明图经》卷十二《进士》："元符三年李釜榜：陈抈，抈之弟。"《宝庆四明志》卷十《进士》："元符三年李釜榜：陈抈，抈弟。"《延祐四明志》卷六《人物考下》："元符三年李釜榜：陈抈，抈弟。"

楼弁　明州鄞县人。楼常子。登元符三年进士第，事迹无考。

《乾道四明图经》卷十二《进士》："元符三年李釜榜：楼弁，常之子。"《宝庆四明志》卷十《进士》："元符三年李釜榜：楼弁，常子。"《延祐四明志》卷六《人物考下》："元符三年李釜榜：楼弁。"

杨师旦　明州鄞县人。登元符三年进士第。事迹无考。

《乾道四明图经》卷十二《进士》："元符三年李釜榜：杨师旦。"《光绪鄞县志》卷二十《选举表一》："元符三年庚辰：杨师旦。"

钱克忠　越州余姚县人。登元符三年进士第。事迹无考。

《宝庆会稽续志》卷六《进士》："元符三年李釜榜：钱克忠。"《万历新修余姚县志》卷十四《选举志·进士》："元符三年李釜榜：钱克忠。"

郭敦实　明州鄞县人，一说奉化县人。登元符三年进士第。曾任太学博士。政和间曾为显谟阁待制知滁州，后提举亳州太清宫，知温州，后因黄葆光事而落职。

宋慕容彦逢《摛文堂集》卷五《从事郎新除太学博士郭敦实可依前试辟雍博士》："敕：具官某：朕亲御翰墨，刊定学制，付之有司，以教养多士。尔于此以问学行义，预辟雍之选，岂不荣哉？往践厥官，朕将考汝之成，而进宠之，可不勉与。可。"

《乾隆温州府志》卷十七《职官》："郭敦实，显谟阁待制知。"

《宋会要辑稿·职官六八之三二》："（政和四年）五月十九日显谟阁待制、知滁州、郭敦实落职，提举亳州太清宫，以知温州，日定僧道序位，非是故也。"

《宋史》卷三百四十八《黄葆光》："葆光善论事，会文切理，不为横议所移，时颇推重。本出郑居中门，故极论蔡京无所顾，然其他不能不迎时好。方作神霄万寿宫，温州郭敦实、泗州叶点皆坐是得罪。"

《乾道四明图经》卷十二《进士题名记》："元符三年李釜榜：郭敦实，暨之子。"《宝庆四明志》卷十《进士》："元符三年李釜榜：郭慎实，暨子。"《延祐四明志》卷六《人物考下》："元符三年李釜榜：郭慎实，暨子。"《光绪奉化县志》卷十九《选举表一》："元符三年李釜榜：郭敦实。"

注：郭敦实和郭慎实为一人，《宝庆四明志》《延祐四明志》虽作慎实，然据《宋故郭朝散墓志铭》，郭暨子有"惇实"一人，而无"慎实"。慎字和惇字相

似,笔误可能性极大,见前"郭暨"条。郭敦实和周行己有交往,其知温州间,周曾为其代写《代郭守贺嘉禾表》、《代郭守谢复职表》,周另有《和郭守叔光绝境亭》诗,均可见《周行己集》(周梦江笺校,上海社会科学院出版社 2002年版)。

崇宁二年癸未(1103)霍端友榜

周铢　字初平,明州鄞县人。周师厚子,周锷弟。登崇宁二年进士第,生性恬然,不好仕途,历官开封府中牟主簿。辞官后和其兄游历山水,也和陈了翁等人有所唱和。

周铢仅存词一首即《蓦山溪》,收于《乾道四明图经》卷八。

《乾道四明图经》卷八《蓦山溪》:"《蓦山溪》,周铢作也。铢,字初平,擢进士第,调开封中牟簿,未几挂冠而归。恬不以仕进为意,至松江作此词以见志,陈了翁亦以《阮郎归》词赠之。"

《宝庆四明志》卷八《先贤事迹上》:"弟铢中崇宁二年进士第。未老亦退休,相与徜徉山水间,唱酬成编。"

《延祐四明志》卷四《人物考上》:"弟铢,崇宁二年进士,兄弟皆隐,乡人慕之。"《乾道四明图经》卷十二《进士》:"崇宁二年霍端友榜:周铢,师厚之子。"《宝庆四明志》卷十《进士》:"崇宁二年霍端友榜:周铢,师厚子,贯湖州。"《延祐四明志》卷六《人物考下》:"崇宁二年霍端友榜:周铢,师厚子,贯湖州。"

李育　明州鄞县人。登崇宁二年进士第。事迹无考。

《乾道四明图经》卷十二《进士》:"崇宁二年霍端友榜:李育。"

王次翁　明州鄞县人,字庆会。王氏先为济南人,崇宁二年登第时应贯济南,初授恩州司理参军、婺州教授。后外任道州、广西,安民征饷,平定贼寇,颇有政绩。其后致仕,安贫乐道,为秦桧所召,出任言官,劝谕皇帝明正法纪,以直名闻于朝廷。后为政多依从秦桧,毁誉参半,然能长期任参知政事,为南宋初期独有。绍兴十三年迁于鄞县月湖,十九年卒,孝宗即位后,赠太师。

王次翁为两宋之际易学名士。史载其有《两河集》、《易说春秋旨义》、《元元通数》等书,可惜皆亡佚。仅存《闻马扩辞职作》诗一首,见于《三朝北盟会编》(上海古籍出版社 1987 年版)。

宋刘一止《苕溪集》卷三十八《王次翁起居舍人》:"敕:具官某:柱史之任,其选甚高,进直殿垴,职书言动,缀两禁近臣之列,为一时儒者之荣。匪曰能贤，将焉称此。尔学通以博，气粹，而刚，蓄养亭涵，不求近用。天官之属，册府之贰，践更未几，誉望已孚。载锡命书，俾司记注，往其祗服，益励尔修。可。”

宋刘一止《苕溪集》卷四十二《王次翁中书舍人》：“敕：代言之任，古所谓难，非以文辞之难也。赏善之言煖然似春，罚恶之言挈焉似秋。俾朕心腹肾肠，一见于训告誓命之间。读之者感于中而动于色，知其悉出于忠厚而无所私也，于是为至难。具官某：学博而有原，志刚而不惑，纯茂笃寔，远师古人。尔代予言，天下不以为欺矣，矧其辞之工耶。西掖邃严，进班法从，论思之益，抑有望焉。可。”

宋刘一止《苕溪集》卷四十六《王次翁工部侍郎》：“敕：宫室器械之政，营田山泽之令，名在冬官，职存事典。惟时卿贰，选任匪轻。具官某：行称其言，职根于学，顷自柱史，擢居掖垣。谋猷卑、郑国之讨论，制作得汉家之深厚，回翔既久，进秩是宜。畴若予咨，莫若汝可。往钦成命，无替厥终。可。”

宋张扩《东窗集》卷六《王次翁除资政殿学士宫观制》：“敕：进而陈力，大臣肩卫上之忠；退以遂私，人主举闵劳之典。眷予近弼，祈解繁机，申锡恩章，式昭礼遇。具官某：问学该洽，襟怀粹夷，排却纷华，务清心而寡欲；探讨理乱，期尊主以庇民。晚登禁途，浒掌风宪。深嫉官邪之败，力求国是之归。遂膺侧席之求，入佐秉钧之任。坐阅四载，实勤百为比修报于邻邦，方借贤于政路。壮尔出疆之决，不惮一行；逮兹返命之初，遽观屡请。洞察由衷之悃，宜惟从欲之仁。秘殿隆名，真祠厚禄，并彰异数，庸示眷怀。尚殚体国之心，罔废告猷之助。”

宋张扩《东窗集》卷十四《王次翁进封长清郡开国侯加食邑五百户制》：“敕：朕讲信修睦，克敦大国之盟；事亲宁神，允格一人之孝。惟时硕辅，参秉政机，屡殚协济之忠，共致中兴之治，申颁命绰，以涣异恩。具官某：德厚而气刚，才全而用博。蹇蹇励王臣之节，彬彬称君子之儒。代言纶闱，四方不匮厥指；帅属起部，百工咸精其能。逮长霜台，实专风宪。击奸邪而弗避，举纲纪而必行。遂以忠嘉，入陪帷幄，卒究和戎之利，助成偃革之休。是用峻侯爵以增封，加圭腴而衍赋。式彰体貌，益厚褒嘉。嘻！国有老成，朕所亲倚。求懿德肆于时夏，已著安疆之威；示天下弗复用兵，尚急治安之策。往竭同寅之志，以臻奢定之功。”

宋陈揆《南宋馆阁录》卷七《官联上》：“王次翁，字庆会，济南人。霍端友榜进士出身，治《易》。八年十二月除，九年二月为起居舍人。”

《宋史》卷三百八十《王次翁》：“王次翁，字庆曾，济南人。聚徒授业，齐、鲁多从游者。入太学,贫甚,夜持书就旁舍借灯读之。礼部别头试第一,授恩州司理参军,历婺州教授、辟雍博士,出知道州。

"燕云之役,取免夫钱不及期,辄以乏兴论。次翁檄取属邑丁籍,视民产高下以为所输多寡之数,约期受输,不扰而集。除广西转运判官。时剧盗马友、孔彦舟、曹成更据长沙,帅檄漕司预鸠粮刍三十万以备调发,次翁即以具报,吏愕眙,次翁曰:'兵未必发,先扰民可乎?吾以一路常平上供计之,不啻三十万。'已而贼不犯境。召对,论事不合,出知处州,乞祠,归寓于婺。

"吕颐浩帅长沙,辟为参谋官。顷之,力乞致仕。秦桧召还,道出婺,次翁见之。楼炤言:'颐浩与次翁同郡,颐浩再相,次翁贫困至此。'桧笑曰:'非其类也。'桧居朝,遂以为吏部员外郎,迁秘书少监,除起居舍人,迁中书舍人。刘光世除使相,奏以文资荫其子,次翁执奏缴还。

"除工部侍郎兼侍讲。蜀阙帅,宰执拟次翁以闻。帝以次翁明经术,留兼资善堂翊善。改御史中丞。论赵鼎不法,罢知泉州。部差李泗为鄂州巡检,而湖北宣抚使不可,次翁言:'法令沮于下,而不知朝廷之尊,渐不可长。'帝令诘宣抚司。宣赞舍人陈谔、孙崇节即阁门受旨升转,次翁言:'阁门径自画旨,不由三省,非祖宗法。'寝弗命。呼延通因内教出不逊语,次翁乞斩通以肃军,且言:'著令,寸铁入皇城者有常刑。'遂罢内教。

"韩世忠与刘光世、张俊与刘锜皆不相能,次翁言:'世忠于光世因言议有隙,俊于锜由措置有睽。窃恐锜保一孤垒,光世军处穷,独俊与世忠不肯急援。愿遣使切责,因用郭子仪、李光弼以忠义泣别相勉者感动之。'

"金人败盟入侵,次翁为秦桧言于帝曰:'前日国是,初无主议,事有小变,则更用他相,后来者未必贤于前人,而排斥异党,收召亲故,纷纷非累月不能定,于国事初无补。愿陛下以为至戒,无使小人异议乘间而入。'桧德之。先是,桧兄子与其内兄王唤皆以恩幸得官,桧初罢政,二人摈斥累年。至是,次翁希桧旨,言:'吏部之有审量,皆暴扬君父过举,得无伤陛下孝治。乞悉罢建炎、绍兴前后累降指使。'由是二人骤进。

"初,次翁既论罢赵鼎,鼎归会稽,上书言时政。桧忌鼎复用,乃令次翁又言之,乞显置于法。且言:'特进乃宰相阶官,鼎虽谪降,而阶官如故,是未尝罢相也。'遂降散官,谪居兴化军。右谏议大夫何铸又论鼎罪重罚轻,降朝奉大夫,移漳州。桧意犹未厌,次翁又论:'鼎闻边警,喜见颜色。绳以汉法,常伏不道之诛;责以《春秋》,当坐诛意之罚。虽再行贬责,然朝奉大夫视中大夫秩不相辽,漳州比兴化尤为善地,以此示罚,人将玩刑。'再移潮州安置。

"次翁除参知政事。两浙转运司牒试,主司观望桧与次翁子伋预选者数人，士论大骇。金人败于柘皋，帝曰：'将帅成不战劫敌之功，乃辅弼奇谋指纵之力。'除一子职名。

"桧召三大将论功行赏，岳飞未至。桧与次翁谋，以明日率世忠、俊置酒湖上，欲出，则语直省官曰：'姑待岳少保来。'益令堂厨丰其燕具，如此展期以待者六七日。飞既至，皆除枢密使，罢兵柄。次翁归语其子伯庠曰：'吾与秦相谋之久矣。'

"太后回銮，次翁为奉迎扈从礼仪使。初，太后贷金于金使以犒从者，至境，金使者偿乃入。次翁以未得桧命，且惧桧疑其私相结纳，欲攘其位，坚不肯偿，相持境上凡三日，中外忧虑，副使王晚衰金与之。太后归，泣诉于帝曰：'王次翁大臣，不顾国家利害，万一有变，则我子母不相见矣。'帝震怒，欲暴其罪诛之。次翁先白桧谓所以然者，以未尝禀命，故不敢专。桧大喜，力为营救，奏为报谢使以避帝怒。

"使还，帝立中宫，奏为册宝副使，帝终恶之。桧谕次翁辞位，遂以资政殿学士奉祠，引年归，居明州。桧怜之，馈问不绝。十九年，卒，年七十一，赠宣奉大夫。诸子婿亲戚族人添差浙东者又数人，皆桧为开陈也。桧擅国十九年，凡居政府者，莫不以微忤出去，终始不二者，惟次翁尔。"

《宝庆四明志》卷八《先贤事迹上》："王次翁，字庆曾，其先济南人。景祐五年仁庙临轩策士，其祖异中首选，已而视程文有摩，改处特降第五名。次翁克世其业，齐鲁之士多从之，号两河先生。崇宁二年以《易》魁礼部别院，辟雍初建，又以《诗》、《书》、《易》三经就试，俱第一，除辟雍正。时梁师成用事，荐士多至华要，号隐相。一日命与次翁友者，潜携文卷以去，既而来谓：'子文达天聪矣，将处以台阁。'次翁笑语之曰：'文间适中其讳，幸取易之。'友亟取以授，并与友绝。师成衔之。出知道州，徙容州，政事一以阳城元结为法，作漫轩、思元堂，而甘棠之爱在焉。绍兴初，自广西运判召对，论定规模、图中兴等事，忤时议，丐祠，寓金华。六年，吕颐浩帅长沙，辟参谋，遂乞休致贫特甚。潘良贵访之，闻败帏之下运筹声，视之，乃推《太玄》数耳。尚书吕祉荐于朝。七年，有旨落职致仕。八年，召为郎中，累迁中书舍人。刘光世除使相，欲任子文秩，次翁执奏缴还之，上曰：'王次翁词婉而理直，论事者不当尔耶？'

"从橐阙员，三省以王鈇、林待聘及次翁名进，上曰：'王次翁文章似王安石，德行似司马光。'遂除工侍。西蜀阙帅，宰执以次翁、张焘拟奏。上曰：'王次翁经术人也，不可远去。'朝廷于是焘帅成都，而中外知次翁将大用矣。十年，除御史中丞，首言：'和战本一事，靖康以来，领兵之将方动，而排之使收;议和之使欲行,而阻之,复止。一进一却,致此艰难。权今之宜,虽以和为名,而实不可忘战备。'上嘉纳之。朝廷差李泗为江南巡检宣抚使,不受,乃以所亲丁俊为之。次翁言:'一巡检不足论,然法令阻于下而不知朝廷之尊,浸不可长。'遂核正之。上曰:'天下之事,当谨其小;小之不图,积习浸久,将有大于此者。王次翁所论深明国体。'即颁示诸将。都统制呼延通因内教出不逊语,次翁乞斩通以肃军列,一时骄将闻之震詟,上劳之曰:'卿有李勉之风矣。'七月,拜参知政事。十二年扈从太后回銮,虏使邀金无厌,次翁显绝之,而密令提举事务者随宜以给。虏惮其刚严,人谓知体。上议遣使报谢,次翁请行,明年竣事,力丐退政,除资政殿学士,提举洞宵宫,来居鄞之西湖。盗尝罄其室,或请白有司,笑止之曰:'冻馁使然耳,何尤?'上闻之,赐银绢各千。十四年,致仕,十九年,薨,被旨护葬清凉山。孝庙即位,诏赠太师。有《两河集》、《易说春秋旨义》、《元元通数》等书,藏于家。"

《宝庆四明志》卷十《进士》:"崇宁二年霍端友榜:王次翁,异孙,贯齐州。"《延祐四明志》卷六《人物考下》:"崇宁二年霍端友榜:王次翁,异孙,贯齐州。"

崇宁五年丙戌(1106)蔡嶷榜

汪思齐 明州鄞县人,汪思温弟。登崇宁五年进士第,高宗建炎时任官吏部,命下即卒(一说钦宗时已授官)。其兄闻后,携其尸骨归乡安葬,并以三子汪大有过继之。曾和其兄约定建友恭亭,惜亭成时已逝。

宋孙觌《鸿庆居士集》卷三十七《宋故左朝议大夫直显谟阁致仕汪公墓志铭》:"弟思齐,建炎初,上录潜藩之旧,擢吏部郎,代公持节使江右。命甫下,吏部得疾不可治。公具棺衾于兵火创残之中,如礼而办。护丧下汴绝淮、浙江,仅次毗陵,而嘉和叛兵奄至,公仓皇负枢舍一佛寺,寺僧惊逃去矣。置一榻卧丧侧,群盗过门,睥睨不入。乱定登舟,而大盗据钱塘,乃枉道趋华亭,僦舶舟为航海之计。黎明欲解,而逆风大浪不可进,舟师恐而言:'丧舟涉海,征祥已见,盍权厝而行。'公具冠笏,焚香大言曰:'某弟思齐遇疾而没南京,持旅衬归葬,间关盗贼,跋涉水陆数千里而后得至此。舟人以惊触神祇为辞,将使亡弟遗骨弃之异县,永无还里。鬼神有知,监予手足急难之故,加惠存没,赐以便风,归附先垄。'香火未收,风雨浪息,舟师以手加额,挂席而东,日亭午已次会稽之曹娥埠矣。既还,治葬送,附孤嫠,择士嫁遣二女。又奏乞随龙恩任其婿,一子未胜衣而夭。公以第三子大有者为主后,今为右迪功郎监潭州南岳庙。

"公尝营一室号'友恭'，与吏部相戒，为早朝退闲居对床听雨之约。堂成而吏部逝矣，公因之不改，饬诸子曰：'汝等共识之，行吾志。'"

清王梓材《宋元学案补遗》卷六《吏部汪先生思齐》："梓材谨案：先生官吏部，与兄少卿思温尝馆于同邑姜氏，见后《姜教授传》。其以少卿为观文殿大学士，先生为端明殿大学士者，非也。"

《延祐四明志》卷四《人物考上》："汪思温，字汝直。……钦宗以诸王就传，择除赞读，思温与弟思齐并命……。"《乾道四明图经》卷十二《进士》："崇宁五年蔡嶷榜：汪思齐，洙子。"《宝庆四明志》卷十《进士》："崇宁五年蔡嶷榜：汪思齐，洙子。"《延祐四明志》卷六《人物考下》："崇宁五年蔡嶷榜：汪思齐，洙子。"

夏承　字元茂，明州鄞县人。夏敦之子。登崇宁五年进士第。少时入太学上舍，成绩优异。徽宗时为朝散郎开封少尹，保全皇族。南宋建炎年间又知徽州。孝宗时因保全皇族之事，得朝廷褒奖，赠官左朝议大夫。

著文集七十卷，至明时已不得见，仅存散文，今仅存其撰墓志铭一篇。

《宝庆四明志》卷八《先贤事迹上》："夏承，字元茂，鄞人。以太学上舍免省，中崇宁五年第。靖康间，任开封少尹。虏骑犯阙，大尹徐秉哲散文榜根括皇族，冀以免死，承奋身力争，潜令诸厢毁弃文榜，放散苛留之人。绍兴二年，臣僚疏列其事。国事方殷，未及褒表。隆兴初，有旨：承系忠义之人，送史馆编录姓名，特赠三官。二年，赠左朝议大夫。"

《淳熙新安志》卷九《叙牧守》："夏承，朝奉大夫，建炎二年十月九日到任，四年正月五日致仕。"

明郑真《荥阳外史集》卷三十八《书夏承遗文后》："按：朝散夏公出处，大略见中大夫周公撰《夏主簿墓铭》。主簿，朝散公父也，若郡乘所载，本诸《宋史》，集既得兼考而备存之，今观其著，舒周唱和，序详瞻整，蔚实为能文之士。即其文而求其行，固君子之所动心者。况其所争根括皇族一事，实出于忠义者乎！周公载主簿有文集七十卷，其七子皆业儒，或预荐太学，而今皆不可考证矣。常从故老问之，莫知其子孙为谁何。夫仁者必有后，若夏氏者，何其阒焉无闻也耶。呜呼悲哉！"

《乾道四明图经》卷十二《进士》："崇宁五年蔡嶷榜：夏承，敦之子。"《宝庆四明志》卷十《进士》："崇宁五年蔡嶷榜：夏承。"《延祐四明志》卷六《人物考下》："崇宁五年蔡嶷榜：夏承。"

夏承《宋故史希道墓志铭并盖》："朝散郎开封少尹夏承撰。"注：是志撰于宋靖康元年（1127）。

　　蒋玧　明州鄞县人,一说明州奉化县人。蒋浚明子,蒋璇弟。登崇宁五年登进士第。随父迁鄞县,和兄受学于陈瓘,徽宗时为宣教郎,因忤逆蔡京落职。

　　清黄宗羲等《宋元学案》卷三十五《中奉蒋先生璇宣奉蒋先生玧合传》:"蒋璇、蒋玧兄弟,赠金紫光禄大夫浚明之子,忠肃弟子也。……而宣奉以忤蔡京自劾去。"

　　清全祖望《鲒埼亭集》卷二十三《蒋金紫园庙碑》:"蒋氏自唐时实由天台来居奉化,已而迁湖上。金紫为丰清敏所荐士,官尚书金部员外郎,抗疏排新法被斥,将谪远州。母老,清敏力争之而免。金紫之子中奉大夫璇、宣奉大夫玧最有名。是时陈忠肃公来鄞,金紫即遣二子事之。未几,成进士,忠肃为书'连桂'二字以表其坊。中奉知江阴归,犹及与潘公良贵倡和三江亭上,其诗至今存。而宣奉以忤蔡京自劾去,师传家学,俱为不负。"

　　清全祖望《鲒埼亭集》卷四十七《答葛巽亭日湖故事问目》:"问:蒋金紫巷之蒋氏,有可考耶?湖上有坊曰'连桂',为蒋璇、蒋玧立,未知即此蒋氏否?考二蒋皆籍奉化,坊在湖上,则当居鄞。

　　"是也。慈湖先生作《蒋存诚墓志》曰:蒋氏世居小湖之西南,所云金紫,盖即二蒋之父浚明,以子累赠至金紫光禄大夫。今奉化,县北三岭山尚有浚明之墓,而左朝议大夫璇、宣奉大夫玧附焉。蒋氏世籍奉化而居鄞最早,清容所云'吾鄞士族之先,莫如楼袁杨蒋是也。'盖唐末已居鄞。其自丹阳来之蒋,乃宣和学士猷之后,另为一宗。建炎降臣蒋安义自剡来又一宗。浚明在《奉化志》中有传,盖丰清敏所荐士。而清容作《蒋晓墓志》有云:'忠肃陈公,谪明绝朋,俾子允师,连桂以登。则朝议兄弟,皆尊尧弟子,金紫之世学可知矣。'中奉有《三江亭》诗亦佳,存诚则与慈湖讲学,蒋氏科名之盛,在宋亚于楼、史诸家,谏议岘、将作晓,皆名人也。"

　　《乾道四明图经》卷十二《进士》:"崇宁五年蔡嶷榜:蒋玧,璇之弟。"《宝庆四明志》卷十《进士》:"崇宁五年蔡嶷榜:蒋玧,璇弟。"《延祐四明志》卷六《人物考下》:"崇宁五年蔡嶷榜:蒋玧,璇弟。"

　　蒋浚明《宋卢氏墓记》:"夫人,明州鄞县卢用之女也。年十六归予。男五人,琚、璇、玧、环、珪,皆读书。"注:是志撰于宋崇宁年间(1102—1106),是时蒋玧应未中第。

　　佚名《宋蒋户曹(浚明)墓记》:"男七人,曰琚、璇、玧、环、珪、琦、璋。……玧复中崇宁五季第,今宣教郎。"注:是志撰于宋政和七年(1117)。

　　汪镇　明州鄞县人。登崇宁五年进士第。事迹无考。

《乾道四明图经》卷十二《进士》:"崇宁五年蔡嶷榜:汪镇。"

冯子济　明州慈溪县人。登崇宁五年进士第。冯泾堂弟。事迹无考。

《乾道四明图经》卷十二《进士》:"崇宁五年蔡嶷榜:冯子济,泾之堂弟。"《宝庆四明志》卷十《进士》:"崇宁五年蔡嶷榜:冯子济,泾堂弟。"《延祐四明志》卷六《人物考下》:"崇宁五年蔡嶷榜:冯子济,泾堂弟。"

冯滋　明州慈溪县人。登崇宁五年进士第。冯泾弟,建炎初为朝奉郎知处州丽水县丞。

《乾道四明图经》卷十二《进士》:"崇宁五年蔡嶷榜:冯滋,泾之弟。"《宝庆四明志》卷十《进士》:"崇宁五年蔡嶷榜:冯滋,泾弟。"《延祐四明志》卷六《人物考下》:"崇宁五年蔡嶷榜:冯滋,泾弟。"

张邦彦《宋卢君墓志铭》:"朝奉郎知处州丽水县丞、赐绯鱼袋冯滋书。"注:是志撰于宋建炎二年(1128)。

曹贯　明州定海县人。登崇宁五年进士第。事迹无考。

《乾道四明图经》卷十二《进士》:"崇宁五年蔡嶷榜:曹贯。"《宝庆四明志》卷十《进士》:"崇宁五年蔡嶷榜:曹贯。"《延祐四明志》卷六《人物考下》:"崇宁五年蔡嶷榜:曹贯。"《嘉靖宁波府志》卷三《选举表》:"进士,宋徽宗崇宁五年定海:曹贯。"《嘉靖定海县志》卷四《选举》:"曹贯,崇宁五年。"

注:光绪以前奉化诸志均载曹贯为奉化人,然光绪《奉化县志》予以纠正,实为定海人。

顾文　明州鄞县人。登崇宁五年上舍释褐第。曾任六部某司郎中。

顾氏仅存一诗《三江亭》,载于《乾道四明图经》卷八。

清陆心源《宋诗纪事补遗》卷三十三《顾文》:"鄞人。崇宁五年进士,官郎中。"

《乾道四明图经》卷十二《进士》:"崇宁五年蔡嶷榜:顾文。"《宝庆四明志》卷十《进士》:"崇宁五年蔡嶷榜:顾文,上舍魁。"《延祐四明志》卷六《人物考下》:"崇宁五年蔡嶷榜:顾文,上舍魁。"

大观二年(1108)举遗逸

于定　明州人。大观二年举遗逸。于锐子。生平不详。

《乾道四明图经》卷十二《进士》:"大观二年举遗逸榜:于定,锐之子。"

陈之翰　明州鄞县人。大观二年举遗逸。陈翊次子。其少年聪颖,但屡试不第,遂无仕进意。归家操持家业,与人交往颇重义气,故而在当时鄞县颇有名望。后朝廷下诏求贤,得以任官,秩满归乡,大观三年卒。

《乾道四明图经》卷二《人物》："陈之翰处士,延平陈忠肃公瓘志其墓云：'字宪之,邑人也。居西湖,少有志操,治经求大旨,为文不蹈袭。时语三上礼部,不中,因不复应举,归求其志。大观二年徽宗皇帝诏举遗逸,鄞之贤士大夫闻而相与语曰：'此可以得宪之矣。'州及部使者用众论,荐于朝,天子官之。知公行实而善,朝廷之得士者,非特鄞之贤士大夫而已也。'其为忠肃公所敬服如此。"

《乾道四明图经》卷十《进士》："大观二年举遗逸榜：陈之翰,伯强之兄。"

宋陈瓘《宪之墓志铭》："君讳之翰,字宪之,明州鄞县人也。殿中丞、赠朝散大夫讳翊之子。君少有志操,治经求其大旨,为文不蹈袭。时语三上礼部不中第,因不复应举,归求其志。其所躬行,继母曰孝,兄曰悌,弟曰友,朋友信之。大夫君四子：伯曰伯达,叔曰伯修,季曰伯强。君,仲也。元祐中,予权倅州事,以疾寻医,寓居湖西,与君接屋而居,因得过从。凡乡评之所以与,君黜考之皆信,逮今二十年,君与伯季皆已卒矣,而家行辑睦,雍雍怡怡,不少衰也。陈氏皆业固厚,自大夫君即世,伯不喜事事,以家务委君。君平于处治,不为织啬,赀日益耗,而后主之为善者,轻彼重此,知所法象,计其所得孰多,必有能辨之者矣。乡人初贷君黄金,后携以偿君,适在汴舟,其人绐曰：'金误坠水。'君不疑也。后数年,其人内悔,疾且死,遣其子来谢,致所当偿,君亦受而不拒,且嘉其能改,徐以所偿助其丧葬,君于生事类此者不一,此岂为富之术哉？

"崇宁二年诏举遗逸,鄞之贤士大夫,闻而相语曰：'此可以得宪之矣？'州及部使者用众论荐君于朝,天子官之。知君行实而喜,朝廷之得士者,非特鄞之贤士大夫而已也。君气和言温,与人交久益恭,口不道人之过,以诚叩之,邪正黑白,不少私也。平居饮酒赋诗,随境辄适,若无营于世者。至于尚论古人,自春秋以来千余年事,是非得失、阔略细故,独取其大者论之。使君得试其所知,大小先后,必有攸叙。其不负天子之诏也,决矣。久郁而始通,方流而遽涸,非命也欤。予顷自合浦蒙恩得归,君亦被命而还,过从尤数。君病亟,予往问之,坐与予语,久之。归未及舍,而君已殁矣。大观三年六月二十五日也,享年六十。娶姚氏,尚书屯田员外郎甫之女。男二人：曰庚,曰廓。女一人,为比丘尼。孙男九人。政和元年四月君弟及之,与庚、廓自鄞遣人来通,以书嘱予曰：'将以今年五月壬午,启夫人姚氏之殡,与君合葬于鄞之翔凤乡隐学山。大夫君之域,愿得一言以刻于石。'予与及之友善,而二人皆孝,于宪之铭,其何可辞。

"铭曰：为善于家,去闻取达。考诸乡评,声副其实。诏搜岩穴,幽远不遗。坎中流矣,而涸于斯。人孰不寿,胡啬尔年。立而不贰,畴能违天。"

注:陈之翰举遗逸的年份,有大观二年、崇宁二年二说,查《宋史·选举志》、《宋会要辑稿》未能得确切记载。

大观三年己丑(1109)贾安宅榜

王玠　字彦楚,明州鄞县人。王说次子。登大观三年进士第。曾为京西转运使、吏部郎官、宗正少卿,史称其为政不苟政事。

王玠著《考经异传同论》、《臆说》、《时政更张议》、《字学撷要》、《杂言》、《和杜诗》等,但今皆佚,仅余《梦中诗》一首,录于洪迈《夷坚甲志》和宋姚宽《西溪丛语》(中华书局1993年版),二文所录有所不同。《乾道四明图经》录有其诗一首。

宋楼钥《攻媿集》卷七十五《跋蒋亢宗所藏钱松窗诗帖》:"吾乡旧有五老会,宗正少卿王公玠、朝议蒋公璇、郎中顾公文、衡州薛公朋龟、大府少卿汪公思温,外祖也,皆太学旧人,宦游略相上下,归老于乡,俱年七十余,最为盛事。"

宋程俱《北山小集》卷二十四《陆长民孙近吏部郎官王玠户部郎官胡蒙度支郎官》:"敕具官等:中台六官实总天下之务,而吏、户二曹最为浩繁。得其人,则铨叙平而财用理;不得其人,则事不治而受其敝者众。故异时常以通简敏达之士为之属。以尔长民儒雅润饰,见于践扬。以尔近词学策名,尝更治郡。以尔玠政事不苟。以尔蒙疆济有闻。或继俊造之升,或著廉平之效,文昌之选,尤重于今,惟是名曹,事任加剧。时惟新命,尚其懋哉。可。"

宋洪迈《夷坚甲志》卷八《王彦楚梦中诗》:"王彦楚,□□□州人。少年时,梦作诗曰:'春罢鸡镈,人行犬吠篱。溪深水马健,霜重橘奴肥。'建炎初,将漕京西,遇寇至,彦楚脑间中刃,奔走墟落,闻农家春声,正如昔年梦中作诗景象云。"

宋洪迈《夷坚三志己》卷一《京师贫士相》:"王玠彦楚,自明州入京师赴省试。揭榜前一日,独在邸舍,时年方二十,以贫甚,不出游。俄有贫士前揖,谓为丐者,略不顾视。士忽发问曰:'秀才待榜乎?'王曰:'然。君岂善相人耶?玠今举可得否?'士曰:'秀才能从吾饮,当言之。'王曰:'我正乏旅费,囊无酒资。'士倾袖中钱数百,曰:'用此足矣。'王颇异焉。即相与诣旗亭,酌数杯罢,复叩之曰:'明日榜出,幸为决得失。'士曰:'后日方榜出,明日未也。'王曰:'恰已见宣押台官入贡院拆封,何由留连信宿?'士曰:'我但知如是耳。秀才猝未登第,直到五十八岁乃可。'王曰:'倘如所言,前程当不能远大。'曰：'却有些好处，才了当便任京局，不三年超迁卿监，连典大郡作监司，寿登八十。'王意色不怿，舍之去。顷之，遇太学齐仆过门，问以放榜事。仆曰：'奏卷错误，展作后日。'王始惊叹。已而不第。寻访贫士，更无识之者。后悉如其说。王以大观己丑成名，建炎初为京西转运使。甲志尝载其梦中诗云。"

《宝庆四明志》卷八《先贤事迹上》："季子玠，字彦楚，登大观三年进士第，仕至宗正少卿，年八十卒。有《考经异传同论》三卷、《臆说》五卷、《时政更张议》四卷、《字学撮要》二卷、《杂言》三卷、《和杜诗》一百七十一篇。……以叔祖玠任为丰城主簿，连帅张澄俾对易理曹。"

《乾道四明图经》卷十二《进士》："大观三年贾安宅榜：王玠，说之子。"《宝庆四明志》卷十《进士》："大观三年贾安宅榜：王玠，该侄。"《延祐四明志》卷六《人物考下》："大观三年己丑王玠，该侄。"

吴升　字潜道，明州鄞县人。登大观三年进士第。吴渭子。少时勤于读书，元丰时两预乡试，中第后为迪功郎，泾县主簿、乐清县丞，皆有官声，以左宣教郎致仕，后获赠左承议郎。归乡后闲居家中，怡然自得，八十五岁时无疾而终。

宋李光《庄简集》卷十八《左承议郎吴君墓志铭》："君姓吴氏，讳升，字潜道，明之鄞人。曾祖德、祖泽，皆隐德不耀。父渭，以君登朝，累赠宣教郎。君九岁而孤，母守志鞠养，稍长，告以汝父长者，尝拊汝，当为儒。君因发愤读书，昼夜不息。遂博通经史，下笔为文，简而有法。元丰间朝廷以经术取士，君两预乡荐。大观己丑遂中进士第，释褐授迪功郎，主宣之泾县簿，摄水阳镇。郡太守累称其贤而未荐也。或曰：'盍求之？'君曰：'彼知我而不能荐，我为下寮，不求为可知，二者胥失也。'考满，丞温之乐清，裨赞县政而弥缝其失。政有大不便者，君力争不能得，则叹曰：'予不负丞，令长其可负百姓乎？'水阳濒大江，素有水患，君去才旬日，水辄大至。去乐清未几，巨盗窃发，焚掠殆尽，官吏多遇害。君慨然顾谓妻子曰：'造物于我厚矣，始吾读书，姑成先志尔尔。今年逾六十，二子相继登科，吾尚何求哉？'

"因挂其冠，得左宣教郎致仕以归。遇渊圣皇帝及今天子登宝位，转左承议郎，赐五品服，叙封妻史氏为孺人。孺人有淑德，孝顺勤俭，能以礼法自持。夫妇白首，相待如宾，子孙侍侧，雍雍如也，人皆荣之。先君十年卒，诸子卜明年庚申正月丁酉，奉君之枢，合葬于四明之梅岙，从治命也。

"君任真自得，遇人无贵贱贫富，一以诚。当官任职，未尝择所向，盖无入而不自得也。予与秉彝实太学同舍生，尝至其家，见君颓然而长，发鬓垂白，貌温而气清，方精力强壮，内怀止足之计，不待及期而浩浩然勇退。虽古人胜事，何以加之。所居环堵、竹树萧然，家事有无，一不以介意。晚益萧散，诸子卜居择胜，得小溪之芝山，君欣然从之。浮沉里巷间，芒鞋野服，间从方外之士，遇兴辄往一秤之上，忘怀得失，不知岁月之老也。喜怒哀乐、祸福利害之端，了无足以动其心者。享年八十有五，未尝有疾，一夕奄然而逝。庄周所谓不刻意，而高，不导引而寿者，君几是欤？

"生五男：长曰秉仁，四上礼部；次秉彝，左迪功郎、枢密院计议官；次秉礼，先君卒；次秉智，举进士未第；次秉信，左宣教郎、诸王宫大小教授。二女，皆嫁为士人妻。始君少时，方力学，有道士叩门，自言：斋醮之夕，奏章帝所，见金字榜曰：'龟龄显裕，天赐吴升。'其说虽幻怪不经，然退考君平生简易真率，而得数之多，子孙之盛，若非偶然者。秉彝一日与其弟秉信累然衰绖，踵门泣而言曰：'先君潜德退节，仕不究其禄，举世无知者。'且持左奉议郎，主管台州崇道观高所为行状，请铭于予，因附以所闻而为铭曰：'芝山峨，峨水泠，泠中有隐者逃其名。少时力学通群经，老不释卷博且精。平生所修□中诚，持身接物心和平。忘怀得失寄一秤，遗弃轩冕浮云轻。自然寿考身康宁，何必辛苦栖岩扃。叩门道士心通灵，飞神杳眇游青冥。羽衣翩仙朝帝庭，琅函金字标龟龄。临行一念超凡情，脱然视身如邮亭。子孙蕃衍天可凭，积善衮衮生公卿。刻诗同藏播芳馨，深固葱郁真佳城。'"

《乾道四明图记》卷十二《进士题名记》："大观三年贾安宅榜：吴升，矜之从弟。"《宝庆四明志》卷十《进士》："大观三年贾安宅榜：吴升，矜从弟。"《延祐四明志》卷六《人物考下》："大观三年贾安宅榜：吴升，矜从弟。"

蒋安义　明州鄞县人。登大观三年进士第。建炎初为修职郎，金兵破明州，蒋氏投金，金兵撤退后，和张大任知明州，掌两浙转运司，其后事迹无考。

宋李心传《建炎以来系年要录》卷三十一《建炎四年》："丙子，金人自明州引兵还临安。初，敌既破明州，遣人听命于完颜宗弼，且云：'搜山括海已毕。'宗弼曰：'如扬州例。'敌遂焚其城，惟东南角数佛寺与僻巷居民偶有存者。城之始破也。守者奔凑东南，缒城而去，或浮木渡江，生死相半，而奔逃村落者与敌遇。由是遍州之境，深山穷谷，平时人迹不到处，皆为金人搜剔杀掠，不可胜数。敌留明州七十日，引兵去，以修职郎蒋安义知明州，进武校尉张大任同知明州事。且授安义以两浙转运司印一纽。"

《乾道四明图经》卷十二《进士题名记》："大观三年贾安宅榜：蒋安义。"《宝庆四明志》卷十《进士》："大观三年贾安宅榜：蒋安义。"《延祐四明志》卷六《人物考下》："大观三年贾安宅榜:蒋安义。"

翁斯　明州鄞县人。登大观三年进士第。事迹无考。

《乾道四明图经》卷十二《进士题名记》："大观三年贾安宅榜:翁斯。"《光绪鄞县志》卷二十《选举表一》："大观三年己丑翁斯。"

张郛　明州鄞县人。张宏侄。登大观三年进士第。事迹无考。

张氏生平不详,有诗《五港》传世,原载《三茅志》,《三茅志》已佚。今见于清人董沛所辑《甬上宋元诗略》。

《乾道四明图经》卷十二《进士题名记》："大观三年贾安宅榜:张郛,宏之侄。"《光绪鄞县志》卷二十《选举表一》："大观三年己丑:张郛,宏从子。"

陈伯修　明州鄞县人。陈伯强弟。登大观三年进士第。事迹无考。

《乾道四明图经》卷十二《进士题名记》："大观三年贾安宅榜:陈伯修,伯强之兄。"《光绪鄞县志》卷二十《选举表一》："大观三年己丑:陈伯修,伯强之兄。"

姚阜　明州鄞县人。姚希堂弟,登大观三年进士第。姚氏喜儒学,善解人急难,尤其为姚氏一族在城南建造必庆堂,教育姚氏子弟。仕至迪功郎,容州户曹参军。

宋袁燮《絜斋集》卷十五《通判平江府校书姚君行状》："曾祖讳阜,故迪功郎、容州户曹参军。……君之曾伯祖希,始以儒学决科起家,时则有若户曹公实继其后。户曹勇于为义,喜周人急,尤笃于宗族,创必庆堂于城南,延硕师,聚族子弟就学,涵濡薰炙,彬彬可观。"

《乾道四明图经》卷十二《进士题名记》："大观三年贾安宅榜:姚阜,希之堂弟。"

胡旦　明州象山县人。登大观三年进士第。事迹无考。

《乾道四明图经》卷十二《进士题名记》："大观三年贾安宅榜:胡旦。"《宝庆四明志》卷十《进士》："大观三年贾安宅榜:胡旦。"《延祐四明志》卷六《人物考下》："大观三年贾安宅榜:胡旦。"

贝云　明州人。登大观三年进士。娶詹抃女,早卒,其余无考。

宋张守《毗陵集》卷十二《詹抃墓志铭》："女二,长适贝云,云早卒,女不复再适。"

《乾道四明图经》卷十二《进士题名记》："大观三年贾安宅榜:贝云。"

政和二年壬辰(1112)莫俦榜

李嗣宗　明州鄞县人。登政和二年进士第。事迹无考。

《乾道四明图经》卷十二《进士题名记》："政和二年莫俦榜：李嗣宗。"《光绪鄞县志》卷二十《选举表一》："政和二年壬辰：李嗣宗。"

林霆 明州鄞县人。林保堂弟。登政和二年进士第。事迹无考。

《乾道四明图经》卷十二《进士题名记》："政和二年莫俦榜：林霆，保之堂弟。"《宝庆四明志》卷十《进士》："政和二年莫俦榜：林霆，保堂弟。"《延祐四明志》卷六《人物考下》："政和二年莫俦榜：林霆，保堂弟。"

王玉 明州鄞县人。王该之子。登政和二年进士第。事迹无考。

《乾道四明图经》卷十二《进士题名记》："政和二年莫俦榜：王玉，该之子。"《光绪鄞县志》卷二十《选举表一》："政和二年壬辰：王玉，该子。"

徐特 明州鄞县人。登政和二年进士第。事迹无考。

《乾道四明图经》卷十二《进士题名记》："政和二年莫俦榜：徐特。"《光绪鄞县志》卷二十《选举表一》："政和二年壬辰：徐特。"

汪思温 字汝直。明州鄞县人。汪洙子，汪大雅、汪大猷父，楼钥外祖。登政和二年进士第，初授将仕郎、登封尉。后任西安尉，知余姚县，其在余姚制定征调徭役之法，既减轻了当地繁重之徭役，又保证了正常的征调工作。后又修复余姚濒海堤防、烛湖水利，一时余姚乡间农田灌溉颇受利。高宗即位后，为朝散郎、江南西路盐茶公事、朝奉大夫，知衢州，为官公允。后又知湖州临安府，收捕不法的渡江船夫，修造横渡钱塘江之舟舰，并制定定例，民受其益。再调衢州，虽政绩斐然，然终未大用。绍兴二十七年致仕。于家族又教导子孙学业，力葬其弟，抚恤孤老，声望颇重。八十一岁卒。

汪思温诗文仅存《乾道四明图经》卷八所录其诗一首。《至元嘉禾志》（上海古籍出版社 2010 年版）卷二十九另有其诗一首。

宋孙觌《鸿庆居士集》卷三十七《宋故左朝议大夫、直显谟阁致仕汪公墓志铭》："左朝议大夫直显谟阁致仕汪公，以绍兴二十七年二月六日感疾，终于四明私第之正寝。将葬，公之子右宣教郎大雅，以太学博士史浩状公世系、爵里、卒葬年月日授余请铭。余曰：'显谟公行治劳烈称天下，今子释其殡，犯大暑，绝重江，走千里，属于不腆之辞，以图永久，岂敢以既老为解。'乃序而铭之。

"公讳思温，字汝直，明州鄞县人。曾祖顺、祖元吉不仕。父洙，明州助教，以《春秋》之学知名，因公贵，赠正奉大夫。公幼读父书，有声场屋间，会朝廷更舍法，改授他经。政和二年，以太学上舍中乙科，授将仕郎、河南府登封县尉，就除雄州州学教授。秩满，调衢州西安县尉。宣和三年，改承奉郎，知越余姚县，监河南草场，五转至朝奉郎，郓王、肃王、景王府赞读。

"上即位,恩迁朝散郎,提举江南西路盐茶公事,除屯田员外郎,俄改仓部。绍兴元年,又改吏部,再选朝奉大夫。三年,知衢州,时有谏议大夫被召,过郡,或请公致丰饷,公曰:'谏官御史当如部使者之礼,不敢过也。'既有绪言,谓公薄已,公曰:'谏大夫辞受,天下所瞻,而子敖以我为简。'余岁严睦盗起,公聚兵境上,塞其隘,秋毫不犯,盗平。而谏议公适在枢省,劾公玩,降秩二等,罢归。未几,御史中丞辛炳道三衢,得公冤状,疏辨其诬,诏复故官。再除吏部,转朝散大夫,进司农少卿。吴兴择守,有言公三衢治状者,除直徽猷阁、知湖州。四年,召归太府,为少卿,权知临安府。迁左朝请大夫,直显谟阁,两浙路计度转运副使。八年,复还太府,公在吏部不为贵权人下。出守三衢,至是复用事,坐尝抗已。罢公为直显谟阁,主管台州崇道观、江州太平兴国宫,凡五任十八年,终权贵人之世不用,遂老于家。

"公器贵精悍,居官任事以智为乐,兴功利饬蛊坏,所莅皆有迹。雄地被边,俗武悍,异时官师鄙夷其人,倚,席不讲。公曰:'鴃音尚可革,况吾人乎!日课月试,躬自劝督。之而秀出之民,彬彬稍见焉。余姚大邑,赋役不均,为民患,公一不以属吏,召诸豪入县庭下,案版籍差次甲乙,推选一人之应令者,曰:'甲岁满,乙代甲如律令。'乙捧檄而出,无异言。他日,州将语公曰:'诸县诉徭役者无虚日,余姚独无有,何故?'公曰:'不使一吏,预其间,县无讼矣。'县濒海,旧有堤六十里除水患,岁久圮坏,民之垫于海者,呻吟相属也。众举公力复之,堤成,而七乡并海之田,桑麻秔稌之饶,尽复其故。又有湖号烛溪,疏通二斗门,视水涨落而闭纵之,灌东西五乡田数百顷。岁旱,东乡厌水矣,而西斗门地高仰,率尝不应,请改筑如东斗门以溉旱。而东乡擅其利,积十余年讼不决。公一日行县,至其处曰:'一湖如许大,使民求水而不得乎?'为之计工赋材,撤而大之。两门相望,五乡之田,一等受水而讼息。乃即治所为楼,于门上敛敕书藏其中,高明硕大,为一方壮观。又斥余材筑一亭于大门外,凡诏令当颁行者,揭之亭中使知避就,榜曰'承宣,云。吏部案牒,南度之后,水火焚漂,扫地尽矣一时予夺,吏操其柄,贪无资者,皆不得调。公至郡,诉于亭,公延之坐其厅,其说应文书有验者,悉令部受,皆无,为奏。立保任之法,不旬月而庭无留事,吏不能得人一钱。有飞语闻,公诣都堂抗言辨数,不为诎,用事者益不悦。公请得郡衢,久之,铨法复坏。会用事者去国,再除吏部,选入,改授京秩,而举将有他故报,罢去。留落蹭蹬,或至穷老,公始建请荐员溢格者,本部以收使不尽之数移文所举官别行,改奏,诏从之,公每得一二,录纪姓名,纳佩囊中。遇有举将坐累,或物故而不升改者,公出囊中所储,使自择图之,至今多所成就。

"公在三衢，有妇人讼其子，械送狱，徐召其母，以言晓谕之，而微察其情，母悔谢，请代。翌日掠囚，公曰：'汝母诉汝，当抵罪，又欲贳汝。'破械纵遣，为母子如初。有姑暱婢，谗而虐其妇，妇求去，而姑谞谞喧诉不已，公曰：'汝力人姑，信谗而出其妇，妇去则汝子弃妻，汝孙失母，奚为自破其家也？'笞其婢逐之，戒妇曰：'害汝者去矣，善事汝姑。'姑亦感悔，踧谢而出。邦人闻之，太息曰：'使君真古循吏也。'祁王至自蜀，吏入白：'亲王诣州，州将当避正堂须其至。'公曰：'即乘舆至，何以待之。'治账供如大，宾客之仪。王入，据馆，公率僚属进谒，退而语人曰：'帝王之胄，自与常人殊，而举措不类，何也？'复有帝姬舍郡邸，群奴怙贵，劫请州县，执持官吏，一郡骚然，公曰：'是亦一祁王也。'不为动，已而皆败如公言。会稽渡钱塘，舟人冒利，捆载而行，半渡弭楫，邀取钱物，而暴风猝至，举舟尽溺死，操舟者皆善泅，独亡恙。公曰：'不戮此辈，则杀人未艾也。'悉捕系狱，论杀之。更造大舰十数，每一舰受若干人，制号如其数，以五彩别异之。置吏监总，渡者给号登舟，即过数，而号与舟不类者，皆不受。舟人给直有定估，除十之一备补葺之费。抵今十二年无一舟之覆。浙江，天下之至险，以龙山、外沙两闸纳东南之舟，而龙山之闸废久矣。大驾驻钱塘，九州四海万里之外，千艘百舵变错其中，十倍于旧，一遇启闸，奋棹争前，进有击斗伤败之忧，退虞潮波覆溺之害。公于是鸠工徒，疏龙山河，修复旧闸，启纳出闭如外沙之制，一时楫皆便之。湖人善私酿，暴吏乘之，发卒围捕，囊空甑倒，不遗一簪。公至，下令而予之期，过期不改，而后以文法从事，人感公诚，皆徙业无犯者。吴兴地污下，故有沟以走潦水，而并沟之居岁久填淤，或置屋其上，遇甚雨则水及半扉。公按寻遗迹，撤屋除地，复还故道，水患遂除。公尤通练财计，属时多故，暴敛急征，人不堪命，公宰一县、守一州、使一路，不以一毫取于民。按视经数，设为科条。凡粟帛酒茗征输之入，为图揭之坐右，杜并缘干没之奸，罢不息无名之费，赀聚沛然，上下赡足。尝因奏事论天下之财所以开敛之术，上善其言，命公条具，付有司立法，公曰：'臣所言即陛下法也，但当择吏推行尔。'故入为太府、司农，出为转运使，皆号称职。公之材见于世用盖如此，而屡困于谗忌，不得大位以佐天子，故止于效一官，任一职，无大勋名，为可惜也。二十七年，上书致仕，积官至朝议大夫，职直显谟阁，佩服三品，爵文安县开国男，食邑三百户，享年八十有一。

"公视亲诚孝，居丧毁瘠甚。既葬，有双芝产墓上，冢舍成，遂以名之。弟思齐，建炎初上录潜藩之旧，擢吏部郎，代公持节使江右。命甫下，吏部得疾不可治。公具棺衾于兵火创残之中，如礼而办。护丧下汴绝淮、浙江，仅次毗陵，而嘉和，叛兵奄至，公仓皇负枢舍一佛寺，寺僧惊逃去矣。置一榻卧丧侧，群盗过门。睥睨不，入。乱定登舟，而大盗据钱塘，乃枉道趋华亭，儌舶舟为航海之计。黎明欲解，而逆风大浪不可进，舟师恐而言：'丧舟涉海，征祥已见，盍权厝而行。'公具冠笏，焚香大言曰：'某弟思齐遇疾而没南京，持旅榇归葬，间关盗贼，跋涉水陆数千里而后得至此。舟人以惊触神祇为辞，将使亡弟遗骨弃之异县，永无还里，鬼神有知，监予手足急难之故，加惠存没，赐以便风，归附先垄。'香火未收，风雨浪息，舟师以手加额，挂席而东。日亭午，已次会稽之曹娥埭矣。既还，治葬送，附孤嫠，择士嫁遣二女。又奏乞随龙恩任其婿，一子未胜衣而夭。公以第三子大有者为主后，今为右迪功郎，监潭州南岳庙。公尝营一室号'友恭'，与吏部相戒，为早退闲居对床听雨之约。堂成而吏部逝矣，公因之不改，饬诸子曰：'汝等共识之，行吾志。'公配恭人王氏前卒，公命择地于正奉之次，既得卜，又从旁筑一茔，迁祔吏部曰：'死而有知，父母兄弟相从于地下，奚羡有生之乐。'

　　"诸孤以明年十一月甲申举公之枢，合祔于县之桃，源乡西峁王恭人之墓。三男即大雅也，知绍兴府诸暨县丞；大猷，左宣教郎，知平江府昆山县事；大定，登仕郎。七女适右朝请郎楼璩、左朝奉大夫太府少卿陈膏、右从事郎向子遇、右迪功郎洪筊，余未行。孙男六人：行中，迪功郎通州海门县主簿；积中、得中、端中、稽中、敏中。孙女三人：长许嫁进士姜域，余尚幼。"

　　宋楼钥《攻媿集》卷七十二《跋任氏所藏外祖汪少师帖》："钥生长外家，事外大父少卿二十余年，屡侍笔砚书问，多出亲札。外祖母王夫人居奉川，任氏与舒董诸家皆至亲，相与笃厚类此，忽瞻遗墨，肃然起敬。陈后山谒庞丞相墓有云：'少日拊头期类我，暮年垂泪向西风。'陈简斋跋存诚子帖有云：'客来空认袁公额，泪尽惭无杨恽。'书三复二诗重增悲叹。"

　　《宝庆四明志》卷八《先贤事迹上》："汪思温字汝直，鄞人。父洙以《春秋》之学知名。政和二年，思温由太学生上舍中乙科。既改秩，知余姚县。高宗登极，提举江西茶盐，历郎曹出知衢、湖二州，入为太府少卿，知临安府，迁两浙计度转运副使，复选太府。绍兴二十七年致仕，积官至左朝议大夫，爵文安县开国男。余姚濒海有堤，久而圮，思温修复之，并海田免水患者六十里。烛溪湖二斗门高下不等，东西争利，思温相地，宜撤而平之，灌溉均五乡。钱塘渡舟人冒利捆载而行，半渡弝楫邀利，暴风猝至，举舟尽溺，操舟者独无恙，思温曰：'若不戮此辈，杀人未艾也。'悉捕系，论杀之。更造大舰十数，每一舰受若干人，制号如其数，以五采别异之，置吏监渡，给号登舟，即过数而号，与舟不类皆不受，人给直有定例，除十之一，以备缮舟，自是人不病涉。疏龙山河,复旧闸,启闭出纳如外沙之制,舟楫皆便之。乡有义庄以给仕族,亲丧之不能举,孤女不能嫁者,自思温割田倡之也。年八十一终。"

《乾道四明图经》卷十二《进士题名记》:"政和二年莫俦榜:汪思温,洙之子。"《宝庆四明志》卷十《进士》:"政和二年莫俦榜:汪思温,洙子。"《延祐四明志》卷六《人物考下》:"政和二年莫俦榜:汪思温,洙子。"

汪之邦《宋故朝请大夫南剑知郡汪君圹记》:"祖讳思温,左朝议大夫、直显谟阁历太府少卿畿漕、兼尹赠少师,妣王氏,越国夫人。"

汪思温《宋故恭人王氏幽堂记》:"夫左朝议大夫直显谟阁、主管江州太平兴国宫、文安县开国男、食邑三百户汪思温谨记。"

张邦彦 明州鄞县人。大观时曾因丁忧未赴试,登后政和二年上舍释褐第。曾任奉议郎归州军事判官厅公事。仕至左朝散郎,赠朝议大夫。

史载其著《经解杂著》一书,今已不见于世。

清王梓材等《宋元学案补遗别附》卷一《张先生邦彦》:"张邦彦,□□人,政和二年由太子上舍擢进士第。官至左朝散郎,赠朝议大夫,有《经解杂著》数十卷。"

《乾道四明图经》卷十二《进士题名记》:"政和二年莫俦榜:张邦彦,宏之侄。"《宝庆四明志》卷十《进士》:"政和二年莫俦榜:张邦彦。"《延祐四明志》卷六《人物考下》:"政和二年莫俦榜:张邦彦,宏侄。"

张邦彦《宋卢君墓志铭》:"奉议郎新差签书归州军事判官厅公事、赐绯鱼袋张邦彦撰。"注:此志撰于宋建炎二年(1128)。

佚名《宋张寅墓志铭》:"邦彦以太学上舍恩当赐第,未庭试,奔丧而归。"注:是志撰于宋大观三年(1109)年。

王庭秀 字颖彦,明州慈溪县人。王发之子。登政和二年上舍释褐第。少时从学于黄庭坚、杨时,为文颇俊迈,为学亦重征引。徽宗时为李光荐,授御史台检法官,屡有谏名。靖康时,不仕张邦彦之伪楚,和虞谟等皆有誉,后因此荐为监察御史,升殿中侍御史,论黄潜善鬻官事遭罢。苗刘之变时,和郑毅等协力稳定事态,其中颇有功。末以主管台州崇道观致仕。

王庭秀有《磨讷集》、《阅世录》,今已不传,仅存《阅世录》部分章节收于王明清《挥麈后录》(有中华书局1961年版、上海书店出版社2009年版)。另《乾道四明图经》卷八录其诗一首,《光绪慈溪县志》亦引其诗一首。

《宋史》卷三百九十九《王庭秀》:"庭秀,字颖彦,慈溪人。与黄庭坚、杨时游,其为学旁搜远绍,不苟趋时好,造诣深远,操植坚正,发为文辞,俊迈宏远。登政和二年上舍第,历官州县。

"侍御史李光荐为御史台检法官。宣和、靖康时,进言皆发于忠义。御史中丞言:'伪楚时庶官中如虞谟、王庭秀者,初非疾病,毅然致为臣而归,愿褒擢之。'拜监察御史,奏:'乞威断当出于人主,而所遣宣谕官,当令举廉吏。'又言:'刑名有疑虑者,令州郡法官申宪司阅实具奏,以取裁决。'迁殿中侍御史,论黄潜善卖官售宠,罢之。

"既与郑毂争降封宋高宗事,未几,出知瑞州。右正言吕祉奏:'朝廷今日缘论大臣移一言官,明日罢一言官,则后日大臣行事有失,谁敢言者?'遂召为吏部郎,改左司,言:'朝廷比来深疾贪吏,然州县之间岂无廉介自将沉于下僚者? 宜命五使,所至以廉洁清修,可以师表吏民者,以名来上,参之公议,不次升擢,以厉士风。'从之。

"迁检正中书门下省诸房公事,与宰相议多不合,不自安,引疾求去。诏直秘阁、主管崇道观而归。"

《宋史》卷三百九十九《郑毂》:"太后垂帘同听政,以安人心。退与御史王庭秀上疏力争。太后召毂与宰执同对帘前,毂乞召庭秀,太后谕曰:'今欲令睿圣皇帝总领兵马尔。'毂奏曰:'臣不知其他,但人君位号岂容降改,闻之天下,孰不怀疑。虽前世衰乱分裂之时,固未有旬日之间易两君,一朝降两朝位号者也。'太后令毂至都堂,朱胜非出朱晞等所上书以示毂、庭秀,毂、庭秀力言昨日诏书不可宣布,必召变。胜非与执政颜歧、王孝迪、路允迪皆在坐,尚书左丞张澄独曰:'事势若此,岂争此名位耶?'澄欲出,毂等共止之。"

宋张澄《荐王庭秀疏》:"伪楚时,有自列卿而为侍从者,有自侍从而登政府者,拥驺传呼,略无愧色。而庶官中如虞暮、王庭秀者,初非疾病,毅然致为臣而归,闻者莫不嘉其为人。愿赐褒擢。"

宋王明清《挥麈后录》卷九《王廷秀〈阅世录〉载明受之变甚备》:"王廷秀,字颖彦,四明人。靖康初,以李泰荐为台属。高宗即位,擢登言录。著书号《阅世录》,其中一条载明受之变甚备,盖其所目击。……建炎己酉三月一日宣麻,以朱胜非为相,罢叶梦得。……五日,入起居毕,复宣麻殿门。既闻外变,宫门已闭。廷秀与察官林之平同宿,留于翰林院前。……已而复召侍从百官,廷秀从诸公上楼,见上座金漆椅子,宰执从官并三衙卫士百官皆侍立左右。……又欲起两浙新旧弓手之半赴行在,廷秀入疏止之。……廷秀与中司欲留班论列,以台谏唯廷秀与郑毂二人,遂不果。……未后,太后宣召,同中丞对帘前,宰执皆在,郑毂对乞,次召廷秀,太后云:'今日之事,且因臣下有文字。宰执商量,且欲睿圣皇帝总领兵马耳。'廷秀对曰:'臣不如其佗。但人君位号岂容降改? 闻之天下,孰不怀疑? 虽前世衰乱分裂之时,固未有旬日之间易二君，一朝降两朝位号也。'太后乃云：'必是殿院不曾见诸人文字。相公可同殿院往都堂看前后文字，便见本末。'既退，即随两府至都堂，朱胜非、颜歧、王孝迪、路允迪、张澄皆在坐。朱相自青囊取文字数纸，次第以示，最上乃持服人奉议郎宋邥书，次即张浚奏言睿圣皇帝当为天下兵马大元帅，下数纸不暇详观。其间亦有士人上书者，意皆略同。廷秀语朱相云：'此事朝廷当有善后计。但天子位号欲降，于理未安。廷秀既当言责，不敢嘿嘿。章疏言语狂直。'……张欲行诏出，廷秀请少缓。……吴湛以辅二凶领中军寨于宫门前申请除宰执侍从，余人悉于中军门下马，使悍卒持梃谁何，至殴击从人，损坏舆轿，廷秀两章引皇城司格令并律文阑入法理会，仅以章行，而悍将复匿之而不出，廷秀以台中被受榜于皇城司前，军士方少戢。……六日，廷秀对疏，言钱塘非可居，当图建康为暂都计。"

《乾道四明图经》卷二《人物》："王庭秀，字颖彦，其家四明者不知始所徙。庭秀与苏子瞻、程正叔之门人高第黄鲁直、杨中立之徒游从。其为学旁搜远绍，不苟趋时好，其造诣崒远，操植坚正，发于文辞，深茂宏达。以其绪余从事科举，政和二年登上舍第。历乐寿尉，泗州、随州教授，当路论荐交章溢格，改宣教郎。

"李公光迁侍御史，与之昧平生，一见如旧识，即荐为御史台检法官。其在宣和、靖康、建炎间进言于朝，皆发于忠义。自察院迁殿中而振台纲，屡丐祠，优诏止之。后因对沥恳，得知筠州，召为吏部外郎，擢左司郎中，迁检正。与宰相议多龃龉，引疾丐闲，除直秘阁、主管江州太平观，归老于乡。"

《延祐四明志》卷四《人物考上》："王庭秀，字颖彦。入太学与龟山杨先生游，复学诗于黄太史。登政和上舍。后以李光荐为御史台检法官，迁殿中侍御史。论黄潜善为相时卖官受宠，潜善罢，授秘书少监。明受之变，庭秀与郑毅力争不宜去帝号，事遂止。复论吕颐浩奏拟不当，出知筠州。论事慷慨明白，后为左曹郎官迁中书省检正，与宰相议不合，罢。有《航海记》、《磨衲集》。

清全祖望《鲒埼亭集外编》卷三十四《跋王检正庭秀传》："检正为黄涪翁诗弟子，诸志作为传，皆排比其善行，而《困学纪闻》樶其《磨衲集》议论之妄：以郑介夫为妄言，陈少阳为鼓变，是熙丰之法度，非元祐之纷更；谓党人子弟为谬赏，谓苏、黄文章为末艺。甚者，拟程子之学于墨、释，而以《易传》成于杨、谢之删润，诋赵、张二相尤力。有是哉，其谬妄也。是以深宁斥其邪波。予谓舒待制之与检正，文章俱有可观，当置之文苑，而识其短，以为后人之戒。"

《乾道四明图经》卷十二《进士题名记》:"政和二年莫俦榜:王庭秀,发之子。"《宝庆四明志》卷十《进士》:"政和二年莫俦榜:王庭秀,发子。"《延祐四明志》卷六《人物考下》:"政和二年莫俦榜:王庭秀,发子。"

李班　明州人。登政和二年进士第。任剑州刺史。

《光绪浙江通志》卷一百二十四《选举二》:"政和二年壬辰莫俦榜:李班,宁波人,剑州刺史。"

注:李班中第情况,仅见于《光绪浙江通志》,不见于甬上历代诸府县志,又查《雍正剑州志》、《同治剑州志》,亦无此人为刺史之史料,录以备考。

沈虞卿　明州奉化县人。登政和二年进士第。传为秘书监、知黄州。其知黄州时,传赈济灾民,全活者甚多。又在当地教化民众,有"沈夫子"之称。

《光绪奉化县志》:"沈虞卿,字明辅,言曾孙。政和二年进士。知黄州府时,饥馑相仍,饿殍载道。虞卿至,悉出俸钱,易米煮粥以济,全活甚众。置义田,创书院,以赡养士子,自是一郡多贤士,海内企仰,至有沈夫子之称。卒年七十。性廉介,所遗惟古书数部及父母封诰而已。"

《嘉靖宁波府志》卷三《选举表·宋进士》:"宋奉化政和二年沈虞卿。"《光绪浙江通志》卷一百二十四《选举二》:"政和二年壬辰莫俦榜沈虞卿,奉化人,秘书监,知黄州。"《光绪奉化县志》卷十九《选举表一》:"宋政和二年壬辰沈虞卿,莫俦榜,言曾孙,有传。"

注:沈虞卿其人,《光绪浙江通志》、《光绪奉化县志》皆言及其曾仕黄州,且政绩斐然,然查光绪前黄州诸志,竟无沈虞卿为州宰之记载,且《奉志》采自沈谱,前"沈言"条已多有纰漏,故可信度存疑。另光绪浙江志言及为秘书监,当取陈傅良、杨万里之诗中有"秘书监沈虞卿"、"侍郎沈虞卿",不过陈、沈等人所提及的沈虞卿,当为绍兴三十年进士嘉兴籍人士沈揆,其字虞卿,可见《攻媿集》、《止斋文集》、《雪山集》、《南宋馆阁续录》、《宋中兴东宫官僚题名录》记。

林保　字芘民,一作庇民。明州鄞县人。其先居闽南,宋时其族迁鄞。登政和二年上舍释褐第。初授迪功郎、舒州宿松县尉,又从广西帅幕,主管机宜文字。时广西为蛮荒地,宋军多俘虏平民,冒充战俘以领赏。林保仔细核正,当地平民多赖以释,同时又详核武将,立法考核。后又通判汀州,累赠朝请大夫。绍兴时得荐,拟为台谏,然遭秦桧阻止。外放休宁,重定茶盐税,力减民负。绍兴九年为国子监丞时,重定配享,后又升为尚书郎中、吏部郎中、中书门下省检正诸房公事,力革铨选之弊,除两淮重税。绍兴十五年以敷文阁待制致仕。

　　林保于明州最重要功绩便是在州守仇悆的基础上完善了乡饮酒礼,同时刻版著书,使之成文,有助于明州地区的教育发展。更为关键的是林保使之"奏闻于朝",明州的乡饮酒礼成为各州乡饮酒礼之范本。林保著作除乡饮酒礼之成文书外,另有《中兴龟鉴》一书,所述内容大致为夏中期至唐肃宗时政事得失,为宋高宗所褒奖。可惜二书皆佚。

　　宋周必大《庐陵周益国文忠公集》卷六十八《左中奉大夫敷文阁待制赠特进林公保神道碑》:"高宗皇帝既通好北虏,思与兆姓休息。择端良学识之士布烈庶位,故敷文阁待制四明林公行安节和,特被简知,久贰制官,引疾奉祠,考终于家。其葬也,乡老何寺丞泾尝状其事实,而出处行谊,则载实录。惟是墓道之碑阙而未备。后五十余年,其孙都大提点坑冶铸钱祖洽以使事过庐陵,谓某尝官太史,夙知公贤,且契好不薄,固以为请,久之,乃克如约。

　　"惟林氏出殷比干,比干既没,子坚逃难长林,遂命氏焉。晋末永嘉乱,渡江家泉南。至本朝为今庆元府鄞县人。曾祖复、祖彦臣、父延之俱不仕,父以公贵,赠正奉大夫。公讳保,字芘民。政和二年登上舍第。调迪功郎、舒州宿松尉,两从广西帅辟主管机宜文字。是时方郡县蛮境,将士稍俘平民冒赏,公核正之,全活为多。武吏注阙泛滥,公为立三等校试法。改奉议郎、南丹州策勋。擢本路提举常平,或疑资浅。改倅桂州,丁母硕人石氏忧。诏复以帅幕起,公固辞。服除。通判汀州,移疾主管亳州明道宫及江州太平观。起知兴国军,改提举两浙及广南市舶司,皆不拜。累转朝请大夫。

　　"家居十余年,安贫著书,尝评论夏少康迄唐肃宗得失,号《中兴龟鉴》,上之,敕书褒答,赐服金紫。绍兴七年,高宗命左司谏陈公辅密荐学术议论用心忠直可备台谏者,公辅首奏公问学渊源,持论不阿,操守可观。是夏,召赴都堂审察,秦丞相桧止,除提举江东路常平茶盐,徽之休宁县,因变法季增五十八万,公请以比岁中数为额,邑人德之。九年,入为国子监丞,公言郡邑上丁释奠,十哲侑坐,今大成殿惟设颜孟,又上戊享武成王,不应废牲牢,止用枣脯二笾而无配享,其后礼官并请从公言,仍增管仲至郭子仪十位配坐,在职二年,朝论推其靖共,擢尚书比部员外郎。十一年八月轮对,九月,升郎中。

　　"初公居闲修定乡饮酒仪,至是增损其制以闻,寻诏镂板颁行,转左朝议大夫。十二年正月,充省试参详官,七月,迁吏部郎中。十四年三月进左司郎中,俄兼中书门下省检正诸房公事。是时修定郊祀,讲大朝会,礼文交举,命公兼太常少卿,人咨其博。前此,铨曹都司例谢客,不敢可否事,公独振举滞淹。虽休沐,犹引验文书,吏不得以微文沮升改者,惟秦蜀顷用便宜迁转伪冒,公设科条,尽革其弊。尝获诈官,法当赏,公曰:'职也。'卒不言。上重交邻,岁择卿监可任侍从者,付以使指。八月特赐对,除权吏部侍郎,假本曹尚书,充金国贺正使。初显仁皇太后南归,沿途应奉权增顿次,自后南北聘往来,辄循其例。又有请起两淮税者,公使回具言淮民凋敝状,顿既复旧,税议亦格。上眷方厚,十五年冬,引疾请去,除敷文阁待制、提举江州太平兴国宫者再。

"公谦恭清约,存心忠厚,惟嗜读书,虽老不倦,乡党仪之,积官左中奉大夫。十九年四月甲寅卒于正寝,享年七十有一。十二月庚申葬本县龙山之原。妻令人李氏前卒,累赠普宁郡夫人,遂以合葬,遣表闻赠左正议大夫。子升朝累赠特进爵、西河县开国子,食邑五百户。公文辞雅实,似其为人,有集三十卷。

"二子:勉,终承直郎,监行在文思院上界门;劢,终朝散大夫、新知南剑州。七女:长适朝奉大夫、江西参议官董昌裔;次未嫁而夭;次适宣教郎史纯臣,早世,再适迪功郎、主湖州、武康簿吴曦;次适朝请郎、知兴国军陆流;次适承议郎、司农寺丞柳纶;次适奉直大夫、前江西提刑陆洸;次适进士刘汝霖。孙四人:长祖洽也,今以户部郎官总领湖广江西京西财赋;次祖寿,早世;次祖昌,登仕郎;次祖坦,修职郎、绍兴府会稽县主簿,亦早世。孙女四人:长适朝奉大夫、主管成都府玉局观陆杞;次适通议大夫、充敷文阁待制史弥大;次适进士吴传;次适从政郎、绍兴府上虞县丞楼淳。曾孙六人:岳,宣教郎,知台州仙居县;密,迪功郎、监泰州丁溪盐场;冈,从事郎新监临安府新安县税;密,习举业;庚,将仕郎;康,尚幼。曾孙女三人:长适儒林郎、严州支使钱萃;次适奉议郎、知江州德化县陈卓;次,未嫁。

"铭曰:绍兴中叶,兵休众熙。穆穆圣皇垂拱无为。旁招吉士,贤任能使。入从出疆,匪孰常比。孰端其身,而济以文。猗欤林公,允也其人。迪简在庭,靖共所莅。归安故乡,终始无愧。德蓄于躬,裕乃后昆。克对无羞,英英孝孙。既念尔祖,亦鸿厥庆。揭辞墓门,永矣传信。"注:题下有"嘉泰二年二月"。

《宝庆四明志》卷八《先贤事迹上》:"林保,字庇民,鄞人。登政和二年上舍第。两从广西帅辟主管机宜文字。时方郡县蛮境,将士率俘平民冒赏,保核正之,全活为多。历官知兴国军,改提举两浙广南市舶,皆不拜。家居十余年,安贫著书。尝平论夏少康迄唐肃宗得失,号《中兴龟鉴》,上之,高宗皇帝敕书褒答。绍兴七年,士命左司谏陈公辅荐可备台谏者,公辅奏保问学渊源,持论不阿,操守可观,丞相秦桧格之,止。除提举江东常平茶盐。九年,入为国子监丞,迁比部郎,建议正大成殿、武成殿十位侑坐之礼,自是享武成王,始不废牲牢。修定明州乡饮酒礼,奏闻颁行天下。累迁权吏部侍郎,假本曹尚书,充十五年贺金国正旦使。初显仁太皇后南归,沿途应奉权增顿次,自后南北修聘往来,辄循其例。又有请起两淮税者,保使回具言淮民凋敝状,顿既复旧,税议亦格。冬引疾以敷文阁待制奉祠。十九年卒,年七十一,累赠特进,有文集二十卷。”

清徐时栋《宋元四明六志校勘记》卷九《余考》:“明州《乡饮酒礼》,右宋林保撰。保,字茝民,鄞人。登徽宗政和二年上舍第。历官至礼部侍郎,以敷文阁待制奉祠,累赠特进。《宝庆志》云:明州旧俗以岁之元日或冬至,太守率乡士大夫,释菜先圣先师,而后会拜堂上,仿古乡饮礼。绍兴七年守仇念复举故事,后三年仇公复来,置田支费。又三年,林保为比部郎,闻于朝,遂取其式,颁行天下。又本传云:修定明州乡饮酒礼,奏闻颁行天下。按:宋时久不行,此礼吾乡实始倡之,其后郡邑仿行,至朱子出而其礼益备,又惟待制此书实始基之,筚路蓝缕,功不容没而惜乎不传也。”

《乾道四明图经》卷十二《进士题名记》:“政和二年莫俦榜:林保。”《宝庆四明志》卷十《进士》:“政和二年莫俦榜:林保。”《延祐四明志》卷六《人物考下》:“政和二年莫俦榜:林保。”

政和五年壬辰(1115)何栗榜

楼航 明州鄞县人。登政和五年进士第。事迹无考。

《乾道四明图经》卷十二《进士题名记》:“政和五年何栗榜:楼航。”《宝庆四明志》卷十《进士》:“政和五年何栗榜:楼航。”《延祐四明志》卷六《人物考下》:“政和五年何栗榜:楼航。”

刘待旦 明州鄞县人。登政和五年进士第。事迹无考。

《乾道四明图经》卷十二《进士题名记》:“政和五年何栗榜:刘待旦。”《光绪鄞县志》卷二十《选举表一》:“政和五年乙未:刘待旦。”

叶汝平 越州余姚县人。登政和五年进士第。曾任通判,其余无考。

《宝庆会稽续志》卷六《进士》:“政和五年何栗榜:叶汝平。”《万历新修余姚县志》卷十四《选举志下·进士》:“宋政和五年乙未何栗榜:叶汝平,通判。”

政和八年戊戌(1118)嘉王榜

王勋 字上达,明州鄞县人。王说之孙,王珩之侄,王正己之父。登政和八年进士第,曾为长兴令,颇有治声,时广南市舶司弊症极顽,宋高宗下令择贤任之,沈与求、陈与义等荐之。王勋到任后为官廉洁,管制家属极其严厉,不允其插手市舶事,死后家财仅供收敛之用。

《嘉泰吴兴志》卷十五《县令题名》:"长兴县,王勋。"

《宝庆四明志》卷八《先贤事迹上》:"勋,字上达,说之孙也。以太学上舍登政和八年进士第。高宗东巡,命为鄞宰,徙提举广南市舶,以廉称,终朝散郎。"

清黄宗羲等《宋元学案》卷六《提举王先生勋》:"王勋,字上达,桃源先生之孙也。政和八年进士。提举广南市舶,一钱之利皆归有司,家人不识舶货之名。及卒,贾胡率钱二百万缗为赙,子正己却之曰:'吾父以廉直闻。虽贫,犹能负丧以归。'"

清王梓材等《宋元学案补遗》卷六《补提举王先生勋》:"知长兴,有治声,高宗以广南舶政大弊,命二府大臣择士人修洁者为之。枢密沈与求、参政陈与义俱以为荐。"

《乾道四明图经》卷十二《进士题名记》:"政和八年嘉王榜:王勋,说之孙。"《宝庆四明志》卷十《进士》:"政和八年嘉王榜:王勋,珩侄。"《延祐四明志》卷六《人物考下》:"政和八年嘉王榜:王勋。"

宋王慎言《王氏圆通庵记》:"方先公尉固陵,时代而未及归,不幸于寓所,乃得地于奉化之城西奥卜之食,因归葬焉。距桃源八十里,而近于王氏先茔为最远,仅置守者,卒岁一再展省。……绍兴午未间,提广舶使者,俸入差厚,欲补助之。而世父为浮屠氏,号圆通大师,使以书告曰:'先安人墓远北大茔之次,恐后子孙官学之四方,力有所不逮,而守者□迫于事也。勋欲辍微禄,以遂其平生之心。王事不能自□,惟兄经始之,请后得以附益。'"注:是志作于宋绍兴十五年(1145)年,王慎言即王正己,王勋乃其父。

史才 字德夫,一字闻道。明州鄞县人。登政和八年进士第,一说登上舍释褐第。史才在徽宗时为遂昌丞,方腊起义,攻陷遂昌,史才又召集兵勇,克复遂昌。高宗时为国子监主簿、右谏议大夫。绍兴二十三年至二十四年,为参知政事兼签书枢密院事。

史才未著文集,仅存诗三首,均收于董沛《甬上宋元诗略》。

宋王洋《东牟集》卷七《史才国子监主簿制》:"桥门师表之官簿,领勾稽之任,参决监事,慎择时髦,命尔往居,是为清选勉思,厥职用答所蒙。"

宋周麟之《海陵集》卷十三《史才除右正言》:"朕闿广言路,延登正人。冀闻谠辞,裨我治道。一士谔谔,庶令见之。以尔清才粹文,雅有纪行,学古从政,士林仰焉。年之弥高,位则未称,应台端之辟,司柱后之书,固已小进之矣。然在朕意，终不欲以法吏之责烦老成也。来居谏省，补过拾遗，搢绅之有忠邪，政事之有得失，言之毋隐，朕所乐从。可。"

宋周麟之《海陵集》卷十三《史才除右谏议大夫》："敕：朕稽古义政，临朝听忠。念侍从之臣，惟谏大夫实专于论议，而治安之世，虽明天子不废于箴规，我得其人，登于近列。具官某：学笃自信，行高弗渝，誉素闻乎胶庠，身几老于州县。比直谏省，屡陈谠言，宜升禁路之华，俾服争臣之首，隆宽广直，朕方推延纳之诚，纠谬绳愆，尔尚罄切劘之义，懋迪予训，益殚厥心。可。"

宋楼钥《攻媿集》卷七四《跋叶氏夫人墓志》："四明衣冠虽盛，自开国以至绍兴，曾未有仕登两府，恩及三世者。二十四年，岁在甲戌，史公才始为端明殿学士、书枢密院事兼参知政事。赠三世为东宫三少。"

宋周必大《文忠集》卷九十四《余尧弼宋朴郑仲熊巫伋章夏魏师逊汪勃史才》："敕：日月丽天，大人有继明之象；雷雨作解，君子推宥过之恩。盖不遗一介之臣，矧敢忘成德之彦。邦彝是式，宠命其敷。具官某：雅望足以服人，宏才足以济务，寿圣尝加于礼貌，眇躬尚识其仪刑。久安闾里之游，兹值国家之庆，进班内阁，仍处珍台。盛德日新，方仰承于慈训；远猷辰告，尚有望于旧人。"

清万斯同《宋大臣年表》："绍兴二十三年癸酉参知政事史才，十月权。……史才，十月命兼权参政。……二十四年甲戌参知政事才，六月罢。……鉴书枢密院事才，六月罢。"

《乾道四明图经》卷十二《进士题名记》："政和八年嘉王榜：史才。"《宝庆四明志》卷十《进士》："政和八年嘉王榜：史才。"《延祐四明志》卷六《人物考下》："政和八年嘉王榜：史才。"

宋石端中《宋徐氏夫人墓志铭》："男师仲、才、木、禾，皆举贡士，有美名。才登上舍第。……初，才为遂昌丞也，睦州贼陷衢、婺，犯县境，官吏惊溃。才即日集勇士，举兵复邑。"注：此志撰于宋宣和五年（1123）。

注：史才乃是南宋煊赫一时的四明史氏早期重要成员。四明史氏研究颇多，戴仁柱《丞相世家：南宋四明史氏家族研究》一书影响颇大，（中华书局2014年版），它强调科举对于史氏家族的作用，其观点对史氏家族研究和宋代家族史、政治史研究有很大影响。陈恩黎《四明史氏家族》（宁波出版社2010年版）一书，对于四明史氏研究作概况的探析，是目前较为完备的一篇研究综述，极具参考价值。史料收集最为丰富的是由史美露主编的《南宋四明史氏》（四川美术出版社2006年版），该书辑录有关史氏家族的大量传记、题跋、艺文、石刻像图、人物像、谱牒、家训、史论等。还有郑传杰等编的《史

氏家族》(宁波出版社 2011 年版)。

　　史氏家族文学研究也值得注意,2009 年分别有暨南大学博士夏令伟的《南宋四明史氏家族及其文学研究》和南京师范大学硕士蔡如意的《南宋明州史氏家族文学与文化研究》两文,可比较参考。同年宁波大学郑国画有《南宋四明史氏三相政治活动及其比较研究》的硕士论文,对于南宋史浩、史弥远、史嵩之在南宋政治中的作用和其对南宋史氏宗族的发展有考证。

　　桂舟　明州慈溪县人。登政和八年进士第。事迹无考。

　　《乾道四明图经》卷十二《进士题名记》:“政和八年嘉王榜:桂舟。”《宝庆四明志》卷十《进士》:“政和八年嘉王榜:桂舟。”《延祐四明志》卷六《人物考下》:“政和八年嘉王榜:桂舟。”《天启慈溪县志》卷六《选举·宋》:“徽宗宣和政和八年桂舟。”

　　陈宗翰　明州象山人,一说明州鄞县人。陈诜孙。登政和八年进士第。绍兴时为左奉议郎,知徽州祁门县。

　　《乾道四明图经》卷十二《进士题名记》:“政和八年嘉王榜:陈宗翰,诜之孙。”《宝庆四明志》卷十《进士》:“政和八年嘉王榜:陈宗翰,诜孙。”《延祐四明志》卷六《人物考下》:“政和八年嘉王榜:陈宗翰,诜孙。”《乾隆象山县志》卷四《选举》:“陈宗翰,重和元年戊戌科嘉王楷榜。”陈宗翰《宋陈侯元达墓志铭并盖》:“侄左奉议郎知徽州祈门县事兼营田事宗翰撰并书。”注:是志撰于宋绍兴十二年(1142)。

　　注:陈诜籍贯有象山、鄞县两说,故陈宗翰亦存两说,见前“陈诜”条。

　　陈橐(1090—1155)　字德应,越州余姚县人。陈毅子。少年时入太学,有声望。登政和八年进士第。初授宁州州学教授。后任官台州,连任天台、临海、黄岩三县长官。后丁忧,服除后又为监察御史。再任台州,为民所拥戴,皇帝称赞其有古循吏之风,入召为官,累迁刑部侍郎,反对宋廷向金求和,遭秦桧斥。终官于广东,清廉为政,尽罢蔽政。王十朋称其为当时风流人物。

　　宋张嵲《紫微集》卷十二《陈橐为敕令所编修条册成书转一官制》:“朕制法议令,尝资绪正之能,懋赏劝功,可后褒升之典。具官某:操履端靖,学术渊深,敏于文辞,兼通吏道。朕以众大之地,治乱所原,总统之方,教条是赖。虽故实旧章之犹在,而他请奇比之已繁。患其猥并,俾加刊定,逮成书之来上,嘉分部之可观,秩以官荣,酬其劳勤。勿曰叙进,而怠钦承。可。”

　　宋刘一止《苕溪集》卷四十二《陈橐权刑部侍郎》:“敕:惟我祖宗,以圣继圣,好生之德,无愧有虞。肆朕纂成,惟刑之恤,故于四方,具狱来上,未尝不惕然动容,惧其滥及无辜,以伤列圣之德。然则小司寇之任,讵可非其人哉!具官某:学通而明气,邃而刚居,家有曾、闵之孝,为吏有龚、黄之政,朕闻之审矣。居于宰士,阅日既多,摄尔秋官,金言惟允。其体朕至训,益究乃心,无使声称减于治郡。可。"

宋李心传《建炎以来系年要录》卷五十五"绍兴二年六月甲申"条:"左承事郎陈槖、秘书省校书郎林叔豹并为监察御史。槖,余姚人。叔豹,永嘉人也。"

《宋史》卷三百八十八《陈槖》:"陈槖,字德应,绍兴余姚人。入太学有声,登政和上舍第,教授宁州。以母老改台州士曹,治狱平允。更摄天台、临海、黄岩三邑,易越州新昌令,皆以恺悌称。

"吕颐浩欲援为御史,约先一见,槖曰:'宰相用人,乃使之呈身耶?'谢不往。赵鼎、李光交荐其才。绍兴二年五月,召对,改秩。六月,除监察御史,论事不合。八月,诏以宰邑,有治行,除江西运判。瑞昌令倚势受赂,槖首劾罢之。期年,所按以十数,至有望风解印绶者。

"以母年高,乞归养,诏槖善抚字,移知台州。台有五邑,尝摄其三,民怀惠爱,越境欢迎,不数月称治。母丧,邦人巷哭,相率走行在所者千余人,请起槖。诏槖清谨不扰,治状著闻,其敕所在州赐钱三十万。槖力辞,上谓近臣曰:'陈槖有古循吏风。'终丧,以司勋郎中召。

"累迁权刑部侍郎。时秦桧力主和议,奏疏谓:'金人多诈,和不可信。且二圣望狩沙漠,百姓肝脑涂地,天下痛心疾首。今天意既回,兵势渐集,宜乘时扫清,以雪国耻;否亦当按民严备,蓄势而动。舍此不为,乃遽讲和,何以系中原之望。'

"既而金厚有所邀,议久不决,将再遣使,槖复言:'金每挟讲和以售其奸谋。论者因其废刘豫又还河南地,遂谓其有意于和,臣以为不然。且金之立豫,盖欲自为捍蔽,使之南窥。豫每犯顺,率皆败北,金知不足恃,从而废之,岂为我哉?河南之地欲付之他人,则必以豫为戒,故捐以归我。往岁金书尝谓岁币多寡听我所裁。曾未淹岁,反复如此。且割地通和,则彼此各守疆可也,而同州之桥,至今存焉。盖金非可以义交而信结,恐其假和好之说,聘谬悠之辞,包藏祸心,变出不测。愿深鉴前辄,亦严战守之备,使人人激励,常若寇至。苟彼通和,则吾之振饬武备不害为立国之常。如其不然,决意恢复之图,勿循私曲之说,天意允协,人心响应,一举以成大勋,则梓宫、太后可还,祖宗疆土可复矣。'桧憾之。槖因力请去。未几,金果渝盟。

"除徽猷阁待制、知颍昌府。时河南新疆初复,无敢往者,槖即日就道。

次寿春则颍已不守。改处州，又改广州。兵兴后，广东盗贼无宁岁，十年九易牧守。橐尽革弊政，以恩先之。留镇三年，民夷悦服。

"初，朝廷移韩京一军屯循州，会郴寇骆科犯广西，诏遣京讨之。橐奏：'广东累年困于寇贼，自京移屯，敌稍知畏。今悉军赴广西，则广东危矣。'桧以橐为京地，坐稽留机事，降秩。屡上章告老，改婺州，请不已，遂致仕。又十二年，以疾卒于家，年六十六。

"橐博学刚介，不事产业，先世田庐，悉推予兄弟。在广积年，四方聘币一不入私室。既谢事归剡中，侨寓僧寺，日籴以食，处之泰然。王十朋为《风土赋》，论近世会稽人物，曰'杜祁公之后有陈德应'云。"

《嘉泰会稽志》卷十五《相辅》："陈橐，字德应，余姚人。举进士。调宁州州学教授，不赴。后为台州功曹，摄天台、临海、黄岩三县，皆有异政。吕颐浩、秦桧、翟汝文共荐，召对，除监察御史，出为江西转运判官，徙知台州。丁内艰，服除，趋召入对，论时政，以备边安民为先。除司勋郎转右司郎官。明年迁左司，寻权刑部侍郎。诏侍从言得失，橐所陈六事皆切时病。金虏比岁入寇，不得志，遂归我河南地请和。橐力陈不可，且曰：'虏情变诈，已事之验也。宜严守战之备。'秦桧方力主和议，异己者皆斥，橐亦以徽猷阁待制知颍昌府，方行，虏果渝盟。徙知广州，又徙婺州，告老遂致仕。

"橐平居简默，宴坐终日莫能窥其际，居乡自处如布衣，遇出谒，率以两夫负一轿，无他从者，及门，手持刺以授阍人云。"

《宝庆会稽续志》卷六《进士》："政和八年嘉王榜：陈橐，毅子，刑部侍郎。"

吴秉义 亦有作吴秉彝，明州鄞县人。吴升子，吴秉信兄。登政和八年进士第。曾任枢密院计议官，其行卓然可称。

宋袁燮《絜斋集》卷二十《吴君若圹志》："四明贤士大夫有卓然可称者，故枢密院计议官吴公讳秉彝及其弟吏部侍郎讳秉信，俱服膺儒学，决科起家，遂为鄞著姓。"

《乾道四明图经》卷十二《进士题名记》："政和八年嘉王榜：吴秉义，升之子。"《宝庆四明志》卷十《进士》："政和八年嘉王榜：吴秉义，升子。"《延祐四明志》卷六《人物考下》："政和八年嘉王榜：吴秉义，升子。"

汪廷彦 明州鄞县人。汪镇侄。登政和八年进士第。事迹无考。

《乾道四明图经》卷十二《进士题名记》："政和八年嘉王榜：汪廷彦，镇之侄。"《宝庆四明志》卷十《进士》："政和八年嘉王榜：汪廷彦。"《延祐四明志》卷六《人物考》下："政和八年嘉王榜：汪廷彦。"

陈时举　明州鄞县人。登政和八年进士第。事迹无考。

《乾道四明图经》卷十二《进士题名记》:"政和八年嘉王榜:陈时举"。《宝庆四明志》卷十《进士》:"政和八年嘉王榜:陈时举。"《延祐四明志》卷六《人物考下》:"政和八年嘉王榜:陈时举。"

林孝雍　字天和,明州鄞县人。登政和八年进士第。林氏中第时,传已四十七岁,曾游临安鹫峰院。

其诗文仅存一首《鹫峰院》,见《咸淳临安志》卷八十五。

宋洪迈《夷坚甲志》卷十八《林孝雍梦》:"林孝雍,字天和,明州人。政和七年,贡入辟雍学,将试上舍,林少时尝预荐书,应免解。或劝其先以免举试,如不利,则留今贡以待来年,林不听。同舍生杨公全扣其故,林曰:'吾年甫二十蒙乡举。梦对策大廷,坐于西南隅。将出,有小黄门从吾求砚,心颇自负,以为必擢第。讯诸筮人,筮人曰:'君年四十八乃得官,今未也。'吾意殊不平。讫黜于春官,自是连蹇几三十年。今春秋四十七矣,当可觊倖,不为再战地也。'是岁果中选。廷试出,又告公全曰:'试日正坐西南隅,小黄门乞砚,皆如梦中所睹。'三十年前梦,与卜者所言,无毫厘差。"

宋林孝雍《鹫峰院》:"忆昔俱胝舍,岚光翠溅侵。金周沙界断,紫碧洞天深。有匪瞻淇奥,忘机学汉阴。寥寥千古意,瑶瑟岂遗音。"

《乾道四明图经》卷十二《进士题名记》:"政和八年嘉王榜:林孝雍。"《宝庆四明志》卷十《进士》:"政和八年嘉王榜:林孝雍。"《延祐四明志》卷六《人物考下》:"政和八年嘉王榜:林孝雍。"

姚大任　明州鄞县人。姚持堂弟。登政和八年进士第。事迹无考。

《乾道四明图经》卷十二《进士题名记》:"政和八年嘉王榜:姚大任。持之堂弟。"《光绪鄞县志》卷二十《选举表一》:"政和八年:姚大任,持从弟。"

姚持　明州鄞县人。姚阜之侄。登政和八年进士第。事迹无考。

《乾道四明图经》卷十二《进士题名记》:"政和八年嘉王榜:姚持,阜之侄。"《宝庆四明志》卷十《进士》:"政和八年嘉王榜:姚持,阜侄,贯开封。"《延祐四明志》卷六《人物考下》:"政和八年嘉王榜:姚持,阜侄,贯开封。"

薛朋龟　字彦益。明州鄞县人。少年时为文然,时人以为不凡。后游历太学,崇宁时以优贡上礼部,两次赴试失败,后登政和八年进士。初授迪功郎、仙居县尉兼主簿,在仙居时,赈济灾民,缉捕强盗,以其功为承务郎、濠州司录,又任承事郎、楚州司录,升宣教郎。在楚州时,楚州郡守薄待勤王归来之军,军士聒噪,薛朋龟遂发金,促令军士归田,郡守念其功,令薛摄郡事。又以奉议郎主管舒州灵仙观,后以承议郎归四明,任满后,又任太平州通判、左朝散郎等。因勤于政事,先后任工部郎官、吏部郎官、左朝请郎等,终出衡州为知州,未赴而卒。薛朋龟在乡和汪思温等有"五老会",十分有名。

薛朋龟有诗《和潘良贵三江亭韵》,见《乾道四明图经》卷八,另有《剡中别吴客》等五首,见清人胡文学《甬上耆旧诗》(宁波出版社 2010 年版),《咏秋葵》见于《甬上宋元诗略》卷三。

《宝庆四明志》卷八《先贤事迹上》:"薛朋龟,字彦益。登政和八年进士第。历官监登闻检院兼权工部郎,又兼权吏部。知兴国军奉祠,除知衡州,未上而卒。"

高闶《宋故左朝奉大夫薛公墓铭有序》:"绍兴十六年春正月辛巳,左朝奉大夫、新知衡州军州主管学事、兼内劝农营田事、赐紫金鱼袋薛公卒于其家之正寝。诸孤遵遗命,将以其年三月丁酉奉其丧,葬于公所自卜之寿域,其地在四明城南清道乡新庄碶之原。既修葬事,诸孤见闶列拜号泣而言曰:'先君有命,铭吾墓者必属吾子。今有期矣,敢以请。'闶自结姻,与公周旋余二十年,既熟知公,而公之将没,又亲见诿义,其可辞。

"谨按:薛氏之先,盖出任姓。黄帝孙颛帝之少子阳,得姓任。其十二世孙奚仲,为夏禹车正,始封为薛侯。其地则鲁国薛县是也。奚仲迁于邳。十二世孙仲虺,复居薛,为汤左相。继仲虺后有若臣扈、有若祖己,世为商臣。祖己七世孙成,徙国于挚,更号挚国。女大妊,生周文王。周既克商,复封薛侯。自夏讫周凡六十四世,史谍具存,有足考者。延及战国愍侯洪,为楚所灭。其公子登仕,楚怀王遭秦暴虐,恐罹于祸,复迁于博,徒因以国为氏,即汉初所谓薛公也。薛公九世生御史大夫广德。广德九世生永,从先主入蜀,为蜀郡太守。永生齐,随蜀后主归魏,徙居河东,世号蜀薛。今河东薛氏,皆蜀薛也。齐之子曰懿,为晋安西将军,有三子:长曰恢,号'北祖';仲曰雕,号'南祖';季曰兴,号'西祖'。其著于世者,惟南、西二祖为盛。至于有唐,尤多显人。有名讷,而为明皇宰相者,南祖之后也;有名稷,而为中宗、睿宗宰相;名振,而为高宗宰相者,皆西祖之后也。西祖子孙,多官于两浙。其居四明者,世次失其传,有名芳者,于公为六世祖,在四明为甲姓,治家最有法。其五世祖可言。高祖廷绍。曾祖承简。祖慎行,后改名弁。皆蒙先世旧业,同居共财,聚族千指,号为义门。父唐,因公升朝,累赠至右朝议大夫。朝议公多材好古,尤敦爱宗族。偶宗族之尊者,以食指太众析为九户。不数年间,骨肉沦散。朝议公痛念累世收族合宗之意,特作家谱图,具述本旨,刻石以示子孙,讫今藏焉。晚年生公,视其眉宇清秀,专令习儒,且谓人曰:'起吾家者,必此子也,恨吾不及见耳。'

"公讳朋龟,字彦益。自其幼时,已能承先人之志,勤于记诵,留心举业。才及弱冠,援笔缀文,粲然可观,同辈皆以为不凡。公犹患闻见未广,乃结同志者,徒步游太学,积其累年。至崇宁初,朝廷行舍法,公就乡校,遂以行艺之优贡名礼部。赴大比,试已中程矣。俄而法变,再加考校,公不预选。乡人以公既得而复失,咸为之怅然。公愈加激砺,归自京师,再由县庠积累行艺,复以上舍第一贡于辟雍,既又不售于有司。公始叹命有所制,加以贫困多病,继丁太恭人刘氏忧,遂无复仕之意。俄遇天子受九宾,需大泽于天下,凡崇宁初贡士已中选而未仕者,许还赴庭试。于是获登政和八年进士第,授迪功郎,光州仙居县尉兼主簿,盖公年已四十有五矣。明年赴官,值淮右连岁饥。而仙居最甚。□□坐视,公独忧之,因谒郡守,请发仓廪以赈民乏,释税赋以宽民力。有转而劫掠者,公既得之必哀矜而活其命,以故尉司所获强盗尤多。朝廷虽以灾荒薄其赏,犹就任改承务郎,授濠州司录。既特蒙恩赏,兼年劳转承事郎,特改楚州司录。复有余赏,更兼年劳转宣教郎。公既至楚,适遭靖康之变。楚师之勤王者无功而归,郡守薄其犒礼,辄鼓噪于府中,郡民皆骇走。公急入军中晓谕之,因发库金加赉有差,方肯解甲。郡守获免于难,由是感公之德,凡郡事悉以委焉。继以覃恩转奉议郎,任满而去。郡民延留,填塞道路。遂造行朝,力请宫祠,得主管舒州灵仙观,复以覃恩转承议郎。任满,以年劳转左朝奉郎,差通判太平州。缺期将至,改监行在登闻检院。又以年劳转左朝散郎。偶有议者,既论在朝官不宜待缺,例当省罢。未几,复得之。公既视事,自谓检院所以待四方实封言事者,唯恐壅于上闻,且防其有奸伪。于是,有投献者,必躬审其人,登时进入。朝廷知公勤于职事,有旨兼权工部郎官。未几,面对上殿,奏事详审。又命兼权吏部郎官,专主管侍郎左选。更以年劳转左朝请郎。久之,乞外补差知兴国军,未赴而罢。再乞宫祠,得主管台州崇道观。任满,又以年劳转左朝奉大夫,差知衡州。衡之官期最远,或问:'公老矣,何乃待此缺?'公笑曰:'聊复尔耳。'越三年,遂得疾。阅日造其寝所而问之,公虽云病,而神色不变,声音清亮,既付诸子以后事,因从容谓阅曰:'方吾壮时,积勤成疾,艰于饮食,自谓不及强壮之年。今官至列大夫。职至二千石,年至七十有三。糟糠之妻已叙封矣,赠典及二亲,名位亦稍穹,赏延及二子,叨冒亦已甚。自先朝议既没,吾家甚贫,今有宅可居,有园可锄,仓有余储,库有余资,生生之具既备且厚。身后之事,至织至悉,亦已区处,无不足者。唯是诸子未甚知义政,赖吾亲教督之耳。'阅勉之曰:'姑舍是,今非大病,且进药饵可也。'公弗肯曰:'吾待尽耳,毋烦云云。'因自赋诗,刻期而逝。诗辞质直,若薛氏所谓偈颂者。乡人闻其丧,聆其诗之辞,又见诸孤奉遗命治丧事,悉有准绳,莫不相吊问、相称赞,以公为达于生死者。

"公娶同里王氏。自归公家,赖其内助,家道以成。男子三人,曰用光,曰似宗,曰居实,皆能干父之盅,其材力可以自致富贵,未易量也。女子子五人:长即阅之室也。次适儒林郎、楚州团练判官吴澈。澈乃靖康宰相讳敏之弟,建炎二年罢任归仪真,值寇至,获焉,迄今未知其存没。公遗言及之,殊以为恨。次适其外甥陈登,盖公敦友爱于姊氏,且以登名家子习儒业,特加亲亲至意焉。次许嫁右迪功郎、国子监库官林劢而卒。次尚幼。孙男五人,曰昭祖,曰亨祖,曰袭祖,曰庆祖,曰荣孙。女八人,皆在室。

"公风貌修整,资性温醇。文词简而峭,议论密而通。治家俭约而有常,待人与处己不二。凡所识之有穷乏者,必周之急;闻人有吉凶缓急,必致厚意。一毫不妄取于人,亦不妄予。曩当纵心之年,乡之士大夫、亲戚继作盛会以为公寿,公报之甚厚。郡太守尚书莫公闻之曰:'此嘉庆也。'更遣供账、妓乐、酒肴以助其欢,极一时之盛,乡人莫不荣之。是时,左中大夫王公、左朝议大夫蒋公、左朝散大夫顾公、左朝请大夫直显谟阁汪公,皆公平昔学校之旧,问居里闬,其爵位兄弟也,其德性兄弟也,其年齿兄弟也,因约为"五老之会"。仙冠道服,芒鞋笻杖,奕棋倾榼,终日谈咏,不及时政,唯畅叙幽情,追道旧事而已。酒酣意适,欣于所遇,更绘为《五老图》以示乡人。乡人谓诸公皆庞眉鲐背,享福未艾。而公之暮年,最为清健,乃独先逝。此其所共叹惜者也!铭曰:'呜呼!是为有宋四明薛大夫之茔,既固既宁。惟曰:欲至于百千年,其尔子孙,克继克承,勿替厥声,尚昭庆积之有原。'"注:是志撰于宋绍兴十六年(1146)。

宋汪大猷《宋故薛衡州妻令人王氏墓铭》:"令人王氏,故左朝奉大夫知衡州军州事薛公朋龟之妻也。……令人世为明之鄞人。年十有八,归予薛。……衡州困礼部而归,仰事俯育,既无以累其胸中,刻意问学,遂复以第一贡辟雍,登政和八年进士第。"注:是志撰于宋乾道五年(1169)。

《乾道四明图经》卷十二《进士题名记》:"政和八年嘉王榜:薛朋龟。"《宝庆四明志》卷十《进士》:"政和八年嘉王榜:薛朋龟。"《延祐四明志》卷六《人物考下》:"政和八年嘉王榜:薛朋龟。"

林唐　明州鄞县人。登政和八年进士第。事迹无考

《乾道四明图经》卷十二《进士题名记》:"政和八年嘉王榜:林唐。"《光绪鄞县志》卷二十《选举表一》:"宋政和八年戊戌:林唐。"

顾良能　明州鄞县人。政和八年登进士第,顾文亲属。事迹无考。

《乾道四明图经》卷十二《进士题名记》："政和八年嘉王榜：顾良能，文之子。"《光绪鄞县志》卷二十《选举表一》："宋政和八年戊戌：顾良能，文父。"

莫仲圭　明州鄞县人。登政和八年进士第。事迹无考。

《雍正浙江通志》卷一百二十四《选举·进士》："重和元年戊戌王昂榜：莫仲珪，鄞人。"《光绪鄞县志》卷二十《选举表一》："宋政和八年戊戌：莫仲圭。"

陈休锡　明州象山县人，一说鄞县人。登政和八年进士第。建炎二年为上虞令，颇重水利，禁止百姓废湖造田，上虞旱灾时仍能有灌溉之水源，为百姓所感念，有祀。

《万历绍兴府志》卷二十八《职官志·县职》："宋，上虞，陈休锡，建炎二年，有传。"《万历绍兴府志》卷三十七《名宦》："陈休锡、赵不摇，后先令上虞，并加意水利，疏闻于上，禁民不得淤湖为田。自是他邑或病旱，独上虞得溯水屡稔，民其德之，并祀名宦。"

《乾道四明图经》卷十二《进士题名记》："政和八年嘉王榜：陈休锡，说之子。"《嘉靖宁波府志》卷三《选举表》："宋政和八年象山：陈休锡。"

楼肖　字梦弼，鄞县人。楼郁季子。登政和八年特奏名进士第，一生笃学，尤擅小学，官和州助教。

宋楼钥《攻媿集》卷一百《叔祖居士并张夫人墓志铭》："考肖，正议之季子。笃学晚不衰，以特奏名补和州助教。"

宋楼钥《攻媿集》卷一百八《承议郎谢君墓志铭》："余家世业儒，五世祖正议始以乡先生决科起家，五子俱传业，而季子梦弼讳肖，尤攻小学。"

《乾道四明图经》卷十二《进士题名记》："政和八年嘉王榜：楼肖，郁之子。"

陈秉(1055—1127)　明州鄞县人。陈禾兄。登政和八年八行进士第，曾任寿春府教授。

《宋史》卷三百六十三《陈禾》："陈禾字秀实，明州鄞县人。遇赦，复起知广德军，移知和州。寻遭内艰，服除，知秀州。王黼新得政，禾曰：'安能出黼门下？'力辞，改汝州。辞益坚，曰：'宁饿死。'黼闻而衔之。禾兄秉时为寿春府教授，禾侍兄官居。适童贯领兵道府下，谒不得人，馈之不受。贯怒，归而谮之，上曰：'此人素如此，汝不能容邪？'久之，知舒州，命下而卒，赠中大夫，谥文介。

《宝庆四明志》卷八《先贤事迹上》："兄秉以八行举政和八年登第。"《延祐四明志》卷六《人物考上》："禾兄秉八行举于乡。"

《乾道四明图经》卷十二《进士题名记》："政和八年嘉王榜：陈秉，谧之子，举八行。"《宝庆四明志》卷十《进士》："政和八年嘉王榜：陈秉，谧子，举八行。"《延祐四明志》卷六《人物考下》："政和八年嘉王榜：陈秉，谧子，举八行。"

宣和元年己亥(1119)上舍释褐

楼玮 明州鄞县人。楼航之子。宣和元年登上舍拜褐第。事迹无考。

《乾道四明图经》卷十二《进士题名记》："宣和元年上舍释褐：楼玮，航之子。"《宝庆四明志》卷十《进士》："宣和元年上舍释褐：楼玮，航子。"《延祐四明志》卷六《人物考下》："宣和元年上舍释褐：楼玮，航子。"

宣和三年辛丑(1121)何焕榜

王琥 明州鄞县人。登宣和三年进士第。事迹无考。

《乾道四明图经》卷十二《进士题名记》："宣和三年何焕榜：王琥。"《宝庆四明志》卷十《进士》："宣和三年何涣榜：王琥。"《延祐四明志》卷六《人物考下》："宣和三年何涣榜：王琥。"

杨正权 明州鄞县人。杨师旦之孙。登宣和三年进士第。曾为迪功郎、两浙路提刑司干办公事，又得李正民荐。

宋李正民《大隐集》卷四《举杨正权自代状》："伏睹迪功郎、新两浙路提刑司干办公事杨正权，廉靖之操，不求于人，典则之文，庶几于古，置之朝廷，必有可观，臣所不如，举以自代。"

《乾道四明图经》卷十二《进士题名记》："宣和三年何焕榜：杨正权，师旦之孙。"《宝庆四明志》卷十《进士》："宣和三年何涣榜：杨正权。"《延祐四明志》卷六《人物考下》："宣和三年何涣榜：杨正权。"

吴秉信 字信叟，明州鄞县人。吴升之子。登宣和三年进士第。吴氏为两宋之际名臣。曾任屯田郎官、中书舍人、枢密院检详诸房文字、礼部侍郎等官。为官有政声，亦为高宗所重。秦桧曾指示万俟卨诬陷张浚僭造楼宇，令吴秉信调查之，吴氏据实禀报，遭秦桧罢黜，史皆称其公允不阿。

吴氏为宋代硕儒，教授东嘉时，兴一地之学风，王十朋为其门人。然吴氏又如当时宋儒一般，崇佛礼教。归四明后曾筑庵，日日禅坐。绍兴时亦传受佛召，而卒于萧山。吴秉信和汪思温、王珩、高闶等皆有交往，和薛氏一族亦有姻亲关系。由此可见，吴秉信在南宋初期的宁波可谓显人。

吴秉信仅存一奏文，收于《建炎以来系年要录》卷一百七十三。

宋王十朋《梅溪前集》卷十七《送吴教授秉信归省序》："四明吴先生名世

钜儒，才高行尊，以斯道自任，未尝屈节以阿世。青衫不调，殆一星终矣。顷以朝廷之命，主师席于东嘉，教人以正心诚意之学，每以身先之，不期年而士子皆有所矜式。太守端明李公下车之初，知先生之贤，延为莲幕上客。先生以儒术饰吏治，谈笑间而邦人阴受其赐，公卿大夫闻先生之名，鹗书交荐，众皆谓先生不日去而羽仪天朝也。

"然先生纯孝人也，独念慈亲在堂，鬓发垂素，慨然兴叹，揖诸生而归。于是邦之士庶，至于缙绅之徒、缁黄之流诣府挽之千余人，而先生终不肯留。识与不识，闻先生之行也，莫不叹息以谓贤于古人远矣，昔李子佩印于洛阳，买臣衣锦于会稽，长卿驷马而入蜀，二疏联辔而出关，天下至今传之以为荣。然是归也，富贵之归也，非先生今日之归也。渊明寻三径之松菊，季鹰思千里之莼鲈，贺老疏狂于鉴湖，李愿徜徉于盘谷，天下称之以为高。然是归也，隐者之归也。非先生今日之归也；先生之心，以为印绶之荣，不若吾绿衣之戏，禽鱼之乐，不若吾羊枣之养。今日之归，大有功于风教矣，岂直以富贵而夸乡间，高尚而傲世俗哉。虽然，古人盖有以志事亲者，不必朝夕在乎左右也。节行修于身，政事理于官，功德及于民，声名闻于后，则其身虽在千里之远，而其心不啻若左右之乐也。吾知先生朝而归，暮而复来乎。不然，必为苍生而起，天下受其赐也。某海角贱生，方获抠衣坐隅，执弟子礼，而先生行矣，瞻恋为如何耶！于是序其事，又从而歌之曰：'归去来兮，先生胡为而归；陟彼高冈，白云孤飞，先生胡为乎不归？先生归兮何时来，小子狂简，不知所裁，先生胡为乎不来？泮宫峨峨，泮水洋洋，先生来兮；芹芳藻香，先生去兮，鸾飞凤翔。'"

宋张扩《东窗集》卷八《钱时敏除兵部郎官王言恭除驾别郎官吴秉信除屯田郎官制》："敕：具官某等：朕旁求多士，置彼周行，为郎省闱，兹为高选。取诸人次，俾能其官，以尔时敏，蔚然文华，见推流辈。以尔言恭，通达世务，详练有闻。以尔秉信，业籍于勤，议论不苟。用并颁于书，命以列属于文昌，益究尔猷，往赞而长。"

宋张扩《东窗集》卷十四《吴秉信除枢密院检详诸房文字制》："敕：具官某：西枢有密之地，设属以纠稽违，盖视文昌左右司、东西台检正之员也。其选可谓重矣，非疏通明敏之士，孰膺是选哉。以尔学博，而知方智，周而行远，奉常议礼。起部为郎，俱以能称，扬于在列，往赞本兵之寄，益殚事上之忠。"

宋周麟之《海陵集》卷十三《吴秉信除右文殿修撰知常州》："朕以公恕之道待臣下，思其始则必欲全于终。罹于咎者，犹或赐之福。自一命以上，予夺不敢轻也,况吾侍从之列乎。具官某:以儒学之旧,致身近班。载笔演纶,皆所更践。兹又进天官之贰,亦云宠矣。赞书未下,已投佩而去之,质于人言,朕所深惜。然人之才知亦各有长,苟适于用,可以遽废哉?俾联书殿之华,付以专城之寄,往思自效,益勉后图。"

宋楼钥《攻媿集》卷七十五《跋蒋亢宗所藏钱松窗诗帖》:"吾乡旧有五老会,宗正少卿王公玠、朝议蒋公璇、郎中顾公文、衡州薛公朋龟、大府少卿汪公思温,外祖也,皆太学旧人,宦游略相上下,归老于乡,俱年七十余,最为盛事。礼部侍郎高公闶、起居舍人吴公秉信皆自以后辈不敢预。"

宋释志磐《佛祖统纪》卷四十七《法运通塞志第十七之十四》:"(绍兴)二十六年九月,礼部侍郎吴秉信卒。绍兴初,时相讳言兵事,斥秉信为党人。乃归四明,城南筑庵禅坐,制一棺,夜卧其中。至五更,令童子扣棺而歌曰:'吴信叟,归去来,三界无安不可住,西方净土有莲胎,归去来。'闻唱即起,禅诵久之。桧相亡,召为礼部侍郎。时国用匮乏,秉信请卖度牒以裕国,因言及秦党,寻被论以佞佛邀福,出知常州。既而复被召,至萧山驿舍,令家人静听,咸闻天乐之音,即曰:'清净界中,失念至此,金台既至,吾当有行。'言讫而逝。"

宋陈骙《南宋馆阁录》卷八:"实录院修撰,绍兴以后九人……吴秉信,字信叟,四明人。何焕榜同进士出身。二十六年六月,以中书舍人兼,八月除吏部侍郎。"

《延祐四明志》卷四《人物考上》:"吴秉信,字信叟,刚简自信。初为国学官,张魏公浚以和国公奉母居潭州,筑第稍广,桧忌浚复出,讽中丞万俟卨论浚卜宅僭拟,家有五凤楼,命秉信奉使察其事。至则以桧意告浚,返言浚所居皆人臣制,堂曰尽心,浚尝记之,楼实无有也。桧大怒,黜秉信。后为吏部侍郎,与凌景夏言张偁不宜为两浙转运判官。偁,内侍张去伪所荐也。上不悦,并景夏出知外郡,秉信知常州,未几,疾卒。

"秉信知人,善荐士。王刚中入史馆,史浩国子博士,后皆至宰辅。家贫,聚族以居,史浩以太保、魏公致仕,亲祭其墓,且官其孙云。"

《乾道四明图经》卷十二《进士题名记》:"宣和三年何焕榜:吴秉信,升之子。"《宝庆四明志》卷十《进士》:"宣和三年何涣榜:吴秉信,升子。"《延祐四明志》卷六《人物考下》:"宣和三年何涣榜:吴秉信,升子。"高闶《宋故左朝奉大夫薛公墓铭有序》:"侄右承议郎、新知发遣江州军州事吴秉信篆额。"注:是志撰于宋绍兴十六年(1146)。

何泾 明州鄞县人。登宣和三年进士第。何氏事迹无考,著述仅存《延庆院圆照法师塔铭》一文,见于《乾道四明图经》卷十一。

《乾道四明图经》卷十二《进士题名记》:"宣和三年何焕榜:何泾。"《宝庆四明志》卷十《进士》:"宣和三年何焕榜:何泾。"《延祐四明志》卷六《人物考下》:"宣和三年何焕榜:何泾。"

莫昌 明州鄞县人。登宣和三年进士第。事迹无考。

《乾道四明图经》卷十二《进士题名记》:"宣和三年何焕榜:莫昌。"

张宣 明州鄞县人。张宏之弟。登宣和三年进士第。事迹无考。

《乾道四明图经》卷十二《进士题名记》:"宣和三年何焕榜:张宣,宏之弟。"

宣和六年甲辰(1124)沈晦榜

王璧 字炳文,明州慈溪县人。王庭秀之子。登宣和六年进士第。王璧少年时十分聪慧,读文能过目不忘。绍兴时为叶梦得等人所荐,又中绍兴五年博学宏词科。后又为校书郎等职。

仅存《御书无逸图赞》一文,载《五百家播芳大全文粹》卷一百九,收于《四库全书》。

宋刘一止《苕溪集》卷四十六《王璧秘书省正字》:"敕:具官某:以言取人尚矣。朕又网罗博洽能文之士,习为典章,复其科目,以别异之。尔在选中,既阅岁矣,禁林发策,酬对衮衮,亦复可观。夫道山藏书之府,朕所以养贤而待问,尔往读未见之书,增其所闻,扬榷古今,令可施用,无自画焉。可。"

宋陈骙《南宋馆阁录》卷八:"校书郎,绍兴以后六十五人。王璧,字炳文,四明人。沈晦榜进士出身,治书。十一年十二月除,十二年八月通判福州。……正字……绍兴以后八十二人。王璧,九年八月除,十一年十二月为校书郎。"

宋佚名《皇宋中兴两朝圣政》卷十八《高宗皇帝十八》:"八月甲辰,……礼部贡院放榜,考校到合格进士樊光远等二百人。博学宏词科新敕令所删定官王璧、新明州州学教授石延庆二人。"

《宝庆四明志》卷八《先贤事迹上》:"子璧生而颖异不凡,七岁日诵千言,一过辄不忘。以宣和六年丙科登第。少年气锐,负才宏硕,方勇功名之会,悉焚前所为举子之文,披阅群籍,孜孜不倦,无不淹该。左丞叶公梦得、参政孙公近议欲列荐出应大科,适朝廷方复博学宏词科,首冠其选。天不假年,用罔究其长,而终于一待通判,士论嗟惜之。"

《乾道四明图经》卷十二《进士题名记》:"宣和六年沈晦榜:王璧,庭秀之子。又于绍兴五年魁博学宏词科。"《宝庆四明志》卷十《进士》:"宣和六年沈晦榜:王璧。庭秀子。又于绍兴五年魁博学宏词科。"《延祐四明志》卷六《人物考下》:"宣和六年沈晦榜:王璧,庭秀子。又于绍兴五年魁博学宏词科。"

林孝友 明州鄞县人。兄林孝雍。登宣和六年进士第。曾出守桐川,又知广德军,后为大理寺丞。

宋楼钥《攻媿集》卷三十六《知广德军林孝友大理寺丞》:"敕:具官某:列寺皆有丞,惟廷尉之属,其选为尤重,必求通儒以治庶狱。已试之效,吾其舍诸。尔顷是官,见谓称职,出守桐川,又以最闻。兹还旧班,进用无壅,惟明克允,以副朕好生之意。"

《乾道四明图经》卷十二《进士题名记》:"宣和六年沈晦榜:林孝友,孝雍之弟。"《宝庆四明志》卷十《进士》:"宣和六年沈晦榜:林孝友,孝雍弟。"《延祐四明志》卷六《人物考下》:"宣和六年沈晦榜:林孝友,孝雍弟。"

于铚 明州鄞县人。登宣和六年进士第。于锐弟。事迹无考。

《乾道四明图经》卷十二《进士题名记》:"宣和六年沈晦榜:于铚,锐之弟。"《光绪鄞县志》卷二十《选举表一》:"宋宣和六年甲辰:于铚,锐之弟。"

汪庭衡 明州鄞县人。宣和六年登进士第。事迹无考。

《乾道四明图经》卷十二《进士题名记》:"宣和六年沈晦榜:汪庭衡,镇之子。"《光绪鄞县志》卷二十《选举表一》:"宋宣和六年甲辰:汪庭衡,镇子。"

隽成可 明州鄞县人。宣和六年登进士第。事迹无考。

《乾道四明图经》卷十二《进士题名记》:"宣和六年沈晦榜:隽成可。"《光绪鄞县志》卷二十《选举表一》:"宋宣和六年甲辰:隽成可。"

江与文 明州鄞县人。宣和六年登进士第。事迹无考。

《乾道四明图经》卷十二《进士题名记》:"宣和六年沈晦榜:江与文。"《光绪鄞县志》卷二十《选举表一》:"宋宣和六年甲辰:江与文。"

李衍 字和叔,台州宁海县人。登宣和六年进士第。曾任左文林郎、常山县令。

宋刘才邵《檆溪居士集》卷五《李衍循左文林郎制》:"敕:尔顷缘营造,勤于董役。有司第赏,宜膺叙进。体兹示劝,益勉事功。可。"

《嘉定赤城志》卷三十三《仕进·进士科》:"宣和六年沈晦榜:李衍。宁海人,字和叔,终常山县令。"

胡尚智 越州余姚县人。登宣和六年进士第。事迹无考。

《宝庆会稽续志》卷六《进士》:"宣和六年沈晦榜:胡尚智。"《万历新修余姚县志》卷十四《选举志下·进士》:"宣和六年甲辰沈晦榜:胡尚智,会稽籍。"

曹粹中　字纯老,晚年号放斋,明州定海县人。曹贯之侄,李光之女婿。登宣和六年进士第。绍兴时,李光与秦桧同列,时曹氏已被任命无为校官,秦桧希望和曹氏相识,遭曹粹中拒绝,并预言李光必为桧逐。后李光外放海南,曹粹中亦归隐,著书立说。晚年为张浚所荐,为建宁府通判。

曹粹中有《放斋诗说》,全祖望以之为四明诗学之始。然传本已不全,近人张寿镛曾辑录之,有民国三十三年铅印本,今已载入《续修四库全书》第五十六册。

《宝庆四明志》卷八《先贤事迹上》:"曹粹中,字纯老,定海人。中宣和六年进士丙科。为庄简公李光婿,光与闻。绍兴国论丞相秦桧欲一识粹中,粹中时待次无为校官,曰:'吾已有差遣,见丞相何为?'退谓妻曰:'吾观尔父与秉权者势不两立,岂久居此者。'由是仕不偶,自号放斋,以著书为乐。桧死,方以举主脱选调。有《诗说》三十卷行于世。"

《延祐四明志》卷四《人物考上》:"曹粹中,字纯老,定海县人。中进士第,李庄简公光婿。秦桧在相位,光时为参政,桧知其名欲识之,粹中辞曰:'吾已有差遣,见丞相何为?'语其妻曰:'汝父必不能与相久处。'光后贬海南,粹中不复仕,自号放斋,有《诗说》行于世。后张魏公力荐于朝,通判建宁府。"

清黄宗羲等《宋元学案》卷二十《元城学案》:"曹粹中,字纯老,号放斋,定海人也。李庄简公光之婿。宣和六年进士,释褐黄州教授。秦氏欲因庄简见之,先生辞焉,私语妇曰:'尊公其能终为首揆所容乎?'已而庄简果被出,叹曰:'吾愧吾婿。'先生自是隐居,终秦氏之世,未尝求仕。庄简退居,著《读易老人解说》,而先生笺诗,各以其所长治经,可谓百世之师矣。世有修改宋史者,当附之庄简传中也。张魏公晚年入相,荐于朝,通守建宁。不久,乞身而归,赠侍讲。

"祖望谨案:深宁王氏《四明七观》,其于经学首推先生之诗。自先生《诗说》出,而舒广平、杨献子出而继之,为吾乡诗学之大宗。慈湖之《诗传》相继而起。咸淳而后,庆源辅氏之传始至甬上。则论吾乡诗学者,得不推先生为首座与!"

《乾道四明图经》卷十二《进士题名记》:"建炎二年李易榜:曹粹中,贯之侄。"《宝庆四明志》卷十《进士》:"宣和六年沈晦榜:曹粹中,贯侄。"《延祐四明志》卷六《人物考下》:"宣和六年沈晦榜:曹粹中,贯侄。"

宋高宗朝（1127—1162）

建炎二年戊申（1128）李易榜

于闶 明州鄞县人。登建炎二年进士第。事迹无考。

《乾道四明图经》卷十二《进士题名记》："建炎二年李易榜：于闶，铚之子。"《宝庆四明志》卷十《进士》："建炎二年李易榜：于闶。"《延祐四明志》卷六《人物考下》："建炎二年李易榜：于闶。"

严翼 明州鄞县人。登建炎二年进士第。事迹无考。

《乾道四明图经》卷十二《进士题名记》："建炎二年李易榜：严翼。"《光绪鄞县志》卷二十《选举表一》："建炎二年李翼榜：严翼。"

张嗣良 明州鄞县人。登建炎二年进士第。绍兴时为处州龙泉县知县。

《光绪处州府志》卷十四《文职二》："龙泉县知县，宋绍兴张嗣良。"《乾道四明图经》卷十二《进士题名记》："建炎二年李易榜：张嗣良。"《宝庆四明志》卷十《进士》："建炎二年李易榜：张嗣良。"《延祐四明志》卷六《人物考下》："建炎二年李易榜：张嗣良。"

李迪 明州人。建炎二年登进士第。累迁浙东路提点刑狱公事。

《光绪浙江通志》卷一百二十五《选举三·宋进士》："建炎二年戊申李易榜：李迪，宁波人，浙东提刑。"注：李迪中举情况，宁波诸志皆无载，仅《光绪浙江通志》有载。

冯锐 明州慈溪县人。冯轸从叔。其曾咏叹云湖庆安寺，在乡间有所活动。冯氏文有《慈溪县修县门记》见于《乾道四明图经》卷九。诗见于《全宋诗》第 33 册。

《乾道四明图经》卷十二《进士题名记》："建炎二年李易榜：冯锐，轸之从叔。"《光绪慈溪县志》卷十九《选举上·宋》："建炎二年戊申李易榜：冯锐，轸之从叔。

《光绪慈溪县志》卷十九《选举上》："连城县知县冯锐，宋绍兴间人，亦不著籍贯。……冯锐有《慈溪县修县门记》，自署邑人，见《乾道图经》，又《宝庆志》：云湖庆安寺有古松夹道，其一最巨，……里士文学冯锐作诗云云，则其为县人，尤显著也。"

张士民　明州慈溪人。登建炎二年进士第。事迹无考。

《嘉靖宁波府志》卷三《选举表·宋进士》:"高宗建炎二年慈溪县:张士民。"

绍兴元年辛亥(1131)上舍释褐

高闶(1097—1153)　字抑崇,明州鄞县人。登绍兴元年上舍释褐第。初授秘书省正字,时朝廷欲颁《儒行》、《中庸》二篇授天下学子,高闶以《儒行》篇词学不纯,故求只颁《中庸》篇,朝廷许之。而后又为国子司业,时高宗兴太学,高闶上奏,定立科举试次、学制,遂成定例。高宗幸太学,高闶主讲《周易》之《泰卦》,为胡寅所责,终因与秦桧不和,遭贬斥。卒年五十七,谥宪敏。

高闶在乡名望甚重,对《春秋》颇有研究,与薛氏、汪氏等甬上大族皆有交往。高氏一族居鄞之月湖,近长春门,后世皆以长春书院、长春观纪念。

其著作有《春秋集注》,历来为《春秋》学之名著,被后世学者视为大宗。其传本现以《四明丛书》本为通行本。

宋楼钥《攻媿集》卷五十一《息斋春秋集注序》:"吾乡四明,庆历皇祐间杜、杨、二王及我高祖正议,号五先生,俱以文学行谊。表率于乡。杜先生又继之,讲明经术,名公辈起,儒风益振,厥后伊洛二程先生之兴,得其传以归者惟故礼部侍郎高公。公天资纯笃,济以勤敏,师友渊源,学问精诣。入上庠,登舍选,已有盛名。诸公贵人争欲婿之,拂衣而归。建炎二年升补上舍,绍兴改元德音,免殿试赐同进士出身。

"十三年,高宗初建太学,遴选名儒为四方所推服者为少司成,公实应选。士子云集,凡学之规则,皆所裁定。明年三月,车驾幸学,讲《易·泰卦》于上,前擢贰卿,将向用矣,以直道忤时宰,一斥不复。家居累年,中寿而殁。洎端明汪公登从班,奏言公学行出处之详,始诏复次对官诸子,而公之名愈显矣。自顷王荆公废《春秋》之学,公独耽玩遗经,专以程氏为本,又博采诸儒之说为之集注,其说粹然一出于正,犹未行于世也。仲子得全知黄州,始取遗稿刻之而属钥以序。钥生长外家汪氏,于公有连,虽生晚不及承教,而犹拜公床下。窃闻之公既投闲,杜门屏居,略不以事物自撄,日有定课,风雨勿渝,此书之所以成也。呜呼!泰山孙公明复著《尊王发微》,深欲明夫子褒贬之旨。伊川先生则谓后世以史观《春秋》,谓褒善贬恶而已,至于经世之大法,则不知也。自有《春秋》以来,未有发此秘者。公亦曰:'仲尼惧先王经世之法坠地莫传,欲立中制,俾万世可以通行,故假周以立王法,而托始于隐公焉。且以文武之道期后王，以周公之事业望鲁之子孙也。以此推之，《春秋》固非一王之法，乃万世通行之法也。'其推明伊川之意类如此，昔曾子每诵夫子之言，则必曰：'吾闻诸夫子。'子夏使西河之民，疑汝于夫子，曾子罪之。说者曰：'言其不称师也。'

"观公之序直引伊川之序，不更一辞，可谓称师而知其所本矣。伊川有序而传未成，公之书成而未有序，此当属之深于《春秋》者。钥何人而敢预此，黄州言之再四，窃幸因得托名于不腐，乃弗敢辞。公讳闳，字抑崇，子孙能守家法，其兴盖未艾也。"

宋袁燮《絜斋集》卷八《跋高公所书孝经》："《孝经》一书，百行之根源也。赠特进四明高公，尝亲笔之，以授其孙，传之至今。特进乃春官贰卿介弟，贰卿以学行之粹，著称于绍兴间，与秦丞相相忤，终其身不复用。屏居乡闾，士之得于亲炙，有所启发者多矣，况其同气之亲乎？"

宋陈骙《南宋馆阁录》卷七《官联上》："著作佐郎……绍兴以后三十五人：……高闳，字抑崇，四明人，太学元丰法上舍，治《书》，七年闰十月除，八年三月为祠部员外郎。"

宋陈骙《南宋馆阁录》卷八《官联下》："校书郎……绍兴以后五十六人：……高闳，七年二月除，闰十月为著作佐郎。……正字……绍兴以后八十二人：高闳，五年二月除，七年二月为校书郎。"

《宋史》卷四百三十三《高闳》："高闳字抑崇，明州鄞县人。绍兴元年，以上舍选赐进士第。执政荐之，召为秘书省正字。时将赐新进士《儒行》、《中庸》篇，闳奏《儒行》词说不醇，请止赐《中庸》，庶几学者得知圣学渊源，而不惑于他说，从之。

"权礼部员外郎兼史馆校勘。面对，言：'《春秋》之法，莫大于正名。今枢密院号本兵柄，而诸路军马尽属都督，是朝廷兵柄自分为二。又周六卿其大事则从其长，小事官属犹得专达。今一切拘以文法，虽利害灼然可见，官长且不敢自决，必请于朝。故庙堂之事益繁，而省曹官属乃与胥吏无异。又政事之行，给、舍得缴驳，台谏得论列。若给、舍以为然，台谏以为不然，则不容不改。祖宗时有缴驳台谏章疏不以为嫌者，恐其得于风闻，致朝廷之有过举。然此风不见久矣，臣恐朝廷之权反在台谏。且祖宗时，监察御史许言事，靖康中尝行之。今则名为台谏官，实无言责，此皆名之未正也。'

"寻迁著作佐郎，以言者论罢，主管崇道观。召为国子司业。时兴太学，闳奏宜先经术，帝曰：'士习诗赋已久，遽能使之通经乎？'闳曰：'先王设太学，惟讲经术而已。国初犹循唐制用诗赋，神宗始以经术造士，遂罢诗赋，又虑不足以尽人才,乃设词学一科。今宜以经义为主,而加诗赋。'帝然之。阅于是条具以闻。其法以六经、《语》、《孟》义为一场,诗赋次之,子史论又次之,时务策又次之。太学课试及郡国科举,尽以此为法,且立郡国士补国学监生之制。中兴以后学制,多阅所建明。

"阅又言建学之始,宜得老成以诱掖后进。乃荐全州文学师维藩,诏除国子录。维藩,眉山人,精《春秋》学,林栗其高第也,故首荐之。新学成,阅奏补试者六千人,且乞临雍,继率诸生上表以请。于是帝幸太学,秦熺执经,阅讲《易·泰卦》,赐三品服。胡寅闻之,以书责阅曰:'阁下为师儒之首,不能建大论,明天人之理,乃阿谀柄臣,希合风旨,求举太平之典,欺天罔人孰甚焉! 平生志行扫地矣。'

"阅少宗程颐学。宣和末,杨时为祭酒,阅为诸生。胡安国至京师,访士于时,以阅为首称,由是知名。阅除礼部侍郎,帝因问阅张九成安否,明日,复以问秦桧,桧疑阅荐。中丞李文会承桧旨劾阅,出知筠州,不赴,卒。初,秦棣尝使姚孚请婚,阅辞之。其著述有《春秋集传》行于世。"

《乾道四明图经》卷二《人物》:"高阅,字抑崇,唐宰相智周后,世家广陵,高祖赞襄始居明。阅幼颖悟不凡,八岁诵经史,通其义。或问'得时则驾'出何书? 阅曰:'非《史记》、《老子》传乎?'客惊异之,谓其父钦臣曰:'此儿当兴君门户。'

"弱冠入辟雍,继升太学,屡中魁选。初。课试文格尚对偶,阅特变为古文,又先群彦,一时文格遂复元丰、元祐之旧,以校定最优充举录。宣和中,置讲议司,领以大臣,辟官属,日夕讲义天下事,太学公试用为策题,阅对为'天下事当令天下人议之',时以为至言。

"建炎初,试上舍,中优等。绍兴改元,赐进士第,释褐,诸公方欲荐引,继丁内外忧。服除,执政交章称阅议论简正,明于治体,可以居经筵劝讲之地。五年春,有旨与行在差遣,令内殿引见,进札有曰:'人君不难用臣下之谋猷,而难于不忘臣下之规戒。'改左承奉郎,除正字,论荐举之弊与天下之势,最急者在机会。又请止赐新恩进士《中庸》篇,而《儒行》篇虽间与圣人意合,实出汉儒杂记,非圣人格言,乞勿赐。又请预严水战之备,皆蒙听纳。后摄礼部外郎,因上殿奏事论及和气,上曰:'朕见士大夫议论,以为轻徭薄赋、安民心、宽民力可以召和气。'阅曰:'臣以为此召和气之一事耳,而其本乃在人君,有以感之,心正则气正,气正则天地之和气应矣。'上是其说。至言正名分与屯田之利为尤切。久之,出奉祠,复参东帅谋,求国子司业,引见,奏曰:'陛下复兴太学,此帝王盛德事。'上曰:'太学复兴,欲得学问渊源、德行纯正者为师表,故命卿。'因言:'臣在京师,见太学辟雍皆有御书阁,今当依祖宗例,建阁以藏御书,愿时洒宸翰,加惠多士。'上许之。其任司成,论事为最详。兼权中书、起居二舍人,乃除礼部侍郎,以忤秦桧意,出为筠州,遂请挂冠居乡。每对士大夫唯举前言往行可师法者,未尝及时政得失、人物臧否,泛观经史、诸子百家,而绝意荣进,不戚戚于阸穷,享年五十七。"

清黄宗羲等《宋元学案》卷二十五《龟山学案》:"高闶,字抑崇,鄞县人。绍兴元年以上舍选赐进士第,为秘书省正字。擢礼部员外郎,迁著作佐郎,以言者论罢。后召为国子司业。帝幸太学,秦熺执经,先生讲《泰卦》。胡五峰以书责之曰:'阁下为师儒之首,不能建大论,明天人之理,乃阿谀柄臣,希合风旨,求举太平之典。欺天罔人,平生志行扫地矣!'除礼部侍郎,出知筠州。卒赠少师,谥惠敏。

"先生从龟山于太学,胡文定访士于龟山,以先生为首称,由是知名。和靖将卒,先生执弟子礼求见,和靖辞以疾。及卒,门人王时敏、吕稽中等问师服于先生,以'从宜'答之。著有《春秋集注》。是时有蒋处士玙,字季庄者,隐居慈溪,力排王氏新经,独穷遗经,不入城市。先生每积所疑如干条,则造访之,季庄不轻与人相接,闻先生至,倒屣迎之,小庐促膝,竟夕不倦。先生告辞,则季庄之数里而遥,论者交重之。"

清全祖望《鲒埼亭外编》卷十六《长春书院记》:"杨文靖公之在太学,吾乡士人从之者多,而高氏兄弟五人与焉。所造之大,礼部侍郎、少师宪敏公其渠也。吾读宪敏《春秋集注》,其发明圣人褒贬义例,远过于胡文定公。至今说《春秋》者以为大宗,其所集厚终礼,则朱子多采用之。

"是时有蒋处士者隐居慈水,力排王氏新学,独穷遗经,不入城市。宪敏每积所疑如干条,则造访之。季庄不轻与人相接,闻宪敏至,倒屣迎之,小庐促膝,竟夕不倦。宪敏告辞,则季庄送之数里而遥,论者交重之。是时秦氏当国,思陵临太学,宪敏讲《易》之《泰》,五峰疑焉,贻书非之。及秦梓守明州,求婚于宪敏不得,卒以见忤罢官,五峰始释然。盖大儒之砥砺名节,一步不苟,而宪敏之无愧良友,即其所以得统师门者也。

"吾乡学派导源庆历诸公,至于伊、洛世系,则必自宪敏始。而宪敏为司业,其时王氏之学虽替,然尚有如陈公辅辈,未能尽绝。宪敏以其师说,日与诸生发明之,其有功于伊、洛,尤为不浅。

"高氏家居湖上,其去长春门不半里,故书院以之为名。至宋末,而高氏子孙以为功德道场,诸志中所称长春观者是也。及高氏子孙散处,无复居湖上者,观又改而为庵,佛火经幢,比丘相对,曾谓宪敏之讲堂,乃至于此!

"嗟乎！高氏在宋世，衣冠最盛。疏寮之诗笔，竹墅之图画，至今皆有传者。然此特风流之鼓吹，尚在可有可无之列。宪敏之力肩正学，百世之师也。顾听其芜秽不治，则何忍矣。乃与同学诸公议，仍改为书院，以奉宪敏之祀，而配之以季庄。庶几诸生得为讲业之地焉。"

《乾道四明图经》卷十二《进士题名记》："绍兴元年上舍释褐：高闶。"《宝庆四明志》卷十《进士》："绍兴元年上舍释褐：高闶。"《延祐四明志》卷六《人物考下》："绍兴元年上舍释褐：高闶。"

高闶《宋故左朝奉大夫薛公墓铭有序》："婿左朝散郎致仕、赐紫金鱼袋高闶撰并书。"注：是志撰于宋绍兴十六年（1146）。

汪大猷《宋故薛衡州妻令人王氏墓铭》："五女，一早夭。其婿：左朝散郎、敷文阁待制高闶。"

注：最具参阅价值的高闶研究，首推陈晓兰《高闶及其〈春秋集注〉研究》。该文一方面在简介高闶生平的基础上，侧重于探究高闶对南宋儒学的影响；另一方面则对高氏《春秋集注》内容、学术和政治观点及其特点加以梳理、介绍，这对于了解高闶的学术研究十分重要。类似文献有戴国祥《论高闶〈春秋集注〉的理学特色》（见于《宁波大学学报》2004 年第 2 期）。高闶的教育贡献还可见于辜筠芳《宁波教育史》（浙江大学出版社 2011 年版）。

绍兴二年壬子（1132）张九成榜

于庭式　明州鄞县人。登绍兴二年进士第。于锐孙，于定子。事迹无考。

《乾道四明图经》卷十二《进士题名记》："绍兴二年张九成榜：于庭式，定之子。"《宝庆四明志》卷十《进士》："绍兴二年张九成榜：于庭式，锐之孙。"《延祐四明志》卷六《人物考下》："绍兴二年张九成榜：于庭式，锐孙。"

王伯庠　字伯礼，王次翁子，旧为济南人，北宋亡时南渡，至鄞县定居。登绍兴二年进士第。初授左迪功郎、吉州左司理参军，后又为明州州学教授、左宣教郎直秘阁、两浙东路安抚司参议官、平江府通判，隆兴时为两浙西路安抚司参议官、知兴国军。乾道时召赴行在，为侍御史，任上多直谏，曾奏免芦场租税等，亦多为朝廷采纳。后出知阆州、夔州，政绩不俗。安抚夷狄，开辟水源，修建贡院，为夔州百姓、士子所纪念，陆游等亦多撰文称赞其功德。终知温州，亦有功德，卒于任上，年六十八。

王伯庠在乡多积善行义，急人所急，楼钥将其和汪思温并称。王氏学术深厚，有《历山集》、《云安集》、《奏议告蒙》、《资治编年》、《宏词集要》、《夔路图经》等书,均未传世。其诗今有《和潘良贵题三江亭韵》,见《乾道四明图经》卷八。文章有《乞将孙觌落职远贬奏》、《乞寝罢巫伋端明殿学士恩命奏》,均收于《宋会要辑稿》;又有《书通法师石塔记后》,见释宗晓《宝云振祖集》,收于日本《大正新修大藏经》(信利印制有限公司 1988 年影印本)、《续藏经》第一百册(台湾新文丰出版公司 1976 年版);《仇待制乡饮酒置田礼》、《乡饮酒礼》收于《至正四明续志》卷十一;《西湖重修湖桥记》,收于《乾道四明图经》卷十。

楼钥《攻媿集》卷九十《侍御史左朝请大夫直秘阁致仕王公行状》:"曾祖寂,故任永静军东光县令,累赠少傅。妣赵氏赠成国夫人,丘氏赠济国夫人。祖禔累赠少师,妣张氏赠卫国夫人。父次翁故任资政殿学士,左大中大夫致仕,累赠太师。妣赵氏赠秦国夫人。

"本贯济南府章丘县巨德乡巨人里王公伯庠年六十有八状:公字伯礼,其先大名府人。五世祖继文赠特进者,以明经出身,尝为河中府虞乡县令。四世祖异赠太保者,以甲科为尚书郎直史馆,嘉岐王府翊善十余年,请老而归。避大河之患,葬特进于济南,因家焉。少师古学精深,兼通医卜,工真行草篆,尤邃于《春秋》。既免,少傅丧,不乐进取,携二子屏居青崖山之两河。太师因教授其间,以供甘旨,名闻东州,学者云集,时号两河先生。绍兴初,执政凡四年,力丐闲退,已遂致其事,居于四明西湖之阳,今遂为鄞人。

"公登绍兴二年进士科,授左迪功郎、吉州左司理参军,试教官为第一,改充明州州学教授。十一年,任满,循左从事郎,便亲自列主管潭州南岳庙。时太师方在政府,诏以诸将成却敌功,皆二三大臣奇谋指纵之力,可与一子职名。改左宣教郎直秘阁,显仁皇太后回銮,太师充礼仪使,辟公书写机宜文字,寻主管台州崇道观。十四年授两浙东路安抚司参议官,太师薨。服除。二十二年通判平江军府,夺职罢归。三十年主管台州崇道观。三十一年赐五品服,通判镇江军府。三十二年以覃恩转左朝请郎。隆兴元年,改两浙西路安抚司参议官。二年省罢,知兴国军。乾道元年七月召赴行在,除户部左曹郎官,仍有旨复旧职。明日,兼皇子庆王府赞读,寻改直讲。二年南省试进士,为参详官就院,擢殿中侍御史。五月迁侍御史,八月罢。四年主管台州崇道观,十二月知阆州。五年八月,复直秘阁,改知夔州兼本路安抚。七年移知温州。九年赴上,才三月终于州治,累官至朝请大夫。

"公忠孝谦勤,得之天资,自幼刻意问学。家素清贫,太师教子甚力,朝夕讲习,至以褚衣御寒,手种苜蓿以充饥。及冠,犹未知肉味。父子易衣以出而抗志不凡,慨然有立名当世之意。手抄古书,往往成诵。

"太师守道州，钦宗登位，奉表者例当推恩，公请以叔父次皋行，既乃连中世科，人益奇之。分教四明，人士仰慕，适与名士相先后，或以见在、过去、未来三佛名之。初被延阁之命，时宰欲擢丞列寺，太师既不欲私其子，公亦力辞焉。平江当冠盖之冲，毗赞郡政，声称甚美。会以谗间遭论，自此不复造朝。安贫乐道十有余年，若将终其身。一旦趋召，际遇圣明，首论养人才、裕民力、理财、训兵以为不可胜之备。又论考察荐举、鬻爵积粟等事。奏对明白，音吐洪畅，上意开纳，陛楯亦属耳倾听，为之咨叹。即日除户部郎，讲读王府，究绎经旨，词义俱胜，帝子敛衽受之。逮执法殿中，进见南床，自以起远外，被异知，益展尽底蕴，谓：'强国在法制，固国在人心。然国势可振而易强，人心难得而易失。乘航之论，不可不知；骇舆之言，不可不鉴。'又奏：'方今之弊，莫大于风俗苟且，而苟且之弊生于士大夫议论之不公。惟不以虚言先实用，不以高论盖真才，苟且之风，或可少革。'是时宿将类以罪废，公奏：'奔北固为可罪，而战多有不可掩者，不应以一眚而废之，宜及此无事之日，以次召还，使备环卫，抚之以恩折之以威，庶可收效于后。'上深以为然，稍稍录用。沙田芦场，议起租税，民以为病，无敢言者，公乃极论之，其略曰：'沙涨之地，未尝耕耨，施工布种，乃是务本之民。既未能如汉置立田科以劝农，而可扰之乎？芦苇之生，本非种植，各以其力樵刈，必非游手之徒，既未能如古捐山泽之利以予民，而可困之乎？豪强坐据，虽曰非法，然怨不及上。今朝廷遣官增税，怨始有归矣。'上感悟，即令罢去，以便贫民。废省两浙舶司，简阅宿卫之士，皆自公发之。由是眷意愈厚，尝奏事良久，上肃容谓公曰：'卿所言一一可用，议论全似唐王珪。公平日耻言人过，未尝臧否人物，恩仇一视，坦无城府。既居敢言之地，遇事辄发，抨弹所及动涉仇怨，无少分顾忌。或为公危之，公正色曰：'言责所在，顾忠于君者如何尔？一有爱身之念，纪纲何赖焉？'笔力素高，作奏不能目休，谏稿谨密，子弟不得预论事尚多，非施行于外者莫传也。谏长率公论政府，乞置诏狱，已乃下其事临安。一日，临安太守请间，公语之曰：'始得之风闻，不容自嘿，今既事在有司，岂复当预？'狱具失实，即上章自劾，以故俱获谴，而公止从罢免。上亦知其非出于公，念之不忘。或言去国之后，事有涉公所尝论者，上必取元奏，亲加省览而施行之，且尝曰：'此真台谏也。'奉祠未几，以阆风起公，遂易夔帅。夔部旷远，夷夏杂糅。公首图诸部地理，合而为一，分别险要，兽蹊鸟道，悉毕见，区处指授，尽出于此，人莫得而欺也。抚夷人以宽，养百姓以惠，驭官吏以严，夔以大治。郡有巨刹，既为嵩呼祝寿之地，而祖宗讳辰荐修，及三岁，合五州人士群试，皆在焉。公以为庞且陋，命葺废寺，分行香之所。又建贡、闽二区，以其一与漕司。土木之工，皆有条理，不日而成，士民诵而歌舞之。巴俗多略子女以为货，公特严其禁。有绵竹狱掾者，捆载而来，为瞿唐关所诘，盖以此牟利者有年矣。公立讯之，皆遂宁、潼川间人，为给赏，各还其家。或请发其事，公曰：‘不可究也。’惟责而遣之。城素无井，笕水于山，杜少陵所谓‘白帝城西万竹蟠，接筒引水喉不干’者。郡失于葺，或课民以钱，詹事王公十朋尝纵民取水，目曰‘义泉’。公修王公故事，又增治焉，市人欢呼相谓曰：‘二公岂伯仲耶？’其他营缮非一，先贤遗迹，如子美高斋之属，皆以余力一新之。施、黔、珍三州与南平军地接生夷，而思州则田氏世袭，抚御尤难，有何思明任鬼师，杨震、穆会等皆豪族，动辄疑阻，牒诉累兴。公化之，深得其道，宣布威德，譬晓祸福，揭示要束。至或亲致尺书，思明投牒，乞藏榜于家，传示子孙。杨震得书感泣，饮血盟誓，边境帖息。公遇事敏明，临机善断，戢吏至严，莫敢仰视。听讼之际，反复究问，诚意具孚，无不退听者。

"既而有伉俪之戚，亟请祠禄，遂移永嘉。赴阙奏事，上意欲留，惜公已衰矣。到郡笃志从事不少懈，而疾已不起，实二月二十五日也。娶同郡成氏，封宜人，柔淑孝谨，克配夫子。男三人：曰星郎，未名而卒；曰有大，通直郎、福建路提举市舶司干办公事，后公九年卒；曰正大，文林郎、新处州军事推官。女三人，长适朝请郎、中书门下省检正诸房公事周舜元，次适承事郎汪大有，一幼亡。孙男十一人：坦、域、埴、堋、坦、埏、垓、圻，余未名，坦、埴，将仕郎。女八人：其一适进士孙瑜，余在室。曾孙女一人。淳熙元年正月九日，葬公于奉化县忠义乡之瑞云山太师墓侧。公事亲至孝，少时所得成夫人奁，具悉以奉太师。居丧哀毁尽礼，有人所难及者，记问绝人，博览载籍。

"当宣政间，举子惟务金陵之学，公独贯穿经史，旁出入百氏，至老未尝释卷。宾客相对，诸子侍立，奥篇隐帙，随意举似，以探其学问之进否，后生多亲附之。舍人朱公翌尝问侍郎周公绾曰：‘比见表中用一驴载都市事，偶忘所出。’周公素简默，仅举一二，公适参坐，又以目公，公历诵《臧质传》中数十语，二公叹赏不已，又归以励其子焉。作文雄奇，操纸笔立就，若不经意，而语多警拔，诸公铭志类出公手，有《历山集》、《云安集》、《奏议告蒙》、《资治编年》、《宏词集要》、《夔路图经》等藏于家，其他不及属稿，散落甚众。人虽以公不作文字官为恨，然崇论宏议，日月献纳，亦有以少伸素志矣。立朝典州，威望凛然，而待人接物，卑牧已甚。闲居客至，应酬终日，倒屣延纳，惟恐其后。朝章野服，颠倒层叠，人人与之倾写，略无倦色，士夫无不爱敬。下至闾里，闻风悦服，疏财好义，不计家之有无，义所当为，无所吝惜。四明旧为义郡，显谟汪公思温为之主盟。汪公殁，公实继之，缓急叩门，视所请曲，为之经理，故乡人尤归心焉。廉节传家，他无嗜好，俸给之外，一毫不以费公帑。在夔，首禁科买狨麝之类，仍以公移镂版，遍满山谷，有以书求市者，则以墨本寄之。永嘉军卒，百工咸具，公一切罢遣，服用所需，必面与之直，至或倍偿。人谓其过，而行之不疑。故治温未久，病告几半，而丧行之日，百姓巷哭以过车，非德之感人者深乎？僚属问疾卧内，见公几案萧然，镇纸以甓，皆叹息而退。初治入蜀之装于建康，有以白金来售者，曰：'以此西上，当有倍蓰之获。'公曰：'不几于商乎？'止以缗钱行。比归日，轻舟而下，以余钱自随，人愈咨其清。方家食时，未尝忘国事，凡所闻见，必询究讲明，务求可行之实，盖其志尚如此。及膺进用，期不负所学，以报主知，去不以罪，人犹望其再入也。终不得究见德业，朝野共惜之。病且革，二子以药进，手格之去，静默焚香，宴坐自如。上章休致，处画家事若平时。及属纩，不悢不乱。翌日入殓，肢体和柔如生，皆积善之报也。

"钥汪出，因外家以拜下风，自早岁辱知奖，间置坐隅，匪怒伊教，殆非一日。公将泝江，钥以假吏之燕会别于金山。客授永嘉，公适来守，尤得窥治行之详。公之二子不鄙，以行实见属。自惟荒浅，不足以称，下笔复辍者屡矣。壬寅之夏，提干公一疾不起，殊使人有愧于泉下，今推官又以为言，乃取所闻见叙次之，以俟当世君子立言者采择云。"

宋陆游《渭南文集》卷十四《云安集序》："公以乾道七年八月移牧永嘉，行有日，奉节令、右从政郎普慈安崏哀公在郡文章若干篇为《云安集》，且属通判州事左承议郎山阴陆某为序。"

明杨慎《全蜀艺文志》卷三十六《大贡院记》："夔一路十五郡，而合六郡进士试于夔。初无贡院，以破寺寓之。寺破尚可也，而夔一城惟一寺，一岁而天申、会庆两节，郡臣子舍是寺无以东响而祝尧也，岂可又以之为贡院，而三年一残破之乎！夔则寓贡院于此，历几岁乎而不问也。岁庚寅，前侍御史王君伯庠来镇夔，下车之明日，慨然叹曰：'托释氏以见臣子之尊君，贡多士以示诸侯之报国，此岂细故事。而弊于前，不问于后，可乎？况今取士，惟进士一途，吾待进士试不薄，俾士亦不自薄。进士而后得士，则贡院为郡第一事也。'下令创新之。然退而顾公帑、视民力，则弊不可仰；欲迟之，则已下令，郡进士鹄立待也。于是公私之须，皆一归于节。专力治之，凡五阅月而成。为屋一百一十间，一毫不取于民。民但见其成，而不知其为力也，则相与歌之，以为君会为上耳目官，知国体者，君不薄进士，是欲士不自薄，进士得士而贡上也。君之为政，可谓知其本矣。"

明杨慎《全蜀艺文志》卷三十七《连帅济南王公生祠记》："乾道七年二

月,夔州连帅济南王公新作贡院成。越三月,夔、归、万、施、梁山、大宁六郡之士不谋同辞曰:'夔虽号都督府,而僻在巴峡,无赢财羡工。公之为是役也,寸寸铢铢,心计而手度之。累日乃成,形容为癯,发为尽白,其德于士,岂有既耶?何思所以报者?'乃相与筑祠于院之东堂,画像惟肖,又相与属予记之。予曰:'公之施厚矣,祠未足报也。'士则曰:'吾等将日夜勉于学,父兄诏子弟于家,长老先生训诸生于乡,期有以应有司之求,如是足乎?'予曰:'未也。郡国贡士于天子,天子命近臣与馆阁文学之士选其尤者,而亲策之于廷;策既上,天子为亲第其名,谓之进士。进士,将相储也,自是而起于朝。其任政事,毋伏嘉言,毋丑众正;其任言责,毋惮大吏,毋置宵人;其任百执事,守节秉谊,宿道乡方,毋怀谖,毋服谗。使天下称之,史臣书之,曰:'是夔州所贡士也。'士以是报公,公以是报天子,乃可无愧,而予于记亦无愧辞矣。若何?'皆曰:'唯。敢不力!'公名伯庠,字伯礼,尝为御史,今直阁。四月一日,左奉议郎、通判夔州事陆游记。"

《宝庆四明志》卷八《先贤事迹上》:"三子伯庠,绍兴二年进士。试教官中第一,为淳熙侍御史,有直声。"《宝庆四明志》卷十《进士》:"绍兴二年张九成榜:王伯庠,次翁子,贯济南。"《延祐四明志》卷六《人物考下》:"绍兴二年张九成榜:王伯庠,次翁子,贯济南。"

王玮 明州鄞县人。王琥弟。登绍兴二年进士第。事迹无考。

《乾道四明图经》卷十二《进士题名记》:"绍兴二年张九成榜:王玮,琥之弟。"《宝庆四明志》卷十《进士》:"绍兴二年张九成榜:王玮,琥弟。"《延祐四明志》卷六《人物考下》:"绍兴二年张九成榜:王玮,琥弟。"

周广誉 明州鄞县人。登绍兴二年进士第。事迹无考。

《乾道四明图经》卷十二《进士题名记》:"绍兴二年张九成榜:周广誉。"《宝庆四明志》卷十《进士》:"绍兴二年张九成榜:周广誉。"《延祐四明志》卷六《人物考下》:"绍兴二年张九成榜:周广誉。"

薛靖 明州鄞县人。与薛朋龟同族。登绍兴二年进士第。事迹无考。

薛靖有诗一首《望金山》,收于《宋诗纪事》卷四十四,厉鹗转载于《薛氏世风集》。今查实原收于明薛冈《甬东薛氏世风删》(有明刻本,藏于浙江图书馆,天一阁博物馆藏有清徐时栋抄本)。

《乾道四明图经》卷十二《进士题名记》:"绍兴二年张九成榜:薛靖,朋龟族。"《宝庆四明志》卷十《进士》:"绍兴二年张九成榜:薛靖,朋龟族。"《延祐四明志》卷六《人物考下》:"绍兴二年张九成榜:薛靖,朋龟族。"

叶之才 明州鄞县人。登绍兴二年进士第。事迹无考。

《乾道四明图经》卷十二《进士题名记》:"绍兴二年张九成榜:叶之才。"《光绪鄞县志》卷二十《选举表一》:"绍兴二年壬子:叶之才。"

陈曙　明州鄞县人。登绍兴二年进士第。陈谧孙,一说陈谧子。事迹无考。

《光绪鄞县志》卷二十《选举表一》:"绍兴二年壬子:陈曙,谧孙。据《李志》补,案《周志》作谧子。"

史纯臣　明州象山县人。登绍兴二年进士第。原籍湖州,一说为湖州教授。事迹无考。

《乾道四明图经》卷十二《进士题名记》:"绍兴二年张九成榜:史纯臣。"《宝庆四明志》卷十《进士》:"绍兴二年张九成榜:史纯臣,贯湖州。"《延祐四明志》卷六《人物考下》》:"绍兴二年张九成榜:史纯臣,贯湖州。"《乾隆象山县志》卷四《选举》:"史纯臣,绍兴二年壬子科张九城榜,湖州教授。"

杜师旦　绍兴府余姚县人。杜缜之子。登绍兴二年进士第。师旦从学其父,曾为从政郎、饶州余干令、浙西提举权提刑、权知毗陵、仙居县令、处州通判。《康熙仙居县志》卷二十六录其诗一首。

宋李光《庄简集》卷十八《杜府君墓志铭》:"师旦又能克成其志,力学,闻有负笈游上庠,一时名士多馆致之,遂中绍兴二年进士第。盖将大君之门,使君姓名益显。虽师旦之贤,亦君善教之功也。洁庐近郊,得江山之胜,浮沉闾井间,有以自娱。客至,未尝不饮一杯之上,不知日之既夕也。乡邻有缓急,叩能随力赈贷。……长即师旦,今为从政郎,新授饶之余干令。"

《咸淳毗陵志》卷八《秩官中·郡守题名》:"杜师旦,绍兴二十五年七月左奉议郎,浙西提举权提刑兼权。"

宋李心传《建炎以来系年要录》卷一百六十三:"壬申左宣教郎杜师旦添差通判处州。日历:绍兴二十五年丙子,凌哲奏杜师旦知天台县,臧行僭侈。守臣萧振对移临海县丞,师旦怨振,还撰《缪政录》,纳于故相曹泳劾之,振以是得罪,师旦通判处州,又除浙西提举。以是考之,哲所言当不妄,振落职池州居住,在此后八日。"

《康熙仙居县志》卷四《官师》:"杜师旦,绍兴十九年任,旧刻杜思旦误。"《宝庆会稽续志》卷六《进士》:"绍兴二年张九成榜:杜师旦。"

郭敦颐　明州鄞县人,一说奉化县人。郭敦实从弟。事迹无考。

《乾道四明图经》卷十二《进士题名记》:"绍兴二年张九成榜:郭敦颐,敦实从弟。"

绍兴五年乙卯(1135)汪应辰榜

石师能　明州鄞县人。登绍兴五年进士第。原籍绍兴,事迹无考。

《乾道四明图经》卷十二《进士题名记》:"绍兴五年汪应辰榜:石师能。"《宝庆四明志》卷十《进士》:"绍兴五年汪应辰榜:石师能,贯绍兴。"《延祐四明志》卷六《人物考下》:"绍兴五年汪应辰榜:石师能,贯绍兴。"

郑若谷　明州鄞县人。登绍兴五年进士第。事迹无考。

郑若谷有《和潘良贵题明州三江亭韵》诗,见《延祐四明志》。《乾道四明图经》卷十二《进士题名记》:"绍兴五年汪应辰榜:郑若谷。"《宝庆四明志》卷十《进士》:"绍兴五年汪应辰榜:郑若谷。"《延祐四明志》卷六《人物考下》:"绍兴五年汪应辰榜:郑若谷。"

赵敦临　字芘民,又作庇民,明州鄞县人,一说奉化县人。登绍兴五年进士第。少年时代和高闶同受业于杨时,后人称其二人为四明程学传播之始。登第后,初授萧山县主簿,曾刻有刘恕著作《通鉴外纪》,后出任湖州教授,魏杞、汪大猷皆为其门人。又曾为乐清令,政绩不俗,营建乐清县学,又筑塘堤,抵御灾荒,为百姓所纪念。

赵敦临著作有《语孟书礼春秋解》,元时已不存。王应麟曾辑录赵氏文字,见《延祐四明志》。《光绪奉化县志》辑有《重建惠政桥记》、《朝奉大夫通判漳州刘公庙记》、《洪村庙记》三文。

宋林季仲《竹轩杂著》卷六《温州乐清县学记》:"十五年春,今令赵君从事,下车揖诸生,首与之谋曰:'养士而无以为养,奈何?'有喻其意者,相率买田五顷,计其入,日可食百人。又撤淫祠,营市舍,取僦直以资之,遂斥基址,周坦墙,辟斋宇,贮书籍,造器用,凡学之百,须罔不悉备。……大夫名敦临,字庇民,四明人。"

宋林季仲《竹轩杂著》卷六《送赵庇民序》:"赵庇民之为乐清也,事无留难,迎刃解落,邑人蒙惠多矣。独奸宄之民不能欺,欺必得之,颇以为己病焉。譬如郅雍为视盗,察其眉睫之间,尽得情伪,无一有幸免者。虽晋民恃之,外户不闭,而群盗坐是以穷,相与谋而逐之。噫!亦殆哉!今罢官四明,访别城中,语我三年不能堪之状,余举陈后山诗,庇民喜曰:'此正我之疾也,愿书以砭我,庶几吾疾有瘳乎。'"

《延祐四明志》卷四《人物考上》:"赵敦临,字芘民。少入太学,与高闶见杨文靖公于京师。绍兴五年第进士。初为萧山县主簿,校刘道原《外纪》,刻于越郡。守使者交荐之为湖州教授,魏丞相、汪尚书皆其门人。

"《语》、《孟》、《书》、《礼》、《春秋》皆有解，解皆亡。存深宁王先生尝辑其遗文，其《记奉化学》曰：'教学不明，礼义消亡。读书为官不为道，仕宦为身不为君。父兄之诏、告师友之话，言非富与贵，则众笑之，以为不知时务。其流祸遂至此极也。'其《论学者审其是》曰：'孟子学夫子，人皆信以为然。子云学孟子，人皆不与焉。何哉？盖学者信其行，不信其言故也。'其《送陈杨廷序》曰：'学《诗》而不达乐之情，不过知《诗》之言，未可与论《诗》也。学乐而不达《诗》之意，不过知乐之声，未可与论乐也。其《爱日箴》曰：'进德修业，时不可失，尧舜汤文学焉，汲汲尼父亦言终日不食，如何？'良辰耽寝事佚，为之序曰：'噫！斯文也！黄收纯衣之制，太羹系酒之味也，昔者朱子谓前辈为文，明白磊落，切指事情，无睢盱侧媚之态。'愚于茫民之文见之，道微俗薄，先儒绪论，闻者鲜矣。《康诰》曰：'汝丕远惟，商耇成人，宅心知训。'《逸诗》云：'昔吾有先正，其言明且清。'是用掇要切之语，与学者共讲焉。"

《光绪奉化县志》卷二十三《人物传一》："赵敦临，字茫民，松林白水人。父良佐赠承事郎。敦临，绍兴五年第进士。初为萧山主簿，校刘恕《外纪》，刻于越郡，守使者交荐之，改湖州教授。十五年，令景清，邑塘坏，敦临修筑之，东自浮桥而上，至望来桥，西循溪曲，而南至迎恩桥，合四百丈，视旧增三之二，且谓通衢瞿以便往来，榜曰'赵公塘'。"

清全祖望《鲒埼亭集外编》卷十六《大函焦先生书院记》："二程倡道洛中，浙人惟永嘉九先生得登堂，而余皆私淑也。吾乡则高宪敏公、童持之、赵庇民皆在太学，侍杨氏，洛学之来甬上自此始，暨南渡而山东焦先生以避地至，亦伊川门下也。"

清徐时栋《宋元四明六志校勘记》卷二《佚文二》："赵敦临，《诗解》四十卷，当在《语孟书礼春秋》皆有字或著字。"

《乾道四明图经》卷十二《进士题名记》："绍兴五年汪应辰榜：赵敦临。"《宝庆四明志》卷十《进士》："绍兴五年汪应辰榜：赵敦临。"《延祐四明志》卷六《人物考下》："绍兴五年汪应辰榜：赵敦临。"

高安世　明州鄞县人。高闶之兄。登绍兴五年进士第。任官给事郎、太子中舍、知县，并为嵊州崿浦庙书文。

宋王安石《临川先生文集》卷五十一《方苹高安世张湜傅充并太子中舍制》："敕：具官某等：吾于爵禄甚慎，闵仁百姓甚笃。尔等或专一县，或佐一军，而皆列于卿丞之籍，盖尝有所试矣。今有司序功，当得迁位。吾虽甚慎爵禄，而于尔等无所爱焉。其勉思拊循百姓，以称吾闵仁甚笃之意。可。"

宋楼钥《攻媿集》卷五十五《嵊县崿浦庙记》："给事郎、太子中舍、知县高安世为记亦云。"

《乾道四明图经》卷十二《进士题名记》："绍兴五年汪应辰榜：高安世，闳之兄。"《宝庆四明志》卷十《进士》："绍兴五年汪应辰榜：高安世，闳兄。"《延祐四明志》卷六《人物考下》："绍兴五年汪应辰榜：高安世，闳兄。"

王伯序 明州鄞县人，南渡时家族自济南迁鄞县。王次翁之子，兄伯庠。登绍兴五年进士第，官宗正丞。

《宝庆四明志》卷八《先贤事迹上》："伯序绍兴五年进士第五人，仕宗正丞。"《宝庆四明志》卷十《进士》："绍兴五年汪应辰榜：王伯序，次翁子，贯济南。"《延祐四明志》卷六《人物考下》："绍兴五年汪应辰榜：王伯序，次翁子，贯济南。"

刘涛 字致远，明州奉化县人，一说鄞县人。登绍兴五年进士第，初授寿昌县尉兼主簿，平定盗贼，县境遂平。后升从政郎、黟县县令，亦有政绩。再任宣教郎、处州龙泉令，缉拿凶役，为民所颂。此后又为承议郎、淮东安抚司干办公事、朝散郎、抚州通判，敛葬饥民骸骨，审明冤狱，为百姓纪念。官终于朝奉大夫、漳州通判，赴任途中去世。

其在乡间凿河筑桥，修筑堰塘，便利百姓，利于农事。乡间百姓极受其惠，立洪村庙纪念之。

《光绪奉化县志》卷十三《坛庙下》："洪村庙，县西六十里小晦岭。神姓刘名涛，字致远。生有功德于民，邑人祀之。

"宋赵敦临撰记：……公姓刘氏讳涛，字致远，世居四明之奉化。幼孤，岁冠始读书，一过目辄解大义。及壮，该贯经史。中绍兴五年进士第。调严州寿昌县尉兼主簿，公至邑，发摘无隐，人皆惊服，盗贼屏迹，境内安堵。岁满，阅升从政郎，授徽州黟县令。邑之小民，旧苦浮费，贫困惟甚，公悉撙节，摩抚氂倪，苏息襦袴，欢诵声溢于道。任满，改宣教郎，知处州龙泉县。土风吏滑民犷，俗多诬诡。公乃籍凶役为民害者，摘而治之，终公任无一敢肆恶者，一邑皆称神明。磨勘转承议郎，充淮东安抚司干办公事，赐五品服。皇帝登极，覃恩转朝奉郎，磨勘转朝散郎，通判抚州郡。昔饥疫民物。故者众，不能具棺殓埋之野，往往风土不厚，道旁白骨相属，间有未化者为犬豕所噬。公过之悯然，募民收掘，得数千骸，命浮屠氏作善果，埋之义冢，毕事，梦有谢者。吁，亦异矣！临川令漫不省事，械系满狱，公临决三十二事，纵所不当罪者八十余人，一时欢呼歌舞，道路腾诵。公罢归，民者皆遮道焚香罗拜。越磨勘转朝请郎，通判处州。丁母忧，遂不赴。

"居邑比里曰'公棠'，厥土燥刚，禾鲜登。公乃捐己钱三百余缗，募民数百,界市中凿河,道亙五千余丈,深寻一广,寻二上引六诏左溪二水,灌溉民田一千余亩,映带廛居二百余家。自兹稼墙屡丰,□挹咸,便复于镇东建石桥,开义井甃,□道途直,□□□延袤二十余里,居民行客,无不德之。晦岭之西,土田尤广,公复捐已赀一百余缗,筑王村、俞村等堰,需浸两岸二千余亩。堤防损坏者,悉加完补。由是民富物饶,益有感公之德,立生祠于岭巅,思以报祀恩甚盛哉。免丧,通判漳州转朝奉大夫,行次临漳,俄感疾而卒,实乾道八年六月初九日也,享年七十有二。以九年十二月庚午葬于剡源乡张隩之原。已而父老相与踵门而请曰:'刘公施惠,吾民既溥且博,念不著其功,绵其祀,能无愧于心乎?矧先生知吾公出处为详,请记其事为不朽,传子考之。祭法:凡有功于民者,宜在祀典。'遂述其始末以昭后世。"

《乾道四明图经》卷十二《进士题名记》:"绍兴五年汪应辰榜:刘涛。"《宝庆四明志》卷十《进士》:"绍兴五年汪应辰榜:刘涛。"《延祐四明志》卷六《人物考下》:"绍兴五年汪应辰榜:刘涛。"《光绪奉化县志》卷十九《选举表一》:"绍兴五年乙卯:刘涛。"

陈该 明州鄞县人。登绍兴五年进士第。事迹无考。

《乾道四明图经》卷十二《进士题名记》:"绍兴五年汪应辰榜:陈该。"《光绪鄞县志》卷二十《选举表二》:"绍兴五年乙卯:陈该。"

黄麟之 明州鄞县人。登绍兴五年进士第。事迹无考。

《乾道四明图经》卷十二《进士题名记》:"绍兴五年汪应辰榜:黄麟之。"《光绪鄞县志》卷二十《选举表二》:"绍兴五年乙卯:黄麟之。"

史师雄 明州象山县人。登绍兴五年进士第。曾为湖州教授。

《乾道四明图经》卷十二《进士题名记》:"绍兴五年汪应辰榜:史师雄。"《宝庆四明志》卷十《进士》:"绍兴五年汪应辰榜:史师雄,纯臣从叔。"《延祐四明志》卷六《人物考下》:"绍兴五年汪应辰榜:史师雄,纯臣从叔。"《乾隆象山县志》卷四《选举》:"史师雄,绍兴五年乙卯科汪应辰榜,湖州教授。"

茅窋 绍兴府余姚县人。登绍兴五年进士第。曾为松阳令。

《宝庆会稽续志》卷六《进士》:"绍兴五年汪应辰榜:茅窋。"《万历新修余姚县志》卷十四《选举志下》:"绍兴五年乙卯汪应辰榜:茅窋,松阳令。"

胡沂(1107—1174) 字周伯,绍兴府余姚县人。胡仅之子。少聪颖,六岁时便熟读五经。登绍兴五年进士甲科第四名。入仕后多在州县任职,任秀州军事判官等职。绍兴二十八年后任正字校书郎、实录院检讨官、吏部员外郎等。高宗禅位后,又任殿中侍御史、中书舍人、礼部尚书等,以龙图阁学士左通议大夫致仕。

胡沂为南宋名臣，尤以忠孝闻名。其侍奉父母特孝，两亲先后卒于胡沂官舍。高宗、孝宗时以直谏闻名，多切中时弊，为二帝所嘉奖。

其文见于《宋会要辑稿》。又有《与寿翁节推帖》，见于《宋人法书》（民国故宫博物院影印本，浙江图书馆、上海图书馆藏）。

宋孙应时《烛湖集》卷一《代请龙图阁学士左通议大夫致仕胡沂谥状》："伏念臣先父龙图阁学士、左通议大夫致仕、余姚县开国子、食邑六百户、赐紫金鱼袋、赠宣奉大夫臣沂奋身儒素……惟先臣实与故从臣王十朋、陈良翰、周操首膺妙选，时论翕服。先臣初以前吏部侍郎权尚书召还，专领是官。已乃除给事中，至礼部尚书，随所迁官，皆命兼领。是以密侍东宫之日为最久，蒙被引遇之礼为最优，自是不与他比。后三年丐归，得请除龙图阁学士，奉祠还里。……再念先臣幼为宣和诸生，险阻艰难，义不忘君。洎登绍兴甲科，复值权臣用事，恬处选调，逾二十年，中居言路，排抑贵倖，发于忠爱，晚预论思，特受寿皇圣帝知遇，天语慰藉，每有忠实不阿附之褒。"

宋叶适《水心文集》卷十二《胡尚书奏议序》："礼部尚书余姚胡公沂，字周伯，奏疏将百篇，词约而指要，不盈数百，少才百余，然必据经陈史，质证今事，不率意而云也；或昔人所已言，径录闻上，不必出于己也。必酌时病，不夸不缓，异闻骇见必亟达，不惮讳恶，然而恳怛忠尽，故言而乐听，十多七八焉。

"自古贤人君子，进常艰，退常易，富贵有节，无侵寻之求，言简而伸，气直而逐，可为事君法，如公是也。公晚遇，十年间三引去。去必刚勇果决，其来未尝不迟懦退缩也。上尝独对公，宰相尤密谕意，谓不日且共政，公谢不敢当也。

"余闻隆兴、乾道中，不能击龙大渊、曾觌，不得为有名台谏；公不但备礼弹劾，必极论罢斥乃已。又闻不能谏恢复，不得为有名侍从；公既辞大用，出知括苍小州，奏曰：'贾谊号通达国体，太瘇蹠戾，类辟病痱，皆借一身喻之。今日国体何病也？能言病未必能处方，不能言病而辄处方，误人死矣。今日之病名风虚。虚，内也；风，外也。外风忽中，半身不随，靖康也；幸其半存，建炎也。半身不随咎已往，半存之身，尚凛凛不自保也。今欲并治不随者，怵市道之说，售尝试之方，汤熨针石，杂然而起，使谊复生，必且虑中风再至，而半存之身亦不能救矣，所谓可痛哭流涕也。'其言忧愤危苦，明白切至，世固未有识此理，有识此理，未有以此告也。今去胡公之时加远矣，半存之凛凛犹在也。昔钱乙病周痺，曰：'入藏者死。'乙移之于末，故虽偏废，而气骨悍坚，寿八十余。呜呼！安得移今之病于末，而顾为是凛凛耶！"

宋李光《庄简集》卷十八《胡府君墓志铭》："以绍兴十年八月癸未卒于其子秀州军事判官沂之舍。"

宋刘一止《苕溪集》卷五十二《宋故太宜人莫氏墓志铭》："沂未弱冠，试补太学，为选首，绍兴五年中进士甲科，自是奉亲就养官舍。……三十年五月晦以疾终，享年八十有七。时沂为尚书户司员外郎、兼国史院编修官、校中书门下省检正诸房公事。"

《宋史》卷三百八十八《胡沂》："胡沂字周伯，绍兴余姚人。父宗伋，号醇儒，能守所学，不逐时好。沂颖异，六岁诵五经皆毕，不忘一字。绍兴五年进士甲科，陆沉州县三十载，至二十八年，始入为正字。迁校书郎兼实录院检讨官，吏部员外郎。转右司，以忧去，终丧还朝。孝宗受禅，除国子司业、邓王府直讲，寻擢殿中侍御史。

"有旨侍从、台谏条具方今时务，沂言：'守御之利，莫若令沿边屯田。前岁淮民逃移，未复旧业，中原归附，未知所处。俾之就耕，可赡给，省饷馈。东作方兴，且虑敌人乘时惊扰，宜聚兵险隘防守。'诏行其言。

"御史中丞辛次膺论殿帅成闵黩货不恤士卒之罪，诏罢殿前司职事，与祠。沂再言其二十罪，遂落太尉，婺州居住。

"沂又言：'将臣定十等之目，令其举荐，施之择将之顷则可，施之养士有素则未也。夫设武举，立武学，试之以弓马，又试之以韬略之文、兵机之策，盖将有所用也。除高等一二名，余皆吏部授以榷酤、征商，所养非所用，所用非所养。愿诏大臣详议，中举者定品格，分差边将下准备差遣，则人人思奋，应上之求矣。'从之。

"时龙大渊、曾觌以藩邸旧恩除知阁门事，张震、刘珙、周必大相继缴回词命。沂论其市权招士，请屏远之，未听，而谏官刘度坐抗论左迁。沂累章，益恳切，曰：'大渊、觌不屏去，安知无柳宗元、刘禹锡辈挠节以从之者。'好进者嫉其言，共排之，沂亦言不行请去，遂以直显谟阁主管台州崇道观。

"乾道元年冬，召为宗正少卿兼皇子庆王府赞读，寻兼侍讲，进中书舍人、给事中。进对，论命令当谨之于造命之初，上曰：'三代盛时如此。卿职在缴驳，事有当然，勿谓拂君相不言。'除吏部侍郎兼权尚书。

"沂奏：'七司法自绍兴十三年纂修成书，岁且一纪，历月阅时，不无牴牾。望令敕令所官讨论章旨，此法可行不可行，此条当革不当革，将见行之法与当革之条辑为一书，颁之中外，庶可戢吏胥之奸。'诏行之。寻以目疾丐祠。

"六年，出为徽猷阁待制，知处州。复引疾奉祠，提举江州太平兴国宫。

八年,以待制除太子詹事,寻复拜给事中,进礼部尚书并兼领詹事,又改侍读。上顾沂厚,有大用意,而沂资性恬退,无所依附,数请去。

"虞允文当国,希旨建策复中原,沂极论金无衅,而我诸将未见可任此事者,数梗其议。遂以龙图阁学士仍提举兴国宫。

"淳熙元年卒,年六十八。方疾革,整容素冠不少惰,盖其为学所得者如此。谥献肃。"

《宝庆会稽续志》卷六《进士》:"绍兴五年汪应辰榜:胡沂,第四人,吏部尚书。"《万历新修余姚县志》卷十四《选举志下·进士》:"绍兴五年乙卯汪应辰榜:胡沂,吏部尚书。"

胡沂《宋故王府君墓志铭》:"左朝请郎、直显谟阁、主管台州崇道观胡沂撰。"注:是志撰于宋乾道元年(1165)。

虞仲琳　字少崔,越州余姚县人。虞宾之子,虞寅之侄,虞仲瑶之兄。登绍兴五年登进士第。曾为永嘉教授,和尹焞、林季仲皆有往来,林氏称其能通性理之学。

宋尹焞《和靖集》卷三《答谢用休书》:"今春初,随婿氏邢纯来寓会稽,偶虞教授仲琳时见过,志学之士也。……《易传》必有此书,先生自为无一字可疑,向亦尝与虞君言之矣。……令嗣几人相别久矣,南北辽远,皆不知闻并乞批谕,专托虞公寻访高隐,未得详悉。……

"焞再拜启:得虞教授书,知吾友作学录,甚慰鄙怀。今虞君作教官,吾友为录,使乡校知此道者众,何难之不易也。虞君乡论甚美,于此道信之极笃,每相见,多言及此,但恨未能尽所欲言。"

宋陈严肖《庚溪诗话》卷下《林懿成》:"林懿成季仲尝为太常少卿,永嘉人,颇喜为诗。尝与会稽虞仲琳少崔相好,虞颇通性理之学,林以诗送其行曰:'男儿何苦弊群书,学到根原物物无。曾子当年多一唯,颜渊终日只如愚。水流万折心无竞,月落千山影自孤。执手沙头休话别,与君元不隔江湖。'"

清黄宗羲等《宋元学案》卷二十七《教授虞先生仲琳高国任先生材节推高德举先生选合传》:"虞仲琳,余姚人,为永嘉教授。和靖云:'虞君乡论甚美,于此道信之极笃,每相见,多言及此。'"

《宝庆会稽续志》卷六《进士》:"绍兴五年虞仲琳,寅侄。"《万历新修余姚县志》卷十四《选举下·进士》:"绍兴五年乙卯汪应辰榜:虞仲琳。"

虞仲瑶　越州余姚县人。虞宾子、虞寅侄、虞仲琳之弟。登绍兴五年进士第,曾为信州教授,奉命校勘陆宰家藏书,官至侍讲。

《嘉泰会稽志》卷十六《求遗书》："诏求遗书于天下,首命绍兴府录朝请大夫、直秘阁陆宰家所藏书来上,凡万三千卷有奇。时置局于班春亭,命新信州教授虞仲瑶、新江东安抚司准备差遣陆淞等数人校勘。"《宝庆会稽续志》卷六《进士》:"绍兴五年汪应辰榜:虞仲瑶,宾子。"《万历新修余姚县志》卷十四《选举下·进士》:"绍兴五年乙卯汪应辰榜:虞仲瑶,宾之子。侍讲。"

绍兴八年戊午(1138)黄公度榜

吴邦杰　明州鄞县人。吴遵古之孙。登绍兴八年进士第,原籍绍兴。事迹无考。

《乾道四明图经》卷十二《进士题名记》:"绍兴八年黄公度榜:吴邦杰,遵古之孙。"《宝庆四明志》卷十《进士》:"绍兴八年黄公度榜:吴邦杰,贯绍兴。"《延祐四明志》卷六《人物考下》:"绍兴八年黄公度榜:吴邦杰,贯绍兴。"

余遇　明州鄞县人。登绍兴八年进士第。事迹无考。

《乾道四明图经》卷十二《进士题名记》:"绍兴八年黄公度榜:余遇。"《宝庆四明志》卷十《进士》:"绍兴八年黄公度榜:余遇。"《延祐四明志》卷六《人物考下》:"绍兴八年黄公度榜:余遇。"

陈曦(1094—1168)　字元和,号雪窗,明州鄞县人。陈禾之子。登绍兴八年进士第。传曾为休宁宰,有政绩。后为国子正,携太学生等人日夜议政,为高宗所称赞,擢为给事中。高宗称其言事最为诚实。后以知制诰知濠州,亦有政绩。末以翰林学士卒于官。陈曦有诗《姜山后岩洞》,见于清董沛《甬上宋元诗略》。

《宝庆四明志》卷八《先贤事迹上》:"子曦绍兴八年又登第。……曦复为藏书记以告其后,俾勿坠素业。"《成化四明郡志》卷八《人物》:"陈曦,字元和,鄞人,别号雪窗,禾之子也。登绍兴八年进士第。除休宁宰,政尚清俭,守法不阿。改国子正,置讲议司,日夕领以大臣、君子及诸生论天下国家事,必恳恳言其治己治人之要。甲子,高宗幸太学,召对,诏曰:'今学者言卿讲说训导,可以为师,朕欲观卿之道至于有成。'曦对曰:'陛下若复兴太学,此帝王盛德事也。'上喜,擢给事中。居六载,弹劾不避权要,上尝谓侍臣曰:'惟陈曦言事最诚实。'后自知制诰知濠州,政称第一。吕好问荐其才,召拜翰林学士,上疏言四镇五帅之计,上许之。卒于官。曾孙大震、元孙伯鼎俱登翰林,时人称为祖孙三学士。"

《乾道四明图经》卷十二《进士题名记》:"绍兴八年黄公度榜:陈曦,禾之子。"《宝庆四明志》卷十《进士》:"绍兴八年黄公度榜:陈曦,禾子。"《延祐四明志》卷六《人物考下》:"绍兴八年黄公度榜:陈曦,禾子。"

注:《成化志》载陈曦传记未标出处,且其中言"甲子高宗幸太学",查高宗时甲子为绍兴十四年,又称其后为给事中六载,当在绍兴十九年左右,然传末又言吕好问荐其才云云。查吕好问早于绍兴元年卒,远在陈氏中第之前,何以称荐?故其传不可全信。钱大昕早有考证,颇为精核,可见《乾隆鄞县志》。

蔡毅 明州鄞县人。登绍兴八年进士第。事迹无考。

《乾道四明图经》卷十二《进士题名记》:"绍兴八年黄公度榜:蔡毅。"《宝庆四明志》卷十《进士》:"绍兴八年黄公度榜:蔡毅。"《延祐四明志》卷六《人物考下》:"绍兴八年黄公度榜:蔡毅。"

林端 明州鄞县人。登绍兴八年进士第。事迹无考。

《乾道四明图经》卷十二《进士题名记》:"绍兴八年黄公度榜:林端。"《光绪鄞县志》卷二十《选举表一》:"绍兴八年戊午:林端。"

汪思文 明州鄞县人。汪洙之侄。登绍兴八年进士第。事迹无考。

《乾道四明图经》卷十二《进士题名记》:"绍兴八年黄公度榜:汪思文,洙之侄。"《光绪鄞县志》卷二十《选举表一》:"绍兴八年戊午:汪思文,洙从子。"

何修文 明州鄞县人。登绍兴八年登进士第。事迹无考。

《乾道四明图经》卷十二《进士题名记》:"绍兴八年黄公度榜:何修文。"《光绪鄞县志》卷二十《选举表一》:"绍兴八年戊午:何修文。"

徐公庠 明州鄞县人。登绍兴八年进士第。徐特之子。事迹无考。

《乾道四明图经》卷十二《进士题名记》:"绍兴八年黄公度榜:徐公庠,特之子。"《光绪鄞县志》卷二十《选举表一》:"绍兴八年戊午:徐公庠,特子。"

蒋楑 明州奉化县人。蒋璇从侄。登绍兴八年进士第。事迹无考。

《乾道四明图经》卷十二《进士题名记》:"绍兴八年黄公度榜:蒋楑,璇之从侄。"《宝庆四明志》卷十《进士》:"绍兴八年黄公度榜:蒋楑,璇从侄。"《延祐四明志》卷六《人物考下》:"绍兴八年黄公度榜:蒋楑,璇从侄。"

绍兴十二年壬戌(1142)陈诚之榜

丰至 明州鄞县人。丰稷侄孙。登绍兴十二年进士第。事迹无考。

《乾道四明图经》卷十二《进士题名记》:"绍兴十二年陈诚之榜:丰至,稷之侄孙。"《宝庆四明志》卷十《进士》:"绍兴十二年陈诚之榜:丰至,稷侄孙。"《延祐四明志》卷六《人物考下》:"绍兴十二年陈诚之榜:丰至,稷侄孙。"

吴秉仁 明州鄞县人。吴升之子。登绍兴十二年进士第。事迹无考。

《乾道四明图经》卷十二《进士题名记》："绍兴十二年陈诚之榜：吴秉仁，升之子。"《光绪鄞县志》卷二十《选举表一》："绍兴十二年壬戌：吴秉仁，升子。"

姚孚 明州鄞县人。姚阜之子，姚希从侄，姚颖曾祖。登绍兴十二年进士第。姚氏承家学，绍兴十二年登第。曾为和州录事参军，以左奉议郎致仕。其人品高洁，为时人所称赞。秦桧在太学时已和姚孚相识，秦桧执政后欲为姚孚进官，姚氏不从。

宋叶适《水心文集》卷十三《宋故宣教郎通判平江府姚君墓志铭》："洪卿讳颖。曾祖阜，左迪功郎；祖孚，左奉议郎。"

宋程珌《程端明公洺水集》卷十四《姚饶州墓志铭》："曾祖孚，左奉议郎，璧水擢第。"

宋袁燮《絜斋集》卷十五《通判平江府校书姚君行状》："祖讳孚，故左奉议郎。……时则有若奉议公及其从兄持、持之弟大任，相先后擢进士科，而姚氏遂为鄞著姓。奉议笃学力行，以古人为的，尝与秦丞相之弟俱游成均，有合堂同席之好。秦公当国，缘是以进，高爵立可得。退然安分，不登其门，再调和州录事参军，即致其事，官止通籍，时人高之。"

宋楼钥《攻媿集》卷一百七《通判姚君墓志铭》："君字洪卿，世家吴兴，后徙于明，明今为庆元府。……孚即君之大父也，尤号博洽，三预计偕入太学，宦情素薄，再调和州录事参军，遂致其事，终左奉议郎。"

《乾道四明图经》卷十二《进士题名记》："绍兴十二年陈诚之榜：姚孚，阜之子。"《宝庆四明志》卷十《进士》："绍兴十二年陈诚之榜：姚孚，希从侄。"《延祐四明志》卷六《人物考下》："绍兴十二年陈诚之榜：姚孚，希从侄。"

褚棣 明州鄞县人。登绍兴十二年进士第。事迹无考。

《乾道四明图经》卷十二《进士题名记》："绍兴十二年陈诚之榜：褚棣。"《宝庆四明志》卷十《进士》："绍兴十二年陈诚之榜：褚棣。"《延祐四明志》卷六《人物考下》："绍兴十二年陈诚之榜：褚棣。"

魏杞 字南夫，原籍有开封、寿春两说，后迁居鄞。登绍兴十二年进士第。初知泾县，为钱端礼所荐，为太府寺主簿，不久又为考工员外郎、参议官、宗正少卿。孝宗隆兴时，宋金议和，孝宗命魏杞为北使，魏杞出使前不仅提出十七条论对以备议和，又提醒孝宗做好战斗准备。魏氏抵金后，屡遭刁难，一度饮食断供，仍维护南宋国格、利益。这次隆兴和议相对于绍兴和议争取到了更为有利的议和条件。返宋后，官至宰辅，后遭贬斥，为左谏议大夫、提举江州太平兴国宫。后为观文殿学士，知平江府，因贪污再次遭贬。

终以资政殿大学士致仕。淳熙十一年卒，宁宗时谥文节，世称魏文节公。

魏杞受业于赵敦临，家居鄞江，杂习诸学，不言时政。著有《山房集》、《三苏文编》，可惜皆佚。近人魏颂唐辑有《魏文节公遗书》（《四明丛书》本），辑录魏杞诗文。该书附录则囊括大量传记资料，不乏有朱熹、郑清之等人所撰行状、神道碑铭，极有史料价值。

魏杞
像取自清光绪修《浙江余姚魏氏宗谱》

宋楼钥《攻媿集》卷七十《书魏丞相奉使事实》："隆兴二年，金以兵压境，朝廷选使，右丞相寿春魏公时在淮东宣抚司议幕，见大夫无可使者，召对便殿，遂授使节。敌势方张，事变叵测，所谓飞矢在上，行人在下。而公握节抗议，动中事机，气劲词直，要约遂定。迄今三十年，边境晏然，厥功茂矣。此书所载，皆其实迹也。方来归时，钥适在都下，士大夫皆谓必有酬赏殊渥，迎劳境上，以宠其至。至则论赏如格，与平时泛使无异，公亦退然。即司宗官次而不自言，久之，而后为右史，又久之，仅迁左螭，亦以序进而已。盖平时寿皇锐意恢复中原，绍祖宗之大烈，敌未退听，尝诏公尽以礼物授督府为犒军费，虽卒就和议，圣意不以自安也。公既登从班，典铨缤纶，封驳相继，上眷日隆，一岁九迁。乾道元、二间以夕郎摄大夫，径除同知枢密院兼参知政事，不数月，参预为真。是冬，遂登揆路，宰相代天理物，固非赏功之官。公之大用，君臣遇合，殆不以使事至此也。制麻初颁，贺版如织。有客历叙奉使大节，既而曰：'逮兹登用，咸谓畴庸在宵。'人窃谓其不然，待丞相不几于太浅，使苏中郎宣典属国。固难酬抗匈奴之功，然富韩公卒为大臣，岂专以使契丹之故。公读之以为佳，公之意可知矣。元丰中，裕陵命苏魏公纂修南北通和以来国信文字,赐名《华夷鲁卫信录》,仍别录一本,付枢庭圣谟远矣。中更丧乱,书遂不全。呜呼!摅高文之宿愤,必有任其责者于此书,尚有考焉。"

《宋史》卷三百八十五《魏杞》:"魏杞字南夫,寿春人。祖荫入官。绍兴十二年,登进士第。知宣州泾县。从臣钱端礼荐其才,召对,擢太府寺主簿,进丞。端礼宣谕淮东,杞以考功员外郎为参议官。迁宗正少卿。

"汤思退建和议,命杞为金通问使。孝宗面谕:'今遣使,一正名,二退师,三减岁币,四不发归附人。'杞条上十七事拟问对。上随事画可。陛辞,奏曰:'臣若将指出疆,其敢不勉。万一无厌,愿速加兵。'上善之。

"行次盱眙,金所遣大将仆散忠义、纥石烈志宁等方拥兵闯淮,遣权泗州。赵房长问所以来意,求观国书,杞曰:'书御封也,见主当廷授。'房长驰白仆散忠义,疑国书不如式,又求割商、秦地及归正人,且欲岁币二十万。杞以闻,上命尽依初式,再易国书,岁币尽如其数。忠义以未如所欲,遂与志宁分兵犯山阳。战不利,骁将魏胜死之。

"上怒金反复,诏以礼物犒督府师,杞奏:'金若从约,而金缯不具,岂不瘠国体、格事机乎?'乃以礼物行。至燕,见金主褒,具言:'天子神圣,才杰奋起,人人有敌忾意,北朝用兵能保必胜乎?和则两国享其福,战则将士蒙其利,昔人论之甚悉。'金君臣环听拱竦。馆伴张恭愈以国书称'大宋',胁去'大'字。杞拒之,卒正敌国礼,损岁币五万,不发归正人北还。上慰藉甚渥。

"守起居舍人,迁给事中、同知枢密院事,进参知政事、右仆射兼枢密使。时方借职田助边,降人萧鹧巴赐淮南田,意不惬,以职田请,杞言:'圭租食功养廉,借之尚可,夺之不可。'上是其言。杞以使金不辱命,骤庶官一岁至相位。上锐意恢复,杞左右其论。会郊祀,冬雷,用汉制灾异策免,守左谏议大夫、提举江州太平兴国宫。

"六年,授观文殿学士、知平江府。谏官王希吕论杞贪墨,夺职。后以端明殿学士奉祠,告老,复资政殿大学士。淳熙十一年十一月薨,赠特进。嘉泰中,谥文节。"

宋陈骙《南宋馆阁录》卷七《官联上》:"提举国史……乾道以后六人……魏杞,字南夫,开封人,陈诚之榜进士及第。二年八月以参知政事权提举三朝国史。……提举实录院……乾道以后四人:魏杞,二年十二月以参知政事权,是月为右仆射仍兼。"

《宝庆四明志》卷九《先贤事迹下》:"魏杞字南夫。自焦山徙居于鄞。以祖铢致仕恩补官。中绍兴十二年第,知常州晋陵、宣州泾县,皆有能声,历官至宗正少卿。隆兴初，金虏声言南牧，而意在寻盟。丞相汤思退荐杞有专对材，假礼部尚书充使。杞母向氏既老，勉以尽节。行次盱眙，虏遣赵秀恭等于境上往复商榷，杞于言辞、称谓，凡关国体者，必致毫厘之辨。未几，虏兵数十万骤至，杞竟护礼物行船抵高邮，虏复索信使而议，杞复奉命北行。虏兵胁之于道，不为动。比至朔庭，虏绝供具以困之。杞慷慨陈义，卒定和议，正敌国之礼，岁帑损五之一。

"乾道二年，使还，除起居舍人，累迁给事中。幸臣曾觌、龙大渊怙宠。同知枢密院事，进参知政事、右仆射兼枢密使。时方借职田助边，降人萧鹧巴赐淮南田，意不惬，以职田请。杞言：'圭租食功养廉，借之尚可，夺之不可。'帝是其言。

"杞以使金不辱命，繇庶官一岁至相位。帝锐意恢复，杞左右其论。会郊祀，冬雷，用汉制灾异策免。六年，授观文殿学士，奉祠告老，复资政殿大学士。淳熙十一年薨。嘉泰中谥文献。按曰：原本无'幸臣'至'怙宠'九字，洪、林本有之，下俱脱佚。校诸他书，则此本'同知'以下乃后人取《宋史》补入者。史不载纠劾曾、龙事，补者便自删削，殊为孟浪。今依二本增其所删而所补史文，改书旁行，以别异之焉。"

《延祐四明志》卷五《人物考中》："魏杞字南夫，繇焦山徙于鄞。绍兴十二年进士第，历县有能名。后迁宗正少卿。丞相汤思退荐于孝宗，言可备使聘。遂假礼部尚书使金国，行次盱眙，金人以万骑胁之，杞不为动。卒奉礼币以往。于是隆兴议和，改君臣献纳礼，孝宗以书封授杞。杞行近北界，心动，亟行白上曰：'国书封縢，不知为何事？彼震怒凌辱，将仓猝占对失国体。愿陛下谕意，臣愿以死奉诏。'上大悟，始尽语书旨。初，上不言者，惧杞畏懦辞行耳。杞至金，金主果怒，绝饮食困杞。杞言：'宋皇帝锐意恢复，将使两国之民俱受涂炭。群臣交奏迭谏，故更进和议，诚与太上皇帝时言和不同也。使不允，杞死此耳！'金主悔，卒正敌国礼，减岁币旧数以归。

"孝宗大喜，除起居郎，迁给事中。乾道二年拜同知枢密、参知政事。明年，拜右仆射……冬大雷，叶衡与杞俱罢为太平兴国宫。史浩旧与杞为余姚尉交代，入言于上，得视宰相恩数，除观文殿学士。后以所荐吏犯赃，降端明殿。十年，复大资政，而杞卒，谥文节。

"杞能诗，居小溪，遍游诸名山，习方外学，绝不言时政。文集三十卷，号《山房集》，晚著《三苏言行编》。初，杞祖父葬焦山，后居明。登宰辅，移葬于鄞，葬师云：'若果迁，将不利于相君。'不从。后以雷变罢宰相，褫职。孝宗朝叶颙、魏杞为最重。"

汪阐中《宜人魏氏墓志铭》："宜人魏氏，讳静端，先世寿春人，故任迪功郎黄州司户参军、赠太师汝能之曾孙，故任观□□学士宣奉大夫、提举临安府洞宵宫、累赠太师谥文节杞之孙。"注：是志撰于宋绍定四年（1231）。

宋白仲坚《宋魏汝能墓志》："男二人：曰杞，左宣奉大夫、提举江州太平兴国宫。"注：是志撰于宋乾道四年（1168）。

宋郑清之《宋故太师右丞相食邑五千九百户食实封三千九百户谥文节鲁国公魏公神道碑》："魏公之公讳杞，字南夫。……李尚书常志其墓，载《豫章集》。衣冠南渡，族子姓散处常、歙、鄱、淦，居鄞自则公始。……宣和二年，少师通守真定，五月二日公生焉。……绍兴改元，以少师遗泽，补将仕郎，徙四明，庐僧舍。……八年，试吏部铨入等，授右迪功郎、监西京中岳庙，益钻砺于学。縣镇荐，登十二年进士第，换左迪功郎、授绍兴府余姚尉。……秩满赴调，竟授建康军节度推官以归□□□次。越三年，宪使廉知之，曰：'有劳弗酬，使者之过，何以劝来者？'乃为奏闻，特旨改令入官。文书下，始报公，公犹辞辟，不得已乃拜知常州晋陵县、宣州泾县。……其在泾也，从臣以方正孝廉表荐，召赴行在所。奏事称旨，擢太府簿，绍兴三十一年也。明年五月，进丞。……隆兴改元，除工部员外郎兼尚左，改考功郎。……二年，……辟公参议官，就除尚左郎，再除宗正亚卿，以重所职。……公遂奉诏，假左朝议大夫、试礼部尚书，充国信使，康湑副之。……乾道元年，奉使还。……公归服旧次兼皇子邓王府赞读，除起居舍人兼权中书舍人兼修玉牒，除起居郎。邓王为皇太子，兼太子詹事，除中书舍人，除权吏部侍郎兼权吏部尚书兼侍讲。……再除中书舍人，依旧兼权吏部尚书。二年正月，除给事中。……三月，除左中大夫、同知枢密院事兼参知政事。五月，除参知政事兼同知枢密院事。……未几，公遂执事枢。……十二月，授公左正议大夫、尚书右仆射、同中书门下平章事兼枢密使兼制国用使。……三年十一月，南郊充礼仪使。寻以亲□，三上章丐去。及冬雷之异，即授表策免以请，制以本官提举江州太平兴国宫。……四年，居燕国忧。六年，免丧，除观文殿学士，奉洞宵祠。九月，承诏知平江府，且命过阙。仲冬，入对内殿，……以言者复职，旋界端明殿，复资政殿大学士。……淳熙十年十一月癸未，薨于里第，年六十有四。讣闻，天子震悼辍朝，赠特进。十二年丁酉，葬奉化县禽孝乡常乐山，祔太师之藏。……公爵寿春郡公，食虚邑五千九百户，真食二千九百户，复观文殿学士，累赠太师，追封鲁国公。"注：是文撰于宋淳祐四年（1244）。

《宝庆四明志》卷十二《进士题名记》："绍兴十二年陈诚之榜：魏杞，贯开封。"《延祐四明志》卷六《人物考下》:"绍兴十二年陈诚之榜:魏杞,贯开封。"

注:魏杞诗文多散佚,故研究成果多为生平传记之整理。其中最具影响的著作为魏颂唐之《魏文节公遗书》。该书内容详实,又于民国二十五年排印《魏文节公事略》,乃民国时最重要的魏杞著作。另黄华有《南宋第一流外交家魏杞》一文,载于《国闻周报》十三卷三十五期,陈乐素有《读〈宋史·魏杞传〉》一文,载于《浙江学报》第二卷第一期。张亚君有《南宋名臣魏杞事略》一文,载于《浙东文化》1994 年第一、二期。

姜涛　明州鄞县人,原籍开封。姜浩之弟。姜涛幼承家塾之学,登绍兴十二年进士第,官诸王宫大小学教授。其和汪思温兄弟、魏杞等皆有交往。

宋楼钥《攻媿集》卷一百六《知钟离县姜君墓志铭》:"宣奉之弟讳涛,始登科于绍兴十二年,终诸王宫大小学教授。"

清王梓材等《宋元学案补遗》卷六《教授姜先生涛》:"姜涛,字□□,自开封徙鄞。初姜氏之富甲于京师,而喜延名师以立家塾。先生兄赠宣奉大夫浩,记览多闻,教子弟尤力。先生始登科于绍兴十二年,终诸王宫大小学教授。汪少卿思温、吏部思齐兄弟尝馆于其家。及寓浙来鄞,以少卿为归,先生洎魏文节杞与少卿二子同在家塾,少卿训饬如一云。"

《乾道四明图经》卷十二《进士题名记》:"绍兴十二年陈诚之榜:姜涛。"《宝庆四明志》卷十《进士》:"绍兴十二年陈诚之榜:姜涛,贯开封。"《延祐四明志》卷六《人物考下》:"绍兴十二年陈诚之榜:姜涛,贯开封。"

蒋衮　明州鄞县人。登绍兴十二年进士第。事迹无考。

《乾道四明图经》卷十二《进士题名记》:"绍兴十二年陈诚之榜:蒋衮。"《光绪鄞县志》卷二十《选举表一》:"绍兴十二年壬戌:蒋衮。"

邹审权　明州鄞县人。登绍兴十二年进士第。事迹无考。

《乾道四明图经》卷十二《进士题名记》:"绍兴十二年陈诚之榜:邹审权。"《光绪鄞县志》卷二十《选举表一》:"绍兴十二年壬戌:邹审权。"

翁襃　明州鄞县人。登绍兴十二年进士第。事迹无考。

《乾道四明图经》卷十二《进士题名记》:"绍兴十二年陈诚之榜:翁襃。"《光绪鄞县志》卷二十《选举表一》:"绍兴十二年壬戌:翁襃。"

陈晋锡　明州象山县人。陈休锡弟。登绍兴十二年进士第。

象山方志载陈晋锡有《陈居士诗集》,未见传本,诗存《和潘良贵三江亭》一首,见《乾道四明图经》。清人厉鹗《宋诗纪事》收其诗题《众乐亭》,《民国象山县志》已有辨证。

《民国象山县志》卷十八《艺文考》:"《陈居士诗集》,无卷数,宋陈晋锡撰。乾隆县志：晋锡无传艺文著述。按：晋锡与休锡兄弟俱有文名，今仅存晋锡《三江亭和韵》一诗，见袁清容《延祐志》。

"《蓬山清话》：'诗载《乾道图经》及《延祐志》。近日厉樊榭《宋史纪事本末》仍之。邑志不同，乃后人所改，非有别本也。象山，北宋人文最盛，陈氏登进士凡十一人，皆无笔墨表现。晋锡为进士，休锡兄弟未列科名，而一诗幸存。前辈风华，不可多得，故予录原本，览者谅之。诗下注曰：《乾道图经》作众乐亭。'

"《彭姥诗蒐》：'按：是诗题邑志作《三江亭》，《乾道图经》作《众乐亭》，今录原本。注：二倪先生未免重贻悖谬。《乾道图经》卷八、《延祐志》卷二十皆有陈居士诗，皆作《三江亭》，不作《众乐亭》。众乐亭乃宋嘉祐六年太守钱公辅筑，三江亭则绍兴十年太守潘良贵筑。《延祐志》卷二《知府制置姓名》潘良贵下注曰：绍兴九年六月任。卷八有潘所作《三江亭记》，与众乐亭无涉。陈居士诗次潘良贵诗后，和作者九人，并七言律，用侵、寻、心、金、吟韵。若《众乐亭》诗，和者八人，人或二首，或异体，或异韵。倪先生盖读之不审也。诗之原本与邑志异处，详《文征》卷中，兹不赘及。'"

《乾道四明图经》卷十二《进士题名记》："绍兴十二年陈晋锡，休锡弟。"

俞观能　字大任，明州象山县人。俞夔之子。登绍兴十二年进士第。绍兴时为德安府录事参军，登第后以左从政郎为江阴军教授，后卒。俞观能撰《孝悌类鉴》，载古今君臣孝悌之事，但早已佚。仅存《太平禅寺佛殿记》，见于《乾道四明图经》。

《宝庆四明志》卷八《先贤事迹上》："子观能，字大任。绍兴初应诏诣阙，上书特授德安府录参。登十二年进士第。时二圣尚狩沙漠九重旰食。观能哀古今君臣孝弟数十事曰《孝悌类鉴》上之。有旨召审察江阴军教授，改秩而卒。"

《乾道四明图经》卷十二《进士题名记》："绍兴十二年陈诚之榜：俞观能，夔之子。"《宝庆四明志》卷十《进士》："绍兴十二年陈诚之榜：俞观能，夔子。"《延祐四明志》卷六《人物考下》："绍兴十二年陈诚之榜：俞观能，夔子。"

俞观能《宋故姜助教墓志铭》："左从政郎、充江阴军军学教授俞观能撰。"注：是志撰于宋绍兴二十三年（1153）。

叶汝士　绍兴府余姚县人，叶汝平弟，登绍兴十二年进士第。乾道间，叶汝士致仕后，主持余姚乡饮酒礼。

孙应时《烛湖集》卷十《余姚乡饮酒礼序》："吾邑乾道间乡先生叶君汝士仕而归老，邦人高之，请于大夫特举是礼以宾之，颇损益旧仪。"

《宝庆会稽续志》卷六《进士》："绍兴十二年陈诚之榜叶汝士,叶汝平弟。"

注:叶汝士另参与宋高宗绍兴年间两浙东路茶盐司公使库本《资治通鉴》的校勘工作,见《中国国家图书馆藏宋版资治通鉴》(国家图书馆出版社2012年版)和《万历新修余姚县志》。

傅世修 绍兴府余姚县人。登绍兴十二年进士第。传曾两次入闱省试不中,第三次试《天地之大德曰生赋》得中。

宋洪迈《夷坚甲志》卷十三《傅世修梦》："傅世修,会稽人。乡举不利,梦入省闱,试《德隆则暑星赋》。次夜,又梦如初。试卷内画巨钩,钩下有髯龙,用爪覆李伯时马五六纸。傅以梦稍异,因志之。后三年乡贡,明年省试《天子以德为车赋》,默念车有轨。轨者,暑也。当□□已而不利。又三年,复赴省,试《天地之大德曰生赋》,策问马政,遂中第。乃悟昨梦,自解曰:'德隆者,大德也。星者,曰生也。卷中画马,马政也。'而不了髯龙之义。既奏名,谒谢坐主。见勾龙庭实校书,言傅所试卷,在其房中。勾龙状貌甚伟,而富髯须,乃尽画中意。时绍兴十二年。"

《宝庆会稽续志》卷六《进士》："绍兴十二年陈诚之榜:傅世修。"《万历新修余姚县志》卷十四《选举志下》："绍兴十二年壬戌陈诚之榜:傅世修。"

钱移哲 绍兴府余姚县人。登绍兴十二年登进士第。事迹无考。

《宝庆会稽续志》卷六《进士》："绍兴十二年陈诚之榜:钱移哲。"《万历新修余姚县志》卷十四《选举志下》："绍兴十二年壬戌陈诚之榜:钱移哲。"

绍兴十五年乙丑(1145)刘章榜

史浩(1106—1194) 字直翁,明州鄞县人。史才之侄。绍兴十五年登进士第。初授绍兴余姚县尉,又为温州教授,得张九成器重。绍兴后期,为国子博士,为高宗器重。高宗欲立太子,史浩建议从恩平、普安二王中选择。其亦为秘书省校书郎、二王府教授,其后多助恩平王。绍兴三十年恩平王升为建王后,劝谏其不仿唐肃宗故事,深得高宗及恩平王信任。孝宗(恩平王)受禅后,史浩先后二次登相位,权位极重,反对张浚用兵北伐,又倡为赵鼎、李光、岳飞等人平反。任上喜荐后进,陆九渊、叶适、袁燮皆出于其荐,可称一代名臣。

史浩著作颇多,如《鄮峰真隐漫录》、《论语口义》、《尚书讲义》、《周官讲义》等。《鄮峰真隐漫录》、《尚书讲义》收于文渊阁《四库全书》。上海图书馆藏抄本《仙源类谱》。

史浩
像取自清光绪十八年八行堂木活字本《浙江萧山史氏宗谱》

　　宋楼钥《攻媿集》卷九十三《纯诚厚德元老之碑》："……绍兴二十有九年，太师、会稽郡王史浩以国子博士奏事殿中，高宗一见契合，属目送之，谕大臣曰：'浩今日有用之才也。'除秘书省秘书郎。粤五日，兼普安郡王府教授，受知高宗，被遇孝宗，实昉于此。明年，孝宗封建王，迁司封员外郎兼直讲，又明年，为宗正少卿。三十二年五月，立皇太子，擢起居郎兼左庶子。六月，孝宗受内禅，迁中书舍人兼侍读。十日，为翰林学士、知制诰。八月，参知政事。明年正月，拜尚书右仆射、同中书门下平章事兼枢密使，未几，罢政，再典巨藩。淳熙四年春，召为侍读，五年三月复拜右丞相，十一月罢，仍侍经筵，八年告归。……五年四月五日，公薨于里第之正寝，讣闻，孝宗、上皇震悼，赙赠有加。有旨以公身居极品，又为公寿皇潜藩旧学，赠恤之典，宜从优异，可特追封，自余赙葬，恩数并如陈康伯例。今皇帝登极，赐谥文惠，亲洒宸翰，书'纯诚厚德元老之碑'以赐焉，且命钥为之文。……

　　"公讳浩，字直翁。世为庆元之鄞人，曾祖简、祖诏、父师仲俱赠太师、冀国公。曾祖妣叶氏、祖妣徐氏、妣洪氏俱赠冀国夫人。曾祖蚤卒，母叶夫人有遗腹，指天自誓，愿得子以续史氏之祧，是生公。祖教之甚严，以八行荐于朝，积德垂祐，寖大其家。仲子才，绍兴二十三年为签书枢密院事，公又继登揆路，衣冠盛事莫尚焉。公性颖异，记诵绝人，少孤，自力于学，贯穿经史，理致超诣，措词持论，出人意表。年四十始登进士科，授左迪功郎、绍兴府余姚县尉。寻为温州州学教授，郡守张九成有重名，待以国士，诸生推崇之。以中书舍人吴秉信荐除太学正，迁博士，改宣教郎。自此六年，以至相位，近世未有也。……公既相，益思所以报上者，首言前宰相赵鼎、参政李光之无罪，大将岳飞之久冤，宜复其官爵，录其子孙，凡坐废者，次第昭雪。悉从之。"

《宋史》卷三百九十六《史浩》："史浩字直翁，明州鄞县人。绍兴十四年登进士第，调绍兴余姚县尉，历温州教授，郡守张九成器之。

"秩满，除太学正，升国子博士。因转对，言：'普安、恩平二王宜择其一以系天下望。'高宗颔之。翌日，语大臣曰：'浩有用才也。'除秘书省校书郎兼二王府教授。三十年，普安郡王为皇子，进封建王，除浩权建王府教授。诏建王府置直讲、赞读各一员。浩守司封郎官兼直讲。一日讲《周礼》，言：'膳夫掌膳羞之事，岁终则会，惟王及后、世子之膳羞不会。至酒正掌饮酒之事，岁终则会，惟王及后之饮酒不会，世子不与焉。以是知世子膳羞可以不会，世子饮酒不可以无节也。'王作而谢曰：'敢不佩斯训。'

"三十一年，迁宗正少卿。会金主亮犯边，下诏亲征。时两淮失守，廷臣争陈退避计，建王抗疏请率师维前驱。浩为王力言：'太子不可将兵，以晋申生、唐肃宗灵武之事为戒。'王大感悟，立俾浩草奏，请扈跸以供子职，辞意恳到。高宗方怒，览奏意顿释，知奏出于浩，语大臣曰：'真王府官也。'既而，殿中侍御史吴芾乞以皇子为元帅，先视师。浩复遗大臣书，言：'建王生深宫中，未尝与诸将接，安能办此。'或谓使王居守，浩复以为不可。上亦欲令王遍职诸将，遂扈跸如建康。

"三十二年，上还临安，立建王为皇太子，浩除起居郎兼太子右庶子。孝宗受禅，遂以中书舍人迁翰林学士、知制诰。张浚宣抚江、淮，将图恢复，浩与之异议，欲城瓜州、采石。浚奏：'不守两淮而守江，不若城泗州。'除参知政事。有诏议应敌定论，洪遵、金安节、唐文若等相继论列，宰执独无奏。上以问浩，浩奏：'先为备御，是谓良规。悦听浅谋之士，兴不教之师，寇去则论赏以邀功，寇至则敛兵而遁迹，谓之恢复得乎？'荐枢密院编修官陆游、尹穑，召对，并赐出身。隆兴元年，拜尚书右仆射，首言赵鼎、李光之无罪，岳飞之久冤，宜复其官爵，禄其子孙。悉从之。

"李显忠、邵宏渊奏乞引兵进取，浩奏：'二将辄乞战，岂督府命令有不行耶？'浚请入觐，乞即日降诏幸建康，上以问浩，浩陈三说不可，退，又以诘浚，曰：'帝王之兵，当出万全，岂可尝试以图侥幸。'复辩论于殿上。浚曰：'中原久陷，今不取，豪杰必起而收之。'浩曰：'中原决无豪杰，若有之，何不起而亡金？'浚曰：'彼民间无寸铁，不能自起，待我兵至为内应。'浩曰：'胜、广以锄耰棘矜亡秦，必待我兵，非豪杰矣。'浚因内引奏：'浩意不可回，恐失几会，乞出英断．'省中忽得宏渊出兵状，始知不由三省，径檄诸将。浩语陈康伯曰：'吾属俱兼右府，而出兵不与闻，焉用相哉！不去尚何待乎？'因又言：'康伯欲纳归正人，臣恐他日必为陛下子孙忧。浚锐意用兵，若一失之后，恐陛下终不得复望中原。'御史王十朋论之，出知绍兴。

"先是，浩因城瓜州，白遣太府丞史正志往视之，正志与浚论辩。十朋亦疏史正志朋比，并及浩，遂与祠，自是不召者十三年。起知绍兴府、浙东安抚使。持母丧归，服阕，知福州。

"淳熙初，上问执政：'久不见史浩，无他否？'遂除少保、观文殿大学士、醴泉观使兼侍读。五年，复为右丞相。上曰：'自叶衡罢，虚席以待卿久矣。'浩奏：'蒙恩再相，唯尽公道，庶无朋党之弊。'上曰：'宰相岂当有党，人主亦不当以朋党名臣下。朕但取贤者用之，否则去之。'

"枢密度承旨王抃建议以殿、步二司军多虚额，请各募三千人充之。已而殿前司辄捕市人，京城骚动，被掠者多断指，示不可用。军人怙众，因夺民财。浩奏：'尽释所捕，而禽军民首灌啜者送狱。'狱成议罪，欲取兵民各一人枭首以徇，浩曰：'诸军掠人夺货至于哄，则始衅者军人也，军法从事固当。若市人陆庆童特与抗斗尔，可同罚乎？陛下恐军人有语，故一其罪以安之。夫民不得其平，言亦可畏，'等死，死国可乎？'是岂军人语。'上怒曰：'是比朕为秦二世也。'浩徐进曰：'自古民怨其上者多矣！时日曷丧？予及汝偕亡。岂二世事。寻求去，拜少傅、保宁军节度使，充醴泉使兼侍读。后有言庆童之冤者，上曰：'史浩尝力争，坐此求去，至今悔之。'

"赵雄尝荐刘光祖试馆职，光祖答策，论科场取士之道，进入，上亲批其后，略曰：'用人之弊，人君乏知人之哲，宰相不能择人。国朝以来，过于忠厚，宰相而误国，大将而败军，未尝诛戮。要在人君必审择相，相必当为官择人，懋赏立乎前，诛戮设乎后，人才不出，吾不信也。'手诏既出，中外大耸。议者谓曾觌视草，为光祖甲科发也。上遣觌持示浩，浩奏：'唐、虞之世，四凶极恶，止于流窜；三考之法，不过黜陟，未尝有诛戮之科。诛戮大臣，秦、汉法也。太祖制治以仁，待臣下以礼，列圣传心，迨仁宗而德化隆洽，本朝之治，与三代同风，此祖宗家法也。圣训则曰过于忠厚。夫为国而底于忠厚，岂有所谓过哉？臣恐议者以陛下自欲行刻薄之政，归过祖宗，不可不审也。'

"及自经筵将告归，乃于小官中荐江、浙之士十五人，有旨令升擢，皆一时选也。如薛叔似、杨简、陆九渊、石宗昭、陈谦、叶适、袁燮、赵静之、张子智，后皆擢用，不至通显者六人而已。

"十年，请老，除太保致仕，封魏国公。晚治第鄞之西湖上，建阁奉两朝赐书,又作堂,上为书'明良庆会'名其阁、'旧学'名其堂。光宗御极,进太师。绍熙五年薨,年八十九,封会稽郡王。宁宗登极,赐谥文惠,御书'纯诚厚德元老之碑'赐焉。嘉定十四年,追封越王,改谥忠定,配享孝宗庙庭。

"浩喜荐人才,尝拟陈芝茂进职与郡。上知之茂尝毁浩,曰:'卿岂以德报怨耶?'浩曰:'臣不知有怨,若以为怨而以德报之,是有心也。'莫济状王十朋行事,诋浩尤甚,浩荐济掌内制。上曰:'济非议卿者乎?'浩曰:'臣不敢以私害公。'遂除中书舍人兼直学士院,待之如初,盖其宽厚类此。子弥大、弥正、弥远、弥坚。弥远嘉定初为右丞相,有传。"

宋陈骙《南宋馆阁录》卷七《官联上》:"提举国史,……隆兴以后二人:史浩,字直翁,四明人。刘章榜进士出身,治诗赋,元年正月以右仆射提举三朝国史。……秘书郎,绍兴以后二十七人,……史浩,二十九年六月除,三十年四月为司封员外郎。"

宋陈骙《南宋馆阁续录》卷七《官联一》:"提举国史,淳熙五年以后六人:史浩,五年四月以右丞相兼。……提举编修国朝会要,淳熙五年以后七人:史浩,五年四月以右丞相兼。"

《延祐四明志》卷五《人物考中》:"史浩,字直翁。祖父诏善居闾里,民有斗讼,尝从诏求直,不复讼,官府以八行科征于朝,不应。浩以南省前行,当得教官。浩愿习民事,初补余姚尉,后沈焕、袁燮以舍法辞教官,由浩始为国子博士,召对高宗,目送之。时建普安、恩平二王府,即除秘书郎兼普安郡王府教授,上尝命普安王书《兰亭序》五百本以进,浩曰:'此赵鞅训戒之旨。'王溢其数以进。上复赐宫女十人以侍王,浩曰:'当以庶母礼事之。'王如其言,高宗益贤普安,遂为皇子,封建王,浩之力也。完颜亮寇江,上将亲征,建王上奏,请将兵为前驱。浩时在告力疾,诣府启王曰:'昔唐肃宗能从明皇幸蜀,灵武事安有?'王大惊,亟具奏谢罪,遂从高宗视师以归,由是立为太子。

"普安即位,是为孝宗。浩迁中书舍人,十日为翰林学士,逾三月参知政事,明年拜尚书右仆射、同中书门下平章事兼枢密使。孝宗锐意恢复,张魏公浚屡奏取山东,开都督府,请上幸建康。浩曰:'太上倦勤,禅位陛下,若奉以行,太上宁肯与俱往,都城一有惊动,陛下何以处太上?'孝宗悟其言,后竟由禁中命邵宏渊等出兵,公语枢密陈康伯曰:'吾属兼枢密,兵出不与闻,所宜去。'遂见上,丐罢。浩归甫十四日,符离师溃,凡一十三万人。浚上表自劾,复劝上速议和。后知绍兴府,复判福州。淳熙五年拜右丞相,在相位七月即罢。浩再相时,朱熹教授生徒于建宁山中,浩力挽之。由是出守南康,雅度涵蓄,凡议毁浩者,悉奖引之。善荐士,陆游赐进士出身,由浩力在经筵,尝荐薛叔似、陆九渊、叶适等十五人,又荐金安节、汪应辰三十四人,后皆显达。两授节钺,遍历三公,寿八十九以终,始谥文惠,后更忠定,追封越王。

"历官表奏皆手属稿,耄岁犹不倦。文集五十卷号《真隐漫录》,《论语口义》二十卷、《尚书讲义》二十二卷、《周官讲义》十四卷。"

《大德昌国州图志》卷七《叙祠》:"观音峰。前越王史公曩官西监时,因浮海诣潮音洞下,焚香作礼。大士具正法眼藏,显见奇特声闻空中,有结里寇莱公之语。异日所到,光辅两朝,格天事业,果验不诬,越王尝记所见于寺壁,今模而刊诸石可考也。

"绍兴戊辰三月望,鄱阳程休甫、四明史浩由沈家门泛舟,遇风挂席,俄顷至此翼,早恭诣潮音洞顶礼,观音大士至。"

《乾道四明图经》卷十二《进士题名记》:"绍兴十五年刘章榜:史浩,才之侄。"《宝庆四明志》卷十《进士》:"绍兴十五年刘章榜:史浩,才侄。"《延祐四明志》卷六《人物考下》:"绍兴十五年刘章榜:史浩,才侄。"

史禧孙《宋史茂卿墓志》:"曾祖讳浩,任太师保宁军节度使、魏国公致仕,追封越王,赐谥忠定,配飨孝宗皇帝庙廷。"注:是志撰于宋淳祐九年(1249)。史棣孙《宋史尧卿墓志》:"曾祖讳浩,太师保宁军节度使,魏国公,追封越王,谥忠定,配飨孝宗皇帝庙廷。"注:是志撰于宋咸淳元年(1265)。史柏孙《宋史汲卿墓志》:"曾祖讳浩,太师、保宁军节度使,魏国公,封越王,谥忠定,配飨孝宗皇帝庙廷。"注:是志撰于宋咸淳五年(1269)。

注:史浩的相关研究,除了戴仁柱书中所涉外,还有乔东山的硕士论文《南宋名臣史浩研究》(2012),该文对史浩做了较为全面的研究。专题性研究包括:一是对宋金和战的态度和与张浚关系的研究,见何忠礼《试论南宋孝宗朝初年与金人的和战——兼论对张浚和史浩的评价》(载于《浙江学刊》1998年第六期)。该文以为史浩虽论和,然却以长期抗战和收复失地为奋斗目标,可称真正的主战派。张浚则高谈阔论,实则并非真正主战,一改前论。此问题的研究综述,可参考夏令伟《试论史浩与张浚之争的历代评析》(载于《中共宁波市委党校学报》2010年第5期)。二是史浩著述研究,多集中于《鄮峰真隐漫录》的研究,有夏令伟《史浩〈鄮峰真隐漫录〉考论》(载于《图书馆理论与实践》2011年第12期),考订其成书时间,辑补佚文。重点关注于史浩对歌舞史、文体发展史发展影响的著作,可参考赵晓岚《论史浩〈鄮峰真隐大曲〉及唐宋宫廷大曲之别》、王东2012年的硕士论文《史浩〈鄮峰真隐漫录〉中的表演文体研究》。还有陈良中《史浩〈尚书讲义〉思想研究》也颇可关注。

汪大猷(1120—1200)　字仲嘉,明州鄞县人。汪思温之子。先以父恩为将仕郎、右迪功郎、江山县尉，断讼据理，赈济灾民，有政绩，后登绍兴十五年登进士第。初授金华尉，处事较为开明。后李椿行经界之法，委派汪大猷为龙游县覆实官，严审田制，所行多为旁县采纳。又为钱端礼幕僚，颇受其赏识，官任户部右曹。乾道时为刑部侍郎，删定律法条文，上之。后又为吏部侍郎、吏部尚书、敷文阁待制。知泉州时，惩戒蕃商，拒三佛齐之铸造铜瓦的要求，驻兵澎湖，遂进敷文阁直学士。晚年因征讨永州寇不利，一再降职，终落南康军居住。后复旧职，庆元间卒于乡。

其著述颇多，如《适斋存稿》、《备忘》、《训鉴》等，但今多不存。董沛《甬上宋元诗略》录诗三首，程敏政《新安文献志》录有《通山县寄朱元晦》、《题乐天居士诗集后时谪居庐山》二诗(参见黄山书社 2004 年版)，姜特立《梅山续稿》亦有录《和姜梅山见寄》诗一首(参《宋集珍本丛刊》本)。

宋楼钥《攻媿集》卷八十八《敷文阁学士宣奉大夫致仕赠特进汪公行状》："曾祖元吉，不仕，姓何氏。祖洙，皇明州助教，累赠正奉大夫。姓陈氏，累赠太硕人。父思温，皇左朝议大夫，直显谟阁致仕，累赠少师。姓王氏，封恭人，累赠越国夫人。

"本贯庆元府鄞县武康乡沿江里，汪大猷，字仲嘉，年八十有一状：……绍兴七年以少师遇宗祀，补将仕郎，调右迪功郎、衢州江山县尉，公渐渍义方，晓畅吏道，若老于州县者，所部百人默识姓名，及干力之优劣，辄得其用，分乡警捕，境内萧然，钩考滞讼，断之以理。岁在甲子，洪水稽天，发廪为粥，以食避水者，又取盐商大舟救之，存活为多。

"时方申兼经之制，以尝试南宫，公余肄业，再荐漕台，遂中十五年进士乙科。秩满，关升左从事郎，为婺州金华县丞。处事益明，期限必信。……时户部侍郎李公椿年建议行经界，选公为龙游县覆实官。约束严峻，已量之田，隐藏亩步，不以多寡，率至黥配，盛气临人，无敢忤者。公独曰：'愚民不识弓步，不善度量，若田少而所供反多，须使之首复乃可。'并行李公问：'当何如？'公曰：'凡有不实，许其自陈，俟验实与改正，悉皆施行，受赐者已不知其几。既至，躬行阡陌，唱弓量之目，则已默计其广袤之实。'吏运筹久之，无毫厘差，观者以为神，凡事俱有方略，邑人鼓舞，旁县皆取为法，事毕，躬纳图账。李公又欲以十保合为一图，仍与邻都犬牙相入，公曰：'一保之图，用纸二百番，已无地可展。又从而十之，不惟不能图画，亦安所用之，徒重劳费，无益于经界也。'由是诸郡俱免催科办事，谈笑而了，不失忠厚。二十年，丁越国忧，……服除，为严州建德县丞。

"二十四年，饥民啸聚炽甚，守御调度多出规画，以讫无事，分都赈给，众中指一夫诘曰：'是某都某人也。'盖居两都之间而冒请者，械系于前，余多引去，事已，徐释之。又尝逊荐牍，辞受输，皆人所难能。明年，用举者改宣教郎，知平江府昆山县，旋遭外艰。……总领淮西江东军马钱粮所干办公事，金亮犯边，馈饷王师，高宗巡幸，供亿百出，公佐其长以办。群工扈从，咸知公名。三十二年，赐绯鱼袋，改干办行在诸司粮科院，文书盈几，目不给视，公间摘一二，无不切中，老吏惊叹，谓未有也。或言榷货务左藏库有羡储，朝旨以逮公，躬自检校，得其实以对。

"隆兴二年四月，参政钱简肃公宣谕淮东，辟为干办公事。九月，改充参议官，内裨幕府，外按边陲，海、泗、唐、邓之弃，钱公执以为不可，公亦赞之，虽不得尽行，终免仓猝之变者，宣谕司之力也。迁大宗正丞。

"乾道元年，兼吏部郎官主管侍郎左选，又兼户部右曹。有蜀士理和籴酬赏，吏必欲以小节取会，公曰：'在法有旁照可验，许比类而行，即取其同类者并上之。'省吏沮抑尤急，公力争之，自是始为定例。六月轮对，钱公先荐于上，……除礼部员外郎，公自登第，尝习宏辞科应用之文，足以行意。在州县时，守将多委以笺奏，南宫名表一出，士林诵之，此外无他职务，同列言于庙堂，谓公拨繁治剧有余，而清简太甚。丞相洪文惠公以此谕公。七月，遂兼吏部侍郎右选，九月除吏部郎官主管尚书左选。庄文太子初建东宫，妙选僚寀。是月，以公兼太子左谕德、太子侍讲，两日一讲《孟子》，多寓规戒，庄文深所钦重。……二年，为省试参详官，参政林公安宅以户籍同知贡举，就除谏议大夫，自言去场屋久，以考校事属公，公为之协心焉。讫事，日欲邀公议论，辞不往，林既罢政，独免于评议。六月除秘书少监。……四年正旦借吏部尚书为接送伴使，……寻兼权刑部侍郎，六月兼崇政殿说书，八月兼权给事中。

"……五年，再为参详官，四月，除权刑部侍郎兼侍讲于秋官。二年余，孝宗垂意刑章，哀矜庶狱，公乞重修法令，谓：'中兴之初，首立详定一司，自建炎四年六月以前，著为绍兴法，今四十年多，编集监学、贡举、常平、茶盐等一司之法，而一代条章因革损益，迄无成书。敕局官多吏繁，俸优赏厚，因减冗官，遽行废罢，举数十年之法，一切不省。建炎以后，续降指挥二万余条，若不删其繁重，定其当否，有司率用新制而弃旧法，日移月改，轻重舛牾，无所遵承。使舞文之吏，时出而用之，以售其奸，及今不为久，益难考。乞明诏，尽行编纂，命大臣典领，而选廷臣讨论，庶几笔削必当，以杜吏奸，以一民听。'上极以为然，即令条具，仍差大理二卿、本部三郎官寺丞司直各一员，公遂兼重修敕令详定官，此四年之冬也。……寻即冲改者，即删去之，于见行法中增损元文五百七十四条,带修创立者三百六十一,全删旧文八十三,存留照用者百二十有八。墨者旧文,朱书新条,年余书成,进书之奏,公所草也。……淳熙元年,申前请始有兴国宫之命,归次延平,除知隆兴府兼江南西路安抚使。……公初以和仲败事自劾,降龙图阁待制,会有为和仲地者,又降集英殿修撰,……公遂落职南康军居住至四年自便,十二年始得外祠。十三年高宗庆霈,复龙图阁待制。十四年再奉祠,十六年提举凤翔府,上清太平宫。绍熙改元,尽复旧职,二年致仕。……庆元五年十一月朝家优老,特除敷文阁学士,赐衣带鞍马。六年初感疾,七月庚辰薨于正寝。"

元脱脱等《宋史》卷四百《汪大猷》:"汪大猷,字仲嘉,庆元府鄞县人。绍兴七年,以父恩补官,授衢州江山县尉,晓畅吏事。登十五年进士第,授婺州金华县丞,争财者谕以长幼之礼,悦服而退。

"李椿年行经界法,约束严甚。檄大猷覆视龙游县,大猷请不实者得自陈,毋遽加罪。改建德,迁知昆山县。丁父忧,免丧,差总领淮西、江东钱粮干官,改干办行在诸司粮科院。

"参知政事钱端礼宣谕淮东,辟干办公事,充参议官,迁大宗丞兼吏部郎官,又兼户部右曹。入对,言:'总核名实,责任臣下。因才而任,毋违所长,量能授官,毋拘流品。'孝宗顾谓左右曰:'疏通详雅而善议论,有用之才也。'除礼部员外郎。丞相洪适荐兼吏部侍郎,仍迁主管左选。

"庄文太子初建东宫,兼太子左谕德、侍讲,两日一讲《孟子》,多寓规戒。太子尝出龙大渊禁中所进侍燕乐章,谕官僚同赋,大猷曰:'郑、卫之音,近习为倡,非讲读官所当预。'白于太子而止。迁秘书少监,修《五朝会要》。金人来贺,假吏部尚书为接伴使。寻兼权刑部侍郎,又兼崇政殿说书,又兼给事中。

"孝宗清燕,每访政事,尝曰:'朕每厌宦官女子之言,思与卿等款语,欲知朝政阙失,民情利病,苟有所闻,可极论之。'大猷遂陈耆长雇直隶经总制司,并缘法意使里正兼催科之役,厉民为甚。又论:'亭户未尝煮盐,居近场监,贷钱射利,隐寄田产,害及编氓,宜取二等以上充役。'又论:'赐田勋戚,豪夺相先,陵轹州县,惟当赐金,使自求之。'又论:'没入赀产,止可行于强盗、赃吏。至于仓库网连之负陷者,惟当即其业收租以偿,既足则给还,使复故业。'转对,言捕酒之害,及居官者不得铸铜为器。上嘉奖曰:'卿前后所言,皆今日可行之事。'

"权刑部侍郎,升侍讲,言:'有司率用新制,弃旧法,轻重舛牾,无所遵承,使舞文之吏时出,以售其奸,请明诏编纂。'书成上进,上大悦。

"尚书周执羔韩元吉、枢密刘珙以强盗率不处死,无所惩艾,右司林栗谓:'太祖朝强盗赃满三贯死,无首从,不问杀伤。景祐增五贯,固从宽。今设六项法,非手刃人,例奏裁黥配,何所惩艾,请从旧法,贼满三贯者斩。'大猷曰:'此吾职也。'遂具奏曰:'强盗乌可恕,用旧法而痛惩之,固可也。天圣以来,益用中典,浸失禁奸之意。今所议六项法,犯者以法行之,非此而但取材,惟再犯者死,可谓宽严适中。若皆置之死地,未必能禁其为盗。盗知必死,将甘心于事主矣,望稍开其生路。'乃奏用六项法,则死者十七人,用见行法则十四人,旧法则百七十人俱死。遂从大猷议。

"借吏部尚书为贺金国正旦使,至盱眙,得印榜云:'强盗止用旧法,罢六项法。'还朝自劾求去,上闻之,复行六项法。

"改权吏部侍郎兼权尚书。夜传旨学士院,出唐沈既济论选举事,曰:'今日有此敝,可行与否,诘旦当面对。'即奏:'事与今异,敝虽似之,言则难行。'上言:'卿言甚明。'既郊,差充卤簿使,以言去,授敷文阁待制、提举太平兴国宫。

"起知泉州。毗舍邪尝掠海滨居民,岁遣戍防之,劳费不赀。大猷作屋二百区,遣将留屯。久之,戍兵以真腊大贾为毗舍邪犯境,大猷曰:'毗舍邪面目黑如漆,语言不通,此岂毗舍邪耶?'遂遣之。故事蕃商与人争斗,非伤折罪,皆以牛赎,大猷曰:'安有中国用岛夷俗者,苟在吾境,当用吾法。'三佛齐请铸铜瓦三万,诏泉、广二州守臣督造付之。大猷奏:'法,铜不下海。中国方禁销铜,奈何为其所役?'卒不与。进敷文阁直学士,留知泉州。

"逾年,提举太平兴国宫,改知隆兴府、江西安抚使。以大暑讨永新禾山洞寇,不利,自劾,降龙图阁待制,落职,南康军居住,提举太平兴国宫。复龙图阁待制,提举上清太平宫。复敷文阁待制,升学士。没,赠二官。

"大猷与丞相史浩同里,又同年进士,未尝附丽以干进,浩深叹美之。好周施,叙宗族外族为《兴仁录》,率乡人为义庄二十余亩以为倡,众皆欣劝。所著有《适斋存稿》、《备忘》、《训鉴》等书。"

《乾道四明图经》卷十二《进士题名记》:"绍兴十五年刘章榜:汪大猷,思温之子。"《宝庆四明志》卷十《进士》:"绍兴十五年刘章榜:汪大猷,思温子。"《延祐四明志》卷六《人物考下》:"绍兴十五年刘章榜:汪大猷,思温子。"

汪大猷《宋故楼君墓志铭》:"婿右迪功郎新差衢州江山县尉巡捉私茶盐礬汪大猷撰。"注:是志撰于宋绍兴十一年(1141)。汪思温《宋故恭人王氏幽堂记》:"男四人:……曰大猷,左从事郎、婺州金华县丞。"汪大猷《宋故薛衡州妻令人王氏墓铭》:"左朝议大夫、权尚书刑部侍郎、兼重修敕令详定官、兼侍讲兼权吏部侍郎汪大猷撰。"注：是志撰于宋乾道五年（1169）。汪端中《宋汪大猷墓志》："先公姓汪氏，讳大猷，字仲嘉。庆元府鄞县人。……十三年正月复龙图阁待制，□月转通议大夫，十四年正月再任宫祠，十□□正月提举凤翔府上清太平宫。……绍熙元季，复敷文阁直学士，十二月，转正议大夫。……五年七月，主上覃恩，八月，转宣奉大夫。"按：是志撰于宋庆元六年（1201）。

注：汪大猷的相关研究有宁波市文保所、余姚市文保所撰《浙江余姚大隐南宋汪大猷墓发掘报告》（《南方文物》2011年第4期）。另有吴幼雄的《宋代泉州汪、真两郡守的改革及社会效果》一文，其对汪大猷在泉州政绩有过系统论述。吴幼雄在1987年还发表过《南宋初置兵立戍澎湖》一文，对汪大猷在泉州时对台澎的驻军的管理有考论。

林大节 明州鄞县人。林孝雍之侄。登绍兴十五年进士第。事迹无考。

宋朱熹《伊洛渊源录》卷十四《程氏门人无记述文字者》："林大节，不详其乡里名字行实，但《遗书》云：'林大节虽差鲁，然所问便能躬行。'然则亦笃实之士也。"

《乾道四明图经》卷十二《进士题名记》："绍兴十五年刘章榜：林大节，孝雍从子。"《宝庆四明志》卷十《进士》："绍兴十五年刘章榜：林大节，孝雍侄。"《延祐四明志》卷六《人物考下》："绍兴十五年刘章榜：林大节，孝雍侄。"注：《伊洛渊源录》中所载林大节或与此林大节为一人，录以备考。

周维 明州鄞县人。登绍兴十五年进士第。事迹无考。

《乾道四明图经》卷十二《进士题名记》："绍兴十五年刘章榜：周维。"《宝庆四明志》卷十《进士》："绍兴十五年刘章榜：周维。"《延祐四明志》卷六《人物考下》："绍兴十五年刘章榜：周维。"

莫冠卿 明州鄞县人。登绍兴十五年进士第。曾为舒绩撰行状，袁章亦从其学，当为乡之名士。

宋袁燮《絜斋集》卷十六《叔父承议郎通判常德府行状》："公讳章，字叔平，庆元鄞人。……既冠，志气弥强，从李、莫二先生，质疑请益，闻见日广，诸经皆通大义，尤邃于《书》。"

《乾道四明图经》卷十二《进士题名记》："绍兴十五年刘章榜：莫冠卿。"《宝庆四明志》卷十《进士》："绍兴十五年刘章榜：莫冠卿。"《延祐四明志》卷六《人物考下》："绍兴十五年刘章榜：莫冠卿。"

翁升《宋故舒君济强墓志铭》："既稔闻其底蕴，又得乡贡进士莫冠卿示

以君之善状,表里暴白,信而不疑,得为之铭。"注:是志撰于宋靖康元年
(1126)。莫氏时已为乡贡进士。

高阎　明州鄞县人。高安世弟。登绍兴十五年进士第,为左迪功郎、广
德军军学教授、钱塘令等官,又曾传《孝经》于家。其著述仅余《烈港新建张
王行庙记》。

《乾道四明图经》卷十《烈港新建张王行庙记》:"绍兴二十年九月甲戌朔
左迪功郎、新广德军军学教授高阎记。"《咸淳临安志》卷五十一《秩官九·县
令》:"钱塘:……国朝:高阎。"

《乾道四明图经》卷十二《进士题名记》:"绍兴十五年刘章榜:高阎,安世
之弟。"《宝庆四明志》卷十《进士》:"绍兴十五年刘章榜:高阎,安世弟。"《延
祐四明志》卷六《人物考下》:"绍兴十五年刘章榜:高阎,安世弟。"

陈玶　明州鄞县人。登绍兴十五年进士第。事迹无考。

《乾道四明图经》卷十二《进士题名记》:"绍兴十五年刘章榜:陈玶。"《光
绪鄞县志》卷二十《选举表一》:"绍兴十五年乙丑陈玶。"

林嵩　明州鄞县人。林硕之父,林惟孝之祖。登绍兴十五年进士第。
官左迪功郎、清远军节度推官。

宋楼钥《攻媿集》卷一百七《林府君墓志铭》:"四明有善士林君讳硕,字
兴祖。……父嵩,儒科,晚仕不显,节度推官,官止清远。"

《乾道四明图经》卷十二《进士题名记》:"绍兴十五年刘章榜:林嵩、陈
玶。"《民国鄞县通志·文献志·贡举》:"高宗绍兴十五年林嵩,清远军节度
推官。"

林宗一《宋林惟孝墓志》:"祖讳嵩,迪功郎、清远军节度推官;妣冯氏。"
注:是志撰于宋绍定三年(1231)。

王沦　明州奉化县人。王夬孙,登绍兴十五年进士第。寄居和州。

《光绪奉化县志》卷十九《选举表一》:"绍兴十五年乙丑王沦,刘章榜,夬
孙。寄籍和州。"《乾道四明图经》卷十二《进士题名记》:"绍兴十五年刘章
榜:王沦,夬之孙。"《宝庆四明志》卷十《进士》:"绍兴十五年刘章榜:王沦,夬
孙,贯和州。"《延祐四明志》卷六《人物考下》:"绍兴十五年刘章榜:王沦,夬
孙,贯和州。"

王铎　明州奉化县人。登绍兴十五年进士第。事迹无考。

《嘉靖宁波府志》卷三《选举叙》:"高宗绍兴十五年,奉化,王铎。"

注:王铎中举情况,宋元四明六志及奉化诸志均不载。

沈子霖　字泽夫,号逍遥翁。明州定海县人。沈焕祖父,沈铢父。登绍

兴十五年进士第,为惠州博罗县主簿,然后无意从仕,遂无闻。

《宝庆四明志》卷九《先贤事迹下》:"祖子霖,字泽夫。贡辟雍,调惠州博罗县主簿,无仕进意,号逍遥翁。"《乾道四明图经》卷十二《进士题名记》:"绍兴十五年刘章榜:沈子霖。"

张济 明州慈溪县人。登绍兴十五年进士第。事迹无考。

《乾道四明图经》卷十二《进士题名记》:"绍兴十五年刘章榜:张济,嗣良从兄。"《宝庆四明志》卷十《进士》:"绍兴十五年刘章榜:张济,嗣良从兄。"《延祐四明志》卷六《人物考下》:"绍兴十五年刘章榜:张济,嗣良从兄。"《天启慈溪县志》卷六《选举·宋》:"高宗绍兴十五年:张济。"

叶时 明州奉化县人。登绍兴十五年进士第。事迹无考。

《嘉靖宁波府志》卷三《选举叙》:"高宗绍兴十五年,奉化,叶时。"《光绪奉化县志》卷十九《选举表一》:"宋高宗十五年乙丑:叶时。"

刘遵 字继道,明州象山县人。刘渭同族。长于经术之学,学名隆盛,甚至有学生自千里之外前来从学。后登绍兴十五年特奏名进士第,恩授文学职。

《宝庆四明志》卷八《先贤事迹上》:"遵,字继道。渭之族也。博学强记,尤精于经术,受业者不远千里,多所成就。绍兴甲子、己卯兼经取士,父子皆以诗举,该特恩授文学。"

绍兴十八年戊辰(1148)王佐榜

沈中立 字抑强,明州鄞县人。登绍兴十八年进士第。

佚名《绍兴十八年同年小录》:"第六十六人沈中立,字抑强,小名虎郎,小字用之。戊寅三月十一日生。外氏陈氏,继母顾氏。具庆下。第六八。兄弟五人。二举。娶潘氏。曾祖承长,故,不仕。祖子明,故,不仕。父适,未仕。本贯明州鄞县光同乡中林里。父为户。"

《乾道四明图经》卷十二《进士题名记》:"绍兴十八年王佐榜:沈中立。"《宝庆四明志》卷十《进士》:"绍兴十八年王佐榜:沈中立。"《延祐四明志》卷六《人物考下》:"绍兴十八年王佐榜:沈中立。"

童大定(1101—?) 字持之,明州奉化人。少时从赵芘民学,后亦受业于高闶、杨时。绍兴时入太学,丁母忧而去。后登绍兴十八年进士第。初授汉阳尉,重耕亩,定经界,后转永嘉丞、江东漕属、宣教郎、徽州教授,皆有善政,官终于奉议郎、靖江军事通判。

佚名《绍兴十八年同名小录》:"第七十七人童大定,字持之,小名德润,小字进之。年四十八。三月十九日生。外氏董永，感下第三兄弟，四人三举。娶汪氏。曾祖遂、祖郁、父端，本贯明州奉化县奉化乡建城里。兄大任为户。"

清黄宗羲等《宋元学案》卷二十五《通判童持之先生大定》："童大定，字持之，奉化人。事乡先生赵庇民，总角入乡校。会舍法罢，游京师，中左学选，所交皆一时名士。高侍郎抑崇以其天资粹美，尽以所闻相授。复从杨龟山先生游，就正所学。靖康之乱，归，遍取古今书读之，造诣益邃。绍兴癸亥，再入太学，寻以母忧去。起复，独不谒时相。登进士第，调汉阳尉，亲履畎亩，正其经界，收渔户税，不私一钱。调永嘉丞，转江东漕属，所至有善政。改宣教郎，授徽州教授。转奉议郎、通判靖江军事，解秩归。"

《乾道四明图经》卷十二《进士题名记》："绍兴十八年王佐榜：童大定。"《宝庆四明志》卷十《进士》："绍兴十八年王佐榜：童大定。"《延祐四明志》卷六《人物考下》："绍兴十八年王佐榜：童大定。"

高选（1107—?）　字德举，绍兴府余姚县人。登绍兴十八年进士第。少时即博通六经，长于《诗》、《易》，乡里重之。登第后授左迪功郎、瑞安尉，曾缉捕海盗。后又为武当军节度推官，因病致仕。

佚名《绍兴十八年同年小录》："高选，字德举，小名寿儿，小字宜老。年四十二。十一月初三日生。外氏王，具庆下，第五十。兄弟三人六举，娶陈氏。曾祖冕，故，不仕；祖佑，故，不仕；父岵，未仕。本贯绍兴府余姚县上林乡石仁里。兄远为户。"

《宝庆会稽续志》："绍兴十八年王佐榜：高选。"

王佐《宋故武当军节度推官高公墓志铭》："先君妙年，一时游从皆知名士。宣和岁癸卯，罢升舍法，用科举取士，黜老壮浮靡，学者始根柢经史，文遂一变。乡里故多士与举，送者惟艰。公与先君连两名，荐书烨然，声振场屋，自兹气义契合，情好日笃。公间远造先君，余以童子□□□日以书抵先君曰：'愿以息女为公家妇。'余家故贫，先君不敢承。公曰：'女欲得所从，□□□长贫者？'卒与女。乡党固多公之义，自余谓公家婿，教诲饬厉若子弟。□□西游，俾受业□士。绍兴岁戊辰，公与余实同登进士第，缙绅以为美事益多，公善择婿。不幸先君捐馆舍，妇氏继亡，公亦抱疾家居。余赴庐陵郡谒□□伤惨沮，有讵相见期之叹，余固以为惜别感概耳。逾年，忽以讣告。呜呼！悲夫于人世□□□，尚忍言哉！

"公讳选，字德举。曾祖讳冕，祖讳佑，父讳岵，世为绍兴府余姚县人。祖父隐德□行有□郎陈公、殿院胡公志铭。公少颖悟超逸，刻厉琢磨，不为口耳。学必欲究竟古人，博通六经，尤长于《诗》，邃于《易》，为□□□经意，涉笔成章，每出必佳。既冠，继取乡荐，士论浩然归重，谓青紫可俯拾。数奇，六上吏部，始第黄甲，授左迪功郎，温州瑞安县尉。视事才满岁，当路才之，争置门下。未几，以父忧去，继丁母忧。吉服，调武当军节度推官，得风痹之疾，起居固自若，遂灰心仕进。

"公尉瑞安日，躬获海盗，按格应赏，亲故勉公料理。公曰：'警捕吾职也，以人命媒进，何心焉？'家素饶财，公不视簿书，未尝问有无，自奉俭约类寒儒。家人辈劝公及时顾自，立产业基址遗子孙，公笑而不答。为人表里浑厚纯固，无一毫伪。其涉世似迂□，其接物似简倨。其气浩浩不屈，其言落落难合，而终始不渝。即之可亲，久而愈有味，知公者以古常人吉士比公。既得末疾，了不婴戚，时时取白乐天、邵尧夫诗高吟朗诵，会心适意，徙倚夷犹，两忘□世，真所谓乐天知命也。

"隆兴元年十月二十七日，故疾革终，享年六十有一，以二年九月二十四日葬于县之龙泉乡骆陾之原。娶陈氏，贤明，治家有法。子男三人：长世范，早亡。次舆、次辂，皆有学守。女子三人：长即余妇，次适进士刘秉，次适进士茅立仁。孙男女三人。

"自公之殁，余守郡符，不能往哭奠。既葬，系寓于朝，又不与执绋，负负冥莫。谨为之铭曰：气不特挫，心不利累。观其所养，用有余地。胡屯而啬，百不一试。不在铭诗，发潜昭世。"注：是志撰于宋隆兴二年（1164）。

方逢辰　明州鄞县人。登绍兴十八年特奏名进士第。事迹无考。

《乾道四明图经》卷十二《进士题名记》："绍兴十八年王佐榜：方逢辰。"《光绪鄞县志》卷二十《选举表一》："绍兴十八年戊辰：方逢辰。"注：《鄞县进士录》疑其为绍兴十八年特奏名进士，今从之。

陈云从　明州鄞县人。登绍兴十八年特奏名进士第。事迹无考。

《乾道四明图经》卷十二《进士题名记》："绍兴十八年王佐榜：陈云从。"《光绪鄞县志》卷二十《选举表一》："绍兴十八年戊辰：陈云从。"注：《鄞县进士录》疑其为绍兴十八年特奏名进士，今从之。

绍兴二十一年辛未（1151）赵逵榜

方天保　明州鄞县人。登绍兴二十一年进士第。事迹无考。

《乾道四明图经》卷十二《进士题名记》："绍兴二十一年赵逵榜：方天保。"《宝庆四明志》卷十《进士》："绍兴二十一年赵逵榜：方天保。"《延祐四明志》卷六《人物考下》："绍兴二十一年赵逵榜：方天保。"

吴化鹏　明州鄞县人。登绍兴二十一年进士第。事迹无考。

《乾道四明图经》卷十二《进士题名记》："绍兴二十一年赵逵榜：吴化鹏。"《宝庆四明志》卷十《进士》："绍兴二十一年赵逵榜：吴化鹏。"《延祐四明志》卷六《人物考下》："绍兴二十一年赵逵榜：吴化鹏。"

张逊　明州鄞县人。登绍兴二十一年进士第。事迹无考。

《乾道四明图经》卷十二《进士题名记》："绍兴二十一年赵逵榜：张逊。"《宝庆四明志》卷十《进士》："绍兴二十一年赵逵榜：张逊。"《延祐四明志》卷六《人物考下》："绍兴二十一年赵逵榜：张逊。"

陈居仁　字安行，明州鄞县人。原籍福建，随父陈膏徙鄞县。父死后，以父亲遗泽为信州铅山尉，后登绍兴二十一年进士第，和范成大共修《高宗圣政》。魏杞使金，为魏氏幕官，在金地遇险，临危不惧，镇定自若，为旁人所服，因此转承议郎、诸王宫大小学教授。魏氏当国后，亦退隐，后谏虞允文莫好大喜功，颇有预见。后为将作监丞、国子丞、秘书丞，屡有奏对，为孝宗所嘉纳。淳熙时出知徽州，筑舟以供民众渡江，断狱甚明，政绩斐然，百姓立生祠祀之，亦为孝宗所闻，力擢之，官至华文阁直学士。

陈居仁有奏议等文稿传世，今却未见，明人杨束《钓台集》（明万历杨氏刻本，浙图有藏）中录有其《水调歌头》词一首，《全宋词》亦录之。

宋楼钥《攻媿集》卷八十九《华文阁直学士奉政大夫致仕赠金紫光禄大夫陈公行状》："本贯兴化军莆田县崇业乡孝义里，陈公居仁，字安行，年六十有九状：

"……特进宦游，联姻四明，遂著籍庆元之鄞。……公以建炎己酉生于奉化，……以特进遗泽补将仕郎，调信州铅山尉，连取漕荐，绍兴二十一年登进士科。……铅山当孔道，盗贼出没，公设方略部，分而厉使之，盗不得发。……公授永丰令，改监行在点检赡军激赏酒库所汆场。隆兴元年，孝宗修《高庙圣政》，妙选僚属，时参政范公成大为和剂局，与公皆自莞库中兼检讨官。二年考满，当改秩，既已进卷。丞相寿春魏公使金，公尝学事之，辟公为书状官，……卒遂成礼，减岁币而还。

"改左宣教郎以奉使赏转两官，差充诸王宫大小学教授。时魏公日贵，乾道元、二年间进秉国均，公方忍贫需远次，闭门读书，未尝求进。初，虞雍公一见奇公，欲引以为用，公不欲就。六年始赴，……逾年，始为军器监主簿。……淳熙四年赴郡，……郡有大溪，岁晏，民未病所涉。忽鸠工造渡舟数十艘，莫测所用，梅霖暴涨，遂得以济，始知公之先事远虑之效，自是岁一举行，抵今赖之。既新军资库，造阅武亭，复于郡庠创御书阁，甚伟，皆取于余材。民不知役，听讼明敏，剖析滞事，情法曲尽，或至千言。邻境有诣台省，愿得公定断者，御史府索案去，官吏创见，为之股栗，公略不排比，径以授之。御史亟称于朝曰：'古之良二千石也。'既受代，吏民遮留，真有截镫断桥者，公由他道去，父老或送别数十里外，生为之祠，去郡十余年，遇生日，郡人必来拜寿。"

《宋史》卷四百六《陈居仁》："陈居仁字安行，兴化军人。父太府少卿膏，娶明州汪氏女，因家焉。膏初为汾州教授，佐守臣张克戬捍金人。后知惠州，单马造曾衮垒，譬晓降之。鄞僧王法恩谋逆事觉，或请屠城，膏方为御史，力论多杀非圣世事，胁从者悉宽宥之。

"居仁年十四而孤，以阴授铅山尉。绍兴二十一年举进士。秦桧与膏有故，有劝以一见可得美官，居仁曰：'是有命焉。'终不自通。移永丰令，入监行在点检赡军激赏酒库所籴场，诏修《高宗圣政》，妙选寮属，与范成大并充检讨官。

"淮甸交兵，魏杞以宗正少卿使金，辟居仁幕下。时和战未决，金兵驻淮北，人情恼惧，突骑大至，弯弓夹道，居仁上马，犹从容举酒属杞：'天寒尚醹此觞。'观者壮之。乃谕金人开道入，卒成礼，减岁币而还。因出疆赏，转承议郎，授诸王宫大小学教授。杞秉国柄，居仁忍贫需远次，未尝求进。虞允文欲引以为用，不就。允文欲与论兵，谢不能，退而贻书谓：'有定力乃可立事，若徒为大言，终必无成，幸成亦旋败。'允文为之色动。

"徙主军器监簿、宗正修玉牒。转对，言：'立国须定规模，陛下非无可致之资，而规模未立。'孝宗初颇不怿，曰：'朕未尝不立规模。'居仁奏：'陛下锐意恢复，继乃通和。和、战、守三者迄今未定，孰为规模耶？'允文曰：'此正前日定力之论，某今益知此言之当也。'

"迁将作监丞，转国子丞。九年，进秘书丞。入对，论文武并用长久之术：'陛下奖进武臣，深得持平救偏之道。然未必得智谋勇略之士，或多便佞轻躁之徒，将复有偏胜之患。'帝嘉纳。权礼部郎官。尝言台阁宜多用明习典故之士，帝问其人，居仁以李焘、莫济对。甫数日，召焘。

"居仁力请外，乃知徽州，帝令陛辞，慰谕遣之。至郡，告以天子节经费以惠俭瘠，不能推广圣德，吏则有罪。乃招三衙军，植二表于庭，有输纳中度而遭抑退者，抱所输立表下，亲视之，人无留滞，吏不能措手，输税者恒裹赢以归。邻州有讼，多诣台省乞决于居仁。秩满，邦人挽留，由间道始得去。

"入对，帝举新安之政奖之。请编类隆兴以来宽恤诏令，有曰：'法久则易玩，事久则易怠，惟申加戒饬，有以儆其观听，则千万年犹一日。'帝曰：'名言也。'又言:'归正忠顺,过于优渥,而遇战士反轻。此曹出万死策勋,今老矣,添差已罢,廪稍半给,至丐于市,军士解体。乞加优恤,以终始念功之意,坚后生图报之心。'弟览之嘉叹。会驾大阅白石,即命再添差两任,衣粮全给,三军为之呼舞。

"留为户部右曹郎官,命未下,朝方推《会要》赏,帝曰:'陈居仁治行为天下第一,可因是并赏之。'特转朝议大夫兼权度支,又兼权礼部。会枢属阙员,方进拟,帝曰:'岂有人才如陈居仁而可久为郎乎?'即授枢密院检详文字,寻为右司,迁左司,又迁检正中书门下省诸房公事,历兼左藏诸库。居仁亲视按牍,尝谓:'有罪幸免则冤者何告,诬枉者七人皆当叙复。'执政难之,居仁退,疏其冤状上之,帝曰:'居仁精审,尚复何疑。'诏以旱求言,居仁乞命公卿务行宽大,御史京镗极论从窄之敝,此风未革。

"假吏部尚书使金,还,迁起居郎,寻兼详定一司敕令兼权中书舍人,泛恩滥赏,封缴无所避。因言:'恩惠不及小民,名为宽逋负,实以惠顽民耳;名为赦有罪,实以惠奸民耳。愿尽放天下五等户身丁,四等户一半。'从之。安定王子彤乞封妾为夫人,居仁缴奏,帝喜迎,谓有补风教。又论:'君人之道,贵在执要,今陛下亲细故而忽远猷,事末节而忘大体,愿举纲要以御臣下,省思虑以颐精神。'诘旦,令清中书之务。权直学士院。帝曰:'内外制尚委数人,今陈居仁一人当之,不见其难。'乞诏大臣博议'绝浮费,汰冗兵,计当省之数,定蠲除之目,此富民之要术业'。

"以集英殿修撰知鄂州,筑长堤扞江,新安乐寮以养贫病之民,拨闲田归之。进焕章阁待制,移建宁府。岁饥,出储粟平其价,弛逋负以巨万计,代输畸零茧税。有因告籴杀人者,会赦免,居仁曰:'此乱民也,释之将覆出为恶。'遂诛之。观察推官柳某死,贫不克归,二子行丐于道,闻而怜之,予之衣食,买田以养之,择师以教。镇江大旱,又移居仁守镇江。请以缗钱十四万给兵食,不报;为书以义憾丞相,然后许。发时密往觇之。间遣籴运于荆楚商人,商人曰:'是陈待制耶?'争以粟就籴。居仁区画有方,所存活数万计。因饥民治古海鲜界港,为石磴丹徒境上,蓄泄以时,以通漕运。治江阴奸僧。

"加宝文阁待制,知福州。入境,有饥民啸聚,部分迓兵遮击之,首恶计穷,自经死。治宗室之暴横,申蛊毒之旧禁。有召命求间者,再进华文阁学士,提举太平兴国宫。卒,赠金紫光禄大夫。

"居仁风度凝远,处己应物,壹以诚信。临事毅然有守,所至号称循吏,皆立祠祀之。有奏议、制稿、诗文行世。子卓。"

《宝庆四明志》卷九《先贤事迹下》："陈居仁，字安行。其先兴化人。父大府少卿膏赘鄞汪氏，因家焉。居仁登绍兴二十一年进士。秦桧与膏有故，或请一见，可得美官，居仁不从。魏杞使金，辟居仁幕下，及杞秉国柄，未尝求进。丞相虞允文欲与论兵，谢不能退而赍书谓：'有定力乃可立事，若徒为大言，终必无成。'辛成亦旋败，允文为色动。

"历秘书丞，入对论陛下奖进武臣，深得持平之道，然未必皆智谋勇略士而或为矜躁者，启幸途其弊，复将偏恐，复致偏胜，帝嘉纳。孝宗曰：'只为文臣太胜，要当扶而正之。'又奏：'圣虑甚至，但又不可过恐，复致偏胜。'摄礼部郎中，尝奏台阁宜多用明习典故之士，上曰：'知名之士，试举一二。'居仁奏：'如周必大、洪迈，久在禁林，不在臣言，李焘、莫济岂应弃之侯国。'上欣纳。

"丐外，得徽州，还朝入对，上褒谕曰：'新安之政甚好，从臣、台谏屡为朕言。'除户部右曹，迁枢密检详诸房公事，历左右司中书门下省检正诸房公事。淳熙十二年借吏部尚书，贺金国生辰，还，除起居郎。明年兼权中书舍人，察官奏旅榇之殡寺院，及十年无子孙，祭省者许自与焚爇，居仁缴纳，请增为二十年。必经涉郡邑，为之勘验，得实方许埋葬，仍标识以待其家寻访。上大悦，从之曰：'台谏给舍，多成一律，如此方见。'前郊祀四日为直奏论：'上有恩惠而小民不与，名为宽逋负，足以惠顽民耳；名为赦有罪，足以惠奸民耳，愿尽放天下五等户，身丁四等户一半。'从之。一日面对，谓：'陛下亲细故而忽远犹，事末节而紊大体。愿深思汉明帝黄老养性之言，俯从唐刘泊多记多言之谏，举纲要以御臣下，省智虑以颐精神。'上嘉之，次日语辅臣：'居仁之言甚忠，卿等相与持守簿书，细故可省，即省不必繁琐。自今亦当少降指挥中书务清，方是朝廷之体，卿等熟复其言可也。'尝兼直学士院，上临朝曰：'官欲择人信，非虚语，向来中书或用三人，今内外制独居仁当之，略不见其难。'

"十五年丁内艰，去国，服阕，历知鄂州、建宁府、镇江府、福州，凡典五郡，皆有惠政。庆元三年，召赴行在，疾作，以华文阁直学士奉祠而归，卒。今中书舍人卓，其子也。"

《乾道四明图经》卷十二《进士题名记》："绍兴二十一年赵逵榜：陈居仁。"《宝庆四明志》卷十《进士》："绍兴二十一年赵逵榜：陈居仁。"《延祐四明志》卷六《人物考下》："绍兴二十一年赵逵榜：陈居仁。"

汪大猷《宋故薛衡州妻令人王氏墓铭》："左朝奉郎、行军器监主簿、兼权宗正寺丞陈居仁篆。"注：是志撰于宋乾道宝庆五年(1169)。

裴定　明州鄞县人。登绍兴二十一年进士第。事迹无考。

《乾道四明图经》卷十二《进士题名记》:"绍兴二十一年赵逵榜:裴定。"《宝庆四明志》卷十《进士》:"绍兴二十一年赵逵榜:裴定。"《延祐四明志》卷六《人物考下》:"绍兴二十一年赵逵榜:裴定。"

项伋　明州鄞县人。项傅之弟。登绍兴二十一年进士第。事迹无考。

《乾道四明图经》卷十二《进士题名记》:"绍兴二十一年赵逵榜:项伋,傅之从弟。"《光绪鄞县志》卷二十《选举表一》:"绍兴二十一年辛未:项伋。"

任三杰　明州奉化县人。登绍兴二十一年进士第。历知福清县、靖州通判。任氏有《姜山》诗一首,见陆心源《宋诗纪事补遗》。

清陆心源《宋诗纪事补遗》卷四十三《任三杰》:"任三杰,奉化人。绍兴二十一年进士。历知福清县,通判靖州。"

《乾道四明图经》卷十二《进士题名记》:"绍兴二十一年赵逵榜:任三杰。"《宝庆四明志》卷十《进士》:"绍兴二十一年赵逵榜:任三杰。"《延祐四明志》卷六《人物考下》:"绍兴二十一年赵逵榜:任三杰。"

孙大中　绍兴府余姚县人。登绍兴二十一年进士第。隆兴时已以左奉议郎致仕。孙大中有《罗从彦诲子弟文跋》一文,见《豫章文集》卷十二(收于文渊阁《四库全书》)。

孙大中
像取自清代修《浙江余姚孙氏宗谱》

宋罗从彦《豫章文集》卷十二《罗从彦诲子弟文跋》:"隆兴元年六月十五日,左奉议郎致仕、赐绯鱼袋孙大中敬跋。"

《宝庆会稽续志》卷六《进士》:"绍兴二十一年赵逵榜:孙大中。"《光绪余姚县志》卷十九《选举表》："绍兴二十一年辛未：孙大中。"

黄巨澄 绍兴府余姚县人。登绍兴二十一年登进士第。授台州通判，累官吏部侍郎。与兄巨川、巨洁隐于悬泥山。黄巨澄有《登四明山诗》，见于黄宗羲《姚江逸诗》卷二。

清厉鹗《宋诗纪事》卷五十《黄巨澄》："巨澄，余姚人。绍兴二十一年进士，官吏部侍郎。"

《光绪余姚县志》卷十九《选举表》："绍兴二十一年辛未：黄巨澄。"注：另见《嘉庆彭桥黄氏宗谱》。

绍兴二十四年甲戌（1154）张孝祥榜

张孝祥 字安国，世称于湖先生。父张祁，居和州乌江县，靖康时南渡，一说寄籍芜湖，四明诸志皆以张孝祥生于鄞县，为鄞人。少时即能过目不忘，下笔千言。中绍兴二十四年状元。初授承事郎、签书镇东军节度判官。后为校书郎，上书高宗，以太庙生芝之事乞求高宗立太子。又擢为尚书里部员外郎、起居舍人、权中书舍人。得汤思退、张浚等赏识，因二人之故，张孝祥在政见上摇摆不定，时主和议，时主恢复。后出知抚州，平江府，皆有政绩。官终显谟阁直学士，早卒。

张孝祥诗词文章在其生前便有"词翰俱美"之称。其《于湖集》传世，宛敏灏著《张孝祥词校笺》一书。

宋陆世良《宣城张氏信谱传》："公讳孝祥，字安国。学者称为于湖先生。本贯和州乌江县。唐司业张籍七世孙，秘阁修撰、金国通问使邵之从子。父祁任直秘阁、淮南转运判官。绍兴初年，金人逼和州，随父渡江，居芜湖升仙桥西。"

《宋史》卷三百八十九《张孝祥传》："张孝祥字安国，历阳乌江人。读书一过目不忘，下笔顷刻数千言。年十六，领乡书，再举冠里选。绍兴二十四年，廷试第一。时策问师友渊源，秦埙与曹冠皆力攻程氏专门之学，孝祥独不攻。考官已定埙冠多士，孝祥次之，曹冠又次之。高宗读埙策皆秦桧语，于是擢孝祥第一，而埙第三，授承事郎、签书镇东军节度判官。谕宰相曰：'张孝祥词翰俱美。'

"先是，上之抑埙而擢孝祥也，秦桧已怒。既知孝祥乃祁之子，祁与胡寅厚，桧素憾寅。且唱第后，曹泳揖孝祥于殿庭，以请婚为言，孝祥不答，泳憾之。于是风言者诬祁有反谋，系诏狱。会桧死，上郊祀之二日，魏良臣密奏散狱释罪，遂以孝祥为秘书省正字。故事，殿试第一人，次举始召，孝祥第甫一年得召由此。

"初对,首言乞总揽权纲以尽更化之美。又言:'官吏忤故相意,并缘文致,有司观望锻炼而成罪,乞令有司即改正。'又言:'王安石作《日录》,一时政事,美则归己。故相信任之专,非特安石。臣惧其作《时政记》,亦如安石专用己意,乞取已修《日历》详审是正,黜私说以垂无穷。'从之。

"迁校书郎。芝生太庙,孝祥献文曰《原芝》,以大本未立为言。且言:'芝在仁宗、英宗之室,天意可见,乞早定大计。'迁尚书礼部员外郎,寻为起居舍人、权中书舍人。

"初,孝祥登第,出汤思退之门,思退为相,擢孝祥甚峻。而思退素不喜汪澈,孝祥与澈同为馆职,澈老成重厚,而孝祥年少气锐,往往陵拂之。至是澈为御史中丞,首劾孝祥奸不在卢杞下,孝祥遂罢,提举江州太平兴国宫,于是汤思退之客稍稍被逐。

"寻除知抚州。年未三十,莅事精确,老于州县者不及。孝宗即位,复集英殿修撰,知平江府。事繁剧,孝祥剖决,庭无滞讼。属邑大姓并海囊橐为奸利,孝祥捕治,籍其家得谷粟数万。明年,吴中大饥,迄赖以济。

"张浚自蜀还朝,荐孝祥,召赴行在。孝祥既素为汤思退所知,及受浚荐,思退不悦。孝祥入对,乃陈:'二相当同心戮力,以副陛下恢复之志。且靖康以来惟和战两言,遗无穷祸,要先立自治之策以应之。'复言:'用才之路太狭,乞博采度外之士以备缓急之用。'上嘉之。

"除中书舍人,寻除直学士兼都督府参赞军事。俄兼领建康留守,以言者改除敷文阁待制,留守如旧。会金再犯边,孝祥陈金之势不过欲要盟。宣谕使劾孝祥,落职,罢。

"复集英殿修撰、知静江府、广南西路经略安抚使,治有声绩,复以言者罢。俄起知潭州,为政简易,时以威济之,湖南遂以无事。复待制,徙知荆南、荆湖北路安抚使。筑寸金堤,自是荆州无水患,置万盈仓以储诸漕之运。

"请祠,以疾卒,孝宗惜之,有用才不尽之叹。进显谟阁直学士致仕,年三十八。

"孝祥俊逸,文章过人,尤工翰墨,尝亲书奏札,高宗见之,曰:'必将名世。'但渡江初,大议惟和战,张浚主复仇,汤思退祖秦桧之说力主和,孝祥出入二人之门而两持其说,议者惜之。"

宋陈骙《南宋馆阁录》卷八《官联下》:"校书郎,……绍兴以后六十五人,……张孝祥,字安国,历阳人,进士及第,治诗赋。二十七年二月除,二十八年七月为吏部员外郎。正字,……绍兴以后八十二人,……张孝祥,二十六年正月除，二十七年二月为校书郎。”

《宝庆四明志》卷九《先贤事迹下》："仼孝祥，字安圣，生鄞县方广院之僧房。绍兴二十四年为进士第一，终显谟阁学士。"《光绪鄞县志》卷二十《选举表一》："光绪二十四年甲戌：张孝祥。"

周葵《宋故宏智禅师妙光塔铭有序》："左宣教郎、试起居舍人、兼玉牒所检讨官、兼权中书舍人历阳张孝祥书。"注：是序撰于宋绍兴二十九年（1159）。

注：张孝祥的研究成果颇多，如韩西山《张孝祥年谱》（安徽人民出版社1993年版）、宛新彬《张孝祥资料汇编》（中华书局2006年版）。尤其是黄佩玉《张孝祥研究》（香港三联书店1993年版）一书，从张氏生平、诗词、文章、书法、作品五方面加以介绍，较为全面。另有陈宏铭《张孝祥研究》（花木兰文化出版社）、潘天英《20世纪以来张孝祥研究》（《文教资料》2012年第12期）。

赵粹中　字叔达，号梅堂。其先世居密州，后因父葬鄞县，迁居鄞县。登绍兴二十四年进士第，初授左迪功郎、南剑州顺昌县主簿，宽宥民力。绍兴三十一年升为左从政郎，乾道时初为永丰丞，后为太常寺主簿，主张为岳飞伸冤，又力乞恳江淮、荆襄荒田，又上策论三书，时称"学问渊源，议论详确"。后又升为起居郎、太子左谕德、吏部侍郎。晚年外知池州、湖州，有政绩。

宋楼钥《攻媿集》卷九十八《龙图阁待制赵公神道碑》："公字叔达，密州诸城人。家世多以文发身，号东西赵，西有丞相清宪公，而公则东赵也。曾祖伸不仕，祖公绰累赠右正奉大夫，父潚左朝散大夫，累赠通奉大夫。通奉因官东南，久寓会稽，卒葬明之鄞，遂占名数，明，今为庆元府。

"公天资绝人，书一览不忘，厉志高迈。自幼笃学，不烦师传，下笔成章，词锋锐甚。通奉文高一时，父子间自为知己，谓：'此儿必大吾门。'绍兴二十四年与弟大猷同登进士科。授左迪功郎、南剑州顺昌县主簿，乞免截盐充失收经制钱，州与邵武虚认，明溪寨兵请给乞正支官钱，以宽民力，盖初筮已不苟于其职如此。三十一年，辟升左从政郎、监行在杂买务。杂卖场门虽在窊库，论当世事皆天下大计，人已属望，以为国器矣。乾道元年，用荐者改左宣教郎，调吉州永丰县丞。二年，丁姒硕人高氏忧。四年，通奉公下世，公抱负不凡，声望已耸。七年，甫免丧，除太常寺主簿。公世明礼学，用赞其长，轮对奏乞辨雪岳少保飞之冤，录功定谥，优恤其家，以激励将士。又乞募人耕江淮、荆襄荒田，不税不役，家出一兵，如四川义士。进《恢复机密十论》，俾边帅招中原之人,用奇以捣燕山。又进《制狄权鉴》,取书传制狄之说,参考历代事迹,总归条例,为十六门四十卷。又《富强策要》十卷,转论屯田,频年虽尝留意,而未及前代者,其说有三:利害未尽、爵赏未重、委任未专。三书既进,送给舍看详,咸云学问渊源,议论详确。

"八年冬,迁太府寺丞,再对,极论文具之弊,愿诏大臣崇尚实用。明年春,除秘书郎,翼日兼权起居舍人,闰月,暂权给事中。自后凡三摄此职,论事无所罔。……五月迁起居郎,冬兼太子左谕德,尝奏讲求渡江以来用度,酌立定制,以赋入之数,七为经费储,其三以备水旱非常。又命江东漕臣及此,稔岁籴米,分贮诸郡郊祀,先学后霁,愿益加兢业以答上天之眷。州郡或献羡余,请更加核实,以代下户之输。除权吏部侍郎、暂权刑部侍郎。

"淳熙元年,金遣泛使梁肃、富察守中来,二月,借朝请大夫试工部尚书充接送伴使,待之以诚,以理因论和好。……二年九月,除吏部侍郎,公久贰天官,尽公革弊,不遗余力,乞将堂除架阁以下归部,以开公道,以清中书,右选必候呈试,方许参选,免试恩例,并不许用。……公前后四求外补,上眷曲留求之愈力。三年,始得请,十二月,御批久典诠曹,劳绩日著,除敷文阁待制,知池州。时孝宗方以职名为重,非有功不除,公以简眷之深,首得之。四年三月赴镇,临政勤勉,宽猛相济,布宣德意,徇访利病。以简静不扰为本,而赏罚必行,吏畏民爱,奸盗为之屏迹。理财节用,久而充溢,既补积逋,又代贫民之税,决讼如流,吏不得预。秋税受输,多取于民,公深疾之,至是使输者自概事既彻。闻有旨行之诸路,增葺学校,亲较诸生课程,时加馈遗以勉之。尝谓榷禁太严,愚民抵冒者众,尝获私茶其数甚多,但籍其物而薄其罪官。醖价廉味醇,私酤不禁而自戢,有邑令侵渔官帑止,令捕偿,其人惭甚,引去,公曰:'锢人,圣世不忍为也。'大军分屯,下车大阅,以钱三百万犒之,军士叹服。营垒取水罔远,为创大池以便汲者。百废具举,兵民安之。五年冬,诏郡政修,举实惠及民,升龙图阁待制,民为立生祠。

"六年春,移知湖州,挽留者系道不绝。与池阳监司互乞回避,会有言者,到任三日而罢。凡四任提举江州太平兴国宫。初递卒汪青私启递筒,实以匿名书,至彻宸听,狱成,具奏上,因言事关边徼,此而不惩,恐有甚于此者,上深以为然,遂处极典。八年,台评以为疑,公坐镌职。十三年,高宗八十之庆,尽复旧职。十四年,属疾浸剧,自言厄运方迫,必不可为,却药不进,求致其事,四月甲戌薨于寓舍。

"……闲居鄞十年,夷然不以得丧芥蒂,与太师史公、丞相魏公、尚书汪公为真率之集,侨居僧坊,仅庇风雨,自号曰梅堂,号燕坐,曰意足,曰乐静,聚书万卷,手不停披。持身玉洁,表里无异,望之俨然,即之甚和。无贵贱疏戚,均为尽礼,愈贵愈谦,素不啻寒士。杜门寂寂,郡邑几于相忘,凝尘满席,处之淡如。暇日幅巾,萧散猝遇之,不知其为甘泉旧德也。

"字有楷法,水墨积习,出入率更公权之间,尺牍为人藏弄,告身书名端重劲正,见者敬之。学有原本,文有体要,表章雅健,追配前人。尤喜论治,道古今典章,无不该贯。论事恺切,通畅能动人主之听。诗律酷似唐人杜诗韩笔,深造精诣。刘白之作,诵习无遗,不为艰深奇涩之言、矫激崖异之行。貌若介而有容,交虽淡而能久位。既通显,专以荐士为己任,善必欲扬之使达,所举至多,皆知名之彦,有至公辅者。文集十卷,奏议二卷,《梅堂杂志》五卷,史评五卷,及庙议诸书藏于家,晚犹取历朝实录,纂提纲目,当世之志未衰也。"

《南宋馆阁录》卷七《官联上》:"秘书郎,乾道以后十人,……赵粹中,字叔达,高密人,张孝祥榜进士,出身治诗赋,九年正月除,五月为起居郎。"

《宝庆四明志》卷九《先贤事迹下》:"赵粹中,字叔达。世家密州诸城。父左朝散大夫溍始居会稽,卒,葬礼于鄞,遂为鄞人。粹中与弟大猷同登绍兴二十四年进士第。历官至太常寺主簿,进《恢复机密十论》、《制狄权鉴》四十卷、《富强要策》十卷,给舍详云:学问渊源,议论详确。迁太府丞,累迁吏部侍郎,出知池州、湖州,奉祠,年六十四,卒。

"先是孝宗皇帝在位之十三年,粹中谓庙议未定,考三代六经之制,旁引汉魏晋唐之规,参订本朝名臣奏议,萃而成编。上之谓太祖当居第一之室,永为不祧之祖;太宗当居第二之室,永为不祧之宗。遇祫享,当奉太祖居中,东向昭穆旁列。未果行,遗表犹曰:'维艺祖肇造之功,早正东向之位,念中原沉沦之久,无忘北伐之功。'后八年,定庙议,如其制,始发之者,粹中也。有文集十卷、奏议二卷、《梅堂杂记》五卷、史评五卷。"

赵鐏《宋赵端墓志》:"讳粹中,承议郎、龙图阁待制,赠朝散大夫。妣硕人钱氏。"注:是志撰于宋嘉定三年(1210)。

赵大猷 明州鄞县人。赵粹中弟,淳熙时为监尚书六部门。登绍兴二十四年进士第。

宋楼钥《攻媿集》卷九十八《龙图阁待制赵公神道碑》:"绍兴二十四年与弟大猷同登进士科。"

清徐松《宋会要辑稿》选举二二之四:"淳熙八年正月七日,监尚书六部门赵大猷点检试卷。"

《宝庆四明志》卷九《先贤事迹下》:"粹中与弟大猷同登绍兴二十四年进

士第。"《光绪鄞县志》卷二十《选举表一》:"绍兴二十四年甲戌:赵大猷。"

蒋镡 明州鄞县人。蒋璇从弟。登绍兴二十四年进士第。事迹无考。

《乾道四明图经》卷十二《进士题名记》:"绍兴二十四年张孝祥榜:蒋镡,璇之从弟。"

王铎 明州人,登绍兴二十四年进士第,事迹无考。

《乾道四明图经》卷十二《进士题名记》:"绍兴二十四年张孝祥榜:王铎。"

李玢 明州人。登绍兴二十四年进士第。官至山阴尉。

《光绪浙江通志》卷一百二十五《选举·宋进士》:"绍兴二十四年甲戌张孝祥榜:李玢,明州人,山阴尉。"

茅宠 绍兴府余姚县人。茅密弟。登绍兴二十四年进士第。事迹无考。

《宝庆会稽续志》卷六《进士》:"绍兴二十四年张孝祥榜:茅宠。"《光绪余姚县志》卷十九《选举表》:"绍兴二十四年甲戌:茅宠,张孝祥榜,密弟。"

虞时中 绍兴府余姚县人。绍兴二十四年登进士第。事迹无考。

《宝庆会稽续志》卷六《进士》:"绍兴二十四年张孝祥榜:虞时中,仲瑶子。"

《光绪余姚县志》卷十九《选举表》:"绍兴二十四年甲戌:虞时中,仲瑶子。"

绍兴二十七年丁丑(1157)王十朋榜

方南强 明州鄞县人。天保弟。绍兴二十七年登进士第。事迹无考。

《乾道四明图经》卷十二《进士题名记》:"绍兴二十七年王十朋榜:方南强,天保之弟。"《宝庆四明志》卷十《进士》:"绍兴二十七年王十朋榜:方南强,天保弟。"《延祐四明志》卷六《人物考下》:"绍兴二十七年王十朋榜:方南强,天保弟。"

赵彦弼 明州鄞县人。登绍兴二十七年进士第,曾为瑞安知县。

《弘治温州府志》卷八《宦职》:"瑞安县,宋知县,赵彦弼。"《宝庆四明志》卷十《进士》:"绍兴二十七年王十朋榜:赵彦弼。"《延祐四明志》卷六《人物考下》:"绍兴二十七年王十朋榜:赵彦弼。"

赵公迁 明州鄞县人。登绍兴二十七年进士第。事迹无考。

《宝庆四明志》卷十《进士》:"绍兴二十七年王十朋榜:赵公迁。"《延祐四明志》卷六《人物考下》:"绍兴二十七年王十朋榜:赵公迁。"

颜师尹 明州鄞县人。登绍兴二十七年进士第。事迹无考。

《乾道四明图经》卷十二《进士题名记》:"绍兴二十七年王十朋榜:颜师尹。"《光绪鄞县志》卷二十《选举表一》:"绍兴二十七年丁丑:颜师尹。"

姚僎 明州鄞县人。登绍兴二十七年进士第。事迹无考。

《乾道四明图经》卷十二《进士题名记》:"绍兴二十七年王十朋榜:姚僎。"《光绪鄞县志》卷二十《选举表一》:"绍兴二十七年王十朋榜:姚僎。"

陈栖筠 明州鄞县人,陈扮侄。登绍兴二十七年进士第。陈氏生平虽无考,然《乾道四明图经》录有其《三江亭和郡守潘公韵》诗一首,《全宋诗》卷二千三百五十八录其诗《赠泊宅翁方勺》。

《乾道四明图经》卷十二《进士题名记》:"绍兴二十七年王十朋榜:陈栖筠,扮之侄。"《光绪鄞县志》卷二十《选举表一》:"绍兴二十七年王十朋榜:陈栖筠。"

胡滂 明州象山人,胡旦侄。登绍兴二十七年进士第。事迹无考。

《乾道四明图经》卷十二《进士题名记》:"绍兴二十七年王十朋榜:胡滂,旦之侄。"注:胡滂中第之事,最早见于《乾道四明图经》,而胡旦为象山人,其侄胡滂当为象山人。然象山诸志皆不载。

李瑜 明州人。登绍兴二十七年进士第。知南康军。事迹无考。

《光绪浙江通志》卷一百二十五《选举·宋进士》:"绍兴二十七年丁丑王十朋榜:李瑜,宁波人,南康太守。"注:甬上历代方志皆无载。

孙安国 一说为孙国安,彦忠或为其字,绍兴府余姚县人,一说为温州人。登绍兴二十七年进士第。其和王十朋有交,其余无考。

《宝庆会稽续志》卷六《进士》:"绍兴二十七年王十朋榜:孙安国,迩子。"《光绪浙江通志》卷一百二十五《选举·宋进士》:"绍兴二十七年丁丑王十朋榜:孙国安,余姚人。"

注:孙安国的相关记载颇可商榷,《宝庆会稽续志》论其为会稽人,然余姚诸志皆不载其人。《光绪浙江通志》又作"孙国安",又有温州人王十朋作《至福唐会乡人丁镇叔张器先甄云卿项用中赵知录薛主簿同年孙彦忠草酌试院》诗,收于其文集《梅溪后集》卷十七,以孙彦忠为温州同乡,彦忠或为孙氏名。综上所述,孙安国、孙彦忠或为两人,或孙安国非余姚人,乃温州人。

绍兴二十九年己卯(1159)特奏名

杨逢 字通之。台州府宁海县人。登绍兴二十九年特奏名进士第。事迹无考。

《光绪宁海县志》卷九《选举表·宋·特奏名》:"杨逢字通之,谏议大夫,

《赤城志》无。"

绍兴三十年庚辰（1160）梁克家榜

王明发　明州鄞县人。登绍兴三十年进士第。事迹无考。

《乾道四明图经》卷十二《进士题名记》："绍兴二十七年王十朋榜：王明发。"《宝庆四明志》卷十《进士》："绍兴三十年梁克家榜：王明发。"《延祐四明志》卷六《人物考下》："绍兴三十年梁克家榜：王明发。"

叶时　明州鄞县人。登绍兴三十年进士第。事迹无考。

《乾道四明图经》卷十二《进士题名记》："绍兴三十年梁克家榜：叶时。"《宝庆四明志》卷十《进士》："绍兴三十年梁克家榜：叶时。"《延祐四明志》卷六《人物考下》："绍兴三十年梁克家榜：叶时。"

沈元宪　明州鄞县人。登绍兴三十年进士第。事迹无考。

《乾道四明图经》卷十二《进士题名记》："绍兴三十年梁克家榜：沈元宪。"《宝庆四明志》卷十《进士》："绍兴三十年梁克家榜：沈元宪。"《延祐四明志》卷六《人物考下》："绍兴三十年梁克家榜：沈元宪。"

赵师章　明州鄞县人。赵师岘兄，登绍兴三十年进士第。淳熙时为汀州军事推官。

明何乔远《闽书》卷五十七《文莅志》："汀州，军事推官，赵师章，右淳熙中任。"《宝庆四明志》卷十《进士》："绍兴三十年梁克家榜：赵师章，师岘兄。"《延祐四明志》卷六《人物考下》："绍兴三十年梁克家榜：赵师章，师岘兄。"

赵彦逾（1130—1207）　字德老，一字德先。宋宗室，廷美七世孙，居明州鄞县。登绍兴三十年进士第。淳熙中累官工部尚书。孝宗崩，与赵汝愚立宋宁宗，有定策之功。后出知建康，改四川安抚制置使，历知明州，乞祠归卒。

《宋史》卷二百四七《赵彦逾》："彦逾，字德先，魏悼王后……绍兴三十年登第，淳熙五年，知秀州，累迁太府少卿、四川总领……迁户部侍郎，工部尚书。……累迁资政殿大学士。嘉泰间，知明州兼沿海制置使。嘉定间，乞祠以归，寻卒。"

《淳熙严州图经》卷一《登科记》："绍兴三十年庚辰梁克家榜：赵彦逾，观文。"《宝庆四明志》卷十《进士》："绍兴三十年梁克家榜：赵彦逾。"《宝庆四明志》卷九《先贤事迹》下："赵彦逾，字德老。登绍兴三十年进士第。仕至工部尚书。晚以资政殿大学士典乡郡，召除提举万寿观兼侍读，进观文殿学士。以年乞身。开禧三年薨，年七十八。累赠太师、吉国公。"《万历续修严州府志》卷十一《甲科·进士·宋》："绍兴三庚辰梁克家榜:赵彦逾。"

莫堂　明州鄞县人。莫冠卿之子。登绍兴三十年进士第。

《乾道四明图经》卷十二《进士题名记》："绍兴三十年梁克家榜:莫堂,冠卿之子。"《宝庆四明志》卷十《进士》："绍兴三十年梁克家榜:莫堂,冠卿子。"《延祐四明志》卷六《人物考下》："绍兴三十年梁克家榜:莫堂,冠卿子。"

高文虎　字炳如。明州鄞县人。高闶从子,高似孙之父。登绍兴三十年进士第,授吴兴县主簿。历太学博士兼国史院编修官、兵部侍郎兼中书舍人,迁翰林学士兼侍读。仕至华文阁学士,知建宁府。为南宋史官,历修《四朝国史》、《高宗实录》、《神宗玉牒》、《徽宗玉牒》。

《乾道四明图经》卷十二《进士题名记》："绍兴三十年梁克家榜:高文虎。"《宝庆四明志》卷十《进士》："绍兴三十年梁克家榜:高文虎。"

宋陈骙《南宋馆阁续录》卷九："国史院编修官,淳熙五年以后二十一人:高文虎,字炳如,四明人。绍兴三十年梁克家榜进士出身。治《春秋》,五年八月以国子正兼,六年正月为太学博士,七年正月为将作监丞,并兼。"

《宋史》卷三百九十四《高文虎传》："高文虎,字炳如。四明人,礼部侍郎闶之从子。登绍兴庚辰进士第,调平江府吴兴县主簿……宁宗即位,迁军器少监兼将作监,迁国子司业兼学士院权直,迁祭酒、中书舍人、兼直学士院兼祭酒,升实录院同修撰、同修国史……迁兵部侍郎兼中书舍人,又兼祭酒。拜翰林学士兼侍读……除华文阁学士,知建宁府,力丐祠,提举太平兴国宫……卒。"

《延祐四明志》卷六《人物考下》："绍兴三十年梁克家榜:高文虎。"《光绪江西通志》卷十《宋职官表》："孝宗朝,高文虎,字炳如,明州鄞县人,闶从子。绍兴三十年进士,知建昌军,淳熙中任。"《民国福建通志·职官志》卷二《宋》："建州军州事高文虎,鄞县人。绍兴进士,以华文阁学士知。"

楼铉　字少虚。明州鄞县人。楼异之孙,楼钥堂兄。绍兴三十年中进士丙科,授盐官县尉。历临安府府学教授,终淮西干办公事。在任上,不畏权势,高风亮节,仕林为之所叹服。

宋楼钥《攻媿集》卷五十二《求定斋诗余序》："从兄编修景山,始因太学舍选,与教授兄少虚,同上绍兴三十年进士第。"

宋楼钥《攻媿集》卷七十三《书从兄少虚教授金书金刚经后》："兄讳铉,少虚其字也……绍兴二十有九年解试为第七名,明年省试为第六名……既登丙科,授盐官尉……除泰州教授……为临安府教授……淳熙改元……卒……寿止四十二。"

宋楼钥《攻媿集》卷一百九《从兄楼府君（铉）墓志铭》："公父讳琚……笃意教子，叔子楼铉，有场屋盛名，以丙科仕至临安教官。"

《乾道四明图经》卷十二《进士题名记》："绍兴三十年梁克家榜：楼铉，异孙。"《宝庆四明志》卷十《进士》："绍兴三十年梁克家榜：楼铉，异孙。"《延祐四明志》卷六《人物考下》："绍兴三十年梁克家榜：楼铉。"

楼锷　字景山，一字巨山，自号求定斋。明州鄞县人。异孙。与铉、钥皆堂兄弟。登绍兴三十年进士第。历枢密院编修官，仕至知鄂州。

《乾道四明图经》卷十二《进士题名记》："绍兴三十年梁克家榜：楼锷，异之孙。"

宋楼钥《攻媿集》卷五二《求定斋诗余序》："从兄编修景山，始因太学舍选，与教授兄少虚同上绍兴三十年进士第……由太学正，宗正寺主簿，玉牒所检讨官，枢密院编修官、守江阴……自九江移武昌，以疾奉祠……自号求定斋。"宋楼钥《攻媿集》卷八五《高祖先生事略》："楼某，字子文……五世孙锷、铉、钥、镛，六世孙汶皆踵世科。"

《宝庆四明志》卷十《进士》："绍兴三十年梁克家榜：楼锷，异孙。"《延祐四明志》卷六《人物考下》："绍兴三十年梁克家榜：楼锷，异孙。"

清王梓材等《宋元学案补遗》卷五十一《周先生汝能·楼先生锷》："周汝能，会稽人。楼锷，字景山，鄮山人。"注：二先生之婺州教授。

郑锷　明州鄞县人。登绍兴三十年进士第。事迹无考。

《乾道四明图经》卷十二《进士题名记》："绍兴三十年梁克家榜：郑锷、黄岩叟、董弥明、翁才。"《民国鄞县通志·文献志·贡举》一《宋贡举题名》："高宗绍兴三十年：郑锷，见《人物表》三。"

黄岩叟　明州鄞县人。登绍兴三十年进士第。事迹无考。

《乾道四明图经》卷十二《进士题名记》："绍兴三十年梁克家榜：郑锷、黄岩叟、董弥明、翁才。"《民国鄞县通志·文献志·贡举》一《宋贡举题名》："高宗绍兴三十年：黄岩叟。"

董弥明　明州鄞县人。登绍兴三十年进士第。事迹无考。

《乾道四明图经》卷十二《进士题名记》："绍兴三十年梁克家榜：董弥明。"《光绪鄞县志》卷二十《选举表一》："绍兴三十年庚辰：董弥明。"

翁才　明州鄞县人。登绍兴三十年进士第。事迹无考。

《乾道四明图经》卷十二《进士题名记》："绍兴三十年梁克家榜：翁才。"《光绪鄞县志》卷二十《选举表一》："绍兴三十年庚辰：翁才。"

舒辙　字德济，明州奉化县人。以七十龄登绍兴三十年进士第，官赣县县尉、监行在赡军激赏东库、监潭州南岳庙等职。

宋舒璘《舒文靖公类稿》卷四《先君承议公圹志》:"先君姓舒氏,讳皷,字德济,世家明之奉化。曾祖讳文吉,祖讳惟政。考讳卞,承节郎,赠宣议郎。妣王氏,赠孺人。

"先君自幼力学于伯氏讳疄,文行重于乡。以七十上礼部,封策入等,授右迪功郎,赣州赣县县尉。任满,循从事郎,监行在赡军激赏东库,再监潭州南岳庙。致仕,转通直郎。淳熙己亥七月初三日,终于正寝,享年七十有四。以其年十有二月甲申朔,合葬于金溪乡永堂里广教吞妣孺人李氏之域。七子:曰琬,乡贡进士;曰琰、曰球、曰琳、曰琥,国学进士;曰璘,迪功郎,信州州学教授;曰琪。孙男二十三人:某某,一未名。球、琥及锐先卒。女孙十一人:长归李元琪,次适张南玘,余未行。曾孙男一人。

"先君忠厚诚笃,敦行孝弟。尚论古人,必以检身,夷考载籍,务明治道。声色货利不入于心,故处家庭,在乡党,守官莅民,咸有典则可纪述。兴国军教授、临川陆先生九龄尝谓人曰:'舒君温恭足以儆傲惰之习,粹和足以消鄙倍之心。'闻者以为笃论。某等欲请铭于陆君,迫于窀穸未克就,其行实则有友人扬州军沈焕为状。某泣血纪岁月纳诸圹。迪功郎、庐州舒城县尉李过庭书讳。"

《乾道四明图经》卷十二《进士题名记》:"绍兴三十年梁克家榜:舒皷。"《光绪奉化县志》卷十九《选举表一》:"绍兴三十年庚辰:舒皷,梁克家榜。"

赵师岘　明州慈溪县人,赵师章兄。登绍兴三十年进士第。乾道时为黄岩令。

《嘉定赤城志》卷十一《秩官门四》:"县令,黄岩,乾道十一年,赵师岘。"《宝庆四明志》卷十《进士》:"绍兴三十年梁克家榜:赵师岘。"《延祐四明志》卷六《人物考下》:"绍兴三十年梁克家榜:赵师岘。"

刘俣　字硕翁,明州象山县人。登绍兴三十年进士第。首授华亭县令、台州知州,酒政大治,平易近民。至绍兴,更赈诸暨、萧山县荒民十万,其后亦政绩颇著。宋光宗闻之,十分赏识,除广东提举。时故乡明州大饥,刘氏浮海助粮。后又在福建为官,官至尚书吏部郎中卒。

宋楼钥《攻媿集》卷三十六《刘俣广东提举制》:"敕:具官某:朕嗣服之初,首下宽大之诏,俾部使者分察属郡,务宽民力。尔守岳阳,推诚奉行,凡加赋横敛之病吾民者,悉加蠲除,几去岁额之半。荐章交上,朕甚嘉之。岭海去朝廷远,界尔一节,专敛散之权。推岳阳之意而行之遐陬,其息肩乎?"

《宝庆四明志》卷八《先贤事迹上》:"子俣,字硕翁,总角日诵千言,为文操笔立成。登绍兴三十年进士第,改秩,知华亭县。邑版赋窄,率贷诸豪民,由是挠正。前令少善，去，俟谒台府，愿宽假三月。乃治酒政，损关征，不三月，课入自倍，逋赋以偿。平易近民，而决事若神，豪猾敛手。并海有泰山、盐铁、蚌港三堰不治，被旨督作，夙夜露处，护田六万亩。守以图奏，孝宗大悦，亟加褒赏。倅绍兴，府帅王希吕、使者朱熹雅敬之，委以诸暨、萧山荒政，活民十万。知兴国军，陛辞，乞免萧山废田之税，以时省缮华亭海堰，禁逻兵胥吏扰沿海民船，事皆施行。改知岳州。东宫引见守臣，论常平之储，欲卖官田为籴本，及宫陵祭礼等事。

"光宗见其仪矩雍容，音吐明畅，注目首肯，悉为报可。至郡，核四邑常赋外，免其版帐凿空者，如马草钱之类，其目凡八，岁减额一万一千有奇，奏定为令。除监广东仓，适四明大饥，奏移粟五万斛，浮海赈之，乡邦赖以济。南海驿道至真阳，达凌江，多穷荒复岭，乃改辟大道八百里，置六铺，筑七庵，募人居之，无复蛇虎、暴客之患。命南雄、梅、辰等州作义冢，瘗暴骨。封州寇余，郡计不立，请废为县。乃减其漕计，蠲其宿逋，代其助赏银数，请著于令，州遂不废。兼遭大奚山寇甚张，帅司撅锋军与贼通，奏豫发水军，为之防，诏从之，卒赖其用。迁福建宪副。有莆田两囚共殴一人死，争下手轻重，数年未决，被旨往鞫之。谓两人非谋共杀，夜黑安能自知下手先后，奏俱免死。除直秘阁，召除尚书吏部郎中，卒。所至有遗爱，民立生祠祀之。闻讣，相与聚哭。

"俣为人风格清整，笃于孝友，其至诚若与神契。华亭水不可食，祷于智井，而泉溢。赈荒，谒曹娥祠，众舟胶而己独济。淮安虎暴，祷南台神，一夕去，众皆异之。自号异斋。赵彦逾为墓志。"

《宝庆四明志》卷十《进士》："绍兴三十年梁克家榜：刘俣。"《延祐四明志》卷六《人物考下》："绍兴三十年梁克家榜：刘俣。"

卞圜　字子车，一字养直。明州鄞县人，原籍泰州。登绍兴三十年进士第。曾为昌化令，后在扬州任上卒。卞氏曾为杜诗作注，另据《浙江方志考》，其曾在乾道间修《昌化县志》。

《宝庆四明志》卷八《先贤事迹上》："子圜，字子车，亦有声太学，号卞夫子，登绍兴三十年第，授扬州倅，卒。"《延祐四明志》卷一《士风考》："潜虚有辨，杜集有注。张汉，慈溪人，著《辨虚》，见《攻媿集》。卞圜，字养直，注《少陵集》。"《咸淳临安志》卷五十四《诸县官厅》："昌化县，县治，依唐山。乾道八年，令卞圜始创园亭堂宇。"

《宝庆四明志》卷十《进士》："绍兴三十年梁克家榜：卞圜，贯泰州。"《延祐四明志》卷六《人物考下》："绍兴三十年梁克家榜：卞圜，贯泰州。"

宋孝宗朝(1162—1189)

隆兴元年癸未(1163)木待问榜

李霖　明州鄞县人。登隆兴元年进士第。事迹无考。

《乾道四明图经》卷十二《进士题名记》："隆兴元年木待问榜:李霖。"《宝庆四明志》卷十《进士》:"隆兴元年木待问榜:李霖。"《延祐四明志》卷六《人物考下》:"隆兴元年木待问榜:李霖。"

汪大辩　字景温,汪思文子,明州鄞县人。登隆兴元年进士第。官敕令所删定官。

宋楼钥《攻媿集》卷八十三《祭从舅汪删定大辩文一》："呜呼！惟舅甥之间兮固曰至亲,粤我之于诸舅兮有异于他人。盖生长外家兮非一朝一夕之积,公亦依于伯父兮自髫龀而为群。飞黄著鞭兮愧驽马之弗进,一日千里兮怅奔逸之绝尘。无诗不酬兮无樽酒之弗与,琢磨至切兮亦游焉息焉而是均。迨公之鼓箧上庠兮我亦继荐于乡老,喜南宫之接武兮相与赐第于枫宸。情好益笃几类于同气,年不相远兮亦忘其分之卑尊。仕于百僚之底兮气出万夫之上,小试以事兮无不关于细氊之闻。逢此百罹兮凡三仕而三已,鼻间栩栩兮眇轩冕于浮云。不负临贺兮反贻于柄臣,引经谏律兮又以激僚友之纷纭。卷怀于家兮志则在于当世,沈酣经籍兮益以探圣贤之深醇。进于朝兮可以使藜藿之不采,居于外兮可以使功利之及民。投以所问兮惟明时之所用。此公之所自许兮人亦以期于君。忽奇祸之作兮真出于意表,曾一指之伤兮害右肱之屈伸。惊一世之英兮奄盖棺而事已,纷孤嫠之叫号兮何苍苍之不仁！呜呼！鉴裁至高兮不以我为不足,语词章之雄兮若谓我其可以与于斯文。顾忧患之沉迷兮荷抚怜之日至,登公之堂兮君今其安存？望丹青之图像兮何精神之逼真,念一息之千古兮不知泪涕之沾襟。翩飞旐之南征兮今其已矣,言不成章兮尚何问于穹旻！"

宋楼钥《攻媿集》卷八十三《祭从舅汪删定大辩文二》："呜呼景孟,天赋奇偏。少小孤立,气已英发,一登上庠,径挹簪笏。读书俊甚,如千里之驹;遇事敏强,若辽天之鹊。知己在朝,声动魏阙。当夷途之欲骧,惊霜蹄之屡蹶。浮湛里间,中不自屈。方且横惊艺苑,深探理窟。冀此生之有用,耻修名之泯没。虽矫矫兀兀,高视一世,而和之者寡。然揆之公言,顾岂非明时之人物也耶？况复颡广颐张，生有奇骨。音吐洪畅，辞条丰蔚。充其所养，墙壤劘揣。何奇疾之遽婴，祸乃生于所忽。迨亲友之及知，则已盖棺而竟殁矣。呜呼！今而后里有疑谋，孰为之析理于茫昧？事有难办，孰为之应变于仓猝？此士友之所痛，而以福善祸淫欲归之于恍惚者也。家四壁立，夫将安施？孤嫠一恸，行道伤割。某等义笃金兰，契连瓜葛。悲埋璧于黄壤，揽寒涕而执绋。呜呼景孟，精爽何之，尚能闻此言于髣髴矣乎？"

《乾道四明图经》卷十二《进士题名记》："隆兴元年木待问榜：汪大辩，思文之子。"《宝庆四明志》卷十《进士》："隆兴元年木待问榜：汪大辩，思温侄。"《延祐四明志》卷六《人物考下》："隆兴元年木待问榜：汪大辩，思温侄。"

张良臣 字武子，号雪窗。登隆兴元年进士第。其不乐仕进，故从仕无所成，然其极长诗文，和四明文士多唱和，后世以其为南宋四明诗之源。

张氏后人辑张良臣诗于《雪窗集》，而此集已不传，诗文散落，《全宋诗》仅录部分。

宋周必大《周文忠公集》卷五十四《张良臣雪窗集序》："襄邑张良臣，字武子，家于四明。笃学好古，擢隆兴进士第。日从魏南夫、史直翁二丞相游。仕宦二十余年，他人朱紫，君困青衫；他人钟鼎，君乐箪瓢。方二公荐士如林，君芒鞋藤杖，日与高僧逸人往来莲社间，不复以名宦为意。淳熙末，始管库行都，则又蹇驴破帽，苦其心志于灞桥风雪中。朝士稍稍知而爱之，佥谓宜掌故六曹，驯致馆学。……后十五年，君之弟尧臣裒古赋四篇、古律诗数百首，号《雪窗集》，介友人曾三异属予以序。"

《延祐四明志》卷五《人物考中》："张良臣，字武子，一字汉卿，家拱州。父避寇来明州，因占籍焉。善为诗，清刻高洁，不蹈袭凡近，凌厉音节，读者悲壮。尤长于唐人绝句，语尽而意益远。诗至于盛唐极矣，杜牧之、李商隐晚出，以绝句为专门。至宋，王安石力仿之，病多而不能终似。黄庭坚以不使句俗为上，律吕乘忤而体益变。陈与义借古语为援，不为事物牵掣，似黄而益奇，诗之变无余蕴矣。风雅道丧，独良臣穿幽纳明，复唐格律，后宋诗人咸推服之。而诸禅僧吟哦讽咏，遂悉宗尚，而诗稍复其变焉。

"良臣于举子业非所长。隆兴元年，试南省，魏文节公杞时为参详官，携三策以见，知举张焘曰：'此文拙古，必故人张武子所作。使欲得士，愿以进。'焘许之。后撤试，果良臣也。杞晚居小溪山中，日从酬唱。其作诗或终岁不出一语。官止监左藏库。诗集十卷，至咸淳间，弥甥徐直谅始裒刻于广信郡。"

元戴表元《剡源集》卷十八《题徐可与诗卷》："雪窗先生张武子讳良臣，

自洪徙鄞,高才妙为诗,为吾乡渡江以来诗祖。凡后生操觚弄翰,而有事于篇什者,未有不出其门者也。天性清旷,不营生业,子孙未再世,即弃丘垄庐舍,去而它游,诗事遂如赘疣。有一女嫁上饶徐氏,其子是为忠愍公,以进士第一人得名于时。"

《乾道四明图经》卷十二《进士题名记》:"隆兴元年木待问榜:张良臣。"《宝庆四明志》卷十《进士》:"隆兴元年木待问榜:张良臣,贯拱州。"《延祐四明志》卷六《人物考下》:"隆兴元年木待问榜:张良臣,贯拱州。"

林圭 明州鄞县人。登隆兴元年进士第。事迹无考。

《乾道四明图经》卷十二《进士题名记》:"隆兴元年木待问榜:林圭。"《宝庆四明志》卷十《进士》:"隆兴元年木待问榜:林圭。"《延祐四明志》卷六《人物考下》:"隆兴元年木待问榜:林圭。"

林颐 明州鄞县人。林嵩之子。登隆兴元年进士第。事迹无考。

《乾道四明图经》卷十二《进士题名记》:"绍兴三十年梁克家榜:林颐,嵩之子。"《宝庆四明志》卷十《进士》:"隆兴元年木待问榜:林颐。"《延祐四明志》卷六《人物考下》:"隆兴元年木待问榜:林颐。"

郑若容 明州鄞县人,郑若谷之弟。登隆兴元年进士第。庆元时曾为衢州知州,后知平江府。

宋楼钥《攻媿集》卷五十五《平江府瞻仪堂画像记》:"庆元二年,知衢州郑公若容治行彰闻,浙东部使者合词以最课表于朝。某月甲子,有旨除直秘阁,改知平江府。自皇帝践祚以来,垂意民瘼,郡太守以异等效膺不次之宠,实自公始。四方流传,莫不耸动,而公之名益显。吴门地大物多,郡务又十倍于西安。旧尝闻吴中士夫言:'吾邦使君当得三数人,以治宾客,答笺书,理财赋,听民讼分典之,乃可办治。'虽若戏言,盖甚言其日不暇给也。

"公精力绝人,年侵而强直不衰。今蒙天子亲擢,以平日临事不苟之意,穷日夜之力,以从事于簿书期会,宜视前后数公愈劳,而无顷刻之间。然下车未几,而治声已随舟车而东矣。一日贻书于钥,谓:'郡中自至道以迄于今,更郡守一百五十人,率有绘像,旧在齐云楼两庑。绍兴末年,洪公枢密以内相出守,尝建瞻仪堂而列像其中,范公参政为之记,今又三十六年。绘事故暗,装潢寝以陊脱。欲尽图于壁间,良工名笔,一开生面,而以旧像庋之阁上,庶几可久。子为我记之。'钥喟曰:'以绘事为甘棠,固他郡所无,于浩穰胶扰中,公余丰豫,雍容及此,非身兼数器之才,宁能尔耶?'举此一事,可以知公之政。下转而上闻,天子之用公,殆未艾也。钥祖父宣和中尝以徽猷阁直学士为守,遗像在诸公间,虑其久或失真,谨以家藏写照,因托公是正之,并书始末,以塞公命。"

《乾道四明图经》卷十二《进士题名记》:"隆兴元年木待问榜:郑若容,若谷弟。"《宝庆四明志》卷十《进士》:"隆兴元年木待问榜:郑若容,若谷弟。"《延祐四明志》卷六《人物考下》:"隆兴元年木待问榜:郑若容,若谷弟。"

赵善待 字时举,绍兴时已监四明作院,故而居明州鄞县。登隆兴元年进士第。历昆山丞、江阴县令、吉州通判、岳州知州等职。善经济事宜,处理皆有法。后授浙东安抚司参议,未上任即卒。

宋袁燮《絜斋集》卷十七《朝请大夫赠宣奉大夫赵公墓志铭》:"公讳善待,字时举,太宗皇帝之七世孙,而濮安懿王之五世孙也。

"……公初以祖免恩补官,当绍兴甲戌之岁,监四明作院。秩满,因寓居焉。擢隆兴元年进士第,换左宣教郎、知昆山县丞,历江阴县,通判吉州,遂知岳州。常平之储,丞之所职也,大抵蠹于移用,公执法以拒之,会朝廷遣使核实,邻邑多以虚数被遣,独昆山无斛米之亏,又以郡檄,市绢旁郡,端己核奸,费省十一。

"……江阴有马氏者,积年不输赋,一日以讼至庭,诘之不服,械之囹圄。不三日,尽偿所负,自是来者褙属,至于贫民下户,则发其有余而代之输,恩惠浃焉。军有市舶务,公兼之,未尝私买一物,人亦不敢干以私。高丽之至者,初止一艘,明年六七焉,语人曰:'吾闻长官清正,所以来此,殆书所谓不宝远物,则远人格者耶。'

"其倅庐陵也,尝摄郡政。时方和籴,江西吉当十万石,官吏白公:'本钱未降,而省符屡趣,计将安出,均之诸县其可?'公曰:'今八县之民,输米郡仓,斛计四十八万。凡水脚等费,皆变米得钱,市商牟利,由是伤农,其可重扰乎?若是以米代钱,公私俱便。'行之不疑,民果乐从,比新太守至,籴已足矣,敏于集事类如此。诸司以课农最奏天子,始知公器业不群,遂有彝陵之命,其陞辞也。……授浙东安抚司参议,官未上,得疾,终于寓舍,实淳熙十五年十月也,享年六十一。明年十二月,安厝于鄞县桃源乡。"

《宝庆四明志》卷十《进士》:"隆兴元年木待问榜:赵善待。"《延祐四明志》卷六《人物考下》:"隆兴元年木待问榜:赵善待。"

楼钥(1137—1213) 字大防,楼异之孙,明州鄞县人。楼钥是宋代宁波地区重要的政治家、文学家。登隆兴元年进士第。初为教官、删定官。后在温州任上,有民众以方腊名义作乱,楼氏加以平定。此事为周必大所知,楼钥开始崭露头角。宋光宗时,楼钥为言官,屡屡上疏,所言切直,且为朝廷诏书主要的草制者之一。宋宁宗时,楼钥卷入党争,为韩侂胄所不满,列为党人，罢，官至参知政事。

楼钥对浙东文化发展十分重要。首先他是南宋时宁波重要的藏书家，所筑东楼藏书甚多，且对外开放。其次是一些四明地区的政治家、文学家、哲学家和楼钥有姻亲、师友关系。最后是《攻媿集》一书保存大量南宋时期的政治、文化史料。

楼钥
像取自清道光修《浙江慈溪楼氏宗谱》

宋真德秀《真文忠公集》卷二十七《攻媿先生楼公集序》："公生于故家，接中朝文献，博极群书，识古文奇字，文备众体，非如他人窘狭僻涩，以一长名家。而又发之忠孝，本之以仁义，其大典册、大议论，则世道之消长，学术之废兴，善类之离合系焉。方淳、鸿硕满朝，每一奏篇出，其援据该洽义理条达者，学士大夫读之，必曰：'楼公之文也。'一诏令下，其词气雄浑，笔力雅健者，亦必曰：'楼公之文也。'……公既罄佗胄之锋，退居却扫者十有四年。嘉定初，起为内相，俄辅大政，向来侪辈，凋丧略尽，而公岿然独存，遂为一代文学。"

元脱脱等《宋史》卷三百九十五《楼钥传》："楼钥字大防，明州鄞县人。隆兴元年，试南宫，有司伟其辞艺，欲以冠多士，策偶犯旧讳，知贡举洪遵奏，得旨以冠末等。投赞谢诸公，考官胡铨称之曰：'此翰林才也。'试教官，调温州教授，为敕令所删定官，修《淳熙法》。议者欲降太学释奠为中祀，钥曰：'乘舆临幸，于先圣则拜，武成则肃揖，其礼异矣，可钧敌乎？'

　　"改宗正寺主簿,历太府、宗正寺丞,出知温州。属县乐清倡言方腊之变且复起,邑令捕数人归于郡。钥曰:'罪之则无可坐,纵之则惑民。'编隶其为首者,而驱其徒出境,民言遂定。堂帖问故,钥曰:'苏洵有言:有乱之形,无乱之实,是谓将乱。不可以有乱急,不可以无乱弛。'丞相周必大心善之。

　　"光宗嗣位,召对,奏曰:'人主初政,仍当先立其大者。至大莫如恢复,然当先强主志,进君德。'又曰:'今之纲密甚矣,望陛下轸念元元,以设禁为不得已,凡有创意增益者,寝而勿行,所以保养元气。'

　　"除考功郎兼礼部。吏铨并缘为奸,多所壅底。钥曰:'简要清通,尚书郎之选。'尽革去之。改国子司业,擢起居郎兼中书舍人。代言坦明,得制诰体,缴奏无所回避。禁中或私请,上曰:'楼舍人朕亦惮之,不如且已。'刑部言,天下狱案多所奏裁,中书之务不清,宜痛省之。钥曰:'三宥制刑,古有明训。'力论不可。会庆节上寿,扈从班集,乘舆不出。已而玉牒、圣政、会要书成,将进重华,又屡更日。钥言:'臣累岁随班,见陛下上寿重华宫,欢动宸极。嘉王日趋朝谒,恪勤不懈,窃料寿皇望陛下之来,亦犹此也。'又奏:'圣政之书,全载寿皇一朝之事。玉牒、会要足成淳熙末年之书,幸速定其日,无复再展,以全圣孝。'于是上感悟,进书成礼。

　　"试中书舍人,俄兼直学士院。光宗内禅诏书,钥所草也,有云:'虽丧纪自行于宫中,而礼文难示于天下。'荐绅传诵之。迁给事中。乞正太祖东向之位,别立僖祖庙以代夹室,顺祖、翼祖、宣祖之主皆藏其中,祫祭即庙而飨。从之。

　　"朱熹以论事忤韩侂胄,除职与郡。钥言:'熹鸿儒硕学,陛下闵其耆老,当此隆寒,立讲不便,何如俾之内祠,仍令修史,少俟春和,复还讲筵。'不报。赵汝愚谓人曰:'楼公当今人物也,直恐临事少刚决耳。'及见其持论坚正,叹曰:'吾于是大过所望矣。'

　　"宁宗受禅,侂胄以知阁门事与闻传命,颇有弄权之渐,彭龟年力攻之。侂胄转一官,与在京宫观,龟年除待制,与郡。钥与林大中奏,乞留龟年于讲筵,或命侂胄以外祠。龟年竟去,钥迁为吏部尚书,以显谟阁学士提举江州太平兴国宫。寻知婺州,移宁国府,罢,仍夺职。告老至再,许之。

　　"侂胄尝副钥为馆伴,以钥不附己,深嗛之。侂胄诛,诏起钥为翰林学士,迁吏部尚书兼翰林侍讲。时钥年过七十,精敏绝人,词头下,立进草,院吏惊诧。入朝,陛循旧班谛视钥曰:'久不见此官矣。'时和好未定,金求韩侂胄函首,钥曰:'和好待此而决,奸凶已毙之首,又何足恤。'诏从之。

　　"赵汝愚之子崇宪奏雪父冤,钥乞正赵师召之罪,重蔡璉之诛,毁龚颐正

《续稽古录》以白诬谤。除端明殿学士、签书枢密院事，升同知，进参知政事。位两府者五年，累疏求去，除资政殿学士、知太平州，辞，进大学士，提举万寿观。嘉定六年薨，年七十七，赠少师，谥宣献。

"钥文辞精博，自号攻媿主人，有集一百二十卷。"

宋樵川樵叟《庆元党禁》之《待制已上十三人》："楼钥，权吏部尚书，明州。"

宋陈骙《南宋馆阁续录》卷九《修国史》："修国史，……嘉定以后八人……楼钥，元年正月以吏部尚书兼。……实录院修撰……嘉定以后七人……楼钥，元年正月以吏部尚书兼。……实录院同修撰……绍熙以后八人……楼钥，五年二月以中书舍人兼，九月为给事中仍兼。"

《嘉定赤城志》卷十《秩官门三·添差通判教授》："淳熙七年楼钥，四明人，厚德美政，人便安之，官至参知政事，壁记无月日，今以楼作《社坛记》定为七年。"

《延祐四明志》卷五《人物考中》："楼钥，字大防，异孙。举进士，中教官科，为宗正丞。时闽、蜀士大夫各植党与，入对，历言前代之弊。光宗即位，为起居郎，兼掌内外制。光宗病不能持丧，传位皇太子，钥草诏曰：'虽丧纪自行于宫中，然礼文难示于天下。'人服其婉。迁给事中。朱熹为侍讲，有旨除职与郡，钥言：'熹始除宫祠，深骇观听，复除职，是圣意不在熹也。然熹难进易退，孰若授以内祠，仍俾修史，异日复侍讲筵，则君臣之道备。'时韩侂胄用事日贵，台臣希旨，论汝愚言定鼎、乘龙之梦，语涉不道。钥曰：'尝闻汝愚言，梦先帝以金汤壶赐之，若是则谓之定鼎可乎？又尝梦会朝，望白龙以升天。未几，上衰服嗣位，若是则谓之乘龙可乎？'吏部侍郎彭龟年入内殿，力奏知阁韩侂胄擅权渐不可制，上大怒，黜龟年外除，侂胄罢知阁，进秩与祠。钥与林大中共疏言：'黄裳已死，黄山守丧，沈有开、陈傅良相继罢去，凡此数人，皆嘉邸旧臣，惟龟年犹在，今又去之，则陛下旧寮遗矣。'侂胄憾之。不数日，改吏部尚书，实夺其言事也。党禁兴，即丐归。未几，即致仕，居家凡十有三年。后侂胄尝曰：'楼大防，善士也，何一书不入都城邪？'且谕意。

"钥时聚书东楼，逾万卷，皆手校雠，号善本，客有愿传录者，辄欣然启帙以授。人有言太师语，子弟相顾，即索具纸笔，钥从庋中取《颜氏家训》，言士大夫晚岁名节事，置纸上，即入去。客疑，援某事入书牍争视之愧即撤口口墨。须臾就坐，客不敢言，钥亦不可问，即举酒如平时。嘉定元年，以翰林学士召拜参知政事。自号攻媿，文集百二十卷，谥宣献。钥性乐易，中原师友传授，悉穷其渊奥。经训小学，精据可传信。尝定注《春秋》，未脱稿。守永嘉,见陈传良书已成,即焚己作,冠以叙引,其服善类此。史弥远用真德秀掌内制,钥所引荐。德秀尝曰:'闻公清言竟日,或极论达旦,退而书绅,不为涂人之归,皆公教也。'子淳,终屯田郎中,其学问似其父。幼子治,终权兵部侍郎。"

《乾道四明图经》卷十二《进士题名记》:"隆兴元年癸未木待问榜:楼钥,异之孙。"《宝庆四明志》卷十二《进士》:"隆兴元年木待问榜:楼钥,异孙。"《延祐四明志》卷六《人物考》下:"隆兴元年木待问榜:楼钥,异孙。"

楼钥《宋乞增葺锦照堂劄子石刻》:"正奉大夫、参知政事兼太子宾客臣楼钥劄子奏:……"注:是劄撰于宋嘉定五年(1212)。

注:楼钥的相关研究成果较多,其中唐燮军《两宋四明楼氏的盛衰沉浮及其家族文化:基于《楼钥集》的考察》一书不仅是对楼氏家族的总体概述,也是对《楼钥集》的写作背景——家族政治史内容的梳理和研究。另有黄宽重《宋代的家族与社会》一书。

薛敏思　明州鄞县人,薛朋龟同族。登隆兴元年进士第。官尚书。

薛氏传有《听松阁集》,已不传。仅存《薛氏世风删》(浙江图书馆藏有明刻本、民国抄本,天一阁博物馆藏有清抄本)所录《送欧阳令之至粤中》诗一首。

清陆心源《宋诗纪事续补》卷十四《薛敏思》:"敏思,朋龟从子,四明人。隆兴元年进士。官至尚书。著有《听松阁集》八卷。不传。"

《乾道四明图经》卷十二《进士题名记》:"隆兴元年木待问榜:薛敏思,朋龟从侄。"

李唐卿　绍兴府余姚县人,一说鄞县人。登隆兴元年进士第。为义乌令。

《光绪余姚县志》卷二十三《列传四·宋》:"李必达,字伯通。父唐卿,进士乙科,宰义乌。"《乾道四明图经》卷十二《进士题名记》:"隆兴元年木待问榜:李唐卿。"《光绪鄞县志》卷二十《选举表一》:"隆兴元年癸未:李唐卿,贯绍兴。"《光绪余姚县志》卷十九《选举表》:"隆兴元年癸未李唐卿。"

张孝伯　明州鄞县人,张孝祥弟。登隆兴元年进士第。为官时韩侂胄以党禁弄权,孝伯可曲为维护,官至参知政事。

宋杨万里《诚斋集》卷九十七《张伯子尚书画像赞》:"江西连帅华学尚书、笃素居士张公伯子之画像,大儿长孺图之示序。"

宋陈骙《南宋馆阁续录》卷九《官联三》:"实录院同修撰……庆元以后二十人……张孝伯,字侣之,和州乌江人,隆兴元年木待问榜同进士出身,治

《诗》,四年正月以权刑部侍郎兼,八月为吏部侍郎,五年十月除礼部尚书兼。"

《宝庆四明志》卷九《先贤事迹下》:"孝伯,字伯子,隆兴元年进士,终参知政事。"《延祐四明志》卷四《人物考上》:"子孝伯,官参知政事,有政声。韩侂胄立党论,孝伯曲为调护之。"《乾道四明图经》卷十二《进士题名记》:"隆兴元年木待问榜:张孝伯。"

顾待问 明州鄞县人。登隆兴元年进士第。事迹无考。

宋洪迈《夷坚三志壬》卷四《顾待问》:"隆兴癸未,礼部试进士。葛楚辅在场屋,并案有江阴顾待问者,砚压其姓之左,但见右旁,葛意其颜氏也,凡三日,皆呼为颜丈。"

《光绪浙江通志》卷一百二十五《选举·进士》:"隆兴元年癸未木待问榜:顾待问,鄞人。"《光绪鄞县志》卷二十《选举表一》:"隆兴元年癸未:顾待问。"

注:顾待问为鄞人,在光绪前浙江及宁波方志无著录,宋人洪迈笔记中记为江阴人,当更可靠。

王广 明州鄞县人。登隆兴元年进士第。事迹无考。

《乾道四明图经》卷十二《进士题名记》:"隆兴元年木待问榜:王广。"《光绪鄞县志》卷二十《选举表一》:"隆兴元年癸未:王广。"

边友闻 明州鄞县人,边汝实之父。登隆兴元年进士第。官顺昌丞。

宋袁燮《絜斋集》卷十六《边汝实行状》:"子顺昌丞讳友闻之子,是为汝实。"

《乾道四明图经》卷十二《进士题名记》:"隆兴元年木待问榜:边友闻。"

赵省 明州鄞县人。登隆兴元年进士第。事迹无考。

《乾道四明图经》卷十二《进士题名记》:"隆兴元年木待问榜:赵省。"《光绪鄞县志》卷二十《选举表一》:"隆兴元年癸未:赵省。"

赵大方 明州鄞县人。登隆兴元年进士第。事迹无考。

《乾道四明图经》卷十二《进士题名记》:"隆兴元年木待问榜:赵大方。"《光绪鄞县志》卷二十《选举表一》:"隆兴元年癸未:赵大方。"

李烨 明州鄞县人。登隆兴元年进士第。事迹无考。

《乾道四明图经》卷十二《进士题名记》:"隆兴元年木待问榜:李烨。"《光绪鄞县志》卷二十《选举表一》:"隆兴元年癸未:李烨。"

刘宏 明州鄞县人。登隆兴元年进士第。事迹无考。

《乾道四明图经》卷十二《进士题名记》:"隆兴元年木待问榜:刘宏。"《光绪鄞县志》卷二十《选举表一》："隆兴元年癸未：刘宏。"

童亦颜 明州鄞县人。登隆兴元年进士第。事迹无考。

《乾道四明图经》卷一二《进士题名记》："隆兴元年木待问榜：童亦颜。"《光绪鄞县志》卷二十《选举表一》："隆兴元年癸未：童亦颜。"

任元迪 明州鄞县人。登隆兴元年进士第。事迹无考。

《乾道四明图经》卷十二《进士题名记》："隆兴元年木待问榜：任元迪。"《光绪鄞县志》卷二十《选举表一》："隆兴元年癸未：任元迪。"

陈纶 明州鄞县人。登隆兴元年进士第。事迹无考。

《乾道四明图经》卷十二《进士题名记》："隆兴元年木待问榜：陈纶。"《光绪鄞县志》卷二十《选举表一》："隆兴元年癸未：陈纶。"

傅岩 明州鄞县人。登隆兴元年进士第。事迹无考。

《乾道四明图经》卷十二《进士名记》："隆兴元年木待问榜：傅岩。"《光绪鄞县志》卷二十《选举表一》："隆兴元年癸未：傅岩。"

王师尹 字民瞻。台州宁海县人。登隆兴元年进士第。官至□州司理参军。

《嘉定赤城志》卷三十三《仕进·进士科》："隆兴元年木待问榜：王师尹，宁海人，字民瞻，终□州司理参军。"

《光绪宁海县志》卷九《选举表》："孝宗隆兴元年癸未：王师尹，《赤城志》：字民瞻，终□州司理参军。"

王章 字之韩。台州宁海县人。登隆兴元登进士第。终从政郎、湖南转运司干官。

《嘉定赤城志》卷三十三《仕进·进士科》："隆兴元年木待问榜：王章，宁海人，字之韩，齐舆之弟。终从政郎、湖南转运司干官。"《光绪宁海县志》卷九《选举表》："孝宗隆兴元年癸未：王章，木待问榜。《赤城志》：字之韩，齐舆弟，终从政郎、湖南转运司干官。"

冯纬文 一作冯伟文。明州慈溪县人。冯泾侄孙。登隆兴元年进士第。事迹无考。

《乾道四明图经》卷十二《进士题名记》："隆兴元年木待问榜：冯纬文，泾之侄孙。"《宝庆四明志》卷十《进士》："隆兴元年木待问榜：冯伟文，泾孙。"《延祐四明志》卷六《人物考下》："隆兴元年木待问榜：冯纬文，泾孙。"

赵伯沇 字子卓。台州宁海县人。登隆兴元年进士第。曾任中奉大夫。

《光绪宁海县志》卷九《选举表》："赵伯沇，《赤城志》、《府志》无。旧志：

字子卓,永泉塘头人,中奉大夫。"

严九龄 明州慈溪县人。严翼从弟。登隆兴元年进士第。事迹无考。

《乾道四明图经》卷十二《进士题名记》:"隆兴元年木待问榜:严九龄,翼之从弟。"《天启慈溪县志》卷六《选举·宋》:"孝宗隆兴元年:严九龄。"

王遹 字致君,绍兴府余姚县人。登隆兴元年进士第。登第后,初为御史台主簿、监察御史右正言,后又在温州、湖南、福建登第为官。淳熙时为国子司业,不久卒。

宋楼钥《攻媿集》卷九十《国子司业王公行状》:"公讳遹,字致君,姓王氏。……建炎南渡,待制再为户部侍郎,终工部尚书。寓居越之余姚,今遂为余姚人。

"……公年十一,被掳,能以婉言脱祸,至幽燕。……二十五年,以尚书郊祀恩补登仕郎。明年春中铨试第一,循右修职郎,特差两浙西路安抚司准备差遣。未上,丁尚书忧。服除,监行在杂务杂卖场门。枢密使汪公彻以御史中丞宣谕荆襄,辟差充湖北京西宣谕使司准备差遣。……隆兴改元,中进士第,明年赴计院。……越七日,迁监察御史,十一月,擢右正言。……会论馆职免召诏试非是忤执政,遂除吏部郎官。供职一日,力求外补。除直秘阁、知鄂州。寻以母老丐祠,主管台州崇道观。乾道三年,除知台州。……遂除知温州……九年丐归,主管台州崇道观。淳熙改元,除荆湖南路转运判官……十月,差充大金贺生辰使接送伴使,四年秋,……特旨别开院,以公持文柄。……至九月,遂除国子司业,……遂以五年二月二十八日终于官舍,享年六十有二。累官至朝奉郎。"

宋王中行《宋故朝奉郎守国子司业致仕王公墓志》:"宋故朝奉郎守国子司业王遹,字致君,世为大名人。曾祖景章,屯田员外郎,赠金紫光禄大夫;曾祖妣夫人麻氏、吕氏、李氏。祖直臣,朝议大夫致仕,赠银青光禄大夫;祖妣大宁郡夫人时氏、同安郡夫人陈氏。父俣,左中大夫、充敷文阁待制致仕,赠光禄大夫;妣文安郡夫人黄氏、河南郡夫人宋氏。

"公生以政和八年四月二十日,绍兴十五年,补太学生。二十五年,以待制郊恩补登仕郎。二十六年,铨试第一,差两浙西路安抚司准备差遣,未上,丁待制忧。三十年,监行在杂买务杂卖场门。三十一年,辟湖北京西宣谕使司准备差遣。三十二年,改秩干办行在诸司审计司。隆兴元年,进士及第。二年,除御史台主簿、监察御史右正言、吏部郎官,以直秘阁出知鄂州,未上,主管台州崇道观。乾道三年,差知台州,未上。改温州。四年,除荆湖南路提举常平茶盐公事,未上,丁宋夫人忧。七年,除福建路提举常平茶事。九年,主管台州崇道观。淳熙元年,除荆湖南路转运判官,未上。二年,除吏部员外郎。三年,除军器监。四年,除国子司业。五年二月二十八日,以疾终于临安府官舍之正寝,享年六十一。是岁五月二十七日,葬于绍兴府余姚县龙泉乡双林寺之原。娶张氏,右朝请郎知漳州辚之女,封宜人。子男一人,中行,迪功郎。孙男一人,大临,将仕郎,孙女一人。"注:此志撰于宋淳熙五年(1178)。

　　宋曾逢《宋故朝奉郎守国子司业致仕王公墓志铭》:"公讳迷,字致君,姓王氏。……父讳俣,工部尚书,以左中大夫、敷文阁待制致仕,赠光禄大夫,复徙绍兴府之余姚。……建炎二年,金人陷陈,公家散走皆南渡,独公为虏得,生十有一年矣。……绍兴八年,戍将有自拔而南者,公与之俱,遂达行在所。……公自是益致力于学,一试入上庠,声籍籍诸生间。二十五年,尚书以郊祀恩奏补登仕郎。明年春,铨试为第一。……迁右修职郎、两浙西路安抚司准备差遣,未上,尚书薨。既免丧,监行在杂买务杂卖场门。三十一年,金人将大举入寇,枢密使汪公澈以御史中丞宣谕荆襄,辟公宣谕使司准备差遣。……讫事,特改右承奉郎。隆兴改元,登进士乙科。二年,干办行在诸司审计司。……有诏引见,合上意,除御史台主簿。才七日,迁监察御史。……才一日,力求外补。除直秘阁,知鄂州,不就,改主管台州崇道观。乾道二年,除知台州。四年,改荆湖南路提举常平茶盐公事,未上,丁继母忧。服除,提举福建路常平茶事。……九年,秩满求闲,复主管台州崇道观。除荆湖南路转运判官。……淳熙二年,将之官入对,……上皆以为然,遂留为吏部郎官。三年,迁军器监。……四年秋,又以选为上舍考试官。……公鉴拔甚精,士心惬服,遂除国子司业。……五年二月癸巳,既谢事,遂终于官舍,飨年六十有一。"注:是志撰于宋淳熙五年(1178)。

乾道二年丙戌(1166)萧国梁榜

　　赵师津　原名师正、师困,赵师浔之兄。明州鄞县人。登乾道二年进士第。曾为儒林郎、池州铜陵县丞。

　　宋楼钥《攻媿集》卷三十一《举宗室伯洙师津状》:"准尚书省札子:'奉圣旨,比来宗室在朝者少,可令两省、台谏、侍从各举有文学器识者二人,以备选择者。'右,臣伏睹朝请大夫、前知庭州赵伯洙,少登世科,退然儒雅,操守坚正,政事中和。若蒙擢置朝行,可以表率宗盟。春秋寖高,伏望速加进用。儒林郎、新池州铜陵县丞赵师津,忍贫好学,厉操勤廉。旧名师困,尝在江东与应孟明同为县丞,一路称此二人。而师津至今沉滞选调,穷而益坚,不改其操。国家教善之久,宗室贤才日众,臣敢以此二人仰备选择。"

《宝庆四明志》卷十《进士》:"乾道二年萧国梁榜:赵师正。改名师津。"
《延祐四明志》卷六《人物考下》:"乾道二年萧国梁榜:赵师正。改名师津。"
《光绪鄞县志》卷二十《选举表一》:"乾道二年丙戌:赵师正。改名师津。"

施纯仁 明州鄞县人。登乾道二年登进士第。事迹无考。

《乾道四明图经》卷十二《进士题名记》:"乾道二年萧国梁榜:施纯仁。"
《宝庆四明志》卷十《进士》:"乾道二年萧国梁榜:施纯仁。"《延祐四明志》卷
六《人物考下》:"乾道二年萧国梁榜:施纯仁。"

薛澄 明州鄞县人。登乾道二年进士第。

薛氏有《跋法智大师帖》一文,收于《四明尊者教行录》卷五,也可参见俞
信芳《四明尊者教行录校注》(浙江大学出版社 2015 年版),又有《立夏》三首
诗见于《甬上耆旧诗》。

《光绪鄞县志》卷二十《选举表一》:"乾道二年丙戌:薛澄。"

高开 明州鄞县人。高安世弟。登乾道二年进士第。事迹无考。

《乾道四明图经》卷十二《进士题名记》:"乾道二年萧国梁榜:高开,安世
之弟。"《光绪鄞县志》卷二十《选举表一》:"乾道二年丙戌:高开。"

王及 字达之,台州宁海县人。登乾道二年进士第。曾为会稽尉、建康
录事参军、永嘉令、诸暨令、主卦福建路机宜文字等,后出守信州致仕卒。

《光绪宁海县志》卷十《列传》:"王及,字达之,槐里人。乾道二年进士。
授会稽尉,调建康录事参军,荐知永嘉,改诸暨。禁奸慝,惠善良,行荒政,贷
逋税,隐然有古循良风。秩满,主管福建路机宜文字,入为太学博士,再转为
丞。两当班对,所言皆切,治礼见诸施用,请外补,出守信州,致仕卒,年六十
九,阶朝议大夫。

"及学问气器度,精通渊远,为诗文粹而有法。每得人片言只字,钞聚以
寓品裁,命曰'药笼';取前人立身行己之事与志合者,及诸时事之变,从而折
衷之,命曰'自信',命所为文稿曰'知过'。勇自刻励,老不少衰,所著见《艺
文》。"

《嘉定赤城志》卷三十三《仕进·进士科》:"乾道二年萧国梁榜:王及,宁
海人,字达之。历太学国子博士、国子丞,终朝奉大夫,知信州。"《光绪宁海
县志》卷九《选举表》:"孝宗乾道二年丙戌:王及。"

俞茂系 字唐英,俞观能子,明州象山县人。登乾道二年进士第。官和
州通判,为政公正清廉。

《宝庆四明志》卷八《先贤事迹上》:"子茂系,字唐英。登乾道二年进士

第。临政以平允称,终和州通判。"《延祐四明志》卷四《人物考上》:"子茂系,字唐英。登乾道二年进士第。临政以平允称,终和州通判。"

《宝庆四明志》卷十《进士》:"乾道二年萧国梁榜:俞茂系,观能子。"《延祐四明志》卷六《人物考下》:"乾道二年萧国梁榜:俞茂系。"《乾隆象山县志》卷四《选举》:"俞茂先,乾道二年。"

杨王休 字子美,明州象山县人。登乾道二年进士第。初授黄岩县尉,扫尽当地豪强,百姓皆称其铁面。其后又在洋州、金州、利川为官,又以户部侍郎兼湖广总领。所到一处,行荒政、筑台堰、建石梁,所为皆惠民。官终礼部侍郎、华文阁待制。杨王休有《致爽斋》、《凿温岭》二诗,皆收于历代《象山县志》。

宋楼钥《攻媿集》卷九十一《文华阁待制杨公行状》:"本贯庆元府象山县政实乡美政里杨公,讳王休,字子美,年六十六状。

"杨氏世居郡城,公之曾祖始家象山,遂为邑人。累世以隐德闻于乡。公生而奇庞,邵夫人中年抱孙,极爱抚。于鬌龄中已有成人气象,庄重寡言,乐然后笑,相者以为必贵。中散延儒士教之。家苦无书,倾资买经史于胄监。肆业蓬莱山僧庵中。穷日夜之力,至雪积于阶而不自觉。尤好词赋,兼通《春秋》。游郡庠,名出诸生之右。绍兴末年,始名乡书,再荐,登乾道二年进士第。

"调左迪功郎、台州黄岩县尉。首兴邑庠,公自课督,又奖拔其尤俊秀者。邑有豪民,武断一方,蓄雄狡数十辈,分而为三:曰大神者,为之谋事;曰中神者,为之行资;曰小神者,为无赖善斗之人也。官吏莫敢谁何。公具得其奸状,白于郡,黥隶他州,闾里欢伏,称公为铁面少府。遇略卖生口者,痛惩而归其人。捕盗立赏格,计实而募于众。祷雨则神龙为之示现,捕盗则鲸海为之肃清。盖筮仕之初,器业闻望过人已数等矣。寻以赏典改左承务郎,知庐州合肥县,携一仆自随。昼至厅事,夜至书室,洛诵或至夜分。尚书王公希吕为帅,叹曰:'据案决是非,此犹可及,官舍如僧居,二年如一日,实有所不能也。'又爱公笔端,笺奏皆属之。帅漕不相能,久不觌面,僚吏无敢言者,而皆敬公,各致剀举,公因得调娱其间。二公为之释然,置酒交欢,而待公益厚。淮民多为客户所侵地,讼难决。公亲行阡陌,为之平章,讼日息而野日辟。岁饥,发防边马料,运米给贷。漕司诘之,公疏艰食之状,且已责其秋偿矣。至期,皆不督而集。万弩手赴帅司检阅,多苦伤寒喉闭之疾,公择方制药以给之,病者多全活;其不幸者,官又敛之。郡多草庐,易延燔。公白于郡,请易以瓦。帅曰:非君孰能办者。公一力经划,市木旁境,教民陶瓦。

未几，民居一新，边方为之壮观。淳熙四年磨勘，转承事郎。

"明年任满，赏转宣教郎，授南康军签判。郡素号为江东道院。待制朱公熹时为守，日课诸生讲书，公亦相与发明，事无巨细悉以委公。自行经界以来，境内苦于赋重，民不聊生，流移者众。公与朱公力请于朝，利害甚白，虽幸少宽，犹惜其不尽如所陈也。庐山东南胜境，官宇有吏隐堂，正与五老峰相直，娱侍双亲于堂上，太守尤敬中散，匾一亭曰"敬老"。公余则奉安舆，游名刹，以尽其欢。六年，转奉议郎。初，有诏：台谏给舍举察官。王公已在西掖，以公及丞相京公镗应诏。京公遂峨豸，而公遭内艰以归矣。扶护暑行，悲感道路，执丧甚苦。九年，又丁中散忧，勉举大事，家为之罄。邑邻台州，有盖苍山高绝，人迹罕至，公处僧室，阅佛经一藏以资冥福，人以为艰。服除造朝，言士风奔竞，皆上之人有以来之，仍言海舶不可迳造都下。贰相王公淮、梁公克家是其言，有意留公。自以五年忧患之余，力求镇江府分司粮科院。

"十二年到官，少保吴公琚为总领，一见公，期以远到，幕府事既为尽力，吴公亦开心听可，一司赖公为多。明年，转承议郎。吴公召还，首荐公才德之美，孝宗命中书识之。既满秩，王丞相欲处以司农寺簿，公又力请外郡，除知洋州。十五年，转朝奉郎。

"光宗时，以皇太子参决庶务。公辞于议事堂，言淮甸撮课、绍兴和买最为民害，又论四川纲马利病。光宗喜曰：'议论人物俱伟，当以敷奏施行。'洋本佳郡，近岁有健讼者。公剖决精明，人不能欺，坐以无事。治赋期会信必，不严力办，征商榷酤，亦皆沛然。郡有丹渊、二苏、鲜于子骏四贤绘像，且望必率子弟拜之。丹渊有《园地》三十咏，公尽复故迹，退食多赋咏其下。又崇教化，课农桑，百姓安之。俄改知金州，兼管内安抚。前守一武吏，居兴元，席卷以归，又尽焚其籍。公至，则栳然且无所稽考。为之节用度，惩吏奸，不能给一二。诏置狱前守，坐编置，没其家资。……成邦、西津两渡，公帑征利病民，首罢之。创浮梁于津，以惠行旅。人为立祠，过者必祝。处分西城、汉英、平利三邑纲马，以损均敷之费。施竹木柴场之利，去受输倍征之害，罢茶场而鬻引，一方无不快。帅守尚书宇文公价、宪使朱公致知相与叹曰：'安康之政，前所未有也。'条其政绩，交荐以闻。

"光宗登极，转朝散郎。郡之士风素陋，公为大兴学宫，学者寖盛；鼎兴祭器，春秋释奠如礼，有雅歌、投壶之风焉。十六年，为四川类试考官。……绍熙元年，转朝请郎。二年，除利用路转运使判官。……三年，移成都路提刑兼常平事，亦令所问官亲笔批执，吏不得预之，故多得其平。三年，转朝奉大夫。四年冬，除本路漕。庆元元年，覃恩转朝散大夫，寻又以年劳转朝请大夫，召赴行在。……七月，除户部郎官、湖广总领。……三年春，就除司农少卿。九月，令赴行在供职。十一月除太府少卿。十二月三日，除中书门下省，检正诸房公事。六日，始入国门先次供职。明年奏事，陈备边之策。……六月，假显谟阁学士兼侍读，为金国贺生辰使。……四年，以劳迁转朝仪大夫，又以年劳转中奉大夫。十一月，迁太府卿。转对。……五年，差省试参详官。五月，除秘书监。……九月，兼实录院检讨官。十一月，除礼部侍郎兼修《玉牒》官。……四月，兼工部侍郎。……力请外祠。三请，除华文阁待制，提举江州太平兴国官以归。归而病，寖革，启手足之际，色庄不乱，命具纸笔曰：'吾将逝矣。'书一颂甫毕，遂终于正寝，是九月壬申也。病中，乞致其事，转大中大夫。遗奏闻，赠四官泽其后二人。"

宋陈骙《南宋馆阁续录》卷七《官联一》："监……庆元以后六人……杨王休，字子美，庆元府象山人。乾道二年萧国梁榜进士出身，治诗赋，五年五月除，十一月为权礼部侍郎。"

《宝庆四明志》卷九《先贤事迹下》："杨王休，字子美，象山人。肄业蓬莱山僧庵中，至雪积其背而不自觉。登乾道二年进士第，为黄岩尉，锄治奸豪，人称铁面少府。历知洋州、金州，除利路转运判官，成都路宪漕二使，以户部郎为湖广总领。入朝，累迁至礼部侍郎，以华文阁待制致仕。在金州，创西津浮梁，平鬼愁滩，罢茶场鬻茶引，分西城、汉阴、平利三邑纲马，损均敷之数。在利路，举行荒政，修栈阁，由益昌至大安军二千余间。在成都，伐石为眉山堰，筑汉嘉西门石梁，所至民德之。今工部尚书晔，其子也。"

《宝庆四明志》卷十《进士》："乾道二年萧国梁榜：杨王休。"《延祐四明志》卷六《人物考下》："乾道二年萧国梁榜：杨王休。"

虞汝翼 一作虞汝翊，绍兴府余姚县人。虞宾曾之孙、虞时中之子。登乾道二年进士第。

《宝庆会稽续志》卷六《进士》："乾道二年萧国梁榜：虞汝翼，宾曾孙。"《光绪余姚县志》卷十九《选举表》："乾道二年丙戌：虞汝翊，萧国梁榜，时中子，康熙、乾隆两志翊作翼。"

沈铢 字公权，明州定海县人。沈子霖之子，沈焕之父，登乾道二年进士第。曾问学于焦瑗，训家甚严，又以明经为乡里师表。登第后官任承务郎、金书镇东节度判官厅公事。

《宝庆四明志》卷九《先贤事迹下》："父铢，任承务郎、签书镇东节度判官厅公事。俱以明经为乡里师表。铢尝问道于焦先生，义方之训尤严，故诸子皆修饬有闻。"《乾道四明图经》卷十二《进士题名记》:"乾道二年萧国梁榜:沈铢,子霖之子。"

卢芷　字良臣,台州宁海县人,官终通直郎。

《嘉定赤城志》卷三十三《仕进·进士科》:"乾道二年萧国梁榜:卢芷,宁海人,字良臣,终通直郎。"《光绪宁海县志》卷九《选举表》:"孝宗乾道二年丙戌:卢芷,萧国良榜。《赤城志》:字良臣,终通直郎。"

乾道五年己丑(1169)郑侨榜

王时叙　字伯伦,明州奉化县人。王时会兄。登乾道五年进士第。仕遂安县尉,有政声,为陆游所赞。王时叙有文集二十卷,已失传。

《光绪奉化县志》卷二十三《人物传一》:"王时叙,字伯伦,第乾道五年进士。历严州遂安尉,时郡守责逋于十年之外,甚急。时叙谓从事曰:'邦侯素不困疲瘵之民,何遽变更果尔? 罪去,诚甘之。'守知不可夺,遂已。

"编修陆游为郡日,县上所断大族争讼,僚属咸会,陆以遂安状衔袖曰:'得一好文字,为诸公出之。'且读且喜曰:'使诸邑皆如遂安,吾辈可以卧治。'及卒,陆诔之曰:'学道爱人,正心诚意,恂恂无华,儒雅饬吏。子之自著,古人何愧。'有文集二十卷藏于家。"

《乾道四明图经》卷十二《进士题名记》:"乾道五年郑侨榜:王时叙,时会之兄。"《宝庆四明志》卷十《进士》:"王时叙。时会兄。"《延祐四明志》卷六《人物考下》:"乾道五年郑侨榜:王时叙,时会兄。"《光绪奉化县志》卷十九《选举表一》:"乾道五年郑侨榜:王时叙,时会兄缵。"

王时会　字季嘉,明州奉化县人,王时叙之弟。明州鄞县人。其初授台州司户参军。其在明时曾和史浩有交,在会稽任上亦设仓惠民。其后又在袁州州学教授、监行在左藏西库、会稽令,卒于长沙任上。王时会有《徐凫岛》一诗,见于《宝庆四明志》。

宋陆游《渭南文集》卷三十七《王季嘉墓志铭》:"予自尚书郎罢归,屏居镜湖上,郡牧、部使者多不识面。至县大夫以耕钓所寄,尤避形迹,弗敢与通。惟两人,曰山阴张君橐、会稽王君时会,相从欢然如故交。张君端亮英达,不幸卒于官。

"王君尤渊粹有守,官满造朝,来别,予怅然语之曰:'赠行当以言,愿足下自爱,毋以用舍愧初心、败晚节。'君曰:'是我志也。'及见除书,从天官铨调湖南转运司主管文字以去。方是时,大臣多知君贤,近臣或奏疏荐君,而扬历久,且尝为邑以最闻,近比当得美官。君一不顾,方上书论进退人才当考实，不宜以近似斥善士。已而迁道来过予，喜津津见眉宇曰：'某于是粗能不负公所期矣。'予作而答曰：'仆不失言，足下不失己，皆可贺也。'及卒，予闻讣叹惊，为朝廷惜此一士，亦窃喜君仕虽踬而志达也。会其子前葬来求铭，因叙而铭之。

"君字季嘉，庆元府奉化县人。曾大父起，大父元发，皆布衣。考中立，以君有列于朝，再赠至宣教郎。君自少时事亲孝，事兄悌，处乡里学校，从师择友甚严，言语举动，忠敬有法，与兄时叙同登乾道五年进士第。仕自台州司户参军，历袁州州学教授，监行在左藏西库，知绍兴府会稽县，最后终于长沙。自迪功郎七迁至朝散郎，赐绯鱼袋。

"初，魏惠宪王判明州累年，君移书丞相史魏公，言：'国家早建储宫，以定天下之本，而魏王偃藩在外，天下皆以为当然者，父子异宫，天下为家，东藩之守，犹异宫也。然父子兄弟之情，终若有间。虽曲加恩礼，岂若用故事，使得日奉朝谒，外庭济济，示天下以公，内庭熙熙，从家人之乐哉！'史公读之，太息称善。会魏王薨，言不果行。观君此书，使得居中任用，其补国家、化天下，必有大过人者矣。有识之士，恨君之不遇也。

"会稽岁霖潦，郡方督已蠲之赋甚急，君持不可。守不听，乃袖告身，易服，立庭中力争，守为之夺气，民赖以纾。遂修社仓之政，因立保伍，以察不孝不悌惰游不逞者，风俗一变。

"会营奉永阜陵，吏按旧比，抱文檄如山，环案立。君徐视，去十之七，余不可已者，召民面给钱粟，与为期会。于是民不知役，而事悉集。君所至设施，多可称述，论事亦多识大体。予所书，特其章章可备史官之求者。若廉于货财，简于自奉，不纳妄馈，不受羡俸，此在君为不足言，故皆略之。

"君锐意经学，有《易》、《诗》、《书》、《论语》训传、《乡饮酒礼辨疑》，凡数十百卷，文辞简古。尤喜为诗，与范文穆公及尤延之、杨廷秀倡酬，诸公皆推之，有《泰庵存稿》三十卷。病已亟，犹强起，拱手端坐，无惰容，顾家人曰：'吾学《易》，昼夜之理甚明。'遂卒，享年六十有四，庆元六年正月丙申也。

"娶杨氏，封安人，淑柔孝恭，晚益好静，安于死生，有学士大夫所难者。先君一岁卒。男女各五。男宗广，以君遗恩入官。宗大，太学生。宗朴，早卒。宗野、宗愚。女长嫁进士杨琪、迪功郎沈黯、进士杜思问、进士孙之颖，幼尚处。孙男五人：与点、与回、与赐、与文、与求。孙女七人，皆尚处。诸孤将以十二月甲午，奉君及安人之枢合葬于某地之原。铭曰：'君才隽伟天所授，早笃于学晚益富。年过六十是亦寿，道悠运促志弗究。子孙森然敏而秀，如芝在庭骥在厩。筑丘植桢日高茂，盛德表表宜有后。'"

《乾道四明图经》卷十二《进士题名记》："乾道五年郑侨榜：王时会。"《宝庆四明志》卷十《进士》："乾道五年郑侨榜：王时会。"《延祐四明志》卷六《人物考下》："乾道五年郑侨榜：王时会。"《光绪奉化县志》卷二十《选举表一》："乾道五年己丑：王时会，郑侨榜。"

史弥大 字方叔，史浩长子。明州鄞县人。登乾道五年进士第。官终礼部侍郎。

宋陈骙《南宋馆阁录》卷七《官联上》："丞……淳熙以后五人……史弥大，字方叔，四明人。郑侨榜进士出身。治《礼记》，三年六月除，四年四月为浙西提举。"宋陈骙《南宋馆阁录》卷八《官联下》："校书郎……淳熙以后十一人……史弥大，元年六月除，三年六月为丞。……正字……乾道以后三十一人……史弥大，九年二月除，淳熙元年六月为校书郎。"

宋佚名《宋中兴东宫官僚题名》之《东宫官》："史弥大，淳熙九年十二月以宗正少卿兼侍读。十一年十二月除中书舍人升兼左庶子。十二年二月除权礼部侍郎仍兼并兼侍读，七月除敷文阁待制宫观。"

《宝庆四明志》卷九《先贤事迹下》："长子弥大，字方叔，登乾道五年进士第。贤肖其父，终礼部侍郎。"《延祐四明志》卷五《人物考中》："长子弥大，终礼部侍郎。力学励行，著衍极朴，语谥献文。"

《宝庆四明志》卷十《进士》："乾道五年郑侨榜：史弥大，浩子。"《延祐四明志》卷六《人物考下》："乾道五年郑侨榜：史弥大，浩子。"

袁章 字叔平，明州鄞县人，袁灼之孙。登乾道五年进士第。初授诸暨主簿，考核田簿，一时诸暨输赋事颇易。后为泰州州学教授、和州教授，其在和州兴学立教，和州学风大盛。此后又为南康军通判，为守所称赞。宋宁宗庆元时卒。

宋袁燮《絜斋集》卷十六《叔父承议郎通判常德府行状》："公讳章，字叔平，庆元鄞人。朝议曾祖讳毂，左朝奉大夫，知处州，赠光禄大夫。妣永嘉郡夫人叶氏。祖讳灼，左朝议大夫，尚书仓部郎中。妣恭人石氏。考讳坰，以公升朝，累赠朝奉郎，妣安人林氏。仓部守随，朝奉祈子于大洪山之神，梦与二子。是岁生某之先君，明年从仓部官京师而公生焉。

"公天资隽敏，十岁遍诵五经，十二能赋，翘然秀出，奇童之誉籍甚，而严重静深，不苟言笑，识者知其伟器。朝奉志尚高洁，恬于荣利，惟教子是急。金先生彦博，模范一乡，俾公受业，日侦伺颜色，惟恐毫发不当其意。未有室家，为之聘娶。饷遗无虚日，公承亲志，愈自刻苦，日不足，继以夜，隐几而寐，觉复诵书，闻者异之，曰：'是固未尝寝耶？'居庭闱闻，婉容愉色，无纤芥子弟之过，一日燕语，偶字姊婿，朝奉曰：'姊婿，尊行也。奈何字之。'自此未尝语及其字。执丧哀毁，几于灭性，火爇其体，会莫之知，其笃孝如是。既冠，志气弥强，从李、莫二先生质疑请益，闻见日广，诸经皆通大义，尤邃于《书》。入太学，交友皆英俊，有司程其艺能，屡为之最，公试高等，其选甚艰，尝再得隽焉。

"自秦丞相柄朝，讳言程氏学，士以雕琢靡丽相高，公介于其间，人所不嗜，日呀嚅之，时见谓朴学。战或不利，公持之不变，退而授徒于乡，以所学淑后进，开明良心，消释鄙倍，从游者日盛，里中推为硕师。年几五十，未脱韦布，磨砺不倦。尚书汪公应辰以鸿儒领贡举，取士先本实，后词艺，公始得在选中。遂登乾道五年进士第，左迪功郎、绍兴府诸暨县主簿。始至，讲求利害，见其封畛广，户口众，而怪其征科之难也。悉索累年簿书，考校其实而匮诸厅事，多寡强弱，官有定赋，而有田者不得不输，虽老奸巨猾，无敢复为欺者。传之后人，遂为经久之利。用举主关升从政郎，为泰州州学教授。秩满，教授和州。淮俗安于故习，知学者鲜，庠序虽设，视为游戏之地；群焉而食，既食而出，以为常。公曰：'士岂有不可教者。'每旦入学，招诸生，勉以进修，毋自弃暴。训之以礼义之大经，圣贤之旨趣，陶染濯熏，善端既开矣，则又束以规矩，出入必时，课试如式，所以防其放逸者，具有条目。有来见者，不以早暮寒暑，从容延接，随叩而鸣，如一家中父子兄弟，款密无间，时人以为真能任职。高宗庆寿及光宗登极恩，再循儒林郎，用荐者改通直郎、签书南康军判官厅公事。郡事清简，号称道院，而朝夕勤勤，不敢以无事处。若振穷民，惩猾吏，蠲逋负，疗疫疾，一时善政，力赞其长，如恐不及。僚吏有善，极口延誉，若自己出；有过，委曲覆护，冀其感悟。守有长于治郡，以能吏称者，人少合其意，于公独心服，时就见之，既还朝，语中都士大夫曰：'吾之为郡，得贤者佐之尔。'问其人，以公对。由此名重朝廷。

"皇上践阼，转奉议郎，祀明堂，赐绯衣银鱼，主管台州崇道观。再任逾年，通判常德府，待次于乡。年登上寿，精明不衰，晨起整农冠，熟复《周易》一卦，折辈行与贤士交，讲明立身之要，日进不止。每语人曰：'吾以贫故，愧未纳禄，可亟望为郡耶？'将申祠请，稿具而属疾，弥月弗瘳，遂致其仕。转承议郎，病且革，神色怡畅，语言自若，略不及家事，晏然而终，实庆元五年十二月二日也，享年八十。娶汪氏，封孺人。二子：焘、熹，皆先卒。孙男二：符、策。女二，适进士戴㠿、吴楠。曾孙男二：鲁孙、英孙。嘉泰元年九月壬申，符等奉其丧，葬于慈溪县西屿乡东岭之原。

"公于学博，自少至老，未尝废书，虽疾病不去手，曰：'吾每观书，不知沉疴之去体也。'对宾客无杂言,问古今事,其答如响,有一不知,深自愧怍。尝从人借书,手自抄之,蝇头细字,一一精谨。治闻多体,殆少其比,而谦恭自将,与人言如恐伤之,虽幼而贱,一与均体。书字必楷,小心斋肃。行步卑弱,如不胜衣。晏居危坐,剧暑无惰容,笔古人格言,日日对之,以自警励,小有差失,必载之册,谓之书过;闻人一善,亦手识之,谓之日志。食味不重,衣服不华,小斋容膝,无一长物,几席凝尘,恬弗为动。忤之而不愠,迫之而不惊,事虽方殷,从容处之。未尝疾言遽色,如春之温,如玉之润,如麒麟凤凰之为嘉祥。古所谓德人之容,晬面盎背者,公信有焉。进退穷达,安于义命,海陵将终,更荐书阙下,宗伯许之,刺奏曰:'少俟两月其可。'公曰:'来者独不欲得录耶。利于己而亏交承之义,吾弗忍也。'遂去之。时宰欲处以京局,辞焉。或问其故,曰:'吾老矣,能复奔走车尘马足间耶?'常平使者行部南康,亟称其贤,欲表荐之,固止之,乃已。其静退类此。临财亦然,非其义一介不取。居官廉静,以法不以例,及可以取,可以无取者,未尝辄受。主郡王公正己,将漕淮南,首以兼牒及之,或问之曰:'他人求而不得,此不求而与何耶?'王公曰:'吾观今人宦游而归,鲜不买田,而斯人鬻产以自给,廉可知矣。吾是以推之。'里中有冒法抵罪,室庐入官者,公输钱于郡,既得之矣。其人踵门拜曰:'某不幸,自速奇祸。孥无所归,愿公垂怜。'立索囊中钱数万畀之,无难色。或言岁所入微,宜稍广基址,公曰:'昔人谓仕宦贫,好消息也。吾敢丰殖以自取戾。'迄无所增。卒之日,室中萧然,无以棺敛。质直而后办,自擢第至殁,余三十年,而生理若是,闻其风者,可以自警矣。某年十有五,奉先君命,学于叔父,殷勤教督,不啻己子。自是每见无不倾尽,挹其貌,耳其言,孝弟恭逊之心,油然而生。某之官于越也,贻书语及新功,自谓胸中融融,有无涯之乐。某窃惟耄期称道不倦,古难其人,而况今乎?他日还乡,朝夕亲炙,庶可少进,此念方切,而公则死矣。药弗及尝,敛弗及视。晬和之貌,不可复见;丁宁深切之语,不可复闻。痛可胜言哉。葬有日,符等将求铭,属某叙述其行,某不敢辞,则泣而书之,谨状。"

《乾道四明图经》卷十二《进士题名记》:"乾道五年郑侨榜:袁章。"《宝庆四明志》卷十《进士》:"乾道五年郑侨榜:袁章,灼孙。"《延祐四明志》卷六《人物考下》:"乾道五年郑侨榜:袁章,灼孙。"

戴樟 字伯皋,明州鄞县人。登乾道五年进士第。后为汪应辰赏识,荐为青田县主簿。又为诸暨县丞,辅佐令长有功。此后丁忧,不幸染疾,改秩宣教郎,未上而卒。

宋袁燮《袁正献公遗文钞》卷上《戴伯皋墓志铭》:"君讳樟,字伯皋,明之鄞人也。大父讳冕，父讳汝明，承奉郎。鄞在东浙为一都会，自宝元、庆历间，士风淳美，大隐杨先生适、杜先生醇、王先生致、楼先生郁相继教授于里中。桃源王先生说居桃源之西偏，亦以文学著闻。由是学者日以兴起，世居于桃源之西偏，其俗犹未洽。君之大父自少立志不苟，尝以开封进士试于礼部不售，益闭户读书，不复求闻于当世。里中尊慕，始多乡方之士。将终，语承奉君曰：'吾虽已矣，犹有望于汝之二子，汝其勉之，以终吾志。'承奉君涕泣受命，使二子屏外事，出从师友，孜孜矻矻，不敢稍懈。君少喜词赋，后读《周书》，不复为雕虫篆刻之习，精思熟讲，反覆参订，有得于先生经世之意。

　　"登乾道五年进士第，故端明汪公应辰时知贡举，见君程文，以为才可大用。初调处之青田簿，再调越之诸暨丞，佐其长以平易晓畅，士俗揆之以理，吏不忍隐其情。丁母夫人朱氏忧，执丧哀毁，或告以葬之日不利子，君曰：'吾亲安则吾利矣。'卒不易日，其年秋感疾，请休于朝，自从政改秩宣教郎，未几而疾革，实淳熙九年八月吉也，享年四十有一。娶袁氏，予伯姊也。子男二人，宣、监。女二人，长适山阴傅积。以某日葬君于桃源乡石马里西洋港之原。

　　"君天姿孝友慈祥，未尝疾言遽色。其发为文章，纡余华畅，自中律度，不为险怪诡异以震俗。至与人交，则情见意接，无城府崖岸，虽其意者，爱慕欣欣焉。乾道八年春，天子称觞万寿宫，覃庆锡类，承奉君及朱夫人皆以君故受封，乡人荣之。君曰：'是未足以报大父所以诲吾之意。'君视予母氏为诸姑，而伯姊又女于君。自青田还乡，暇时访予，从容论治道本末曰：'吾儒平日讲学，措诸事业，宜务君子之道。若炫能矜功，而无恻隐之实，是浅衷薄夫，吾弗为也。'其行事如是，是不可以不铭。铭曰：'姿之温，气之厚，与物无忤，而人皆乐观。位不称德，而德以充身。我作铭文，以诏后人。'"

　　《乾道四明图经》卷十二《进士题名记》："乾道五年郑侨榜：戴樟。"《宝庆四明志》卷十《进士》："乾道五年郑侨榜：戴樟。"《延祐四明志》卷六《人物考下》："乾道五年郑侨榜：戴樟。"

　　沈焕（1139—1191）　字叔晦，明州定海县人，沈子霖之孙。登乾道五年进士第。曾为上虞县尉，平定争讼，划定田界，一时上虞安然。后为太学录，声誉日重，孝宗竟见之，叹其伟仪谈吐，一时难忘。不久任高邮州教授，其后为浙东安抚司干办公事，赈上虞、余姚饥荒，又为婺源令、舒州通判。五十三岁卒。

　　沈焕诗文十分零散，《四明丛书》收录其文集《定川遗书》，沈氏为淳熙四先生之一，《定川遗书》是研究南宋四明地区陆学发展极为重要的文献。

沈焕
像取自清代修《浙江上虞沈氏宗谱》

　　宋沈焕等《定川遗书附录》卷二《通判舒州沈君焕墓碣》："绍熙三年正月戊寅,沈君叔晦卒,十二月丁酉葬庆元府鄞县翔凤乡象坎山龙尾之原,凡四方知名士皆来吊祭。而全州守杨简、太学正袁燮又诹乡评,志圹状行实,授其子来请铭。追思立朝不能推贤扬善,予愧叔晦;益者三友,叔晦不予愧也,铭可已乎? 按沈氏世家定海县,已而徙鄞。曾祖开。祖子霖,经明行修,主惠州博罗县簿。父铢,力以道义教子,终承务郎、签书镇东军节度判官厅公事。

　　"君讳焕,叔晦字也。少而奇伟,年二十四举于乡,监补魁多士。乾道五年省试第二,以右迪功郎尉绍兴府上虞县。乡村不识胥徒,境无犬吠警。吏匿经界籍,争讼纷然,令檄追证。君拘籍镏之,操验稽决,积弊以革。淳熙四年,调扬州州学教授,未上。八年春,诏为太学录。始君为生员,即语人曰:'天子学校当隆师亲友,循规蹈矩,以倡郡国。'知临川陆九龄子寿之贤,从而学焉,见闻日广,朋从趋向悉归于正。既列学官,则以昔所躬行淑诸人,早暮延见学者,声誉日章,长贰同僚已怀媢嫉。会充殿试考官,唱名日序立廷下,孝宗伟其仪观,遣内侍问姓名,众滋忌之,而君益侃侃自将。或劝其姑营职耳,道未可行也。君曰:'道与职二乎?'适私试发策,引《孟子》'立乎人之本朝而道不行,耻也',意似有所讽。言路方以安静为大体,疑其讪也。摘君与长官争议,丐少折之。在职才八旬,得高邮州教授而去,兹可观过矣。明年丁父忧。服阕,选充浙东安抚司干办公事,用举主升从政郎。高宗山陵,越帅郑侍郎汝谐奏充修奉官。君移书御史,请明示丧纪本意,使贵近哀戚之心生,则芰舍菲食自安,不烦弹劾,须索绝矣。后司张尚书构来,复委之检察。君治并缘为奸者,追赏率敛者,支费顿减。岁旱,常平使者分择官属拯恤,君得上虞、余姚二县,无复流殍。诸司交荐,十五年用常格改宣教郎、知徽州婺源县。三省类荐书以闻,上犹简记,许申擢通判舒州,将用之也。光宗覃恩,转奉议郎,赐绯衣银鱼,归溪官期,益笃为己之学。天性孝敬,父在时,每对客必拱侍燕集,竟席乃退,晚奉母尤至诚。颇疑性过刚,大书《戴记》'深爱和气,愉色婉容'于寝室以自警。友爱其弟,抚养孤侄。家虽贫,一毫不敢假于人,甘旨之奉独丰,人疑不贫也。闻会稽创义田,凡吉凶有力不给者伙助有差,即白乡贵效之,得田数百亩,月增岁益,遂为无穷之利。既病犹不废书,孜孜以人才国事为言。昔曾子论弘毅之士仁为己任,死而后已;孟子谓明善以诚身,诚身以悦亲,悦亲以信友,信于友乃获于上。若吾叔晦,所谓任重而道远,诚其身以获乎上者,非耶?自陁间言,其志既益坚,不幸五十三而没。使天假之年,成就岂易量哉?虽然,芝兰当户,锄之者人也;雷风振林,直木斯拔,兹岂人乎?天道难言,予复何咎?既序且铭,哀而不怨,亦叔晦之志也欤。

　"君先娶杨氏,有贤行,前一纪卒。丰清敏公孙、吏部郎中谊复以长女配之。四男:传曾、鲁曾、省曾、敏曾,皆传父业。鲁曾今名杰,用宗荫为迪功郎。四女:长适舒铣,次适吕乔年、胡吁,次许嫁李知至,俱名门也。孙男一,嗣隆。孙女一,尚幼。家藏五卷,大率仁义之言。铭曰:'嗟我叔晦,行高才全。学富于海,道直如弦。秀出周行,顾而俨然。惟皇侧席,伊谁忌前?可抑者进,胡夺斯年?命实使之,彼何诛焉?未尝尤人,矧岂怨天?其事好还,后当邈绵。'"

　元脱脱等《宋史》卷四百一十《沈焕》:"沈焕,字叔晦,定海人。试入太学,始与临川陆九龄为友,从而学焉。乾道五年举进士,授余姚尉、扬州教授。召为太学录,以所躬行者淑诸人,早暮延见学者,孜孜诲诱,长贰同僚忌其立异。会充殿试考官,唱名日序立庭下,帝伟其仪观,遣内侍问姓名,众滋忌之。或劝其姑营职,道未可行也,焕曰:'道与职有二乎?'适私试发策,引《孟子》:'立乎人之本朝而道不行,耻也。'言路以为讪己,请黜之。在职才八旬,调高邮军教授而去。

　"后充干办浙东安抚司公事。高宗山陵,百司次舍供帐酒食之需,供给不暇,焕亟言于安抚使郑汝谐曰:'国有大戚,而臣子宴乐自如,安乎?'汝谐属焕条奏。充修奉官,移书御史,请明示丧纪本意,使贵近哀戚之心重,则芰舍菲食自安,不烦弹劾而须索绝矣。于是治并缘为奸者,追偿率敛者,支费顿减。

"岁旱,常平使分择官属振恤,得上虞、余姚二县,无复流殍。改知婺源,三省类荐书以闻,遂通判舒州。闲居虽病,犹不废读书,拳拳然以母老为念、善类凋零为忧。卒,丞相周必大闻之曰:'追思立朝不能推贤扬善,予愧叔晦,益者三友,叔晦不予愧也。'"

"焕人品高明,而其中未安,不苟自恕,常曰:'昼观诸妻子,夜卜诸梦寐,两者无愧,始可以言学。'追赠直华文阁,特谥端宪。"

《宝庆四明志》卷九《先贤事迹下》:"沈焕字叔晦,世家定海,后徙鄞。年二十四,举于乡,补国子监,为选首。居太学,不苟同,每语人曰:'天下学校当隆师亲友,循规蹈矩,以倡郡国。'慕临川陆九龄之贤,从而学焉。

"乾道五年,省试第二,调官,历余姚尉、扬州教授。八年,召为太学录,以昔所躬行者淑诸人,早暮延见学者,孜孜诲诱。长贰同僚忌其立异。会充殿试考官,唱名日序立庭下,孝宗伟其仪观,遣内侍问姓名,众滋忌之。或劝其姑营职,道未可行也。焕曰:'道与职二乎?'适私试发策,引《孟子》立乎人之本朝而道不行,耻也。言路以为讪己,请黜之。在职才八旬,得高邮军教授而去。后充浙东帅属。高宗山陵,充修奉官,移书御史,请明示丧纪本意,使贵近哀戚之心生,则芟舍菲食自安,不烦弹劾而需索绝矣。于是治并缘为奸者,追偿率敛者,支费顿减。岁旱,常平使者分择官属赈恤,焕得上虞、余姚二县,无复流殍。诸司交荐。十五年,用常格改宣教郎、知徽州婺源县。三省类荐书以闻,上犹简记,特许升擢,遂通判舒州。归俟官期,益笃为己之学,奉亲孝。自疑性刚,大书《戴记》'深爱和气,愉色婉容'于寝室,其存心养性率类此。史忠定王浩创义田于会稽,凡仕族有亲丧之不能举、孤女之不能嫁者,㧁助有差。焕白王,率好义者行之乡里,得田数百亩,月增岁益,遂为无穷之利。虽病,犹不废书,拳拳以人才国事为念。年五十三,卒。周文忠公必大闻之,曰:'追思立朝不能推贤扬善,予愧叔晦。益者三友,叔晦不予愧也。昔曾子论宏毅之士,仁为己任,死而后已。孟子谓明善以诚身,诚身以悦亲,以信于友,乃获于上。若吾叔晦,所谓任重道远,诚其身以获乎上者非邪?'序而铭之。

"忠定王悼之尤切。一时名贤,亲炙其言行者,多志之以传世,称之曰沈先生。有文集五卷。嘉定十六年,宁宗官其子省曾。今天子即位,追赠朝奉大夫、直华文阁,谥曰端宪。"

《延祐四明志》卷四《人物考中》:"沈先生焕,字叔晦,自定海徙鄞。伟仪观,尊视瞻,音吐鸿畅,群居乡校,以严见惮。入太学,行艺优诸生。始与临川陆先生九龄为友，一日尽舍所学，以师礼焉。昼夜鞭策，求友如不及，务本趋实，不自矜炫，每语人曰：'当隆师亲友，循规蹈矩，以倡郡国。'第进士，讲学不倦，自以资禀刚劲，非所以欢庭闱，大书'深爱和气，愉色婉容'数语于壁，日观省焉。门人弟子决疑请益者，自远而至，启告简严，昏者明，柔者立，鄙吝者意消，中心说服，斯道益尊。为太学录，修教养法，士争归之。不肯诡随苟容以取光宠，遂补外，终于舒州通守。先生非圣哲书未尝诵习，与朱文公、吕成公问辨，凡世变之推移，治道之体统，明君贤臣之经纶事业，孳孳讲求，日益深广。追赠直华文阁，特谥端宪。"

《宝庆四明志》卷十《进士》："乾道五年郑侨榜：沈焕。"《延祐四明志》卷六《人物考下》："乾道五年郑侨榜：沈焕。"

注：沈焕研究成果主要有范立舟《南宋甬上四先生研究》一书中所论部分。

沈锽　明州定海县人。沈铢弟。登乾道五年进士第。事迹无考。

《乾道四明图经》卷十二《进士题名记》："乾道五年郑侨榜：沈锽，铢之弟。"《嘉靖定海县志》卷四《选举》："沈锽，乾道五年。"

杨简（1141—1226）　字敬仲，明州慈溪县人。登乾道五年进士第。初授富阳县主簿，当地经商风气浓厚，杨简则兴学立教，文风大振。其后又为绍兴府司理参军，有吏才。后又多在地方任职，百姓有称其为"杨父"者。嘉定时为秘书郎、朝请郎、著作佐郎兼兵部郎官，多有治国策上。又为帝选擢，出为馆阁之臣。理宗时以宝谟阁学士致仕。

杨简一生著述颇多，如《五诰解》、《慈湖遗书》、《慈湖诗传》、《杨氏易传》等等，收录于《丛书集成初编》、《四明丛书》等丛书。

元脱脱等《宋史》卷四百七《杨简》："杨简字敬仲，慈溪人。乾道五年举进士，授富阳主簿。会陆九渊过富阳，问答有所契，遂定师弟子之礼。富阳民多服贾而不知学，简兴学养士，文风益振。

"为绍兴府司理，犴狱必亲临，端默以听，使自吐露。越陪都，台府鼎立，简中平无颇，惟理之从。一府吏触怒帅，令鞫之，简白无罪，命鞫平日，简曰：'吏过讵能免，今日实无罪，必摘往事置之法，某不敢奉命。'帅大怒，简取告身纳之，争愈力。常平使者朱熹荐之。先是，丞相史浩亦以简荐，差浙西抚干。白尹张均，宜因凶岁戒不虞。乃令简督三将兵，接以恩信，出诸葛亮正兵法肄习之，军政大修，众大和悦。

"改知嵊县。丁外艰，服除，知乐平县，兴学训士，诸生闻其言有泣下者。杨、石二少年为民害，简置狱中，谕以祸福，咸感悟，愿自赎。由是邑人以讼为耻,夜无盗警,路不拾遗。绍熙五年,召为国子博士。二少年大帅县民随出境外,呼曰'杨父'。会斥丞相赵汝愚,祭酒李祥抗章辨之,简上书言:'昨者危急,军民将溃乱,社稷将倾危,陛下所亲见。汝愚冒万死易危为安,人情妥定,汝愚之忠,陛下所心知,不必深辨。臣为祭酒属。日以义训诸生,若见利忘义,畏害忘义,臣耻之。'未几,亦遭斥,主管崇道观。再任,转朝奉郎。嘉泰四年,赐绯衣银鱼,朝散郎,权发遣全州。以言罢,主管仙都观。

"嘉定元年,宁宗更化,授秘书郎,转朝请郎,迁秘书省著作佐郎兼权兵部郎官。转对,极言经国之要,弭灾厉、消祸变之道,北境传诵,为之涕泣。诏以旱蝗求直言,简上封事,言旱蝗根本,近在人心。兼考功郎官,兼礼部郎官,授著作郎、将作少监。入对,答问往复,漏过八刻,上目送久之,兼国史院编修官、兼实录院检讨官以面对所陈未行,求外补,知温州,移文首罢妓籍,尊敬贤士。私醝五百为群过境内,分司干官檄永嘉尉及水砦兵捕之。巡尉不白郡,简惊曰:'是可轻动乎? 万一召乱,贻朝廷忧。兵之节制在郡将,违节制是不严天子命,违节制应斩。'建旗立巡尉庭下,召剑手两行夹立,郡官盛服立西序,数其罪,命斩之。郡官交进为致悔罪意,良久得释,奏罢分司,其纪律如此。寓官置民田负其直,简追其隶责之而偿所负。势家第宅障官河,即日撤之,城中欢踊,名杨公河。

"帝遣使至郡讥察,使于简为先世契,出郊迎,不敢当,从间道走州入客位。简闻之不敢入,往来传送数四,乃驱车反。将降车,使者趋出立戟门外,简亦趋出立使者外,顿首言曰:'天使也,某不敢不肃。'使者曰:'契家子,礼有常尊。'简曰:'某守臣,使者衔天子命,辱临敝邑,天使也,某不敢不肃。'遂从西翼偕进,礼北面东上,简行则常西,步则后,及阶,莫敢升,已乃同升自西陛,足踧踖莫敢就主席。使者曰:'邦君之庭也,礼有常尊。'简曰:'《春秋》,王人虽微,例书大国之上,尊天子。况今天使乎?'持之益坚,使者辞益力,如是数刻,使者知不可变,乃曰:'某不敏,敢不敬承执事尊天子之义。'即揖而出。既就馆,简乃以宾礼见。仪典旷绝,邦人创见之,莫不竦然竦观,屏息立。

"简在郡廉俭自将,奉养菲薄,常曰:'吾敢以赤子膏血自肥乎!'闾巷雍睦,无忿争声,民爱之如父母,咸画象事之。迁驾部员外郎,老稚扶拥缘道,倾城哭送。入对,言:'尽扫喜顺恶逆之私情,善政尽举,弊政尽除,民怨自销,祸乱不作。'改工部员外郎,转对,又以择贤久任为言。迁军器监兼工部郎官,转朝奉大夫,又迁将作监兼国史院编修官兼实录院检讨官,转朝散大夫。

"金人大饥，来归者日以数千、万计。边吏临淮水射之。简戚然曰：'得土地易，得人心难。薄海内外，皆吾赤子，中土故民，出涂炭，投慈父母，顾靳斗升粟而迎杀之，薪脱死乃速得死，岂相上帝绥四方之道哉？'即日上奏，哀痛言之，不报。会有疾，请去益力，乃以直宝谟阁主管玉局观。升直宝文阁主管明道宫，秘阁修撰主管千秋鸿禧观。特授朝请大夫，右文殿修撰主管鸿庆宫，赐紫衣金鱼。进宝谟阁待制、提举鸿庆宫，赐金带。

"理宗即位，进宝谟阁直学士，赐金带。宝庆元年，转朝议大夫、慈溪县男，寻授华文阁直学士、提举佑神观，奉朝请。诏入见，简屡辞。授敷文阁直学士，累加中大夫，仍提举鸿庆宫。寻以宝谟阁学士、太中大夫致仕，卒，赠正奉大夫。

"简所著有《甲稿》、《乙稿》、《冠记》、《昏记》、《丧礼家记》、《家祭记》、《释菜礼记》、《石鱼家记》，又有《己易》，《启蔽》等书，其论治务最急者五，其次八。一曰谨择左右大臣、近臣、小臣；二曰择贤以久任中外之官；三曰罢科举而行乡举里选；四曰罢设法道淫；五曰治伍法，修诸葛武侯之正兵，以备不虞。其次急者有八：一曰募兵屯田，以省养兵之费；二曰限民田，以渐复井田；三曰罢妓籍，从良；四百渐罢和买、折帛暨诸无名之赋及榷酤，而禁群饮；五曰择贤士教之大学，教成，使分掌诸州之学，又使各择井里之士聚而教之，教成，使各分掌其邑里之学；六曰取《周礼》及古书，会议熟讲其可行于今者行之；七曰禁淫乐；八曰修书以削邪说。此简之志也。后咸淳间，制置使刘黻即其居作慈湖书院。门人钱时。"

宋樵川樵叟《庆元党禁》之《余官三十一人》："杨简，国子监博士，明州。"

元夏文彦《图绘宝鉴》卷四《杨简》："杨简，字敬仲，庆元慈溪人，师于陆象山。喜作墨竹，士大夫求者，欣然落笔，有石本横枝传世。理宗朝，官至宝谟阁学士，谥文元，人尊称曰慈湖先生。"

《宝庆四明志》卷九《先贤事迹下》："杨简字敬仲，慈溪人。登乾道五年进士第，慕象山陆九渊。九渊长二岁，简师事之，自为一家之学。施之政事，人笑其迂，而自信益笃。赵忠定公汝愚去国，狨者造无端语，文致其罪，国子祭酒李祥抗章辨之。简时为博士，请列札，不许，遂上书言：'昨者危急变骇，不可具道，军民将溃，社稷将倾，陛下所亲见。汝愚冒万死，易危为安，人情妥定。汝愚之忠，陛下所深知，不必深辨。臣为祭酒，属日以义训诸生，若见利忘义，畏害忘义，臣耻之。'亦斥去。嘉定元年，召除秘书郎，累迁将作少监，出知温州，以驾部外郎召，历将作监，丐祠，累加宝谟阁学士。宝庆二年，薨。简居德润湖，濒以湖在慈邑，易名慈湖。宗其学者不称其官，皆称曰'慈湖先生'。

"淳祐壬寅秋,郡守陈垲出公帑钱六十万,米二十斛,命邑令曹郜建祠于学,得隙地成德堂右,为堂三间,泊水过郎各三间,像设有严为慈湖之学者,有乡校肄业士论趌之。"

《延祐四明志》卷四《人物考上》:"杨先生简,字敬仲,慈溪人。清明纯一,非礼不动,燕私俨恪,如临君师。学以古圣为的。入太学,第进士。主富阳簿,日讽咏《鲁论》《孝经》堂上,不动声色而民自化。陆文安公来富阳,长先生二岁,指以心学之要,遂北面师事焉。调绍兴府理掾。朱文公持庾节,首荐之,每称先生学有为己功夫。宰饶之乐平,谓教养兹邑,欲使邑人皆为君子,况学者乎?诲之谆谆不倦。为讲堂训曰:'学者孝而已矣。时有古今,道无古今;时有古今,性无古今。'闻者兴起。以国子博士召,讲《易·乾卦》,发人心固有之妙。赵忠定公汝愚免相,祭酒李祥抗辨之,先生上书,亦以学党斥,闲居十三年。以秘书召,迁著作、将作少监,守温州,访贤者,礼致之。崇孝养,明宗族相恤之令。首行乡记,效《周官》敬敏任恤之类,书善不书恶。除工部郎、将作监,告老,奉祠,召不起。终于敷文阁直学士,以宝谟阁学士致仕。寿八十有六。谥曰文元。

"有《诗》、《易》、《春秋》、《论语》、《古文孝经》传,《孔子闲居解》,又著《已易》,辑《先圣大训》。先生至诚笃敬,期功之戚,下泊缌麻,服制丧期,一以经礼为则,而容色称之。平居接物,从容和乐,示始苟异于人,而高远自不可及。北境传诵其文,曰'此江南杨夫子也'。"

《宝庆四明志》卷十《进士》:"乾道五年郑侨榜:杨简。"《延祐四明志》卷六《人物考下》:"乾道五年郑侨榜:杨简。"《光绪慈溪县志》卷十九《选举上·宋》:"乾道五年己丑郑侨榜:杨简。"

佚名《宋承奉郎致仕老先生杨公圹记》:"六男:曰简,中乾道五年进士第,今为宣教郎。"注:是志撰于宋淳熙十五年(1188)。

注:杨简的研究集中在以下方面:其一,以张念诚《杨简心学、经学问题的义理考察》(花木兰文化出版社 2010 年版)和范立舟、于剑山《南宋甬上四先生研究》、张实龙《杨简研究》(浙江大学出版社 2012 年版)三书为代表的系统性研究;其二,以徐建勇和王心竹的论文《杨简哲学思想研究》为代表的哲学思想专题研究。其三,以张书功的《杨简的生平与社会改革思想研究》为代表的政治思想专题研究。

赵善缥 明州奉化县人。登乾道五年进士第。仕知茶陵军。

《宝庆四明志》卷十《进士》:"乾道五年郑侨榜:赵善缥。"《延祐四明志》卷六《人物考下》：“乾道五年郑侨榜：赵善缭。”《光绪奉化县志》卷十九《选举表一》：“乾道五年郑侨榜：赵善缭，茶陵军使。”

赵善誉　字静之，一字德广，绍兴府余姚县人。登乾道五年进士第。曾为潼州通判，一时蜀东民政大兴，百姓爱之。后因病乞祠，四十七岁时卒。赵善誉长于《易》，有《易说》，以《守山阁丛书》本为最佳，收于《丛书集成初编》。

宋楼钥《攻媿集》卷一百二《朝奉郎主管云台观赵公墓志铭》：“公讳善誉，字静之，一字德广，系出太宗皇帝后。……公弱不好弄，年十二三诵诗书，属文如老成人。未冠失怙恃，固穷自立，手不释卷，足不越户，不知饥渴寒暑之变。两试胄监，乾道五年试礼部，俱为第一。登进士第，调明州昌国县主簿。昌国邈在海屿，公介然有守，不鄙夷其人，为辨曲直，皆明达平允。邑人相与爱服之，或诉于郡，多愿决于主簿。今太师嗣秀王时为守，俾摄邑事，封易定海、慈溪，三年簿领而无抚字之寄。逾二期，三邑父老犹能道其惠政。海盗窃发，捕得全党，郡欲奏以上赏，公言摄令捕盗，不足为功，诚不欲以人命希赏典。嗣秀王为奏，贷群盗殊死，力荐之朝，公未始闻也。

“授两浙转运司干官，忽报改秩，知抚州临川县。县在江西最为繁剧，公始视事，即为文遍谕乡井，出于爱利之诚心。告教既孚，乃具为条目日限，量地之远近以定期约，里长月不过一再至。讼事皆躬自予夺，顷刻即释去，牒诉日省。县久困于豫借，吏以岁例来白，且谓不尔，必不继。公命取税籍阅之，逋负实繁，盖上下蒙蔽，无有发此者。按籍征催，不扰而办。有无额官地，岁入颇多，以资妄用，公白罢之。复请并罢诸邑类是者。或议虚市比之私创税场，请撤屋罢市，公力沮之，以从民便。太守赵公烨、葛公郊列治绩十数条奏之，有旨中书籍记。去邑五年，人相与立生祠于县治，邑宰陆侃之记可考也。

“添差通判常州，浙右饥馑，躬行赈济，一郡赖以全活。仓使以荒政论荐，太师丞相史公上章举士，备言文学政事之美，召审察，差盛都进奏院，迁大理寺主簿。秋旱，下诏求言。公草封事上之，凡万余言。其略曰：‘陛下兼收众善，而言者志在投合，搜抉隐微，条目益广而奸伪益生。甚者唱为任怨之说，窃徇公不阿之名，一切付之不恤，下情安得不壅，习俗安得不薄，和气安得不亏乎？天下之习，日趋于褊狭机巧之域，而无有优游舒泰气象。士不畏义，民不畏刑，则是二十年来攘臂建议争以为功者，果何补欤？’寿皇嘉纳。

“为大理丞，有以左帑宿蠹告者，逮系天狱，官吏重足以俟谴。公察其无辜，谓将自其作俑者罪之，则不可胜诛。若断以一二年来，且有刑罚不均之叹。上览奏开悟,得末减。平江民唐赟之狱,皆以为凶恶,无可矜之理。公条可疑状十六,谓赃证无实,情款抵捂,卒释之。十一年,充省试考官。六月,除提举荆湖北路常平茶盐。陛辞,寿皇曰:'朕精择得卿。'公论:'士大夫为己之心重,则爱民之诚必亏;营私之念切,则奉公之志必怠;得失之虑深,则伏节死义之风必泯。'上深然之。先尝进《南北攻守类考》,上曰:'卿向所进书,可谓有志。'至是又进《易说》,谓圣人以斯道寓之书。上又曰:'圣人以此寓之于书,天何言哉!《易》学要须兼通天人。卿史学如此,经学又如此。'及临遗,又曰:'卿向来学则优仕,今乃仕优则学,朕得人矣!'数日,有请荐擢宗室人才。上复言:'公经学文章,虽士林中亦罕有之。'

"湖北大旱,鼎、澧尤甚。入境一日,躬走村落,抚慰饥赢,得户四万余,口二十万,通融诸郡常平之储,尽以为用。赈籴贷济,三者并行,动得其实。疫者药饵兼之,奏阁贫弱夏税。是岁粟麦倍收,禾稼丰盈,民至扶老携幼来谢。初行赈贷,或谓涝饥,将无所取。至是民争负以偿,诸郡充足。尝奏买扑税场十余,河渡四十五,岁入甚微,而豪民大为民害,尽罢之。十三年,除潼川府路提点刑狱。重囚谳议,州县斗讼,稽考平反,细大不遗。才三阅朔,漕使阙,上称公儒者,可使治财,就除转运判官。公尝论国朝置转运使,本以收藩镇之权,绝妄用之蠹,脱斯民于暴征苛敛之苦。近时司漕计者特以赋敛为事,号为材能者务趣办而事督迫,州县之困弊,民力之宽乏未始问也。故其视州县如一体,有无缓急皆得上达,悉力以应之。诸郡所贷缗钱至十余万,俾守贰置籍,约以期年,优裕乃偿,自是蜀东诸郡无忧熬窘缺之状。十四年,诏诸路监司条陈民瘼,公言赋役不均,狱讼不平,征敛繁急,酒税苛暴四事,且曰:'陛下延见牧守,固将以观人才也。而计臣请以奏札之一陈上供之数。郡守垂满者莫不督责旧逋宿负,征商榷酤,肆行苛虐,以藉手求进。近议者有刑轻之疑,帅臣治盗辄先斩以自劾,而求弹压之名,使其皆当,不过能速杀之而已。倘归之有司按鞠,亦不免于死。万一愚诚不能自明,冤恨之气岂不上干阴阳之和乎?'兼遂宁郡事,阖郡熙熙,民有争竞,且曰:'公未始扰我,其忍负之?'公措置常平,深察宿弊,择官就仓和籴,石增百金,市有增损,亦随低昂,听民随所有求售,亦不限日籴之数。实惠及民,官储充积,公私便之。所至就郡庠立学以教宗子,率知向学。持节东蜀凡三年,士民爱之如父母,遂宁尤所归心。寝疾二旬,上章力丐归,主管华州云台观。百姓始则朝夕侦问,相率祷祈。及归,耋稚奔送,涕泣不肯去。既达寓里,屏绝家事,独处一室,图史自娱。一日忽谓家人,将归正寝,且欲自为志。翌日天将明,燕坐榻上,瞑然而逝,十六年八月癸卯也。

"公天资高明，识见超诣。研精性命之说，发为议论。及所著《易说》，明白简易。晦庵朱先生一见叹赏，以为扩先儒之未明。颐正郭先生尝序《易》书，谓贯三才之理于其中，一诸儒之说于其外。二公师表一世，于公特厚。晦庵屡以书来，相期甚至。颐正出一编书，公以奏之上。孜孜好学，公退不少懈，率夜分乃寐。尝即《国史》所载深求艺祖开创之微意，为书十四卷，曰《皇朝开基要览》。又为《皇朝圣政类编》。不幸寝疾，仅成数十卷。其他如《南北攻守类考》、《晋载记年表》，皆行于时。又有《论语说》、《铙歌鼓吹曲》、《祝尧文》等。诗文六十卷，号《恕斋类稿》，藏于家。"

元脱脱等《宋史》卷二百四十七《宗室四》："善誉字静之，父不倚，太宗之后也。善誉幼敏慧，力学。乾道五年，试礼部第一。初调昌国簿，摄邑事。劝编户衰金买田，以助嫁娶丧葬。捕得海盗全党，守欲上其功，善誉曰：'奈何以人命希赏。'守益贤之，荐于朝。授两浙运干，改知抚州临川县。县尝预借民赋，善誉阅籍发逋负，按籍征催，卒以时办集，遂罢预借。

"改常州添差通判。史浩言其贤，诏赴部堂审察，累迁大理丞、湖北常平茶盐提举。会大旱，善誉通融诸郡常平，计户振贷，嗣岁麦禾倍收，民争负以赏。奏罢税场十余、渡四十五，民便之。俾诸郡售田，委郡文学董其入，以给计偕者。

"移潼川路提刑、转运判官。遂宁守徐诩乏廉声，部使者以其故御史，宽假之。善誉过遂宁，诩出迎，善誉抑使循廊，诩大沮。郡人闻之，争讼其过。善誉劾诸朝，宰相王淮善诩，寝其章。善誉径以闻，罢诩。又以羡资给诸郡置庄，民生子及娠者俱给米，威惠并孚。宗子寓蜀者，少业儒，善誉即郡庠立学以教之，人始感励。引年乞祠，归处一室，以图书自娱。无疾而卒，年四十七，时淳熙十六年也。'

"善誉早失怙恃，抚育诸季备至，居官廉靖自将，多所著述。郭雍、朱熹尝取其《易说》云。"

《光绪余姚县志》卷十九《选举表》："乾道五年己丑：赵善誉。"

顾炳　明州慈溪县人。登乾道五年进士第。历武进县主簿。

《光绪浙江通志》卷一百二十五《选举·宋进士》："乾道五年己丑郑侨榜：顾炳，慈溪人，武进簿。"注：顾炳中第情况，慈溪诸志皆不载。

杨正功　明州鄞县人。登乾道五年进士第。事迹无考。

《乾道四明图经》卷十二《进士题名记》："乾道五年郑侨榜：杨正功。"《光绪鄞县志》卷二十《选举表一》："乾道五年己丑：杨正功。"

叶逊志　明州鄞县人。登乾道五年进士第。事迹无考。

《乾道四明图经》卷十二《进士题名记》:"乾道五年郑侨榜:叶逊志。"《光绪鄞县志》卷二十《选举表一》:"乾道五年己丑:叶逊志。"

许邦弼 字右之。台州宁海县人。登乾道五年特奏名进士第。官终吉水县丞。

《嘉定赤城志》卷三十四《仕进·特科》:"乾道五年:许邦弼,宁海人,字右之,终吉水县丞。"《光绪宁海县志》卷九《选举表》:"乾道五年己丑:许邦弼,《赤城志》:字右之,终吉水县丞。"

林东之 明州鄞县人。林嵩族人。登乾道五年特奏名进士第。事迹无考。

《乾道四明图经》卷十二《进士题名记》:"乾道五年郑侨榜:林东之。嵩之族。"《光绪鄞县志》卷二十《选举表一》:"乾道五年己丑:林东之。"注:疑为乾道五年特奏名进士。

乾道八年壬辰(1172)黄定榜

王辉 明州鄞县人。登乾道八年进士第。事迹无考。

《宝庆四明志》卷十《进士》:"乾道八年黄定榜:王辉。"《延祐四明志》卷六《人物考下》:"乾道八年黄定榜:王辉。"

卢子才 一作卢子材,明州鄞县人。登乾道八年进士第。淳熙间知台州黄岩县。

《嘉定赤城志》卷十一《县令》:"黄岩,淳熙十六年卢子才。"《宝庆四明志》卷十《进士》:"乾道八年黄定榜:卢才。"《延祐四明志》卷六《人物考下》:"乾道八年黄定榜:卢子材。"

范矩 明州鄞县人。范楷之兄。登乾道八年进士第。任临川丞。

宋袁燮《絜斋集》卷二十一《太孺人范氏墓志铭》:"维袁氏素以儒学起家,而范氏亦然,盖自太孺人之兄,临川丞矩实启其端,而弟楷继之。"

《宝庆四明志》卷十《进士》:"乾道八年黄定榜:范矩。"《延祐四明志》卷六《人物考下》:"乾道八年黄定榜:范矩。"

韩永德 明州鄞县人。登乾道八年进士第。事迹无考。

《宝庆四明志》卷十《进士》:"乾道八年黄定榜:韩永德,贯开封。"《延祐四明志》卷六《人物考下》:"乾道八年黄定榜:韩永德,贯开封。"

陈纪 字进道,明州鄞县人。登乾道八年进士第。嘉定时为秘书丞,后为福建提举。

宋陈骙《南宋馆阁续录》卷七《官联一》:"丞……嘉定以后三十六人,陈纪,字进道,庆元人,乾道八年黄定榜进士出身。治诗赋,三年七月除,九月为福建提举。"

《宝庆四明志》卷十《进士》:"乾道八年黄定榜:陈纪。"《延祐四明志》卷六《人物考下》:"乾道八年黄定榜:陈纪。"

俞茂先　明州象山县人。俞茂系兄弟。登乾道八年进士第。事迹无考。

《嘉靖宁波府志》卷三《选举表·宋进士》:"乾道八年,象山俞茂先。"《万历重修象山县志》卷三《选举表·进士》:"宋孝宗,俞茂先,乾道八年。"

注:俞氏后人自著《俞家山志》,记载俞茂先为台州天台县令。查《嘉定赤城志》及台州诸志,未见俞茂先仕天台记载。

舒烈　明州慈溪县人,一说鄞县人。登乾道八年进士第。沈权弟子,舒亶族人。

清黄宗羲等《宋元学案》卷三十《进士舒先生烈》:"舒烈,鄞县人。乾道八年进士,受业沈签判公权,为程氏之学。其先人懒堂中丞亶也。"

《宝庆四明志》卷十《进士》:"乾道八年黄定榜:舒烈,亶曾孙侄。"《延祐四明志》卷六《人物考下》:"乾道八年黄定榜:舒烈,亶曾孙侄。"《光绪慈溪县志》卷十九《选举上·宋》:"乾道八年壬辰黄定榜:舒烈,亶曾侄孙。"

严仲容　明州慈溪县人。登乾道八年进士第。事迹无考。

《光绪慈溪县志》卷十九《选举上·宋》:"乾道八年壬辰黄定榜:严仲容,从《天启志》增。按:绍定四年上舍释褐严畏,《宝庆》、《延祐》、《成化志》并注仲熊孙,而绍定四年以前无仲熊名,盖□熊与容声相近,此当是矣。"

舒璘(1136—1199)　字元质,旧字元宾。明州奉化县人。登乾道八年进士第。曾为江西转运司干办公事、徽州教授,一时徽州学风大振。又有惠政,留正称其为天下教官第一。后又在平阳为官,亦有官声,以宜州通判卒。

舒氏从学于陆九渊,其诗文零散,后人辑为《舒文靖公类稿》,收于《四明丛书》。

宋袁甫《蒙斋集》卷十四《奉化县舒先生祠堂记》:"先生墓在奉川松溪里,其墓碣,慈湖先生所作也。先生典教新安,其祠堂,先君正献公所记也。……虽然,自儿时见先生,每过家塾,拱立侍傍,已有所兴起;又观先生所说三百五篇,与我心契,似若有得。弱冠,因仲兄就先生学于新安,归言饮食起居之详,与先正献公所称,若合符节。后与先生诸子交,益知家法之懿。阖族聚居,交相敬爱,皆先生有以表倡之。某虽未尝数侍先生之謦欬,然其独得于心者,有不可以言语形容尽,而非假言语,又无以写我心,请因胡君之请而有述焉。先生真有道之君子也。道非形器,非离形器。先生内美充实,可谓有孚盈缶矣。而即之若虚,叩之若无,第见坦坦荡荡,洞无城府,温温谦谦,不异常人。终日穷年,应事接物,小心畏忌,周旋规矩,而超然常与造物避。陶陶乎,浩浩乎,生乎天壤之间,独能餐此天和,享此真乐,而未易与世人言也。故先生之胸襟,光风霁月也;先生之节操,山高水长也;先生之咏诗,天籁自鸣也;先生之作文,鸢鱼飞跃也。洙泗风雩之气象,先生有焉。虚逆境不知其逆也,居顺境不知其顺也,千变万状,自为纷纷,而不知其为千为万也,亦不知其为一也。先生之言曰:'敝床疏席,总是佳趣;栉风沐雨,反为美境。'此先生之学,所以深造自得,而某之所谓真有道之君子也。其他称述已多矣。……先生讳璘,字元质,后宰温之平阳,终于宜之别驾云。"

宋杨简《慈湖遗书补编》之《宜州通判舒元质墓志铭》:"庆元五年己未九月二十九日,友人宜州通判舒元质氏卒。讣闻,某哭诸寝门之外,既而奔奠于元质之庐,又哭,尽哀而反。十有二月望,厥子将卜兆于嵩溪里之公棠山,使以窆期告且征铭焉。简哭而对诸使曰:'某尚忍为元质铭也哉!弱壮而为执游,强而茅拔于春官,艾而期伸执于宰服。今迨颐而遂永诀矣。某尚忍为元质铭也哉!'使速之曰:'弗铭,何以掩夫子于幽!'乃拭袂而序以铭之。

"元质讳璘。其先皋陶庭坚之后,三代时国于舒,舒亡而其裔即以国氏,世望庐江。十三传郡,为汉阜陵长。又廿三传而元舆,相唐。弟元褒官司封员外郎,褒子守谦以伯父甘露之变,徙居于越。再传而迁四明之奉化。善积庆余,更四叶而实娠元质之大父宣议郎卞,文才武略,名冠一时。建炎中,御金有功,鹏举岳公招而置之幕下,乡人铭绩焉。父曰黻,由进士历官通直郎,后以明堂恩进秩承议。元质生而敦朴,得子渊之愚,道心融明,所觉非思。一时师同门、志同业者,则某与沈叔晦、袁和叔也。元质于书无所不贯,尤精于毛、郑《诗》。早游上庠,为南轩识荆。乾道壬辰中进士第,擢信州教授。随丁承议忧,易丧诚信,哀毁骨立,孝友声益彰。服阕,特差充江南西路转运司干办公事。载迁教授新安,愈自磨砺。其于晦翁、东莱、南轩及我象山之学一以贯之,新安之士执经而问难者堂溢阶充,两端不竭不怠。筑风雩亭以自娱,其万物同春气象,或狂点不得争殿最也。时世故纷糅,天灾沓臻,国病于需,民艰于食。元质纬不暇恤,忧常在公。于是议常平、商盐政、经荒策、论保长,凡为书若干章,上之刺史、守、尉,其采而试者,效辄响应。当道廉而贤之,曰:'文学政事两擅其优,是为天下第一教官,岂宜投置闲散?'乃擢令平阳。平阳之民沐元质之德者,咸兴谁嗣之歌。三载考绩,迁宜州通判。元质以仕路颇榛,拜命便归。未果即行,遽梦两楹之奠。元质生于绍兴丙辰九月廿八日巳时,至是卒,享年六十有四。

"始元质在徽,贤声籍籍。自中书密府诸贵人交口荐誉,咸欲出自己门,而元质淡然于声利之场,惟道德性命是究。其于津要无寸楮及,故材不得尽其长,道不得大其用,而竟以别驾终。昔韩退之志子厚之文曰:'使子厚斥不久,穷不及,虽有出于人,其文学辞章必不能自力以致,必传于后如今无疑也。虽使子厚得所愿,为将相于一时,以彼易此,孰得孰失,必有能辨之者。'呜呼!退之可谓知子厚之深矣!吾与元质也亦云然。元质兄弟七人:长曰琬,进士,福州签判。次曰琰。次曰球,进士,颍州太守。次曰琳。次曰琥,任国学。次曰璘,是为元质。季曰琪。琪与琥俱游象山陆君之门。配童氏,即奉议郎大定持之之女,早世,无所出。继娶于汪迪功季颜,生子五人:曰钘,叔晦婿。曰钲,娶袁氏。曰镰,某女女焉。曰错,娶赵氏。曰镰,和叔之婿也。孙男俱幼。铭曰:'猗欤元质,道心悬跫,诱也匪牵。乐恬箪瓢,隙庐萧萧,铿然诵弦。授铎授铎,有勋其㷭,百里大贤。维藏之石,某最其迹,永永万年。'"

元脱脱等《宋史》卷四百一十《沈焕》:"焕之友舒璘字元质,一字元宾,奉化人。补入太学。张栻官中都,璘往从之,有所开警。又从陆九渊游,曰:'吾惟朝于斯,夕于斯,刻苦磨厉,改过迁善,日有新功,亦可以弗畔矣乎。'朱熹、吕祖谦讲学于婺,璘徒步往谒之,以书告其家曰:'敝床疏席,总是佳趣;栉风沐雨,反为美境。'

"举乾道八年进士,两授郡教授,不赴。继为江西转运司干办公事。或忌璘所学,望风心议,及与璘处,了无疑间。为徽州教授,徽习顿异。《诗》、《礼》久不预贡士,学几无传,璘作《诗礼讲解》,家传人习,自是其学寖盛。丞相留正称璘为当今第一教官,司业汪逵首欲荐璘,或谓璘举员已足,逵曰:'吾职尝举教官,舍斯人将谁先?'卒剡荐之。知平阳县,郡政颇苛,及璘以民病告,辞严义正,守为改容。秩满,通判宜州,卒。

"璘乐于教人,尝曰:'师道尊严,璘不如叔晦,若启迪后进,则璘不敢多逊。'袁燮谓璘笃实不欺,无豪发矫伪。杨简谓璘孝友忠实,道心融明。楼钥谓璘之于人,如熙然之阳春。淳祐中,特谥文靖。"

《宝庆四明志》卷九《先贤事迹下》:"舒璘,字元质,旧字元宾,六世祖居明之奉化。父黻,登绍兴庚辰进士第,终通直郎。璘弱冠,捧乡书入太学。时张宣公官中都,璘每请益,有所开警。继与兄琥、弟琪从象山陆文安公游,琥、琪顿有省悟,璘则曰:"吾非能一蹴而入其域也。吾惟朝于斯,夕于斯,刻苦摩厉,改过迁善,日有新功,亦可以弗畔云尔。"朱文公及吕成公兄弟相与讲切,旨意合同,尝徒步至金华,谒文安公,中途寓书于家曰:"敝床疏席,总是佳趣。栉风沐雨,反为美境。"其所养可知。

"乾道八年,以上舍赐第,两授郡学官,不赴。为江西漕属,或忌璘所学,望风心议。及与璘处,了无疑间。分教新安,士习顿革。是邦大比,诗礼久不预宾送,而学几无传。璘作《诗礼讲解》,家传人习,自是其学浸盛。丞相留公正谓璘为当今第一教官。尚书汪公逵为司业,首欲荐璘,或谓逵举员已足,逵曰:'吾职当举教官,舍新安将谁先?'卒剡荐之。璘虽受知于人,未尝徇俗称门生。暨宰平阳,邑大事殷,酬应矗矗,尝曰蒙杂而著。时郡政颇苛,及璘,以民病告,辞严义正,守为改容。秩满,授宜州倅,致仕,卒,年六十有四。

"璘姿禀粹和,学术正大,尝自言渊源所自,曰南轩开端,象山洗涤。老杨先生琢磨,璘融会诸公之学。且乐于教人,尝曰:'师道尊严,璘不如叔晦;若启迪后进,则璘不敢多逊。'嘉定初,朝廷革文弊,选前辈程文以范后学,璘文实冠编首。正献袁公燮谓璘笃实不欺,无毫发矫伪。文元杨公简谓璘不失圣门忠信之主本,宣献楼公钥谓璘之于人,如熙然之阳春。其为诸公钦服如此。徽学有祠,而祠于乡者唯奉川。淳祐五年冬,制帅、集撰龙溪颜公颐仲访璘遗像,乃合端宪、文元、正献三公祠于泮水,是为四先生祠。"

《延祐四明志》卷四《人物考上》:"舒先生璘,字元质,奉化人。雅有大志,耻以一善自名,笃实不欺,无毫发矫伪。入太学,师张宣公栻,又从陆文安公九渊与朱文公及吕成公兄弟讲磨,躬行愈力。尝曰:'吾非能一蹴而人其域也。刻苦磨厉,改过迁善,日有新功,亦可以勿畔云尔。'第进士,教授徽州,以身率多士,日日诣学,寒暑不少懈,暮夜亦间往。筑风雩亭,日有讲求,涵泳之功,质或不美,未尝忿疾,端吾矩矱,需其自化。作《诗》、《礼》讲解,启迪诸生。徽人追思之,曰:"吾乡学问之源,窒而复通者,先生实开之也。"因祠于学。信道甚笃,利禄之念不萌。宰平阳,临政听断,人服其平。终于宜州通守。慈湖先生铭其墓,谓孝友忠实,道心融明。门人国子博士李元白传其经学。淳祐中,特谥文靖。"

《宝庆四明志》卷十《进士》:"乾道八年黄定榜:舒璘。"《延祐四明志》卷六《人物考下》:"乾道八年黄定榜:舒璘。"《光绪奉化县志》卷十九《选举表一》:"乾道八年壬辰:舒璘,骗子。"

注:舒璘的研究成果以胡行之的《舒璘》(浙江省立西湖博物馆1936年版)为代表,此外,范立舟在《南宋甬上四先生研究》一书中也有专章论述。

赵伯省 明州奉化县人。登乾道八年进士第。曾任湖州录事参军。

《宝庆四明志》卷十《进士》:"乾道八年黄定榜:赵伯省。"《延祐四明志》卷六《人物考下》:"乾道八年黄定榜:赵伯省。"《光绪奉化县志》卷十九《选举表一》:"乾道八年壬辰赵伯省:黄定榜,湖州录参。"

赵师誉　字师道,别字广如。台州宁海县人。登乾道八年进士第。官两浙转运司船场。

《嘉定赤城志》卷三十四《仕进·宗室》:"乾道八年师誉,居宁海,字师道,终两浙转运司船场。"《光绪宁海县志》卷九《选举表·宋·进士》:"乾道八年壬辰赵师誉,《赤城志》:宗室,□□榜,字师道,终两浙转运司船场。旧志:字广如。"

赵师文　字明如,台州宁海县人。登乾道八年进士第。官国史院编修。

《光绪宁海县志》卷九《选举表·宋·进士》:"乾道八年壬辰:赵师文。《赤城志》、《通志》、《府志》无,旧志:伯沈子,师誉兄,字明如,国史院编修,按:此必谱牒家言,未可征信。"

淳熙二年乙未(1175)詹骙榜

赵师浔　原名赵师信,字深甫,明州鄞县人。登淳熙二年进士第。初为临安尉,缉盗有功,直以民事,达于吏才。且能解民之冤,惩治无赖,颇为民所敬。其后又为西安县丞,为郡司所荐,又得刘德秀、赵彦逾等人所荐,先后任建康府节度推官、严州节度掌书记。

宋楼钥《攻媿集》卷一百四《赵深甫墓志铭》:"长兄绩溪尉蚤世,三子五女,以次婚嫁。丘嫂最爱季女,闻小溪寓居赵氏家法,媒妁之言曰:'武德夫妇偕老,杜门约居,教子甚严。诸子联中科第,多有贤称。其第三子师信既以淳熙二年赐进士出身,得尉台之临海矣,请婚。'审于乡评曰然,遂以兄之子妻之。

"后以近制改师浔,字深甫。既婿于我,与之游处,被服儒雅,略无膏粱之习。庆元二年,君既悼亡,谋葬于通远乡白石里石营保之原,而后之官。甫四年而君亡矣。哀哉!母安人冯氏尚无恙,一女二子,哭声不忍闻。石营去所居才里许,将举深甫之丧合焉,求铭于余,忍铭君乎哉!

"君实为艺祖皇帝系孙,赠保康军节度使、高密郡公令懁,君之曾祖也。赠武义大夫子盖,祖也。主管台州崇道观伯起,武德也。武德生长承平,南渡流落,居四明之鄞县。大抵居官廉俭,谨蓄俸余,以为待次计。与邻里不以财交,故内外肃然。

"深甫生而奇丽,长服义方,自力于学,登第五年而后授室,强敏自喜。始调官,或贺之曰:'临海尉多以捕盗改秩者。'君以为'非吾志也',在官果两得强盗,一获私盐甚多,皆应受赏,照验明备,终不自言。又达于吏事,以此受知于诸公。邑民自经而有伤,又以移尸兴讼。令受私谒,谕君毋生事。君正色曰:'事干人命,今日正欲得实耳。'长揖而起,终直其事,人皆称平。令惭且不乐,时以职事相窘,君弗恤也。有十将雄狡无赖,前政莫敢谁何。偶有犯当治,辄肆言曰:'尉欲治我,不望改官耶?'君置之理,穷诘宿过,卒逐之,余皆耸服。寻为衢州西安丞,工部尚书谢公源明时为守,趋召,转运使潘公景珪问曰:'郡中有贤丞乎?'谢公以二人对,而以君为优,借备廉勤晓畅民事之详。潘公曰:'得之矣。'俄列上,谓才术优长,可以作邑。两易知严州桐庐县,最号难治。君为之谈笑而办,才誉益显。任满,授绍兴府录事参军,丁武德忧,不赴。服除,会有旨,侍从台谏各举宗子二人,余在西掖,荐君之兄师津。今知枢密院谢公深甫台人也,极知君,恨举员已足,未有以及之。方为御史中丞,而吏部尚书刘公德秀为监察御史,问人于宪长,谢公亟称君之贤。刘公慨然荐之,其词曰:'奥学有源,素履无玷,虽历官未久,而声闻益彰。'并及辞盗赏事,为远到之识,乞以备朝廷选擢,初不识面,真公举也。天族蕃衍,人才众多,昆仲屏居山间,忧患之余,名彻天听,照移狎至,几于羔雁成群者,乡人荣之。本无意于干进,仅以此俱得添差幕官。君授建康府节度推官,留守尚书张公杓多以滞讼属君,处之当人情,合法意。众议有未定者,独招入郡齐议之,或至夜分而后退。大资赵公彦逾素知其才,见其尽心赞画,受输决事,无不曲当,首授京削。参政又为之延誉,诸司交荐,仅二考而归。既调严州节度掌书记,为部胥所卖,再往都下。久之,得疾逆旅,遂以五年四月戊寅卒。

"哀哉,若人之不淑也!始既辞盗赏而不用,蹉跎至此,知己方当路,可以伸矣,而止于儒林郎。素壮强饭,年五十有二,何疾遽困之耶?子希侃、希偓。女未行。君性质直,忍贫自立。职务之外,进学不倦。垂意经史,同寮赓和,往往倾其座人。心计精密,治公事如家事。言不妄发,持论甚正。孝友勤识,自奉淡薄,不务华饰。思有以自见于世,遂吞志而已矣。方鼓盆时,手记费用之目甚悉。其子请曰:'何用尔?'君忽曰:'我且死,汝辈从此为之。'兹闻讣音,变起仓猝,昆仲方议经纪之,希倪等出旧所编,按以从事,适奢俭之中。噫!岂有知耶!葬以六月某日。铭曰:'父子之贤,闻于乡闾。兄弟之美,彻于帝都。君才甚优,知己当途。谓进未艾,而止斯乎!兄子既殂,又铭其夫。尚惟诸孤,承庆之余。'"

《宝庆四明志》卷十《进士》:"淳熙二年詹骙榜:赵师信,改名师浔,师正之弟。"《延祐四明志》卷六《人物考下》:"淳熙二年詹骙榜:赵师信,改名师浔,师正之弟。"《光绪鄞县志》卷二十《选举表一》:"淳熙二年乙未:赵师信,改名师浔。"

赵彦远　明州鄞县人。赵彦逾弟。登淳熙二年进士第。事迹无考。

《宝庆四明志》卷十《进士》:"淳熙二年詹骙榜:赵彦远,彦逾弟。"《延祐四明志》卷六《人物考下》:"淳熙二年詹骙榜:赵彦远,彦逾弟。"

赵彦通　明州鄞县人。赵彦逾弟。登淳熙二年进士第。事迹无考。

《宝庆四明志》卷十《进士》:"淳熙二年詹骙榜:赵彦通,彦逾从兄。"《延祐四明志》卷六《人物考下》:"淳熙二年詹骙榜:赵彦通。彦逾从兄。"

赵渭夫　明州鄞县人。登淳熙二年进士第。事迹无考。

《宝庆四明志》卷十《进士》:"淳熙二年詹骙榜:赵渭夫。"《延祐四明志》卷六《人物考下》:"淳熙二年詹骙榜:赵渭夫。"

赵师㿚　字会叔,台州宁海县人,赵师誉之弟。登淳熙二年进士第,官提点四川茶马。

《嘉定赤城志》卷三十三《仕进·宗室》:"淳熙二年赵师㿚,居宁海,字会叔,师誉之弟,终都大提点四川茶马。"《光绪宁海县志》卷九《选举表》:"淳熙二年乙未赵师㿚,《赤城志》:宗室,字会叔,师誉之弟,终都大提点四川茶马。"

孙应时(1154—1206)　字季和,孙介子,绍兴府余姚县人。登淳熙二年进士第。初为黄岩尉,有德政,百姓以田宅挽留之。后入丘崈幕府,力革吴氏专袭兴元帅之职,一度加以抑之,此后又为常熟令,修葺官学,惠政施于百姓,因和郡守有隙,而去。官终邵武军通判,未上而卒。

孙应时
像取自清代修《浙江余姚孙氏宗谱》

孙应时师于陆九渊，与杨简同窗，著《烛湖集》，收于《四库全书》。另修《琴川志》，收于《宋元方志丛刊》。

宋史浩《鄮峰真隐漫录》卷三十二《送孙季和赴遂安序》："今季和去为遂安，其以道化乎？其从事于簿书期会，汲汲征利，以趋目前之急，如俗吏之所为乎？吾知季和有志于道也。夫道化，岂终不享其利乎？傥百里之内，君子爱人，小人易使，利斯在焉。第当优柔涵养，以须其成尔。季和蕴蓄操履，著闻于时，岩廊有圣夫子，当路皆良有司，不患名之不显，仕之不达。当以道化为先，则后世卓、鲁不得窥其涯矣。将行，序以送之。绍熙辛亥中春朔吉，鄮峰真隐史某序。"

宋魏了翁《鹤山大全集》卷四十六《常熟县重修学记》："庆元三年，县令孙应时以言、游里人也，始祠于学，新安朱子既为证其事。"

宋朱熹《朱文公文集》卷八十《平江府常熟县学吴公祠记》："庆元三年七月，知县事、通直郎会稽孙应时乃始即其学官讲堂之东偏作为此堂，以奉祠事。是岁中冬，长日之至，躬率邑之学士大夫及其子弟，奠爵释菜，以妥其灵，而以书来曰愿有记也。"

宋楼钥《攻媿集》卷一百七《承议郎孙君墓志铭》："淳熙五年，余赘倅天台。已而会稽孙君应时季和尉黄岩，见其学行吏事、词采翰墨动辄过人，与之定交。问其家世，始知其父雪斋先生之贤甚悉。……后应时升朝，累赠承议郎。……季和宰平江之常熟，县号难治，吏民欢服。既满，横为郡将所捃摭，困阨两期，至开人使诉，卒无一词，犹被镌降。孺人曰：'但不得罪于公论足矣。穷达非所计。'闲废累年，方权臣用事，不肯附丽求进，菽粟不继，族党姻旧皆勉以禄仕。孺人独未尝一语及之，曰：'使吾儿失节以为养，不如粗粝之为甘。'盖不如此不足以配君子，不足以生贤子孙，不足以成礼法之家也。季和不幸，出门折轴，不得究所抱负，以彰积庆。"

宋杨简《慈湖遗书补编》卷下《孙烛湖圹志》："烛湖先生应时，越之余姚人也。越今为绍兴府。曾祖讳政，祖讳子全，父讳介，累封赠承议郎。简与季和承学于江西象山陆先生，季和由是信此心本善。方相与讲切进德，而开禧二年二月甲戌不禄。季和早入太学，淳熙乙未登进士第，为台州黄岩尉。士民爱之，欲其置田宅留居焉，辞不受。后丞泰州海陵。丁承议君忧，服阕，为严州遂安令。从蜀帅邱公崈之辟，邑人不得而留，至于哭送。大将有世袭，朝廷患之。邱公因其病，使季和往视疾，以察军情。盛礼十献，辞焉。复命，以事告邱公，遂奏易他姓，厥功茂矣。改秩知平江府常熟县，垂满，太守以仓粟累政流欠三千斛见问，土民陈词，愿共偿，不听。竟闻于朝，贬秩罢归。后授通判邵武军，将赴而已病。历官至承议郎，后以致仕转朝奉郎，寿五十有三。冬十有二月庚申葬于县志龙泉乡竹山。娶张氏。子祖开，方九龄。三女：长适文正范公五世孙克家，次适宣义郎义乌丞胡衍。葬日薄，嘉言行不备书，姑识其略于圹石。朝散郎、主管建昌军杨简书。"

《至正琴川志》卷三《宋县令题名》："庆元二年孙应时，通直郎，以文行。创言子祠于学，四月至五年六月有惠爱，既满，太守挟私憾以仓粟累欠三千斛见问，士民感德，担负愿代输。不听，竟坐贬秩罢，至今人思之。□案：公临行作诗谢邑人云：'牛车担负愧高义，岂知薄命非儿宽。'"

《宝庆会稽续志》卷五《人物》："孙应时字季和，余姚人。父介，躬行古道，训授闾里，乡人尊之，号雪斋先生。公天才颖异，陶冶严训，八岁能属文。乾道壬辰，入太学，年方弱冠，从江西象山陆公九渊，悟存心养性之学。登淳熙乙未进士第。初尉黄岩，士民惜其去，欲共置田宅留居焉，辞不受。朱文公熹为常平使者，一见即与定交。绍熙壬子，文定丘公崈帅蜀，辟入制幕。兴元帅吴氏将有世袭之势，朝廷患之而未敢轻有变易也。丘公因其病，使公往视疾，以察军情。盛礼十献，辞焉。复命，以事实告。会吴挺死，即白制帅定议，差统制官擢领其军，檄总领杨辅兼利西安抚节制之。草奏乞别选帅材，以代吴氏。朝廷从之，以张诏为兴州都统，一方晏然。改秩，知平江府常熟县。既满，郡将以私憾，捃摭仓粟累政流欠三千斛见问。士民感德，至相率担负诣郡，愿代偿。不报，竟坐贬秩。故公诗谢其邑人云：'牛车担负愧高义，岂知薄命非儿宽。'授通判邵武军，将赴而卒，年五十三。自号烛湖居士，有文集十卷。

"开禧丁卯，吴挺之子曦复归兴元，果据军以叛。曦诛，嘉定初，户侍沈公诜、刑侍蔡公幼学、给事曾公唤、吏侍黄公度、兵侍戴公溪、工侍汪公逵六人，同奏公问学深醇，行义修饬，见微虑远，能为国家弭患于未形，乞甄录其后。得旨，特补其子祖开下州文学。水心先生叶公适尝赋其家世友堂诗曰：'雀寻屋角飞，燕绕帘栊窥。其贺新宇就，生物欣有依。含德厚乃祖，义完嗟利瘅。更悲别驾公，楳温不尽施。温恭化群从，逊悌流深规。一丝必同袍，粒黍无异炊。感零天上露，润浃园中葵。鱼蟹虽芳鲜，不如此菜肥。凉风送佳音，桂林自生枝。借子赤霄羽，登君文石墀。朴斫呼已勤，砻密审所宜。谅为前峰近，长映客星垂。'君家对峰即子陵墓。跋语云：'雪斋孙不朋居余姚烛湖上，安贫乐道，终身不愿仕，有古人之节。'三子：应求、应符、应时，皆以文学知名。兄弟相爱友，卉衣草食，薄厚必均。应时官止邵武军通判。应符之子祖祐，敬践祖德，崇缉先志。嘉定甲戌，为新堂，名曰'世友'。合膳同室,期永不替。将请余记之,然此诗已略具矣。"

《光绪余姚县志》卷十九《选举表》:"淳熙二年乙未:孙应时,詹骙榜。"

注:孙应时研究主要集中于孙应时《烛湖集》的版本研究,以祝尚书在《文献》1998 年发表的《〈烛湖集〉提要辨误》一文为先,2015 年《文献》第 5 期黄宽重发表了《宋史研究与版本问题——以孙应时〈烛湖集〉为例》。黄宽重还以孙应时为案例,在《新史学》上发表《南宋人士的乡里师友与地方关怀》一文。

李友直 字叔益,绍兴府余姚人,史浩之婿。登淳熙二年进士第,初为迪功郎、慈溪、芜湖主簿,皆未上,后擢承奉郎,论对,淳熙十一年为婺州通判。处理政务宽严相济,颇得民心,其后多在地方任职。晚年改提举成都府玉局观,未上而卒。

李友直
像取自清代修《浙江姚江、蕙江、甬江三江李氏宗谱》

宋楼钥《攻媿集》卷一百四《朝奉大夫李公墓志铭》:"太师史文惠公两登相位,其持论以求贤用吉士为先。盖其天资宽宏,务为忠厚,家传孝谨,以此教子,以此择婿。玉局李公删定其一也。

"公讳友直,字叔益,世家绍兴府之余姚。太师为尉,与公之父游,见公所为文,奇之,又喜其端粹,遂缔姻焉。公甫冠,入上庠,太师鼎贵,公退然未尝自言,同舍有不知其为丞相婿者。其恬于势利,自为诸生时已如此。太师尤器重之,既登科而太师再相,孝宗垂意人物,一日问太师子婿孰贤,以公对,即除详定一司敕令所删定官,时淳熙五年二月也。有以资浅为言者,虽寝前命,至七年再除,始就职,朝论翕然以为真吉士,可谓冰清玉润矣。

"公曾祖尚,邕州太平寨主簿。祖竑,从事郎,累赠奉直大夫。父梓,承务郎,累赠朝请大夫。妣茅氏,赠宜人。

　　"公幼警悟,甫已能缀文,父祖奇爱之。稍长,益自刻厉。主簿学行为里人所宗,以贡入京师,晚才得一官。延师儒,训子孙。孙曾四人,踵入太学,公最以词赋得名,屡占上游,首名荐书。后以恩免举,将再上礼部,俄遭外艰。乾道初试上舍,中优等,又丁茅夫人忧。淳熙改元,该免省者五人,公独不就,遂登二年进士第,授迪功郎、明州慈溪县主簿。易太平之芜湖,未上而有敕局之擢。才半载,以修进《条法事类》,特改承奉郎。论对便殿,进止详雅,敷奏明白,历陈救荒、漕运、附试三事,孝宗嘉纳,悉以付中书。或讽公谒庙堂施行之,公曰:'吾知尽愚忠尔。'后议者立附试之额,卒如公言。同列序迁,方拟以容台博士处公,言者又以为骤,得旨外补。丞相王鲁公论使求倅,谓杭则不失故步,明则可以便乡。公止丐祠,鲁公深叹其远识也。九年,主管台州崇道观。十一年,通判婺州。既至郡,参正李公彦颖、中丞蒋公继周为守,皆知公贤厚,每事咨焉。公外宽内明,政务大体而略苛细,恂恂若不能言,而从容裁决,无不均当。谦和乐易,事上官以礼。虽不为异,亦不肯希意苟合,惟是之从,不可干以私。僚属吏民敬而信之,不忍欺也。既归,宦情愈薄,去国且十年,未尝以一字自媒于诸公。居岁余,复求郡丞,遂倅湖州。剧郡数易守,公间行郡事,辄称治。吏引例卷,以摄承当增俸,叱去之,一金不取也。提刑陈公公亮、提举黄公遹将列荐于朝,公力辞之。赵公不迹来守,强敏明察,官吏严悍,且谓公必不合。公不改其度,守为之降色辞,公亦以吏师事之,始终宾敬,不可得而亲疏,时人两贤之。后守至,未暖席劾去。外台怒未释,侦逻日至,符移旁午。先是,郡有旧胥,为守家吏,与之俱来。已而颇肆,籍其家,得守与其婿数书,戎官将发之。公曰:'何忍发私书以阱人于险乎?'亟焚之,止械其人以前。使者闻之,弗罪也。后穷诘之,守果无预,事遂白,微公几殆矣。秋赋多鼓噪之患,公为盛试,前期以访乡老,具得其情,为之区画,无敢哗者。考官以去取求决于公,辞不可,以词赋定取四人。时预计偕者十一人,独此四人擢上第,人深服鉴裁之精也。尚书程文简公大昌旧为司业,素知公,尝曰:'公澄之不清,挠之不浊,真渊乎似道者哉!'侍郎莫公叔光代公为删定郎,尝贻书曰:'公如美玉,固未尝掩瑕,而纯粹之至,无瑕可指。此平昔之所敬慕,未易及也。'其为名胜所重如此。

　　"庆元改元,制曾两任通判者方许拜州,曾经擢用者方许除职事官。交亲趣之起,勉至修门,谓公必留,而一造相府,即以小垒自诡。丞相余公谓:'何取之廉也?'许知临江事。命未下,已谒告归矣。五年夏,以疾求闲甚力。今左丞相京公意谓惮远,委曲勉谕,既不可回,又为之易广德。且谕公曰:

'地近事简，可以卧治，毋惜一行也。'时广德守已得祠，需公之至。公谓求闲居而得便郡，辞远次而就见禄，君相之恩诚厚，非本志也。复申前请，改成都府玉局观。后两月疾益侵，求致其事，竟以其年八月乙亥卒于正寝，享年六十有六。积官至朝奉大夫，赐绯衣银鱼。史宜人有贤操，先二年卒。盖宜人朝祥而公以暮捐馆舍，人尤哀之。

"子四人：曰赓；曰康，迪功郎、婺州浦江县主簿；曰庸；曰庥，以公遗泽补官。赓、庸皆蚤世。四女，长适迪功郎、临安府新城县尉赵师固而卒；次适修职郎、监绍兴府和旨酒库史实之，实之亡矣；余在室。孙男三人：该，将仕郎；谥、诩。女一人。诸孤将以六年九月辛酉葬公于县之兰凤乡新湖刘公隩之原，合于宜人之兆。

"呜呼！公金玉人也，简淡无嗜好，经学邃于二礼，属文长于骈四俪六。间为人草笺奏，谈笑成篇，初若未始经意，词旨明切，号为得体。他有碑志铭赞等出，辄为人取去，无留稿。公既没，仅余二百余篇，藏于家。词气雄浑，似其为人。字画遒美，乡有石刻必求焉。凡公所长，不以自衒也。性至孝，禄不及亲，终身以为恨，故于族党恩意有加。训子若弟，示以趣向，使自知劝。诱掖后进，绝口不言人过。杜门却扫，或十余年不至城邑。令佐歆其贤，多就见之。清修谦谨，无贤不肖。一接以礼，犯者不校。不见喜愠之色，故哭公之丧者无不尽哀。里闾蚩稚，亦咨嗟痛惜，谓无复见若人矣。康少而干蛊，即委以家事，俾毋关我。筑堂曰'竹隐'，一丘一壑，不啻自足。多焚香默坐，得丧荣辱，不以介怀。疏财喻义，不事生产，而趋人之急，成人之美，恐力不及。既无德色，或莫之知也。先卒一月，忽告二子曰：'吾以进士起家，仕至二千石，将以善终，无可憾者。'遽屏医药，至属纩无一语乱，肤色温润，竟日无小异，家人几不忍敛。顾非寡欲积善之效耶？钥父子出入太师之门，识公甚久。既又同朝，妇王氏之侄归康，与钥之次子实为僚婿，稔知公平日大概，故康来求铭。康谨愿克孝，濡染有自来。尝为漕荐，进学不已，是能世其家者。铭曰：'温良恭俭，先圣规枑。门人从事，有无实虚。猗欤李公，浑金璞玉。终始如一，慊不自足。施于有政，如古循良。进称于朝，退淑于乡。云胡不吊，丧此吉士！庆必有余，昌尔来裔。'"

《宝庆会稽续志》卷六《进士》："淳熙二年：李友直。"《光绪余姚县志》卷十九《选举表》："淳熙二年乙未：李友直。"

李言似《宋李该墓志》："祖讳友直，故朝奉大夫，知广德军，累赠正议大夫。"注：是志撰于宋咸淳九年（1273）。

李过庭 绍兴府余姚县人。登淳熙二年进士第。事迹无考。

《光绪浙江通志》卷一百二十六《选举·宋进士》："淳熙二年乙未詹骙榜：李过庭,余姚人。"注：李过庭举事,首见于《浙江通志》,后载于《光绪余姚县志》。

刘友直　明州奉化县人。登淳熙二年特奏名进士第。事迹无考。

《光绪奉化县志》卷十九《选举表一》："淳熙二年乙未：刘友直,特奏名。"

任三俊　明州奉化县人,任三杰之弟。登淳熙二年特奏名进士第,事迹无考。

《光绪奉化县志》卷十九《选举表一》："淳熙二年乙未：任三俊,三杰弟,特奏名。"

李过庭　明州奉化县人,一说绍兴府余姚县人。登淳熙二年特奏名进士第,官彭泽县丞。

《光绪奉化县志》卷十九《选举表一》："淳熙二年乙未：李过庭,彭泽县丞,特奏名。"《光绪余姚县志》卷十九《选举表》："淳熙二年乙未：李过庭。"

淳熙五年戊戌(1178)姚颖榜

姚颖(1149—1183)　字洪卿,姚孚之孙,明州鄞县人。登淳熙五年进士第。初授承事郎、签书宁国军判官厅公事。极善对策,为同僚所赏识,亦为孝宗所喜。后以校书郎为平江府通判,治狱甚平,后卒于任上。

姚颖
像取自 1931 年修《浙江余杭姚氏宗谱》

宋袁燮《絜斋集》卷十五《通判平江府校书姚君行状》："君讳颖,字洪卿,其先吴兴人,后徙明,今为庆元府。……君资性警敏,十岁属辞已工,试于乡校,郡博士疑非己作,更题以验之,操笔立成。师事屯田郑公锷,苦心刻意，种积累年，词采绚发，且有典则矣。校官相继皆名流，复观炙焉。又求同志之士，相与讲磨，参考古今，详于兴亡理乱，是非得失之迹，下至曲艺小说，多所采获。又思驰骛不止，安所归宿。大说《论语》一编，朝夕诵味之，且取伊洛诸儒言论之精要者，丛书巨秩，探索其旨，理融心通，德与艺俱日进。

"淳熙四年秋，浙漕高选。明年春，南宫奏名范公成大领贡举，见君笔力雄豪，亟称之。奉大对集英殿，于是孝宗皇帝临御十有七年矣，渴闻嘉言，以臻极治。……有司奏君策第三，天子览而异之，擢为第一，年二十有九。……授承事郎、签书宁国军节度判官厅公事，上以君策论北人事宜，戒毋镂版，而亟欲试已民事，诏兴添差。君言：'员外置官，朝廷所以优朝士，厚宗戚，吾不可以冒此宠。'力辞，上嘉叹许之。

"魏惠宪王方镇四明，以是邦未有魁天下者，欲荣其归，使以盛礼逆之，君不事表暴，扁舟抵故庐，人无知者。祖妣孺人史氏，太师魏公之姑也。君始唱第，魏公再相，以亲故，顿首称谢，王鲁公信知其然，曰：'是足为吾婿矣。'明年鲁公拜枢密使，竟因魏公以其女妻君。……添差通判平江府，又辞厘务曰：'宰执子弟所为不得官州县者，虑他人观望，道不行也，婿其可乎？'强之而后受，馆中诸贤惜是别也，相与祖饯于西山园亭，用'风流半刺史，清绝校书郎'分韵赋诗。九年，转宣教郎。早以儒英，万言正对，结知明主，中秘校雠，最为清切。簪笔持橐之列，要不离致。顾丞藩郡，途辄稍迁，若心所不快，有不屑为者。既至官，夙夜恪共，职业所关，纤芥不苟，有所剖析，明见毫末而不自矜衒。密启郡将，惟所施行，吴江二豪，讼久不决，部使者知君通明，以是委之。君揣其情，必持县短长，有掣肘之故，檄令逮之。不报，趣之。果以豪强未易追逮为言。君诘之曰：'张官置吏，非以治贫弱也，正欲制此曹尔。此而不惩，焉用州县，卒穷竟其事。'阖郡悚服。张公杓之领常平也，尝护使客。夜分抵馆舍，君偶在告，摄事官不集，张公怒，将劾之，惧而求救。君不许，患恨而去。徐而申理，事竟得释，而斯人不知也。十年秋，旱甚，斋戒祈祷，心形俱疲，由是得疾。疾且革，语家人以二亲之养不伸，君父之恩未报，为终身恨。十月甲戌卒于官舍，享年三十有四。"

宋叶适《水心文集》卷十三《宋故宣教郎通判平江府姚君墓志铭》："余友四明姚君洪卿，淳熙十年十一月十三日终于苏州官舍。余哭送其枢出盘门，十二月十二日葬鄞县阳堂乡延寿寺山，孤善长以状来请铭，于是善长七岁而洪卿之死涉四年矣。

"洪卿讳颖，曾祖皐，左迪功郎。祖孚，左奉议郎。父孝全，以承事郎致仕。洪卿淳熙五年策进士第一，授签书宁国军节度判官厅公事。召为秘书省校书郎,出添差通判平江府,遂卒,年三十四。洪卿冲澹谨重,特有雅量。赐第时,余与之同谢,又同期集事甚久,余察洪卿不以喜累志也。洪卿之学勤苦兼洽,其文精俊详实,然退藏抑损,常愿出人后。既得盛名,尤务审缓,不急暴所长。所历之官,皆人立欲以其材能自振迅者。而洪卿摧敛锋锐,若不敢有所为,其有所为,惟恐人以为能也。盖余复与之同官于吴,而见其志益明,业益习,论天下事无不尽,而最惓惓于常世所谓善人君子。余然后窃叹国家以科目求士,其偶然得之,而前辈巨人皆由此出,而洪卿器端识远,益进而未已,是其得人矣。士之一身与其父母兄弟妻子,皆系命于举选之得失,何也?以其荣悴异焉。故得者莫不自以为天与之,而又自以为一与者不复夺也。今天与洪卿之荣如此,而又夺之之峻如此,且并其父母兄弟妻子之望皆失之,何耶?岂天固爱之而固忍之耶?是殆有不可得晓者也。士之饬身厉行,不显于其时,则传于后而已。洪卿既首进士,为馆职矣。徒以得年之夭,故不大见,然犹当文有次,官有业,行有述,而善长皆不能言也。岂天之暂显之而终蔽之耶?是又特难晓也。呜呼!此余所以记其所知之大意,而不使洪卿之遂无传也!

"洪卿二男,曰善长,曰某。一女,曰某。夫人王氏,今丞相冀国公之子也。铭曰:不以既与为通,不以复夺为穷。众人之荣,如埃随风。有孚其躬,长短必终。昭哉洪卿!妥矣幽宫。"

宋楼钥《攻媿集》卷一百七《通判姚君墓志铭》:"四明自国初以来,端拱二年至乾道末登进士科者几二百人矣。淳熙五年,姚君颖始以第一人及第,实为吾乡之光。又其才业足以称褒然之选,意必远到,而竟以不显,可哀也已。

"君字洪卿,世家吴兴,后徙于明。明今为庆元府。曾大父皋,迪功郎、容州司户。轻财好施,创必庆堂于城南,延师以教宗族之子弟,于是姚氏后又有曰大任,曰持,曰孚者,相踵擢第,遂为闻族。孚即君之大父也,尤号博洽。三预计偕,入太学。宦情素薄,再调和州录事参军,遂致其事,终左奉议郎。父孝全,封朝奉大夫致仕,赐紫金鱼袋。母宜人杨氏。

"君在髫龀,嶷然已有成人风。五岁读书过目不忘,十岁能属文。试乡校,占前列,郡博士疑之,别命题使试于前,应手成章,时号神童。师事屯田郑先生锷累年,能自刻苦,洛诵多至彻旦,几忘寒暑饥渴。经史百氏、传记注疏,下至稗官小说,多所贯穿。大书《论语》,置几案间。又取二程、上蔡、龟山之书,仁义礼乐道德性命之说,决择是非,类聚成帙,以便讲习。文体简严,自出机杼,有以为后时者,曰:'是有命焉。'

"由漕台试南宫，参知政事范文穆公成大以宗伯知贡举，得公文奇之。及发策集英，推明《中庸》、《大学》之旨，几数千言，末论敌国事宜尤备。孝宗皇帝以其议论正大剀切，亲擢首选，而戒勿版行，盖不欲传于外也。闻喜宴御书《旅獒篇》以赐。授承事郎、签书宁国军节度判官厅公事，特命员外置。力祈寝免，上嘉叹而许之。

"皇子魏惠宪王镇吾邦，欲侈其盛，命以驺哄鼓吹迓君，而扁舟已归郊居矣。祖姚史氏，盖太师文惠王之姑。时文惠再相，侍立上前，一闻胪传，再拜谢恩。丞相王鲁公方知枢密院，问与公何物。文惠道所以，且盛称其贤。鲁公钟爱一女，托文惠以缔婚焉。鲁公后因对及之，孝宗曰：'策中用赵逢坠马事甚佳。'乃知简眷之深也。七年之官，龙图郑公伯熊为守，相得欢甚。继之者治尚严，君能济之以宽，乘间语之曰：'催科之急，郡有十之一，则邑十之五，吏曹以为利，惧民之不堪也。'守感其言，为之霁威。适大旱，榷酤之课不登，逮治苛峻。君缓其期，而蠲其无所从出者，人心欢然，甘澍随应，邦人尤德之。八年被召，有旨引见，以未经审察，辞不敢当。次日遂对便殿，君首以数被异恩叙谢，继论治体切于时者凡十有八条。进读未终，玉音琅然云：'道理当如是。'又论义仓等利病，及守令久任，上皆嘉纳，除秘书省校书郎。供职之日，胥吏例以雌黄涂数字，请书其上，以应故事。君不欲循袭，非手校真有讹舛，不下笔也。时言路多选于馆中，颇有馈遗，君不启书，加以缄封而还之。鲁公当国，引嫌丐外。周益公欲处以一郡，君力辞，添差通判平江府，又辞厘务不果。馆阁皆一时名胜，惜君之去，相与饯饮道山，用'风流半刺史，清绝校书郎'分韵赋诗以送之。仲冬奉二亲以行，会郊祀，以曾任馆职恩封及亲。

"吴门一都会，地大事夥，关决无壅。吴江民交讼久不决，部使者以属君。邑以其人素不可追，君曰：'张官置吏非以治贫弱，正以制豪强耳。'穷竟党与，卒究其狱，一郡竦服，君自念早以大魁丞辅藩，敛藏渊靓，若无所能为者。间有所为，亦不欲人之指目为能也。不要名，不混俗，无所阿附，名斋曰'迂'。呜呼！可谓深藏若虚者矣。十年，祷旱劳悴，感疾以终，年才三十有四。官止宣教郎。属纩之际，语不及他，惟以君恩未报，亲养不终为恨，实十有一月十三日也。二子：元特，四岁。元哲，二岁。一女，在二子之间。君未第时，欲卜筑于鄞之阳堂乡延寿山，至是遂以其年十二月壬申归葬。妻以丞相恩封孺人，于时年二十有三，泣告父母，誓不背姚氏。却铅华不御，赋《柏舟》之诗，抚教其子女。大夫公夫妇至今寿且康，岁时供妇礼无敢慢。呜呼，贤哉！鲁公家训清肃，孺人处昆弟无间言。后诸昆弟遵秦国夫人之命，以遗奏恩予元特。未几朝家用故事，命元哲以官，今俱为迪功郎，调饶州安仁、福州连江县主簿，皆婿于外家。女适承奉郎、新监临安府粮料院王俨，又鲁公之孙，新吉州通判槻之子也。孙男女今各二人。

"君性孝谨，少居大父母之丧，已能悲慕尽礼。大夫素严重，先意承志，未尝少忤。遇有愠色，至闭户自挞，屏息不敢喘。母病疟，衣不解带，药非亲尝不进，祈以身代。友爱弟妹，惟力之尽。平日动以古人自期，文词之作，尤为精敏，他人汲汲不能发舒者，下笔辄过之。掩抑覆护，不欲衒耀，而自不可掩，真如其为人也。裒为家集十卷。方在甥馆时，谆谆言宰相之职惟进贤退不肖。昔王文正在位，众金壬岂能悉去？不以为忧也，惟多引诸贤，使不为小人所胜耳。因密疏贤才三十余人，虽不及尽用，终多为知名士，君之志岂小哉！体瘠神清，人以为似文惠而与鲁公，真有冰玉之誉。出门轴折，此识不识所共叹也。

"开禧三年，君之二子踵门泣曰：'先君之葬时，兄弟稚幼，未及铭墓。念不可以无传。'又以通判赣州袁君燮所作行状为请。余尤哀其意，为之铭。铭曰：人之生子，惟恐不敏。敏而好学，乃善之尽。既敏而学，又或恃才。浮躁衒露，为身之灾。猗叹洪卿，实具才美。早冠儒科，一日千里。抗志远古，力行在躬。文惠是似，清如鲁公。天胡不仁，兰摧玉折。二亲俱存，共姜守节。有子竞爽，志于家传。不在其身，天其舍旃。"

宋陈骙《南宋馆阁续录》卷八《官联二》："校书郎，淳熙五年以后十六人，……姚颖，字洪卿，四明人，淳熙五年进士及第，治诗赋，八年五月除，十一月添差通判平江府。"

《宝庆四明志》卷十《进士》："淳熙五年姚颖榜：姚颖，孚孙。"《延祐四明志》卷六《人物考下》："淳熙五年戊戌姚颖榜：姚颖，孚孙。"《光绪鄞县志》卷二十《选举表一》："淳熙五年戊戌：姚颖，孚孙，状元。"《光绪慈溪县志》卷十九《选举上·宋》："淳熙五年戊戌姚颖榜：姚颖，孚孙，有传。按：颖世居鄞县，曾祖阜、祖孚皆登进士，详《絜斋》、《攻媿》、《水心》诸集。《嘉靖志》列之鄞县，□有依据，姚中丞凭私家谱牒，授入邑志，未为允当，特相沿已久，姑仍之。"

苏养直　原贯泉州，后迁鄞县。登淳熙五年进士第。事迹无考。

《宝庆四明志》卷十《进士》："淳熙五年姚颖榜：苏养直，贯泉州。"《延祐四明志》卷六《人物考下》："淳熙五年姚颖榜：苏养直，贯泉州。"《光绪鄞县志》卷二十《选举表一》："淳熙五年姚颖榜：苏养直，贯泉州。"

郑瓒　字黄中。原籍福州，明州鄞县人。郑锷之弟。登淳熙五年进士第。郑氏有诗《石湫》一首,见《宝庆四明志》卷十八。

清陆心源《宋诗纪事续补》卷十六《郑瓒》:"瓒,字黄中。与兄锷自福州徙鄞。孝宗淳熙五年进士。"

《宝庆四明志》卷十《进士》:"淳熙五年姚颖榜:郑瓒,锷弟。"《延祐四明志》卷六《人物考下》:"淳熙五年姚颖榜:郑瓒,锷弟。"

黄豹 明州鄞县人。登淳熙五年进士第。事迹无考。

《宝庆四明志》卷十《进士》:"淳熙五年姚颖榜:黄豹。"《延祐四明志》卷六《人物考下》:"淳熙五年姚颖榜:黄豹。"

王镐 字德高,原籍明州鄞县,后迁慈溪。登淳熙五年进士第。初为湖口县尉,多有惠政,百姓无不称其贤。后相继摄湖口、瑞昌事,善于吏事。后因政绩荐为从政郎、溧阳丞、儒林郎、承直郎、会稽丞,以奉祠致仕。

宋杨简《慈湖先生遗书续集》卷一《王德高墓铭》:"四明慈溪王德高,讳镐,世为鄞人,后徙慈溪。曾祖讳发,故夔州巫山县主簿,累赠朝散郎。祖讳庭芳,故朝奉大夫、直秘阁致仕,累赠太中大夫。考讳基,故从政郎、潭州长沙县丞。

"德高忠信德行,势利纷华一不以动其心。弱冠高与乡贡,继登太学,后登进士科,尉江州湖口。时岁不登,郡委偕德安簿视荒。德高不惮履亩,务宽下户,簿趋郡上白,太守怒其减及县额之半,掷于地。簿遗书言使君意叵测,德高报勉其坚守,且以罪自任。邑民不胜感德。既而韩使君入境,问父老以邑官之贤否,咸称尉贤。自是邑民之诉于郡者,悉以委德高。德高处决,一一惟允,无复异辞。一日弯卒者获三捕卒,乃徭人之隶于池阳大军,官捕甚急,悬赏至千缗。是在法抵死,自首则免,第赏不行尔。遂以卒自首闻于军帅,三卒遂免死。瑞昌宰不事事,即檄德高两易簿,并摄县。比至县,视其图圄充斥,缧于廊庑者累累。问之吏,则曰:'是皆负官赋者。'德高曰:'噫,彼系于此,赋从何出?'悉召至庭下,抚问喻晓,与期而遣之。吏执谓此皆顽民,一纵不可复追,弗听,皆罗拜而去,遂相率如期而输。民讼之久不决者,尽为之决遣。里正之顽黠者,于期会惟谨,不敢违。德安宰以事被鞫,德高又奉檄摄邑,且俾尽有宰之月给。德高密以半遗宰之家,未尝以语人也。湖口丞素相陵,德高不校。暨官满,郡督过,良窘,为之极力调护。以荐举升从政郎、授建康溧阳丞,以庆典循文林郎,覃恩循儒林郎。民之讼之帅漕,皆乞送清强官县丞,累年滋蔓暧昧之讼,一旦而平公,不可概举,至有密诣庭下,以手加额,再拜而去者。漕使林公枅刚方嫉恶,所至竦畏。始临治所,德高逆诸境,一见慰藉甚厚,云'得政声于道路'即面付民讼数十纸。居亡何,得替告归。时已六月，漕欲少缓交割，以下半年荐剡相处，对曰：'已交事。'漕怅然，德高恬不以为意。厥后司籴行都，适值积弊之后，商旅不通，德高始至，即率同官力请于长，明示以信，酬直必时，无淹阻，牙侩毕力效诚，亦不忍欺。众商感悦，舳舻辐辏，岁籴仅百万，不劳而办。考满，以赏循承直郎，后调会稽丞。年逾六十，精力不衰，职事益不苟。终更奉祠，虽贫而乐。

"亲姻交旧宦达寖多，无求无请。廉不近名，直不忤物。无町畦，无缘饰。吏能精敏，法令明习。事长官如父兄，与同僚如朋友，久敬不替。御胥吏如家人，视部民不啻如赤子，御家详整有法度。气貌方严，而即之也温。虚心乐善，好奖勉后进。于人无贤否，敬爱惟均。族党姆姻舅之家，或有人所难处，苟知之，必忠告善道，其人亦多感悟迁善。

"仲子津治《诗》，魁太学，一时流辈推与。家世衰落，咸属意。俄夭折，亲党不胜痛惜。德高虽哭之，未尝过为戚，终日危坐，凝尘满席。嘉定六年三月丁未以疾不禄，寿七十有九。娶孙氏、再娶冯氏，四子：湜、津、准、潇。女五皆已适人，二孙杭、桷，孙女二。诸孤将以十月一日丙申奉柩荒葬于慈溪县金川乡施岙铭曰：'忠信正直，宽裕明寂，德高有焉，莫匪尔极。'"

《宝庆四明志》卷十《进士》："淳熙五年姚颖榜：王镐，璧侄。"《延祐四明志》卷六《人物考下》："淳熙五年姚颖榜：王镐，璧侄。"《光绪慈溪县志》卷十九《选举上·宋》："淳熙五年戊戌姚颖榜：王镐，璧侄。"

朱元之 绍兴府余姚县人。登淳熙五年进士第。绍熙时为承事郎，知弋阳县，有政声。

宋杨万里《杨万里诗文集》卷七十《荐举徐木、袁采、朱元之、求扬祖政绩奏状》："承事郎知信州弋阳县朱元之，两学知名，应试能官。下如士夫干求，过客馈赆，经常燕集，并分俸以应。撙节浮费，洗手奉职，不以一钱假人。至如板曹之供，诸军之饷，官吏兵人之廪，罔不给足。催科有法，两税不愆，民乐其输，不扰而整。听讼录囚，邑民自以不冤。……绍熙三年三月十五日发奏。"

《宝庆会稽续志》卷六《进士》："淳熙五年姚颖榜：朱元之。"《光绪余姚县志》卷十九《选举表》："淳熙五年戊戌：朱元之。"

厉居正 绍兴府余姚县人。登淳熙五年进士第。官黄州教授。

《宝庆会稽续志》卷六《进士》："淳熙五年姚颖榜：厉居正。"《光绪余姚县志》卷十九《选举表》："淳熙五年戊戌：厉居正，姚颖榜，黄州教授。"

舒杠 明州奉化县人。登淳熙五年进士第。官衢州通判。

《光绪奉化县志》卷十九《选举表一》："淳熙五年戊戌：舒杠，姚颖榜，衢州通判。"

舒琥　字西美。明州奉化县人。登淳熙五年进士第。其师从陆九渊，多有省悟，且颇为陆氏赏识，称其为学朴茂。

宋袁燮《絜斋集》卷九《舒元质祠堂记》："又与其兄西美、弟元英同亲炙象山先生，西美、元英皆有省悟。"宋陆九渊《象山先生全集》卷五《与舒西美》："某时下从诸兄讲学，不敢自弃，颇有日益，恨不得吐露以求教也。今岁都下与朋友讲切，自谓尤更直截如前日。"

《光绪奉化县志》卷二十三《人物传一》："舒黻，……子七：琬、球、琥、琪，俱有声于时。……琥，字西美，淳熙五年进士。陆子称其朴茂，无他蹊径。"《光绪奉化县志》卷十九《选举表一》："淳熙五年戊戌舒琥，姚颖榜。"

淳熙八年辛丑(1178)黄由榜

赵师晨　明州鄞县人。登淳熙八年进士第。事迹无考。

《宝庆四明志》卷十《进士》："淳熙八年黄由榜：赵师晨。"《延祐四明志》卷六《人物考下》："淳熙八年黄由榜：赵师晨。"

赵汝胜　明州鄞县人。登淳熙八年登进士第。事迹无考。

《宝庆四明志》卷十《进士》："淳熙八年黄由榜：赵汝胜。"《延祐四明志》卷六《人物考下》："淳熙八年黄由榜：赵汝胜。"

袁燮(1144—1224)　字和叔，明州鄞县人。登淳熙八年进士第。初授江阴尉，时大饥，其考察乡里、编制图表，助力赈灾，颇有功。后为太学正，遭庆元党禁之厄，被迫致仕。嘉定前后复用，累官至司封郎中，以彭龟年事论时政。后为国子祭酒、秘书监，为太学生所仰服，终于宝文阁待制。

袁燮为甬上大儒，世人称絜斋先生。著述颇丰，但传世极少，现仅存《絜斋集》、《袁正献公遗文钞》，前者收于《丛书集成初编》，后者收于《四明丛书》。

宋真德秀《真文忠公集》卷四十七《显谟阁学士致仕赠龙图阁学士开府袁公行状》："公讳燮，字和叔，姓袁氏。……淳熙辛丑，第进士。孝宗在御久，责治切，有劝公对策宜谓'大体已正，当坚忍以俟其成'。公不谓然，直以意对，具言大体未正与所当更张者，以是仅得丙科，而言坚忍者竟为举首。公以合选当得教官，丞相史忠定公勉以姑为一尉，遂往江阴。……迟次累年，授生徒以供菽水。……迄事，罗公荐于朝，有旨升擢，既又循两资。终更入都，周丞相谓：'当处公班列，少须三月，其可？'公曰：'迟迟以俟内除，非吾志也，且亲老得便足矣。'即就沿海制属以归。……宁宗即位，始以太学正召，然侍讲朱公及诸名儒已次第去国矣。未几，赵丞相罢，公知必不为时所容，然犹晨入学延见生徒，商榷理道。或谓诸生多上书议斥时事，不当诱进，公不为变，迄以此论罢，自是伪学之禁兴而正人无容足地矣。

"公贫甚，退处泰然。久之，得浙东帅属，再为福建常平属官。……改秩通判赣州，未上，会开禧边事作，两淮大震扰。公谓海道通山东，宜谨备，而内地盗贼尤不可不务防。赵尚书善坚帅沿海，请宫摄参议官，后帅傅公伯成因之。公为言备御大略及团结乡兵事宜，傅公一以相属。……召公为宗正簿、枢密院编修官，权考功郎，迁丞奉常。……知江州，……提举江西常平，权隆兴府事，……兼国史编修、实录检讨官。明年春，迁秘书少监，兼司业。及秋，进祭酒。冬，除秘书监，仍兼祭酒。……十一月，权礼部侍郎，升同修国史、实录院修撰，进侍讲，犹兼祭酒。……癸巳，薨于正寝。公受知宁皇，终始简记，既薨之三日，宁皇亦弃天下，呜呼痛哉！公官自改秩十二迁尉太中大夫，爵自鄞县男再进为伯，食邑自三百户至九百户。今上御极，升显谟阁学士，加秩二等，致仕。遗奏闻，赠龙图阁学士、光禄大夫，官其后如格，赙银绢皆再百。自诸老沦谢，天下之士视公出处以为轻重，及是闻者莫不伤尽，太学诸生相率为位于西湖之昭庆寺以哭，四方之来奠者其辞者哀。学者称公不以爵氏，而曰絜斋先生云。

"……自象山先生阐明大道，揭以示人，曰：'学问之要，得其本心而已。心之本真未尝不善，有不善者，非其初然也。'公始遇之都城，一见即指本心，洞彻通贯。警策之言，字字切己。公神悟心服，遂师事焉。研精覃思，有所未合，不敢自信。居一日，豁然大明，因笔于书曰：'以心求道，万别千差；通体吾道，道不在他。'此公自得之实也。慈湖杨公与公同师，造道亦同，而每称公之觉为不可及。……公之事亲如天，事君亦如天，由其本心昭明，随事著见，有一无二。亲虽没，敬奉遗体，举足不忘，无适而非亲也。身虽退，心在阙庭，一饭不置，无适而非君也。于昆弟友爱尤笃，弟橺亦事公如严师。从兄涛嗜学固穷，其亡也，为敛葬，嫁其孤女之未嫁者。于家族赒贫拯厄，备极其至。于朋友忠而尽。自为幕府，事其长敬以诚。及在朝廷，每言君相同体，爱吾相者所以爱吾君也，故勤勤纳忠，宁有远怫而不忍蔽欺。

"……少而嗜书，白首弗厌。凡圣贤大训切于己者，味之终身，夜则默诵，病亦吟讽。讲道于家，以诸经《论》、《孟》大义警策学者，于《书》、《礼记》论说尤详，其所成就后学甚众。博观群籍，取其切用者会粹成编。谓法度之言自秦以前乃可矜式，故有先秦古书若干卷；谓学士大夫不知兵，则武夫悍将得矜所长，而缓急无以应变，故有兵略若干卷；谓祖宗成宪为人臣者所当讲究,故有《皇朝要录》若干卷。其辞章根本至理,一言一句皆胸襟流出。谓《语》、《孟》中无难通之辞、难晓之字,故凡所著不为奇崄刻峭语,而温纯条鬯,自不可及。晚而好诗,尝赋《进德堂》诸篇,趣味幽远。而于一卉木之芬馨、一羽毛之皓洁,辄寄兴焉,曰:'吾之自修,当如是也。此岂苟为赋咏者邪!'奏议蔼然忠诚,读者感动。铭志叙事有史法。诸子裒其集若干卷,藏于家。

"公之在宗正也,修《宁宗玉牒》,在枢庭修《经武要略》。先时修书官类不经意,将进则取具临时。公莅职即悉力编摩,后数岁乃进呈,大要多出公笔。史院修《高宗宝训》,纪录过详,公删繁剪浮,见谓得体。后修《孝宗宝训》,遂专以属公,退自仪曹,坐史馆辄终日,书垂成而公去。议者又欲用司马温国公编《通鉴》故事,俾以书局自随,或言国史出外有禁,乃止。"

元脱脱《宋史》卷四百《袁燮》:"袁燮,字和叔,庆元府鄞县人。生而端粹专静,乳媪置盘水其前,玩视终日,夜卧常醒然。少长,读东都《党锢传》,慨然以名节自期。入太学,登进士第,调江阴尉。

"浙西大饥,常平使罗点属任振恤。燮命每保画一图,田畴、山水、道路悉载之,而以居民分布其间,凡名数、治业悉书之。合保为都,合都为乡,合乡为县,征发、争讼、追胥,披图可立决,以此为荒政首。除沿海制属。连丁家艰,宁宗即位,以太学正召。时朱熹诸儒相次去国,丞相赵汝愚罢,燮亦以论去,自是党禁兴矣。久之,为浙东帅幕、福建常平属、沿海参议。

"嘉定初,召主宗正簿、枢密院编修官,权考功郎官、太常丞、知江州,改提举江西常平、权知隆兴。召为都官郎官,迁司封。因对,言:'陛下即位之初,委任贤相,正士鳞集,而窃威权者从旁睨之。彭龟年逆知其必乱天下,显言其奸,龟年以罪去,而权臣遂根据,几危社稷。陛下追思龟年,盖尝临朝太息曰:斯人犹在,必大用之。固已深知龟年之忠矣。今正人端士不乏,愿陛下常存此心,急闻剀切,崇奖朴直,一龟年虽没,众龟年继进,天下何忧不治。''臣劝陛下勤于好问,而圣训有曰:问则明。臣退与朝士言之,莫不称善。而侧听十旬,陛下之端拱渊默犹昔也,臣窃惑焉。夫概知如是而明,则当知反是而暗。明则辉光旁烛,无所不通;暗则是非得失,懵然不辨矣。'

"迁国子司业、秘书少监,进祭酒、秘书监。延见诸生,必迪以反躬切己,忠信笃实,是为道本。闻者悚然有得,士气益振。兼崇政殿说书,除礼部侍郎兼侍读。时史弥远主和,燮争益力,台论劾燮,罢之,以宝文阁待制提举鸿庆宫。起知温州,进直学士,奉祠以卒。

"燮初入太学,陆九龄为学录,同里沈焕、杨简、舒璘亦皆在学,以道义相切磨。后见九龄之弟九渊发明本心之指，乃师事焉。每言人心与天地一本，精思以得之，兢业以守之，则与天地相似。学者称之曰絜斋先生。后谥正献。子甫自有传。"

宋樵川樵叟《庆元党禁》："余官三十一人，袁燮，太□博士，明州。"

宋陈骙《南宋馆阁续录》卷七《官联一》："监……嘉定以后十二人……袁燮，八年七月除，九年十二月为权礼部侍郎。……少监……嘉定以后二十人……袁燮，八年正月除，七月为监。"

宋陈骙《南宋馆阁续录》卷九《官联三》："同修国史……嘉定以后三十一人……袁燮，九年十二月以权礼部侍郎兼，十一年六月为真仍兼。……国史院编修官……袁燮，字和叔，庆元府鄞县人，淳熙八年黄由榜进士出身，治《书》，六年七月以吏部郎官兼，七年正月为国子司业。……实录院同修撰……嘉定以后三十一人，……袁燮，九年十二月以权礼部侍郎兼，十一年六月为真仍兼。……实录院检讨官，……嘉定以后六十三人……袁燮，八年七月以国子司业兼，五年三月为国子祭酒仍兼。"

《宝庆四明志》卷八《先贤事迹上》："燮字和叔，少游太学，以舍选中淳熙八年进士第。调江阴尉，召赴都堂审察，不就。庆元初，擢太学正。时论击道学之党，一斥十余年。寻改秩通判赣州。嘉定更化，召为宗正簿、枢密院编修官、太常丞、兼权考功郎，出知江州，提举江西常平茶盐。入为都官员外郎、历学馆、兼国史实录院，升礼部侍郎兼侍读。其在太学，日延诸生，训以《语》、《孟》大旨。在经筵从班，每竭诚意，广忠益，宁宗皇帝常嘉纳之。修《高宗宝训》，既进读，有旨复专修《孝宗宝训》。垂成而去国，差知温州，力辞，以焕章阁学士致仕。遗奏闻，赠龙图阁大学士、光禄大夫。"

《延祐四明志》卷四《人物考中》："袁先生燮，字和叔，鄞人。少以名节自期。入太学，见陆先生九龄，德容睟盎，亲炙之。同里沈、杨、舒三公皆聚于学，朝夕以道义切磨。第进士，为太学正。时朱文公诸名儒已去，先生知不为时所容，寻以学党去，更历外服。入朝，至太常丞，兼考功郎，知江州，提举江西常平。以都官郎召，迁司封，又迁国子司业祭酒。延见诸生，迪以切己之学。常病世学者袭先儒绪言，未能自得于心，不足以为学。吾心即道，不假外求，忠信笃实，是为道本。闻者悚然自得。

"以秘书监兼崇政殿说书，迁礼部侍郎侍讲，犹兼祭酒。讲《诗》二南，于先生正始之本，自身而家，自家而天下者，深寓规儆之意。列国变风有关君德治道者，亦托其义以讽。立朝守正不阿，时好议者指为好名，遂奉祠以归。

"著述弗倦，或劝宜少休，曰：'吾以此为笙镛管磬，不知其劳也。'终于显谟阁学士,谥曰正献。先生尝曰:'此心存则虽贱而可贵,不存则虽贵而可贱。'大哉心乎!与天地一本,精思以得之,兢业以守之,则与天地相似。每谓为学当以圣贤自期,仕宦当以将相自任。其所讲明,体用兼综,于《书》、《礼记》论说尤详,成就后学甚众。"

《宝庆四明志》卷十《进士》:"淳熙八年黄由榜:袁燮,灼曾孙。"《延祐四明志》卷六《人物考下》:"淳熙八年黄由榜:袁燮,灼曾孙。"《光绪鄞县志》卷二十《选举表一》:"淳熙八年辛丑:袁燮。"

袁充《宋袁商墓志》:"考讳燮,显谟阁学士通奉大夫致仕。"注:是志撰于宋景定五年(1264)。

注:袁燮研究可见范立舟《南宋甬上四先生研究》(人民出版社 2014 年版),该书对袁燮生平交游、思想都有详细论述。另有张实龙《心学于政治——袁燮研究》(浙江大学出版社 2015 年版)这一袁燮专题研究著作。

王恕 字之荀,台州宁海县人。登淳熙八年进士第。官宣教郎。

《嘉定赤诚志》卷三十三《仕进·进士科》:"淳熙八年黄由榜:王恕,宁海人,字之荀,齐舆之弟,章之兄。终宣教郎。"《光绪宁海县志》卷九《选举表》:"淳熙八年辛丑:王恕,黄由榜。《赤城志》:字之荀,齐舆弟,章兄,终宣教郎。"

朱元龟 绍兴府余姚县人。登淳熙八年进士第。绍熙间为南雄教授。

《道光直隶南雄州志》卷三《职官》:"宋,教授,绍熙,朱元龟。"《宝庆会稽续志》卷六《进士》:"淳熙八年黄由榜:朱元龟。"

叶恢 绍兴府余姚县人。叶汝士子。登淳熙八年进士第。事迹无考。

《宝庆会稽续志》卷六《进士》:"淳熙八年黄由榜:叶恢,汝士子。"《光绪余姚县志》卷十九《选举表》:"淳熙八年辛丑:叶恢,汝士子。"

赵廷昂 绍兴府余姚县人。赵廷衮之兄。登淳熙八年进士第。事迹无考。

《宝庆会稽续志》卷六《进士》:"淳熙八年黄由榜:赵廷昂,廷衮兄。"《光绪余姚县志》卷十九《选举表》:"淳熙八年辛丑:赵廷昂,廷衮兄。"

任谔 台州宁海县人。登淳熙八年进士第,官户部侍郎。

《光绪宁海县志》卷九《选举表》:"淳熙八年辛丑:任谔。旧志:字士瑄,户部侍郎。《赤城志》、《府志》无,《通志》有。"

淳熙十一年甲辰(1184)卫泾榜

赵汝述 字明可,明州鄞县人。登淳熙十一年进士第。初为顺昌尉,嘉定后，历任讲座少监、起居郎、兵部侍郎、刑部侍郎、刑部尚书等职，颇能荐士，却为史弥远之党，被人所耻。

元脱脱等《宋史》卷二百四十七《赵汝述》："汝述，字明可，太宗八世孙。曾祖士说，从二帝北迁，临河骂敌而死。汝述登淳熙十一年进士第。调南剑州顺昌尉。嘉定六年，诏主管官告院，自是常兼宰士，累迁将作少监，权侍立修注官。八年，除起居郎兼密院都承旨，俄迁兵部侍郎，以母忧去，服阕，改刑部侍郎，迁尚书，知平江府，卒。

"汝述为尉，应诏上封事，论议恳恻。立朝荐引，多知名之士。然为时相所亲，躐跻通显，人亦以此少之。"

宋陈骙《南宋馆阁续录》卷七《官联一》："丞……嘉定以后三十六人……赵汝述，字明可。开封人，寓居四明。淳熙十一年卫泾榜进士出身，治诗赋。五年七月除，六年正月为著作郎。"宋陈骙《南宋馆阁续录》卷八《官联二》："著作郎……嘉定以后……赵汝述，六年正月除，十月为将作少监。"宋陈骙《南宋馆阁续录》卷九《官联三》："同修国史……嘉定以后三十一人……赵汝述，十年十月以权兵部侍郎兼，十一年三月为真仍兼。……赵汝述，十三年九月以刑部侍郎再兼，十四年九月为权刑部尚书仍兼。……国史院编修官……嘉定以后六十一人……赵汝述，七年九月以将作少监兼，十一月为军器监，八年七月为起居郎并兼。……实录院同修撰……嘉定以后三十一人……赵汝述，十年十月以权兵部侍郎兼，十一年三月为真仍兼。……赵汝述，十三年九月以刑部侍郎再兼，十四年九月为权刑部尚书仍兼。……实录院检讨官……嘉定以后六十三人……赵汝述，七年九月以将作少监兼，十一月为军器监，八年七月为起居郎并兼。"

《吴郡志》卷十一《题名》："赵汝述，华文阁直学士、正议大夫。嘉定十五年五月二十九日到。当年十二月二十日，乞守本官，致仕。二十五日，除徽猷阁直学士，特转一官。致仕。"

《宝庆四明志》卷十《进士》："淳熙十一年卫泾榜：赵汝述，善待子。"《延祐四明志》卷六《人物考下》："淳熙十一年卫泾榜：赵汝述，善待子。"

赵汝遒　明州鄞县人。赵善待子。明州鄞县人，登淳熙十一年进士。嘉定间知毗陵，其间自朝奉大夫转至朝散大夫，后为军器监丞、司农寺丞。亦曾出知湖州。

《咸淳重修毗陵志》卷八《秩官二》："赵汝遒，嘉定十四年四月朝奉大夫，十五年四月以宝玺恩，转朝散大夫，十六年正月除军器监丞，二月除司农寺丞。《光绪浙江通志》卷一百十五《职官五·宋下》："知湖州军，赵汝遒。"《宝庆四明志》卷十《进士》:"淳熙十一年卫泾榜:赵汝遽,善待子。"《延祐四明志》卷六《人物考下》:"淳熙十一年卫泾榜:赵汝遽,善待子。"

高文善　明州鄞县人。高安世侄,高文虎之弟。登淳熙十一年进士第。庆元间为承议郎,知衢州。高文善有《重修智门禅院记》一文,仅存记目。

《嘉靖衢州府志》卷七《官守纪一》:"庆元三年高文善,承议郎,后别典州郡遭阅,文虎弟。"《宝庆四明志》卷十《进士》:"淳熙十一年卫泾榜:高文善,安世侄。"《延祐四明志》卷六《人物考下》:"淳熙十一年卫泾榜:高文善。"

林宗任《宋杨惟玉墓志》:"宜人伯姊,实归予戎监宫舍高公讳文善。"注:是志撰于宋淳祐八年(1248)。

高似孙　字续古,号疎寮,亦有作疏寮,明州鄞县人,后迁越州。登淳熙十一年进士。幼年曾和程大昌论《春秋繁露》,皆有论据,为程大昌所赏识。曾为会稽县主簿、给事中,晚年守处州,为官贪酷,卒赠通议大夫。

高似孙著述颇多,如《疎寮集》(又作《疏寮集》)、《剡录》、《子略》、《纬略》、《蟹略》、《骚略》、《砚笺》、《文苑英华纂要》等,且多传于世。浙江古籍出版社2015年整理出版《高似孙集》为最佳。

宋陈振孙《直斋书录解题》"疏寮集"条:"《疏寮集》三卷,四明高似孙续古撰。少有俊声,登甲辰科,不自爱重,为馆职。上韩侂胄生日诗九首,皆暗用"锡"字,为时清议所不齿。晚知处州,贪酷尤甚。其读书以隐僻为博,其作文以怪涩为奇,至有甚可笑者,就中诗犹可观也。"

宋周密《癸辛杂识》之《续集》上《洪渠》:"高疏寮守括日,有籍妓洪渠者,慧黠过人。一日,歌《真珠帘》词,至'病酒情怀犹困懒',使之演其声若病酒而困懒者,疏寮极称赏之。适有客云:'卿自用卿法。'高因视洪云:'吾亦爱吾渠。'遂与脱籍而去,以此得啧言者。"

清陆心源《宋史翼》卷二十六《文苑一》:"高似孙,字续古,夙有俊声,词章敏赡。登淳熙十一年进士,为会稽县主簿,吏道通明。后为礼部郎,守处州,累官中大夫。似孙博雅好古,晚家于越,为嵊令史安之作《剡录》,而文物掌故乃备。"

宋陈骙《南宋馆阁续录》卷八《官联二》:"秘书郎……嘉定以后五十人……高似孙,十六年五月除,十七年九月为著作佐郎。……著作佐郎……嘉定以后三十九人:高似孙,十七年九月除,宝庆元年九月知处州。……校书郎,庆元以后十一人:高似孙,字续古,庆元府鄞县人。淳熙十一年卫泾榜进士出身,治诗赋。五年十月除,六年二月通判徽州。"

《光绪鄞县志》卷二十八《人物传三》:"子似孙,字续古。夙有俊声,词章敏瞻,程大昌《演繁露》初成,文虎假观,似孙年尚少,窃窥之,越日,程索问原书,似孙因出一帙曰《繁露诘》,其间多大昌所未载,而辩证尤详,大昌盛赏之。

"登淳熙十一年进士,为会稽县主簿,吏道通明,楼钥除给事中,尝举以自代,后为礼部郎守处州,累官中大夫,提举崇禧观。似孙博雅好古,晚家于越,为嵊令史安之作《剡录》而文物掌故乃备,卒赠通议大夫。"

《宝庆四明志》卷十《进士》:"淳熙十一年卫泾榜:高似孙。"《延祐四明志》卷六《人物考下》:"淳熙十一年卫泾榜:高似孙。"《光绪鄞县志》卷二十《选举表一》:"淳熙十一年甲辰高似孙。"

注:高似孙研究以《两宋浙东高氏家族研究》、黄慧鸣的硕士论文《高似孙的生平及其著作》、童子希的《高似孙文献学研究》为代表。另有大量集中于《砚笺》、《剡录》和四略之书的研究成果。

舒球　字东美,舒琬弟,舒璘兄。明州奉化县人。登淳熙十一年进士第。官知颍州。

清王梓材等《宋元学案补遗》卷七十六《舒先生球》:"舒球,字东美,传正弟而文靖之兄也,淳熙十六年进士,仕至颍川太守。"

《光绪奉化县志》卷十九《选举表一》:"淳熙十一年甲辰:舒球。"

舒琬　字传正,明州奉化县人,舒璘兄。登淳熙十一年进士第,亦说特奏名进士第。曾为迪功郎,崇德县尉,治狱甚明,平定蛮判,后为福州签判,卒于任上。

宋楼钥《攻媿集》卷八三《祭舒签判琬通判璘文》:"猗欤舒氏,何其多贤!昆仲飞英,俱自少年。西美元英,既已玉折于往岁,所赖以主门户者,惟传正、传道、元质之鼎立,而乃相随于九原耶?惟吾传正,负气敢言。晚对大廷,直声凛然。止或尼之,不至帝前。尉于武昌,恩威并宜。日剖滞讼,自以不冤。五溪峒蛮,动兴戈铤。匹马深入,且谕且镌。投戈解仇,罗拜马前。远迩惊叹,咏歌四传。通籍金闺,将宦闽川。一疾困之,遂至沉绵。祠禄甫颁,朝露遽先。"

清王梓材等《宋元学案补遗》卷七十六《舒先生琬》:"舒琬,字传正,文靖长兄,淳熙甲辰进士,授迪功郎,鄂州崇德县尉,升福州签判。"

《光绪奉化县志》卷十九《选举表》:"淳熙十一年:舒琬,特奏名。"

虞时忱　绍兴府余姚县人。虞时中之弟。登淳熙十一年进士第。事迹无考。

《宝庆会稽续志》卷六《进士》:"淳熙十一年卫泾榜:虞时忱,时中弟。"

《光绪余姚县志》卷十九《选举表》:"淳熙十一年:虞时忱,时中弟。"

虞时宪 绍兴府余姚县人。登淳熙十一年进士第。疑为虞时忱族人。事迹无考。

《光绪余姚县志》卷十九《选举表》:"淳熙十一年:虞时宪。"

赵善赞 明州奉化县人。登淳熙十一年进士第。历节度判官。

《宝庆四明志》卷十《进士》:"淳熙十一年卫泾榜:赵善赞,善繻弟。"《延祐四明志》卷六《人物考下》:"淳熙十一年卫泾榜:赵善赞,善繻弟。"《光绪奉化县志》卷十九《选举表一》:"淳熙十一年甲辰:赵善赞,卫泾榜,善繻弟,节度判官。"

舒琮(1133—1190) 字伯礼,明州奉化县人。舒黼子,舒瑜长兄。年幼即十分聪慧,初试不第,后登淳熙十一年特奏名进士第。初授登仕郎、迪功郎,为丽水主簿,次年转修职郎,淳熙十六年病亡。

宋舒璘《舒文靖公类稿》卷二《伯礼兄圹志》:"某之从兄伯礼,讳琮,姓舒氏。家世明州奉化县。曾祖讳惟政。祖讳卞,赠宣议郎。父讳黼,再荐于太学,试礼部,卒不偶。

"兄幼在家塾,聪敏秀出,作词赋,讲平经理,辈行不能企及。年二十四,与乡荐。后连上礼部,亦不偶。淳熙十一年,以特恩射策,中甲科,敕授登仕郎。入送,授迪功郎,调处州丽水主簿。十二年,高宗圣寿八十,大赦,转修职郎。十六年,到官仅百日,寝疾而殁,享年五十有八,实绍熙改元三月二日。越六日,讣至,弟瑜奔走护丧以归。某慨念先伯父文行表后学,其就而请业,非斋邀不敢近,口授指画,沾丐者多,独乃斋志以殁。幸兄克肖厥德,人曰是将济美矣,连蹇场屋,晚岁一官,未为造物费,而勤不容施。人无所尤,天不可怨,岂不痛哉!岂不痛哉!

"兄学业精勤,践行笃厚。其沉郁不举,益自励,与年俱进。交无滞思,辞简洁而意已独到。父母终,兄弟情不忍异,闲言入耳,则厉声叱之,故终其身,门户如一。莅官未几,上下交孚。其殁也,守倅僚佐,归赙有加,同僚典丧,事无不勉。学校诸生逮吏民,或祭于庭,或祖于道,哭泣尽哀乃去。噫!是固不可强而得也。娶董氏,生五男子:长镃,早夭;次铉、镰、钘;一未名。四女子,汪知政、李元松、董大受、郭墿,其婿也。是年冬十有二月壬寅,祔于禽孝乡先伯父墓之侧。从弟修职郎、新充徽州州学教授某谨志,李元淳书。"

清王梓材《宋元学案补遗》卷二十五《舒先生黼附子琮》:"长子琮,字伯礼,幼聪敏。淳熙间以特恩射策中甲科,主丽水簿以卒。广平谓其学业精勤,践行笃厚云。"

《光绪奉化县志》卷十九《选举表一》："淳熙十一年甲辰：舒琼。"

淳熙十四年丁未（1187）王容榜

史弥远（1164—1233）　字同叔，史浩子，庆元府鄞县人。其以父恩为承事郎、宣义郎、沿海制置司干办公事，登淳熙十四年进士第。开禧前多为外官，直至秘书少监起居郎。开禧时，韩侂胄主张北伐，史弥远上疏反对，虽未行，然得宁宗注意，升为刑部侍郎、礼部侍郎。韩侂胄兵败后，史弥远在罢免、诛灭韩侂胄的活动中起到了不小作用，升为礼部尚书。嘉定时为右丞相，虽有起伏，然开始擅权，甚至在理宗即位的事件上有决定性作用。宋理宗时仍专注用权，毁誉参半。

史弥远
像取自清光绪十八年八行堂木活字本《浙江萧山史氏宗谱》

宋史浩《鄮峰真隐漫录》卷四十二《男弥远受官告祖先文》："某奋自寒素，遭世盛明。今者联班孤傅，赐第寓京，子弟亦受国恩宠，通籍金闺，此一门之荣，已极通显矣。今天子有事合宫，恩及臣下，某等三男弥远复被荣秩。某窃惟一介之士，自束发读书，幸而掇取儒科，官不过末品。其得预京秩者，是惟集英第一之选，三年而仅有耳。今弥远年未几冠，起家而安有之，此非祖宗厚德，畀遗后人，何以及此！虽然某之所期望于弥远者，当思所以称其恩光，不愿其志效一官而自足也。继自今方从师亲传，日长月益，庶几其远者大者，惟祖宗之灵阴骘默佑之。俾之自幼学至于壮行，由小成进于大成，卓然有立，无忝我祖。此则某暮年之幸，亦吾祖宗所赖于子孙世其家声者也。

祗命之始,于以揭虔,敢告。"

《宋史》卷四百十四《史弥远传》:"史弥远字同叔,浩之子也。淳熙六年,补承事郎。八年,转宣义郎,铨试第一,调建康府粮料院,改沿海制置司干办公事。十四年,举进士。

"绍熙元年,授大理司直。二年,迁太社令。三年,迁太常寺主簿,以亲老请祠,主管冲佑观。丁父忧。庆元二年,复为大理司直,寻改诸王宫大小学教授。轮对,乞旌廉洁之士,推举荐之赏;浚沟洫,固堤防,实仓廪,均赋役,课农桑,禁末作,为水旱之备;葺城郭,修器械,选将帅,练士卒,储粟谷,明烽燧,为边鄙之防。丞相京镗屏左右曰:"君他日功名事业过镗远甚,愿以子孙为托。"四年,授枢密院编修官,迁太常丞,寻兼工部郎官,改刑部。六年,改宗正丞。丐外,知池州。嘉泰四年,提举浙西常平。开禧元年,授司封郎官兼国史编修、实录检讨,迁秘书少监,迁起居郎。二年,兼资善堂直讲。

"韩侂胄建开边之议,以坚宠固位。已而边兵大衄,诏在位者言事,弥远上疏曰:'今之议者,以为先发者制人,后发者制于人,此为将之事,施于一胜一负之间,则可以争雄而捷出。若夫事关国体、宗庙社稷,所系甚重,讵可举数千万人之命轻于一掷乎? 京师,根本之地,今出戍既多,留卫者寡,万一盗贼窃发,谁其御之? 若夫沿江屯驻之兵,各当一面,皆所以拱护行都,尤当整备。继今勿轻调发,则内外表里有足恃,而无可伺之隙矣。所遣抚谕之臣,止令按历边陲,招集遁寇,戒饬将士,固守封圻。毋惑浮言以挠吾之规,毋贪小利以滋敌之衅。使民力愈宽,国势愈壮,迟之岁月,以俟大举,实宗社无疆之福。'

"奏方具,客曰:'侂胄必以奏议占人情,太夫人年高,能无贻亲忧乎?'弥远曰:'时事如此,言入而益于国,利于人,吾得罪甘心焉。'封鄞县男兼权刑部侍郎。三年,改礼部兼同修国史、实录院同修撰,仍兼刑部。

"兵端既开,败衄相属,累使求和,金人不听。都城震摇,宫闱疑惧,常若祸在朝暮,然皆畏侂胄莫敢言。弥远力陈危迫之势,皇子询闻之,亟具奏,乃罢侂胄并陈自强右丞相。既而台谏、给舍交章论驳,侂胄乃就诛,召弥远对延和殿,帝欲命为签书枢密院事,力辞,乃迁礼部尚书兼国史实录院修撰。

"询立为太子,兼詹事,遣使诣金求和,金人以大散隔牙二关、濠州来归。疏奏:'今两淮、襄、汉沿边之地,疮痍未瘳,军实未充。当勉厉将帅,尽吾委寄之诚;简阅士卒,核其尺籍之阙。缮城堡,葺器械,储糗粮。当聘使既通之后,常如干戈未定之日,推择帅守以壮藩屏之势,奖拔智勇以备缓急之求。'拜同知枢密院事兼太子宾客,进封伯。

"嘉定元年，迁知枢密院事，进奉化郡侯兼参知政事，拜右丞相兼枢密使兼太子少傅，进开国公。丁母忧，归治葬，太子请赐第行在，令就第持服，以便咨访。二年，以使者趣行急，乃就道，起复右丞相兼枢密使兼太子少师。四年，落起复。雪赵汝愚之冤，乞褒赠赐谥，厘正诬史，一时伪学党人朱熹、彭龟年、杨万里、吕祖俭虽已殁，或褒赠易名，或录用其后，召还正人故老于外。十四年，赐家庙祭器。

"宁宗崩，拥立理宗，于是拜太师，依前右丞相兼枢密使，进封魏国公，六辞不拜，因乞解机政，归田里，丞出关，帝从之。宝庆二年，拜少师，赐玉带。劝上倾心顺承以事太后，力学修德以答皇天眷佑，以副四海归戴。绍定元年，上太后尊号，拜太傅，八辞不拜。夏，得疾，累疏丐归，不许。都城灾，五疏乞罢斥，乃降封奉化郡公。五年春，复爵。六年，将拜太师，三具奏辞，乞免出命，不许。乃拜太师，依前右丞相兼枢密使、鲁国公，又三具奏辞。绍定五年，上疏乞谢事，拜太傅。未几，拜太师、左丞相兼枢密使。上疏乞解机政，依前太师特授保宁，昭信军节度使，充醴泉观使，进封会稽郡王。卒，遗表闻，帝震悼，辍朝三日，特赠中书令，追封卫王，谥忠献。户部支赙赠银绢以千计，内帑特颁五千匹两，遣使祭奠。及其丧还，遣礼官致路祭于都门外，赐襚、佩玉、黝缋。

"初，诛李全，复淮安，克盱眙，第功行赏，诸将皆望不次拔擢。或言于弥远，弥远曰：'御将之道，譬如养鹰，饥则依人，饱则飏去。曹彬下江南，太祖未肯以使相与之。况今边戍未撤，敬报时闻，若诸将一一遂其所求，志得意满，猝有缓急，孰肯效死？'赵善湘以从官开阃，指授之功居多，日夜望执政。弥远曰：'天族于国有嫌，高宗有诏止许任从官，不许为执政。绍熙末，庆元初，因汝愚，彦逾有定策功，是以权宜行之。某与善湘姻家，则又岂敢？'弥远亲密友周铸、兄弥茂、甥夏周篆皆寄以腹心，人皆谓三人者必显贵，然铸老于布衣，弥茂以执政恩入流，周篆以捧香恩补官，俱止训武郎而已。

"初，弥远既诛韩侂胄，相宁宗十有七年。迨宁宗崩，废济王，非宁宗意。立理宗，又独相九年，擅权用事，专任憸壬。理宗德其立己之功，不思社稷大计，虽台谏言其奸恶，弗恤也。弥远死，宠渥犹优其子孙，厥后为制碑铭，以'公忠翊运，定策元勋'题其首。济王不得其死，识者群起而论之，而弥远反用李知孝、梁成大等以为鹰犬，于是一时之君子贬窜斥逐，不遗余力云。"

宋何异《宋中兴三公年表》之《绍定六年》："绍定六年太师史弥远，十月加太师改左丞相，十一月薨，赠中书令，追封卫王，谥忠献。弥远以见任宰相，拜太师，自王黼以后所未有。

"太傅史弥远,正月以少师右丞相鲁国公为太傅。"

宋何异《宋中兴东宫官寮题名》之《资善堂官》:"史弥远,开禧二年三月以起居郎兼直讲,三年三月除权礼部侍郎,升兼翊善,十一月除礼部尚书,改兼太子詹事。"

宋何异《宋中兴东宫官寮题名》之《东宫官》:"史弥远,开禧三年十一月以礼部尚书兼詹事,十二月除同知枢密院事。"

宋陈骙《南宋馆阁续录》卷七《官联一》:"监修国史……嘉定以后六人……史弥远,字同叔,庆元府鄞县人。淳熙十四年王容榜进士出身,治诗赋,元年七月以知枢密院事兼参政政事兼权。……提举国史……嘉定以后……史弥远,元年十月以右丞相兼,十一月丁母忧,二年五月起复右丞相,十二月仍兼。……提举编类圣政……嘉定以后四人……史弥远,元年十月以右丞相兼,十一月丁母忧,二年五月起复右丞相,十二月仍兼。"

宋陈骙《南宋馆阁续录》卷九《官联三》:"秘书省检阅文字……开禧以后三人……史弥远,三年十一月以礼部尚书兼。……同修国史……开禧以后七人……史弥远,三年三月以权礼部侍郎兼。……国史院编修官……开禧以后二十二人……史弥远,元年闰八月以司封郎中兼,九月为秘书少监,十一月为起居郎并兼。……实录院修撰……开禧以后三人……史弥远,三年十一月以礼部尚书兼。……实录院同修撰……开禧以后七人……史弥远,三年三月以权礼部侍郎兼。……实录院检讨官……开禧以后二十二人……史弥远,元年闰八月以司封郎中兼,九月为秘书少监,十一月为起居郎并兼。"

《宝祐四明志》卷九《先贤事迹下》:"今丞相弥远,字同叔,宝文阁学士。"

《延祐四明志》卷五《人物考中》:"史弥远,字同叔。忠定罢相,归东湖,与弟弥坚先后生,忠定深器之,尝曰:'吾以不言兵,后必又为宰相者。二子优劣,吾未能审也。'一日,携客游湖寺,二子从,忠定阴戒从者,进食逾晡时,弥远独凝坐,绝怒色,忠定始肯之。

"登进士第,折节下士,与东莱吕祖谦相游从。忠定下世,以大理司直迁诸王宫大小学教授,出知池州,提举浙东常平,入为起居郎,兼资善堂直讲,擢礼部侍郎。韩侂胄为平章军国事,师败江淮,蜀吴曦反,弥远与皇子荣国公密议,入启皇后,召夏震传诏,殛死之。初,余杭赵汝说、汝谈集历代皇后事,号曰《坤鉴》,进后禁中,后颇向之。会弥远议诛侂胄,后计遂决,而汝谈兄弟终弥远世不得入朝。嘉定元年,知枢密院事,后拜右丞相,去伪学禁,赠朱熹序,复故丞相赵汝愚、吕祖谦等官,召林大中、楼钥故老十五人入朝。十五年,皇子荣国公薨,立济国公竑为皇子。时弥远相已久,皇子在府中与右左阴言,丞相辅政有不便语。寝闻,丞相恶之,乃密以越州宗室子与莒为沂王,后更名贵诚,援高宗立普安、恩平二王故事,将复立为皇子。十七年八月,会宁宗大渐,亟白皇后,言贵诚贤德,皆先帝犹子,遂宣遗诏,立为皇太子,即帝位,是为理宗,复为相十年。绍定二年,薨于赐第,四中书令,追封卫王,谥忠献。

"在相位二十六年,其行事见《宋史》及群贤奏议。理宗特御制神道碑,额曰公忠翊运定策元勋之碑。"

《宝庆四明志》卷十《进士题名》:"淳熙十四年王容榜:史弥远,浩子。"《延祐四明志》卷六《人物考下》:"淳熙十四年王容榜:史弥远,浩子。"《光绪鄞县志》卷二十《选举表一》:"淳熙十四年丁未:史弥远,浩子。"

史弥远《宋故淑人黎氏圹记》:"少师右丞相、兼枢密使提举、编修玉牒提举、国史实录院提举、编修《国朝会要》提举、编修《敕令》鲁国公、食邑二万六千一百户、食实封一万二佰户史弥远记。"注:是志撰于宋绍定元年(1228)。

史棣孙《宋史尧卿墓志》:"祖弥远,太师保宁昭信军节度使,进封会稽郡王,赠中书令,追封卫王,谥忠献。"注:是志撰于宋咸淳元年(1265)。

史柏孙《宋史汲卿墓志》:"祖讳弥远,太师、保宁昭信军节度使,会稽郡王,赠中书令,封卫王,谥忠献。"注:是志撰于宋咸淳五年(1269)。

注:史弥远是宋朝政治史研究的重要内容,其研究成果颇多。较具代表性的有史美珩的《是奸相还是能臣——史弥远历史真相研究》一书(山西人民出版社 2010 年版)。

史弥忠　字良叔,庆元府鄞县人,史浩侄。登淳熙十四年进士第。曾为咸宁尉,后在庐陵、吉安、南安等为官,皆有能名。其后在福建提举常举盐茶事,平定闽寇。年未七十致仕,官至金紫光禄大夫,卒赠少师,谥文靖。其诗可见《甬上宋元诗略》,其文收于《全宋文》。

宋唐士耻《灵岩集》卷七《通吉守史弥忠启》:"敛板趋庭,行遂识韩荆州之愿;负丞哦竹,岂能擅崔斯立之长。第欣欢之交驰,正芘休之幸切,敬修笺记,少露肺肝。繄惟设官分职之方,盖是近民施仁之易。有如邑贰,谁极官修?盖明府实赖其赞裨,且茂宰每须其依助。惟子产善相于小国,惟景倩仅号于真清。如某者瘠土枯荄,寒门陋绪,屡玷英游之末,莫逃墨饮之羞。欲了簿书,未免看朱而成碧;将平狱讼,依然画地以为牢。顾袜线曾何寸长,而驽马不忘十驾,兹滥叼于一职,敢自后于千能?自非仰藉于洪庥,何以获全于小己。恭惟某官人门两胜,姿习双长。如赞皇之蝉联,更是八行之骏;若申公之龙禅，早收拾芥之青。旁薄历年，践扬积阅，是能出类，卓有异才。鄂渚奠安，采棒光生于朝日；柯山教养，通儒和扇于春风。不卑管库之官，争上鹗书之刻。一同抚字，蹊成河县之花；半刺辉光，赋就郁江之月。更画戟清香之晓合，迄芳塘葽草之春生，课最鼎来，竹符浒出。维白粲连樯之鱼贯，所系不轻；维介江比屋之犀渠，其网必正。当仁是寄，迅召即承。且千里素服其英风，而庶俗尤谙于厚德，第兹敛惠，行此促归。且某大父朝请之曩年，尝在王国履簪之列，而先世符麾之昔日，又联金昆羁靮之游。兹焉仰望于层霄，庶几少宽于六辔。矧丞之于令，虽云位逼而势亲；而邑之有丞，岂可观旁而手袖？三思宛转，一得几希。擅裨佐之实而无侵夺之嫌，乃赞助之善而繁忱恂之愿。尚惟历照，俾遂展为。"

元袁桷《清容居士集》卷四十七《书史文靖为西山先生荐黄参军家问》："尝读真西山通文靖公启，有曰：'四纪奉常之第，三州刺史之符。华途咸拟于直登，雅操独安于平进。'又曰：'青原彭蠡善政，有百年之思；太白东湖胜赏，穷四时之乐。'味绎词旨，盖不以恭奕为可贵也。绍定，元二先生去国，文靖亦归老里第。今观荐士之急，遂因父以致其子。而文靖谆谆训谕，尤以先生为重。绝干挠之嫌，于斯可见。桷闻诸老言：'永国为言时，欲迎公政府就养，不一岁而返。方永国之入相也，公独言参预应公宜为文字官。'应时以议端平兵事谪归里，未几，果得召命。将入国门，刘、濮二竖相继论去。公闻之，叹恨数日。噫！父子至亲，宜无所嫌避。在隆兴时，若张紫微之总得，近世之江文忠，诚有不可处。若文靖父子，诚无可议。一时廷绅，不免有赵括之讥。慨贵盛之不常，愍天运之日妃，三复遗墨，肃襟以嘻。是岁五月乙亥，年家孙袁桷谨书于其曾孙益伯题识之后。"

元佚名《宋史全文续资治通鉴》卷三十三《史弥忠除端明殿学士诏》："宰臣具庆，前此罕闻。史嵩之父弥忠年逾八秩，宜示恩褒，可除端明殿学士，仍致仕；母益国夫人孙氏进封魏国夫人，令赴行在就养。"

《延祐四明志》卷五《人物考中》："史弥忠，字良叔，鄞县人。进士第，初为鄂州咸宁尉，官满归里，囊中装视之官时良多，里人羡企之。其父惭怒，弥忠惧，召里人毕集，悉发箧以示，皆书帙也。

"监文思院门。杨文元公署荐刻，曰质直而才，逊德无竞。宰庐陵邑，有能名。后守南安，会盗甫平，为政尚安辑，蠲白撰钱以便民。守吉州，治如南安，蠲田租十有八万。闽寇大作，提举福建常平盐茶事，荐陈枢密韩为招捕。事定，功赏一不受。真文忠公时居起建宁，遗书美之。时从弟弥远久在相位，数劝其归，年未七十，首乞致仕。后子嵩之为丞相，除宝谟阁待制，继除龙图阁学士，凡十一封，至金紫光禄大夫。

"夫妇就养相府，数告归，遂除资政殿学士，赐笏头毡纹带。终于东湖之里第，赠少师、保宁军节度使、郑国公，谥文靖。

"初为尉咸宁，赵方尉蒲圻。己酉岁，嵩之生；庚戌岁，方亦生子葵，两家交持羊酒相贺。日者云二尉子皆极贵，后弥忠荐方于朝，为大帅。而嵩之、葵、范俱立功襄汉，二子先后为丞相。葵、范端平开边，嵩之帅襄，力言不可，由是交恶。嵩之入相，葵在外奉书币于其父，援鄂州事契，怨稍解，然亦竟不能平也。"

《宝庆四明志》卷十《进士题名》："淳熙十四年王容榜：史弥忠，浩侄。"《延祐四明志》卷六《人物考下》："淳熙十四年王容榜：史弥忠，浩侄。"《光绪鄞县志》卷二十《选举表一》："淳熙十四年丁未：史弥忠，浩从子。"

史玭卿等《宋史岩之墓志》："考讳弥忠，资政殿学士，金紫光禄大夫致仕，赠少师保宁军节度使、郑国公，赐谥文靖，累赠太师，追封齐国公。"注：是志撰于宋咸淳七年（1271）。

史玠卿《元鲁十娘子墓志》："曾祖弥忠，故前资政殿学士，金紫光禄大夫致仕，赠太师保宁军节度使，追封齐国公，赐谥文靖。"注：是志撰于元至元十七年（1280）。

史仁伯《元史玠卿墓志》："祖讳弥忠，资政殿学士，金紫光禄大夫致仕，赠少师保宁军节度使、郑国公，赐谥文靖，累赠太师齐国公。"注：是志撰于元至元二十二年（1285）。

史弥忞　明州鄞县人。登淳熙十四年进士第。曾为信州知州、将作监，官至龙图阁学士、吉州知州。

宋洪咨夔《平斋文集》卷十八《权知信州史弥忞除将作监丞制》："敕：具官某：上饶间于江浙，顷悍卒轶纪律以骇吾民，翦其萌可缓乎？尔优于应变，勇于讨恶，尸二渠于市而群奸之魄褫，千里底定，朕甚材之。召丞匠监，用旌尔能，缮修务简，益培雅望。可。"

《光绪鄞县志》卷二十《选举表一》："淳熙十四年丁未：史弥忞。案《浙志》官龙图阁学士、知吉州。又案弥忞与嘉定七年弥忞同姓名。"

史弥愈　明州鄞县人。史弥忠弟。登淳熙十四年进士。历任分水县尉、江州通判、知常州府。史弥愈有《更鼓铭》一文，未传世。

宋叶适《水心文集》卷十三《郭处士墓志铭》："女嫁修职郎、前太平州教授叶挺，从事郎、前赣州司户孙礽，文林郎、湖州乌程县丞叶知几，迪功郎、新严州分水县尉史弥愈。"宋叶适《水心文集》卷二十二《史进翁墓志铭》："弥忿,通判江州。"

《宝庆四明志》卷十《进士》:"淳熙十四年王容榜:史弥忿,弥忠弟。"《延祐四明志》卷六《人物考下》:"淳熙十四年王容榜:史弥忿,弥忠弟。"《光绪鄞县志》卷二十《选举表一》:"淳熙十四年丁未:史弥忿,弥忠弟。"

李震 明州鄞县人。唐卿侄孙。登淳熙十四年进士第。事迹无考。

《宝庆四明志》卷十《进士》:"淳熙十四年王容榜:李震,唐卿侄孙。"《延祐四明志》卷六《人物考下》:"淳熙十四年王容榜:李震,唐卿侄孙。"《光绪鄞县志》卷二十《选举表一》:"淳熙十四年丁未:李震,唐卿从孙。"

吴振 字子奇,明州鄞县人。登淳熙十四年进士第。官知信州、秘书丞。

宋陈骙《南宋馆阁续录》卷七《官联一》:"丞……嘉定以后三十六人……吴振,字子奇,庆元府鄞县人。淳熙十四年王容榜同进士出身,治诗赋,十七年四月除,九月知信州。"

《宝庆四明志》卷十《进士》:"淳熙十四年王容榜:吴振。"《延祐四明志》卷六《人物考下》:"淳熙十四年王容榜:吴振。"《光绪鄞县志》卷二十《选举表一》:"淳熙十四年丁未:吴振。"

赵师佣 明州鄞县人。赵师晃从兄弟。登淳熙十四年进士第。任奉议郎、绍兴府通判。

《光绪鄞县志》卷二十九《人物传四》:"兄师佣,淳熙十四年进士。奉议郎、添差通判绍兴府。"

《宝庆四明志》卷十《进士》:"淳熙十四年王容榜:赵师佣,师晃从兄。"《延裕四明志》卷六《人物考下》:"淳熙十四年王容榜:赵师佣,师晃从弟。"《光绪鄞县志》卷二十《选举表一》:"淳熙十四年丁未:赵师佣。"

赵师晃 明州鄞县人。赵师晨之弟。登淳熙十四年进士第。事迹无考。

《宝庆四明志》卷十《进士》:"淳熙十四年王容榜:赵师晃,师晨弟。"《延祐四明志》卷六《人物考下》:"淳熙十四年王容榜:赵师晃,师晨弟。"《光绪鄞县志》卷二十《选举表一》:"淳熙十四年丁未:赵师晃,师晨弟。"

赵汝遇 明州鄞县人,赵善待之子。登淳熙十四年进士第。官军器监丞。

宋袁甫《蒙斋集》卷九《赵汝遇除军器监丞赵必愿除户部郎官制》:"敕:具官某等:除戎器,戒不虞,义著于萃;不伤财,不害民,训垂于节。而吾圣门讲明实学,有勇知方。子路能之,治国足民;冉求能之,皆确然有可用之实。

尔汝遇之谨重，职在缮戎。尔必愿之明练，职在理财，一为监长，一为郎曹，其足食足兵之所深赖乎？治兵而毋佳兵，治财而毋蠹民，此圣门之所尚，而宗英之所以培植宗社者也。懋哉，服我休命。"

《宝庆四明志》卷十《进士》："淳熙十四年王容榜：赵汝遇，善待子。"《延祐四明志》卷六《人物考下》："淳熙十四年王容榜：赵汝遇，善待子。"《光绪鄞县志》卷二十《选举表一》："淳熙十四年丁未：赵汝遇。"

赵希言　字若讷，一作若纳，庆元府鄞县人。登淳熙十四年进士第。初授衢州司户、衢州知州，议罢盐场，清算户里，颇为上级所重。后又为吉州司理，平定冤狱，得杨万里等荐，为临安府司法、淮西总所干办，一时库府充溢，其后又在仁和等地为官，皆有善政，终为内官。历任秘书丞、著作郎、军器少监，后奉祠致仕，嘉定时卒。

元脱脱等《宋史》卷二百四十七《赵希言》："希言字若讷，惠王令旷元孙也。淳熙十四年登第。调衢州司户，合郡民以计，表其坊里，标其户数，为图献于守，守才之。西安令不职，守檄希言摄邑。漕善令，会严州请复乌龙岭税场，檄希言往访之，俾令得复职。希言力陈乌龙场不当复，漕怒曰：'衢已复孔步、章戴二场，何乌龙独不可复？'希言谓二场当并罢去，漕不能夺，二场竟亦废。改吉州司理，属邑有诬人以杀人罪者，吏治之急，囚诬服。希言鞫得实，檄县他捕，乃得真盗。

"用杨万里、周必大荐，授临安府司法，改淮西总所干办。移书约诸郡：纲必时发，至即受纳，无滞留。始至，军库见钱不满千缗，比去，库钱充溢。

"知临安仁和县。辟学宫四百余亩。适大旱，蝗集御前芦场中，亘数里。希言欲去芦以除害，中使沮其策，希言驱卒燔之。临平塘堤决，希言督役，亲捧土投石，兵民争奋，堤成，因筑重堤，后不复决。民病和买绢折钱重，希言节公费，代其输。

"除大社令，迁枢密院编修官兼右司。上言：'诸将但务城守，敌来不拒，去不复追，异时之忧，殆不止保江而已。宜谕诸将，一军受围，诸军共守，敌不渡淮则均受赏，以战为守，毋以守为守。'迁宗正丞，请南班得与轮对，许之。累迁秘书丞、著作郎、军器少监，皆兼右司，又充密院检详。为宰属、枢掾凡六年，奉祠去。嘉定十七年卒，年六十一。赠资政殿大学士，封越国公，谥忠宪。

"子与权，登进士第，再中刑法科。官至开府仪同三司。"

宋陈骙《南宋馆阁续录》卷七《官联一》："丞……嘉定以后三十六人……赵希言，玉牒，字若纳。淳熙十四年王容榜进士出身，治诗赋。十四年正月除，九月为著作郎。"宋陈骙《南宋馆阁续录》卷八《官联二》："著作郎……嘉定以后……赵希言，十四年九月除，是月为军器少监。"

《宝庆四明志》卷十《进士》："淳熙十四年王容榜：赵希言。"《延祐四明志》卷六《人物考下》："淳熙十四年王容榜：赵希言。"《光绪鄞县志》卷二十《选举表一》："淳熙十四年丁未：赵希言。"

郑清之《白云山宝庆显忠寺记》："赵公希言以宗英掾西府，身任其事，以引以翼，厥勋茂焉。……于是时，公不及见此，玉音所以语近弼而重嗟惜之！既乃修代来功，追念旧德，特赠公宣奉大夫、待制龙图阁。犹以为未称也，再赠资政殿大学士，眡仪政府，敕太常□□廷议，易名"忠宪"。注：是文撰于宋淳祐二年（1242）。

赵希瑾 明州鄞县人。登淳熙十四年进士第。事迹无考。

《宝庆四明志》卷十《进士》："淳熙十四年王容榜：赵希瑾。"《延祐四明志》卷六《人物考下》："淳熙十四年王容榜：赵希瑾。"《光绪鄞县志》卷二十《选举表一》："淳熙十四年丁未：赵希瑾。"

姚师皋 明州鄞县人。登淳熙十四年进士第。嘉定时参与铨试，当有任官。

清徐松《宋会要辑稿》选举二一之一一一："（嘉定）三年二月二十五日铨试、公试、类试，……姚师皋考校。"

《宝庆四明志》卷十《进士》："淳熙十四年王容榜：姚师皋。"《延祐四明志》卷六《人物考下》："淳熙十四年王容榜：姚师皋。"《光绪鄞县志》卷二十《选举表一》："淳熙十四年丁未：姚师皋。"

袁韶 字彦淳，庆元府鄞县人。登淳熙十四年进士第。嘉泰时为吴江丞，核定田厘，且不惧苏师旦等人的威胁。后为桐庐县令，压抑不法宗室，且力免桐庐县输石之役。其后又为太常寺主簿、右司郎官、参知政事，助史弥远平李全之叛，不久致仕。卒赠少傅，后赠越国公、太师。

袁韶曾著《钱塘先贤传赞》，收录于《四库全书》，此书记载杭州名士的传记资料，颇有史料价值。

元袁桷《清容居士集》卷二十二《袁氏旧书自序》："旧书之传，距于今四世矣。桷幼闻公从学正献公时，有手校九经，旁说疑义，皆附书左右，最为精善。欲从诸父一观而未得，又欲合诸父之藏，分第为目录，亦不果。"

元脱脱等《宋史》卷四百十五《袁韶传》："袁韶字彦淳，庆元府人。淳熙十四年进士。嘉泰中，为吴江丞。苏师旦恃韩侂胄威福，挠役法，提举常平黄荣檄韶核田以定役。师旦密谕意言：'吴江多姻党，傥相容，当荐为京朝官。’诏不听。是岁更定户籍，承徭赋，皆师旦党，师旦讽言者将论去。荣亟以是事白于朝，且荐之。未几，师旦败。改知桐庐县。桐庐多宗室，持县事无有善去者。诏始至，绝私谒，莫敢挠。钱塘岸岁为潮啮，率取石桐庐，诏言：‘庙子山有石，不必旁取邻郡。’遂得求免。嘉定四年，召为太常寺主簿，父老旗鼓蔽江以饯，至于富阳，泣谢曰：‘吾曹不复输石矣。’

“后为右司郎官、接伴金使。使者索岁币，语慢甚，诏曰：‘昔两国誓约，止令输燕，不闻在汴。’使者语塞。十三年，为临安府尹，几十年，理讼精简，道不拾遗，里巷争呼为‘佛子’，平反冤狱甚多。

“绍定元年，拜参知政事。胡梦昱论济王事，当远窜，诏独以梦昱无罪，不肯署文书。李全叛，扬州告急，飞檄载道，都城争有逃避者。乃拜诏浙西制置使，仍治临安镇遏之。丞相史弥远惩韩侂胄用兵事，不欲声讨。诏与范楷言于弥远曰：‘扬失守则京口不可保，淮将如卞整、崔福皆可用。’适福至，诏夜与同见弥远，言福实可用。弥远从之，遂讨全。诏卒以言罢。端平初，奉祠，卒年七十有七，赠少傅。后以郊恩，累赠太师、越国公。

“诏之父为郡小吏，给事通判厅，勤谨无失，岁满当代，不听去。后通判至，复留用之，因致丰饶。夫妻俱近五十，无子，其妻资遣之往临安置妾。既得妾，察之有忧色，且以麻束发，外以彩饰之。问之，泣曰：‘妾故赵知府女也，家四川，父殁家贫，故鬻妾以为归葬计耳。’即送还之。其母泣曰：‘计女聘财犹未足以给归费，且用破矣，将何以酬汝？’徐曰：‘贱吏不敢辱娘子，聘财尽以相奉。’且闻其家尚不给，尽以囊中资与之，遂独归。妻迎问之曰：‘妾安在？’告以其故，且曰：‘吾思之，无子命也。我与汝周旋久，若有子，汝岂不育，必待他人乃育哉？’妻亦喜曰：‘君设心如此，行当有子矣。’明年生诏。”

宋陈骙《南宋馆阁续录》卷七《官联一》：“丞……嘉定以后三十六人……袁韶，字彦淳，庆元府鄞县人。淳熙十四年王容榜进士出身。治诗赋，八年四月除，九年七月为著作郎。”

宋陈骙《南宋馆阁续录》卷八《官联二》：“著作郎……嘉定以后……袁韶，九年七月除，十年十一月丁母忧。”

清黄宗羲等《宋元学案》卷七十五《太师袁彦淳韶》：“袁韶，字彦淳，鄞县人。淳熙中进士，官左司郎中。常为判官，使者不敢慢语。”

《咸淳临安志》卷四十八《秩官六》：“嘉定十三年庚辰袁韶，庆元府人。是日以朝奉大夫、军器少监兼枢密院检详诸房文字、兼玉牒所检讨官仍旧，军器少监兼知。”《咸淳临安志》卷四十九《秩官七》：“绍定三年庚寅袁韶，是日奉御笔以同知枢密院事，除资政殿学士、浙西安抚制置使兼知。越四日，再奉御笔除同知枢密院事、浙西安抚使兼知。"

《延祐四明志》卷五《人物考中》："袁韶,字彦淳。幼从正献公燮学于城南。淳熙癸卯,与乡书。明年,当赴礼部,愿卒受业。是年,阖郡上礼部俱不第,公独以旧牒登淳熙丁未第。嘉泰中,为吴江丞。苏师旦恃韩侂胄威福,挠里中役法。黄公牵为常平使者,檄公核田以定役,苏密谕意,言吴江多姻党,倘相容,当荐为京朝官,公不听。是岁,更定户籍,承徭赋者皆苏党,苏讽言者,将论去,黄公亟以是事白于朝,且荐之。未几,苏败,公得为桐庐宰。桐庐多宗室,持县事无有善去者。公始至,绝私谒,莫敢挠。钱塘岸岁为潮啮,率取石桐庐备御。公言庙子山左右皆石,不必旁取邻郡,遂得永免。嘉定辛未,召为太常丞主簿,县父老旗鼓蔽江以饯,至于富阳,泣谢曰:'吾曹不复输石矣。'后为左司郎中,接伴金使。使者索岁币,语慢甚,公曰:'昔两国誓约,止令输燕,不闻有旨在汴。'使者语塞。是岁,真文忠公德秀亦言币当绝,公实启之。嘉定庚辰,尹临安,自是几十年,理讼精简,道不拾遗,里巷争呼为佛子。所治疑狱,不可胜纪,至今遗老犹能言之。杭城多火灾,讫公十岁无是患。其后林介继之,法尽弛,太室、省部皆烬。绍定戊子,拜同知枢密院事。李全反山阳,时相欲以静镇,扬州告急,飞檄载道,杭州争有逃避者。拜浙西制置使,仍治临安以镇遏之。公谒相,言扬失守,则京日不可保,淮将如卞整、崔福皆可用。适崔奉阃命来枢府,公夜与同见相。故事,无暮谒相府,公言崔实可用,雅量镇浮,恐非今时所当先。相疑逼己,不悦,卒罢政归府。端平初,奉祠,薨,时年七十有七,赠少傅。后以郊恩,累赠太师、越国公。"

《宝庆四明志》卷十《进士》："淳熙十四年王容榜:袁韶。"《延祐四明志》卷六《人物考下》："淳熙十四年王容榜:袁韶。"《光绪鄞县志》卷二十《选举表一》："淳熙十四年丁未:袁韶。"

朱景献 明州鄞县人。登淳熙十四年进士第。事迹无考。其有《伏龙禅寺》诗,收于《宁波地名诗》(宁波出版社2007年版)。

《光绪鄞县志》卷二十《选举表一》："淳熙十四年丁未:朱景献。"

注:《宁波地名诗》以其为定海令,查定海、镇海诸志,皆无记载。《慈溪历代风物诗选》载其为明人。

罗仲舒 字宗之,明州慈溪人。登淳熙十四年进士第。曾为秘书郎、著作佐郎、著作郎,官至宗正少卿。

罗仲舒
像取自清光绪修《浙江姚江罗氏宗谱》

宋陈骙《南宋馆阁录续录》卷八《官联二》："著作郎……嘉定以后……罗仲舒，十五年十一月除，十六年十二月为福建提举。……秘书郎……嘉定以后……罗仲舒，字宗之，庆元府慈溪人，淳熙十四年王容榜进士出身。治《春秋》，十四年正月除，十二月为著作佐郎。……著作佐郎……嘉定以后三十九人……罗仲舒，十四年十二月除，十五年十一月为著作郎。"

《宝庆四明志》卷十《进士》："淳熙十四年王容榜：罗仲舒。"《延祐四明志》卷六《人物考下》："淳熙十四年王容榜：罗仲舒。"《光绪慈溪县志》卷十九《选举上·宋》："淳熙十四年丁未王容榜：罗仲舒。"

王演《慈溪县罗府君嘉德庙碑》："余因又考之郡志与《罗氏家乘》所载，则又有名仲舒者，府君九世孙也。宋淳熙间，以进士得官至宗正少卿，为时名臣。"注：是文撰于元至正二十一年（1361）。

虞万　字宗道，台州府宁海县人。登淳熙十四年进士第。官至宣教郎、国子录事。

《嘉定赤城志》卷三十三《仕进·进士科》："淳熙十四年王容榜：虞万，宁海人，字宗道，终宣教郎、国子录事，事见钱宗卿父子所为铭。"

《光绪宁海县志》卷九《选举表》："淳熙十四年丁未：虞万。《赤城志》：字宗道，终宣教郎、国子录事，见钱宗卿父子所为铭。《通志》作十一年卫泾榜，《府志》作十五年王容榜。"

刘友德　明州奉化县人。登淳熙十四年特奏名进士第。事迹无考。

《光绪奉化县志》卷十九《选举表一》："淳熙十四年丁未：刘友德,特奏名。"

舒瑾　明州奉化县人。登淳熙十四年特奏名进士第。事迹无考。

《光绪奉化县志》卷十九《选举表一》："淳熙十四年丁未：舒瑾,荆州丞。"

淳熙十六年己酉(1189)特奏名

方富业　字子勤,台州府宁海县人。官终监南岳庙。

《嘉定赤城志》卷三十四《仕进·特科》："淳熙十六年登极：方富业,宁海人,字子勤,终监南岳庙。"《光绪宁海县志》卷九《选举表》："淳熙十六年己酉：方富业。《赤城志》：字子勤,终监南岳庙。"

宋光宗朝(1190—1194)

绍熙元年庚戌(1190)余复榜

丰有俊　字宅之,丰谊子。登绍熙元年进士第。初授宣州参议官,后通判隆兴府,亲自施药于患病之民,一时隆兴府全活者极多。创建东湖书院,设立义仓,百姓称赞德行高尚。后为淮南安抚使,知真州,有惠政,卒于任上。

丰有俊和沈焕、陆九渊皆有学术往来,其著述仅存《题薛教授靖轩》诗,收于《甬上宋元诗略》。

宋袁燮《絜斋集》卷十《东湖书院记》："秘阁胡公以江西计使兼镇隆兴,疏化原,礼髦俊,如恐不及。通守丰君有俊言曰：'古者学校既设,复有泽宫。今长沙之岳麓,衡阳之石鼓,武夷之精舍,星渚之白鹿,群居丽泽,服膺古训,皆足以佐学校之不及。此邦为今都会,而不能延四方之名流,讲诵磨切,殆非所以助成风教,请筑馆焉。'……胡公既以湖之岁入,东自二台,西及闸亭,给之,某即从丰君之请,而益以公田之租。"

宋袁燮《絜斋集》卷十《洪都府社仓记》："洪都今为大府,而土非膏腴,民鲜积贮,年丰则仅给,岁歉则流殍,邦人病之。郡丞丰君有俊,请复社仓。"

宋袁燮《絜斋集》卷十《建昌军药局记》："今建昌太守丰侯廉直自将,果于为善,以乃祖清敏公自律。其倅洪都也,属岁大疫,挟医巡问,周遍于委巷穷阎之间,察其致病之源,授以当用之药。药又甚精,全活者众,郡人甚德之。及来盱江,仁心恻怛,如在南昌,时慨念先大父为政此邦,如古循吏,追述厥志而敬行之。捐钱三百万，创两区，萃良药，惟真是求，不计其直。善士尸之，一遵方书，不参己意，具而后为，阙一则止，愈疾之效立见。人竞趋之，而不取赢焉。……侯名有俊，字宅之，四明人。"

清黄宗羲《宋元学案》卷七十七《军帅丰先生有俊》："丰有俊，字宅之，鄞县人。学于象山。先生常游酒家，偶见小妓，疑其为故人女，累目之。酒罢，女入曰：'丰官人识妾否？'诘之，果故人女。先生曰：'子且需之。'先生与临安尹有契，明日以告之，曰：'吾仅有钱百千，从公更贷二百千，以为嫁费。'尹嘉其谊，即召入府，厚奁具嫁。尹即王宣子佐也。"

《光绪鄞县志》卷二十九《人物传四》："丰有俊，字宅之。谊之子。因妹婿沈焕与陆九渊讲学问答最多。登绍熙元年进士。初任宣州参议官，通判隆兴府，岁大疫，挟医巡问穷巷，察其病，授以药，全活者众，郡人德之。创立东湖书院，区处周悉。复设南昌、新建二邑社仓，知建昌军，捐钱三百万，创药局两区，改副浙西转运，擢淮南安抚使。嘉定六年知真州时，旱甚，计口赈恤之，置赡军庄，创防城库，增置陶冶为城守计。复浚河，筑土城，立小学于学宫，民为立祠。朝廷给赙钱得归葬。

"有俊轻财好义，少时登青楼，偶见小娟，疑故人女，累目之。酒罢，女入曰：'丰官人识妾否？'诘之，果故人女，因曰：'汝且退。'有俊故与临安尹王佐有旧，明日以白尹，且云：'某仅有钱百千，从公更贷二百千嫁之。'尹嘉其谊，即取入府，厚奁具择良士嫁焉。"

《宝庆四明志》卷十《进士》："绍熙元年余复榜：丰有俊，稷四世孙。"《延祐四明志》卷六《人物考下》："绍熙元年余复榜：丰有俊，稷四世孙。"《光绪鄞县志》卷二十《选举表一》："绍熙元年庚戌：丰有俊，稷四世孙。"

边恢 字汝实，边友闻子，后过继于边友诚，庆元府鄞县人。登绍熙元年进士第。廷对颇切时弊，后回乡攻读文史，学识益丰，不事官职，卒于家中。其事父甚孝，乡人敬重，后世敬仰。

宋袁燮《絜斋集》卷十六《边汝实行状》："汝实，庆元边氏，讳恢。世著籍于鄞。曾大父讳日章，大父讳用和，皆不仕。父承奉郎讳友诚，无子。子顺昌丞讳友闻之子，是为汝实也。

"生而颖悟，少小读书，迥然异常儿。承奉公教之严，未尝令出入闾巷，延师家塾，俾专其习。黄州通判舒君烈，其姊婿也。笃学多闻，相与处累年，开其端倪，故自年十四五时，已知学问之大略矣。几冠，就学城南，距家数里，行必历阛阓，义方益严，日使以肩舆往来，奇丽纷华，不役耳目，凡所以培植美质，充养德性，而卒为善士者，家庭之教也。幼习声律，长而愈工，论说古今，能达意所欲言，辞采俊丽。自律愈谨，笃厚而详慎。痛母杨氏早丧，事承奉公不少懈。处宗族乡党，甚敬以和，不自矜衒，不与乖忤，而人望其德容，无敢侮之。

"太学，俊秀所萃，师儒多当时选，汝实年二十二，补诸生，念讲学之机，不可失也。刿心求益，甚于饥渴，师无不倾，尽日夜磨切，智识愈明。舍选较锱铢，严梯级，得者实艰，汝实安义命，不汲汲，独以所能。屡战摧坚，卒预其选，以故声名日出，领袖一斋，谨守绳约。诸生有请于监中规免费者，汝实不许，曰：'学校久例，何可越也。'监官以台察意风之，汝实曰：'即如是，吾去职尔，终莫之夺。'其守正如此。

"登绍熙元年进士甲科，时太上皇龙飞策士，汝实廷对数千言，其略曰：'不以尧舜之道告其君者，不忠也；不知其君可以兴尧舜之道者，不智也。尧舜之治，必可兴于今日；尧舜之道，皆已具于圣心。知陛下所以垂问者，悉圣心所形，则不必他求矣。臣观自昔人主，始初清明，勤于政治者，固亦无间于圣人之心，而明者卒昏，勤者卒怠，何哉！虽有是心而不能自知，则亦不能自信尔，今陛下有尧舜之圣心，而形于政治，未如其心，盍亦反而求之乎？心所是者行之，心所疑者去之，高明光大，其则不远。齐宣王不忍一牛之觳觫，孟子指之曰：'是心足以王矣。况陛下圣明，尧舜之道已具于圣心乎。'辞意婉切，指陈时政，具有本末，识者韪之。

"授镇江军节度推官，始，汝实尝受教于金溪陆公，有所启发，对策之语，盖得于讲切者。擢第而归，不以所学为足，覃思经籍，探其精粹，名物度数，靡不研究。孜孜于司马氏《通鉴》，考理乱兴亡之迹，而推其是非得失之原。诸子百氏，亦撷其要，盖其志大，故所资者广，其业专，故所得者丰。凡其充于身，行于家者，皆由是得之，先是承奉公年逾八十，恩封叠至，命服光华，邦人以为宠。汝实婉容愉色，左右无违，合亲宾，惠穷乏，观意所欲而敬行之，庭闱欣欢，人无间言。承奉公殁，执丧哀甚，寝不离次，饮食不御酒肉，颜色惨悴，体若不胜衣。犹以专于家务，哀敬不纯为恨，将及大祥，而汝实亦病矣。

"平居谨肃自持，虽病不改其度。有问之者，拱揖致敬，语言酬对自若，惟以除裧不时为忧，气息寝微。犹能自力，饬家人具祭，索衰服，加诸身，如对几筵，妻孥以其疾甚，哭不出声。汝实曰：'焉有丧祭而不哀者，命之哭，盖讫事之。'翼日而卒。实庆元三年十月二十九日也，年三十有八。娶李氏，子三人，长及次皆早亡，幼子之元，汝实卒后亦亡，一女亦夭，以从子之深为后。三年十二月甲申葬于县之桃源乡石桥岙之原。"

《宝庆四明志》卷十《进士》:"绍熙元年余复榜:边恢,友闻伾。"《延祐四明志》卷六《人物考下》:"绍熙元年余复榜:边恢,友闻伾。"《光绪鄞县志》卷二十《选举表一》:"绍熙元年庚戌:边恢,友闻子。"

刘致一　字必纯,明州鄞县人。登绍熙元年进士第。曾为著作佐郎、秘书少监、起居舍人,官至通奉大夫、刑部郎中兼中书舍人。

宋陈骙《南宋馆阁续录》卷七《官联一》:"少监……宝庆以后三人……刘致一,二年十月除,三年十月为起居舍人。"宋陈骙《南宋馆阁续录》卷八《官联二》:"著作郎……嘉定以后……刘致一,十七年九月除,宝庆元年十月为军器少监。……秘书郎……嘉定以后五十人……刘致一,十五年十一月除,十六年五月为著作佐郎。……著作佐郎……嘉定以后三十九人……刘致一,十六年五月除,十七年九月为著作郎。校书郎……嘉定以后二十八人……刘致一,字必纯,庆元府鄞县人。绍熙元年余复榜同进士出身,治诗赋。十四年二月除,十五年十一月为秘书郎。"

《宝庆四明志》卷十《进士》:"绍熙元年余复榜:刘致一。"《延祐四明志》卷六《人物考下》:"绍熙元年余复榜:刘致一。"《光绪鄞县志》卷二十《选举表一》:"绍熙元年庚戌:刘致一。"《光绪奉化县志》卷十九《选举表一》:"绍熙元年庚戌:刘致一,余复榜,待制。"

魏鹿宾《宋故安仁王氏圹志》:"女适承直郎,前临安府录事参军刘致一。"注:是志撰于宋开禧三年(1207)。

郑清之《宋故太师右丞相食邑五千九百户食实封三千九百户谥文节鲁国公魏公神道碑》:"孙女六人:……次六适通奉大夫、刑部郎中兼中书舍人刘致一。"注:是志撰于宋淳祐四年(1244)。

陈卓(1066—1251)　字立道,谥清敏,人称陈清敏先生,陈居仁子,原籍莆田,后迁居庆元府鄞县。登绍熙元年进士第。为江州知州、守宁国,有善政,为官清廉,亦和吴潜有旧。后为制臣,善草制,官至签书枢密院事。不久退居乡里,卒年八十六。死后无钱收敛,吴潜致书地方官助葬之。

宋刘宰《漫塘集》卷十一《通宁国陈宗卿卓札子》:"仲夏权舆,南风日竞。恭惟坐啸黄堂,流泽千里,圣心简在,诏绋方来,台候神相,动止万福。某幸甚,畴昔忝同升之契,顾以姓名碌碌,方其时不得修谒。友人张敏则自言于期集所得款,具以所闻于执事者为某诵之,以此起敬。今三十有四年,而升沉殊途,未有一日承接之便。意者天啬其逢,抑人事好乖固如此耶!中间审闻直道致身,正色立朝,以秩宗而兼润色讨论之寄,眷注隆矣。使少纡徐,斡化钧而秉事枢,当不在他人后,而言论不回,亟自引去。壮矣哉!孟子所谓百世之下可廉顽立懦者,执事近之。岂惟某辈有榜中得人之贺,海内善类皆因之吐气,甚盛甚盛。宛陵巨镇,徒得君重,卧而治之,敛大惠于一州,讵足见能事。然保障一方,以为赵氏他日地,识者独于执事有望焉。某僭易,太平符尉居相迹,道相若,岁晚得一官,更事深而遇事谨。旌德赵尉,庚戌乃翁量试,乃叔取应,皆衰然为首。乃叔遂擢丙科,尉亦擢第,赡于文而敏于事。二人皆得在僚吏之底,丐一昞睐以为荣。知某为榜下士,而不知其未得为门下客,争来求书,为根柢之容。迫于乡里契旧,势不得辞,或不以人废言,使得自异于众中,曰'我宗卿门下士也',则某与有荣焉。惟是陆沉之迹,不容不略禀似,而又难于精言,谨以向所书印纸后数语录呈,以发一笑。世降俗末,士大夫系世道轻重者有几!降暑在候,寿重至祝。疏贱不敢僭贡年家眷集之问,山林之人,亦不敢于委役,并惟照察。"

元袁桷《清容居士集》卷五十《跋吴丞相缴京湖帅赙陈清敏帖》:"嘉定十一年,先越公与清敏公同在殿庐,实得吴毅甫丞相为第一。清敏之薨,丞相深德之,为作书阃帅。于时,贾相年未四十,方折节慕名。丞相书至,讵敢靳啬。清敏子孙,又安得以不家于丧为辞。故事:大臣薨,有旨,州郡治丧葬。深恐后人不知,以清敏公家为有请,故表其本末若是。"

明汤宾尹《宣城右集》卷十二《二仙堂记》:"宗正亚卿陈公作屏于宣,居无何,政平讼理。……亚卿公立朝作牧咸有声,游戏篇翰,气劘谢李,又宜其能作是祠也。太白挥斥八极,因号谪仙。若玄晖之风神襟度,散悟空旷,当其摆脱华辙,徜徉高斋,世我两忘,飘飘丹宵,其谓之仙亦宜。亚卿名卓,字立道,莆田人,文懿公之嗣。年月,郡人吴潜记。"

《宋史》卷四百六《陈卓》:"卓字立道。绍熙元年进士,其后知江州,移宁国府。丞相以故欲见之,卓谢不往,丞相益器之。李全叛,褫其爵,诏书至淮,人益自励。太庙灾,降罪己诏,京师感动,皆卓所草也。为签书枢密院事。未几,丐祠还里。平生不营产业,以赞书所酬金筑世纶堂。闲居十有六年,卒年八十有六。将葬,事不能具,丞相吴潜闻之,赙书制置使以助。其孙定孙力请谥于朝,乃谥清敏。"

宋陈骙《南宋馆阁续录》卷九《官联三》:"国史院编修官……宝庆以后十一人……陈卓,字立道,兴化军莆田人。绍熙元年余复榜同进士出身,治诗赋,二年十月以起居舍人兼。……实录院检讨官……宝庆以后十一人……陈卓,三年十月以起居舍人兼,三年十一月为中书舍人仍兼。"

《延祐四明志》卷五《人物考中》:"陈卓,字立道,居仁子。壮岁登进士第,宦意泊如也。守江州宁国,有清白名。其守宁国也,以中书舍人补外,道由临安,将之官,丞相以故欲见之,卓谢不往,丞相深器之,由是卒为翰苑官。李全反淮安,朝廷靳护,事益露,卒褫全爵,卓草诏至,淮人益自励。太庙灾,草罪己诏,京师争感动,丞相愿贬秩,由是诏。端平元年,郑清之为相。二年,真德秀以翰林学士为参知政事,卓为签书枢密院事,二制俱下。未几,即丐祠归里。平生不营产业,以赞书所酬金筑世纶堂,人或戏之曰:'此真金屋也。'退居十有六年,薨,年八十有六,谥清敏。将葬,事不能具,丞相吴潜闻之,为作书阃帅以助。"

《宝庆四明志》卷十《进士》:"绍熙元年余复榜:陈卓。居仁子。贯兴化。"《延祐四明志》卷六《人物考下》:"绍熙元年余复榜:陈卓,居仁子,贯兴化。"《光绪鄞县志》卷二十《选举表一》:"绍熙元年庚戌:陈卓,居仁子,贯兴化。"

林珪　一作林圭。明州鄞县人。登绍熙元年进士第。事迹无考。

《宝庆四明志》卷十《进士》:"绍熙元年余复榜:林圭。"《延祐四明志》卷六《人物考下》:"绍熙元年余复榜:林圭。"《光绪鄞县志》卷二十《选举表一》:"绍熙元年庚戌:林珪。"

林维孝　一作林惟孝,字叔全,林嵩之孙,林硕之子,明州鄞县人。初授迪功郎、瑞安尉,后为湖州司法参军、从政郎、绍兴府司理参军、宜兴令、余姚令、太学博士、将作少监。绍定时致仕。

宋楼钥《攻媿集》卷一百七《林府君墓志铭》:"伯曰惟忠,叔曰惟孝,字之以全,义方之教,叔既登科,伯亦舍选。人谓君家,庆由积善,伯也忽焉,人疑于天。"

《宝庆四明志》卷十《进士》:"绍熙元年余复榜:林维孝,嵩孙。"《延祐四明志》卷六《人物考下》:"绍熙元年余复榜:林维孝,嵩孙。"《光绪鄞县志》卷二十《选举表一》:"绍熙元年庚戌:林惟孝。"

林宗一《宋林惟孝墓志》:"公讳惟孝,字叔全,姓林氏,庆元府鄞人。先世著籍青社,五季辟地从焉。……公于隆兴二年十有一月二十一日巳时生。淳熙十四年,补太学。十六年,该遇光宗登极恩,免文解。绍熙元季,登进士科,授迪功郎,温州瑞安县尉。五年,该遇宁宗登极恩,循修职郎。庆元三年,授湖州司法参军。开禧元年三月,关升从政郎。二年五月,授绍兴府司理参军,未赴,丁外艰。嘉定二年五月,授福建路提点刑狱司检法官。八年,以举主及格,改宣教郎、知常州宜兴县。十二年五月,改知绍兴府余姚县。是月,转奉议郎,未赴,丁内艰。十五年十一月,授知宁国府宣城县,该遇今上登极恩,转承议郎,赐绯鱼。宝庆元年六月,除太学博士。八月,转朝奉郎。十一月,轮对奏事。二年,充南省点检试卷官。三月,除国子博士,继除太常博士。十二月,除国子监丞。三年二月,除宗正丞。五月,兼权考功郎官。绍定元年六月,轮对奏事。二年九月,转朝散郎。十一月,除将作少监,仍兼权考功。三年二月,轮对奏事。五月,以疾闻,转朝请郎,守本官致仕。八日己亥巳时卒。……是岁十有二月二十八日乙酉,葬通远乡金谷里赤陇之麓,实奉议墓左,公志也。"注:是志撰于宋绍定三年(1231)。

周焯　明州鄞县人。周锷曾孙。登绍熙元年进士第,为迪功郎、台州临海县尉。

宋楼钥《攻媿集》卷一百三《周伯济墓志铭》:"焯,迪功郎、台州临海县尉。"

《宝庆四明志》卷十《进士》:"绍熙元年余复榜:周焯。锷曾孙。"《延祐四明志》卷六《人物考下》:"绍熙元年余复榜:周焯,锷曾孙。"《光绪鄞县志》卷二十《选举表一》:"绍熙元年庚戌:周焯,锷曾孙。"

赵崇复　明州鄞县人。登绍熙元年进士第。事迹无考。

《宝庆四明志》卷十《进士》:"绍熙元年余复榜:赵崇复。"《延祐四明志》卷六《人物考下》:"绍熙元年余复榜:赵崇复。"《光绪鄞县志》卷二十《选举表一》:"绍熙元年庚戌:赵崇复。"

赵崇衡　明州鄞县人。赵崇复从兄。登绍熙元年进士第。事迹无考。

《宝庆四明志》卷十《进士》:"绍熙元年余复榜:赵崇衡,崇复从兄。"《延祐四明志》卷六《人物考下》:"绍熙元年余复榜:赵崇衡,崇复从兄。"《光绪鄞县志》卷二十《选举表一》:"绍熙元年庚戌:赵崇衡,崇复从兄。"

赵瑞夫　明州鄞县人。登绍熙元年进士第。事迹无考。

《宝庆四明志》卷十《进士》:"绍熙元年余复榜:赵瑞夫。"《延祐四明志》卷六《人物考下》:"绍熙元年余复榜:赵瑞夫。"《光绪鄞县志》卷二十《选举表一》:"绍熙元年庚戌:赵瑞夫。"

诸葛安节　明州鄞县人,原籍绍兴。登绍熙元年进士第。嘉定时官太常博士。

清徐松《宋会要辑稿》礼四三之一一:"(嘉定)十三年九月二十六日,举哀册官差太常博士诸葛安节。"

《宝庆四明志》卷十《进士》:"绍熙元年余复榜:诸葛安节,贯绍兴。"《延祐四明志》卷六《人物考下》:"绍熙元年余复榜:诸葛安节,贯绍兴。"《光绪鄞县志》卷二十《选举表一》:"绍熙元年庚戌:诸葛安节,贯绍兴。案:宋绍兴府进士题名碑,安节下注云别院省元。"

任诜　台州宁海县人。登绍熙元年进士第。官兵部尚书。

《光绪宁海县志》卷九《选举表》："宁宗绍熙元年庚戌：任诜，余复榜，兵部尚书。"

王澡　字身甫，台州宁海县人，登绍熙元年进士第。曾为太常博士、平江通判。

《嘉定赤城志》卷三十三《仕进·进士科》："绍熙元年余复榜：王澡，宁海人，字身甫，历监进奏院、国子太常博士。今以朝散郎，通判平江府。"《光绪宁海县志》卷九《选举表》："宁宗绍熙元年庚戌：王澡。"

杨景思　字景成，一作成巳。台州宁海县人。登绍熙元年进士第官三省枢密使。

《嘉定赤城志》卷三十三《仕进·进士科》："绍熙元年余复榜：杨景思，宁海人，字成巳。"《光绪宁海县志》卷九《选举表》："宁宗绍熙元年庚戌：杨景思。《赤城志》：字景成。《府志》：字成巳。《通志》：三省枢密使。"

许澝　字深道，台州宁海县人。官承务郎。

《嘉定赤城志》卷三十四《仕进·特科》："绍熙元年许澝，宁海人，字深道，邦弼之犹子，终承务郎。"《光绪宁海县志》卷九《选举表》："宁宗绍熙元年庚戌：许澝。《赤城志》：字深道。邦弼犹子。终承务郎。"

陈用之　绍兴府余姚县人。陈槖之孙。登绍熙元年进士第。因科举中犯宋帝讳，降文学。后又登绍熙四年进士第。

《宝庆会稽续志》卷六《进士》："绍熙元年余复榜：陈用之，槖孙。犯庙讳，与文学。"《光绪余姚县志》卷十九《选举表》："绍熙元年庚戌：陈用之，余复榜。"

莫子伟　绍兴府余姚县人。登绍熙元年进士第。事迹无考。

《光绪余姚县志》卷十九《选举表》："绍熙元年庚戌莫子伟。"

叶澄　明州慈溪县人。登绍熙元年进士第。嘉定时为秘书省正字、校书郎、秘书郎、著作佐郎。宝庆时为朝散郎新差充两浙东路安抚司参议官。叶澄有《过黄杨岙孝子董公墓》一诗，收于《全宋诗》。

宋陈骙《南宋馆阁续录》卷八《官联二》："秘书郎……嘉定以后五十人……叶澄，十一年二月除，十一月为著作佐郎。……著作佐郎……嘉定以后三十九人……叶澄，十一年十一月除，十二年七月为隆兴府通判。……校书郎……嘉定以后二十八人……叶澄，九年九月除，十一年二月为秘书郎。"

宋陈骙《南宋馆阁续录》卷九《官联三》："正字……嘉定以后十九人……叶澄，字养源，庆元府慈溪人。绍熙元年余复榜进士及第。治诗赋，八年二月除,九年九月为校书郎。"

《宝庆四明志》卷十《进士》:"绍熙元年余复榜:叶澄。"《延祐四明志》卷六《人物考下》:"绍熙元年余复榜:叶澄。"《光绪慈溪县志》卷十九《选举上·宋》:"绍熙元年庚戌余复榜:叶澄。"

余弥正《宋余思真墓志》:"朝散郎新差充两浙东路安抚司参议官、赐绯鱼袋叶澄书讳。"注:是志撰于宋宝庆元年(1225)。

杨琰 明州慈溪县人。登绍熙元年进士第。事迹无考。

《光绪慈溪县志》卷十九《选举上·宋》:"绍熙元年庚戌余复榜:杨琰。"

许浚 字深道。台州宁海县人。许之犹子。登绍熙元年特奏名进士第。官终承务郎。

《嘉定赤城志》卷三十四《仕进·特科》:"许浚,宁海人。字深道、邦弼,之犹子。终承务郎。"

戴机 字伯度,号艺堂。载樟之兄。明州鄞县人。登绍熙元年特奏名进士第。历金华县主簿,提点江淮湖北铁冶铸钱司检踏官。终官承务郎。为官恪守"不欺"二字。其弟戴樟,进士。其子戴燧,某科进士。其孙戴堨,登绍定五年进士第。

宋楼钥《攻媿集》卷一百六《戴伯度墓志铭》:"绍兴三十二年,钥叨荐于乡,时二戴皆在前列,曰机,为词赋之冠;曰樟,以《周礼》选。长字伯度,次字伯皋。戴氏世为鄞人,居桃源乡。曾大父侃,以财雄。大父冕,以通经属文上礼部,不及仕而卒。父汝明,能传家学。见二子早岁竞爽,尤笃意训教,母夫人朱氏亦课督之。一日俱擅场屋声。父以二子故,寻封至宣义郎,赐五品服,母封孺人,而戴氏愈著。

"伯皋摞乾道五年进士科,终诸暨丞。伯度至绍熙之元始以特恩补官,乡党固已叹其晚暮,才历金华簿,待次铁冶,而一疾已矣,实嘉泰元年二月甲午也。君之子燧以行状踵门泣且拜曰:'既已忍死治坟于乡之万隩,将以十二日丁酉襄事,敢求铭于先友。'余亦为之泣曰:'盖尝铭子之祖矣,忍铭吾伯度耶?'读其状,则袁和叔之文也。和叔不轻许可,又为伯度内弟,知之尤深,无一语溢美。又念顷与昆仲定交,晚与伯度益厚。君之归,余偶苦足疾,竟不及一见,遂备录所状,益以见闻而系之以铭。惟昆仲皆游郡庠,朋侪敛衽畏之。

"伯度尤长于赋,俊逸而不肆,妥帖而不局,体物匠意,有前辈风。君初调迪功郎、绍兴府萧山县尉,未上,丁宣义忧。服除,始为主簿。官虽卑,惟既厥心。夜漏未尽而起,旦即坐曹,簿书钩校,不遗纤微。皂吏莫不苦其劝,惮其严，而心敬服焉。事不诡随，亦不苟异，每以出位近名为戒。历事五太守，或宽或严，同列或未免少变，君趣操自若，曰：'吾知尽吾职尔。'田赋之入，异时莅其事者，有刻下奉上，以溢数为能输者，苦之累月而未毕，漕以属君，更前之为，仅两月告具。贫弱下户有积年未尽输者，守俾督之。君询究得实，言于郡曰：'民畏法，敢有不尽？吏擅私隐欺尔。郡计幸无乏，奈何重困吾民？'守悚听，亟命蠲减，合七万余缗。先是，县吏轻侮士类，被以恶名，有赴诉者多沮挫，不能自直，而真为奸者庇之。君处心公平，于吏无所听，沮者伸而庇焉者屏迹，邑人称诵之。守与宪交荐，其词甚美。既终更，今丞相谢公一见，深念之，以为提点江淮湖北铁冶铸钱司检踏官。逾年，会属疾，以承务郎致仕，终于家，享年六十有七。

"娶汪氏。二子：长即燧也，次炳。女适严仲游、伍玠、方复、严辅之，皆里士。孙男：埙、埴。一女。

"君风规峻整，志尚卓荦，耻与碌碌者伍。平居介然，未尝诌辞令色，蕲悦于人。非道义之契，不与深语。区别善恶，若已甚者。而德性温温，胸怀四达，不设防畛。色养亲闱，恪谨朝夕，不敢少忤其意。友爱诸弟，于仲氏尤笃。拊存孤嫠，族党称述。初，师事乡先生高公开，而深为先生之兄侍郎公所器重。自是为学愈力，有胜己者必从之研究讲切，日进而不止。根本诸经，博采百氏。喜《史》、《汉书》叙事，奋笔效之，沛若泉涌。英词丽藻，出必惊俗，愈出而愈新。尤工偶俪之文，如睹宝藏。金珠象犀，灿然溢满目。喜作七字诗，多关风教。有《蛰斋集》十卷，盖庶几乎词人之秀。一第易尔，而困踬若是，人为慨叹，君处之怡然，无陨获憔悴之色。晚得一官，稍见施设，方为当路所知，则又不幸而病。病愈复作，竟致大故。呜呼！如彼其才，发摅素蕴，足以显于用，顾若是而止乎！然君之持身传后，自有不可泯没者。官金华也，俸入至微，而尉廪差厚。守曰：'主簿尉官等尔，而勤怠有间。勤者薄而怠者厚，可乎？'使均之，固辞不许，曰：'吾以惩劝官吏，非为主簿也。'然卒不受，其义利昭晰如此。官事稍暇，时从名胜相与讲贯，有日新之益。教诏二子，朝夕谆谆，无非切己，曰：'吾平生所守，'不欺'二字而已。'其子亦刻志自立，亲炙师友，将大其门，君之培养根源，顾不厚哉！铭曰：昔吾乡兮兵毁，求故家兮无几。访戴氏兮故庐，自熙宁兮经始。叹古风兮犹在，信不陋兮不侈。川流兮无穷，乔木兮高风。忽不见兮伯度，俨丹青兮德容。嗟二隽兮齐名，抱器业兮长终。百不试兮一二，泣遗稿兮焉从？幸素业兮有传，庶不悼兮土中。表斯铭兮宿草，尚过者兮必恭。"

注：戴氏中第之事，宋元四明六志、鄞县诸志皆不载。

绍熙三年壬子(1192)特奏名

杨公冶　明州奉化县人。登绍熙元年特奏名进士第,事迹无考。

《光绪奉化县志》卷十九《选举表一》:"绍熙元年庚戌:杨公冶,特奏名。"

黄之裳　台州府宁海县人。登绍熙三年特奏名进士第,事迹无考。

《光绪宁海县志》卷九《选举表》:"绍熙三年壬子:黄之裳。旧志:柏屏人,长沙主簿。《赤城志》无。"

绍熙四年癸丑(1193)陈亮榜

王洙　字原父,明州鄞县人。王勋之孙。登绍熙四年进士第。其和楼钥有交,任芜湖县主簿。

宋楼钥《攻媿集》卷六十二《回王原父主簿洙启》:"伏惟某官,才由天与,业本家传。孔鲤过庭,素佩学诗之训;相如入室,肯希用赋之图。既决世科,浸登宦路移平。昔穷经之力,为一时应用之文。今日侍亲,既供子职;他时遇主,可代主言。尚云老马之智,专不鄙雕虫之技。"宋楼钥《攻媿集》卷一百《朝请大夫致仕王君墓志铭》:"洙,迪功郎、太平州芜湖县主簿,登绍熙四年进士科。"

《宝庆四明志》卷十《进士》:"绍熙四年陈亮榜:王洙,勋孙。"《延祐四明志》卷六《人物考下》:"绍熙四年陈亮榜:王洙,勋孙。"

厉思明　字汝正。明州鄞县人。登绍熙四年进士,官刑部侍郎,绍定时兼资政殿学士,后因不容于时,乞归。开庆时吴潜知庆元,多访之,颇敬重。卒年七十三岁。

《光绪鄞县志》卷二十九《人物传四》:"厉思明,字汝正。绍熙四年进士。历官刑部侍郎。卓立朝端,不附权势,乞休。绍定改元,以原官征,兼资政殿学士。居三载,自知不为时所容,屡疏乞归。吴潜以制相判庆元,每相过访,赠诗曰:'辞禄归田里,幡然迈等伦。机权不与并,洞外一仙人。'可见其风概矣。卒年七十三。"

《宝庆四明志》卷十《进士》:"绍熙四年陈亮榜:厉思明。"《延祐四明志》卷六《人物考下》:"绍熙四年陈亮榜:厉思明。"

赵师𬤊　一作师旻。明州鄞县人。登绍熙四年进士第。事迹无考。

《宝庆四明志》卷十《进士》:"绍熙四年陈亮榜:赵师𬤊。"《延祐四明志》卷六《人物考下》:"绍熙四年陈亮榜:赵师𬤊。"《光绪鄞县志》卷二十《选举表一》:"绍熙四年癸丑:赵师𬤊。案:宝庆、延祐'旻'俱作'𬤊',今从之。"

赵崇德　明州鄞县人。登绍熙四年进士第。事迹无考。

《宝庆四明志》卷十《进士》："绍熙四年陈亮榜：赵崇德。"《延祐四明志》卷六《人物考下》："绍熙四年陈亮榜：赵崇德。"

赵篯夫　原名赵筠夫，赵彦逾之子。明州鄞县人。登绍熙四年进士第。曾知袁州，后真德秀因其为廉吏第一，荐任福建提刑。赵篯夫有《妙峰亭》一诗，录于《甬上宋元诗略》。

佚名《宋史全文续资治通鉴》卷三十一《赵篯夫除直秘阁福建提刑诏》："真德秀奏事，朕因访问廉吏，德秀以知袁州赵篯夫对。朕惟奖廉所以律贪，亦庶几化贪为廉之效，以惠吾民。赵篯夫除直秘阁、福建提刑。"

《延祐四明志》卷五《人物考中》："子篯夫，守袁州。宝庆初，真文忠公德秀荐为廉吏第一。"《宝庆四明志》卷十《进士》："绍熙四年陈亮榜：赵筠夫，彦逾子，改名篯夫。"《延祐四明志》卷六《人物考下》："绍熙四年陈亮榜：赵筠夫，彦逾子，改名篯夫。"

姜光　贯开封。明州鄞县人。姜浩之子，姜涛侄孙。登绍熙四年进士第。曾通判婺州，后知宜春，兴文教，又和诸生理论词章，当地文教由此大兴。

宋楼钥《攻媿集》卷一百八《赠金紫光禄大夫姜公墓志铭》："又二十年，曰桐、曰柄、曰煜、曰焕、曰光等相继累上礼部，入太学。而柄与光同以绍熙四年赐第，又继之，皆公之子若孙也。……光，奉议郎，新通判婺州军州事。"

《光绪鄞县志》卷二十七《人物传二》："子光，字子辉。绍熙四年进士。通判婺州。嘉定间知宜春县，修儒学，立讲座，与诸生评词章，磨理义，涵泳教养，文风为之一变。"

《宝庆四明志》卷十《进士》："绍熙四年陈亮榜：姜光，涛侄孙，贯开封。"《延祐四明志》卷六《人物考下》："绍熙四年陈亮榜：姜光，涛侄孙，贯开封。"

姜柄　字子谦，原籍开封，后迁鄞县，姜浩之子。其以父恩为承节郎、保义郎、成忠郎、忠翊郎。登绍熙四年进士第。初为于潜县丞，后为钟离县令。卒于任上，年四十九。

宋楼钥《攻媿集》卷一百六《知钟离县姜君墓志铭》："嘉泰元年春，姜君子谦赴钟离。既饯之，又属考濠梁故迹，为大篇以赠别，所以期之者甚远也。明年冬初，其兄钤辖子阳来见，涕泣而言曰：'钟离弟将亡矣，以书来相报，亟往赴之。'袖出其书，言甚悲而不乱，谓得疾之不可为而复苏，殆不可免。妇弱子幼，非兄来不可。其末犹曰：'见攻媿尚书，为致永决之意。'钥为之失声而泣，然犹冀其无恙也。未几而讣至，比间关扶丧以归，往哭之哀。见其遗书一卷甚备，又曰：'求攻媿数语，以表吾墓。'其友袁木叔櫄又得书云：'欲恳攻媿求铭,而孤介能自植立,不肯颓堕。惟子深知我,望与发挥之。'呜呼子谦,死生之际不乱如此,而何拳拳于我之铭!将葬,木叔为述其平昔大概,文核而事实。子阳又以见属,余不得而辞也。

"君讳柄,子谦其字也,家世汴京。曾祖佖,故右侍禁、阁门祗候、赠武德郎。祖宽,故成忠郎、阁门祗候、赠吉州刺史。以靖康避地始徙鄞,今为庆元府人。父浩,故武显大夫,累赠和州防御使,君既升朝,改赠宣奉大夫。母朱氏,仁怀皇后侄也,封宜人,累赠硕人。君初以世赏补承节郎,监潭州南岳庙。秩满,充枢密院准备差使。淳熙十二年,转保义郎、监行在丰储仓。丁宣奉公忧,服除,辟差盛婺州兰溪酒库。十六年覃恩,转成忠郎。绍熙四年,转忠翊郎。是年登进士科,改授承务郎,知临安府于潜县丞。五年,覃恩转授承事郎。庆元三年,转宣教郎,知濠州钟离县。五年,转奉议郎,以疾卒于县治,十月四日也,享年四十有九。娶魏氏,丞相文节公母弟、知宁国府泾县桕之女,封孺人。男一:煓。女二:长许嫁迪功郎、新黄州黄冈县尉司马遂。三年九月乙酉,葬君于县之丰乐县东山唐家隩之原,从治命也。

"初,姜氏之富甲于京师,而喜延名儒以立家塾。宣奉记览多闻,教子弟尤力。兵火流离,赀财荡尽,铢积寸累,以立门户。虽事力不及上世之一二,而儒风寖昌矣。宣奉之弟讳涛,始登科于绍兴十二年,终诸王宫大小学教授。君与四兄皆朱出,模四取漕荐,械蒙孝宗召对,特除阁职。朴虽抱疾不仕,其子有场屋声。桐即子阳也,与君同升礼部。君最幼,一再垂翅南宫,必欲以科第发身。感慨奋发,早夜力学,不知饥渴寒暑,蚊虻嘈肤,洛诵不辍。谓事不成则无面目见先人于地下,卒遂其志,又与子阳之子光同登。后六年,光之弟燧复蹑世科。自尔兄弟之子荐漕台,登胄监,入太学者相继,实自君兴之。

"在密院时,已名荐书,不以官卑而辞劳。近郡有禁卒犯阶级,而主帅不以实闻,君上书枢密使周益公,谓军政不修,缓急何以使人。语苦切,益公大奇之。宣奉之丧,或言可免解官者。君曰:'吾忍为此哉!'倚庐三年,哭不绝声,不茹荤,亦不入于家。寺丞吕子约时仕于明,见其居处容貌,愀然动色,遂相与讨论丧礼,洗末俗之陋。后数年贻书朋旧,犹曰君执丧有礼,足勉世俗,士友所共钦也。君资素警敏,初止锐意举业,年二十六七翻然自以昨非为悔,有志于古人为己之学,折节虚心,亲近师友。里社先达及四方贤士大夫遇之必敛衽求益,反复叩请。其在兰溪,与婺女诸贤尤稔,陶染既久,惩忿矫薄,见于践履,临事规规典刑中,其进殆未已也。于潜岩邑,士风久不振。君之邑庠,为选士之秀者补弟子员,每旦升堂,讲书校艺,皆有尺度。口授指画,与士日亲。期年而向学者彬彬然,乡举占名者三,而登第者二,尹光庭者名在第五,邑人荣之,相语曰:'赞府作成之倡也。'昌化为邻,旧许民酿酒而输赋于官,有议欲榷酤者,众诉于府,尹以属君。或谓出于朝旨,且欲以裨郡计。君曰:'此实民便,安可渔夺。'卒免之。老稚欢呼,争绘像立祠。君力止其议,尹益重之。檄入,金幕赞助为多。君本以钟离事简而往,而讼牒纷委,不减内地。君疚心剖析,日力不足,夜以继之。内和外刚,勇于为义,人不能夺。有狱吏罪恶贯盈,而持吏短长不能去。有盗牛马者就逮,已得其情,而辄翻异,君曰:'必吏教之也。'一鞠而服。白于郡,窜之,远近无不快之。或言在君左右皆其党,恐有为之报者。君不为动,吏民耸服,声闻炜然。外台多以滞讼相委,随即剖决。总领韩公亚卿以文章政事科荐于朝,郡太守尤加敬异,应用之文又以属君。体素弱,抚字已劳,而种学绩文略不少懈,县事毕举而君病矣。

"君生长膏粱,而丰度高胜,简澹清苦,无声色之奉,又不喜饮酒。藏书数千卷,凝尘满室,萧然如物外人。即所居超莲堂池西累石创亭,名曰'磻坞',时从雅士徜徉其中,坐无杂宾。尤工小楷,作诗清婉有思致。文节公于诗少许可,闲居惟雪窗张武子为山中客。碧溪泉石胜绝,君每至甥馆,遇游赏,必参坐论诗。善与人交,同僚相与如至亲。疾既侵,至相率寝食于县斋,医袥尽力。前数日,即命妻子治后事。已而屏人危坐,既为子阳书,又书以与亲故,人人致诀别之意。作偈以寄禅衲之厚善者。大书数纸,以戒其子弟。区处细故,纤悉明白,意象正大,思深而见远,皆平时薰染讲切,见于躬行者如此,可以信君之所存而推见其所未为者。其亡也,邑人为之聚哭。丧归乡曲,无不为之痛惜者。哀哉!

"铭曰:'呜呼子谦,是好名耶?躬行自立,疾没世而无称耶?以其学力致其身,起其家,施于政事,未而见于死生之际,足以不朽矣。而何待于余之铭耶?余方畸于人,无用于世,吾何足为九京之重轻耶?顾言犹在耳,遗墨未干,余不得而默然。悼痛之深,将何时而卒耶?'"

《宝庆四明志》卷十《进士》:"绍熙四年陈亮榜:姜柄,涛侄,贯开封。"《延祐四明志》卷六《人物考下》:"绍熙四年陈亮榜:姜柄,涛侄,贯开封。"《光绪鄞县志》卷二十《选举表一》:"绍熙四年癸丑:姜柄,涛从子,贯开封。"

蒋经 明州鄞县人。原籍镇江。登绍熙四年进士第。事迹无考。

《宝庆四明志》卷十《进士》:"绍熙四年陈亮榜:蒋经,贯镇江。"《延祐四明志》卷六《人物考下》:"绍熙四年陈亮榜:蒋经,贯镇江。"

楼昉 字旸叔,号迂斋,世称迂斋先生。登绍熙四年进士第。官兴化军。楼昉师从吕祖谦,致力于教授乡里,弟子后多名士。楼昉著《崇古文诀》,收于《四库全书》,上海古籍出版社 1993 年出版校本。

宋刘克庄《后村先生大全集》卷九十六《迂斋标注古文序》:"迂斋标注者一百六十有八篇,千变万态,不主一体。有简质者,有葩丽者,有高虚者,有切实者,有峻厉者,有微婉者。……迂斋楼氏,名昉,字旸叔,以古文倡莆东。经指授成进士名者甚众,其高第为帝者师、天下宰,而迂斋已不及见。今大漕宝谟匠监郑公次申亦当时升堂入室者也,既刊《标注》十卷,贻书余曰:'子莆人也,非迂斋昔所下榻设醴者乎,其为我序此书。'余曰:'谨受教。'"

清黄宗羲等《宋元学案》卷七十三《军守楼迂斋先生昉楼先生晌合传》:"楼昉,字旸叔,号迂斋,鄞县人。与弟晌俱以文名,从东莱于婺。尝以其学教授乡里,从游者数百人。李悦斋学士、王厚斋尚书,其高第也。后守兴化军卒。梓材谨案:李悦斋为绍熙庚戌进士,厚斋尚书以嘉定癸未生,相去三十四年。且其父温州已是幼从迂斋,尚书未必再及楼门。王厚斋云云,当是王厚斋尚书之父之讹脱耳。"

《延祐四明志》卷五《人物考中》:"楼昉,字旸叔,与弟晌俱以文名。少从吕成公于婺,其文汪洋浩博,宜于论议。援引叙说,小能使之大,而统宗据要,风止水静,泊然不能以窥其涘。故其从学者凡数百人,最显者郑清之、应傫、郑次申、赵与欢辈,尤善章表。李壁、黄裳为侍从,所为文俱出昉手。尝编历代文章为一编,业进士者咸诵之。宋世鄞士善论策,台、越进士岁率数十人来相从,由昉始。守兴化军以卒。清之既相,追赠直龙图阁,率其子弟祭于墓,复立甬东书院。"

《宝庆四明志》卷十《进士》:"绍熙四年陈亮榜:楼昉。"《延祐四明志》卷六《人物考下》:"绍熙四年陈亮榜:楼昉。"《光绪鄞县志》卷二十《选举表一》:"绍熙四年癸丑:楼昉。"

楼昉《宋故王岘墓志》:"承议郎、新权发遣兴化军、兼管内劝农事楼昉填讳。"注:是志撰于宋嘉定十七年(1224)。

楼镛 明州鄞县人。师从吕祖谦,与乔行简为同窗。开禧时官从政郎、广德军军学教授。楼镛有下引《葛洪生祠记》一文,见于《大德昌国州图志》。

清王梓材等《宋元学案补遗》卷七十三《楼先生镛》:"楼镛,鄞人,攻媿先生从父弟也。尝与东阳乔行简兄弟同研席,又与行简为同年生。梓材谨案:乔文惠为成公门人,先生盖亦东莱弟子也。"

《大德昌国州图志》卷六《葛洪生祠记》:"开禧元年十一月旦日,从政郎、新差充广德军军学教授楼镛记。"

《宝庆四明志》卷十《进士》："绍熙四年陈亮榜：楼镛，异孙。"《延祐四明志》卷六《人物考下》："绍熙四年陈亮榜：楼镛，异孙。"《光绪鄞县志》卷二十《选举表一》："绍熙四年癸丑：楼镛，异孙。"

臧植　明州鄞县人。登绍熙四年进士第。事迹无考。

《宝庆四明志》卷十《进士》："绍熙四年陈亮榜：臧植。"《延祐四明志》卷六《人物考下》："绍熙四年陈亮榜：臧植。"《光绪鄞县志》卷二十《选举表一》："绍熙四年癸丑：臧植。"

陈从　原籍福州，明州鄞县人，陈邦臣之子。登绍熙四年进士弟。早年从学于名师，任玉山县尉、从事郎、徽州录事参军。

宋袁燮《絜斋集》卷十九《陈承奉墓志铭》："长子从，从事郎、徽州录事参军。……从师事国博杨先生，学有源流，擢进士第。尉玉山，甚有能名，为纠掾，受知郡太守，无问细巨，委以参订。"

《宝庆四明志》卷十《进士》："绍熙四年陈亮榜：陈从，贯福州。"《延祐四明志》卷六《人物考下》："绍熙四年陈亮榜：陈从。贯福州。"《光绪鄞县志》卷二十《选举表一》："绍熙四年癸丑：陈从，贯福州。"

陈用之　绍兴府余姚县人。登绍熙四年进士第。宋舒岳祥《阆风集》卷四载诗《赠陈用之，羡渠食笋也》一首，清全祖望《鲒埼亭集外编》卷二十三录《陈用之论语解序》一文。《雍正浙江通志》卷一百二十六《选举四》"绍熙四年癸丑陈亮榜：陈用之，余姚人。"

曹退　明州奉化县人。登绍熙四年进士第。事迹无考。

《光绪奉化县志》卷十九《选举表一》："绍熙四年癸丑：曹退。"

葛容　明州慈溪县人。绍熙四年登进士第。事迹无考。

《宝庆四明志》卷十《进士》："绍熙四年陈亮榜：葛容。"《延祐四明志》卷六《人物考下》："绍熙四年陈亮榜：葛容。"《天启慈溪县志》卷六《选举》："光宗绍熙四年：葛容。"

童居善　明州奉化县人。童大定之孙。登绍熙四年登进士第。其和杨简有姻亲，曾为宣教郎，知德清县。

宋钱时《宝谟阁学士正奉大夫慈湖先生行状》："女三：嫁进士孙谊，宣教郎、知湖州德清县童居善，宜倅舒公讳璘之子铣。"

《宝庆四明志》卷十《进士》："绍熙四年陈亮榜：童居善，大定孙。"《延祐四明志》卷六《人物考下》："绍熙四年陈亮榜：童居善，大定孙。"《光绪奉化县志》卷十九《选举表一》："绍熙四年癸丑：童居善，大定孙。德清知县。"

杨琛　字献子，明州奉化县人。登绍熙四年进士第。为江东提刑司干办公事时,文名颇著,且精通经学,当地士子从其学者众多。后擢国子博士,因不喜韩侂胄,致仕。

清黄宗羲等《宋元学案》卷七十六《博士杨先生琛》:"杨琛,字献子,奉化人。负器识,富文学,绍熙四年进士。尝为江东提刑司干办公事,经学渊源,鄱阳士多师事焉。拜国子博士,召试馆职,时韩侂胄专政,遂拂袖归,杜口不言时事。端平初,特官其子斯立。"

《宝庆四明志》卷十《进士》:"绍熙四年陈亮榜:杨琛。"《延祐四明志》卷六《人物考下》:"绍熙四年陈亮榜:杨琛。"《光绪奉化县志》卷十九《选举表一》:"绍熙四年癸丑:杨琛,陈亮榜。"

刘昼 明州奉化县人。登绍熙四年进士第。官湖广转运使。

《宝庆四明志》卷十《进士》:"绍熙四年陈亮榜:刘昼。"《延祐四明志》卷六《人物考下》:"绍熙四年陈亮榜:刘昼。"《光绪奉化县志》卷十九《选举表一》:"绍熙四年癸丑:刘昼,湖广转运使。"

应傃 字自得,号兰坡,应儵弟。庆元府昌国县人。幼年即可诵诗吟词,登绍熙四年进士第。初授乌程县尉,尽毁淫祠,平定狱讼。后官至文林郎。其在昌国,亦为名士,邑令曾馆其为邑师。应氏有诗词各一首,见于《大德昌国州图志》。

《大德昌国州图志》卷六《先贤》:"应傃,字自得,自号兰坡。幼颖悟,才四岁默诵语、孟,六岁赋'江路野梅香,有横斜淡月,黄昏漏泄早春消息'之句,乡老咸异之。登绍熙癸丑进士第,调乌程尉。议毁淫祠,独存徐孺子庙。德清有沈氏兄弟讼财,郡俾公按实,公委曲开晓。沈有子适魁乡荐,因赋诗警之曰:'嘉木灌丛春意好,可怜不种紫荆花。'兄弟感动,其争遂息。官至文林郎、湖南抚机。"

《大德昌国州图志》卷六《葛洪生祠记》:"吾兄文昌公为之记,全州史君杨公又演其说,其所以加意于邑人厚矣。会于同年生应君傃自得方里居,容甫自山间以礼聘之,致馆于邑西之筼坡,帅邑人之子弟从焉。"

《宝庆四明志》卷十《进士》:"绍熙四年陈亮榜:应傃。"《延祐四明志》卷六《人物考下》:"绍熙四年陈亮榜:应傃。"《大德昌国州图志》卷六《进士题名》:"应傃,绍熙四年陈亮榜。"

宋宁宗朝(1194—1224)

庆元二年丙辰(1196)邹应龙榜

史弥逊　庆元府鄞县人。史才之孙,史浚之子。登庆元二年进士第。官迪功郎、萧山县主簿。史弥逊有诗《咏鹤》一首,收于《甬上宋元诗略》卷八。

宋楼钥《攻媿集》卷一百五《朝请大夫史君墓志铭》:"子男五人:弥逊,迪功郎、绍兴府萧山县主簿。"

《宝庆四明志》卷十《进士》:"庆元二年邹应龙榜:史弥逊,才孙。"《延祐四明志》卷六《人物考下》:"庆元二年邹应龙榜:史弥逊,才孙。"《光绪鄞县志》卷二十《选举表一》:"庆元二年:史弥逊,才孙。案:《攻媿集》史浚墓志,官萧山主簿。"

张珩　庆元府人。登庆元二年进士第。事迹无考。

《宝庆四明志》卷十《进士》:"庆元二年邹应龙榜:张珩。"《延祐四明志》卷六《人物考下》:"庆元二年邹应龙榜:张珩。"

叶子高　庆元府鄞县人,后迁福州。登庆元二年进士第。官大理评事。

《淳熙三山志》卷三十一《人物》:"庆元二年丙辰邹应龙榜:叶子高,中法科,字安仲,贯庆元府,终大理寺评事。"

《宝庆四明志》卷十《进士》:"庆元二年邹应龙榜:叶子高。"《延祐四明志》卷六《人物考下》:"庆元二年邹应龙榜:叶子高。"《光绪鄞县志》卷二十《选举表一》:"庆元二年丙辰:叶子高。案:《福州府志》:庆元府,贯福清县人,官大理评事。"

冯自强　庆元府鄞县人。登庆元二年进士第。事迹无考。

《宝庆四明志》卷十《进士》:"庆元二年邹应龙榜:冯自强。"《延祐四明志》卷六《人物考下》:"庆元二年邹应龙榜:冯自强。"《光绪鄞县志》卷二十《选举表一》:"庆元二年丙辰:冯自强。"

孙逢吉　庆元府鄞县人。登庆元二年进士第。曾为上虞令。

《宝庆四明志》卷十《进士》:"庆元二年邹应龙榜:孙逢吉。"《延祐四明志》卷六《人物考下》:"庆元二年邹应龙榜:孙逢吉。"《光绪鄞县志》卷二十《选举表一》:"庆元二年丙辰:孙逢吉。案:《宋史》有孙逢吉,吉州龙泉人,隆兴元年进士,以吏部侍郎奉祠,谥献简,是同姓名者。又《绍兴府志》:逢吉,知上虞县,是鄞之孙逢吉。钱志合为一人误。"

郑褒之 庆元府鄞县人。郑若谷侄。登庆元二年进士第。事迹无考。

《宝庆四明志》卷十《进士》:"庆元二年邹应龙榜:郑褒之,若谷侄。"《延祐四明志》卷六《人物考下》:"庆元二年邹应龙榜:郑褒之,若谷侄。"《光绪鄞县志》卷二十《选举表一》:"庆元二年丙辰:郑褒之,若谷从子。"

赵师侊 庆元府鄞县人,赵师傅之弟。登庆元二年进士第。其与袁燮交情不浅,官任彭泽县丞、大冶县令。

《光绪鄞县志》卷二十九《人物传四》:"赵师侊,字晦之。庆元二年进士。开禧元年为彭泽丞,后知大冶县。袁燮送以诗曰:'忆君哦松日,志操已超越。庾毫欲推荐,风之使来谒。耻于呈其身,保此端以洁。君今宰壮县,不改岁寒节。莫言一邑小,振作在贤杰。自期终不浅,有志终炜烨。'其推重如此。"

《宝庆四明志》卷十《进士》:"庆元二年邹应龙榜:赵师侊,师傅弟。"《延祐四明志》卷六《人物考下》:"庆元二年邹应龙榜:赵师侊,师傅弟。"《光绪鄞县志》卷二十《选举表一》:"庆元二年丙辰:赵师侊。"

赵师宜 庆元府鄞县人。赵希言之叔。登庆元二年进士第。事迹无考。

《宝庆四明志》卷十《进士》:"庆元二年邹应龙榜:赵师宜,希言叔。"《延祐四明志》卷六《人物考下》:"庆元二年邹应龙榜:赵师宜,希言叔。"《光绪鄞县志》卷二十《选举表一》:"庆元二年丙辰:赵师宜。"

赵师适 庆元府鄞县人。赵师傅之弟。登庆元二年进士第。事迹无考。

《宝庆四明志》卷十《进士》:"庆元二年邹应龙榜:赵师适,师傅弟。"《延祐四明志》卷六《人物考下》:"庆元二年邹应龙榜:赵师适,师傅弟。"《光绪鄞县志》卷二十《选举表一》:"庆元二年丙辰:赵师适,师傅弟。"

赵汝法 庆元府鄞县人。登庆元二年进士第。事迹无考。

《宝庆四明志》卷十《进士》:"庆元二年邹应龙榜:赵汝法。"《延祐四明志》卷六《人物考下》:"庆元二年邹应龙榜:赵汝法。"《光绪鄞县志》卷二十《选举表一》:"庆元二年丙辰:赵汝法。"

赵汝笈 字景师,庆元府鄞县人。登庆元二年进士第。嘉定时知江西上高县,有政绩。绍定时为泰州通判。

《光绪鄞县志》卷二十九《人物传四》:"赵汝笈,字景师,庆元二年进士。

嘉定十一年知上高县，姿禀明秀，政事清严。待士以谦，断狱以恕，诸司疏其治狱，为诸邑最。先是上高诸乡额有坊场，许人买换，名曰教练，每一名，四季认白纳钱，少者不下百千，民被其扰。汝笈力申省，遂罢之。绍定中为泰州通判。"

《宝庆四明志》卷十《进士》："庆元二年邹应龙榜：赵汝笈。"《延祐四明志》卷六《人物考下》："庆元二年邹应龙榜：赵汝笈。"

赵汝适　庆元府鄞县人。赵善待之子。绍熙时赵善待卒，因荫授将仕郎，登庆元二年进士第。历任湘潭县丞、绍兴府观察判官、武义县令、临安通判等职，嘉定时为提举福建路市舶司，对南宋海外交贡、贸易情况颇为熟稔。绍定时以朝议大夫卒。

赵汝适著《诸蕃志》一书，是我国对外交往史的重要文献。中华书局1996年出版《诸蕃志校释》。

宋赵崇缜《赵汝适圹志》："先君讳汝适，字伯可，太宗皇帝八世孙，而濮安懿王六世孙也。曾祖讳士说，保顺军节度使、开府仪同三司、安康郡王；妣向氏夫人。祖讳不柔，承议郎、通判潮州，赠银青光禄大夫；妣郭氏，大宁郡夫人。考讳善待，朝请大夫、知岳州，赠少保；妣季氏，卫国夫人。

"先君生于乾道庚寅三月乙亥。绍熙元年，受少保遗泽，补将仕郎。二年铨，中第一，授迪功郎、临安府余杭县主簿。庆元三年锁试，赐进士及第，授修职郎。五年，循从政郎。以应办人使赏，循文林郎。六年，知潭州湘潭县丞。开禧元年，为绍兴府观察判官。三年，以奏举，改宣教郎。嘉定二年，知婺州武义县。五年，转奉议郎。六年，充行在点检赡军激赏酒库所主管文字。八年任满，赏转承议郎。九年，转朝奉郎。二月，通判临安府。十一年四月，丁卫国忧。十三年，转朝散郎。十五年，皇帝受宝恩，转朝请郎。十六年，知南剑州。十七年，转朝奉大夫。八月，上登极恩，转朝散大夫。九月，除提举福建路市舶。宝庆元年七月，兼权泉州。十一月，兼知南外宗正事。三年六月，除知安吉州，未上，改知饶州。绍定元年二月，转朝请大夫。三年闰二月，被旨兼权江东提刑。以疾，三上辞请。三月，依所乞，主管华州云台观。四年，寿明仁福慈睿皇太后庆寿恩，转朝议大夫。三月，召为主管官告院。七月属疾，乞致仕。丙申卒，享年六十有二。是年十月癸酉，葬于临海县重晖乡赵岙山之原。

"娶陈氏，献肃詹事讳良翰之孙、宝制侍郎讳广寿之长女。封恭人。先卒一纪矣。子二人：崇缜，从事郎，严州司户参军；崇绚，从事郎，绍兴府余姚县主簿。孙必协，将仕郎。孙女尚幼。

"先君端方凝重，廉洁之操，始终不渝。教子以义方，理家有法度，居官所至有声绩，而寿不百年，哀痛罔极！崇缜等忍死襄人事，未及丐铭于立言君子，敢叙世系官迁岁月，书石以藏诸幽。孤哀子崇缜泣血谨记。忝戚朝奉郎、主管建昌军仙都观陈成之填讳。"

《宝庆四明志》卷十《进士》："庆元二年邹应龙榜：赵汝适。"《延祐四明志》卷六《人物考下》："庆元二年邹应龙榜：赵汝适，善待子。"《光绪鄞县志》卷二十《选举表一》："庆元二年丙辰：赵汝适。"

赵时穆 庆元府鄞县人。赵剡夫之子。登庆元二年进士第。历官开化尉。楼钥称其为"奕奕佳公子"。

宋楼钥《攻媿集》卷六十九《恭题赵时穆家藏两朝赐碑》："五世孙剡夫与其子时穆以家藏二碑示臣。……剡夫寓四明，有乡曲之誉。时穆登世科，为开化尉，奕奕佳公子也。"

《宝庆四明志》卷十《进士》："庆元二年邹应龙榜：赵时穆。"《延祐四明志》卷六《人物考下》："庆元二年邹应龙榜：赵时穆。"《光绪鄞县志》卷二十《选举表一》："庆元二年庚戌：赵时穆。案：《攻媿集》：官开化尉。"

赵善湘(1170—1242) 字清臣，庆元府鄞县人。初以父恩补保义郎、成忠郎、忠翊郎、忠训郎，后登庆元二年进士第。初为金坛县丞、余姚知县，其后又在和州、淮南为官。宝庆时为刑部侍郎，绍定时擢兵部尚书。其后有军功，以观文殿大学士致仕。赵善湘著述颇多，仅存《洪范统一》一书，收于《四明丛书》。绍定四年刻印过卫湜《礼记集说》一百六十卷。

元脱脱等《宋史》卷四百十三《赵善湘》："赵善湘字清臣，濮安懿王五世孙。父武翼郎不陋，从高宗渡江，闻明州多名儒，徙居焉。善湘以恩补保义郎，转成忠郎、监潭州南岳庙，转忠翊郎，又转忠训郎。庆元二年举进士，以近属转秉义郎，换承事郎，调金坛县丞。五年，知余姚县。

"开禧元年，添差通判婺州。嘉定元年，以招茶寇功，赴都堂审察，提辖文思院。出判无为军兼淮南转运判官、淮西提点刑狱。四年，改知常州。八年，主管武夷山冲佑观。十年，知湖州。十一年，丁内艰，明年起复，知和州，三辞不获命。迁知太宗正丞兼权户部郎官，改知秘阁、淮南转运判官，兼淮西提举常平，兼知无为军。进直徽猷阁，主管淮南制置司公事，兼知庐州，兼本路安抚，仍兼转运判官、提举常平。

"十三年，进直宝文阁。以平固始寇功，赐金带，许令服系。十四年，进直龙图阁、知镇江府。十七年，拜大理少卿，进右文殿修撰，知镇江府，封祥符县男，赐食邑。宝庆二年，进集英殿修撰，拜大理卿兼权刑部侍郎，进宝章阁侍制、沿海制置使兼知建康府、江东安抚使兼主管行宫留守司公事。赐御仙花金带,进封子,加食邑。

"绍定元年,以创防江军、宁淮军及平楚州畔寇刘庆福等功,皆升其官,进龙图阁待制。仍任,兼江东转运副使。三年,进焕章阁直学士,江淮制置使,乃命专讨,许便宜从事。四年,进封侯,加食邑。及戮全,善湘遣使以露布上,乃进兵部尚书,仍兼任。

"时善湘见范、葵进取,慰藉殷勤,馈问接踵,有请必应。遣诸子屯宝应以从,范、葵亦让功督府,凡得捷,皆汝櫄等握笔草报。善湘季子汝楳,丞相史弥远婿也,故奏报无不达。以平闽寇功,转江淮安抚制置使。五年,复泰州淮安州、盐城、淮阴县四城,及策应京湖功,进端明殿学士,与执政恩例,仍任,升留守,加食邑。以受金枢密副使纳合买住降,复盱眙军、泗寿二州功,进资政殿学士,加食邑,遣使赐手诏、金器等物。九疏丐归,皆不许。请愈力,进大学士、提举洞霄宫,封天水郡公,加食邑。监察御史劾奏善湘,御笔以善湘有讨逆复城之功,寝其奏。

"嘉熙二年,授四川宣抚使兼知成都府,未拜,改沿海制置使兼知庆元府。即丐祠,改知绍兴府兼浙东安抚使。三年,两请休致,四乞归田,复提举洞霄宫。淳祐二年,帝手诏求所解《春秋》,进观文殿学士,守本官致仕,卒。遗表闻,帝震悼辍视朝,赠少师,赙赠加等。

"所著有《周易约说》八卷,《周易或问》四卷,《周易续问》八卷,《周易指要》四卷,《学易补过》六卷,《洪范统论》一卷,《中庸约说》一卷,《大学解》十卷,《论语大意》十卷,《孟子解》十四卷,《老子解》十卷,《春秋三传通议》三十卷,《诗词杂著》三十五卷。"

《至顺镇江志》卷二十《绣谷万象》:"宋郡守赵善湘创亭于锦绣谷西北,仍留题诗云:'神仙楼观倚空歆,飞上金鳌背上骑。万里江山成独立,一天云雨欲低垂。人间安得如斯地,事外方知有此奇。唤取谪仙来共话,从教习日醉题诗。'又复用此韵。"

《至顺镇江志》卷二十一《赤马白鹞》:"宋嘉定壬午,郡守赵善湘教浮水军五百人,以黄金沉之江中,使深得者辄予之。于是水艺极精,能潜行水底数里。又置多桨船五百艘,无问风势逆顺,捷疾如飞。赤马、白鹞二大舟,可载二千人。舟之式大小凡六七种,遂依八阵为法,且以新意为阵。每一搜阅,艟舰参错,舳舻连贯。耀旌旗,轰鼓角,杂以浮水军,履波涛,为部伍,角伎奏乐,如步康庄。"

《宝庆四明志》卷一《郡守》:"赵善湘,以资政殿大学士、银青光禄大夫、提举临安府洞霄宫,除四川宣抚使兼知成都府,疾速前来,奏事讫,之任。辞免间,于嘉熙二年三月十三日准入内内侍省递到御前金字牌,奏御笔依旧资政殿大学士除沿海制置使,时暂兼知庆元府,于三月十八日交割,当月二十五日,准省札,三省同奉御笔,依元降指挥,疾速前来奏事。在任准三月二十五日圣旨指挥,依旧资政殿大学士、银青光禄大夫、知绍兴府、浙东安抚使,已于当年闰四月初二日交割。"

《延祐四明志》卷六《典乡郡》:"赵善湘,鄞人。嘉熙二年二月资政殿大学士、银青光禄大夫、沿海制置使兼知庆元府,名其所居之坊,曰锦勋坊。"

《宝庆四明志》卷十《进士》:"庆元二年邹应龙榜:赵善湘。"《延祐四明志》卷六《人物考下》:"庆元二年邹应龙榜:赵善湘。"《光绪鄞县志》卷二十《选举表一》:"庆元二年丙辰:赵善湘。案:《浙志》作仁和人。"

姚师虎　字宣伯,庆元府鄞县人。姚师皋弟。登庆元二年进士第。曾为东阳县尉、著作郎。姚师虎有《乞增重史局人选奏》一札,收于《宋会要辑稿》。

清杜春生《越中金石记》卷四《孺人刘氏墓志铭》:"迪功郎、新婺州东阳县尉姚师虎书讳。"宋陈骙《南宋馆阁续录》卷八《官联二》:"著作郎⋯⋯嘉定以后三十九人⋯⋯姚师虎,八年正月除,是月致仕⋯⋯秘书郎⋯⋯嘉定以后五十人⋯⋯姚师虎,六年十月除,十二月为著作佐郎。⋯⋯著作佐郎⋯⋯嘉定以后三十九人⋯⋯姚师虎,六年十二月除,八年正月为著作郎⋯⋯校书郎⋯⋯嘉定以后二十八人⋯⋯姚师虎,字宣伯,庆元府鄞县人。庆元二年邹应龙榜进士出身,治诗赋。五年十月除,六年十月为秘书郎。"

《宝庆四明志》卷十《进士》:"庆元二年邹应龙榜:姚师虎,师皋弟。"《延祐四明志》卷六《人物考下》:"庆元二年邹应龙榜:姚师虎,师皋弟。"《光绪鄞县志》卷二十《选举表一》:"庆元二年丙辰:姚师虎,师皋弟。"

袁洽　庆元府鄞县人。袁毂四世孙。登庆元二年进士第。官为文林郎、南安军大庾令。

宋袁燮《絜斋集》卷十六《叔父迪功郎监潭州南岳庙行状》:"洽今为文林郎、前南安军大庾令。"清王梓材等《宋元学案补遗》卷六《主簿袁先生方附子洽》:"子洽,擢儒科,为文林郎。"

《宝庆四明志》卷十《进士》:"庆元二年邹应龙榜:袁洽,毂四世孙。"《延祐四明志》卷六《人物考下》:"庆元二年邹应龙榜:袁洽,毂四世孙。"《光绪鄞县志》卷二十《选举表一》:"庆元二年丙辰:袁洽,毂四世孙。"

蒋岘　字伯见,号四勿先生。庆元府鄞县人,一说奉化县人。蒋琰曾孙。登庆元二年进士第。初授武康令，后为嵊县令，有治声，以功拜右谏议大夫、殿中侍御史。任上多和史嵩之有龃龉，度宗时官至兵部尚书。

宋陈骙《南宋馆阁续录》卷七："少监……端平以后八人……蒋岘，字伯见，庆元府鄞县。庆元二年邹应龙榜进士出身，治诗赋。三年十月，以军器监兼崇政说书除，嘉熙元年，为殿中侍御史。"

《光绪鄞县志》卷二十九《人物传四》："蒋岘，字伯见，琬曾孙。祖楩，通判台州。父如愚，通判隆兴府。岘中庆元二年第，授太常掌故、改武康令，有治声。六年，调嵊县，烛幽摘奸，民以为神。后荐拜右谏议大夫，事或不当者，必廷辨面折。端平初，除殿中侍御史兼侍讲侍读。罪议者多以为党。于史氏后嵩之开督府，与枢密李宗勉异情。私请劾之，岘谓：'宗勉无罪都城大火，士民多言由济王之冤，岘奏：火乃天灾，何预故王？且劾全大琮、刘克庄、王迈鼓煽流言。嵩之以书罪状蔡范、袁肃。岘言：'二人皆有用才，不可诬。'复特疏劾郑良臣，良臣，嵩之所举用者也。人始释然。岘处衰俗中，慨然有复古之心，闻嘉言善行，求之如不及。尝自警曰：'勿欺心、勿负主、勿求田、勿问舍。'因号'四勿居士'。晚年，当理宗不豫，有谋逆者，弭变，功甚大。历官刑部尚书，以宝章阁学士、奉玉隆宫致仕。祖楩，通判台州。"

《宝庆四明志》卷十《进士》："庆元二年邹应龙榜：蒋岘，琬曾孙。"《延祐四明志》卷六《人物考下》："庆元二年邹应龙榜：蒋岘，琬曾孙。"《光绪鄞县志》卷二十《选举表一》："庆元二年丙辰：蒋岘。"《光绪奉化县志》卷十九《选举表一》："庆元二年丙辰：蒋岘。"

楼汶 庆元府鄞县人。楼异曾孙。登庆元二年进士第。事迹无考。

《宝庆四明志》卷十《进士》："庆元二年邹应龙榜：楼汶，异曾孙。"《延祐四明志》卷六《人物考下》："庆元二年邹应龙榜：楼汶，异曾孙。"《光绪鄞县志》卷二十《选举表一》："庆元二年丙辰：楼汶，异曾孙。"

赵彦枢 庆元府鄞县人。登庆元二年进士第。事迹无考。

《宝庆四明志》卷十《进士》："庆元二年邹应龙榜：赵彦枢。"《延祐四明志》卷六《人物考下》："庆元二年邹应龙榜：赵彦枢。"《光绪鄞县志》卷二十《选举表一》："庆元二年丙辰：赵彦枢。"

王休 字叔宾，庆元府慈溪县人。登庆元二年进士第。曾历任湖州教授、徽州训导、校书郎、枢密院使，嘉定时致仕。王休学术于浙东具有盛名，从者甚多，门人无数。

王休仅存《过董叔达故居》、《过普济寺》二诗，收于《全宋诗》。

清王梓材等《宋元学案补遗》卷七十四《判院王先生休》："王休，慈溪人。

攻戴氏《礼》。庆元二年进士。擢湖州教授，改训徽州，迁秘阁校书，判枢密院事，直躬立朝，无所附丽。嘉定末与柄臣不合，遂谢事归。一日上忽思之，遣使驿召，时先生已卒，乃命定海镇营葬。

"先生以文学著称，一时士类宗之，若杜洲童居易、著作刘厚南、右曹郎程士龙皆其门人，晚岁文思益进，金石文多出其手。"

宋陈骙《南宋馆阁录续录》卷九《官联三》："秘阁校勘……绍定以后二人……王休，字叔宾，庆元府人。庆元二年邹应龙榜进士出身。六年十一月以奉议郎差充，端平元年七月与在外合人差遣。"

《宝庆四明志》卷十《进士》："庆元二年邹应龙榜：王休。"《延祐四明志》卷六《人物考下》："庆元二年邹应龙榜：王休。"《光绪慈溪县志》卷十九《选举上·宋》："庆元二年丙辰邹应龙榜：王休。"

桂万荣　字梦协，号石坡先生，庆元府慈溪县人。登庆元二年进士第。曾任余干县尉，以纪律严明、压制豪强、断狱明允闻于朝。后为建康司理参军。史弥远亦欲招揽之，桂万荣不赴。后为太学正、尚书右侍郎，以宝章阁学士致仕。

桂万荣师从杨简，是杨简弟子里颇为著名的一位，后人有石坡书院纪念之。其著《棠阴比事》一书为法医学名著，世人将其与宋慈《洗冤录》并称，收于《四部丛刊二集》。

明佚名《楚纪》卷五十二《登续外纪后篇》："桂万荣，初为余干尉。理宗时以朝散大夫、直宝章阁知常德府，尽心民事，谳狱明允。"

清黄宗羲等《宋元学案》卷七十四《直阁桂石坡先生万荣》："桂万荣，字梦协，慈溪人。以进士授余干尉。邑多豪右，先生一以纪律绳之。驭民则用慈爱，子弟获训迪者，耻为不善。秩满，民乞留，调建康司理参军。乡人史弥远为相，欲招致之，先生以分定固辞。差主管户部架阁，除太学正。轮对，奏绝敌、选将二事。除武学博士，改宗学，出判平江府。累官直秘阁，迁尚书右郎，除直宝章阁奉祠归。先生尝问道慈湖，慈湖告以'心之精神是谓圣'，遂筑石坡书院，读书其中。"

清全祖望《鲒埼亭集外编》卷十六《石坡书院记》："慈湖弟子遍于大江南北，《宋史》举其都讲为融堂钱氏。予尝考之，特以其著述耳。若其最能昌明师门之绪者，莫如鄞之正肃袁公蒙斋、侍郎陈公习庵，及慈之宝章桂公石坡。顾袁、陈以名位著，而桂稍晦，今慈湖东山之麓，有石坡书院，即当年所讲学也。……《宋史》言'慈湖簿富阳，日讲《论语》、《孝经》，民遂无讼'。石坡尉余干，民之闻教者，耻为不善。'慈湖守温州，力行《周官》任恤之教，豪富争劝勉。'石坡在南康感化骄军，知以卫民为务。'慈湖以忤史氏，累召不出。'石坡方响用，力辞史氏之招，丐祠终老。方石坡之官平江也，朱侍郎在知府事，征输盐课，急迫牵连，拘系甚繁。石坡力言其无辜，为请宽不得，乃挟行床至狱中，愿与所拘系者同处。侍郎不得已纵遣之，论者以为石坡不愧其师，而侍郎有惭其父，其所谓请绝房、选将诸奏，俱名言也。

"……石坡晚年最称耆寿，东浙推为杨门硕果，并于蒙斋、习庵，盖其道之尊如此，桂氏子孙勉之哉。慈湖之一线寄于是堂，其勿替此家风也。"

《宝庆四明志》卷十《进士》："庆元二年邹应龙榜：桂万荣。"《延祐四明志》卷六《人物考下》："庆元二年邹应龙榜：桂万荣。"《光绪慈溪县志》卷十九《选举表上》："庆元二年丙辰邹应龙榜：桂万荣。"

章禹圭　庆元府奉化县人。登庆元二年进士第。事迹无考。

《宝庆四明志》卷十《进士》："庆元二年邹应龙榜：章禹圭。"《延祐四明志》卷六《人物考下》："庆元二年邹应龙榜：章禹圭。"《光绪奉化县志》卷十九《选举表一》："庆元二年邹应龙榜：章禹圭。"

屠明发　庆元府奉化县人。登庆元二年进士第。官乐清知县。

《宝庆四明志》卷十《进士》："庆元二年邹应龙榜：屠明发。"《光绪奉化县志》卷十九《选举表一》："庆元二年邹应龙榜：屠明发，乐清知县。"

董仁泽　庆元府奉化县人。登庆元二年进士第。事迹无考。

《宝庆四明志》卷十《进士》："庆元二年邹应龙榜：董仁泽。"《延祐四明志》卷六《人物考下》："庆元二年邹应龙榜：董仁泽。"《光绪奉化县志》卷十九《选举表一》："庆元二年邹应龙榜：董仁泽，邹应龙榜。"

冯理　庆元府人。登庆元二年进士第。事迹无考。

《宝庆四明志》卷十《进士》："庆元二年邹应龙榜：冯理。"《天启慈溪县志》卷六《选举》："宁宗：冯理，郡志缺。"

赵翰夫　字宗甫。台州宁海县人。登庆元二年进士第。官尤溪县丞。

《嘉定赤城志》卷三十四《仕进》："庆元二年翰夫，居宁海，字宗甫。"《光绪宁海县志》卷九《选举表·宋·进士》："宁宗庆元二年丙辰：赵翰夫。《赤城志》：宗室榜，字宗甫。旧志：隔方人。《通志》：尤溪县丞。"

莫子纯　字粹中，绍兴府余姚县人。曾因叔父恩补官，铨试第一。登庆元二年进士第，初授平江军节度判官厅公事，后历任秘书省正字、校书郎、著作郎、起居舍人、中书舍人，不阿权贵，为韩侂胄所逐。

莫子纯著《周必大加食邑制》等文，收录于《全宋文》。

宋何异《宋中兴学士院题名录》之《莫子纯》："嘉泰三年二月以著作郎兼

翰林权直,五月除起居舍人兼权直院,十一月除起居郎依旧兼权直院,四年十二月除中书舍人免兼。"

宋陈骙《南宋馆阁续录》卷八《官联二》:"著作郎……嘉泰以后九人……莫子纯,绍兴府山阴人,庆元二年邹应龙榜进士及第。治《周礼》,三年正月除,五月为起居舍人。……著作佐郎……庆元以后八人……莫子纯,元年十一月除,三年正月为著作郎。校书郎……庆元以后十一人……莫子纯,六年九月除,嘉泰元年十一月为著作佐郎。"

《宝庆会稽续志》卷五《人物》:"莫子纯,字粹中。初以仲父文清公叔光郊恩,补官铨试,及试江东运司,俱为第一人。庆元二年,礼部奏名,复为第一。是岁,有旨遵故事免廷策,径赐进士及第。签书平江军节度判官厅公事,除秘书省正字、校书郎、著作郎、起居舍人、兼直学士院、起居郎、中书舍人。苏师旦本平江笔吏,韩侂胄任为腹心,气焰熏炙一时,士大夫急于求进者,争趋其门。一日,遇子纯于都堂,趋前执礼甚恭,子纯略不为礼。师旦愧见于左右,已深恨之。会师旦当迁官,子纯复以为不可,于是忤侂胄意,遂以祠去。知赣州,加右文殿修撰。知江州,不赴,改知温州,提举江州太平兴国宫。嘉定八年卒,年五十七。"

《光绪余姚县志》卷十九《选举表》:"庆元二年丙辰:莫子纯,周虎榜,叔光侄。"

胡介 字安节。台州府宁海县人。登庆元二年特奏名进士第。终宣教郎。

《嘉定赤城志》卷三十四《仕进·特科》:"庆元二年:胡介,宁海人,字安节,终宣教郎。"《光绪宁海县志》卷九《选举表》:"庆元元年乙卯:胡介。《赤城志》:字安节,终宣议郎。《府志》作宣教郎。"注:《光绪宁海县志》应误。

杨起宗 字仲起。登庆元二年特奏名进士第。终庆元府观察退官。

《嘉定赤城志》卷三十四《仕进·特科》:"庆元二年:杨起宗,宁海人。终庆元府观察推官。"《光绪宁海县志》卷九《选举表》:"庆元二年丙辰:杨起宗。《赤城志》:字仲起,终庆元府观察推官。"

潘伯恭 庆元府慈溪县人。登庆元二年武举进士第。事迹无考。

《宝庆四明志》卷十《进士》:"庆元二年武举:潘伯恭。"《延祐四明志》卷六《人物考下》:"庆元二年武举:潘伯恭。"

卢元吉 庆元府鄞县人。登庆元二年武举进士第。事迹无考。

《宝庆四明志》卷十《进士》:"庆元二年武举:卢元吉。"《延祐四明志》卷六《人物考下》:"庆元二年武举:卢元吉。"《光绪鄞县志》卷二十《选举表一》:

"庆元二年丙辰:卢元吉。"

钟元达 庆元府奉化县人。登庆元二年武举进士第。官武功大夫。

《宝庆四明志》卷十《进士》:"庆元二年武举:钟元达。"《延祐四明志》卷六《人物考下》:"庆元二年武举:钟元达。"《光绪奉化县志》卷十九《选举表一》:"庆元二年武举:钟元达,周虎榜,武功大夫,知沅州。"

庆元五年己未(1199)曾从龙榜

王埏 庆元府鄞县人。王伯庠孙。登庆元五年进士第。事迹无考。

《宝庆四明志》卷十《进士》:"庆元五年曾从龙榜:王埏,伯庠孙。"《延祐四明志》卷六《人物考》下:"庆元五年曾从龙榜:王埏,伯庠孙。"《光绪鄞县志》卷二十《选举表一》:"庆元二年丙辰:王埏,伯庠孙。"

王暨 字文昌,庆元府鄞县人。登庆元五年进士第。曾为广德县尉,后任官天台,官至中书舍人。

王暨有《题寺壁》一诗,见于《浩然斋雅谈》。

清陆心源《宋诗纪事补遗》卷六十《王暨》:"王暨,字文昌,四明人。庆元二年进士,授广德县尉,调天台。累官中书舍人。"

《宝庆四明志》卷十《进士》:"庆元五年曾从龙榜:王暨,辉侄,贯开封。"《延祐四明志》卷六《人物考下》:"庆元五年曾从龙榜:王暨,辉侄,贯开封。"《光绪鄞县志》卷二十《选举表 一》:"庆元五年己未:王暨,辉从子,贯开封。案《诗汇》:除广德尉,累官中书舍人。"

史弥谨 庆元府鄞县人。史浩侄。登庆元五年进士第。与姜浩为姻亲,任奉议郎,知海盐县。

宋楼钥《攻媿集》卷一百八《赠金紫光禄大夫姜公墓志铭》:"次适奉议郎,知嘉兴府海盐县事史弥谨。"

《宝庆四明志》卷十《进士》:"庆元五年曾从龙榜:史弥谨,浩侄。"《延祐四明志》卷六《人物考下》:"庆元五年曾从龙榜:史弥谨,浩侄。"

刘叔向 号滋兰,刘应时之子。庆元府慈溪县人,一说为鄞县人。登庆元五年进士第。官从事郎、建康府观察推官,知建康。其致力于《大戴礼记》、《小戴礼记》,遂传于家。

刘叔向著《镇淮桥记》一文,载于《景定建康府志》。

清王梓材等《宋元学案补遗》卷六《宣干刘先生叔向》:"刘叔向,字□□,号滋兰,颐庵应时之子也。习二戴《礼》,登庆元己未乙科,与计偕者接踵,由是《戴礼》遂为刘氏家学。程士龙云先生官至宣干。"

《宝庆四明志》卷十《进士》:"庆元五年曾从龙榜:刘叔向。"《延祐四明志》卷六《人物考下》:"庆元五年曾从龙榜:刘叔向。"《光绪慈溪县志》卷十九《选举上》:"庆元五年己未曾从龙榜:刘叔向。注:《景定建康志》载叔向撰《镇淮桥记》结衔从事郎、建康府观察推官,又察推题名嘉泰二年三月到任,开禧元年四月三日任满。"《光绪鄞县志》卷二十《选举表一》:"庆元五年己未刘叔向。"

汪文中 庆元府鄞县人。汪大猷侄。登庆元五年进士第。事迹无考。

《宝庆四明志》卷十《进士》:"庆元五年曾从龙榜:汪文中,大猷侄。"《延祐四明志》卷六《人物考下》:"庆元五年曾从龙榜:汪文中,大猷侄。"《光绪鄞县志》卷二十《选举表一》:"庆元五年己未:汪文中,大猷从子。"

陈概(1151—1236) 庆元府鄞县人。陈禾曾孙。登庆元五年进士第。曾知泰和,罢课税,后以左正言使金不屈。吕祖泰欲杀韩侂胄,遭韩党迫害,陈概力释之。以太常寺卿致仕。

《光绪鄞县志》卷二十九《人物传四》:"陈概,字少仪,禾曾孙。庆元五年进士。除知泰和,奏罢鱼盐课。召对,升左正言,使金不屈。婺州吕祖泰上疏乞斩韩侂胄被系,概抗章言祖泰无罪,得释,时以为有禾之风。官至四川宣抚副使,升太常寺卿,致仕。卒年七十五,谥文定。"《宝庆四明志》卷十《进士》:"庆元五年曾从龙榜:陈概,禾曾孙。"《延祐四明志》卷六《人物考下》:"庆元五年曾从龙榜:陈概,禾曾孙。"

注:陈概生平的考证颇多,见于钱大昕《潜研堂文集》卷十九,《光绪鄞县志》卷二十九中徐时栋、董沛等对钱大昕的考证又提出疑义。

赵汝稠 庆元府鄞县人。登庆元五年进士第。事迹无考。

《宝庆四明志》卷十《进士》:"庆元五年曾从龙榜:赵汝稠。"《延祐四明志》卷六《人物考下》:"庆元五年曾从龙榜:赵汝稠。"《光绪鄞县志》卷二十《选举表一》:"庆元五年己未:赵汝稠。"

赵崇侶 庆元府鄞县人。登庆元五年进士第。事迹无考。

《宝庆四明志》卷十《进士》:"庆元五年曾从龙榜:赵崇侶。"《延祐四明志》卷六《人物考下》:"庆元五年曾从龙榜:赵崇侶。"《光绪鄞县志》卷二十《选举表一》:"庆元五年己未:赵崇侶。"

赵崇衎 庆元府鄞县人。登庆元五年进士第。事迹无考。

《宝庆四明志》卷十《进士》:"庆元五年曾从龙榜:赵崇衎。"《延祐四明志》卷六《人物考下》:"庆元五年曾从龙榜:赵崇衎。"《光绪鄞县志》卷二十《选举表一》:"庆元五年曾从龙榜:赵崇衎。"

赵善潼　字南仲,庆元府鄞县人。登庆元五年进士第。曾任繁昌令,行乡饮酒礼,为袁燮称赞。

宋袁燮《絜斋集》卷八《繁昌乡饮序》:"吾友南仲,宗室之秀也,名善潼。有志斯道,为宰繁昌,举乡饮于学。"

《宝庆四明志》卷十《进士》:"庆元五年曾从龙榜:赵善潼,善湘弟。"《延祐四明志》卷六《人物考下》:"庆元五年曾从龙榜:赵善潼,善湘弟。"《光绪鄞县志》卷二十《选举表一》:"庆元五年己未:赵善潼。"

楼洪等《宋故宣教郎楼君圹志》:"女九人:……宣教郎、前建康府溧水县丞赵善潼。"注:是志撰于宋嘉泰三年(1204)。

皇甫晔　字如晦,庆元府鄞县人。登庆元五年进士第。曾任秘书省正字、校书郎。

宋陈骙《南宋馆阁续录》卷八《官联二》:"校书郎……嘉定以后二十人……皇甫晔,十七年九月除,宝庆元年六月添差通判临安府。"

宋陈骙《南宋馆阁续录》卷九《官联三》:"正字……嘉定以后十九人……皇甫晔,字如晦,庆元府鄞县人。庆元五年曾从龙榜进士出身。治《易》,十六年正月除,十七年九月为校书郎。"

《宝庆四明志》卷十《进士》:"庆元五年曾从龙榜:皇甫晔。"《延祐四明志》卷六《人物考下》:"庆元五年曾从龙榜:皇甫晔。"《光绪鄞县志》卷二十《选举表一》:"庆元五年己未:皇甫晔。"

姜燧　庆元府鄞县人。姜光之弟。登庆元五年进士第。曾任文林郎、监泰州角斜盐场。

宋楼钥《攻媿集》卷一百八《赠金紫光禄大夫姜公墓志铭》:"燧,文林郎、监泰州角斜盐场。"

《宝庆四明志》卷十《进士》:"庆元五年曾从龙榜:姜燧,光弟,贯开封。"《延祐四明志》卷六《人物考下》:"庆元五年曾从龙榜:姜燧,光弟,贯开封。"《光绪鄞县志》卷二十《选举表一》:"庆元五年己未:姜燧,光弟,贯开封。"

袁肃　字恭安,袁燮之子,庆元府鄞县人。登庆元五年进士第。袁肃从学于舒璘,官秘书丞、浙西提举。官至太府少卿兼知临安府。

宋洪咨夔《平斋文集》卷十七《枢密检详表袁肃除右司郎中兼权枢密副都承旨制》:"敕:具官某:朕更张万化,首命一相笔文武之柄。宰掾以赞政理,枢掾以参讦谟,非深识历精求治之意,不在此选。尔学得其传而邃于知,气集以义而勇于行,端笏立朝,论议闳伟,朕知其可大受也。挈宏纲于省闼,导密旨于殿陛,肆兼命尔。维时股肱大臣,内欲为朕修《天保》以上之治,尔弥缝之；外欲为朕举《采薇》以下之治，尔佐治之，往钦哉！可。"

宋陈骙《南宋馆阁续录》卷七《官联一》："丞……绍定以后十一人……袁肃，字恭安，庆元府鄞县人。庆元五年曾从龙榜进士及第。治《周礼》，三年十一月除，是月除浙西提举。"

清黄宗羲等《宋元学案》卷七十五《少卿袁晋斋先生肃》："袁肃，字□□，絜斋之子也。从广平于新安，其后知名于世。梓材谨案：先生号晋斋，庆元五年进士，官至少卿，尝知江州。《蒙斋文集》有《和晋斋兄韵》云：'晋斋作诗，诲语勤劬。观诗末章，荷兄警余。'又《和晋斋兄韵三章》，其首章云：'不爱金章紫绶纡，欣然玉局自安居。'其卒章云：'家塾提纲属晋斋，絜斋气脉远乎哉。'"

《咸淳临安志》卷四十九《秩官》七："端平元年甲午，袁肃，庆元府人。是月二十四日，以右司郎官兼枢密副都承旨，除太府少卿兼知。"

《宝庆四明志》卷十《进士》："庆元五年曾从龙榜：袁肃，燮子。"《延祐四明志》卷六《人物考下》："庆元五年曾从龙榜：袁肃，燮子。"《光绪鄞县志》卷二十《选举表一》："庆元五年己未：袁肃。"

林宗一《宋林惟孝墓志》："朝散大夫、新除秘书丞、兼权刑部郎官、兼景献府教授袁肃书讳。"

注：是志撰于宋绍定三年（1231）。

臧格　字正子，臧植弟。庆元府鄞县人。登庆元五年进士第。才望颇著，为时人所称赞。历任太常丞知台州，任上为周敦颐、程颐、程颢请定谥号，后人敬之。

其著《濂溪二程谥议》一文，见于《延祐四明志》。

元戴表元《剡源文集》卷二十《跋濂溪二程谥议》："加之渡江以来，世故之所消磨，时尚之所摈黜，吾乡考功臧郎中为此二谥议时，去党禁之开岁月才几许，而剖析精微，搜扬幽眇，绘画铺张，委曲各当。"

宋陈骙《南宋馆阁续录》卷七："丞……嘉定以后三十六人臧格，字正子，庆元府鄞县人。庆元五年曾从龙榜进士出身，治诗赋。十三年九月除，十月为著作郎。"

宋陈骙《南宋馆阁续录》卷八："著作郎……嘉定以后……臧格，十三年十月除，十一月致仕。"

《延祐四明志》卷五《人物考中》："臧格，字正子，鄞县人。庆元五年进士第，与慈溪张虑为友，虑自以为不及也。尝曰：'正子才气爽迈，下笔痛快，相从四十年，与虑守朴学者良异。'为太常丞，定谥三先生。……格久在郎署，家贫,愿得补外,史丞相靳不与。久之,微有怨言,丞相善鉴人,蹙頞曰:'臧君骨清,非守土相,吾迟迟不外除,诚受臧君。今若是,以乡里旁郡与之。'遂守台州,迓吏至门,果卒。"

清徐时栋《四明六志校勘记》卷二《佚文二》:"臧格,作三议以上,人谓其能抉道学之渊源,十五字在定谥三先生之下,《甬上先贤传·列传四》引《延祐志》。"

清王梓材等《宋元学案补遗》卷七十四《寺丞臧先生格》:"臧格,字正子,鄞人。庆元五年进士,与慈溪张虙为友。历官太常丞,周濂溪、二程先生谥议皆出其手。"

《宝庆四明志》卷十《进士》:"庆元五年曾从龙榜:臧格,植弟。"《延祐四明志》卷六《人物考下》:"庆元五年曾从龙榜:臧格,植弟。"《光绪鄞县志》二十《选举表一》:"庆元五年己未:臧格,植弟。"

王垕《宋王覭并妻朱道源合葬墓志》:"初年,师过庵先生臧公格,以儒业抗志。"注:是志撰于宋淳祐六年(1246)。

陈棻　庆元府鄞县人。陈概之弟。登庆元五年进士第。事迹无考。

《光绪鄞县志》卷二十《选举表一》:"庆元五年己未:陈棻,概弟。"

王莹　庆元府象山县人。登庆元五年进士第。事迹无考。

《万历重修象山县志》卷二《选举表》:"宋宁宗庆元五年:王莹。"

周仲卿　字次和,又作次侯。台州府宁海县人。登庆元五年进士第。官提辖左藏库。周仲卿撰《月泉》、《登石台山联句》二诗,收于《全宋诗》。

《嘉定赤城志》卷三十三《仕进·进士科》:"庆元五年曾从龙榜周仲卿,宁海人,字次和,终提辖左藏库。"《光绪宁海县志》卷九《选举表》:"庆元五年周仲卿,曾从龙榜。《赤城志》:字次侯,终提辖左藏库。"

董高　字世望,台州府宁海县人。登庆元五年进士第。事迹无考。

《光绪宁海县志》卷九《选举表》:"庆元五年己未董高,字世望,上隍人。《赤城志》、《府志》、《通志》俱无,今从旧志。"

葛一之　字元甫,台州府宁海县人。登庆元五年进士第。官德安县丞。

《光绪宁海县志》卷九《选举表》:"庆元五年己未:葛一之。《赤城志》:字元甫,终德安县丞。"

杨端　台州府宁海县人。登庆元五年进士第。事迹无考。

《光绪宁海县志》卷九《选举表》:"庆元五年己未:杨端,见旧志。"

胡卫　字卫道,绍兴府余姚县人。登庆元五年进士第。胡搏子。曾为中书舍人、礼部侍郎。胡卫从学于高亮,亦和叶适有交往,为戴氏夫人作墓志铭,已失传。

宋陈骙《南宋馆阁续录》卷九《官联三》:"同修国史……嘉定以后三十一人……胡卫,十四年八月以中书舍人兼,十五年九月为礼部侍郎仍兼。……国史院编修官……嘉定以后六十一人……胡卫,十三年十月以起居郎兼。……实录院同修撰……胡卫,十四年八月以中书舍人兼,十五年九月为礼部侍郎仍兼。"

清黄宗羲等《宋元学案》卷七十七《侍郎胡先生卫知军胡先生衍合传》:"胡卫,字卫道,累官礼部侍郎。弟衍,字衍道,知溧阳军。皆胡搏子。"清王梓材等《宋元学案补遗》卷七十七《侍郎胡先生卫》:"卫道与水心友,知常州时以邹忠公墓亭,请水心记之,水心曰:'卫道托于学之士也,深而士之,报宜厚矣。梓材谨案:孙烛湖为高公亮戴夫人圹记:里人孙某代于潜宰,胡卫为之铭,卫尝师公亮,宜铭云。"

《光绪余姚县志》卷十九《选举表》:"庆元五年:胡卫,曾从龙榜。"

陈肖元　字履道,台州府宁海县人。登庆元五年进士第。官终武昌县尉。

《嘉定赤城志》卷三十三《仕进·进士科》:"庆元五年曾从龙榜:陈肖元,宁海人,字履道,终武昌县尉。"《光绪宁海县志》卷九《选举表》:"庆元五年己未:陈肖元。《赤城志》:字履道,终武昌县尉。又见旧志。"

杨九龄　庆元府象山县人。登庆元五年进士第。其为路观撰墓志,结衔为国学免解进士。

《万历重修象山县志》卷二《选举表》:"宁宗庆元五年:杨九龄。"

杨九龄《宋路观墓志》:"国学免解进士杨九龄书讳。"注:是志撰于宋绍熙二年(1191)。

薛置　字持志,号耘斋。庆元府人。登庆元五年进士第。乡试时作《圣人执权赋》,声望颇隆,乃至后为衡阳主簿时,奉史弥坚命,平定贼寇,竟以此文退之。薛置撰《泄潭瀑布》一诗,见于《大德昌国州图志》。

《大德昌国州图志》卷六《名贤》:"薛置,字持志,自号耘斋。少以文鸣,及长,以《圣人执权赋》预乡荐,登庆元五年第,调衡阳簿。时史公弥坚帅湖南,黑风洞寇相挺而起。公被檄往抚谕。将至洞,有及姓名者,其酋忽言曰:'非四明作《圣人执权赋》薛置耶?'乃投戈而退。"注:薛置进士题名情况,宋元四明六志俱不载。

袁方　字诚之,袁燮叔父,庆元府鄞县人。登庆元五年特奏名进士第。早年便承家学。又师从郑锷、沈铢,深受四明学术熏陶,尤长于诗。后屡试不第,归乡钻研学问,设馆办学,弟子无数。年老时登庆元五年特奏名进士第。初授雍州文学,后擢迪功郎、丹阳主簿,竟不幸得疾而卒。

宋袁燮《絜斋集》卷十六《叔父迪功郎监潭州南岳庙行状》:"君讳方,字诚之,庆元鄞人。……君朝夕亲旁,耳目所接,无非善道,虽年少时意气颇豪逸。及长自磨揉,卒为善士,师事乡先生宫讲屯田郑公、浙东签判沈公,又从从兄常德通守讲学,服膺经训,尤精于《诗》,以乡荐举,送试礼部,不得志,刻励奋发,益取三百五篇,研覃奥旨,乡人为子弟择贤师者,争馆致之。东涉大海,雪浪浩渺,南逾粤岭,风木凄吼,飘然往来其间,安于所遇,颜状自若,敝庐才蔽风雨,薄田不足于食。婚嫁频仍,生理日窄,战艺又辄左次,人所难堪,亦不惨戚焉。每曰:'吾不能自奋其身,独不能教子乎,夫学,殖也,长之养之,今虽未获,独不在桑榆时乎?'家教既严,复受业于乡曲之望,故诸子皆笃志,而仲子洽遂擢儒科,人皆荣之,君曰:'是进身之阶尔,丈夫植立于世,一第而已乎!'及治官会稽,以廉勤闻,受知于师,期以远大,君始差自慰焉。

"年寖高,倦游场屋。庆元五年以特科补雍州文学。逾年,调迪功郎、镇江府丹阳县主簿,旧得末疾,沉绵岁月,及瓜,幸小愈,亲故勉使之官。君曰:'窃禄养疴,非朝家设官意。'亟以祠请,监潭州南岳庙。俸入无几,阖门仰给,重以医药之费,节约自持,取不冻馁而止,护衣箦一獠婢,不憎疾之,苟可役使而止,病体支离,犹能自力,接亲旧无倦容。嘉定二年六月庚午卒,年六十有七。

"……君内无城府,外蔑巧令,神安气清,履道平坦。人有过,忠告之,或而折之,不恤。善则亟称扬之,直己而发,无容心焉,舍后小圃,花竹秀野,时游息其间,命酒引满,百虑冰释,不知宇宙之宽,此身之微也。尤喜宾客,投辖共饮,非尽欢不得去,胸中浑融如古达者,不慕贵势,不谄上交,不责人以所不足,其心休休,无所怨恨,与夫执德不固,侥幸苟求,不得则热中忿恚者,不其大相远乎。参知政事楼公笃于雅故,念其病且贫也,存问不辍,遗之良药,以扶其衰,日觊其愈,而君则死矣。窆有日,诸孤贻书属状其行,将请铭于楼公,虽我叔父之贤,可考不诬,而辞之不达,惧无以发挥也,犹豫久之,既而释然曰:'兹不过纪实尔。'不假诸此,铭不可得,将无以为不朽之托,是没叔父之美也而可乎?乃述其平生大概而谨授之。谨状。"注:袁方中举之事,宋元四明六志不载。

刘瑜 庆元府奉化县人。登庆元五年特奏名进士第。事迹无考。

《光绪奉化县志》卷十九《选举表一》:"庆元五年己未:刘瑜,特奏名。"

陈善 庆元府奉化县人。登庆元五年特奏名进士第。事迹无考。

《光绪奉化县志》卷十九《选举表一》："庆元五年己未:陈善,特奏名。"

求益　庆元府奉化县人,登庆元五年特奏名进士第。官参知政事。

《光绪奉化县志》卷十九《选举表一》："庆元五年己未:求益,参知政事,特奏名。"

王大醇　庆元府鄞县人。王琥侄孙。登庆元五年上舍释褐第,事迹无考。

《宝庆四明志》卷十《进士》："庆元五年曾从龙榜:王大醇,上舍,琥侄孙。"《延祐四明志》卷六《人物考》下:"庆元五年曾从龙榜:王大醇,上舍,琥侄孙。"《光绪鄞县志》卷二十《选举表一》："庆元五年:王大醇,琥从孙,上舍。"

嘉泰二年壬戌(1202)傅行简榜

傅行简　字居敬,庆元府鄞县人。曾登省元,后登嘉泰二年榜魁首。官校书郎、秘书郎、著作佐郎。傅行简有两诗收于清人袁钧《四明诗萃》。

明朱希召《宋历科状元录》卷七《宁宗朝》："嘉泰二年壬戌,状元傅行简既省元,宁宗以谅阴,不临轩,后殿赐省元,傅行简等四百九十七人及第,出身有差。傅行简,字居敬,浙江明州人,无考。"

宋陈骙《南宋馆阁续录》卷八《官联二》："秘书郎……嘉定以后五十人……傅行简,字敬父,庆元府鄞县人。嘉泰二年进士及第。治《周礼》,二年八月除,三年四月为著作佐郎。……著作佐郎……嘉定以后三十五人……傅行简,三年四月除,四年正月致仕。……校书郎……嘉定以后二十八人……傅行简,元年十一月除,二年八月为秘书丞。"

宋陈骙《南宋馆阁续录》卷九《官联三》："……开禧以后九人……傅行简,元年七月除,二年七月丁母忧。"

《宝庆四明志》卷十《进士》："嘉泰二年傅行简榜:傅行简。"《延祐四明志》卷六《人物考下》:"嘉泰二年壬戌傅行简榜:傅行简。"《光绪鄞县志》卷二十《选举表一》："嘉泰二年壬戌:傅行简,状元。案:桑世昌《兰亭考》:字钦夫,又《中兴馆阁录》:藏官著作郎。"

胡鉴　庆元府鄞县人。登嘉泰二年进士第。事迹无考。

《宝庆四明志》卷十《进士》："嘉泰二年傅行简榜:胡鉴。"《延祐四明志》卷六《人物考下》:"嘉泰二年傅行简榜:胡鉴。"《光绪鄞县志》卷二十《选举表一》："嘉泰二年壬戌:胡鉴。"

缪师皋　庆元府鄞县人。登嘉泰二年登进士第。历教官。

《宝庆四明志》卷十《进士》："嘉泰二年傅行简榜：缪师皋，次年试中教官。"《延祐四明志》卷六《人物考下》："嘉泰二年傅行简榜：缪师皋，次年试中教官。"《光绪鄞县志》卷二十《选举表一》："嘉泰二年壬戌：缪师皋。"

陈镶　庆元府鄞县人。登嘉泰二年进士第。陈禾六世孙。事迹无考。

《光绪鄞县志》卷二十《选举表一》："嘉泰二年壬戌：陈镶，禾六世孙。"

方献　字元老，台州府宁海县人。登嘉泰二年进士第。官国子监主簿、枢密院编修官、右司郎官、监察御史、右正言兼侍讲，嘉定时为宗正少卿。

《嘉定赤城志》卷三十三《仕进·进士科》："方献，宁海人，字元老。历国子监主簿、枢密院编修官、右司郎官、监察御史、右正言兼侍讲，今为宗正少卿兼敕令所删修官。"《光绪宁海县志》卷九《选举表》："嘉泰二年壬戌：方献。《赤城志》：字元老，历国子监主簿、枢密院编修官、右司郎官、监察御史、右正言兼侍讲、宗正少卿兼敕令所删修官。"

谢采伯　字元若，台州府宁海县人，一说临海县人。曾在广德、湖州、严州为官，嘉定时为大理寺正。著《密斋笔记》一书，收录于《琳琅秘室丛书》和《丛书集成初编》。

《嘉定赤城志》卷三十三《仕进·进士科》："谢采伯，临海人，字元若，枼伯之见，历知广德军、湖州，监六部门，大理寺丞，今为大理正。"景定《严州续志》卷二《知州题名》："谢采伯，朝议大夫。宝庆元年十月初八日到任，宝庆二年二月初六日宫观，先是通判州事，至是正守陵祠位，在任有惠政。"《光绪宁海县志》卷九《选举表》："嘉泰二年壬戌：谢采伯，傅行简榜，大理寺正，依《通志》补。"

施琮　庆元府慈溪县人。登嘉泰二年进士第。事迹无考。

《宝庆四明志》卷十《进士》："嘉泰二年傅行简榜：施琮。"《延祐四明志》卷六《人物考下》："嘉泰二年：傅行简榜：施琮。"《天启慈溪县志》卷六《选举》："宁宗嘉泰：二年：施琮。"

杨琮　庆元府奉化县人。登嘉泰二年登进士第，杨瑛（一说杨琛）从兄，事迹无考。

《宝庆四明志》卷十《进士》："嘉泰二年：杨琮，瑛从兄。"《延祐四明志》卷六《人物考下》："嘉泰二年：杨琮，瑛从兄。"《光绪奉化县志》卷十九《选举表一》："嘉泰二年：杨琮，傅行简榜，琛从兄。"

王崇　庆元府奉化县人。登嘉泰二年特奏名进士第。

《光绪奉化县志》卷十九《选举表一》："嘉泰二年：王崇，特奏名。"

范良辅　庆元府鄞县人。登嘉泰二年武学释褐。事迹无考。

《宝庆四明志》卷十《进士》："嘉泰二年武学释褐：范良辅。"《延祐四明志》卷六《人物考下》："嘉泰二年武学释褐：范良辅。"《光绪鄞县志》卷二十《选举表一》："嘉泰二年壬戌：范良辅，武学释褐。"

林维忠 庆元府鄞县人。林维孝之兄。登嘉泰二年上舍释褐第。事迹无考。

《宝庆四明志》卷十《进士》："嘉泰二年傅行简榜：林维忠，上舍，维孝兄。"《延祐四明志》卷六《人物考下》："嘉泰二年傅行简榜：林维忠，上舍，维孝兄。"

嘉泰三年(1203)癸亥两优释褐

宣缯(？—1236) 字宗禹，庆元府鄞县人。登嘉泰三年两优释褐。曾为太学博士、秘书省校书郎、著作佐郎、考功员外郎等，嘉定时为吏部侍郎、兵部尚书、参知政事，端平时以端文殿大学士致仕，卒赠太师。

其著《孝宗宝训》，不传世。其有《顺济庙记》一文，见于《全宋文》。

宋陈骙《南宋馆阁续录》卷七《官联一》："监修国史……嘉定以后六人……宣缯，十四年闰十二月以同知枢密院事兼参知政事兼权。"宋陈骙《南宋馆阁续录》卷七《官联一》："少监……嘉定以后二十人……宣缯，十年七月除，十一月为起居舍人。"宋陈骙《南宋馆阁续录》卷八《官联二》："秘书郎……嘉定以后五十人……宣缯，五年十月除，六年十月为著作佐郎。"宋陈骙《南宋馆阁续录》卷八《官联二》："著作佐郎……嘉定以后三十九人……宣缯，六年十月除，十一月知吉州。"宋陈骙《南宋馆阁续录》卷八《官联二》："校书郎……嘉定以后二十八人……宣缯，字宗禹，四明人。嘉泰三年上舍两优释褐出身，治《礼记》，四年十月除，五年十月为秘书郎。"宋陈骙《南宋馆阁续录》卷九《官联三》："同修国史……嘉定以后三十一人……宣缯，十二年内二月以权吏部侍郎兼，十三年三月为真，十四年四月为权兵部尚书，并兼。"宋陈骙《南宋馆阁续录》卷九《官联三》："国史院编修官……嘉定以后六十一人……宣缯，十年九月以秘书少监兼，十一月为起居舍人仍兼。"宋陈骙《南宋馆阁续录》卷九《官联三》："实录院同修撰……宣缯，十二年二月以权吏部侍郎兼，十三年三月为真，十四年四月为权兵部尚书并兼。"宋陈骙《南宋馆阁续录》卷九《官联三》："实录院检讨官……嘉定以后六十三人……宣缯，十年九月以秘书少监兼，十一月为起居舍人仍兼。"

元脱脱等《宋史》卷四百九《宣缯》："宣缯，庆元府人。嘉泰三年，太学两优释褐。历官以太学博士召试，为秘书省校书郎，升著作佐郎兼权考功郎官、知吉州、福建提总刑狱。迁考功员外郎，又迁秘书少监。时暂兼权侍立修注官、守起居舍人，为起居郎兼权侍左侍郎，编《孝宗宝训》。试吏部侍郎，权兵部尚书。嘉定十四年，同知枢密院事兼参知政事。明年，拜参知政事。以资政殿学士奉祠。端平三年，召赴阙，升大学士、提举洞霄宫，以观文殿大学士致仕。卒，赠少师。诏缯尝预定策，以王尧臣故事赠太师，谥忠靖。"

《宝庆四明志》卷十《进士》："嘉泰三年两优释褐：宣缯。"《延祐四明志》卷六《人物考下》："嘉泰三年两优释褐：宣缯。"《光绪鄞县志》卷二十《选举表一》："嘉泰三年癸亥：宣缯，两优释褐，状元。"

楼洪等《宋故宣教郎楼君圹志》："女九人：……（适）文林郎宣缯、高保孙、吴樿之。"注：是志撰于宋嘉泰三年（1204）。

开禧元年乙丑（1205）毛自知榜

汪之疆　庆元府鄞县人。汪大猷侄孙。登开禧元年进士第。曾为从政郎、连州州学教授。

其撰《司法题名记》，见于同治《连州志》卷十。

汪之疆《司法题名记》："从政郎、连州州学教授四明汪之疆记。"

《宝庆四明志》卷十《进士》："开禧元年毛自知榜：汪之疆。大猷侄孙。"《延祐四明志》卷六《人物考下》："开禧元年毛自知榜：汪之疆。大猷侄孙。"

林宗一　庆元府鄞县人，原籍湖州。登开禧元年进士第。林维忠之子。任承议郎、吉州永丰县主管劝农营田公事弓手寨兵军正。

《宝庆四明志》卷十《进士》："开禧元年毛自知榜：林宗一，维忠子，贯湖州。"《延祐四明志》卷六《人物考下》："开禧元年毛自知榜：林宗一，维忠子，贯湖州。"

林宗一《宋林惟孝墓志》："侄承议郎前知吉州永丰县主管劝农营田公事弓手寨兵军正宗一谨书。"注：是志撰于宋绍定三年（1231）。

赵希扬　庆元府鄞县人。登开禧元年进士第。事迹无考。

《宝庆四明志》卷十《进士》："开禧元年毛自知榜：赵希扬。"《延祐四明志》卷六《人物考下》："开禧元年毛自知榜：赵希扬。"

赵彦彬　庆元府鄞县人。登开禧元年进士第。知贵溪县。贵溪县多贪吏治理，至彦彬来，一改前任之弊端，廉政爱民，极重吏治，深得百姓爱戴。

《光绪鄞县志》卷二十九《人物传四》："赵彦彬，开禧元年进士。嘉定间为贵溪令，廉以律己，严以御吏，宽以恤民。其座右书曰：俸薄俭常足，官卑清自尊。前此宰贵溪者鲜以廉称，俚语云：饮却三山堂，下水纵非污者也成污。彦彬曰：'自爱槛前山有意，谁云堂下水污人。'其自表如此。及去任，百姓遮道，攀留涕泣而送者数里不绝。"

《宝庆四明志》卷十《进士》："开禧元年毛自知榜：赵彦彬。"《延祐四明志》卷六《人物考下》："开禧元年毛自知榜：赵彦彬。"

袁汝宽 庆元府鄞县人。登开禧元年进士第。事迹无考。

《宝庆四明志》卷十《进士》："开禧元年毛自知榜：袁汝宽。"《延祐四明志》卷六《人物考下》："开禧元年毛自知榜：袁汝宽。"

徐愿 字恭先，庆元府昌国县人，后迁居岱山。能诗文，故选入太学。登开禧元年进士第。曾在平江、福建为官，福建任上，恰逢兵变，闽地仅徐愿一人前去平叛，徐氏采取恩威并济的方法，很快平定叛乱，朝廷嘉奖，除直秘阁、司农卿兼都曹。

宋袁甫《蒙斋集》卷八《徐愿除直秘阁依旧福建提举制》："敕：具官某：皇华之诗曰每怀靡及，肤使之职，驰驱咨度，必有常如不及之意，民瘼其少廖乎？尔气和质美，学有师承，由尚书郎，出持庾节，敛散合宜，亦既活吾赤子矣。顷建卒之叛，尔勇无所避，亲行抚谕者再焉，不有其功，继以自劾，可谓每怀靡及者欤。寓直中秘，庸袭褒嘉，服此休光，益思称职，朕将图所以进尔者。"

宋陈骙《南宋馆阁续录》卷八："秘书郎……宝庆以后……徐愿，三年十一月除，绍定二年八月为著作佐郎。……校书郎……宝庆以后四人：徐愿，字恭先，庆元府鄞县人。开祐元年毛自知榜进士出身。治《诗》，二年正月召试馆职. 二月除，三年十一月为秘书郎。"

《大德昌国州图志》卷六《名贤》："徐愿，字恭先，居岱山。以诗文入太学，登开禧元年进士第。居官以廉平称，分牧平江，继而除福建提举。适黄勇变起，漕帅皆束手退避，独公晏然无惧色，身撄其锋，温辞抚谕，乱卒列拜于前曰：'提举，活佛也。'乃密指授虎翼都统周喜歼其渠，一方遂平。入为司农卿兼都曹，人谓公政事，文学出于絜斋先生，讲贯之素云。"

《宝庆四明志》卷十《进士》："开禧元年毛自知榜：徐愿。"《延祐四明志》卷六《人物考下》："开禧元年毛自知榜：徐愿。"《大德昌国州图志》卷六《进士题名》："徐愿，太学，开禧元年毛自知榜。"

李以制 字景礼，三江李氏族人，庆元府奉化县人。登开禧元年进士第。曾为徽州教授、新昌令，兴学利业，营于民生，为百姓所传诵，人称其有舒广平遗法。

清黄宗羲等《宋元学案》卷七十六《博士李三江先生元白》："以制尝为徽

州教官，人皆称其有广平遗法。"

清王梓材等《宋元学案补遗》卷七十六《通判李先生以制》："李以制，字景礼，国子博士希太之子，临安府教授景平之弟。未弱冠，跻世科，郑安晚纪其新昌政略曰：'余观中都以来，自江之西者语新昌事，辗然哂其迁，则曰：'令下车，邑计曾未詧省。'亟新吾乡校，辟讲堂甚伟。令数横经其间。未几，又有哂者曰：'令迁滋甚，赋入鲜赢。'乃市田为计，偕续食。阅数月，哂益多，余因笔哂者之言以讥之。令还书曰：'是何足迁。'方元夕，罢灯市，行乡饮。歌小雅三诗以相礼，刊吾三世龟鉴书以示邑人。迪其忠弟孝信，立群贤祠坛，植梅子真陶靖节像及邑之节行士十人。凡涉风教事，将绪续讲行之。吾之哂，于孔孟之下家法未亡，哂于何有？余于是信新昌之政果有异于今，而未能必其暇乎否也。既再考，邑以治办闻，士精其业，郡大比，贡者八人。□其民，安其教，台郡之诉空焉。义庾登登，犴室井井。又建大和桥以济涉。逾五百尺，卧波之龙翼如也。人乐其成，官不告匮。向之哂者，今诵而歌之。噫！兄弟同年，居同里，论其家之贤。方之太丘，自相师友，以家学之懿遗于官，官以越流俗而追昔人也。"

《宝庆四明志》卷十《进士》："开禧元年毛自知榜：李以制。"《延祐四明志》卷六《人物考下》："开禧元年毛自知榜：李以制。"《光绪奉化县志》卷十九《选举表一》："开禧元年乙丑：李以制，元白子。"

李训伯　明州奉化县人。李元白之弟。登开禧元年进士。官余姚尉，绍定时为从事郎、监潭州南岳庙。

清王梓材等《宋元学案补遗》卷七十六《监场李先生诜伯进士李先生诒伯李先生训伯合传》："李诜伯、诒伯、训伯、词伯，奉化人，修武郎俌之孙，皆三江先生之弟也。……训伯，国学免解，以称内舍生，又中上舍，选以制，中开禧元年进士第，余姚尉。"

李训伯《宋故进士汪公墓铭》："从事郎特差监潭州南岳庙李训伯撰。"注：是志撰于宋绍定二年（1229）。

郭九思　庆元府奉化县人。登开禧元年进士第。官知太湖县。

《宝庆四明志》卷十《进士》："开禧元年毛自知榜：郭九思。"《延祐四明志》卷六《人物考下》："开禧元年毛自知榜：郭九思。"《光绪奉化县志》卷十九《选举表一》："开禧元年乙丑：郭九思，毛自知榜，太湖知县。"

余开　庆元府昌国县人。登开禧元年进士第。事迹无考。

《大德昌国州图志》卷六《进士题名》："余开，太学，开禧元年毛自知榜。"

杨璘　字德翁，台州府宁海县人。官太学录、国子博士，秘书丞，后任嘉兴通判。

杨氏撰《请禁止夹带册疏》、《嘉兴府请虚堂和尚为两宫祝寿疏》，皆录于《全宋文》。

宋陈骙《南宋馆阁录续录》卷七《官联一》："丞……宝庆以后六人……杨璘，字德翁，台州宁海人，开禧元年毛自知榜进士出身，治诗赋，三年二月除，绍定元年五月除知嘉兴府。"

《嘉定赤城志》卷三十三《仕进·进士科》："开禧元年毛自知榜：杨璘，宁海人，字德翁，历太学录、国子博士，今通判嘉兴府。"

赵彦悈　字元道，绍兴府余姚县人。师从陆九渊，颇有成就。登开禧元年进士第，一说登嘉定七年进士第。官提纲史事、同修国史、实录院同修撰，终吏部尚书，卒于知平江府任上。

赵彦悈
像取自 1933 年修《浙江余姚赵氏宗谱》

宋袁燮《清容居士集》卷四十七《书赵监酒墓记后》："乙未秋，赵君开叔出其皇祖监酒君之铭，谓余曰：'此相国程公之所作也。监酒君于魏王为九世孙，而文昌公之从子也。"

宋陈骙《南宋馆阁续录》卷七《官联一》："提纲史事，……端平以后四人……赵彦悈，字元道，本贯玉牒，居越之余姚，开禧元年毛自知榜进士出身。习诗赋，二年正月除，三月除权兵部侍郎。宋陈骙《南宋馆阁续录》卷九《官联三》："同修国史，……端平以后九人……赵彦悈，二年三月以兵部侍郎兼。……实录院同修撰……端平以后九人……赵彦悈，二年三月以兵部侍郎兼。"

清黄宗羲等《宋元学案》卷七十四《尚书赵先生彦慎》："赵彦慎,字元道,余姚人。累官吏部尚书,兼给事中,以华文阁直学士知平江府卒。先生言:'人疑象山为禅,是未之思也。诚意正心以至治国平天下,原于致知二字,禅矣乎?'其题《己易》曰:'圣人之易,不离先生此书,不离斯人笃好欲刊之心,不离刊者之手,不离亲者之目,不离诵者之口,不离听者之耳,又不离不刊不观不诵不听者之耳目手口。斯旨也,先生实有觉于事亲从兄、喜怒哀乐、兢兢业业、日用之间。'"

《光绪余姚县志》卷十九《选举表》："嘉定七年甲戌:赵彦慎,袁甫榜。"

赵与龙　庆元府奉化县人。登开禧元年进士第。任梧州知县。

《宝庆四明志》卷十《进士》："开禧元年毛自知榜:赵与龙。"《延祐四明志》卷六《人物考下》："开禧元年毛自知榜:赵与龙。"《光绪奉化县志》卷十九《选举表一》："开禧元年毛自知榜:赵与龙,梧州知县。"

楼深　庆元府奉化县人。登开禧元年特奏名进士第,事迹无考。

《光绪奉化县志》卷十九《选举表一》："开禧元年毛自知榜:楼深,特奏名。"

嘉定元年戊辰(1208)郑自诚榜

王宗道　字与文,王时叙之子,王时会侄,王文贯之弟,庆元府鄞县人,后迁奉化,故又称其为奉化县人。登嘉定元年进士第,一说登嘉定七年进士第。曾任江东提举司干官。

王宗道撰《春闲》一诗,见于《剡川诗钞》(民国四明孙氏七千卷楼刊本)。

《至正四明续志》卷二《人物》："王文贯,字贯道,鄞县人。早嗜学,与乡先生余端良游,魁太学,公试登宝庆二年进士第。……弟宗道与兄同领乡荐亦进士第。"

清徐时栋《宋元四明六志校勘记》卷四《佚文四》："王文贯,弟宗道,字与文,别徙居奉化。嗜古人之学,穷渺讨幽。第嘉定七年进士。为江东提举司干官,著述甚富。"

《宝庆四明志》卷十《进士》："嘉定元年郑自诚榜:王宗道,时会侄。"《延祐四明志》卷六《人物考下》："嘉定元年郑自诚榜:王宗道,时会侄。"《光绪奉化县志》卷十九《选举表一》："嘉定元年戊辰:王宗道,郑自诚榜,时叙子。"

王定　字君保,一作君实,号云间居士。台州府宁海县人。登嘉定元年进士第。中年登第,素来俭朴,官秘书阁修撰,后居闲,卒年九十一。

《嘉定赤城志》卷三十三《仕进·进士科》："嘉定元年郑自诚榜:王定,宁海人,字君保。"《光绪宁海县志》卷十《列传》:"王定,字君实。竹林人。嘉定元年进士。五十二始登第。仕至秘阁修撰。清慎自持,饮食服饰,一如诸生,家业一无增置,号云间居士。历官二十四年,居闲十五年,寿九十一。"

于有成 字君锡,台州府宁海县人,一说盐官人。登嘉定元年进士第。官秘书少监、国史院编修官、实录院检讨官。

宋陈骙《南宋馆阁续录》卷七《官联一》:"少监……绍定以后五人……于有成,三年十二月除,五年五月除直显谟阁知宁国府。……丞……绍定以后十一人……于有成,字君锡,临安府盐官县人,嘉定元年郑自诚榜进士出身,治《礼记》,元年十二月除,二年正月为将作少监。"宋陈骙《南宋馆阁续录》卷九《官联三》:"国史院编修官……绍定以后九人……于有成,四年正月以秘书少监兼。……实录院检讨官……绍定以后九人……于有成,四年正月以秘书少监兼。"

《嘉定赤城志》卷三十三《仕进·进士科》:"嘉定元年郑自诚榜:于有成,字君锡。"《光绪宁海县志》卷九《选举表》:"嘉定元年戊辰:于有成。《赤城志》:字君锡,钱稿著有《于司户集》。"

王野 庆元府鄞县人,王明发之孙。登嘉定元年进士第。事迹无考。

《宝庆四明志》卷十《进士》:"嘉定元年郑自诚榜:王野,明发孙。"《延祐四明志》卷六《人物考下》:"嘉定元年毛自知榜:王野,明发孙。"《光绪鄞县志》卷二十《选举表一》:"嘉定元年戊辰:王野。"

吴晞甫 字吉父,庆元府鄞县人。登嘉定元年进士第。曾为秘书省正字、校书郎。

宋陈骙《南宋馆阁续录》卷八《官联二》:"校书郎……嘉定以后二十八人……吴晞甫,十一年十一月除,十二年七月致仕。"宋陈骙《南宋馆阁续录》卷九《官联三》:"正字……嘉定以后十九人……吴晞甫,字吉父,庆元府鄞县人。嘉定元年郑自诚榜同进士出身,治诗赋。十年十月除,十一年十一月为校书郎。"

《宝庆四明志》卷十《进士》:"嘉定元年郑自诚榜:吴晞甫,化鹏侄。"《延祐四明志》卷六《人物考下》:"嘉定元年郑自诚榜:吴晞甫,化鹏侄。"《光绪鄞县志》卷二十《选举表一》:"嘉定元年戊辰:吴晞甫,化鹏从子。"

余一夔 绍兴府余姚县人。登嘉定元年进士第。官安福县丞。

《宝庆会稽续志》卷六《进士》:"嘉定元年郑自诚榜:余一夔。"《光绪余姚县志》卷十九《选举表》:"嘉定元年戊辰:余一夔,郑自诚榜,安福丞。"

张起岩 庆元府鄞县人。登嘉定元年进士第。官夔州知州,守川蜀有功，多次为朝廷褒奖。

宋王应麟《四明文献集》卷二《赐知夔州张起岩奖谕诏》："敕起岩：朕惟圣人有金城，所恃者节义之士。惟德不明，奸臣误国，分阃守圉之臣，接踵畔降，长江失险，延及上流。每叹国家三百余年，仁厚涵育，岂惟一颜平原者？自荆峡不守，蜀道未通，将士勤备御而不得抚劳，黎元苦兵革而不得拯救。乃眷西顾，宵旰勿遑宁。湖南帅臣芾以卿所奏帛书来上，知卿忠忧义概，坚守夔门，誓与军民赤心图报。中流砥柱，疾风劲草，于卿见之。方以久不闻蜀事为急，卿独间关险阻，驰奏于危急之中。有臣如此，国势增重。彼负国卖降者，真可愧死。卿又纠率义旅，克复开州，斩使焚书，誓以灭贼为期。朕嘉叹不已，趣命授卿正任承宣使，领厢部之师，以示褒赏。天助者顺，师出有名；丑虏逆天，平殄有期。朕已去奸进贤，改纪其政，中外人心，踊跃思奋。卿其奖率军民，益严战守，如昔璘、玠之保蜀；敌忾献功，朕于节钺无所吝。卿之忠义，旗常竹帛有光焉，故兹奖谕。"

宋王应麟《四明文献集》卷五《张起岩依前武功大夫复州团练使特升除带御器械知夔州兼夔路安抚副使诰》："敕：具官某：朕眷蜀道以住怀，属夔门之谋帅，敉宁武功于西土，迪简安边之良将。得猛士守四方，邀求固圉之绩。尔谋老事壮，知深勇沈。宅牧犍为，暨暨扞城之略；参华方面，洸洸敌忾之忠。畴资折冲，乃命改镇。肆颁进律之渥，明陟扈带之联。其览平沙八阵之图，以护长江万里之险。可。"

宋王应麟《四明文献集》卷五《张起岩特授宁远军承宣使龙神卫四厢都指挥使依旧知夔州兼夔路安抚副使诰》："敕：艰危之际，恃节义为金城；忠良之臣，植封疆为砥柱。孝宽之保玉壁，真卿之守平原，今见其人，朕嘉乃绩。具官某：秉心纯实，立志雄刚。草木知万福之名，帏幄决子房之胜。忾楚氛之甚恶，叹蜀道之至难。细柳坚壁之威，镇安夔路；劲草疾风之操，克复开江。诛伪使而焚其书，挫丑虏而夺之气。奏对来上，大节可嘉。峻陟容管之承流，班亚齐越；密联厢部之分卫，职近周庐。式昭褒赏之恩，用为屏翰之劝。噫！当一面属大事，朕不忘固圉之勤；奖三军定中原，尔益折冲之略。遄收隽捷，嗣对宠光。可。"

《宝庆四明志》卷十《进士》："嘉定元年郑自诚榜：张起岩。"《延祐四明志》卷六《人物考下》："嘉定元年郑自诚榜：张起岩。"《光绪鄞县志》卷二十《选举表一》："嘉定元年戊辰：张起岩。"

陈公益　字谦夫，庆元府鄞县人，后居闽县。登嘉定元年进士第。曾为军器少监、兵部侍郎，官至兵部尚书兼侍讲。

宋吴泳《鹤林集》卷七《陈公益授兼侍讲制》："敕：具官某：朕获承圣绪，涉道未明。乃正月始和，博求儒雅，以待劝讲，思所以开太平、章缉熙也。尔史于柱下，经明行修，每侍清闲，敷畅厥旨，俾予迪兹古训，乃有获。昔贾昌期于景祐元年说书崇政，四年侍讲天章阁，盖以其诵说明白耳。毋俾昌期，专美景祐。可。"

宋洪咨夔《平斋文集》卷二十《权兵部侍郎陈公益除集英殿修撰知漳州制》："敕：荷紫橐而事主，儒生之荣；拥朱辖以奉亲，人子之乐。肆升华于论撰，庸增重于蕃宣。具官某：韫笃实之姿，迪中和之度。通今博古，曾靡事于空言；明善诚身，常自安于平进。翼翼从途之列，闾闾经幄之游。如庆云莫能名其祥，如时雨不自知其润。屡抗分符之请，勉为紬史之留。既上送官，爰畀便郡。眷言漳浦，近接海□，虽绿林妖祲之已空，而篁竹惊魂之靡定。亟图绥辑，尽息叹愁。雅在本朝，岂不念萧生之志？咸知上意，正欲观黄霸之功。可。"

宋陈骙《南宋馆阁续录》卷七《官联一》："丞……绍定以后十一人……陈公益，字谦父，福州闽县人。嘉定元年郑自诚榜：同进士出身，治诗赋。二年八月除，三年十一月为军器少监。"

《淳熙三山志》卷三十一《人物类六·科名》："嘉定元年戊辰郑自诚榜：陈公益，字谦父，贯庆元府，寄居闽县。官至兵部尚书兼侍读。"

《宝庆四明志》卷十《进士》："嘉定元年郑自诚榜：陈公益。"《延祐四明志》卷六《人物考下》："嘉定元年郑自诚榜：陈公益。"《光绪鄞县志》卷二十《选举表一》："嘉定元年戊辰：陈公益。"

范楷　字子式，范矩弟，庆元府鄞县人。登嘉定元年进士第。年幼时与袁韶往来颇密，登第后初授怀宁县尉、建康府转般仓。年老时得袁韶荐，任临安府教授、宗正丞。

其诗文较为零散，见于《宋会要辑稿》、《永乐大典》。

宋陈骙《南宋馆阁续录》卷七《官联一》："少监……宝庆以后三人……范楷，字子式。庆元府鄞县人。嘉定元年郑自诚榜进士出身，治诗赋。元年十月除，二年九月为起居郎。"

宋陈骙《南宋馆阁续录》卷九《官联三》："同修国史……绍定以后三人……范楷，三年十二月以权工部尚书兼。……国史院编修官……宝庆以后十一人……范楷，元年十一月以秘书少监兼，二年九月为起居郎，三年十一月为中书舍人并兼。……实录院同修撰……绍定以后三人……范楷，三年十二月以权工部尚书兼。……实录院检讨官……宝庆以后十一人……范楷，元年十一月以秘书少监兼，二年九月为起居郎，三年十一月为中书舍人并兼。"

《延祐四明志》卷五《人物考中》："范楷，字子式。鄞县人。嘉定元年登进士第，调安庆府怀宁尉。再授建康府转般仓。秩满，谒吏部，时年六十。袁越公韶与楷在淳熙间同贡于乡，且同年生。嘉定十二年，越公已尹临安，一见越公曰：'吾老当归第，求一近缺以便养。'越公笑不答，密荐于丞相，改临安府教授，迁宗正丞权。"

《宝庆四明志》卷十《进士》："嘉定元年郑自诚榜：范楷，矩弟。"《延祐四明志》卷六《人物考下》："嘉定元年郑自诚榜：范楷，矩弟。"《光绪鄞县志》卷二十《选举表一》："嘉定元年戊辰：范楷，矩弟。"

赵汝惮　庆元府鄞县人。登嘉定元年进士第。绍定时以朝请郎、朝奉大夫知湖州，后为将作监主簿。

《嘉泰吴兴志》卷十四《郡守题名》："赵汝惮，绍定二年十二月初七日以朝请郎到任，磨勘转朝奉大夫，至三年十一月二十六日准省札除将作监主簿。"

《宝庆四明志》卷十《进士》："嘉定元年郑自诚榜：赵汝惮。"《延祐四明志》卷六《人物考下》："嘉定元年郑自诚榜：赵汝惮。"

胡刚中　字正夫，庆元府鄞县人。登嘉定元年进士第。曾为秘书丞、著作郎、将作少监。

胡刚中撰《定海县重修学记》，见于《延祐四明志》，又撰《乞严禁夹袋奏》，见《宋会要辑稿》。

宋陈骙《南宋馆阁续录》卷七《官联一》："丞……绍定以后十一人……胡刚中，字正夫，庆元府鄞县人。嘉定元年郑自诚榜进士出身，治诗赋。三年十二月除，四年正月为著作郎。"

宋陈骙《南宋馆阁续录》卷八《官联二》："著作郎……绍定以后六人……胡刚中，四年正月除，五年十月为将作少监。"

《延祐四明志》卷十四《定海县重修学记》："绍定四年二月望日，朝请大夫、秘书省著作郎兼尚左郎官、鄞县开国男、食邑三百户胡刚中记。"

《宝庆四明志》卷十《进士》："嘉定元年郑自诚榜：胡刚中。"《延祐四明志》卷六《人物考下》："嘉定元年郑自诚榜：胡刚中。"《光绪鄞县志》卷二十《选举表一》："嘉定元年戊辰：胡刚中。"

薛师点　庆元府鄞县人，薛朋龟曾孙。登嘉定元年进士第。官授县尉。薛师点撰《酬答张安抚伯玉先生》一书，见于《甬上耆旧诗》。

清陆心源《宋诗纪事》卷六十一《薛师点》:"薛师点,鄞人。嘉定元年进士。"

《光绪鄞县志》卷二十八《人物传三》:"师点,嘉定元年进士,皆官县尉。"

《宝庆四明志》卷十《进士》:"嘉定元年郑自诚榜:薛师点,朋龟曾孙。"

《延祐四明志》卷六《人物考下》:"嘉定元年郑自诚榜:薛师点,朋龟曾孙。"

《光绪鄞县志》卷二十《选举表一》:"嘉定元年戊辰:薛师点,朋龟曾孙。"

郭德畅　庆元府奉化县人。登嘉定元年登进士第。宝庆时仕朝散郎、楚州通判。李全之乱时,仅子免,余罹难。

《光绪奉化县志》卷二十三《人物传一》:"郭德畅,字黄中。嘉定元年登第,官至朝散郎,通判楚州。宝庆二年,李全陷楚,德畅一家歼焉。事闻,旌以祠,并官其子。"

《宝庆四明志》卷十《进士》:"嘉定元年郑自诚榜:郭德畅,九思从叔。"

《延祐四明志》卷六《人物考下》:"嘉定元年郑自诚榜:郭德畅,九思从叔。"

《光绪奉化县志》卷十九《选举表一》:"嘉定元年戊辰:郭德畅,九思从叔。"

董仁声　庆元府奉化县人。登嘉定元年进士第。官宗学教谕。

《宝庆四明志》卷十《进士》:"嘉定元年郑自诚榜:董仁声,仁泽从弟。"

《延祐四明志》卷六《人物考下》:"嘉定元年郑自诚榜:董仁声,仁泽从弟。"

《光绪奉化县志》卷十九《选举表一》:"嘉定元年戊辰:董仁声,仁泽从弟。宗学教谕。"

舒铉　庆元府奉化县人。登嘉定元年进士第。官翰林学士。

《光绪奉化县志》卷二十三《人物传一》:"舒铉,字举之。性质明敏,学问渊源,言行以古人自律。登嘉定元年进士,授翰林学士。"《光绪奉化县志》卷十九《选举表一》:"嘉定元年戊辰:舒铉。"

李诜伯　庆元府奉化县人,李以制伯父,入学太学,为上舍生,后登嘉定元年进士第,官监绍兴府三江盐场、行在转般仓。

清王梓材等《宋元学案补遗》卷七十四《监场李先生诜伯进士李先生诒伯李先生训伯合传》:"李诜伯、诒伯、训伯、词伯,奉化人。修武郎佾之孙,皆三江先生之弟也。……诸弟既为太学上舍优选,待年廷试,弟及子俱有场屋声。诜伯中嘉定元年进士第,监绍兴府三江盐场。"

《宝庆四明志》卷十《进士》:"嘉定元年郑自诚榜:李诜伯,以制伯。"《延祐四明志》卷六《人物考下》:"嘉定元年郑自诚榜:李诜伯,以制伯。"《光绪奉化县志》卷十九《选举表一》:"嘉定元年戊辰:李诜伯,以制从父,监行在转般仓。"

陈祇若　庆元府奉化县人，登嘉定元年特奏名进士第。事迹无考。

《光绪奉化县志》卷十九《选举表一》："嘉定元年戊辰：陈祇若，特奏名"。

刘炔　字和叔。台州府宁海县人。登嘉定元年进士第。嘉定时为迪功郎、婺州州学教授。曾为刘俅撰墓志。

《嘉定赤城志》卷三十三《仕进·进士科》："嘉定元年郑自诚榜：刘炔，宁海人，字和叔。"《光绪宁海县志》卷九《选举表》："嘉定元年戊辰：刘炔，郑自诚榜。《赤城志》：字和叔。"

宋刘炔《宋刘俅墓志》："嘉定戊辰，炔□缀省闱，公曰："吾兄弟得一成事，粗塞祖考望矣。……弟迪功郎新差遣充婺州州学教授炔谨志。"注：是志撰于宋嘉定十二年(1219)。

刘俅　字允叔，刘炔之兄，台州府宁海县人。登嘉定元年特奏名进士第。为人恬静风雅，好风景，尤慕古人如苏轼者。登第后为迪功郎、黄陂簿，恢复官学、赈济饥荒，颇有政绩，其卒于任上。其著述颇多，却散佚，所存者见于《光绪宁海县志》。

《光绪宁海县志》卷九《选举表一》："嘉定元年戊辰：特奏名刘俅，炔兄。"

宋刘炔《宋刘俅墓志》："公讳俅，字允叔，姓刘氏，旧名次皋，裔本彭城。父老相传，汉室之□□□□钱氏有□浙，自金华新昌再徙宁海之尚义。祖先祖，妣宋氏。考向再，封从政郎；妣□□□□赵氏，赵氏封太孺人。赐冠帔。

"公生于绍兴壬申四月丁丑，卒于嘉定乙亥十月□□□□□，其已知为学，不肯碌碌在人后。未冠，从学录陈公圜为词赋。及冠，闻四明沈国录□□□□□一日叩且□□先生一见，谓公资朴茂，志坚果，则曰：'吾子此来将为科举乎？'公□□曰：'以举□□道，某不为是也。'先生大喜，促席引接，谓今士子罕知学术本末，遂告一理义网□□□□□弟从□因得以从游先生之门。

"先生喜奖借后进，每有宁川三瑞之称，竟留之□三□□，自此闻见益广，交游日众。晚入太学，凡四方知名之士，一见无不倾倒。参政楼公□□□□□得公课□□其词气，传示诸斋。及见公所为《清林居士志文》，遂忘年相与。陆象山初□□□正公与论下学上达之叙，问辩不已。后见朱文公，以诗有'外不遗事物，内则本性命'之□□□曰：'其平日所学正在是矣。'因谓同席曰：'此兄所论极切近。'既累举礼部不利。嘉定戊辰，炔□缀省闱，公曰：'吾兄弟得一成事，粗塞祖考望矣。'遂偕试集英，授迪功郎、调黄陂簿。之官未□，郡檄主泮校。海接学子，孳孳朝夕。适岁旱蝗，公力请还邑以讲荒政。太守监丞孙公祔嘉□□一力劝分，民获以济。明年荐饥，公已被病。后守至，不知所委，道殣众矣。初，邑之学宫未备，有□顺侯庙者所储甚富，公取其赢以作新之，易二程先生为坐像，焕然改观。簿治久亡，廨舍转徙不常。公请于漕郡，得铁强百五十万，为屋数十楹，缭以周墙，莳以花竹，后人蒙赖焉，及属疾□乏，且自力作书，托今湖广总领綦公奎以后事甚悉，有'生于壬申，死于乙亥'之语，翼日遂逝。其处死生之际不变如此。

"公初慕东坡公风致，授官黄陂，盖欲登雪堂一酬夙昔。适孙公以雅□相接，吟赏登眺，殆无虚日。公平昔虽有志于当世，然林泉逸兴，终始不渝。尝作《谢安石赞》，有曰：'三代而下，吾敬五人焉，南阳长啸、岘首遐观、北窗之傲、樊口之风流，蕴藉者其惟东山乎。'其出处之素志如此。性孝友，居从政丧，率由古制。营坟香岩，冒犯冰雪，遂感痼冷，竟以不治。处己接物，一本诚实。遇所当为，不以利害怵挠，尤乐赴朋友之急，襟韵真率。凡良辰胜景，必命弟侄会赏，穷幽访古，登陟忘倦。为文清醇，于诗尤萧散自得。其资禀不凡如此。藏书逾万卷，皆手自□辑。晚于《易》有得，编成《旨义》。《诗》与《论语》皆有解，有《老子、杜诗增释》、《阆风集》若干卷，皆未会粹。

"公不娶，朋友责以无后，遂纳侍人。生三子：华老、慈老、淮老，俱幼。卜以嘉定己卯二月丙午葬于□□□宿云，盖从政志东垄，从所志也。初公阅《真诰》，有'鄞南宁海之北，阆风存焉'，乃所居里名□□□阆风逸□□者因以是称之。

"葬日薄，未能乞铭于当世之君子，姑叙其大略而纳诸圹云。"注：是志撰于宋嘉定十二年(1219)。

刘厚南　字子固，号宝山，人称宝山先生。庆元府慈溪县人。登嘉定元年进士第。师从杨简。初授瑞安县尉，平定盗匪，又知温州，颇为勤政，有官声，官至朝请大夫致仕。其撰《梅庄春间》诗，见于《光绪慈溪县志》，《宋元学案补遗》中录有部分试策文章。

清黄宗羲等《宋元学案》卷七十四《朝请刘宝山先生厚南》："刘厚南，字子固，慈溪人，沈清遐婿也。与民献皆事慈湖。嘉定进士，授瑞安尉。邑濒海，多盗，先生莅政慈惠，盗遂息。慈湖出守温州，以其勤于奉职奏之，累阶进秩，皆有能声。以国子博士召馆下，喜得师。会日食，诏求直言，上疏有云：'陛下自登大宝，今将二纪，凡惧灾罪己，导人使谏，不知几诏，叩阍投匦，应诏来谏，不知几疏，求言于今日，人未必不指为玩，献言于今日，人未必不视为常，惟因言以见于用，尊闻以行所知，斯为得之。'言极剀切，帝加奖谕，迁著作郎，转朝散大夫，知台州，转朝请大夫，致仕卒。"

清王梓材等《宋元学案补遗》卷七十四《朝请刘宝山先生厚南》:"梓材谨案:先生号宝山,为无阁先生继宽之曾孙。程抚州士龙状先生行实,言师舅氏秘勘苏渚王公休、季父宣干滋兰公叔向,而未言其师事慈湖。考《刘氏谱》,先生父勉,字懋伯,号钝庵,与杨文元、张文靖虑、桂石坡、王苏渚休为率真交。慈湖《答先生札子》有'里巷相从,略去繁文,胡为执礼太过,自今无复袭施,似先生以慈湖为父执,因而严事之者。

"试策谓:汉自石显、董贤之既斥,而政去公室;窦宪、梁冀之既诛,而权归阉寺。唐自李林甫败,而杨国忠用;李辅国毙,而程元振出。一小人方去,一小人乘之,甚可畏也。考官倪齐斋思、真西山德秀读至此,相与击节。调瑞安尉,慈湖出守,先生不恃乡党,略事上礼,勤瘁奉职,慈湖爱敬逾至。

"兼沂王府教授,讲《易》,主《伊川易传》,参以《大易粹言》,王心为之开悟。"

《宝庆四明志》卷十《进士》:"嘉定元年郑自诚榜:刘厚南,叔向侄。"《延祐四明志》卷六《人物考下》:"嘉定元年郑自诚榜:刘厚南,叔向侄。"《光绪慈溪县志》卷十九《选举上·宋》:"嘉定元年戊辰郑自诚榜:刘厚南,叔向侄。"

赵子彪 台州府宁海县人。登嘉定元年特奏名进士第。官修武郎。

《光绪宁海县志》卷九《选举表·宋·特奏名》:"嘉定元年戊辰:赵子彪,修武郎。"

戴日宣 字德甫,庆元府奉化县人。少年时极其好学,屡屡为乡中硕儒所称赞。登嘉定元年特奏名进士第,授仙居县主簿,奋力而为。为人清净俭朴,有君子之风。

宋袁燮《絜斋集》卷十九《台州仙居县主簿戴君墓志铭》:"某之先叔父,常德通守之末弟也,以德行经学,师表后进,里中俊秀多从之游,戴君德甫亦受业焉。

"德甫讳日宣,自少嗜学,未尝一日废书,乡先生李公若讷、胡公仲皋,俱耆儒宿望,德甫师事,所蓄富矣,而自视阙然。复请益于我叔父,叔父屡称之。呜呼!师道之尊,其学者之司命欤!学而无师,犹不学也,汉儒虽不逮古,而师资之益犹汲汲焉,故司马谈学天官于唐都,受《易》于杨何,习道论于黄子、夏侯胜。既从始昌受《尚书》,又师事简卿,又请业欧阳氏,萧望之始事后苍,复事白奇,又从夏侯胜,问《论语》礼服,所学者非一师,宜其讲习之精,见闻之广也。然则德甫之求师,至于再三,其亦笃于问学者欤?

"吾乡之士,习经术者,惟《书》最众,三年大比,无虑数百人,以名贡者,才一而止,德甫得之,可谓难能矣,而试南宫辄不利,德甫曰:'吾岂可以小不售,怠吾远业。'益奋励读书而努力为善。德甫性宽平,不设防畛,遇人无贵贱老少,敬之如一,小有过差,痛自惩艾,以'观过'名其斋,盖有意于切己之学。

"世居庆元之奉化,曾祖晕、祖蕴、父光世,早失所怙,奉母刘氏谨甚,该恩者再,始封太孺人,后赐冠帔,诸儒荣之。嘉定元年,以累举特恩,受迪功郎,台州仙居县主簿,官虽卑,平生所蕴自是少伸矣。六年十二月四日以疾终,享年七十有七。士之穷达,固有定分,而才德如德甫,良可惜也。

"配汤氏,有妇德,先十五年卒,葬于程嵞。九年闰七月壬寅,诸孤葬君于忠义乡傅屿之原,从先茔也。乃迁程嵞之藏以合焉。子三人:度、庶,皆业进士。亮,早亡。女四人,其婿曰舒铸、蒋处厚、舒铉、袁守。孙男二人:兴祖、显祖。孙女九人适舒锏、承节郎赵汝楝、舒锱、汤叔全、戴义路、李灏,余未行。

"德甫清俭而笃义,嫁亲族孤女之贫者数人,乡人有疾,馈之药,有垂死而活者,掩骼埋胔,加惠既殁,旧庐颇宏敞,使令辈不戒于火,一夕灰烬,敞屋数间,居之自如,余尝访焉,不见其有愠色,其德量又如此,度等请铭,不敢辞铭曰:'猗嗟良朋,如古三益。师我叔父,合堂同席。旧好之笃,迄今不忘。勒铭幽宫,厥德有光。'"

《光绪奉化县志》卷十九《选举表一》:"嘉定元年戊辰:戴日宣,仙居主簿,特奏名。"

嘉定元年戊辰(1208)武举周师锐榜

胡光 庆元府慈溪县人。登嘉定元年武举进士第。事迹无考。

《宝庆四明志》卷十《进士》:"嘉定元年武举周师锐榜:胡光。"《延祐四明志》卷六《人物考下》:"嘉定元年武举周师锐榜:胡光。"

胡应时 庆元府慈溪县人。登嘉定元年武举进士第。胡光之子。实为第二名,后被赐予第一名恩例。

《宝庆四明志》卷十《进士》:"嘉定元年武举陈良彪榜:胡应时,光子。为第二名,以绝伦特与第一名恩例。"《延祐四明志》卷六《人物考下》:"嘉定元年武举陈良彪榜:胡应时,光子。为第二名,以绝伦特与第一名恩例。"

童蒙正 庆元府鄞县人。登嘉定元年武举进士第。事迹无考。

《宝庆四明志》卷十《进士》:"嘉定元年武举周师锐榜:童蒙正。"《延祐四明志》卷六《人物考下》:"嘉定元年周师锐榜:童蒙正。"《光绪鄞县志》卷二十《选举表一》:"嘉定元年戊辰:童蒙正。"

嘉定三年(1210)庚午特奏名

胡载 台州府宁海县人。登嘉定三年特奏名进士第。事迹无考。

《光绪宁海县志》卷九《选举表·宋·特奏名》:"嘉定三年庚午胡载,《赤城志》无。"

黄洽 台州府宁海县人。黄之裳之子。登嘉定三年特奏名进士第。事迹无考。

《光绪宁海县志》卷九《选举表·宋·特奏名》:"嘉定三年庚午:黄洽,之裳子。"

许桂 台州府宁海县人。登嘉定三年特奏名进士第。事迹无考。

《光绪宁海县志》卷九《选举表·宋·特奏名》:"嘉定三年庚午:许桂。"

董熺 台州府宁海县人。登嘉定三年特奏名进士第。事迹无考。

《光绪宁海县志》卷九《选举表·宋·特奏名》:"嘉定三年庚午:董熺。"

郑继周 台州府宁海县人。登嘉定三年特奏名进士第。事迹无考。

《光绪宁海县志》卷九《选举表·宋·特奏名》:"嘉定三年庚午:郑继周。"

嘉定四年辛未(1211)赵建大榜

楼淮 庆元府鄞县人。楼异曾孙。登嘉定四年进士第。事迹无考。

《宝庆四明志》卷十《进士》:"嘉定四年赵建大榜:楼淮,异曾孙。"《延祐四明志》卷六《人物考下》:"嘉定元年郑自诚榜:楼淮,异曾孙。"《光绪鄞县志》卷二十《选举表一》"嘉定四年辛未:楼淮,异曾孙。"

陈谊 庆元府鄞县人。登嘉定四年进士第。事迹无考。

《宝庆四明志》卷十《进士》:"嘉定四年赵建大榜:陈谊。"《延祐四明志》卷六《人物考下》:"嘉定元年郑自诚榜:陈谊。"《光绪鄞县志》卷二十《选举表一》:"嘉定四年辛未:陈谊。"

俞畴 字惠叔,庆元府鄞县人,原籍湖州,俞充曾侄孙。登嘉定四年进士第。事迹无考。

俞畴善诗文,有《跋山谷书范滂传帖》一诗,见于《桯史》。

宋岳珂《桯史》卷十三《范碑诗跋》:"攻媿乃复题其后,又面命幼子冶录里士俞惠叔畴诗一篇,亟称其佳焉。"

清厉鹗《宋诗纪事》卷四十九《俞畴》:"畴字叔惠,南渡初人。"

《宝庆四明志》卷十《进士》:"嘉定四年赵建大榜:俞畴,充曾侄孙,贯湖州。"《延祐四明志》卷六《人物考下》:"嘉定四年赵建大榜:俞畴,充曾侄孙,贯湖州。"《光绪鄞县志》卷二十《选举表一》:"嘉定四年辛未:俞畴,贯湖州。"

赵希舍 庆元府鄞县人。赵师偁子。登嘉定四年进士第。事迹无考。

《宝庆四明志》卷十《进士》:"嘉定四年赵建大榜:赵希舍,师偁子。"《延祐四明志》卷六《人物考下》:"嘉定四年赵建大榜:赵希舍,师偁子。"《光绪鄞县志》卷二十《选举表一》:"嘉定四年赵建大榜:赵希舍,师偁子。"

赵希璩 庆元府鄞县人。登嘉定四年进士第。事迹无考。

《宝庆四明志》卷十《进士》:"嘉定四年赵建大榜:赵希璩。"《延祐四明志》卷六《人物考下》:"嘉定四年赵建大榜:赵希璩。"《光绪鄞县志》卷二十《选举表一》:"嘉定四年赵建大榜:赵希璩。"

赵希瑚 庆元府鄞县人。登嘉定四年进士第。事迹无考。

《宝庆四明志》卷十《进士》:"嘉定四年赵建大榜:赵希瑚。"《延祐四明志》卷六《人物考下》:"嘉定四年赵建大榜:赵希瑚。"《光绪鄞县志》卷二十《选举表一》:"嘉定四年赵建大榜:赵希瑚。"

赵时愃 庆元府鄞县人,一说昌国县人。登嘉定四年进士第。官广德建平主簿,后知扬州、高邮、兴化。

《大德昌国州图志》卷六《名贤》:"季氏时愃登嘉定四年进士第,调广德建平簿,次维扬法掾,既而司键左帑,令高邮兴化,改倅抚州。乡人以联桂荣之。"

《宝庆四明志》卷十《进士》:"嘉定四年赵建大榜:赵时愃。"《延祐四明志》卷六《人物考下》:"嘉定四年赵建大榜:赵时愃。"《大德昌国州图志》卷六《进士题名》:"赵时愃,嘉定四年赵建大榜。"《光绪鄞县志》卷二十《选举表一》:"嘉定四年辛未:赵时愃。"

任龠 庆元府奉化县人。登嘉定四年进士第。官监左藏库。

《宝庆四明志》卷十《进士》:"嘉定四年赵建大榜:任龠,谦子。"《延祐四明志》卷六《人物考下》:"嘉定四年赵建大榜:任龠,谦子。"《光绪奉化县志》卷十九《选举表一》:"嘉定四年辛未:任龠,赵建大榜,监左藏库。"

任谦之 庆元府奉化县人,任龠父。登嘉定四年进士第。事迹无考。

《光绪奉化县志》卷十九《选举表一》:"嘉定四年辛未:任谦之,龠父。"

汪了翁 庆元府奉化县人。登嘉定四年进士第。官龙南县丞。

《宝庆四明志》卷十《进士》:"嘉定四年赵建大榜:汪了翁。"《延祐四明志》卷六《人物考下》:"嘉定四年赵建大榜:汪了翁。"《光绪奉化县志》卷十九《选举表一》:"嘉定四年辛未:汪了翁,龙南县丞。"

舒浃 庆元府奉化县人。登嘉定四年进士第,官督议。

《光绪奉化县志》卷十九《选举表一》："嘉定四年辛未：舒浃，琦子，督议。"

程士龙　字应辰，庆元府慈溪县人。登嘉定四年进士第。时为句容主簿，恰逢其地饥荒甚剧，赈灾有方，全活者众。后知歙县，真德秀识其有奇才，推荐其为仙居令，任上李宗勉极力荐之，为右曹郎，抚州知州。

清王梓材等《宋元学案补遗》卷七十四《知州程先生士龙》："程士龙，字应辰，慈溪人。登进士。主句容簿，时岁饥，督济有方，老弱赖以全活。校文于歙，真西山重其才，荐知仙居，李宗勉复荐之，累官右曹郎，知抚州。"

《宝庆四明志》卷十《进士》："嘉定四年赵建大榜：程士龙。"《延祐四明志》卷六《人物考下》："嘉定四年赵建大榜：程士龙。"《光绪慈溪县志》卷十九《选举上·宋》："嘉定四年辛未赵建大榜：程士龙。"

冯宋兴　庆元府慈溪县人。登嘉定四年进士第。冯轸侄孙。事迹无考。

《宝庆四明志》卷十《进士》："嘉定四年赵建大榜：冯宋兴，轸侄孙。"《延祐四明志》卷六《人物考下》："嘉定四年赵建大榜：冯宋兴，轸侄孙。"《光绪慈溪县志》卷十九《选举上》："嘉定四年辛未赵建大榜：冯宋兴，轸侄孙。"

虞埴　绍兴府余姚县人。登嘉定四年登进士第。事迹无考。

《宝庆会稽续志》卷六《进士》："嘉定四年赵建大榜：虞埴，时中孙。"《光绪余姚县志》卷十九《选举表》："嘉定四年辛未：虞埴，时中孙。"

张萃　字成器，台州府宁海县人。登嘉定四年进士第。事迹无考。

《光绪宁海县志》卷九《选举表》："嘉定四年辛未：张萃，赵建夫榜。《赤城志》：字成器。"

黄定　庆元府鄞县人。登嘉定四年上舍释褐第。事迹无考。

《宝庆四明志》卷十《进士》："嘉定四年赵建大榜：黄定，上舍。"《延祐四明志》卷六《人物考》下："嘉定四年赵建大榜：黄定，上舍。"《光绪鄞县志》卷二十《选举表一》："嘉定四年辛未：黄定，上舍释褐。"

嘉定四年辛未(1211)武举林汝浃榜

林拱　庆元府鄞县人。登嘉定四年武举进士第。事迹无考。

《宝庆四明志》卷十《进士》："嘉定四年武举林汝浃榜：林拱。"《延祐四明志》卷六《人物考下》："嘉定四年林汝浃榜：武举林拱。"《光绪鄞县志》卷二十《选举表一》："嘉定四年辛未：林拱。"

王国定　庆元府奉化县人。登嘉定四年武举进士第。官武功大夫，知韶州。

《宝庆四明志》卷十《进士》："嘉定四年林汝浃榜：王国定。"《延祐四明志》卷六《人物考下》："嘉定四年林汝浃榜：王国定。"《光绪奉化县志》卷十九《选举表一》："嘉定四年辛未：王国定，林汝浃榜，武功大夫，知韶州。"

杜霆　庆元府人。登嘉定四年武举进士第，事迹无考。

《宝庆四明志》卷十《进士》："嘉定四年武举林汝浃榜：杜霆。"《延祐四明志》卷六《人物考下》："嘉定四年武举：杜霆。"

嘉定七年甲戌（1214）袁甫榜

袁甫　字广微，袁燮子。庆元府鄞县人。登嘉定七年进士第。初授签书建康军节度判官厅公事，授秘书省正字。议论时政，出知严州，大兴屯田。擢校书郎，上疏言边事，不纳。出判湖州十三年，核实田产，清查隐匿，设立婴儿局。再迁秘书郎、著作佐郎、知徽州，蠲免、清理钱帛、茶租若干，颇有政绩。后提举江东常平司，赈灾颇有功绩。又入内廷，历任起居舍人、崇政殿说书，然以边事为史嵩之所不喜，被迫外知。不久再入内廷，官至兵部尚书，卒任上，谥正肃。袁甫著述颇丰，仅存《蒙斋集》，收于《丛书集成初编》。

袁甫
像取自清代修《安徽潜县袁氏宗谱》

宋真德秀《真西山文集》卷二十九《绍定江东荒政录序》："绍定中鄞山袁侯自衢梁守为江东常平使者，既又直宝章阁，提点本道刑狱，兼常平事，又以将作监召，未行。进直焕章，因任岭庾事如初，侯之在江左，于是五年矣。

"始至，岁大旱。明年，秋霜蝗食稼，又明年，春霜秋大水，又明年，复旱，居数年间，属州县无一岁不告饥。侯无一日不讲荒政，讫事，侯之幕府有纂其事，而属余以序者。……侯名甫，字广微。"

元戴表元《剡源文集》卷十八《题新刻袁氏孝经说后》："右袁正肃公广微《孝经说》三卷。……正肃于余为乡先生，先伯大父云台府君，托同甲戌进士第，为通家尊行，余言绪论，讲问为多。盖正肃公之父正献公叔和，学于象山陆文安公。正肃公虽不逮事象山，而家庭承袭，深有源委，岂惟正肃公，自洛学东行，诸大儒各以所闻，分门授徒。晦庵朱文公在闽，东莱吕成公在浙，南轩张宣公在湘，象山文安公在江西。其徒又皆各有所授，往往散布远近，殊途同归。而象山之传，独盛于四明。正献、正肃父子，若文元杨公敬仲、文靖舒公元质、端献沈公晦叔，其尤著者也。正肃公既贵，尝持江东宪节，数数为士大夫讲象山之说。行部之贵溪，乃为象山改创祠塾，故江东之人，自正肃公而尊象山之道益严。贵溪姜翔仲之先世，故当时讲下士大夫一人之数。翔仲今又为侍祠诸生，能取家藏是书，并刊之塾中，可谓鹤鸣而子和之矣。余实不敏，区区家世，亦有与翔仲同者，遂不得让而系名其编末云。大德十年丙午岁后正月既望识。"

元脱脱等《宋史》卷四百五《袁甫》："袁甫，字广微，宝文阁直学士燮之子。嘉定七年进士第一，签书建康军节度判官厅公事。授秘书省正字。……次乞严守帅之选，并大军之权，兴屯田之利。

"迁校书郎，……出通判湖州，考常平敝原以增积贮，核隐产，增附婴儿局。迁秘书郎，寻迁著作佐郎、知徽州。治先教化，崇学校，访便民事上之：请蠲减婺源绸绢万七千余匹，茶租折帛钱万五千余贯，月桩钱六千余贯，请照咸平、绍兴、乾道宽恤指挥，受纳徽绢定每匹十两；请下转运、常平两司，豫蓄常平义仓备荒，兴修陂塘，创筑百梁。丁父忧，服除，知衢州。立旬讲，务以理义淑士心，岁拨助养士千缗。西安、龙游、常山三邑积窘预借，为代输三万五千缗，蠲放四万七千缗。郡有义庄，买良田二百亩益之。

"移提举江东常平。适岁旱，亟发库庾之积，凡州县窠名隶属仓司者，无新旧皆住催，为钱六万一千缗，米十有三万七千，麦五千八百石，遣官分行振济，饥者予粟，病者予药，尺籍之单弱者，市民之失业者，皆曲轸之。……时江、闽寇迫饶、信，虑民情易动，分榜谕安之，檄诸郡，关制司，闻于朝，为保境捍患之图，寇迄不犯。遂提点本路刑狱兼提举，移司番阳。霜杀桑，春夏雨久湖溢，诸郡被水，连请于朝，给度牒二百道振恤之。盗起常山，调他州兵千人屯广信以为备。

"……行部问民疾苦，荐循良，劾奸贪，决滞狱。所至诣学宫讲说，创书院贵溪之南，祠先儒陆九渊。岁大旱，请于朝，得度牒、缗钱、绫纸以助振恤。

疫疠大作，创药院疗之。前后持节江东五年，所活殆不可数计。转将作监，领事如故。继力辞常平事。

"……帝亲政，以直徽猷阁知建宁府，明年，兼福建转运判官。闽盐隶漕司，例运两纲供费，后增至十有二，吏卒并缘为奸，且抑州县变卖，公私苦之，甫奏复旧例。丁米钱久为泉、漳、兴化民患，会知漳州赵以夫请以废寺租为民代输，甫并捐三郡岁解本司钱二万七千贯助之。郡屯左翼军，本备峒寇，招捕司移之江西，甫檄使还营。俄寇作唐石，即调之以行，而贼悉平。迁秘书少监。

"……迁起居舍人兼崇政殿说书。……兼中书舍人，缴奏不摘苛小。……时朝廷以边事为忧，史嵩之帅江西，力主和议。甫奏曰：'臣与嵩之居同里，未尝相知，而嵩之父弥忠，则与臣有故。嵩之易于主和，弥忠每戒其轻易。今朝廷甘心用父子异心之人，臣谓不特嵩之之易于主和，抑朝廷亦未免易于用人也。'疏入，不报。遂乞归，不允。授起居郎兼中书舍人。……乃出甫知江州，……未几，改知婺州，不拜。

"嘉熙元年，迁中书舍人。……翼日，权吏部侍郎，引疾至八疏，赐告一月，遂归。从臣复合奏留之，寻命兼修玉牒官兼国子祭酒，皆辞不拜。……改知嘉兴府，知婺州，皆辞不拜。迁兵部侍郎，……兼给事中，岳珂以知兵财召，甫奏珂总饷二十年，焚林竭泽，珂竟从外补。迁吏部侍郎兼国子祭酒，日召诸生叩其问学理义讲习之益。时边遽日至，甫条十事，至为详明。权兵部尚书，暂兼吏部尚书，卒，赠通奉大夫，谥正肃。有《孝说》、《孟子解》、《后省封驳》、《信安志》、《江东荒政录》、《防拓录》、《乐事录》及文集行世。

《延祐四明志》卷五《人物考中》："袁甫，字广微，父正献公教授城南。年尚幼，论诸生以立志为先，甫首领其旨。后问道于慈湖杨先生，先生曰：'学以自得为贵，正献之言也，心明则本立矣。'由是慨然以斯道自任。

"举进士第一，为校书郎，当迁，愿顾侍亲东归，通判湖州十有五年。为外官，守衢州、饶州，迁江东提点刑狱。一以传心为本，讲授学者。复取《孝经》衍其说，告于属邑。兴象山，修白鹿，为《中庸详说》而讲明之。朱、陆之说分，各立党与，遂为之言曰：'道一而已，和而不同，乃所以和也。道无终穷，先贤之切磋有不同者，将归于一，则未始不同也。'江东大饥，所存活十余万人，诸郡咸立祠以奉。端平元年，始召为秘书少监，以论史嵩之和议罢。嘉熙元年，除中书舍人，复以和议论嵩之罢。时金将亡，事类靖康，战非素技，必曰和，然正论者所耻。后贾似道讳和，国以亡，而宋三百年卒未见以战利，二者俱难言也。后除兵部侍郎，兼给事中，国子祭酒，以权兵部尚书，在位卒,谥正肃。

《宝庆四明志》卷十《进士》:"嘉定七年袁甫榜:袁甫,燮子。"《延祐四明志》卷六《人物考下》:"嘉定七年袁甫榜:袁甫,燮子。"《光绪鄞县志》卷二十《选举表一》:"嘉定七年甲戌:袁甫,燮子,状元。"

丰翔 庆元府鄞县人。至曾侄孙。登嘉定七年进士第。历官侍御史。丰翔有诗《菘圃》,收于《甬上宋元诗略》。

《宝庆四明志》卷十《进士》:"嘉定七年袁甫榜:丰翔,至曾侄孙。"《延祐四明志》卷六《人物考下》:"嘉定七年袁甫榜:丰翔,至曾侄孙。"《光绪鄞县志》卷二十《选举表一》:"嘉定七年甲戌:丰翔,至从侄孙。案:《诗汇》:历官侍御史。"

叶英 庆元府鄞县人。登嘉定七年进士第。事迹无考。

《宝庆四明志》卷十《进士》:"嘉定七年袁甫榜:叶英。"《延祐四明志》卷六《人物考下》:"嘉定七年袁甫榜:叶英。"《光绪鄞县志》卷二十《选举表一》:"嘉定七年甲戌:叶英。"

史弥应 字定叔,号自乐山人。庆元府鄞县人。史渐之子,史弥忠之弟。登嘉定七年进士第。初授宁海县尉,后又知连州。其虽为史氏家族成员,然素不为史弥远喜,被迫退隐,平日以吟诗自娱,嘉熙末卒。史弥应有诗集数卷,仅存《过东吴》、《小春见梅》二诗传世,收于《甬上宋元诗略》。

《光绪鄞县志》卷三十《人物传五》:"史弥应,字定叔,渐之子。与兄弥忞同举嘉定七年进士。释褐宁海县尉,罢归。复知连州。最不为弥远所喜。时其家赫奕龙荣,弥应常罹谗,闭门求志,交游来言时事者退之,谈风月者进之。凡八年,号自乐道人,利名莫能汨,行空山中,历览泉石,见必细吟,有诗数卷,皆耿介拔俗之语。嘉熙末卒。"

《宝庆四明志》卷十《进士》:"嘉定七年袁甫榜:史弥应,弥忠弟。"《延祐四明志》卷六《人物考下》:"嘉定七年袁甫榜:史弥应,弥忠弟。"

孙枝 字吉甫,孙起予父。庆元府鄞县人,一说昌国县人。登嘉定七年进士第。其父曾受学于沈铢,故而孙枝和铢子沈焕关系极好,学术上亦或受沈氏影响,后又从朱熹之学。登第后本被征召入幕府,不赴。孙枝在文学、地理、军事上皆有建树,撰文多篇,仅存《古今图书集成》所收《东山记》一文。

《大德昌国州图志》卷六《名贤》:"孙枝,字吉甫。邃于文,尝撰《普慈寺罗汉阁记》,笃素张公大参见之,称赏曰:'海角有此奇士。'以兄之子妻之。尝登考亭夫子门,有答孙吉甫书。"

《至正四明续志》卷二《人物》:"孙枝,字吉甫,鄞县人。父允,早从乡先生沈铢学,学以真实为本,教授乡校者十年。枝与铢之子端宪公焕亦相友善。又登朱文公之门,学问益精粹,著《书解》十三篇,袁正献公燮见而叹曰:'初谓子善为文,不意造理乃尔!'

"宁宗即位,诣公车上书,极言天下大计,不见省。嘉定七年登进士第,其子起予同榜。允时尚无恙,郡守程覃匾其里曰重桂,乡人荣之。枝卓迈有智略,自秦陇、荆襄,达于淮海,凡险要厄塞,若指诸掌,于边事军谋尤谙习。江淮帅延致幕府,枝以禄不及亲,辞弗就。"

《宝庆四明志》卷十《进士》:"嘉定七年袁甫榜:孙枝。"《延祐四明志》卷六《人物考下》:"嘉定七年袁甫榜:孙枝。"《光绪鄞县志》卷二十《选举表一》:"嘉定七年甲戌:孙枝。"《大德昌国州图志》卷六《进士题名》:"孙枝,嘉定七年袁甫榜。"

孙起予 字商友。庆元府鄞县人。一作昌国县人。孙枝之子,孙去华之兄。登嘉定七年进士第,授昭武军司户参军。历著作佐郎、权尚左郎官,迁监察御史,仕至太常少卿。以"清廉好官"著称。2007年香港出版的《浙南谱牒文献汇编·诗词篇》录其诗一首,出自于《永嘉千石王氏宗谱》。

宋陈骙《南宋馆阁续录》卷八《官联二》:"秘书郎……淳祐以后……孙起予,字商友,庆元府人。习诗赋,甲戌袁甫榜。三年正月,以国子监丞兼诸王宫大小学教授除;五月,兼崇政殿说书;四年四月,除著作佐郎,权尚左郎官。"

《大德昌国州图志》卷六《名贤》:"二子,长起予,字商友,与父同登甲戌进士第。郡太守程公覃为立重桂坊。初,筮昭武户曹,会有卒伍啸呼于市,公出抚谕,众乃曰:'孙司户清廉好官员,不得相犯。'一州遂平。立朝为监察御史,终太常少卿,官至朝散大夫。"

《至正四明续志》卷二《职官·补遗》:"嘉定七年登进士第,其子起予同榜。允时尚无恙,郡守程覃匾其里曰'重桂',乡人荣之……起予为昭武参军。群卒啸呼于市,起予往谕之,众拜曰:'孙司户清廉官,不得犯。'入朝为监察御史,至太常少卿。"

《宝庆四明志》卷十《进士》:"嘉定七年袁甫榜:孙起予。"《延祐四明志》卷六《人物考下》:"嘉定七年袁甫榜:孙起予。"《光绪鄞县志》卷二十《选举表一》:"嘉定七年甲戌:孙起予。"《大德昌国州图志》卷六《进士题名》:"嘉定七年孙起予,嘉定七年袁甫榜,父枝。"

余元厉 字至恭,庆元府鄞县人。登嘉定七年进士第。曾为司农寺丞、著作佐郎、著作郎等,后出知衢州。

宋陈骙《南宋馆阁续录》卷八《官联二》："著作郎……嘉熙以后……余元庤，元年三月除，九月除知衢州。……秘书郎……端平以后……余元庤，字至恭，庆元府鄞县人。嘉定七年袁甫榜进士及第。治《周礼》，三年六月以司农寺丞除，十二月为著作佐郎。……著作佐郎……端平以后……余元庤，三年十二月除，嘉熙元年三月为著作郎。"

《宝庆四明志》卷十《进士》："嘉定七年袁甫榜：余元庤。"《延祐四明志》卷六《人物考下》："嘉定七年袁甫榜余元庤。"《光绪慈溪县志》卷十九《选举上·宋》："嘉定七年甲戌袁甫榜余元庤。按：《蒙斋集》有余元庤除司农寺丞例。《景定建康志·金判题名》：余元庤，承议郎，绍定元年九月初五日到任。"

汪立中　字强仲，汪大猷之子。登嘉定七年进士第。曾为大府少卿，出知徽州，营造秀锦阁，卒于任上。

其有诗文传世，其诗《甲戌廷对后到洞霄丙戌假守新安又得寄径成诗纪游》、《游洞霄》、《题宝方洞》收于《全宋诗》，其文也收录于《全宋文》。

宋袁甫《蒙斋集》卷十二《徽州秀锦阁记》："宝庆三年冬十月，四明汪侯以直宝谟阁知徽州，余与侯居同里，余先公絜斋与侯先公适斋又相好也。嘉定甲戌，余与侯为同年进士，已而同联班著。癸未，余请外得徽，逾年而先公殁。丙戌，承乏三衢，而侯亦出为徽守。……侯名立中，字强仲，位于朝，尝升列卿云。"

《宝庆四明志》卷八《先贤事迹上》："三子，仲曰立中，登嘉定甲戌科进士第，为大府少卿，知徽州卒。"《宝庆四明志》卷十《进士》："嘉定七年袁甫榜：汪立中，大猷子。"《延祐四明志》卷六《人物考下》："嘉定七年袁甫榜：汪立中，大猷子。"

汪端中《宋汪大猷墓志》："男三人：立中，宣教郎知婺州武义县丞。"注：是志撰于宋庆元六年（1201）。

范光　庆元府鄞县人，原籍太平。范楷之子。登嘉定七年进士第。嘉定时为建康府府学教授，修缮府学西厅，为郑自诚等人所赞赏。

《康熙江苏省通志稿》卷三十《重修建康府教授西厅记》："余同年进士诸王宫教授四明范君之子光分教金陵，贻书于余曰：'金陵学宫旧唯一员，金西厅是也。'绍兴初，留守尚书石林叶公以行都，请增置，故东西对立。西厅岁月最久，栋宇寝坏，殆不可居。光到官之初，怀一日必葺之念而未敢及其私。既七月，学政粗举，始请于郡留守侍郎隆兴李公，慨然兴念，捐金与财，委吏督工，撤而新之。其规摹位置，受成于光，而财物出入，财有司存。经始于嘉定十四年十月之庚午,落成于十二之丙寅。旧门由学宫以出,今易而南,面直秦淮,横挹钟阜,朝夕纵览,心目开明,亦足自壮。幸为我记之,余辞不获命,因广其意以复之曰:天下之理,内外本末,初无二致。君子居室,一日必葺,亦犹吾身心不可须臾不加省察,而使容循乎理也。故积基而堂,架梁负栋,室奥深严,门户无壅,君子居也。正其衣冠,尊其瞻视,望之俨然,即之也温,居子之容也。如镜之明,如水之定,泛应纵横,无适非正,君子之心也。自内以及外,由末以求本,岂容易观哉?子之学既得于家传,又能从先生长者游,其必有见乎此。想其横经退食,招诸生登斯堂,燕私从容,凡心目所寓,亦必讲明乎此。不然,则一室之安,一身之便耳,岂子之志哉!

"右碑行书,朝散大夫起居舍人兼国史院编修官兼实录院检讨官郑自诚撰并书,宣义郎充江南东路转运司干办公事赵与勤篆额,嘉定十六年正月立。在县学大成殿之左。碑云请于隆兴李公者,李大东也。按景定《建康志》云:天圣间建学,置教授一员。绍兴九年,因左丞叶石林奏,照西京例,增置一员,分东西厅,东厅在学之左,西厅在学之右。有淳熙四年张汝楫瑑撰总题名记,今莫知所在矣。《宋史·职官志》但载列郡各置教官,而京学教官有二员,略之不及,亦其疏也。"

《宝庆四明志》卷十《进士》:"嘉定七年袁甫榜:范光,楷子,太平。"《延祐四明志》卷六《人物考下》:"嘉定七年袁甫榜:范光,楷子,贯太平。"

赵与昭　庆元府鄞县人。登嘉定七年进士第。绍定时为文林郎、台州军事推官。

《宝庆四明志》卷十《进士》:"嘉定七年袁甫榜:赵与昭。"《延祐四明志》卷六《人物考下》:"嘉定七年袁甫榜:赵与昭。"

沈中父《宋赵希谷墓志》:"子男二:长与昭,文林郎、新台州军事推官。"注:是志撰于宋绍定四年(1231)。

赵与懂　字悦道,赵希言子,庆元府鄞县人。登嘉定七年进士第。授官会稽县尉、建宁司户参军、浦城令,后为宗正寺簿、司农寺丞、宗正丞、直宝章阁知安吉。在安吉时严行律例,设铜钲县门,直民冤。其后以刑部郎官召入内廷,多有剀切之议论,再出知临安、庆元,卒时赠太师。

宋吴泳《鹤林集》卷三十六《钱塘县学记》:"顷赵侯与与懂来尹京兆,喟然作曰:'临安赤县二,先忠宪宰仁和,已建其一,岂斯邑亦有社有民而不知教耶?'乃景冈相基,诹日庀徒,于县之东得丞旧寺,徙他所,遂建学其上,命宰与丞巩耕及簿正王梦得相其役。越三年有成,宫雍雍在左,庙肃肃在右,廷殖殖在中。"

元脱脱等《宋史》卷四百十三《赵与懬》："赵与懬，字悦道，燕懿王八世孙。嘉定七年进士，调会稽尉，改建宁司户参军。中明法科，摄浦城县。丁父忧，作《善庆五规》示子孙。免丧，授大理评事。……迁藉田令。久之，拜宗正寺簿，历军器监、司农寺丞，迁宗正丞兼权都官郎官，改仓部，权度支，以直宝章阁知安吉州。郡计仰榷醋，禁网峻密，与欢首捐以予民。设铜钲县门，欲愬者击之，冤无不直。有富民愬幼子，察之非其本心，姑逮其子付狱，徐廉之，乃二兄强其父析业。与懬晓以法，开以天理，皆忻然感悟。又嫠媪仅一子，亦以不孝告，留之郡厅，日给馔，俾亲馈，晨昏以礼，未周月，母子如初。二家皆画像事之。丧母，朝廷屡起之，不可，议使守边，授淮西提点刑狱，弗能夺。再期，以刑部郎官召，乞终禫，奉祠，复半载，乃趋朝。

"……兼权检正，迁宗正少卿兼权户部侍郎，寻兼知临安府、浙西安抚使，同详定，剖决明畅，罪者咸服。……与懬招刺三千人为忠毅军，又言：'禁卫虚籍及京口诸郡，悉宜募民，统以郡将，财先赡军，余始上供，乞省不急之费。'荐文武士四十人。迁户部侍郎兼权兵部尚书，论边事至为深切。

"……迁户部尚书兼权吏部，累丐祠，不许。论楮币自嘉定以一易二，失信天下，尝出内帑收换，屡称提而折阅益甚。……迁吏部尚书……授端明殿学士、知临安府、浙西安抚使。江堤竣事，狱空，力丐罢。依旧端明殿学士、提举万寿观。提领户部财用兼侍读兼修国史、实录院修撰。奉朝请，出关，遣使趣还。

"会饥民相携溺死，帝仍付临安事，恩例视执政。与懬涕泣奉诏，亟榜谕曰：'今申奏振救，宜忍死须臾各全性命，伫沐圣恩。'都人相谓毋死。与懬上则祈哀公朝，下则推诚劝分，甘雨随至，米商来集，流移至者有以济之。力求纳禄，授资政殿学士、提举万寿观兼侍读、监修国史、实录院修撰。奉朝请，与懬至浙江，上召还，即日绝江去，帝为怅然。与懬三为府尹，尽力民事，都人称'赵端明'，必以手加额曰'赵佛子'也。

"久之，以旧职知温州，政事必亲，吏不敢欺，创水砦，修贡院。以侍读召，辞，不许。……进《春秋解》，升大学士，荐士六十人。……寻授安德军节度使、开府仪同三司、万寿观使。

"袁士宋斌少从黄榦、李燔登朱熹之门，学禁方严，羁旅困沮，年且八十，与懬延之，事以父行，奏乞用旌礼布衣故事，死葬西湖上，岁一祭焉。帝逐二谏臣，与懬力争之。五乞免朝请，三乞致仕，俱不允，赐《泰卦诗》《忠邪辨》。自是，国事皆缕缕言之，有不胜书，盖其爱君忧国，本诸天性。拜少傅，卒，遗表犹不忘规正。帝震悼辍朝，赙赠有加，诏有司治葬，赠少师，追封奉化郡王,谥清敏,累赠太师。

"手注《六经》及《仁皇训典详释》,又有《高宗宝训要释》、奏议、诗文百卷。"

《咸淳临安志》卷四十九《秩官七》:"端平三年丙申赵与懽,庆元府人。是日以权户部侍郎兼检正依旧,权户部侍郎兼知,二十七日兼同详定敕令官。二月一日除户部侍郎兼权兵部尚书兼同详定敕令官兼知,十二月二十六日与懽除户部尚书,免兼。……嘉熙四年赵与懽,是月二十五日以端明殿学士,提举万寿观,提领户部财用兼修国史实录院修撰兼侍读除,依旧端明殿学士知,仍特与执政恩例。十月五日兼侍读权监修国史实录院。四月二十一日与懽除资政殿学士、提举万寿观监修国史实录院兼侍读仍奉朝请。"

《宝庆四明志》卷一《郡守》:"赵与懽,宝祐元年正月初一日以皇兄安德军节度使、开府仪同三司、万寿观使奉御笔除沿海制置使兼知庆元府。当年二月初三日交割制府职事,三月初三日奉御笔,特转行一官令学士院,择日宣镇降制,当月初十日准制书,可特授少保依前皇兄安德军节度使、沿海制置使兼知庆元府,加食邑实封仍令所司。择日备礼册命,五月初一日奉御笔屡疏丐祠,恳陈甚力,特从所请以遂雅怀。当月初六日祗受首札。当月初七日将牌印交割以次解官,罢职事。当月初八日奉御笔依前万寿观使免奉朝请,俸给人从依旧。"

《延祐四明志》卷五《人物考中》:"赵与懽,字悦道。父希言,宰仁和,有称。筑临平新堤,护田四万顷。后为右司佐丞相言,楮币必当便民,旧币诿民民何所用,俸稍两用,官吏则犹当受之。后奉祠以卒。

"与懽美仪观,音吐如鸣钟,相者言贵在是,然贫亦在是。后官节度使,家资无百金余。希言知沂王嗣观察使与莒贤,以告丞相,丞相心善之,意先属矣,闻其语益喜,阴以托希言。希言死,宁宗命丞相召观察入禁中,遂命与懽同载以入,由是骤升刑部郎,凡所议拟,理宗深信之。金亡,归明人集两淮,筑馆致饷不绝。河南察罕、范用吉求内附,力言侯景之害,理宗悟,不受。后尹临安,上阴受辅郡献纳,与懽忧之,愿以酒所羡余入贡,益论理财之害,为国危亡本,罢诸郡献纳。史嵩之起复,三学交论,上命与懽调护,寝其事,上言:'人言可畏,非俾致仕不可。'后卒如其议。善荐士,马光祖、吴革、李伯玉、牟子才、杨栋、陈仲微,后皆为大官。侍经筵,进《春秋集解》。性孝友,拜安德军节度使,户部月以海艘致俸,至则分三族,合旁近宗党,完聚于家。死之日,贫不能葬,理宗愍之,赐田以养其子若干人,赠太师,谥清敏。"

《宝庆四明志》卷十《进士》:"嘉定七年袁甫榜:赵与懽,希言子。"《延祐四明志》卷六《人物考下》：“嘉定七年袁甫榜：赵与懽，希言子。”《光绪鄞县志》卷二十《选举表一》：“嘉定七年甲戌：赵与懽，希言子。”

郑清之《白云山宝庆显忠寺记》：“公之子与懽，即吉，以廷评召赐朝便殿，圣颜为之感动。……自丞郎试郡安吉，将峻用，而以宜春郡夫人忧去。上念之，夺情旨屡下，辞愈力。既祥即命召，以才业益简上知，辙环法从，班亚枢，近三尹，神皋倚用，莫与比连。四疏祈省泷阡，诏自端明进资政，侍经帷，领史局，勉其留。疏五上，以殿学士奉京祠而归，躬致襚典墓下。”注：是文撰于宋淳祐二年(1242)。

赵时择　庆元府鄞县人。赵渭夫之子。登嘉定七年进士第。事迹无考。

《宝庆四明志》卷十《进士》：“嘉定七年袁甫榜：赵时择，渭夫子。”《延祐四明志》卷六《人物考下》：“嘉定七年袁甫榜：赵时择，渭夫子。”

赵时益　庆元府鄞县人。赵玮夫侄。登嘉定七年进士第。事迹无考。

《宝庆四明志》卷十《进士》：“嘉定七年袁甫榜：赵时益。玮夫侄。”《延祐四明志》卷六《人物考下》：“嘉定七年袁甫榜：赵时益。玮夫侄。”

赵希璈　庆元府鄞县人。赵希瑚兄。登嘉定七年进士第。事迹无考。

《宝庆四明志》卷十《进士》：“嘉定七年袁甫榜：赵希璈，希瑚兄。”《延祐四明志》卷六《人物考》下：“嘉定七年袁甫榜：赵希璈，希瑚兄。”

赵汶夫　一作赵纹夫。庆元府鄞县人。登嘉定七年进士第。事迹无考。

《宝庆四明志》卷十《进士》：“嘉定七年袁甫榜：赵汶夫。”《延祐四明志》卷六《人物考下》：“嘉定七年袁甫榜：赵纹夫。”

赵唯夫　庆元府鄞县人。赵公迁之孙。登嘉定七年进士第。事迹无考。

《宝庆四明志》卷十《进士》：“嘉定七年袁甫榜：赵唯夫，公迁孙。”《延祐四明志》卷六《人物考下》：“嘉定七年袁甫榜：赵唯夫，公迁孙。”

赵渫夫　庆元府鄞县人。赵渭夫之弟。登嘉定七年进士第。事迹无考。

《宝庆四明志》卷十《进士》：“嘉定七年袁甫榜：赵渫夫，渭夫弟。”《延祐四明志》卷六《人物考下》：“嘉定七年袁甫榜：赵渫夫，渭夫弟。”

陈铧　庆元府鄞县人。登嘉定七年进士第。事迹无考。

《光绪鄞县志》卷二十《选举表一》：“嘉定七年甲戌：陈铧。”

李森　庆元府奉化县人。登嘉定七年进士第。官常山县令。

《宝庆四明志》卷十《进士》:"嘉定七年袁甫榜:李森,上舍。"《延祐四明志》卷六《人物考下》:"嘉定七年袁甫榜:李森,上舍。"《光绪奉化县志》卷十九《选举表一》:"嘉定七年甲戌:李森,常山知县。"

何中立 庆元府奉化县人。登嘉定七年进士第。曾任监察御史,后任刑部尚书。

《光绪奉化县志》卷七《选举·宋进士》:"嘉定七年甲戌:何中立,监察御史,升刑部尚书。"

赵时著 字仲昭,台州府宁海县人。登嘉定七年进士第。官监行在左藏。

《光绪宁海县志》卷九《选举表》:"嘉定七年甲戌:赵时著。《赤城志》:宗室榜,字仲昭,监行在左藏。"

应文献 台州府宁海县人,登嘉定七年进士第。官礼部尚书。

《光绪宁海县志》卷九《选举表》:"嘉定七年甲戌:应文献。旧志:礼部尚书,《赤城志》无。"

孙之宏 字伟夫,号默斋,绍兴府余姚县人。登嘉定七年进士第。师从于叶适,颇有得,官湖南安抚司准备差遣,赠奉议郎。清王梓材等《宋元学案补遗》卷五十五辑其佚文。

清黄宗羲等《宋元学案》卷五十五《进士孙先生之宏林先生居安赵先生汝铎合传》:"孙之宏,字伟夫,余姚人也。水心《习学记言》之作,传之者三人:其一曰林居安,瑞安人也;其一曰赵汝铎,乐清人也;而先生序其指曰:'学失其统久矣!本朝关、洛骤兴,近世张、吕、朱氏二三巨公益加探讨,名人秀士鲜不从风,先生后出,异识超旷,不假梯级,谓洙泗所讲,前世帝王之典籍赖以存,开物成务之伦纪赖以著。《易·象》、《象》仲尼亲笔也,《十翼》则讹矣。《诗》、《书》义理所聚也,《中庸》、《大学》则后矣。曾子不在四科之目,曰参也鲁。孟子能嗣孔子,然舍孔宗孟,则本统离。故根柢六经,折衷诸子,剖析秦、汉,讫于五季,以《文鉴》终焉。其致道成德之要,如渴饮饥食之切于日用也;指治摘乱之义,如刺腧中肓之速于起疾也。推迹世道之升降,品目人才之短长,皆如绳准而铢称之。前圣之绪业可续,后儒之浮论尽废,稽合于孔子之本统者也。'先生之论如此,其于记言大旨,盖发明殆尽。又称水心以旧敌垂亡,边方数警,别有后总,秘而未传,则先生乃叶氏晚年入室弟子也。鹤山先生尝铭其母墓。居安,字德叟;汝铎,字振文。先生成进士不详,其官礼部侍郎,谥忠敏,嵘叟其从孙也。"

佚名《宋知县通直孙君墓记》:"父之宏,文学有名于世,号默斋,登进士第,仕至湖南安抚司准备差遣,赠奉议郎。"注:是文约作于宋端平元年(1234)至宋宝祐四年(1256)。

《光绪余姚县志》卷十九《选举表》:"嘉定七年甲戌:孙之宏。"

注:孙之宏的研究有张如安、杨未的《叶适门人孙之宏及其〈周礼说〉考述》一文,载于《中共宁波市委党校学报》2014年第6期。

赵师篯　庆元府奉化县人。赵伯省侄。登嘉定七年登进士第。任宝章阁待制。

《宝庆四明志》卷十《进士》:"嘉定七年袁甫榜:赵师篯,伯省侄。"《延祐四明志》卷六《人物考下》:"嘉定七年袁甫榜:赵师篯,伯省侄。"《光绪奉化县志》卷十九《选举表一》:"嘉定七年甲戌:赵师篯,伯省从子。宝章阁开国男。"

赵时恪　字恭仲,号苣坡。庆元府昌国县人。登嘉定七年进士第。任池州青阳县县丞,致因病去世。

《大德昌国州图志》卷六《名贤》:"赵时恪,字恭仲,自号苣坡。嘉定辛未擢右科,越甲戌再登进士第,调池州青阳丞,三仕于京,荐甫及格竟以疾终。"

《大德昌国州图志》卷六《进士题名》:"赵时恪,嘉定七年袁甫榜,弟时慥。"

戴杰　庆元府奉化县人,登嘉定七年进士第。官温州通判。

《光绪奉化县志》卷十九《选举表一》:"嘉定七年甲戌:戴杰,袁甫榜,温州通判。"

叶奭　庆元府鄞县人。登嘉定七年上舍释褐第。历提举福建路常平公事。

《宝庆四明志》卷十《进士》:"嘉定七年袁甫榜:叶奭,上舍。"《延祐四明志》卷六《人物考》下:"嘉定七年袁甫榜:叶奭。"《光绪鄞县志》卷二十《选举表一》:"嘉定七年甲戌:叶奭。"

嘉定九年丙子(1216)特奏名

杨揆龙　字诚之。台州府宁海县人,登嘉定九年特奏名进士第。官曲阳令。

《崇祯宁海县志》卷六《选举志》:"嘉定丙子年:杨揆龙。"《光绪宁海县志》卷九《选举表》:"嘉定九年丙子:杨揆龙,字诚之,曲阳令。"

王待聘　台州府宁海县人。登嘉定九年特奏名进士第。事迹无考。

《崇祯宁海县志》卷六《选举志》:"嘉定丙子年:王待聘。"《光绪宁海县志》卷九《选举表》："嘉定九年丙子：王待聘。"

王会龙 台州府宁海县人。登嘉定九年特奏名进士第。事迹无考。

《崇祯宁海县志》卷六《选举志》："嘉定丙子年：王会龙。"《光绪宁海县志》卷九《选举表》："嘉定九年丙子：王会龙。"

王熙 台州府宁海县人。登嘉定九年特奏名进士第。事迹无考。

《崇祯宁海县志》卷六《选举志》："嘉定丙子年：王熙。"《光绪宁海县志》卷九《选举表》："嘉定九年丙子：王熙。"

赵与进 赵希望弟，台州府宁海县人，登嘉定九年特奏名进士第。

《光绪宁海县志》卷九《选举表》："嘉定九年丙子：赵与进，希望弟。"

黄溉 台州府宁海县人。黄之裳子。登嘉定九年特奏名登进士第。

《崇祯宁海县志》卷六《选举志》："嘉定丙子年：黄溉，之裳子，分司粮院。"《光绪宁海县志》卷九《选举表》："嘉定九年丙子：黄溉，之裳子。"

方桂 台州府宁海县人。登嘉定九年特奏名进士第。事迹无考。

《崇祯宁海县志》卷六《选举志》："嘉定丙子年：方桂。"《光绪宁海县志》卷九《选举表》："嘉定九年丙子：方桂。"

何良璧 台州府宁海县人。登嘉定九年特奏名进士第。事迹无考。

《光绪宁海县志》卷九《选举表》："嘉定九年丙子：何良璧。"

范九畴 台州府宁海县人。登嘉定九年特奏名进士第。事迹无考。

《崇祯宁海县志》卷六《选举志》："嘉定丙子年：范九畴。"《光绪宁海县志》卷九《选举表》："嘉定九年丙子：范九畴。"

陆时遇 台州府宁海县人。登嘉定九年特奏名进士第。事迹无考。

《崇祯宁海县志》卷六《选举志》："嘉定丙子年：陆时遇。"《光绪宁海县志》卷九《选举表》："嘉定九年丙子：陆时遇。"

陈元 台州府宁海县人。登嘉定九年特奏名进士第。事迹无考。

《崇祯宁海县志》卷六《选举志》："嘉定丙子年：陈元。"《光绪宁海县志》卷九《选举表》："嘉定九年丙子：陈元。"

葛文吉 台州府宁海县人。登嘉定九年特奏名进士第。事迹无考。

《光绪宁海县志》卷九《选举表》："嘉定九年丙子：葛文吉。"

郑梦月 台州府宁海县人。登嘉定九年特奏名进士第。事迹无考。

《崇祯宁海县志》卷六《选举志》："嘉定丙子年：郑梦月。"《光绪宁海县志》卷九《选举表》："嘉定九年丙子：郑梦月。"

嘉定十年丁丑(1217)吴潜榜

史岩之 字子尹，史弥忠子。庆元府鄞县人。登嘉定十年进士第。初授迪功郎兼长兴尉,后又在真州、扬州等为官,端平时为国史院编修官、实录院检讨官、秘书少监,知临安府,其后官运亨通,咸淳时以资政殿大学士、银青光禄大夫、提举临安府洞霄宫致仕。史岩之有《积庆教寺碑》一文,载于《越中金石记》,见《石刻史料新编》。

宋陈骙《南宋馆阁续录》卷七《官联一》:"少监……端平以后八人……史岩之,字子尹,庆元府鄞县人。嘉定十年吴潜榜进士出身。治《周礼》,元年九月,以军器监兼侍左郎官兼国史院编修官兼实录院检讨官除,十二月为太府卿兼知临安府。"宋陈骙《南宋馆阁续录》卷九《官联三》:"国史院编修官……嘉熙以后……史岩之,元年七月以军器监兼九月为秘书少监仍兼。实录院修撰……嘉熙以后……史岩之,元年七月以军器监兼,九月为秘书少见仍兼。"

《宝庆会稽续志》卷二《安抚题名》:"史岩之,淳祐二年三月,以龙图阁学士、通奉大夫知。十月初十日到任,三年三月磨勘转正议大夫,四年七月十三日除端明殿学士依旧知,十七日改知福州。"

《咸淳临安志》卷四十九《秩官七》:"嘉熙元年丁酉至二年戊戌,史岩之,庆元府人。是日以秘书少监兼国史院编修官、实录院检讨官兼崇政殿说书,除太府卿兼知。

"正月二日除权刑部侍郎兼知,二十五日都大提举嘉兴、江阴、常州兵船。三月十六日兼侍讲,七月六日除户部侍郎兼权兵部尚书,兼职依旧。"

《宝庆四明志》卷十《进士》:"嘉定十年吴潜榜:史岩之,弥忠子。"《延祐四明志》卷六《人物考下》:"嘉定十年吴潜榜:史岩之,弥忠子。"《光绪鄞县志》卷二十《选举表一》:"嘉定十年:史岩之。"

孙焱叟《宋孙昉墓志》:"表兄资政殿学士光禄大夫新除江西安抚大使沿江制置副使知江州史岩之填讳。"注:是志撰于宋开庆元年(1259)。

史珌卿等《宋史岩之墓志》:"先公资政殿大学士、银青光禄大夫,提举临安府洞霄宫致仕,奉化郡开国公,食邑四千三百户,食实封五百户,赠开府仪同三司,姓史氏讳岩之,字子尹,庆元府鄞县人,举八行、赠太师越国公讳诏四世孙也。……先公文婧公第三子,生于绍熙四年十二月甲辰。嘉定十年,登进士第,授迪功郎、安吉长兴县尉。十五年五月,该宝玺恩,循修职郎。十七年四月,关升文林郎、差监蕲州蕲春监。宝庆元年,该遇理宗皇帝登极恩,循儒林郎。三年十一月,任满赏循承直郎。绍定元年正月,考举及格,改奉议郎、知安吉州长兴县。三年十月,通判真州。十二月,差充江淮制置大使司主管机宜文字兼通判真州。四年二月,磨勘转承议郎。四月,该遇寿明仁福慈睿皇太后庆寿恩,转朝奉郎。八月,暂权转运真州职事。十月,以仪真守御赏特转朝奉大夫。十二月,兼权江淮安抚制置大使司参议官。五年三月,除将作监丞兼权知真州,节制本州屯戍军马兼权淮南运判,仍兼江淮制置大使司主管机宜文字。八月,除大理寺丞兼权知扬州主管淮东安抚司公事,节制本路屯戍军马兼权淮南运判。九月,兼江淮制置大使司参谋官。十二月,以应办军前赏转朝散大夫。六年二月,兼管淮东边面职事。九月,磨勘转朝请大夫。十月,以□筑真州南城,赏转朝议大夫。十二月,该明禋恩,封鄞县开国男,食邑三百户。是月,除金部郎官,乞奉祠侍养。端平元年三月,差主管台州崇道观。三年八月,除兵部郎官兼淮西制置司参议官。十二月,除侍左郎官。嘉熙元年四月,除军器监,仍兼侍左郎官。七月,兼国史院编修官、实录院检讨官。九月,除秘书少监,仍兼史馆兼崇政殿说书。十月,以淮东积贮,赏转中奉大夫。十二月,除太府卿兼知临安府。二年正月,除权刑部侍郎仍兼知临安府。二月,兼领都大兵船职事。三月,兼侍讲。是月,转中大夫。四月,磨勘转太中大夫,经筵进读《三朝宝训》,终篇转通议大夫。七月,除户部侍郎兼权兵部尚书,仍兼知临安府。三年正月,除权户部尚书兼同修国史兼实录院同修撰。四月,经筵进讲《周易》,彻章转通奉大夫。六月,兼侍读。八月,兼吏部尚书。十一月,该明禋恩,进开国子,加食邑三百户。是月,除户部尚书。十二月,升兼修国史兼实录院修撰。累疏丐祠。四年六月,除华文阁学士,知绍兴府浙东安抚使。寻改除敷文阁学士,知江州江南西路安抚使兼提举南康军兵甲公事兼沿江制置副使兼蕲、黄州屯田使。淳祐元年九月,升显谟阁学士,仍旧任。二年二月,召赴行在奏事。三月,除龙图阁学士,知绍兴府浙东安抚使。三年二月,磨勘转正议大夫。八月,该明禋恩,进开国伯,加食邑三百户。四年六月,除端明殿学士,依旧知绍兴府。七月,以文靖公疾,丐归视药,改知福州福建路安抚使。八月,提举南京鸿庆宫。九月,丁文靖公忧。九年十月,丁齐魏国夫人忧。宝祐四年正月,该淳祐八年明禋恩,进封奉化郡开国侯,加食邑三百户。是月,磨勘转正奉大夫。三年,该淳祐十一年明禋恩,加食邑三百户,食实封一百户。十月,知福州福建路安抚使。六年二月,知平江府兼淮浙发运使,恩数视执政。越二日,改知潭州兼荆湖南路安抚使。四月,以政府初除□□开国公,加食邑四百户,食实封一百户。五月,该明禋恩,加食邑三百户。是月,兼权荆湖南路计度转运使。又以该宝祐五年明禋恩,加食邑三百户。开庆元年正月,除资政殿学士,升荆湖南路安抚大使,知潭州,加食邑四百户,食实封一百户。三月,和籴竣事,特转宣奉大夫。六月,依旧职,除沿江制置副使兼知江州江西安抚使,节制蕲、黄兴国军马,提举饶州南康兵甲公事,节制淮西山寨兼屯田使。七月,升江西安抚大使。续被旨,旌异帅潭劳绩,特转光禄大夫,加食邑四百户,食实封一百户。景定元年五月,除资政殿大学士、知绍兴府浙东安抚使,加食邑四百户,食实封一百户。二年三月,提举临安府洞霄宫。四年正月,该明禋恩,加食邑三百户。咸淳元年,今上登极,特转银青光禄大夫,引年乞休,致闰五月,得旨依前资政殿大学士、银青光禄大夫、提举临安府洞霄宫致仕。……六年十一月辛巳,以疾薨于里第之正寝,享年七十有八。遗表闻,上震悼,辍视朝,赠开府仪同三司,赙卹有加,官其后如格。"注:是志撰于宋咸淳七年(1271)。

史弥巩(1170—1249)　　字南叔,号独善,史弥远表弟。绍熙四年入太学,为上舍生,然因避史弥远嫌,未赴科试,后登嘉定十年进士第,初入李直幕府,平定戍卒哗变,后为溧水知县,端平时,入监都进奏院,论对切时弊,嘉熙时上书为雪川之变平反,提点江东刑狱司,当时饶州一带大旱,史弥巩为赈灾,定民户等级,加以赈济,又断狱甚平,淘汰冗兵,平息哗变。后召为司封郎中、直华文阁知婺州,乞退。卒年八十。史弥巩有词,收于《景定建康志》。

元吴师道《敬乡录》卷十一《衢州修群贤祠记》:"嘉熙二年正月,靖文之孙请于郡,求附超化之祠。……史公鄞人,名弥巩,三世相家,而被服雅素,其利于学者甚众,作为之碑,此故不著云。"

《宋史》卷四百二十三《史弥巩》:"史弥巩,字南叔,弥远从弟也。好学强记。绍熙四年,入太学,升上舍。时弥远柄国,寄理不获试,淹抑十载。嘉定十年,始登进士第。

"时李直开鄂阃,知弥巩持论不阿,辟咨幕府事。寿昌戍卒失律,欲尽诛其乱者,乃请诛倡者一人,军心感服。改知溧水县,首严庠序之教。端平初,入监都进奏院。转对,有君子小人才不才之奏,护蜀保江之奏。嘉熙元年,都城火,弥巩应诏上书,谓修省之未至者有五。又曰:'天伦之变,世孰无之。陛下友爱之心亦每发见,洪咨夔所以蒙陛下殊知者,谓雪川之变非济邸之本心,济邸之死非陛下之本心,其言深有以契圣心耳。引以为先帝之子,陛下之兄,乃使不能安其体魄于地下,岂不干和气,召灾异乎?蒙蔽把握,良有以也。'

"出提点江东刑狱。岁大旱,饶、信、南康三郡大侵,谓振荒在得人,俾厘户为五,甲乙以等第振粜,丙为自给,丁粜而戊济,全活为口一百一十四万有奇。徽之休宁有淮民三十余辈,操戈劫人财,逮捕,法曹以不伤人论罪。弥巩曰：'持兵为盗，贷之，是滋盗也。'推情重者僇数人，一道以宁。饶州兵籍溢数，供亿不继，请汰冗兵。令下，营门大噪。乃呼诸校谓曰：'汰不当，许自陈，敢哗者斩。'咸叩头请罪，诸营帖然，廪给亦大省。召为司封郎中，以兄子嵩之入相，引嫌丐祠，遂以直华文阁知婺州。时年已七十，丐祠，提举崇禧观。里居绝口不道时事。卒，年八十。真德秀尝曰：'史南叔不登宗衮之门者三十年，未仕则为其寄理，已仕则为其排摈，皤然不污有如此。'

"五子，长肯之，终刑部郎官，能之、有之、胄之俱进士。肯之子蒙卿，咸淳元年进士，调江阴军教授，早受业色川阳恪，为学淹博，著书立言，一以朱熹为法。"

陈骙《南宋馆阁录续录》卷八《官联二》："秘书郎……端平以后……史弥巩，字南叔，庆元府鄞县人。嘉定十年吴潜榜进士出身，治《诗》兼诗赋，三年十一月，以诸王宫大小学教授除，嘉熙元年八月差知衢州。"

《至正四明续志》卷二《人物》："史弥巩，字南叔，鄞人。八行先生曾孙。性颖悟，好学强记。绍熙四年入太学，不以举子业自售，言必以修齐治本为本。升上舍待。

"对大廷，时从兄弥远柄国，寄理不获试，淹抑十载，始登进士第。调峡州教授，时悦斋李公埴开鄂阃，知弥巩持论不阿，多咨幕府事。寿昌戍卒失律，欲尽诛其乱者，乃请诛倡者一人，军心感服。知建康府溧水县，首严庠序之教，手类濂洛诸贤训语，锓梓以惠邑人，学者化之。端平初元，郑清之当轴，振拔淹滞，一时名流应诏起，称小元祐。弥巩得监行在都进奏院，陛对有君子小人才不才之奏、护蜀保江之奏，上悉嘉纳。

"嘉熙改元，都城灾，上书剀切时政，又谓：'雪川之变，非济邸本心，济邸之死，非陛下本心，引以先帝之子，陛下之兄，乃使不能安其体魄于地下，宁不能干和气召灾异乎？蒙蔽把握，良有以也。'除江南东路提点刑狱公事。是岁大旱，饶、信、南康三郡大侵，谓赈荒在得人。俾里户为五，甲乙以等第赈粜，丙为自给，丁籴，而戊济。全活为口一百一十四万有奇。徽之休宁，有淮民三十余辈，操戈劫人财逮捕。法曹以不伤人论罪。弥巩曰：'持兵为盗，贷之，是滋盗也。'推情重者尸数人，一道以宁。番易兵籍溢数，供亿不继，议汰冗兵。令下，营门大噪。乃呼诸校谓曰：'汰不当，许自陈。敢哗者斩！'咸叩头请罪，诸营帖然。廪给亦大省。除司封郎中，以兄子嵩之入相，引嫌丐祠。除直华文阁，知婺州，时已年七十，丐祠。提举建康府崇禧观，而里居绝口不道时事。自号"独善"。年八十。

"有《独善先生文集》二十卷，藏于家。西山真文忠公尝曰：'史南叔三十年不登宗衮之门,未仕则为其寄理,已仕则为其排摈,嶷然不污有如此。'五子:长肯之,终刑部郎官;能之、有之、胄之俱登进士第。肯之第三子蒙卿,咸淳乙丑进士,调江阴军教授,早受业于阳先生恪,为学淹博,读书立言一以朱子为法,乡人称为果斋先生云。"

《宝庆四明志》卷十《进士》:"嘉定十年吴潜榜:史弥巩,弥忠弟。"《延祐四明志》卷六《人物考下》:"嘉定十年吴潜榜:史弥巩,弥忠弟。"《光绪鄞县志》卷二十《选举表一》:"嘉定十年丁丑:史弥巩,弥忠弟。"

庄镇　庆元府鄞县人。登嘉定十年进士第。事迹无考。

《宝庆四明志》卷十《进士》:"嘉定十年吴潜榜:庄镇。"《延祐四明志》卷六《人物考》下:"嘉定十年吴潜榜:庄镇。"《光绪鄞县志》卷二十《选举表一》:"嘉定十年丁丑:庄镇。"

刘著　庆元府鄞县人。登嘉定十年进士第。事迹无考。

《宝庆四明志》卷十《进士》:"嘉定十年吴潜榜:刘著。"《延祐四明志》卷六《人物考下》:"嘉定十年吴潜榜:刘著。"《光绪鄞县志》卷二十《选举表一》:"嘉定十年丁丑:刘著。"

李元白　字景平,李以制之父。庆元府奉化县人。少从学于蔡幼学,于儒学颇有造诣,尤传经制之学。后为舒广平之徒。登嘉定十年进士第。官国子博士。李元白曾讲学于三江一带,诗录于《宋诗纪事》。

李元白
像取自清代修《浙江姚江、蕙江、甬江三江李氏宗谱》

清黄宗羲等《宋元学案》卷七十六《博士李三江先生元白附子以称以制》:"李元白,字景平,本奉化人,迁居鄞之三江口。其大父偁,烈士也。……

至先生,始以儒术起。初,受业于蔡文懿公幼学,传其经制之学。已而受业广平。文懿为舍人,以先生上世起兵事闻,进论其功,有诏赠佾修武郎。先生累官至国子博士,深于《诗》、《礼》。其论荒政赈恤,极有条理,皆得之广平者也。

"三江旧有李朝散祠,盖先生讲学之地,元时尚存。郑真尝言于当事重葺之,而今不可问矣。"

清王梓材等《宋元学案补遗》卷七十六《博士李三江先生元白》:"云濠谨案:先生尝为永州教授,真西山荐状言其学纯行粹,论正气平,早游胶庠,士论推服,及为学录,规范肃然,分教偏州,未究其用云。"

《延祐四明志》卷四《人物考上》:"孙元白、曾孙以称同登进士,以制亦进士第。"《宝庆四明志》卷十《进士》:"嘉定十年吴潜榜:李元白,以制父。"《延祐四明志》卷六《人物考下》:"嘉定十年吴潜榜:李元白,以制父。"《光绪奉化县志》卷十九《选举表一》:"嘉定十年丁丑:李元白,吴潜榜,以制父。"

李以称　字景平,李元白之子。庆元府奉化县人。登嘉定十年进士第。为人肃然寡欲,登第后为新安典教,推广道学,一时天下士皆翕然。后为宣教郎、铜陵令、徽州教官,所行、所授皆为舒璘之学,馆终秘书省正字、景献府教授,后卒。

宋陈骙《南宋馆阁续录》卷九《官联三》:"正字……端平以后七人……李以春,字景平,庆元府奉化县人。嘉定十年吴潜榜进士及第,治《诗》,元年三月召试馆职除。"

清黄宗羲《宋元学案》卷七十六《博士李三江先生元白附子以称以制》:"先生子以称、以制、以益,从弟□伯海、伯森,皆踵世科,而以称与先生同登第,时人传为佳话。以制尝为徽州教官,人皆称其有广平遗法。"

清王梓材等《宋元学案补遗》卷七十六《正字李先生以称》:"李以称,字景平,博士长子。事亲孝,朝夕色养无阙违。家素枵虚,俸入尽以娱亲。处兄弟,怡怡如也。见人厄穷,解衣推食无难色。寡嗜欲,一室危坐,终日肃然。由璧水舍选登进士第,典教新安及京庠。推明道学,士心倾向。改宣教郎,知铜陵邑。既以修入馆为正字,兼景献府教授。卒,袁蒙斋铭其墓,称先生平生嘉言善行甚众,而最可记者二事:宰涸邑有实政,试馆职无谀语云。"

《宝庆四明志》卷十《进士》:"嘉定十年吴潜榜:李以称,元白子。"《延祐四明志》卷六《人物考下》:"嘉定十年吴潜榜:李以称,元白子。"《光绪奉化县志》卷十九《选举表一》:"嘉定十年:李以称,元白子。"

汪之秀　庆元府鄞县人。汪之强之弟。登嘉定十年进士第。事迹无考。

《宝庆四明志》卷十《进士》："嘉定十年吴潜榜:汪之秀,之强弟。"《延祐四明志》卷六《人物考下》："嘉定十年吴潜榜:汪之秀,之强弟。"《光绪鄞县志》卷二十《选举表一》："嘉定十年丁丑:汪之秀,之强弟。"

陈伯鼎　庆元府鄞县人,陈概之孙。登嘉定十年进士第。事迹无考。

《宝庆四明志》卷十《进士》："嘉定十年吴潜榜:陈伯鼎。"《延祐四明志》卷六《人物考下》："嘉定十年吴潜榜:陈伯鼎。"《光绪鄞县志》卷二十《选举表一》："嘉定十年丁丑:陈伯鼎,概孙。"

陈埙(1197—1241)　字和仲,庆元府鄞县人。其伯父陈叔平和楼钥有交,叔平亡故,楼钥以陈埙聪慧悉心培养,陈氏又受业于刘著,有所成就。登嘉定十年进士第。初为黄州教授,师从杨简,日夜勤读,有所成。理宗时为太学博士、宗正寺主簿、太常博士,曾为袁燮请谥,又警告史弥远、李全、贾氏之患,却为史弥远所拒。出外知常州、衢州、福建等,后入内廷,官至吏部侍郎。陈埙仅存诗五首,收录于《全宋诗》。

宋魏了翁《渠阳集》卷三《答史提举弥忠》："比见令甥陈兄和仲论谏剀切,又有传录到《中和堂跋语》者,学问渊源端有自来。"

元脱脱等《宋史》卷四百二十三《陈埙》："陈埙字和仲,庆元府鄞人。大父叔平与同郡楼钥友善,死,钥哭之。埙才四岁,出揖如成人。钥指盘中银杏使属对,埙应声曰:'金桃。'问何所据,对以杜诗'鹦鹉啄金桃'。钥竦然曰:'亡友不死矣。'长受《周官》于刘著,顷刻数千百言辄就。试江东转运司第一,试礼部复为第一。

"嘉定十年,登进士第。调黄州教授。丧父毁瘠,考古礼制时祭、仪制、祭器行之。忽叹曰:'俗学不足学。'乃师事杨简,攻苦食淡,昼夜不息。免丧,史弥远当国,谓之曰:'省元魁数千人,状元魁百人,而恩数逾等,盍令省元初授堂除教授,当自君始。'埙谢曰:'庙堂之议甚盛,举自埙始,得无嫌乎?'径部注处州教授以去,士论高之。

"理宗即位,诏求言,埙上封事曰:'上有忧危之心,下有安泰之象,世道之所由隆。上有安泰之心,下有忧危之象,世道之所由污。故为天下而忧,则乐随之。以天下为乐,则忧随之。有天下者,在乎善审忧乐之机而已。今日之敝,莫大于人心之不合,纪纲之不振,风俗之不淳,国敝人偷而不可救。愿陛下养之以正,励之以实,莅之以明,断之以武。'而埙直声始著于天下。与郡守高似孙不合,去,归奉其母。召为太学录,逾年始至。转对,言:'天道无亲,民心难保。日月逾迈,事会莫留,始之锐,久则怠。始之明,久则昏。

垂拱仰成,盛心也,不可因以负有为之志。遵养时晦,至德也,不可因以失乘时之机。'上嘉纳之。迁太学博士,主宗正寺簿。都城火,埧步往玉牒所,尽藏玉牒于石室。诏迁官,不受。应诏言应上天非常之怒者,当有非常之举动,历陈致灾之由。又有吴潜、汪泰亨上弥远书,乞正冯榰、王虎不尽力救火之罪,及行知临安府林介、两浙转运使赵汝悍之罚。人皆壮之。

"迁太常博士,独为袁燮议谥,余皆阁笔,因叹曰:'幽、厉虽百世不改。谥有美恶,岂谀墓比哉?'会朱端常子乞谥,埧曰:'端常居台谏则逐善类,为藩牧则务刻剥,宜得恶谥,以戒后来。'乃谥曰荣愿。议出,宰相而下皆肃然改容。考功郎陈耆覆议,合宦者陈洵益欲改,埧终不答。

"李全在楚州有异志,埧以书告弥远:'痛加警悔,以回群心。早正典刑,以肃权纲。大明黜陟,以饬政体。'不纳。未几,贾贵妃入内,埧又言:'乞去君侧之蛊媚,以正主德;从天下之公论,以新庶政。'弥远召埧问之曰:'吾甥殆好名邪?'埧曰:'好名,孟子所不取也。夫求士于三代之上,惟恐其好名;求士于三代之下,惟恐其不好名耳。'力丐去,添差通判嘉兴府。弥远卒,召为枢密院编修官。入对,首言:'天下之安危在宰相。南渡以来,屡失机会。秦桧死,所任不过万俟禼、沈该耳。侂胄死,所任史弥远耳。此今日所当谨也。'次言:'内廷当严宦官之禁,外廷当严台谏之选。'于是洵益阴中之,监察御史王定劾埧,出知常州,改衢州。

"寇卜日发漺坑,遵江山县而东。埧获谍者,即遣人致牛酒谕之曰:'汝不为良民而为劫盗,不事耒耜而弄甲兵,今享汝牛酒,冀汝改业,否则杀无赦。'于是自首者日以百数,献器械者重酬之,遂以溃散。改提点都大坑冶,徙福建转运判官。侍御史蒋岘常与论《中庸》,不合,又劾之。主管崇道观。逾年,迁浙西提点刑狱。岁旱,盗起,捕斩之,盗惧徙去。安吉州俞垓与丞相李宗勉连姻,恃势黩货,埧亲按临之。弓手戴福以获潘丙功为副尉,宗勉倚之为腹心,盗横贪害,埧至,福闻风而去。贻书宗勉曰:'埧治福,所以报丞相也。传间实走丞相,贤辅弼不宜有此。'宗勉答书曰:'福罪恶贯盈,非君不能治。宗勉虽不才,不敢庇奸凶。惟郡留意。'及获福豫章,众皆欲杀之,埧曰:'若是则刑滥矣。'乃加墨狗于市,囚之圜土。以吏部侍郎召,及为国子司业,诸生咸相庆,以为得师。

"未几,兼玉牒检讨、国史编修、实录修撰,乃辞兼史馆。历陈境土之蹙,民生之艰,国计之匮,'既无经理图回之素,惟有感动转移之策,必有为之本者,本者何? 复此心之妙耳'。又言:'履泰安而逸乐者,有习安致危之理。因艰危而就惧者,有虑危图安之机。明用舍以振纪纲,躬节俭以汰冗滥,屏奸妄以厉将士，抑贵近以宽枲籴，结乡社以防窃发，黜增创以培根本。今任用混淆，薰莸同器，遂使贤者耻与同群。'谏议大夫金渊见之，怒。埛乞补外，不许，又辞免和籴转官赏，亦不许。知温州，未上，以言罢。

"埛家居，时自娱于泉石，四方学者踵至。轻财急义，明白洞达，一言之出，终身可复。忽卧疾，戒其子抽架上书占之，得《吕祖谦文集》，其墓志曰：'祖谦生于丁巳岁，没于辛丑岁。'埛曰：'异哉！我生于庆元丁巳，今岁在辛丑，于是一甲矣。吾死矣夫！'

《宝庆四明志》卷十《进士》："嘉定十年吴潜榜：陈埛，省元。"《延祐四明志》卷六《人物考下》："嘉定十年吴潜榜：陈埛，省元。"《光绪鄞县志》卷二十《选举表一》："嘉定十年丁丑：陈埛，省元。"

林挺 庆元府鄞县人。林拱之弟。登嘉定十年进士第。

《宝庆四明志》卷十《进士》："嘉定十年吴潜榜：林挺，拱弟。"《延祐四明志》卷六《人物考下》："嘉定十年吴潜榜：林挺，拱弟。"《光绪鄞县志》卷二十《选举表一》："嘉定十年丁丑：林挺，拱弟。"

郑次申 郑清之子，庆元府鄞县人。登嘉定十年进士第。师从楼昉。

清王梓材等《宋元学案补遗》卷七十三《进士郑先生次申》："郑次申，鄞人，楼迂斋弟子。梓材谨案：先生为安晚兄子，与安晚同登嘉定十年进士。"

《宝庆四明志》卷十《进士》："嘉定十年吴潜榜：郑次申。"《延祐四明志》卷六《人物考下》："嘉定十年吴潜榜：郑次申。"《光绪鄞县志》卷二十《选举表一》："嘉定十年丁丑：郑次申。"

郑清之(1176—1251) 字德源，庆元府鄞县人。少年时师从楼昉，楼钥闻之，十分赏识。登嘉定十年进士第，初授峡州教授，立"茶商军"，调为湖广总所准备差遣、国子监书库官、国子学录。当时史弥远欲废赵竑，郑清之参与密谋，为理宗的登基奠定了重要基础。理宗时，郑清之一路高升，自诸王宫大小学教授直擢至参知政事、左丞相、太师，进封国公。

郑清之著《安晚堂集》，收录《丛书集成续编》。

元脱脱等《宋史》卷四百十四《郑清之》："郑清之，字德源，庆元之鄞人。初名燮，字文叔。少从楼昉学，能文，楼钥亟加称赞。嘉泰二年，入太学。十年，登进士第，调峡州教授。……湖北茶商群聚暴横，清之白总领何炳曰：'此辈精悍，宜籍为兵，缓急可用。'炳亟下召募之令，趋者云集，号曰'茶商军'，后多赖其用。调湖、广总所准备差遣、国子监书库官。十六年，迁国子学录。丞相史弥远与清之谋废济国公，事见《皇子竑传》。俄以清之兼魏惠宪王府教授，迁宗学谕，迁太学博士，皆仍兼教授。宁宗崩，丞相入定策，诏旨皆清之所定。

"理宗即帝位,授诸王宫大小学教授,迁宗学博士、宗正寺丞兼权工部郎、兼崇政殿说书。……宝庆元年,改兼兵部兼国史院编修官、实录院检讨官,迁起居郎、仍兼史官、说书、枢密院编修官。二年,权工部侍郎,暂权给事中,进给事中,升兼同修国史、实录院同修撰。绍定元年,迁翰林学士、知制诰兼侍读,升兼修国史实录院修撰、端明殿学士、签书枢密院事。三年,授参知政事兼签书枢密院事。四年,兼同知枢密院事,六年,弥远卒,命清之为右丞相兼枢密使。

"端平元年,上既亲视庶政,赫然独断,而清之亦慨然以天下为己任,召还真德秀、魏了翁、崔与之、李直、徐侨、赵汝谈、尤焴、游似、洪咨夔、王遂、李宗勉、杜范、徐清叟、袁甫、李韶,时号'小元祐'。……二年,上疏乞罢,不可,拜特进、左丞相兼枢密使。……(三年)九月,禋祀雷变,请益力。乃授观文殿大学士、醴泉观使兼侍读。……嘉熙三年,封申国公。……淳祐四年,依前观文殿大学士、醴泉观使兼侍读,屡辞不允,拜少保、观文殿大学士、醴泉观使兼侍读,进封卫国公。……五年正月,上寿毕,亦疏丐归,不允。拜少傅,依前观文殿大学士、醴泉观使兼侍读,进封越国公。居无何,丧其子士昌,决意东还,又不许。拜少师、奉国军节度使,依前醴泉观使兼侍读、越国公,赐玉带,更赐第于西湖之渔庄。

"……六年,拜太保,力辞。……七年,拜太傅、右丞相兼枢密使、越国公。……九年,拜太师、左丞相兼枢密使,辞太师不拜,依前太傅。……十一年,十疏乞罢政,皆不许。拜太师,力辞。十一月丁酉,……拜太傅、保宁军节度使充醴泉观使,进封齐国公致仕,卒,遗表闻,帝震悼,辍朝三日,特赠尚书令,追封魏郡王,赐谥忠定。

"……清之代言奏对,多不存稿,有《安晚集》六十卷。清之自与弥远议废济王竑,立理宗,骎骎至宰辅,然端平之间召用正人,清之之力也。至再相,则年齿衰暮,政归妻子,而闲废之人或因缘以贿进,为世所少云。"

元方回《桐江集》卷七《郑清之所进圣语考》:"清之,嘉定十年丁丑吴潜榜第二甲,太学下等上舍,初任峡州教授。十四年十二月,差充国子监书库官……(庆元)二年七月,权工部侍郎兼给事中……盖一任教授即内擢,不出都门,登科二十年而至侍从官……(绍定)六年十月。弥远卒,拜右丞相兼枢密使……凡再相五年。"

《延祐四明志》卷五《人物考中》:"郑清之,字德源。少母胡氏将就蓐,三日甄鸣,甫生,嫡母欲不举,邱嫂边氏请于舅姑,愿己乳之。既贵,奉边氏如母，卒为之服期以报。

"教授峡州，江陵帅赵方善风鉴，夜梦有告者曰：'明日当有贵客至，宜敬礼之。'迟明，典客以峡州教授谒入，方从厅屏窥清之状貌黧瘠，且短小，殊不称所告梦。宾次坐逾日晏，方往来，益视清之，危坐迄不惰，方大器之，设高会，见其二子，挟使受拜礼，且曰：'公他日大贵，愿以累公。'后为相，卒拔其二子，曰葵为丞相，曰范为襄帅。后帅师入洛，皆葵、范赞启之。

"初为国子录史，丞相弥远密语曰：'皇子济国公未正储号，动止躁浅，似不宜负荷。沂王宫新立嗣子，容止端谨，烦君为讲官，善辅导之。'即除魏惠宪王府教授。宁宗崩，以沂王所后子即帝位，是为理宗。宝庆元年，除起居郎。逾年，权给事中，进翰林学士。未几，拜签书枢密。不十年，为丞相。遂召真德秀、魏了翁、崔与之、赵汝谈、徐侨、尤㷸、洪咨夔、王遂、李宗勉、杜范、游似、袁甫、李韶，凡数十人为侍从等官，是为端平元年。三年，行明堂礼。九月，大雷电，罢，家居凡十年。淳祐五年，入朝，拜奉国军节度使兼侍读。七年，拜太傅、右丞相。九年，进左丞相。凡四登相位。耄年章表皆手属稿，爱奖文士，应㒦、刘克庄尝力荐之，卒致大用。端平初相，四方称为小元祐。及再相，公行公田新楮币，上方独断，郡守大帅时有内署，清之力不能止。十一年薨，赠尚书令魏郡王，谥忠定。"

《宝庆四明志》卷十《进士》："嘉定十年吴潜榜：郑清之。"《延祐四明志》卷六《人物考下》："嘉定十年吴潜榜：郑清之。"

郑清之《白云山宝庆显忠寺记》："淳祐二季冬初吉特进观文殿大学士提举临安府洞宵宫申国公郑清之记并书。"注：是文撰于宋淳祐二年（1242）。

郑清之《宋故太师右丞相食邑五千九百户食实封三千九百户谥文节鲁国公魏公神道碑》："□文殿大学士充醴泉观使兼侍读起居……食邑一万五百户食实封三千五百户郑清之撰并书。"注：是文撰于宋淳祐四年（1244）。

郑清之《敕命昭惠庙神为灵祐侯牒碑》："同知枢密院事兼权参知政事清之。"注：是文撰于宋淳祐十二年（1252）。

注：郑清之的研究成果有郑传杰等的《郑清之评传》（宁波出版社 2010年版）。该书较为全面地介绍郑清之的生平，也对郑氏家族播迁、历史、后裔详加考释。另有王德毅《郑清之与南宋后期的政争》一文，收于《宋史研究论文集——国际宋史研讨会暨中国宋史研究会第九届年会编刊》（河北大学出版社 2002 年版）。

赵汝梓　　庆元府鄞县人。赵善湘之子。登嘉定十年进士第。事迹无考。

《宝庆四明志》卷十《进士》:“嘉定十年吴潜榜:赵汝梓,善湘子。”《延祐四明志》卷六《人物考下》:“嘉定十年吴潜榜:赵汝梓,善湘子。”《光绪鄞县志》卷二十《选举表一》:“嘉定十年丁丑:赵汝梓。”

赵汝櫄 庆元府鄞县人。赵善湘之子。登嘉定十年进士第。事迹无考。

《宝庆四明志》卷十《进士》:“嘉定十年吴潜榜:赵汝櫄,善湘子。”《延祐四明志》卷六《人物考下》:“嘉定十年吴潜榜:赵汝櫄,善湘子。”《光绪鄞县志》卷二十《选举表一》:“嘉定十年丁丑:赵汝櫄。”

赵时渫 庆元府鄞县人。赵瑺夫侄。登嘉定十年进士第。事迹无考。

《宝庆四明志》卷十《进士》:“嘉定十年吴潜榜:赵时渫,瑺夫侄。”《延祐四明志》卷六《人物考下》:“嘉定十年吴潜榜:赵时渫,瑺夫侄。”《光绪鄞县志》卷二十《选举表一》:“嘉定十年丁丑:赵时渫。瑺夫从子。”

赵希畲 庆元府鄞县人。赵师俌之子。登嘉定十年进士第。事迹无考。

《宝庆四明志》卷十《进士》:“嘉定十年吴潜榜:赵希畲,师俌子。”《延祐四明志》卷六《人物考下》:“嘉定十年吴潜榜:赵希畲,师俌子。”《光绪鄞县志》卷二十《选举表一》:“嘉定十年丁丑:赵希畲,师俌子。”

赵希敞 庆元府鄞县人。赵与昭之叔。登嘉定十年进士第。事迹无考。

《宝庆四明志》卷十《进士》:“嘉定十年吴潜榜:赵希敞,与昭叔。”《延祐四明志》卷六《人物考下》:“嘉定十年吴潜榜:赵希敞,与昭叔。”《光绪鄞县志》卷二十《选举表一》:“嘉定十年丁丑:赵希敞,与昭从父。”

赵琺夫 庆元府鄞县人。赵公迁之孙。登嘉定十年进士第。事迹无考。

《宝庆四明志》卷十《进士》:“嘉定十年吴潜榜:赵琺夫,公迁孙。”《延祐四明志》卷六《人物考下》:“嘉定十年吴潜榜:赵琺夫,公迁孙。”《光绪鄞县志》卷二十《选举表一》:“嘉定十年丁丑:赵琺夫,公迁孙。”

赵堪夫 庆元府鄞县人。赵公迁之孙。登嘉定十年进士第。事迹无考。

《宝庆四明志》卷十《进士》:“嘉定十年吴潜榜:赵堪夫,公迁孙。”《延祐四明志》卷六《人物考下》:“嘉定十年吴潜榜:赵堪夫,公迁孙。”《光绪鄞县志》卷二十《选举表一》:“嘉定十年丁丑:赵堪夫,公迁孙。”

翁逢龙 字际可,号龟翁,庆元府鄞县人,一说慈溪县人。登嘉定十年进士第。长于吏事,曾为平江府通判。翁逢龙有诗《金山寺》,见于《宋诗拾遗》。

明钱谷《吴都文粹续集》卷八《通判西厅记》:"翁君过,遂言曰:'余佐郡一年矣,而假室庐于人,其何以尊君命而宁亲心?且堂扁题以淳熙十六年,东偏则次年施君迈之所营,岁月非不深,而事力微矣。会将斥而丈之,舍旧而图其新,能无惧余力之不在乎?'……乃与提举赵公崇晖、总领吴公渊、桂公如琥,合六县之长,鸠材以助之,而君以其力偻功其间。……君名逢龙,字际可,甬东人,号龟翁,登嘉定丁丑第。诗思清越,出大历、贞元畦迳之表,而长于吏才,费之大小、役之远近不书。"

《宝庆四明志》卷十《进士》:"嘉定十年吴潜榜:翁逢龙。"《延祐四明志》卷六《人物考下》:"嘉定十年吴潜榜:翁逢龙。"《光绪鄞县志》卷二十《选举表一》:"嘉定十年丁丑:翁逢龙。"《光绪慈溪县志》卷十九《选举上·宋》:"嘉定十年丁丑吴潜榜:翁逢龙。"

葛逢　字深父,庆元府鄞县人,一说慈溪县人。曾为著作佐郎、著作郎、秘书郎,后外知严州。

宋洪咨夔《平斋文集》卷二十二《葛逢除著作郎刘炳除司农寺丞制》:"敕具官某等:汉良二千石必选召,渤海人为水衡都尉,颍川人为太子太傅,左冯翊人为大鸿胪,美意犹在也。尔逢修洁而宽厚,守严能使其民咸乐于有生,承明有庭,进为之长。尔炳详明而通敏,守徽能与其民相安于无事,司均有丞,俾还其旧。文学政事之科难异,表厉藩辅之意则同,或汗竹之摘华,或治粟之赞计,各摅素韫,用对殊奖。可。"

宋袁甫《蒙斋集》卷八《范钟除吏部郎官葛逢除都官郎官制》:"敕:具官某等:朕惟郎选至重,必属闻人,傥或轻授,非所以应列宿、凝庶续也。亟起家食之贤,序进周行之彦。爰得二人,以称兹选。尔钟问学平实,尔逢资禀朴茂,士论推许,素有定价,且敡历多而世故熟矣。朕患吏道不清,而选法日坏,正有赖于铨综之公,而都官一职,即古司隶,亦显曹也。各敬尔事,赞尔长,以无负朕选任之意。"

宋陈骙《南宋馆阁录》卷八《官联二》:"著作郎……端平以后十二人……葛逢,二年四月除,十月为都官郎中。……秘书郎……绍定以后……葛逢,字深父,庆元府鄞县人。丁丑吴榜同进士出身,治诗赋。五年七月以国子博士除秘书郎,六年十月除著作佐郎。……著作佐郎……绍定以后……葛逢,六年十月除,端平元年正月知严州。"

《淳熙严州图经》卷一《贤牧》:"葛逢,端平元年十一月十三日,以朝散大夫、秘书省著作郎兼度支郎官知,端平二年四月十五日,除秘书省著作郎。"

《宝庆四明志》卷十《进士》:"嘉定十年吴潜榜:葛逢。"《延祐四明志》卷六《人物考下》:"嘉定十年吴潜榜:葛逢。"《光绪慈溪县志》卷十九《选举表上·宋》:"嘉定十年丁丑吴潜榜:葛逢。"

楼采　庆元府鄞县人,楼汶侄。登嘉定十年进士第。楼采存词六首,收入《全宋词》。

《宝庆四明志》卷十《进士》:"嘉定十年吴潜榜:楼采,汶侄。"《延祐四明志》卷六《人物考下》:"嘉定十年吴潜榜:楼采,汶侄。"《光绪鄞县志》卷二十《选举表一》:"嘉定十年丁丑:楼采,汶从子。"

方季仁　庆元府慈溪县人,方山京之父。登嘉定十年进士第。官南安军教授,曾为余姚孙氏聘于家中,教授子弟,并结姻亲。

宋黄震《黄氏日抄》卷九十七《致政修职孙君墓志铭》:"闻慈溪方先生达材之贤,而礼致之,妻之女,授之屋,率其族使皆执经就弟子列,学论三子因益秀拔。"

宋徐宗伯《宋宗伯徐清正公存稿》卷五《双碧柱记》:"教官厅之东有楼三间曰导月,嘉泰壬戌曾侯准建。厅北堂五间,嘉定辛亥方君季仁建。楼后堂之左为屋三间,面东两峰扁曰双碧,宝庆丙戌徐鹿卿建。屋前筑台,从十有五尺,衡倍之,扁曰月观,观之前为圃,中累土尺,历四寻,植以杂花木。既就而鹿卿去,唯厅事创于庆元丁巳,隤且敝材尝具矣而役弗及,几来者图之,丁亥朔日记。"

清王梓材等《宋元学案补遗》卷七十一《判官方先生山京父季仁》:"父嘉定进士、南安军教授季仁馆于余姚,孙氏妻以女。"

《宝庆四明志》卷十《进士》:"嘉定十年吴潜榜:方季仁。"《延祐四明志》卷六《人物考下》:"嘉定十年吴潜榜:方季仁。"《光绪余姚县志》卷十九《选举表》:"淳祐十年庚戌:方季仁。"《光绪慈溪县志》卷十九《选举上·宋》:"嘉定十年丁丑吴潜榜:方季仁。"注:方氏为慈溪人,余姚志误录。

任灼然　庆元府奉化县人。登嘉定十年进士第。官汉阳军教授。

《宝庆四明志》卷十《进士》:"嘉定十年吴潜榜:任灼然。"《延祐四明志》卷六《人物考下》:"嘉定十年吴潜榜:任灼然。"《光绪奉化县志》卷十九《选举表一》:"嘉定十年丁丑:任灼然,汉阳军教授。"

高奎　字文叔,庆元府奉化县人。登嘉定十年进士第。官国子监簿、枢密院检详诸房文字、枢密院编修官、枢密院右司谏。

宋洪咨夔《平斋文集》卷二十《赵与懃除太府寺丞余元膴国子监丞章劢

太府寺簿高奎国子监簿制》："敕：具官某：君人在于阜财明道，大府掌贡赋之贰，师氏掌教国子，不容偏废也。与懿擢秀宗盟，首腾关决之最，其为我丞外府；而以吏事通敏，能称其家之劼为之簿。元扉蚃英胶庠，久著敫历之誉，其为我丞胄监；而以边画精练，克践所学之奎为之簿。夫善政得民财，善教得民心，其得民虽不同而同于尽君师之责。尔等其各效厥长，以助予治。可。"

宋许应龙《东涧集》卷四《高奎除枢密院检详诸房文字制》："本兵之寄，其责甚重，协责谋画，尤贵得人。以尔有文有学，知微知彰，比任编摩，继登宰掾，庙堂密务，盖知之详讲之熟矣。与其出秉于麾节，孰若人佐于筹帷。其展壮猷，以阶显用。"

宋陈骙《南宋馆阁录续录》卷七《官联一》："丞……端平以后九人……高奎，字文叔，庆元府奉化县人。嘉定十年吴潜榜：进士出身，治诗赋，三年二月以枢密院编修官除，九月兼权右司，是月改兼左司，十月与宫观。"

《宝庆四明志》卷十《进士》："嘉定十年吴潜榜：高奎。"《延祐四明志》卷六《人物考下》："嘉定十年吴潜榜：高奎。"《光绪奉化县志》卷十九《选举表一》："嘉定十年丁丑：高奎，枢密院右司谏。"

孙梦瑀　庆元府慈溪县人。登嘉定十年进士第。事迹无考。

《嘉靖宁波府志》卷三《选举表·宋进士》："嘉定十年，慈溪，孙梦瑀。"《光绪慈溪县志》卷十九《选举上·宋》："嘉定十年丁丑吴潜榜：孙梦瑀。"

叶明道　绍兴府余姚县人。登嘉定十年进士第。宝祐年间为承议郎、安吉州通判。

《宝庆会稽续志》卷六《进士》："嘉定十年吴潜榜：叶明道，汝士孙。"《光绪余姚县志》卷十九《选举表》："嘉定十年丁丑：叶明道，吴潜榜，汝士孙。"

王居敬《宋王友度墓志》："女一人，适承议郎、通判安吉州军州事叶明道。"注：是志撰于宋宝祐四年（1256）。

赵苢夫　庆元府鄞县人，一作慈溪县人。登嘉定十年进士第。官抚州军事判官。

《宝庆四明志》卷十《进士》："嘉定十年吴潜榜：赵苢夫。"《延祐四明志》卷六《人物考下》："嘉定十年吴潜榜：赵苢夫。"《光绪鄞县志》卷二十《选举表一》："嘉定十年丁丑：赵苢夫。案：《浙志》、《嘉靖志》苢作履。《江西通志》：宝庆间抚州军事判官。"

《光绪慈溪县志》卷十九《选举上·宋》："嘉定十年丁丑吴潜榜：赵苢夫。按：苢《延祐志》作苢，《嘉靖》、《天启》、《雍正志》并作履，《成化府志》同此。又按：《江西通志》抚州军事判官。"

赵汝柄　庆元府奉化县人。登嘉定十年进士第。端平时以奉议郎知严州。

宋许应龙《东涧集》卷六《赵汝柄知严州制》："严陵密迩京都,素号望郡,非朝绅之有声绩者不畀也。由别驾而升,允为异擢。以尔强敏疏通,优于吏治,例条关决,绰著声称,晋秉州麾,仍兼泉监,其委寄盖不轻矣。正身帅下,薄敛省刑,检察吏奸,使无病吾民,则予汝嘉。往究乃心,以图报称。"

《景定严州续志》卷二《知州题名》："赵汝柄,奉议郎。端平三年五月二十六日到任,嘉熙元年六月初一日去任,前守汝桿弟。"

《宝庆四明志》卷十《进士》："嘉定十年吴潜榜:赵汝柄,善赞侄。"《延祐四明志》卷六《人物考下》："嘉定十年吴潜榜:赵汝柄,善赞侄。"《光绪奉化县志》卷十九《选举表一》："嘉定十年丁丑:赵汝柄,汝桿兄,知严州。"

赵汝桿　庆元府奉化县人。赵汝柄兄弟,赵善赞侄。登嘉定十年进士第。官知严州、淮东总领。

《景定严州续志》卷二《知州题名》："赵汝桿,奉散郎。在任转朝散郎,绍定六年八月二十四日到任,端平元年九月十三日除司农寺丞,在任有惠政,奏用全会入纳。"

《宝庆四明志》卷十《进士》："嘉定十年吴潜榜:赵汝桿,汝柄弟。"《延祐四明志》卷六《人物考下》："嘉定十年吴潜榜:赵汝桿,汝柄弟。"《光绪奉化县志》卷十九《选举表一》："嘉定十年丁丑:赵汝桿,善赞从子,淮东总领。"

赵师篯　庆元府奉化县人。登嘉定十年进士第。曾为严州录事参军。

《宝庆四明志》卷十《进士》："嘉定十年吴潜榜:赵师篯。"《延祐四明志》卷六《人物考下》："嘉定十年吴潜榜:赵师篯。"《光绪奉化县志》卷十九《选举表一》："嘉定十年丁丑:赵师篯,严州录参。"

赵师籀　庆元府奉化县人。登嘉定十年进士第。知吉州。

《宝庆四明志》卷十《进士》："嘉定十年吴潜榜:赵师籀。"《延祐四明志》卷六《人物考下》："嘉定十年吴潜榜赵师籀。"《光绪奉化县志》卷十九《选举表一》："嘉定十年丁丑:赵师籀,知吉州。"

王瀹　字宗之,台州府宁海县人。登嘉定十年进士第。事迹无考。

《嘉定赤城志》卷三十三《仕进·进士科》："嘉定十年吴潜榜:王瀹,宁海人,字宗之。"《光绪宁海县志》卷九《选举表》："嘉定十年丁丑:王瀹。"

杨渭起　字少望。台州府宁海县人,登嘉定十年进士第。事迹无考。

《嘉定赤诚志》卷三十三《仕进·进士科二》："嘉定十年吴潜榜:杨渭起,宁海人。字少望。"

《光绪宁海县志》卷九《选举表》:"嘉定十年丁丑:杨渭起。"

杨恭 字行己,台州府宁海县人,登嘉定十年进士第。事迹无考。

《嘉定赤城志》卷三十三《仕进·进士科》:"嘉定十年吴潜榜:杨恭,字行己。"

《光绪宁海县志》卷九《选举表》:"嘉定十年丁丑:杨恭。《赤城志》:字行己。旧志:谏议大夫。"

杨元勋 字圣伟,定之子。台州府宁海县人,一说临海人。登嘉定十年进士第。官山阴知县。

《嘉定赤城志》卷三十三《仕进·进士科》:"嘉定十年吴潜榜:杨元勋,临海人。字圣伟,定之子。"

《光绪宁海县志》卷九《选举表》:"嘉定十年丁丑:杨元勋,山阴知县。"

张纪 字子枫,台州府宁海县人,登嘉定十年进士第。事迹无考。

《嘉定赤城志》卷三十三《仕进·进士科》:"嘉定十年吴潜榜:张纪,宁海人。字子纲。"

《光绪宁海县志》卷九《选举表》:"嘉定十年丁丑:张纪。《赤城志》:字子枫。"

杨揆龙 字诚之。台州府宁海县人,登嘉定九年特奏名进士第。官曲阳令。

《光绪宁海县志》卷九《选举表》:"嘉定十年:杨揆龙,字诚之,曲阳令。"

王宗吉 庆元府奉化县人。登嘉定十年特奏名进士第。事迹无考。

《光绪奉化县志》卷十九《选举表一》:"嘉定十年丁丑:王宗吉,特奏名。"

嘉定十年丁丑(1217)武举朱嗣宗榜

陈寅 庆元府人。登嘉定十年武举进士第。事迹无考。

《宝庆四明志》卷十《进士》:"嘉定十年武举朱嗣宗榜:陈寅。"《延祐四明志》卷六《人物考下》:"嘉定十年武举朱嗣宗榜:陈寅。"

嘉定十三年庚辰(1220)刘渭榜

王惟忠 字肖尊,庆元府鄞县人。登嘉定十三年进士第。长期在四川为官。余玠在蜀时,专理财赋,颇为有度。后余晦入蜀,两人虽皆为鄞人,然言语多不和,余晦深恶之。后蒙古攻蜀,余晦联合陈大方、丁大全诬陷王氏,将其处斩。王惟忠有《灵城岩》一诗,见《嘉靖保宁府志》。

宋周密《癸辛杂识》别集之下《王惟忠》:"王惟忠,四明人,其为阆帅也,与余晦为同里,薄其为人,每见之言语间,晦深衔之。及败绩,弃城而遁,晦遂甘心焉。既申乞镌降，又令其党陈大方、丁大全力攻之，必欲置之死地。庙堂亦欲掩误用帅之羞，遂兴大狱，日轮台官入寺鞫之。评事郑畴、理丞曾壄则欲引赦贷命，旋即劾去。甲寅十月二十五日，本寺出犯由榜云：'勘到王惟忠顶冒补官，任知阆州利西安抚府日，丧师、庇叛、遣援迟缓等罪。准省札，奉圣旨，王惟忠处斩，仍传檄西蜀。'或者以其罪不至死，冤之。后二年，陈大方白昼有睹，恐甚，遂设醮以谢过。青词有云：'阆帅暴尸于都市，幽魂衔怨于冥途。莅职柏台，尽出同寮之议；并居梓里，初无纤隙之疑。"未几暴卒。继即余晦患瘰疬绕颈，坠首而死，可畏哉！"

元脱脱等《宋史》卷四百一十六《余玠》："玠之治蜀也，任都统张实治军旅，安抚王惟忠治财赋，监簿朱文炳接宾客，皆有常度。"

元脱脱等《宋史》卷四百四十五《张即之》："宝祐四年，制置使余晦入蜀，以谗劾阆州守王惟忠。于是削惟忠五官，没入其资，下诏狱锻炼诬伏，坐弃市。惟忠临刑，谓其友陈大方曰：'吾死当上愬于天。'七挥刃不殊，血逆流。即之虽闲居，移书言于淮东制置使贾似道恤其遗孤。又使从孙士倩娶惟忠孤女。未几，似道入相，中书舍人常挺亦以为言。景定元年，给还首领，以礼改葬，复金坛田，多即之倡义云。即之以能书闻天下，金人尤宝其翰墨。惟忠字肖尊，庆元之鄞人，嘉定十三年进士。"

《光绪鄞县志》卷二十《选举表一》："嘉定十三年庚辰：王惟忠。"

史嵩之（？—1257）　字子由，史弥远之子，庆元府鄞县人。登嘉定十三年进士第。初授光化军司户参军、京西、湖北路制置司准备差遣，又擢为干

史嵩之
像取自中国历代人物图像数据库

办公事。宝庆时为襄阳通判，自此长期在襄阳一带为官，屯田御边，考察军务，绍定时因屯田有功，知枣阳军，逐步擢为权刑部侍郎兼知襄阳府。理宗中期开始进入朝廷中枢，为右丞相，一时擅权，颇为士人所忧，然亦喜荐士。淳祐四年，因父丧起复，朝野震动，学生、官员逾百人加以反对、请愿上疏，理宗被迫罢之。宝祐时为观文殿大学士，不久卒，赠谥。

宋周密《癸辛杂识》别集之下《史嵩之始末》："淳祐初年，乔兴简拜辨章，李宗勉为左相，史嵩之督视荆、襄，就拜右揆。既而二公皆去位，嵩之独运化权，癸卯，长至雷，三学生上书攻之。明年，徐霖伏阙上书，疏其罪。是岁仲冬，嵩之父弥忠殂于家，不即奔丧，公论沸腾。未几，御笔嵩之复起右丞相，于是三学士复上书，将作监徐元杰、少监史季温、右史韩祥皆有疏，言其不可。于是范钟拜左，杜范拜右，尽逐嵩之之党金渊、濮斗南、刘晋之、郑起潜等。……及丙午冬，终丧，御笔史嵩之候服阕日除职，与宫观，于是台臣章琰、李昂英及学校皆有书疏交攻之。御笔始有史嵩之特除观文殿大学士，许令休致。时刘克庄权中书舍人，当草制，缴奏云：'照得史嵩之前丞相既非职名，又非阶位，不知合于何官职下，许令休致？'议者乃以克庄欲阴为嵩之之地，章、李二台臣因再攻嵩之，并克庄劾去之。克庄自辨云：'腊月廿二日夜，丞相传旨草制，次日具稿，又次日被论，竟莫知为何罪也？'罢制中有云：朕闻在昔求忠臣于孝子之门，人谓斯何？岂天下有无父之国？'……又云：'罪臣犹知之，卿勿废省循之义退，天之道也，朕乐闻止足之言。然竟别命词焉。'未几，章琰、李昂英与在外差遣赵汝腾，首上封事，学校又上书乞留二臣，并不报。且内批云：'如学校纷纷不已，元降免解旨挥，更不施行。'于是京庠再上书云云，大傅李伯玉亦上疏力争，李韶亦言上意终不回。于是陈、韩、与筞皆不能自安，屡丐祠，李韶作批答云：'朕临御以来，未尝罪一言者，今为卿去二台谏以留卿，前未有是也。人言纷纷，非出朕意。'于是韶亦奉祠而去。明年三月，忽有京学宾贤斋朱振者独上一书，以荐嵩之，于是台臣周坦、叶大有、陈求鲁、陈垓备论其无忌惮而罪之。"

元脱脱等《宋史》卷四百十四《史嵩之》："史嵩之，字子由，庆元府鄞人。嘉定十三年进士，调光化军司户参军。十六年，差充京西、湖北路制置司准备差遣。十七年，升干办公事。宝庆三年，主管机宜文字，通判襄阳府。绍定元年，以经理屯田，襄阳积谷六十八万，加其官，权知枣阳军。二年，迁军器监丞兼权知枣阳军，寻兼制置司参议官。三年枣阳屯田成，转两官。以明堂恩，封鄞县男，赐食邑。以直秘阁、京西转运判官兼提举常平兼安抚制置司参议官。四年，迁大理少卿兼京西、湖北制置副使。五年，加大理卿兼权刑部侍郎，升制置使兼知襄阳府,赐便宜指挥。六年,迁刑部侍郎,仍旧职。

"端平元年,破蔡灭金,献俘上露布,降诏奖谕,进封子,加食邑。移书庙堂,乞经理三边,不合,丐祠归侍,手诏勉留之。会出师,与淮阃协谋掎角,嵩之力陈非计,疏为六条上之。诏令嵩之筹画粮饷。……丞相郑清之亦以书言勿为异同,嵩之力求去。

"朝陵之使未还,而诸军数道并进,复上疏乞黜罢,权兵部尚书,不拜。乞祠,进宝章阁直学士,提举太平宫,归养田里。寻以华文阁直学士知隆兴府兼江西安抚使。帝自师溃,始悔不用嵩之言,召见,力辞,权刑部尚书。引见,疏言结人心、作士气、核实理财等事。且言:'今日之事,当先自治,不可专恃和议。'乞祠,以前职知平江府,以母病乞侍医药,不俟报可而归。进宝章阁学士、淮西制置使兼沿江制置副使兼知鄂州。既内引,赐便宜指挥,湖、广总领兼淮西安抚使。嘉熙元年,进华文阁学士、京西荆湖安抚制置使,依旧沿江制置副使兼节制光、黄、蕲、舒。乞免兼总领,从之。

"庐州围解,诏奖谕之。以明堂恩,进封伯,加食邑。条奏江、淮各三事,又陈十难,又言江陵非孟珙不可守,乞勉谕之。汉阳受攻,嵩之帅师发江陵,奏诛张可大,窜卢普、李士达,以其弃城也。二年,黄州围解,降诏奖谕,拜端明殿学士,职任依旧,恩数视执政,进封奉化郡侯,加食邑。诏入觐,拜参知政事,督视京西、荆湖南北、江西路军马,鄂州置司,兼督视淮南西路军马兼督视光、蕲、黄、夔、施州军马,加食邑。城黄州。十一月,复光州。十二月,复滁州。三年,授宣奉大夫、右丞相兼枢密、都督两淮四川京西湖北军马,进封公,加食邑,兼督江西、湖南军马,改都督江、淮、京、湖、四川军马。荐士三十有二人,其后董槐、吴潜皆号贤相。

"复信阳,以督府米拯淮民之饥。六月,复襄阳,嵩之言:'襄阳虽复,未易守。'自是边境多以捷闻,降诏奖谕。四年,乞祠,趣召奏事,转三官,依前右丞相兼枢密使,眷顾特隆,赐赍无虚日。久旱,乞解机政。地震,屡疏乞罢免,皆不许。淳祐元年,进玉斧箴。安南入贡,不用正朔,嵩之议用范仲淹却西夏书例,以不敢闻于朝还之。二年,进高、孝、光、宁帝《纪》,孝宗《经武要略》、《宁宗实录》、《日历》、《会要》、《玉牒》,进金紫光禄大夫,加食邑。是冬,封永国公,加食邑。四年,遭父丧,起复右丞相兼枢密使。累赐手诏,遣中使趣行。于是太学生黄恺伯、金九万、孙翼凤等百四十四人,武学生翁日善等六十七人,京学生刘时举、王元野、黄道等九十四人,宗学生与寰等三十四人,建昌军教授卢钺,皆上书论嵩之不当起复,不报。将作监徐元杰奏对及刘镇上对事,帝意颇悟。

"……嵩之为公论所不容，居闲十有三年。宝祐四年春，授观文殿大学士，加食邑。八月癸巳卒，遗表上，帝辍朝，赠少师、安德军节度使，进封鲁国公，谥忠简，以家讳改谥庄肃、德祐初，以右正言徐直方言夺谥。"

宋陈骙《南宋馆阁续录》卷七《官联一》："提举实录院……嘉熙以后……史嵩之，字子申，四明人，习《周礼》，庚辰刘渭榜。三年十月，以右丞兼枢密使兼。

"淳祐以后：史嵩之，四年九月丁父忧，当月起复右丞相兼枢密使、永国公，提举实录院。累具辞免，奉御笔依所乞，令终制。

"提举编类圣政……嘉熙以后……史嵩之，三年正月以右丞相兼枢密使，兼。"

《延祐四明志》卷五《人物考中》："史嵩之，字子申。曾祖木，建炎元年金寇猝至，率姑姊母妻五族暨其邻保航海，得完者逾二千人。木孙五人皆登进士第。

"嵩之少倜傥，善经济，尝与内弟陈埙讲学山寺，寺僧厌之，嵩之怒，夜焚其庐去，后登第，从父丞相弥远曰：'新调官当何之。'嵩之愿官襄、汉，弥远在相位最久，向仕内郡，实不知襄汉表里，心大喜，即调为襄阳户曹，襄帅陈埙岁索调用，增阨塞，丞相不能拒。嵩之密疏地里，言某地当撤戍，某地当增防，丞相如其言下之，帅大惊，军费减十六。不十年，与为代。端平二年赵范葵弟兄用师河南，丞相郑清之主议，嵩之奏不可，师大衄，由是三姓交恶。拜参知政事，督视诸道兵。拜丞相，加都督。嘉熙四年，入相，解光、黄围，城渝州，皆嵩之善用将士功。然不喜儒士迂缓。会父弥忠卒，将起复，三学交论之，未几，台谏合疏。服阕，勒致仕，居家十三年以卒。嵩之晚岁愿守蜀，且图江上阳罗堡为要塞，后卒如其言。赠少师、安德军节度使，谥庄肃。弟岩之，更四路安抚、资政殿大学士。"

《宝庆四明志》卷十《进士》："嘉定十三年刘渭榜：史嵩之，弥忠子。"《延祐四明志》卷六《人物考下》："嘉定十三年刘渭榜：史嵩之，弥忠子。"《光绪鄞县志》卷二十《选举表一》："嘉定十三年庚辰：史嵩之，弥忠子。"

史玠卿《元鲁十娘子墓志》："祖嵩之，故前右丞相兼枢密使、观文殿大学士、金紫光禄大夫，永国公致仕，赠太师安德军节度使，追封鲁国公，赐谥庄肃。"注：是志撰于元至元十七年（1280）。

史仁伯等《元史玠卿墓志》："父讳嵩之，观文殿大学士、金紫光禄大夫，永国公致仕，赠少师安德军鲁国公，赐谥庄肃，累赠太师。"注：是志撰于元至元二十二年（1285）。

庄同孙 庆元府鄞县人。登嘉定十三年进士第。官大理寺丞。

宋刘克庄《后村大全集》卷六十一《庄同孙大理丞》:"李寺长属,不剸取法家,必参用士人。仁哉,我祖宗之心也!尔恬静之操,温醇之文,顷尝献言,有益治道,颂台列属,澹然自守。擢丞廷尉,其选益高,曰钦恤、曰审克云者,皆汝所素讲,否则一狱吏所决耳,岂以烦儒臣哉!往究乃心,嗣有明陟。可。"

《宝庆四明志》卷十《进士》:"嘉定十三年刘渭榜:庄同孙。"《延祐四明志》卷六《人物考下》:"嘉定十三年刘渭榜:庄同孙。"《光绪鄞县志》卷二十《选举表一》:"嘉定十三年庚辰:庄同孙。"

沈中文 庆元府鄞县人。沈焕侄。登嘉定十三年进士第。事迹无考。

《宝庆四明志》卷十《进士》:"嘉定十三年刘渭榜:沈中文,焕侄。"《延祐四明志》卷六《人物考下》:"嘉定十三年刘渭榜:沈中文,焕侄。"《光绪鄞县志》卷二十《选举表一》:"嘉定十三年庚辰:沈中文。"

宋炳 庆元府鄞县人。登嘉定十三年进士第。事迹无考。

《宝庆四明志》卷十《进士》:"嘉定十三年刘渭榜:宋炳。"《延祐四明志》卷六《人物考下》:"嘉定十三年刘渭榜:宋炳。"《光绪鄞县志》卷二十《选举表一》:"嘉定十三年庚辰:宋炳。据《嘉靖》补。案:曹志作奉化人。"《光绪奉化县志》卷十九《选举表一》:"嘉定十三年庚辰:宋炳。"

赵时塛 庆元府鄞县人。登嘉定十三年进士第,曾为省魁。事迹无考。

《宝庆四明志》卷十《进士》:"嘉定十三年刘渭榜:赵时塛,省魁。"《延祐四明志》卷六《人物考下》:"嘉定十三年刘渭榜:赵时塛,省魁。"《光绪鄞县志》卷二十《选举表一》:"嘉定十三年庚辰:赵时塛,省魁。案:《宝庆志》作省元。"

赵希洽 庆元府鄞县人。赵希言之弟。登嘉定十三年进士第。事迹无考。

《宝庆四明志》卷十《进士》:"嘉定十三年刘渭榜:赵希洽,希言弟。"《延祐四明志》卷六《人物考下》:"嘉定十三年刘渭榜:赵希洽,希言弟。"《光绪鄞县志》卷二十《选举表一》:"嘉定十三年庚辰:赵希洽,希言弟。"

赵希逾 庆元府鄞县人。登嘉定十三年进士第。事迹无考。

《宝庆四明志》卷十《进士》:"嘉定十三年刘渭榜:赵希逾。"《延祐四明志》卷六《人物考下》:"嘉定十三年刘渭榜:赵希逾。"《光绪鄞县志》卷二十《选举表一》:"嘉定十三年庚辰:赵希逾。"

赵希镒 庆元府鄞县人。登嘉定十三年进士第。赵师晨子。官忠翊郎。

《宝庆四明志》卷十《进士》："嘉定十三年刘渭榜：赵希镒，师晨子，忠翊郎。"《延祐四明志》卷六《人物考下》："嘉定十三年刘渭榜：赵希镒。师晨子，忠翊郎。"《光绪鄞县志》卷二十《选举表一》："嘉定十三年庚辰：赵希镒，师晨子。案：浙志镒误鉴。《宝庆志》：官忠翊郎。"

赵侵夫　庆元府鄞县人。登嘉定十三年进士第。事迹无考。

《宝庆四明志》卷十《进士》："嘉定十三年刘渭榜：赵侵夫。"《延祐四明志》卷六《人物考下》："嘉定十三年刘渭榜：赵侵夫。"《光绪鄞县志》卷二十《选举表一》："嘉定十三年庚辰：赵侵夫。"

蒋兴孝　庆元府鄞县人。登嘉定十三年登进士第。蒋经侄。事迹无考。

《宝庆四明志》卷十《进士》："嘉定十三年刘渭榜：蒋兴孝，经侄。"《延祐四明志》卷六《人物考下》："嘉定十三年刘渭榜：蒋兴孝，经侄。"《光绪鄞县志》卷二十《选举表一》："嘉定十三年庚辰：蒋兴孝。案：《宝庆志》：经从子。"

诸葛十朋　庆元府鄞县人。诸葛安节侄。登嘉定十三年进士第。淳祐间为朝散郎。

《嘉庆全州志》卷五《秩官》："诸葛十朋，淳祐四年以朝散郎任。"《宝庆四明志》卷十《进士》："嘉定十三年刘渭榜：诸葛十朋，安节侄。"《延祐四明志》卷六《人物考下》："嘉定十三年刘渭榜：诸葛十朋，安节侄。"《光绪鄞县志》卷二十《选举表一》："嘉定十三年庚辰：诸葛十朋，安节从子。案：浙志作山阴人，宋绍兴府题名碑有十朋。"

陈自　庆元府鄞县人。登嘉定十三年进士第。事迹无考。

《宝庆四明志》卷十《进士》："嘉定十三年刘渭榜：陈自。"《延祐四明志》卷六《人物考下》："嘉定十三年刘渭榜：陈自。"《光绪鄞县志》卷二十《选举表一》："嘉定十三年庚辰：陈自。"

徐敏功　庆元府鄞县人。登嘉定十三年进士第。事迹无考。

《宝庆四明志》卷十《进士》："嘉定十三年刘渭榜：徐敏功。"《延祐四明志》卷六《人物考下》："嘉定十三年刘渭榜：徐敏功。"《光绪鄞县志》卷二十《选举表一》："嘉定十三年庚辰：徐敏功。"

钱节　庆元府鄞县人。登嘉定十三年进士第。事迹无考。

《光绪鄞县志》卷二十《选举表一》："嘉定十三年庚辰钱节。据《闻志》补。"

王之经　庆元府奉化县人。登嘉定十三年进士第。绍定时为从事郎、武冈军判官，亦有载其官知道州。

《宝庆四明志》卷十《进士》："嘉定十三年刘渭榜：王之经。"《延祐四明志》卷六《人物考下》："嘉定十三年刘渭榜：王之经。"《光绪奉化县志》卷十九《选举表一》："嘉定十三年庚辰：王之经，知道州。"

李训伯《宋故进士汪公墓铭》："从事郎辟差充武冈军判官王之经书。"注：是志撰于宋绍定二年（1229）。

茅汇征　绍兴府余姚县人。登嘉定十三年进士第。事迹无考。

《宝庆会稽续志》卷六《进士》："嘉定十三年刘渭榜：茅汇征。"《光绪余姚县志》卷十九《选举表》："嘉定十三年庚辰：茅汇征。"

陈协　字谊和，庆元府人。登嘉定十三年进士第。官秘书郎、景献府教授、刑部郎官、史馆校勘。陈协有《淳祐七年丁未十一月朔蔡久轩自江东提刑归抵家时三馆诸公以风霜随气节河汉下文章分韵赋诗送别得节字》一诗，见于明蔡有鹏《蔡氏九儒书》之《久轩集》，收于《四库全书存目丛书》。

宋刘克庄《后庄大全集》卷六十一《陈协秘书郎兼景献府教授》："汉以东观比道家蓬莱山，唐以入馆为登瀛洲。本朝五星聚奎，文治尤盛，凡有列于郡王府者，必极一时之选。尔励志操，富艺文，周旋乎掌故、学宫、博士、议郎之间亦云久矣。晋郎秘丘，仍傅藩邸。昔刘向、扬雄雠书天禄，申公、穆生授《诗》王国，或文字之不朽，或道义之可尊。勉追昔人，何远之有！可。"

宋刘克庄《后庄大全集》卷六十三《陈协刑部郎官兼史馆校勘》："吾甚重郎选，以待牧守之行能高、士大夫之资考深者。尔顷以修名雅操，内历博士、议郎、太史氏、尚书郎之任，外膺二千石之寄，寝通显矣。属者误相恮人，其好恶取舍与天下相反，污其尘而濡其沫者滔滔皆是。尔于此时独卷而怀之，可谓贤己。朕既汛扫朝廷，尔复羽仪省户。然为秋卿之属，谓之剧曹可矣，未清也；秉史官之笔，谓之清选可矣，未要也。尔益奋励，以俟朕之位置。可。"

宋陈骙《南宋馆阁录续录》卷八《官联二》："秘书郎……淳祐以后……陈协，字谊和，四明人，习《书》，庚辰进士。六年十一月以太常博士兼景献府教授除，兼职依旧。七年四月除著作佐郎。"

《宝庆四明志》卷十《进士》："嘉定十三年刘渭榜：陈协。"

孙祖祐　绍兴府余姚县人。登嘉定十三年进士第。事迹无考。

《宝庆会稽续志》卷六《进士》："嘉定十三年刘渭榜：孙祖祐，应时佺。"《光绪余姚县志》卷十九《选举表》："嘉定十三年庚辰：孙祖祐，刘渭榜。

孙祖祐
像取自清代修《浙江余姚孙氏宗谱》

董子焱　庆元府奉化县人。登嘉定十三年进士第。知盐官。董子焱有《新昌四关门记》一文，见《永乐大典》卷三千五百二十六。

《宝庆四明志》卷十《进士》："嘉定十三年刘渭榜：董子焱，仁声从弟。"《延祐四明志》卷六《人物考下》："嘉定十三年刘渭榜：董子焱，仁声从弟。"《光绪奉化县志》卷十九《选举表一》："嘉定十三年庚辰：董子焱，刘渭榜，仁声从弟，知盐官州。"

舒澄之　字少度，舒球孙。庆元府奉化县人。登嘉定十三年进士第。官永嘉主簿，为名儒，有子过继于白汝腾，即白珽。

明宋濂《翰苑别集》卷五《元故湛渊先生白公墓铭》："先生本四明名儒舒少度遗腹子，通武育以为嗣。"

清王梓材等《宋元学案补遗》卷七十六《舒先生澄之》："舒澄之字少度，球孙。嘉定壬午乡魁，任永嘉主簿。"

《光绪奉化县志》卷十九《选举表一》："嘉定十三年庚辰：舒澄之，永嘉主簿。"

赵希羊　庆元府奉化县人。登嘉定十三年进士第。事迹无考。

《宝庆四明志》卷十《进士》："嘉定十三年刘渭榜：赵希羊。"《延祐四明志》卷六《人物考下》："嘉定十三年刘渭榜：赵希羊。"《光绪奉化县志》卷十九《选举表一》："嘉定十三年庚辰：赵希羊。"

赵与仕　庆元府慈溪县人。登嘉定十三年进士第。事迹无考。

《宝庆四明志》卷十《进士》："嘉定十三年刘渭榜：赵与仕，师岘孙。"《延祐四明志》卷六《人物考下》："嘉定十三年刘渭榜：赵与仕，师岘孙。"《光绪慈溪县志》卷十九《选举上》："嘉定十三庚辰刘渭榜：赵与仕，师岘孙。"

罗叔韶　庆元府慈溪县人。登嘉定十三年进士第。曾为修职郎、澉浦监，后为建康府节度推官。罗叔韶修《绍定澉水志》八卷，收于《宋元方志丛刊》。

宋罗叔韶海盐《澉水志序》："绍定三年重阳前一日，修职郎、监嘉兴府海盐县澉浦镇税兼烟火公事罗叔韶序。"

《宝庆四明志》卷十《进士》："嘉定十三年刘渭榜：罗叔韶。"《延祐四明志》卷六《人物考下》："嘉定十三年刘渭榜：罗叔韶。"《光绪慈溪县志》卷十九《选举上》："嘉定十三年庚辰刘渭榜：罗叔韶。"

王演《慈溪县罗府君嘉德庙碑》："有名叔韶者，府君十世孙也。嘉定间，由太学生入仕，三迁为建康府节度推官，有善政，卒于廨舍，民人立祠事之。"注：是文撰于元至正二十一年（1361）。

周泽　庆元府奉化县人。登嘉定十三年特奏名进士第。事迹无考。

《光绪奉化县志》卷十九《选举表一》："嘉定十三年庚辰：周泽，特奏名。"

嘉定十四年（1221）辛巳两优释褐

何大圭　庆元府奉化县人。登嘉定十四年两优释褐第。事迹无考。

《宝庆四明志》卷十《进士》："嘉定十四年两优释褐：何大圭。"《延祐四明志》卷六《人物考下》："嘉定十四年两优释褐：何大圭。"《光绪奉化县志》卷十九《选举表一》："嘉定十四年：何大圭，两优释褐。"

嘉定十五年（1222）壬午上舍释褐

汪之道　汪思温玄孙。庆元府鄞县人。登嘉定十五年上舍释褐第。曾为国子录、诸王宫大小学教授、太常寺丞。

宋洪咨夔《平斋文集》卷十八《叶奭除国子博士应𦔻除太学博士兼庄文府教授汪之道除国子录制》："敕：具官某：道存乎人心，蕴之为德行，行之为事业，文辞陋矣。朕故谨择知道者为学校师。尔奭直简而廉，尔𦔻融明而静，尔之道英拔而粹，俱有得乎。正大之旨庸，命奭为博士，以学胄子，𦔻为博士，以学士仍典藩房之教，之道为录，以纠胄监之不如规者，师道立而皆知以求仁明善为急，化成天下，独不在兹乎。可。"

宋洪咨夔《平斋文集》卷二十一《国子录汪之道除诸王宫大小学教授制》："敕：具官某：朕寤寐隽髦，以起治功，日轮百执事入对便朝，求其通达如贾谊、恳到如陆贽，未多见也。尔茹古而涵今，弸中而彪外。顷敷奏以言，慷慨英发，作兴天下之势，鼓舞天下之材，缊缊有契于心，朕甚奇之。楷模河间东平之系，陶冶成人小子之质，姑为朕往，起视六合，周览群动，朕方思所以访尔者。可。"

宋洪咨夔《平斋文集》卷二十三《汪之道除太常寺丞制》："敕：具官某：汉制朝仪，武夫拔剑击柱之风，为之气夺，使成周礼乐得见于后世，情伪之防何如哉！故奉常置丞，必通于古谊。尔学博而约，气直而清，时辂冕舞之传，孰复盖久，谈经宫邸，薰陶信厚，涉笔曲台宜矣。因革损益，订古而施诸今，以美化善俗，亦惟无忘夙夜惟寅之义。可。"

《宝庆四明志》卷十《进士》："嘉定十五年国学以庆宝恩上舍释褐：汪之道，思温元孙。"《延祐四明志》卷六《人物考》下："嘉定十五年国学以庆宝恩上舍释褐：汪之道，思温玄孙。"《光绪鄞县志》卷二十《选举表一》："嘉定十五年壬午：汪之道，思温元孙。上舍释褐。"

李简　字敬可。台州府宁海县人。登嘉定十五年特奏名进士第。事迹无考。李简有诗《送僧归护国寺》一首，见于宋李庚《天台续集》。

嘉定《赤城志》卷三十四《仕进·特科》："嘉定十五年：李简，字敬可。"清陆心源《宋诗纪事补遗》卷六十五《李简》："李简，字敬可。嘉定十五年特科。"《光绪宁海县志》卷九《选举表·宋·特奏名》："嘉定十五年：李简，字敬可。"

高垣　台州府宁海县人。登嘉定十五年特奏名进士第。事迹无考。

《光绪宁海县志》卷九《选举表·宋·特奏名》："嘉定十五年：高垣。"

周之翰　台州府宁海县人。登嘉定十六年特奏名进士第。事迹无考。

《光绪宁海县志》卷九《选举表·宋·特奏名》："嘉定十五年：周之翰。"

嘉定十六年癸未（1223）蒋重珍榜

丰苣　庆元府鄞县人。丰稷族人。登嘉定十六年进士第。事迹无考。

《宝庆四明志》卷十《进士》："嘉定十六年蒋重珍榜：丰苣，稷五世孙。"《延祐四明志》卷六《人物考下》："嘉定十六年蒋重珍榜：丰苣，稷五世孙。"

王撝　字谦夫，王应麟、王应凤之父。庆元府鄞县人。登嘉定十六年进士第。曾为余天锡府中教师，又在安吉、长兴为官，知新城时，出家财五万缗代输。后为国子正，因避乡嫌，出外为婺州通判，刘晋之诬陷衢州事，王氏纠之，因擢知婺州、秘书丞知徽州。入内，为崇政殿说书，修国史。后知温州。

宋陈骙《南宋馆阁续录》卷七《官联一》："丞……淳祐以后……王撝，字谦父，开封人。习诗赋，癸未进士。七年六月，以新差知邵武军，未赴闲除，八月供职。"

宋陈骙《南宋馆阁续录》卷八《官联二》:"著作郎……淳祐以后……王扬,十年四月以知徽州除,十月兼权侍右郎官。十一年正月,除侍右郎官兼国史院编修官、实录院检讨官。"

《延祐四明志》卷五《人物考中》:"王扬,字谦父。其先开封人,大父由建炎渡江居于鄞。扬博学耿介,非其友不与语。幼学于里师楼昉,为文醇深,善议论。壮岁试词学科,不中,辄弃去,自誓曰:'它日必令二子业有成。'后登进士第。同年余天锡参知政事,属教其子弟,岁终致束修以谢,坚不肯受,拱立言曰:'二儿习词学,乡里无完书,愿从公求尺牍,往借周益公内翰、番阳三洪公暨往昔习词学者凡二十余家所藏书。'余欣然许之,后二子果俱中科。

"为安吉丞,摄令长兴,捐俸赒水灾。再摄新城,复斥余财五万缗代贫民赋。迁国子正、将作监主簿,时丞相史嵩之为相,乞补外以避,通判婺州。御史刘晋之诬衢州掾虑囚受赇刑狱,使者不直之,命扬审实,扬言诚无是事。晋之怒而婺之士民咸谓扬处置实当,晋之不敢犯,晋之盖史相党人也。后摄郡,去之日以羡财数十万留于官。改秘书丞,后守徽州,至郡廪亡三月储,暨解去,粟支一年,帛万匹,而所宜得钱,复助少府用。

"迁吏部郎中兼崇政殿说书,疏言群臣逊志之言多逆耳矫拂,实未之见,其议剀切,深中时病,尝预修四朝史,为《舆服志》六卷,后直秘阁,知温州。"

清王梓材等《宋元学案补遗》卷七十三《知州王先生扬》:"梓材谨按:淳祐七年蔡久轩自江东提刑归,抵家时三馆名公以风霜随气节,河汉下文章分韵赋诗送别先生得随字,时为秘丞。"

"梓材又案:柳州陆景龙《为三江李氏传经堂》诗云:'王安黄杜皆名流,前后相仍文不坠。'王盖即先生。考郑安晚《书三江先生墓碑阴》,自谓嘉定初以诸生见安晚,与先生同在楼门,其得与同,及李氏固宜,且厚斋为三江孙婿,则先生固三江后辈也。《宁波府志》以厚斋长子良学,当之误矣。"

《宝庆四明志》卷十《进士》:"嘉定十六年蒋重珍榜:王扬。"《延祐四明志》卷六《人物考下》:"嘉定十六年蒋重珍榜:王扬。"《光绪鄞县志》卷二十《选举表一》:"嘉定十六年癸未:王扬。"

贝自成 庆元府鄞县人。登嘉定十六年进士第。事迹无考。

《宝庆四明志》卷十《进士》:"嘉定十六年蒋重珍榜:贝自成。"《延祐四明志》卷六《人物考下》:"嘉定十六年蒋重珍榜:贝自成。"《光绪鄞县志》卷二十《选举表一》:"嘉定十六癸未:贝自成。"

史俦之 庆元府鄞县人。史弥忠侄。登嘉定十六年进士第。事迹无考。

《宝庆四明志》卷十《进士》："嘉定十六年蒋重珍榜：史佺之。弥忠侄。"《延祐四明志》卷六《人物考下》："嘉定十六年蒋重珍榜：史佺之。弥忠侄。"《光绪鄞县志》卷二十《选举表一》："嘉定十六年癸未：史佺之，弥忠从子。"

任洵　庆元府鄞县人。登嘉定十六年进士第。事迹无考。

《嘉靖宁波府志》卷三《选举·进士·宋》："鄞县嘉定十六年：任洵。"《光绪鄞县志》卷二十《选举表一》："嘉定十六年癸未：任洵。"

杨梦龙　庆元府鄞县人。杨正权侄。登嘉定十六年进士第。事迹无考。

《宝庆四明志》卷十《进士》："嘉定十六年蒋重珍榜：杨梦龙，正权侄。"《延祐四明志》卷六《人物考下》："嘉定十六年蒋重珍榜：杨梦龙，正权侄。"《光绪鄞县志》卷二十《选举表一》："嘉定十六年癸未：杨梦龙，正权从子。"

陈琦　庆元府鄞县人。嘉定十六年登进士第。事迹无考。

《嘉靖宁波府志》卷三《选举表·进士·宋》："鄞县嘉定十六年：陈琦。"《光绪鄞县志》卷二十《选举表一》："嘉定十六年癸未：陈琦。"

赵逢龙（1176—1263）　字应甫，庆元府鄞县人，一说慈溪县人。登嘉定十六年进士第，初授国子正、太学博士，又在江西、浙江、广东、湖南、福建为官，皆有善政。后退居乡里，多结交名士，叶梦鼎为庆元通判时，以赵氏为师，年八十八而卒。

元脱脱等《宋史》卷四百二十四《赵逢龙》："赵逢龙，字应甫，庆元之鄞人。刻苦自修，为学淹博纯实。登嘉定十六年进士第。授国子正、太学博士。历知兴国、信、衢、衡、袁五州，提举广东、湖南、福建常平。每至官，有司例设供张，悉命撤去，日具蔬饭，坐公署，事至即面问决遣。为政务宽恕，抚谕恻怛，一以天理民彝为言，民是以不忍欺。居官自常奉外，一介不取。民赋有逋负，悉为代输。尤究心荒政，以羡余为平籴本。迁将作监，拜宗正少卿兼侍讲。凡道德性命之蕴，礼乐刑政之事，缕缕为上开陈。疏奏甚众，稿悉焚弃，年八十有八终于家。

"逢龙家居讲道，四方从游者皆为巨公名士。丞相叶梦鼎出判庆元，修弟子礼，常谓师门库陋，欲市其邻居充拓之。逢龙曰：'邻里粗安，一旦惊扰，彼虽勉从，我能无愧于心！'逢龙寡嗜欲，不好名，敩历日久，泊然不知富贵之味。或问何以裕后，逢龙笑曰：'吾忧子孙学行不进，不患其饥寒也。'"

《至正四明续志》卷二《人物》："赵逢龙，字应甫，鄞县人。刻苦自修，为学淹博纯实。年四十二，始登进士第。除国子正、太学博士，历知兴国、信、卫、衢、衡、袁五州，提举广东、湖南、福建茶盐常平。每至官，有司例设迎接供账，悉命撤去，日具蔬饭坐公署，事至即面问决遣，为政务宽恕，抚谕恻怛，一以天理民彝为言，民以是不忍欺。居官自常廪外，一介不取，民赋有逋负，悉为代输，尤究心荒政，斥羡余为平籴。本除将作监，擢宗正少卿兼侍讲，凡道德性命之蕴、礼乐刑政之事，缕缕为上开陈，疏奏甚众，稿悉焚弃，其不好名若此，年八十有八终于家。

"逢龙家居讲道，四方从游者皆为巨公名士，叶梦鼎自相府出判庆元，时节修弟子礼，常谓师门库陋，欲市其邻居充拓之。逢龙曰：'邻里粗安，一旦惊扰，彼虽勉从，我能无愧于心！'逢龙寡嗜欲，敻历日久，泊然不知富贵之味，或问何以裕后，逢龙笑曰：'吾忧子孙学行不进，不患其饥寒也。'乡人称厚德粹学，必曰赵应甫先生。"

《宝庆四明志》卷十《进士》："嘉定十六年蒋重珍榜：赵逢龙。"《延祐四明志》卷六《人物考下》："嘉定十六年蒋重珍榜：赵逢龙。"《光绪鄞县志》卷二十《选举表一》："嘉定十六年癸未：赵逢龙。"《光绪慈溪县志》卷十九《选举上·宋》："嘉定十六年癸未蒋重珍榜：赵逢龙。按：逢龙系鄞人，《嘉靖志》本传亦云鄞人，而《选举表》列慈溪，《天启志》因据列表中，未为允当，特相沿已久，姑仍之。"

袁商　字清夷，庆元府鄞县人。登嘉定十六年进士第。绍定时为沂靖惠王府教授、太常博士、朝散郎，嘉熙时为朝散大夫，出知袁州、饶州。淳祐时为吏部侍郎、刑部尚书，景定时以宣奉大夫致仕。

宋吴泳《鹤林集》卷七《蔡仲龙授朝请郎袁商授朝奉郎制》："敕：具官某等：汉左氏不立学官，独赵人贯公以所授传训为河间献王博士。王邸之习，读《左传》其来尚矣。尔仲龙靖厚，钟于气禀。尔商淳方，得于家传，自为宫僚，颇通艺业，比既以说《诗》受赏矣，丘明亲授经于圣人，训艳而富，义幽而章，又得尔等为之发挥，其裨益岂少哉，彻章转官，用酬稽古之力。可。"

宋吴泳《鹤林集》卷七《蔡仲龙授朝奉大夫袁商授朝请郎制》："敕：具官某等：比岁以汝等诵《诗》，卒章转秩矣。寻又以读左氏，终篇益一秩矣。今复绝韦编而第赏是三也。昔汉桓荣经学成，毕陈车马、印绶以夸示诸生曰：'今日所蒙稽古之力，然则一岁三迁官，岂不盛于荣哉，毋谓官爵如探囊中物。'可。"

宋陈骙《南宋馆阁续录》卷八《官联二》："秘书郎……端平以后……袁商，字清夷，庆元府鄞县人。嘉定十六年蒋重珍榜进士出身。治诗，三年三月，以太常博士除。六月为著作佐郎。宝庆以后七人……袁商，三年六月除。"

《宝庆四明志》卷十《进士》："嘉定十六年蒋重珍榜：袁商，燮子。"《延祐四明志》卷六《人物考下》："嘉定十六年蒋重珍榜：袁商，燮子。"《光绪鄞县志》卷二十《选举表一》："嘉定十六年癸未：袁商。"

袁充《宋袁商墓志》："先祖讳商，字清夷，……嘉定十三年，预胃荐。十四年，正献公以明堂恩，……十五年，铨中差监临安府新城县□□□□□宝玺恩，转承奉郎。十六年，登进士第。……宝庆□年四□□□□□府宣城县水阳镇。绍定二年十二月，磨勘□□□□□□□□□判官厅公事，未赴。四年八月，该东朝庆寿恩，转宣教郎。……六年八月，磨勘转□□郎。……五月，兼沂靖惠王府□□□□武学博士。二年三月，以沂邸□□□□□□部郎。六月，除太常博士。八月以沂邸□□春□□□，转朝奉郎。十月，磨勘转朝散郎。□□□，除秘书郎。五月，以沂邸□□□□□□郎。六月，除秘书省著作郎。七月，兼权刑部郎官。十二月，差知袁州。嘉熙元年正月，以沂邸□□□终篇赏典未下，至是转朝奉大夫。十月，磨勘转朝散大夫。二年二月，赴袁州任。三月，以言者罢。三年二月，主管建康府崇禧观。淳祐元年，磨勘转朝请大夫。八月，差知饶州□，不赴。三年三月，主管建宁府武夷山冲佑观。五年八月，差知衢州，未赴。是月，磨勘转朝议大夫。六年，以明堂恩封鄞县开国男，食邑三百户。七年五月，除仓部郎官。七月，除尚右郎官。十月，除尚书吏部郎中，兼诸王宫大小学教授，兼资善堂赞读。八年四月，除太常少卿，仍兼赞读。十月，除起居郎。九年正月，兼权侍左侍□。七月，磨勘转中奉大夫。八月，以资善堂满岁转中大夫。十二月，除权吏部侍郎。十年正月，兼同修国史实录院同修撰。五月，以经筵讲帝学□□，转太奉大夫。七月，以资善堂满岁转通议大夫。十一月，再权侍右侍郎。十一年正月，除吏部侍郎。五月，以进书转通奉大夫。六月，以资善堂满岁转正议大夫。十二月，以明堂恩进爵为子，食邑六百户。十□年二月，除权刑部尚书。连四章乞归田里，有旨除职予祠。二月，除宝章阁直学士，提举隆兴府正隆万寿宫。宝祐二年九月，以明堂恩进爵为伯，食邑九百户。三年九月，召赴行在。十一月，除权兵部尚书。四年四月，兼侍读。五月，罢。十二月，除宝谟阁直学士，提举江州太平兴国宫。五年十一月，以明堂恩进封奉化郡开国侯，食邑一千二百户。十二月，磨勘转正奉大夫。景定二年四月，以明堂恩加食邑一千五百户，食实封一百户。三年正月，以疾乞致其事，转宣奉大夫致仕。是月乙丑，薨于正寝，享年八十有一。"注：是志撰于宋景定五年（1264）。

楼钤　庆元府鄞县人。楼郁五世孙。登嘉定十六年进士第。事迹无考。

《宝庆四明志》卷十《进士》:"嘉定十六年蒋重珍榜:楼钤,郁五世孙。"《延祐四明志》卷六《人物考下》:"嘉定十六年蒋重珍榜:楼钤,郁五世孙。"《光绪鄞县志》卷二十《选举表一》:"嘉定十六年癸未:楼钤,郁五世孙。"

楼昺 庆元府鄞县人。楼昉从兄弟。登嘉定十六年进士第。事迹无考。

《宝庆四明志》卷十《进士》:"嘉定十六年蒋重珍榜:楼昺,昉从兄。"《延祐四明志》卷六《人物考下》:"嘉定十六年蒋重珍榜:楼昺。昉从兄。"《光绪鄞县志》卷二十《选举表一》:"嘉定十六年癸未:楼昺。昉从弟。"

臧元圭 庆元府鄞县人。臧植从侄。登嘉定十六年进士第。事迹无考。

《宝庆四明志》卷十《进士》:"嘉定十六年蒋重珍榜:臧元圭。植、格从侄。"《延祐四明志》卷六《人物考下》:"嘉定十六年蒋重珍榜:臧元圭,植、格从侄。"《光绪鄞县志》卷二十《选举表一》:"嘉定十六年癸未:臧元圭,植从子。"

臧元增 一作臧元僧,庆元府鄞县人。臧植之子。登嘉定十六年进士第。事迹无考。

《宝庆四明志》卷十《进士》:"嘉定十六年蒋重珍榜:臧元增,植子。"《延祐四明志》卷六《人物考下》:"嘉定十六年蒋重珍榜:臧元僧,植子。"《光绪鄞县志》卷二十《选举表一》:"嘉定十六年癸未:臧元僧,植子。

潘景华 庆元府鄞县人。潘伯恭之子。登嘉定十六年进士第。事迹无考。

《宝庆四明志》卷十《进士》:"嘉定十六年蒋重珍榜:潘景华,伯恭子。"《延祐四明志》卷六《人物考下》:"嘉定十六年蒋重珍榜:潘景华,伯恭子。"《光绪鄞县志》卷二十《选举表一》:"嘉定十六年癸未:潘景华。"

毛遇顺 字鸿甫。绍兴府余姚县人。登嘉定十六年进士第。理宗时拜侍御史,多直论,为朝臣、理宗所忌讳。宝祐时为两淮制置使,疏贾似道等误国,不行,官至大理寺卿。

《光绪余姚县志》卷二十三《列传五》:"毛遇顺,字鸿甫。嘉定十六年进士。召对,超拜侍御史,首论史嵩之不当起复,三学诸生,皆朝廷元气,不宜斥逐。后疏数十上,皆时所忌。言理宗书其名于御屏。宝祐初,进两淮制置使,又论贾似道、丁大全必误国,乞赐罢斥,不报。元太弟呼必烈闻之叹曰:'安得南朝直臣如毛遇顺者乎。'官至大理卿。"

毛遇顺
像取自清代修《浙江余姚丰山毛氏族谱》

　　《宝庆会稽续志》卷六《进士》："嘉定十六年蒋重珍榜：毛遇顺。"《光绪余姚县志》卷十九《选举表》："嘉定十六年癸未：毛遇顺。"

　　闻人知名　绍兴府余姚县人。登嘉定十六年进士。官淮西总干。

　　《宝庆会稽续志》卷六《进士》："嘉定十六年蒋重珍榜：闻人知名。"《光绪余姚县志》卷十九《选举表》："嘉定十六年癸未：闻人知名，蒋重珍榜，淮西总干。"

　　李以申　字景厚，庆元府奉化县人。李元白、李过庭之后。登嘉定十六年进士第。官文林郎、承直郎、徽州州学教授、承议郎、溧水县令，官终朝奉郎。

　　李以申有《新安续志序》一文，收于《弘治徽州府志》，由此序可知李氏曾修撰《新安续志》。

　　清王梓材《宋元学案补遗》卷七十六《朝奉李先生以申》："李以申，字景厚。奉化人。修武郎俏曾孙，事后母以孝闻。李氏自国子博士元白、秘书正字以称二先生休声，美誉彰彰，在人耳目。先生亦磨励学业，必欲追配前人。嘉定十六年登进士，历升文林郎、循承直郎，差徽州州学教授，转承议郎，知溧水，以朝奉郎卒于官舍。"

　　《光绪奉化县志》卷十九《选举表一》："嘉定十六年癸未：李以申，过庭从孙。"

　　注：李氏所修《新安续志》的相关研究，见于蒲霞《〈永乐大典〉徽州方志

研究》一书(安徽大学出版社 2013 年版)。

李海伯 庆元府奉化县人。李元白侄。登嘉定十六年进士第。官显谟阁学士。

《宝庆四明志》卷十《进士》:"嘉定十六年蒋重珍榜:李海伯,元白侄。"《延祐四明志》卷六《人物考下》:"嘉定十六年蒋重珍榜:李海伯,元白侄。"《光绪奉化县志》卷十九《选举表一》:"嘉定十六年癸未:李海伯,蒋重珍榜,元白从弟。"

楼晒 庆元府鄞县人。登嘉定十六年进士第。楼昉从兄,事迹无考。

《宝庆四明志》卷十《进士》:"嘉定十六年蒋重珍榜:楼晒,昉从兄。"《延祐四明志》卷六《人物考下》:"嘉定十六年蒋重珍榜:楼晒,昉从兄。"《光绪鄞县志》卷二十《选举表一》:"嘉定十六年癸未:楼晒。"

余天锡(? —1242) 字纯父,庆元府鄞县人,一说昌国县人。登嘉定十六年进士第。初授监慈利县税,后为吏部侍郎、户部侍郎、户部尚书、宝文阁学士、吏部尚书,官至参知政事,为四明名臣。

余天锡和史弥远有交,时皇子赵竑不满史弥远擅权,弥远恐之。时余天锡从民间觅得赵与莒兄弟,后赵竑被废,以与莒承沂王嗣,终入继大统,为理宗。故宋理宗极喜余天锡,余氏故能擢为参知政事。余天锡有《陈氏书馆》诗,见于《甬上宋元诗略》。

元脱脱等《宋史》卷四百十九《余天锡》:"余天锡字纯父,庆元府昌国县人。丞相史弥远延为弟子师,性谨愿,绝不预外事,弥远器重之。是时弥远在相位久,皇子竑深恶之,念欲有废置。会沂王宫无后,丞相欲借是阴立为后备。天锡秋告归试于乡,弥远曰:'今沂王无后,宗子贤厚者幸具以来。'

"天锡绝江与越僧同舟,舟抵西门,天大雨,僧言门左有全保长者,可避雨,如其言过之。保长知为丞相馆客,具鸡黍甚肃。须臾有二子侍立,全曰:'此吾外孙也。日者尝言二儿后极贵。'问其姓,长曰赵与莒,次曰与芮。天锡忆弥远所属,其行亦良是,告于弥远,命二子来。保长大喜,鬻田治衣冠,心以为沂邸后可冀也,集姻党且诧其遇以行。

"天锡引见,弥远善相,大奇之。计事泄不便,遽复使归。保长大惭,其乡人亦窃笑之。逾年,弥远忽谓天锡曰:'二子可复来乎?'保长谢不遣。弥远密谕曰:'二子长最贵,宜抚于父家。'遂载其归。天锡母朱为沐浴、教字,礼度益闲习。未几,召入嗣沂王,迄即帝位,是为理宗。

"天锡,嘉定十六年举进士,历监慈利县税,籍田令,超授起居舍人。迁权吏部侍郎兼玉牒所检讨官,兼崇政殿说书。迁户部侍郎兼知临安府、浙西安抚使。试户部侍郎，权户部尚书，皆兼知临安府。升兼详定敕令官，以宝文阁学士知婺州，仍旧职奉祠。起知宁国府，进华文阁学士、知福州。

"召为吏部尚书兼给事中兼侍读。疏奏：'臣荷国恩，起家分闱，旋蒙趣觐，蹿玷迩联。时权礼部侍郎曹豳实在谏省，盖尝抗疏谓用臣大骤。臣与豳交最久，相知最深，今观其所论，于君父有陈善之敬，友朋友责善之道。而豳遂迁官，臣竟污要路。豳以不得其言，累疏丐去。夫亟用旧人而遂退二庄士，则将谓之何哉！豳老成之望，直谅多益，置之近班，可以正乃辟，可以仪有位。欲望委曲留行，使之释然无疑，安于就职，则陛下既昭好贤之美，而微臣亦免妨贤之愧。'帝从之。

"嘉熙二年，拜端明殿学士、同签书枢密院事。寻拜参知政事兼同知枢密院事，封奉化郡公。授资政殿学士、知绍兴府、浙东安抚使。以观文殿学士致仕。朱氏亦封周、楚国夫人，寿过九十。将以生日拜天锡为相，而天锡卒。赠少师，寻加太师，谥忠惠。"

宋陈骙《南宋馆阁续录》卷七《官联一》："丞……绍定以后十一人……余天锡，字纯父，庆元府鄞县人。嘉定十六年蒋重珍榜进士出身，治诗赋，元年十二月除，是月为起居舍人。"

《宝庆会稽续志》卷二《安抚题名》："余天锡，嘉熙三年六月除资政殿学士知。七月十六日到任，四年四月初三日召赴行在。"

《宝庆四明志》卷一《郡守》："余天锡，嘉熙四年六月内奉御笔，除资政殿大学士，知庆元府兼沿海制置使，累辞不允，于当年十二月初三日到任，至次年十一月，以疾乞生前致任，十二月初四日除观文殿学士，特转两官依所乞。"《宝庆四明志》卷十《典乡郡》："余天锡，鄞人。嘉熙四年六月内奉御笔，除资政殿大学士，知庆元府兼沿海制置使，有旨名其所居之坊曰锦乐。"

《大德昌国州图志》卷六《名贤》："余天锡字纯父，自号畏斋。世居甬东村。其先少傅涤，领袖邑庠。公擢癸未进士第，立登要津，荣典乡郡，官至参知政事。待宗族有义廪，赠薨，赠太师，谥忠惠。"

《宝庆四明志》卷十《进士》："嘉定十六年蒋重珍榜：余天锡。"《延祐四明志》卷六《人物考下》："嘉定十六年蒋重珍榜：余天锡。"

孙梦铠　字国器，号文庄，庆元府慈溪县人。登嘉定十六年进士第。历任伴读、南州知州、国子监祭酒、侍讲学士，多直谏，以翰林学士致仕。后与杨简、孙应时有交往，谥文端。

《光绪慈溪县志》卷二十五《列传二·宋》："孙梦铠，字国器，号文庄。登嘉定十六年进士。初授伴读，精思讲论，因事纳启。出知南州，洗革弊政，民甚德之。时当北寇猖狂,要害之所,预筹连馈,不失催征,月朔望必朝服,谒拜朝庙,召诸生讲论圣经,治化日洽。迁国子监祭酒,时因伪学,陷及正人,上章廷辩,不报。韩侂胄议北伐,同陈伸等上书切谏,伸出为京湖安抚使。会选讲官入经筵,朝旨特留,升侍讲学士,申济王之冤,指时相之失,当轴者衔之,必欲远窜。上知其忠直不阿,不可。以翰林学士致仕。

"史嵩之为梦锃之甥,嵩之为相,屡召不起,以文籍自娱,训淑子弟访孙应时于烛湖,会杨简于慈湖,与兄困梦观,以文学倡导。卒谥文端。"

《光绪慈溪县志》卷十九《选举上·宋》:"嘉定十六年癸未蒋重珍榜:孙梦锃。"

童居易 字行简,人称杜洲先生。庆元府慈溪县人。其原师于李耸、王休,后从学于杨敬仲。登嘉定十六年进士。时郑清之执掌国秉,童氏为登仕郎,力议利害,革浮盐司之弊。后任天长县主簿,弛枣禁,宽民利,时元兵攻天长,童居易全力防御,力阻元人。再调诸暨主簿,惩治恶少,颇为民诵。以政绩为泰宁令、夔州通判、太学博士、吉州知州、德庆知府,德庆时为蛮荒之地,童氏开发三年,大为发展,寻致仕。

童居易
像取自清光绪修《江苏丹阳云阳童氏宗谱》

其有《答真西山人役解》一文,见于《宋元学案补遗》。

清黄宗羲等《宋元学案》卷七十四《郡守童杜洲先生居易附师李耸、王休》:"童居易,字行简,慈溪人也。尝从乡先生李耸学古文,又学《小戴礼》于校书郎王休。一日参杨敬仲,与语,大奇之,遂舍所学学焉。登嘉定十六年进士。郑忠定清之柄国，举补登仕郎。朝议欲使诸路置买浮盐司，除拟已定，先生诣执政，历陈利害，命遂寝。相国赵忠靖葵开阃淮东，以先生摄天长簿。时诸路屯兵，每枣然，禁民采取，民失其利。先生上书乞弛其禁，旁九郡皆获免。

"既而元兵攻城急，邑令与主将不协，军民疑阻，先生力为陈解，遂协力捍防，城赖以全。调诸暨簿，恶少攻剽为奸，尉莫能致，先生以计悉擒之。上绩课最，转宣议郎知邵武之泰宁，移判夔州。迁太学博士，以身为教，学者仰之。以言曾子事忤上，出判吉州。未几，迁本州同知。升中奉大夫，知广东德庆府，蛮獠杂居，民悍难化，先生抚以恺悌，三载，民乐耕桑，门不夜阖，狱囚屡空。寻上章乞归，居杜洲之滨，学者从之，称杜洲先生。"

清全祖望《鲒埼亭集外编》卷十六《杜洲六先生书院记》："慈溪县鸣鹤乡者，杜洲童先生居易家焉。慈湖世嫡弟子，石坡桂氏而外，即推童氏，累代不替，诸家学录中所未有也。……其时，甬上书院多设山长者，而以杜洲为最盛。"

《光绪慈溪县志》卷十九《选举上·宋》："嘉定十六年癸未蒋重珍榜：童居易。从《嘉靖府志》本传增。按：《嘉靖志》传本作嘉定己未进士，天启、雍正志传并袭其讹，考嘉定纪年无己未，今依《雍正志》表列此。"

舒泳之　庆元府奉化县人。登嘉定十六年进士第。官知南平军。

《宝庆四明志》卷十《进士》："嘉定十六年蒋重珍榜：舒泳之。"《延祐四明志》卷六《人物考下》："嘉定十六年蒋重珍榜：舒泳之。"《光绪奉化县志》卷十九《选举表一》："嘉定十六年癸未：舒泳之，知南平军。"

赵师简　庆元府奉化县人。登嘉定十六年进士第。官知澧州。

《宝庆四明志》卷十《进士》："嘉定十六年蒋重珍榜：赵师简，师篯弟。"《延祐四明志》卷六《人物考下》："嘉定十六年蒋重珍榜：赵师简，师篯弟。"《光绪奉化县志》卷十九《选举表一》："嘉定十六年癸未：赵师简，师篯弟，知澧州。"

应㒟（？—1255）　字之道，庆元府昌国县人。少时从楼迂斋学，能文章，有文名。登嘉定十六年进士第。初授临江军教授，后屡擢为国子学录、太学博士、秘书郎，入对，多直言，故而擢著作佐郎、著作郎。淳祐时为国史编修、实录检讨，后又为吏部侍郎，帝深器之，一夜间曾多次入召，有奇谋，故擢为中书舍人、参知政事。宝祐时劾罢，不久卒。

元脱脱等《宋史》卷四百二十《应㒟》："应㒟字之道，庆元府昌国人。刻志于学。嘉定十六年，试南省第一，遂举进士，为临江军教授。入为国子学录兼庄文府教授。迁太学博士,又迁秘书郎,请早建太子。入对,帝问星变,儗请'修实德以答天戒'。帝问州县贪风,儗曰:'贪黩由殉色而起。成汤制官刑,儆有位,首及于巫风淫风者,有以也。'帝问藏书,儗请'访先儒解经注史',因及程迥、张根所著书皆有益世教。帝善之。迁秘书省著作佐郎兼权尚左郎官、兼翰林权直。又迁著作郎,仍兼职,以言罢。

"淳祐二年,叙复奉祠。迁宗正寺丞兼权礼部郎官,兼国史编修、实录检讨,以言罢。差知台州,召兼礼部郎官、崇政殿说书。迁秘书少监,仍兼职,兼权直学士院。又迁起居舍人、权兵部侍郎,时暂兼权吏部侍郎兼直学士院,帝一夕召儗草麻,夜四鼓,五制皆就,帝奇其才。迁吏部侍郎仍兼职。进翰林学士兼中书舍人。

"八年,授同知枢密院事兼参知政事。九年拜参知政事,封临海郡侯,乞归田里。以资政殿学士知平江府,提举洞霄宫。宝祐三年,殿中侍御史丁大全论罢,寻卒。德祐元年,诏复元职致仕。"

宋陈骙《南宋馆阁续录》卷七《官联一》:"监修国史……淳祐以后……应儗,八年十月以同知枢密院事兼参知政事,时暂权监修。……少监……淳祐以后……应儗,字之道,庆元府人。癸未蒋榜。习赋。五年六月以将作少监兼国史院编修官、实录院检讨官兼翰林权直尚书礼部员外郎兼崇政殿说书除,七月升兼直学士院供职依旧,六年十月除起居舍人。"

宋陈骙《南宋馆阁续录》卷八《官联二》:"秘书郎……端平以后……应儗,字之道,庆元府昌国人。嘉定十六年蒋重珍榜进士。治诗赋。二年四月除,九月除著作佐郎。"

《大德昌国州图志》卷六《名贤》:"应儗,字之道,自号葺芷。兰坡先生之犹子也。少颖悟,长刻志于学,凡经子史集与百家传记靡不研览,从迁斋楼公先生游,自是文声日振,咸爱敬之。两请漕荐,嘉定癸未以词赋魁南省。初调清江校官,次授京教,列属上庠,横经朱邸,入秘书,直鳌署,既而丞玉牒兼南宫舍人。淳祐四年冬,四被除宠史馆,经筵翰林从汇,官至中大夫、参知政事,封临海郡侯,有子法孙,请乡漕,官至承议郎。"

《宝庆四明志》卷十《进士》:"嘉定十六年蒋重珍榜:应儗,儌佺。"《延祐四明志》卷六《人物考下》:"嘉定十六年蒋重珍榜:应儗,儌佺。"《大德昌国州图志》卷六《进士题名》:"应儗,嘉定十六年蒋重珍榜,伯儌。"

嘉定十六年癸未(1223)武举杜幼节榜

臧元庆 庆元府鄞县人,臧植、臧格从侄。登嘉定十六年武举进士第。

事迹无考。

《宝庆四明志》卷十《进士》："嘉定十六年武举杜幼节榜：臧元庆，植、格从侄。"《延祐四明志》卷六《人物考下》："嘉定十六年武举杜幼节榜：臧元庆，植、格从侄。"《光绪鄞县志》卷二十《选举表一》："嘉定十六年癸未：臧元庆，植从子。"

王甲　庆元府人，王镐侄。登嘉定十六年武举进士第。事迹无考。

《宝庆四明志》卷十《进士》："武举杜幼节榜：王甲，镐侄。"《延祐四明志》卷六《人物考下》："武举杜幼节榜：王甲，镐侄。"

嘉定十七年（1224）甲申榜

邵明仲　庆元府鄞县人。登嘉定十七年上舍释褐第。事迹无考。其有《宋两广总干李公墓志铭》，收于《全宋文》。另《俞家山志》录有《鄞东俞氏宗谱序》。

《宝庆四明志》卷十《进士》："嘉定十七年上舍释褐：邵明仲。"《延祐四明志》卷六《人物考下》："嘉定十七年上舍释褐：邵明仲。"《光绪鄞县志》卷二十《选举表一》："嘉定十七年甲申：邵明仲。"

庄端孙　庆元府鄞县人。登嘉定十七年上舍释褐第。事迹无考。其有《押韵释疑序》一文，见《押韵释疑》。

《宝庆四明志》卷十《进士》："嘉定十七年上舍释褐：庄端孙，同孙兄。"《延祐四明志》卷六《人物考下》："嘉定十七年上舍释褐：庄端孙，同孙兄。"《光绪鄞县志》卷二十《选举表一》："嘉定十七年甲申：庄端孙，同孙兄。"

陈籍　庆元府鄞县人，一说慈溪县人。登嘉定十七年上舍释褐第。事迹无考。

《宝庆四明志》卷十《进士》："嘉定十七年上舍释褐：陈籍，纪子。"《延祐四明志》卷六《人物考下》："嘉定十七年上舍释褐：陈籍，纪子。"《光绪鄞县志》卷二十《选举表一》："嘉定十七年甲申陈籍，纪子。"《光绪慈溪县志》卷十九《选举上·宋》："嘉定十七年甲申上舍释褐：陈籍，纪子。"

任衮然　庆元府慈溪县人。登嘉定十七年上舍释褐第。任灼然之弟。

《宝庆四明志》卷十《进士》："嘉定十七年上舍释褐：任衮然，灼然弟。"《延祐四明志》卷六《人物考下》："嘉定十七年上舍释褐：任衮然，灼然弟。"《光绪慈溪县志》卷十九《选举上·宋》："嘉定十七年甲申上舍释褐：任衮然，灼然弟。"

宋理宗朝(1224—1264)

宝庆二年丙戌(1226)王会龙榜

王文贯　字贯道,庆元府鄞县人,一说昌国县人、奉化县人。自幼酷爱学习,师从于余端良,后入太学,登宝庆二年进士第。初授仪真校官,后为左藏库提辖官、架阁库官、宗学等官,晚年黄震、汪元春等皆从其学,为时名士。王文贯长于《毛诗》、《论语》,多有见解。其文现仅载《黄氏日抄》,清王梓材等《宋元学案补遗》辑录之,《全宋文》未收。

宋黄震《黄氏日抄》卷二《读论语》:“震自幼蒙先父之教,常读晦庵《论语》。长师宗谕王贯道先生,见其朝夕议论常不出晦庵《论语》,谓晦庵读尽古今注解,自音而训,自训而义,自一字而一句,自一句而一章,以至言外之意透彻无碍,莹然在心如琉璃然,方敢下笔,一字未透,即云未详。”

《至正四明续志》卷二《人物》:“王文贯,字贯道,鄞县人。早嗜学,与乡先生余端良游,魁太学公式,登宝庆二年进士第。……文贯精毛氏诗说,以辅氏为宗。从游常数十人,同郡之知名者:奉化汪元春、慈溪黄震,俱以论议政事称与时,文贯由是名益著。”

《大德昌国州图志》卷六《名贤》:“王文贯,字贯道。以诗学鸣。弱冠荐于乡,登上庠,占公闱首选,擢宝庆丙戌进士第,调仪真校官。秩满,司钥左帑。寻除架阁,掌教麟庠,添倅东越。”

《宝庆四明志》卷十《进士》:“宝庆二年王会龙榜:王文贯。”《延祐四明志》卷六《人物考下》:“宝庆二年王会龙榜:王文贯。”《大德昌国州图志》卷六《进士题名》:“王文贯,太学,宝庆二年王会龙榜。”《光绪鄞县志》卷二十《选举表一》:“宝庆二年丙戌:王文贯。”《光绪奉化县志》卷十九《选举表一》:“宝庆二年丙戌:王文贯,时叙子。”

王兴叔　庆元府鄞县人,一说奉化县人。登宝庆二年进士第(一说为特奏名进士)。事迹无考。

《宝庆四明志》卷十《进士》:“宝庆二年王会龙榜:王兴叔。”《延祐四明志》卷六《人物考下》:“宝庆二年王会龙榜:王兴叔。”《光绪鄞县志》卷二十《选举表一》:“宝庆二年丙戌:王兴叔。”《光绪奉化县志》卷十九《选举表一》:“宝庆二年丙戌:王兴叔,特奏名。”

王梦次　庆元府鄞县人。登宝庆二年进士第。事迹无考。

《宝庆四明志》卷十《进士》："宝庆二年王会龙榜：王梦次。"《延祐四明志》卷六《人物考下》："宝庆二年王会龙榜：王梦次。"《光绪鄞县志》卷二十《选举表一》："宝庆二年丙戌：王梦次。"

冯基　庆元府鄞县人，一说慈溪县人。登宝庆二年进士第。事迹无考。

《宝庆四明志》卷十《进士》："宝庆二年王会龙榜：冯基。"《延祐四明志》卷六《人物考下》："宝庆二年王会龙榜：冯基。"《光绪鄞县志》卷二十《选举表一》："宝庆二年丙戌：冯基。"《光绪慈溪县志》卷十九《选举上·宋》："宝庆二年丙戌王会龙榜：冯基。"

刘希辰　庆元府鄞县人。刘著之子。登宝庆二年进士第。事迹无考。

《宝庆四明志》卷十《进士》："宝庆二年王会龙榜：刘希辰，著子。"《延祐四明志》卷六《人物考下》："宝庆二年王会龙榜：刘希辰，著子。"《光绪鄞县志》卷二十《选举表一》："宝庆二年丙戌：刘希辰，著子。"

应文炳　庆元府鄞县人。登宝庆二年进士第。事迹无考。

《嘉靖宁波府志》卷三《选举表·进士·宋》："鄞县宝庆二年：应文炳。"《光绪浙江通志》卷一百二十七《选举·进士》："宝庆二年丙戌王会龙榜：应文炳，鄞人。"

陈箎　庆元府鄞县人。陈纪侄。登宝庆二年进士第。事迹无考。

《宝庆四明志》卷十《进士》："宝庆二年王会龙榜：陈箎，纪侄。"《延祐四明志》卷六《人物考下》："宝庆二年王会龙榜：陈箎，纪侄。"《光绪鄞县志》卷二十《选举表一》："宝庆二年丙戌：陈箎，纪侄。"

郑士颖　庆元府鄞县人。郑清之侄。登宝庆二年进士第。端平时为嘉定令。

《宝庆四明志》卷十《进士》："宝庆二年王会龙榜：郑士颖，清之侄。"《延祐四明志》卷六《人物考下》："宝庆二年王会龙榜：郑士颖，清之侄。"《光绪鄞县志》卷二十《选举表一》："宝庆二年丙戌：郑士颖，清之侄。案：《嘉定县志》：端平元年知嘉定县。《三茅志》：官至正言。"

赵师莳　庆元府鄞县人。登宝庆二年进士第。事迹无考。

《宝庆四明志》卷十《进士》："宝庆二年王会龙榜：赵师莳。"《延祐四明志》卷六《人物考下》："宝庆二年王会龙榜：赵师莳。"《光绪鄞县志》卷二十《选举表一》："宝庆二年丙戌：赵师莳。"

赵汝与　庆元府鄞县人。登宝庆二年进士第。事迹无考。

《宝庆四明志》卷十《进士》："宝庆二年王会龙榜：赵汝与。"《延祐四明

志》卷六《人物考下》："宝庆二年王会龙榜：赵汝与。"《光绪鄞县志》卷二十
《选举表一》："宝庆二年丙戌：赵汝与。"

赵汝桂 庆元府奉化县人。赵汝柄之弟，赵汝捍之兄。登宝庆二年进士第。官大庾县令。

《宝庆四明志》卷十《进士》："宝庆二年王会龙榜：赵汝桂，汝柄弟、汝捍兄。《延祐四明志》卷六《人物考下》："宝庆二年王会龙榜：赵汝桂，汝柄弟、汝捍兄。"《光绪奉化县志》卷十九《选举表一》："宝庆二年丙戌：赵汝桂，王会龙榜，汝柄弟，大庾知县。"

赵汝期 庆元府鄞县人。赵汝与、赵汝岋堂弟。登宝庆二年进士第。事迹无考。

《宝庆四明志》卷十《进士》："宝庆二年王会龙榜：赵汝期，汝与、汝岋堂弟。"《延祐四明志》卷六《人物考下》："宝庆二年王会龙榜：赵汝期，汝与、汝岋堂弟。"《光绪鄞县志》卷二十《选举表一》："宝庆二年：赵汝期，汝与堂弟。"

赵汝楳 赵善湘之子。庆元府鄞县人。登宝庆二年进士第。史弥远女婿，与史氏家族关系亲密，有军功，曾平闽乱，为江淮安抚制置，晚年为户部侍郎，理财事，多毁誉，官至大学士，爵天水郡公。

赵氏精通易学，著有《易叙丛书》，已失传，其《周易辑闻》、《易雅》、《筮宗》等收于《四库全书》。其诗文收录《全宋文》、《全宋诗》。

宋吴泳《鹤林集》卷九《赵汝楳降授朝散大夫黄汉章降授宣教郎制》："敕：具官某等：科举之法，自唐已弊矣。若士已正应，有司以公取，则法虽弊而人犹未弊也。今言者闻汝楳之请托，汉章之徇私，则有弊人矣。朕方革去旧习，以新美多士，则汝等一阶之罚，尚何辞？可。"

元袁桷卷三十三《先君子亝承师友晚固艰贞习益之训传于过庭述师友渊源录》："赵汝楳，善湘子，为宰相婿。卑退自修，精《易》象，有《易叙丛书》可传。官至户部侍郎。晚岁以理财进用，失士誉。"

明钱士升《南宋书》卷十八《列传》："善湘季子汝楳，史弥远婿也。故奏报无不达，以平闽寇功，转江淮安抚制置，累进大学士，封天水郡公。帝手诏求所解《春秋》。致仕卒，所著有《周易说约》等书。"

《宝庆四明志》卷十《进士》："宝庆二年王会龙榜：赵汝楳，善湘子，汝櫄、汝榟弟。"《延祐四明志》卷六《人物考下》："宝庆二年王会龙榜：赵汝楳，善湘子，汝櫄、汝榟弟。"《光绪鄞县志》卷二十《选举表一》："宝庆二年丙戌赵汝楳。"

吴潜《重建逸老堂记》："降朝散大夫直宝章阁祥符县开国男食邑三百户

赐紫金鱼袋赵汝楳篆额。"注：是文撰于宋开庆元年(1259)，同年立碑。

桂锡孙《宋孙孝子祠记》："太中大夫集英殿修撰赵汝楳书。"注：是文撰于宋咸淳初年。

赵时范　庆元府鄞县人。登宝庆二年进士第。事迹无考。

《宝庆四明志》卷十《进士》："宝庆二年王会龙榜：赵时范。"《延祐四明志》卷六《人物考下》："宝庆二年王会龙榜：赵时范。"《光绪鄞县志》卷二十《选举表一》："宝庆二年丙戌：赵时范。"

赵希伺　庆元府鄞县人。登宝庆二年进士第。事迹无考。

《宝庆四明志》卷十《进士》："宝庆二年王会龙榜：赵希伺。"《延祐四明志》卷六《人物考下》："宝庆二年王会龙榜：赵希伺。"《光绪鄞县志》卷二十《选举表一》："宝庆二年丙戌：赵希伺。"

赵希洺　庆元府鄞县人。登宝庆二年进士第。赵师莳侄，海陵教授。

《宝庆四明志》卷十《进士》："宝庆二年王会龙榜：赵希洺，师莳侄。"《延祐四明志》卷六《人物考下》："宝庆二年王会龙榜：赵希洺，师莳侄。"《光绪鄞县志》卷二十《选举表一》："宝庆二年丙戌：赵希洺，海陵教授。"

赵希埵　庆元府鄞县人。登宝庆二年进士第。事迹无考。

《宝庆四明志》卷十《进士》："宝庆二年王会龙榜：赵希埵。"《延祐四明志》卷六《人物考下》："宝庆二年王会龙榜：赵希埵。"《光绪鄞县志》卷二十《选举表一》："宝庆二年丙戌：赵希埵。"

赵希逸　庆元府鄞县人。赵希逾之弟。登宝庆二年进士第。事迹无考。

《宝庆四明志》卷十《进士》："宝庆二年王会龙榜：赵希逸，希逾弟。"《延祐四明志》卷六《人物考下》："宝庆二年王会龙榜：赵希逸，希逾弟。"《光绪鄞县志》卷二十《选举表一》："宝庆二年丙戌：赵希逸，希逾弟。"

赵希僡　庆元府鄞县人。赵希伺之兄。登宝庆二年进士第。事迹无考。

《宝庆四明志》卷十《进士》："宝庆二年王会龙榜：赵希僡，希伺兄。"《延祐四明志》卷六《人物考下》："宝庆二年王会龙榜：赵希僡，希伺兄。"《光绪鄞县志》卷二十《选举表一》："宝庆二年丙戌：赵希僡。"

赵希琛　庆元府鄞县人。赵希璈之兄。登宝庆二年进士第。事迹无考。

《宝庆四明志》卷十《进士》："宝庆二年王会龙榜：赵希琛，希璈兄。"《延祐四明志》卷六《人物考下》："宝庆二年王会龙榜：赵希琛，希璈兄。"《光绪鄞县志》卷二十《选举表一》:"宝庆二年丙戌:赵希琛,希璩兄。"

赵希彭 字清中,号十洲,宋太祖九世孙,庆元府鄞县人。登宝庆二年进士第。为官长达四十年,授知南雄,不赴。无疾而终。赵希彭有诗一首,见于《随隐漫录》,此书录有其遗偈,《全宋词》录词两首。

宋陈世崇《随隐漫录》卷三《赵希彭》:"赵君入仕四十年,虚静恬淡,寂寞无为。除南雄守,不赴。丙寅九日别亲友,理家事,端坐而逝。"

清厉鹗《宋诗纪事》卷八十五《赵希彭》:"赵希彭,字清中,号十洲,太祖九世孙,四明人,宝庆二年进士。"

《宝庆四明志》卷十《进士》:"宝庆二年王会龙榜:赵希彭。"《延祐四明志》卷六《人物考下》:"宝庆二年王会龙榜:赵希彭。"《光绪鄞县志》卷二十《选举表一》:"宝庆二年丙戌:赵希彭。"

赵希璩 庆元府鄞县人。赵希琛之兄。登宝庆二年进士第。事迹无考。

《宝庆四明志》卷十《进士》:"宝庆二年王会龙榜:赵希璩,希琛兄。"《延祐四明志》卷六《人物考下》:"宝庆二年王会龙榜:赵希璩,希琛兄。"《光绪鄞县志》卷二十《选举表一》:"宝庆二年丙戌:赵希璩,希琛兄。"

赵遹夫 庆元府鄞县人。登宝庆二年进士第。事迹无考。

《宝庆四明志》卷十《进士》:"宝庆二年王会龙榜:赵遹夫。"《延祐四明志》卷六《人物考下》:"宝庆二年王会龙榜:赵遹夫。"《光绪鄞县志》卷二十《选举表一》:"宝庆二年丙戌:赵遹夫。"

赵减夫 庆元府鄞县人。赵彦通侄。登宝庆二年进士第。曾三次调为平江府观察推官,不赴,淳祐时卒。

《宝庆四明志》卷十《进士》:"宝庆二年王会龙榜:赵减夫,彦通侄。"《延祐四明志》卷六《人物考下》:"宝庆二年王会龙榜:赵减夫,彦通侄。"

赵时拯《宋韩氏墓志铭》:"先妣以嘉定丁丑之冬归于先君讳减夫。宝庆丙戌第进士,三调平江府观察推官,未赴而卒。"注:是志撰于宋淳祐七年(1247)。

袁衡 庆元府鄞县人。袁燮之孙。登宝庆二年进士第。知榆次县。

清袁钧《四明诗萃》卷十八《送袁明府衡任满入都》:"吉甫清风作诵初,圣门宓子又焉如。四郊无复容成鹤,一室惟空鬻釜鱼。笙谱由庚乡饮酒,凤来榆次帝征书。得人自古称嘉政,会见三公命贲庐。"

《宝庆四明志》卷十《进士》:"宝庆二年王会龙榜:袁衡,燮孙。"《延祐四明志》卷六《人物考下》:"宝庆二年王会龙榜:袁衡,燮孙。"

夏元吉　庆元府鄞县人。登宝庆二年进士第。事迹无考。

《宝庆四明志》卷十《进士》:"宝庆二年王会龙榜:夏元吉。"《延祐四明志》卷六《人物考下》:"宝庆二年王会龙榜:夏元吉。"《光绪鄞县志》卷二十《选举表一》:"宝庆二年丙戌:夏元吉。"

萧㙔　庆元府鄞县人。登宝庆二年进士第。事迹无考。

《宝庆四明志》卷十《进士》:"宝庆二年王会龙榜:萧㙔。"《延祐四明志》卷六《人物考下》:"宝庆二年王会龙榜:萧㙔。"《光绪鄞县志》卷二十《选举表一》:"宝庆二年丙戌:萧㙔。"

楼潋　庆元府鄞县人。楼淮弟。宝登庆二年进士第。事迹无考。

《宝庆四明志》卷十《进士》:"宝庆二年王会龙榜:楼潋,淮弟。"《延祐四明志》卷六《人物考下》:"宝庆二年王会龙榜:楼潋,淮弟。"《光绪鄞县志》卷二十《选举表一》:"宝庆二年丙戌:楼潋,淮弟。"

臧元坚　庆元府鄞县人。臧植从子。登宝庆二年进士第。事迹无考。

《宝庆四明志》卷十《进士》:"宝庆二年王会龙榜:臧元坚,植从子。"《延祐四明志》卷六《人物考下》:"宝庆二年王会龙榜:臧元坚,植从子。"《光绪鄞县志》卷二十《选举表一》:"宝庆二年丙戌:臧元坚,植从子。"

赵希驭　庆元府鄞县人。赵希璲堂弟,赵希璈从兄。登宝庆二年进士第。事迹无考。

《宝庆四明志》卷十《进士》:"宝庆二年王会龙榜:赵希驭,希璲堂弟。"《延祐四明志》卷六《人物考下》:"宝庆二年王会龙榜:赵希驭,希璲堂弟。"《光绪鄞县志》卷二十《选举表一》:"宝庆二年丙戌:赵希驭,希璈从兄。"

赵步夫　庆元府鄞县人。登宝庆二年进士第。事迹无考。

《宝庆四明志》卷十《进士》:"宝庆二年王会龙榜:赵步夫。"《延祐四明志》卷六《人物考下》:"宝庆二年王会龙榜:赵步夫。"《光绪鄞县志》卷二十《选举表一》:"宝庆二年丙戌:赵步夫。"

沈晟　庆元府定海县人。登宝庆二年进士第。事迹无考。

《宝庆四明志》卷十《进士》:"宝庆二年王会龙榜:沈晟。"《延祐四明志》卷六《人物考下》:"宝庆二年王会龙榜:沈晟。"《嘉靖定海县志》卷四《选举》:"沈晟,宝庆二年。"

沈晟

像取自 1913 年修《浙江慈溪师桥沈氏宗谱》

孙因 庆元府慈溪县人,孙梦观堂兄。登宝庆二年进士第。官诸王公大小学教授、朝请大夫。孙因作《晋问》、《越问》,为当时学人传诵。其遗文如《蝗虫辞》等收于《全宋文》,《全宋诗》录诗十五首。

《至正四明续志》卷二《人物》:"兄因孝友,一门文行竞爽,亦以科第显,仕至朝请大夫、诸王宫大小学教授。"

清王梓材等《宋元学案补遗》卷六十四《侍郎孙先生梦观附兄因》:"兄因与先生同登进士,有文学,仕至朝请大夫。"

《光绪慈溪县志》卷二十五《列传二·宋》:"孙因,晋余姚令统之后。少与兄困、从弟梦观自相师友,宝庆二年与梦观同登进士。为诸王公大小学教授,仕至朝请大夫。因博综今古,尝拟《晋问》、作《越问》,以补王十朋《风俗赋》之遗,学者多传诵之。"

《宝庆四明志》卷十《进士》:"宝庆二年王会龙榜:孙因,梦观堂兄。"《延祐四明志》卷六《人物考下》:"宝庆二年王会龙榜:孙因,梦观堂兄。"《光绪慈溪县志》卷十九《选举上·宋》:"宝庆二年丙戌王会龙榜:孙因,梦观堂兄。"

孙梦观(1200—1266) 字守叔,号雪窗,庆元府慈溪县人。登宝庆二年进士第。初授桂阳军公事、浙西提举司干办公事,差主管吏部架阁文字。出外为严州通判、知嘉兴,又为右司郎官、将作监,后又为泉州令,清廉俭朴,如苦行僧。时官吏催赋甚急,梦观不忍,弃官。董槐闻之,不久再次征召,为司农少卿,上疏皆切时弊,为太府卿,连擢至起居舍人。后又知建宁府,有善政,百姓慕之,卒于任上。王应麟称淳祐时有慈溪三杰,孙氏当其一。

其《雪窗集》收于《四明丛书》和文渊阁《四库全书》。

宋赵孟坚《彝斋文编》卷三《孙雪窗诗序》："鸳湖雪窗孙君，志古攻吟，持编过访，嘉其体备，而不时世妆也。因与之言，雪窗其感而寓兴，以有韵之文，春容大篇，《北征》《庐山高》其行辈乎！精密简短，《秋浦》其流丽乎！载扬古风，一洗靡习，吾其望子。"

宋孙梦观《雪窗集》附录《墓志铭》："嘉熙丁酉，余以工部侍郎吴牧，适常平使者阙，被旨摄事，始与鄞人孙守叔为同僚。即之久，见其人温纯肃洁，心异之。

"……君讳梦观，守叔其字，雪窗其号也。……君登丙戌进士第，与兄困俱占南宫龟列，授迪功郎，调桂阳军教授、浙西提举司干办公事，差主管吏部架阁文字，除武学谕，添差通判严州，台州崇道观，复除武学博士、太常寺簿，诸王宫大小学教授，宗正丞，兼屯田郎官，将作少监，知嘉兴府，仍旧班兼右曹郎官，将作监，国子司业，知泉州，兼提举市舶事，改知宁国府，除司农少卿，兼资善堂赞读，太府卿，充御试编排官，宗正少卿，兼给事中，起居舍人，起居郎，直龙图阁，予祠，慈溪县开国男，食邑三百户，秘阁修撰，江淮等路提点铸钱公事，复除起居郎，兼右侍郎，给事中，兼赞读，兼国子祭酒，权吏部侍郎，集英殿修撰，知建宁府，积官至宣奉大夫。

"君世居郡之慈溪，奉直公质直而好义，以善人称于乡，慈湖先生杨文元公尝志其墓。积厚报丰，遂生君，为闻人。初与二兄因、困自为师友，既中第，益留意古学。为郡博士，专以考亭之书淑诸生。州境有蛮寇，帅廉君宜于士而习其俗，越次命君摄事，寇即定。浙右盐策最浩繁，为幕官者诸场岁时例有馈，君皆却绝，户庭如水。王侍郎遂以侍从典州，以其学行才美荐于朝。甫登畿，轮当面对，首论人主听言不容有所惮，尤不容有所玩。惮则有言而不能容，玩则虽容其言而不能用，切中千古之病。时乡衮执国柄，咸谓美官可券取。君力请员外治中以去，旋引疾归。逾季复召，横经朱邸，皇弟太傅嗣王嘉其三益之助，爱敬弥笃。复当陛对，授《周书》'抚后虐雠'及《文中子》'戎狄之德，黎民怀之'之说，恳恳为上陈之。寻以戎监转对，极言风宪之地，未闻有十人疏攻一竦者，封驳之司未闻有三舍人不肯草制者。且论道揆不明，法守滋乱，天下之权将有所寄而倒持之患作。当路者浸不悦。

"出守泉州，旋易宣，蠲逋减赋，不计缗石。凡有汎人，尽籍于公，蔬食布衣，如苦行僧衲。时虽供亿甚繁而郡不告匮，版曹专官督赋如星火急，合郡皇骇，莫知为计。君曰：'吾宁委官以去，毋宁病民以留。力丐祠，且将以郡印牒专官，专官闻之夜遁。宣人至今言之，尚流涕也。董丞相槐以枢密召还，上问江东廉吏，首以君对。上悦，除司农少卿。适资善讲官缺员，上遴选端良之士,亟命君兼赞读。轮当陛对,奏谓:'国家必有所恃而后立。今内外之臣恃陛下以各遂其私,而陛下独无一无可恃,可为寒心。'次论:'郡国当为斯民计,朝廷当为郡国计。乞命大臣,应自前主计之臣夺州县之利而归版曹者复归所属,庶几郡国蒙一分之宽,则斯民亦受一分之赐。'其言一一如著龟,上首肯,且奉玉音:'卿在资善,更烦尽心。'先是有以越职言事削秩者,逾季黄犹在牍,君曰:'此非法也。'即日涂归,且乞叙用其人。时有为公论所指目者,除职予郡。君奏论:'王安石欲去熙宁之君子则名以流俗,京、卞欲去元祐之君子则名为邪党,秦桧欲去绍兴之君子则名以异议,李沐、陈贾欲去庆元之君子则名以伪学。某人复倡为虚议论,以尽去更化以来所收召之君子,非所以为世道计。'

"四月,以资善堂满岁迁,制词有曰:'虽舍章从事,有闾闾侃侃似不能言之风;及批敕途黄,乃謇謇谔谔有凛不可犯之色。'盖上意也,当国者恶之。是月,免兼琐闼,进右螭,八上章引退。乙卯正月,进左螭,免牍三四上。憸人吴燧挤而击之,除直龙图阁,予祠。十月,升秘撰,提泉诸道。丙辰正月,甫抵司存,复以旧班召。公闻命,凡泉司供账悉付之护印者,归装肃然。抵门奏事,抗论益切,大概以'宠赂彰,仁贤逝,货财偏聚'为言,且谓未易相之前弊政固不少,既易相之后弊政亦自若,在廷之士皆危之。君曰:'吾以一布衣蒙上恩至此,虽捐躯无以报,利钝非所计也。'未几,进侍郎右选,仍兼琐闼赞读如故。皇子忠王闻君再为讲官,喜甚。君每入讲,必援先儒格言,反复开陈,王亦多所谘问。七月,进大司成,旋真除二卿,升翊善。君亲被主知道,屡膺天奖,两地可以拾级而升。然雅志恬淡,入从仅三月即三疏祈闲,辞甚苦,至上留之不可。二月,以殿撰宅牧武夷。夏五领事,首以考亭先生絜矩之义谕郡人,蠲丝谷之积逋不趋以万计,不遣一卒下属邑,两造在庭,决以公是,虽丽于罚者无怨言。布衣蔬食之操,视守宣有加焉。建多君子,其达官显人徐知院清叟、蔡参政杭皆相推,以为有古循吏风。君每谓诸邑月解自盐运不续,凿空取办,展转病民,方欲千里赤子祈哀于上,图所以变而通之者,遽以微疾至大故。未属纩前,犹揽衣危坐,曰:'吾荷上奇遇,忠言无不售。虽屡为柄臣所排,独主上保全,以至于此。今病,不可为论报,已矣!'口授遗表,忧实恳恻,不出于《大学》末章人才、货财之二事。草毕凝然而逝,七月十二日也,享年五十有八。"

元脱脱等《宋史》卷四百二十四《孙梦观》:"孙梦观字守叔,庆元府慈溪县人。宝庆二年进士。调桂阳军教授、浙西提举司干办公事,差主管吏部架阁文字,为武学谕。轮对,言:'人主不容有所惮,尤不容有所玩,惮则有言而不能容,玩则虽容其言而不能用。'力请外,添差通判严州,主管崇道观,召为武学博士、太常寺丞兼诸王宫大小学教授,大宗正丞兼屯田郎官、将作少监。知嘉兴府,仍旧班兼右司郎官、将作监。轮对,极言:'风宪之地,未闻有十八疏攻一竦者。封驳之司,未闻有三舍人不肯草制者。道揆不明,法守滋乱,天下之权将有所寄,而倒持之患作。'当路者滋不悦。出知泉州兼提举市舶,改知宁国府。蠲逋减赋,无算泛入者尽籍于公帑。户部遣官督赋,急若星火,阖郡皇骇,莫知为计。梦观曰:'吾宁委官以去,毋宁病民以留。'力丐祠,且将以府印牒所遣官,所遣官闻之夜遁。他日梦观去宁国,人言之为之流涕。

"丞相董槐召还,帝问江东廉吏,槐首以梦观对,帝说,乃迁司农少卿兼资善堂赞读。轮对,谓:'今内外之臣,恃陛下以各遂其私,而陛下独一无可恃,可为寒心!'次论:'郡国当为斯民计,朝廷当为郡国计。乞命大臣应自前主计之臣夺州县之利而归版曹者,复归所属,庶几郡国蒙一分之宽,则斯民亦受一分之赐。'帝善其言。迁太府卿、宗正少卿,兼给事中、起居舍人、起居郎。八上章辞免,以监察御史吴燧论罢,直龙图阁与祠,授秘阁修撰、江淮等路提点铸钱司公事。甫至官,即复召为起居郎兼侍右侍郎、给事中兼赞读,兼国子祭酒,权吏部侍郎。奏事抗论益切,以宠赂彰、仁贤逝、货财偏聚为言,且谓:'未易相之前,敝政固不少;既易相之后,敝政亦自若。'在廷之士皆危之。梦观曰:'吾以一布衣蒙上恩至此,虽捐躯无以报,利钝非所计也。'

"力求补外,以集英殿修撰知建宁府,蠲租税,省刑罚,郡人徐清叟、蔡抗以为有古循吏风。民有梦从者甚都,迎祠山神,出视之则梦观也。俄而梦观得疾,口授遗表,不忘规谏,遂卒。帝悼惜久之,赙银帛三百。梦观退然若不胜衣,然义所当为,奋往直前;其居败屋数间,布衣蔬食,而重名节云。"

《至正四明续志》卷二《人物》:"孙梦观,字守叔,慈溪县人。登宝庆丙戌进士第。调桂阳教授,专以朱子学淑诸生。通判严州,王遂以侍从为守因荐。其学行超卓。除太常簿,陛对首论人主听言不容有所惮,尤不容有所玩。引归逾年,复召,授经朱邸皇弟嗣王,爱敬弥笃。知嘉兴府,升国子司业。极言风宪之地未闻有十八疏攻一竦者,封驳之司未闻有三舍人不肯草制者,且谓道揆不明法守,滋乱天下之权,将有倒持之患。当路者浸不悦。出,守宣州。悉蠲逋赋,版曹专官急督梦观,欲投绂去,专官夜遁宣人,言之感泣。董丞相槐以廉吏闻,除司农少卿。奏论:'内外之人各遂其私,谓王安石欲去熙宁之君子,则名以流俗;京卞欲去元祐之君子,则名以邪党;秦桧欲去绍兴之君子,则名以异议,李沐、陈贾欲去庆元之君子,则名以伪学。当今复倡虚议，欲尽去更化以来所收召之君子，非所以为世道计。'不报，遂与祠。复以起居郎召，面对以宠赂彰、仁贤逝、货财偏聚为言，进吏部侍郎。出，知建宁。年五十有八卒。

"梦观重名节，轻人爵，特立不阿，始终一致，为淳祐全人。吴丞相潜铭其墓，王尚书应麟识其遗事曰：'近世名卿，于慈溪得三贤，文元杨公、文靖张公，则闻而知之；侍郎孙公，则见而知之。'允矣。君子爱直之遗德，言不朽千载之思。位虽诎，其道则信矣。兄因孝友，一门文行竞爽，亦以科第显，仕至朝请大夫、诸王宫大小学教授。"

《宝庆四明志》卷十《进士》："宝庆二年王会龙榜：孙梦观，因从弟。"《延祐四明志》卷六《人物考下》："宝庆二年王会龙榜：孙梦观，因从弟。"《光绪慈溪县志》卷十九《选举上·宋》："宝庆二年丙戌王会龙榜：孙梦观，因从弟。"

舒瀛　庆元府奉化县人。登宝庆二年进士第。官衢州西安县尉，后讨寇战死。咸淳间为奉化人合祀。

《光绪奉化县志》卷二十三《人物传一》："舒瀛，字登甫，广平人。宝庆二年进士。任衢州西安尉。时汪寇煽衢，瀛先众捍敌，死之。朝廷嘉其忠，祀先贤祠，官其子模，咸淳间邑令常朝宗合曹孝先、郭德畅、吴从龙及瀛祠之学宫，称四志节祠。"

《宝庆四明志》卷十《进士》："宝庆二年王会龙榜：舒瀛，黻曾孙。"《延祐四明志》卷六《人物考下》："宝庆二年王会龙榜：舒瀛，黻之曾孙。"《光绪奉化县志》卷十九《选举表一》："宝庆二年丙戌：舒瀛，黻曾孙。"

杨俊甫　台州府宁海县人。登宝庆二年进士第。事迹无考。

《光绪宁海县志》卷九《选举志表》："理宗宝庆二年：杨俊甫，王会龙榜。"

杨瑾　绍兴府余姚县人。登宝庆二年进士第。曾为华亭令，重定经界，核定田亩，兴复县学，百姓多幕之，后又为平江令，亦为百姓纪之，可称循吏。

宋魏了翁《鹤山大全集》卷四十六《华亭县重修学记》："杨君建学之初，揭堂曰'明善'，合子思孟子相传之要指，在诸生发明为己之学，冠佩林立，听者皆竦。呜呼！千万人之心一也，上以诚感则下以诚应矣！予既嘉杨君之为，又叹宣公钟美是邦而人未之或知，为表而出之。其自今父诏师传，其游斯息，玩圣贤之所学何事，以无志贤令尹之德，安知如敬舆者不数数遇也。"

宋袁甫《蒙斋集》卷十四《华亭县修复经界记》："杨君，余旧友也。自华亭驰书来告：'吾仿经界法，为悠久利。'事成，具颠末示余，且曰：'质言近俚，其润色之。'余曰：'古有方言，奚俚之病，直书不亦可乎？'

"……绍定五年，杨君来为司征。越明年，监簿赵君与懽出守嘉禾，整图籍,宽赋敛,欲自近邑始。招君幕下,置围田局,募甲者,给清册,命之曰抄撩。匿者露,虚者实。乃檄君摄事华亭。君日受讼牒,力究弊源。蠲胥吏白纳之钱,贷民户积欠之赋,弛酒税无艺之征。德意渐孚矣,则以礼属乡官,分任其责。不履亩,不立限,不任吏。每都甲首,乡官择之;每围清册,甲首笔之。田之顷亩,昭然可观。邑士民相与举令于州,州上之朝,俾遂为真。夙夜黾勉,以竟前功。赋籍一定,诡挟有归。既又白郡,以北三乡上田赋重,则尽降而为中;以北三乡折糯价重,则复减而从轻。以青龙镇地积计税重,则尽降而从亩;以邑郭及诸乡浮财物力颇为民扰,则止以实产定和买役钱之数。令可为尽心也已。又稔于众曰:'吾当与尔曹减概量之赢,以示优恤。'未几,明天子新更大化,诞布宽政,痛减斛面,尽蠲积逋。令得奉行上意,不负初约。于是端平初元秋,苗以五万七千八百一十石为额,较递年之数逾二万,而民不以为厉己。创屋四楹于县厅之东,扁之曰围田文籍库。或问令曰:'子谓察情伪,防蠹弊,尽于是乎?'令拱手曰:'不足,不敢不勉;有余,不敢尽。吾素学也,讨论修明,则有后人在。'余壮此言,类知道者。今世庸吏不足道,能吏往往以有余自夸,不知余而必尽,意味索然,根本且日蹙矣。令言有契余心,于是乎书。"

《光绪余姚县志》卷二十三《列传五·宋》:"杨瑾,字廷润。父晞正,笃厚君子,刻意教瑾及瑾弟瑶。瑾举宝庆二年进士,初试余干尉,移监华亭税,从嘉兴守赵与篲,主抄撩田围,诡匿毕露,遂摄华亭。罢,其县民积逋及胥吏白纳钱酒税无艺之征,吏民请于朝,愿以为令从之。于是修经界、立义役、迁庙学,前令所不能办者,瑾处之沛然有余。迁判平江,有父老棹小舟引二旗,俟瑾郊外,涕泣为钱曰:'农人不会题诗句,但称一味好官人。'事闻名益重,终大理卿,直宝谟阁,学问操履、文章政事,当世以第一流推之。"

《宝庆会稽续志》卷六《进士》:"宝庆二年王会龙榜:杨瑾。"《光绪余姚县志》卷十九《选举表》:"宝庆二年丙戌:杨瑾,王会龙榜。"

赵汝楳　庆元府奉化县人。登宝庆二年进士第。官淮东制置使。

《宝庆四明志》卷十《进士》:"宝庆二年王会龙榜:赵汝楳。"《延祐四明志》卷六《人物考下》:"宝庆二年王会龙榜:赵汝楳。"《光绪奉化县志》卷十九《选举表一》:"宝庆二年丙戌:赵汝楳,淮东制置使。"

赵希俌　字绍周。台州府宁海县人。赵希望之弟。登宝庆二年进士第。官枢密使。

《光绪宁海县志》卷九《选举表·宋·进士》:"理宗宝庆二年丙戌:赵希俌。旧志希望弟,字绍周。枢密使。"

　　赵希绹　庆元府奉化县人。登宝庆二年进士第。事迹无考。

　　《宝庆四明志》卷十《进士》:"宝庆二年王会龙榜:赵希绹。"《延祐四明志》卷六《人物考下》:"宝庆二年王会龙榜:赵希绹。"《光绪奉化县志》卷十九《选举表一》:"宝庆二年丙戌:赵希绹。"

　　赵崇俴　庆元府昌国县人。登宝庆二年进士第。事迹无考。

　　《宝庆四明志》卷十《进士》:"宝庆二年王会龙榜:赵崇俴。"《延祐四明志》卷六《人物考下》:"宝庆二年王会龙榜:赵崇俴。"《大德昌国州图志》卷六《进士题名》:"赵崇俴,太学,宝庆二年王会龙榜。"

　　赵崇佾　庆元府昌国县人。登宝庆二年进士第。赵崇俴之兄。事迹无考。

　　《宝庆四明志》卷十《进士》:"宝庆二年王会龙榜:赵崇佾。"《延祐四明志》卷六《人物考下》:"宝庆二年王会龙榜:赵崇佾。《大德昌国州图志》卷六《进士题名》:"赵崇佾,太学,宝庆二年王会龙榜,弟崇俴。"

　　赵与焰　庆元府奉化县人。赵与龙弟。登宝庆二年进士第。官大冶县主簿。

　　《宝庆四明志》卷十《进士》:"宝庆二年王会龙榜:赵与焰,与龙弟。"《延祐四明志》卷六《人物考下》:"宝庆二年王会龙榜:赵与焰,与龙弟。"《光绪奉化县志》卷十九《选举表一》:"宝庆二年王会龙榜:赵与焰,与龙弟,大冶主簿。"

　　蒋规　庆元府奉化县人。登宝庆二年进士第。事迹无考。

　　《宝庆四明志》卷十《进士》:"宝庆二年王会龙榜:蒋规,琉曾孙。"《延祐四明志》卷六《人物考下》:"宝庆二年王会龙榜:蒋规,琉曾孙。"《光绪奉化县志》卷十九《选举表一》:"宝庆二年王会龙榜:蒋规,琉曾孙。"

　　郑发　字华父。庆元府奉化县人。登宝庆二年进士第(一说嘉定进士)。官工部尚书,时人将其与兄郑霖并称。

　　清王梓材等《宋元学案补遗》卷七十九《直阁郑雪岩先生霖》:"弟发,字华父,嘉定进士,官至工部尚书,立朝多所建明,与兄齐名。"

　　《光绪宁海县志》卷九《选举表》:"理宗宝庆二年:郑发。"

　　刘炳　庆元府象山县人。登宝庆二年进士第。刘遵之孙,刘俣之子。

　　《宝庆四明志》卷十《进士》:"宝庆二年王会龙榜:刘炳,遵孙,俣子。"《延祐四明志》卷六《人物考下》:"宝庆二年王会龙榜:刘炳,遵之孙,俣之子。《乾隆象山县志》卷四《选举》:"刘炳,宝庆二年丙戌科王会龙榜。"

　　刘栋　庆元府奉化县人。登宝庆二年进士第。知广德军。

《宝庆四明志》卷十《进士》:"宝庆二年王会龙榜:刘栋,垕侄。"《延祐四明志》卷六《人物考下》:"宝庆二年王会龙榜:刘栋,垕侄。"《光绪奉化县志》卷十九《选举表一》:"宝庆二年王会龙榜:刘栋,垕从子,知广德军。"

舒樸　庆元府奉化县人。登宝庆二年进士第。官松江同知。

《光绪奉化县志》卷十九《选举表一》:"宝庆二年丙戌:舒樸,松江同知。"

王安期　庆元府奉化县人。登宝庆二年特奏名进士第。事迹无考。

《光绪奉化县志》卷十九《选举表一》:"宝庆二年丙戌:王安期,特奏名。"

黄桂　庆元府鄞县人。黄豹子。登宝庆二年特奏名进士第。敕授忠州文学。

《宝庆四明志》卷十《进士》:"宝庆二年王会龙榜:黄桂,豹之子。"《延祐四明志》卷六《人物考》下:"宝庆二年王会龙榜:黄桂,豹子。"注:两志均将特奏名进士列入正奏名进士中,乃误。

《嘉靖南雄府志》卷二《选举表·特科》:"宋制,乡试中式,三十年不与进士者,特推恩授官,谓之特科。雄自戚晖以下,凡六十五人,旧志失载,今据宋《嘉定志》采入。黄桂。"

赵若揩　庆元府鄞县人,登宝庆二年宗子锁厅试第。事迹无考。

元脱脱等《宋史》卷一百五十七《志》第一百十《选举三》:"理宗宝庆二年,以锁厅宗子第一名若揩学深《春秋》,秀出谱籍,与补保义郎,特赐同进士出身,仍换修职郎。端平元年,命宗子锁厅应举解试,凡在外州军,或寄居,或见任随侍,及见寓行在就试者,各召知识官委保正身,国子监取其宗子出身、训名、生长左验,以凭保收试,仍于试卷家状内具保官职位、姓名,以防欺诈。"

《宝庆四明志》卷十《进士》:"宝庆二年王会龙榜:赵若揩。"《延祐四明志》卷六《人物考》下:"宝庆二年王会龙榜:赵若揩。"

王希声　庆元府鄞县人。王明发孙,王埜兄。登宝庆二年内舍释褐第。著有《阴阳理学》一书,已佚。

宋何梦桂《潜斋集》卷五《王希声阴阳家理学序》:"王君希声,儒家流也,少好山水,壮而益精。"辑次诸家之说,断之己意,以成一书,名曰《阴阳理学》。"

《宝庆四明志》卷十《进士》:"宝庆二年王会龙榜:王希声,内舍,明发之孙,埜之兄。"《延祐四明志》卷六《人物考下》:"宝庆二年王会龙榜:王希声,内舍,明发之孙,埜之兄。"

宝庆二年丙戌(1226)武举杨必高榜

何武伯　庆元府鄞县人。登宝庆二年武举进士第。事迹无考。

《宝庆四明志》卷十《进士》："宝庆二年武举杨必高榜:何武伯。"《延祐四明志》卷六《人物考下》："宝庆二年武举杨必高榜:何武伯。"《光绪鄞县志》卷二十《选举表一》："宝庆二年王会龙榜:何武伯。"

绍定二年己丑(1229)黄朴榜

丰茞　原名丰芸。丰苢之弟。登绍定二年进士第,开庆时官广西提刑、提举,与李曾伯等有交游。

丰氏有诗《阃相可翁先生偕王人有湖山游获侍坐先生有诗辄用韵》,见于《宋诗补遗》。

清谢启昆《粤西金石略》卷十三《李曾伯题名》："河内李曾伯再牧桂林之明年,实开庆改元。上命三衢柴士表视边隘,峻事将还,夏六月二十有六日,约宪仓四明丰茞、兵帅浮光朱广用、符离朱焕,载酒千山观,访招隐,过仙弈,感今怀昔,风物固无恙也。"

清陆心源《宋诗纪事补遗》卷六十八《丰茞》："丰茞,鄞县人。原名芸。绍定三年进士。开庆元年,官广西提刑,兼提举。"

《宝庆四明志》卷十《进士》："绍定二年黄朴榜:丰茞,苢弟,元名芸。"《延祐四明志》卷六《人物考下》："绍定二年黄朴榜:丰茞,苢弟,元名芸。"《光绪鄞县志》卷二十《选举表一》："绍定二年己丑:丰茞,原名芸。苢弟。"

王与直　庆元府鄞县人,一说奉化县人。登绍定二年进士第。王时叙之孙。事迹无考。

《宝庆四明志》卷十《进士》："绍定二年黄朴榜:王与直,时叙孙。"《延祐四明志》卷六《人物考下》："绍定二年黄朴榜:王与直,时叙孙。"《光绪鄞县志》卷二十《选举表一》："绍定二年己丑:王与直。"《光绪奉化县志》卷十九《选举表一》："绍定二年己丑:王与直。"

王宗文　庆元府奉化县人。登绍定二年进士第。事迹无考。

《光绪奉化县志》卷十九《选举表一》："绍定二年己丑:王宗文。"

王棠　庆元府鄞县人。登绍定二年进士第。事迹无考。

《宝庆四明志》卷十《进士》："绍定二年黄朴榜:王棠。"《延祐四明志》卷六《人物考下》："绍定二年黄朴榜:王棠。"《光绪鄞县志》卷二十《选举表一》："绍定二年己丑:王棠。"

史及之　庆元府鄞县人。登绍定二年进士第。事迹无考。

《宝庆四明志》卷十《进士》:"绍定二年黄朴榜:史及之。"《延祐四明志》卷六《人物考下》:"绍定二年黄朴榜:史及之。"《光绪鄞县志》卷二十《选举表一》:"绍定二年己丑:史及之。"

史望之　庆元府鄞县人。史弥忞之子,史公珏祖。登绍定二年进士第,官大理寺少卿。

《光绪鄞县志》卷三十一《人物传六》:"史公珏,字揩叟。四世孙,曾祖望之,宋大理少卿。"

《宝庆四明志》卷十《进士》:"绍定二年黄朴榜:史望之,弥忞子。"《延祐四明志》卷六《人物考下》:"绍定二年黄朴榜:史望之,弥忞子。"

冯履道　庆元府鄞县人,一说慈溪县人。登绍定二年进士第。冯基之兄。事迹无考。

《宝庆四明志》卷十《进士》:"绍定二年黄朴榜:冯履道,基兄。"《延祐四明志》卷六《人物考下》:"绍定二年黄朴榜:冯履道,基兄。"《光绪鄞县志》卷二十《选举表一》:"绍定二年己丑:冯履道,基兄。"《光绪慈溪县志》卷十九《选举上·宋》:"绍定二年己丑黄朴榜:冯履道,基兄。"

边之裕　庆元府鄞县人。边友闻之孙,边恢侄。登绍定二年进士第。事迹无考。

《宝庆四明志》卷十《进士》:"绍定二年黄朴榜:边之裕,友闻孙,恢侄。"《延祐四明志》卷六《人物考下》:"绍定二年黄朴榜:边之裕,友闻孙,恢侄。"《光绪鄞县志》卷二十《选举表一》:"绍定二年己丑:边之裕,友闻孙。"

刘圭　刘友德之子。庆元府鄞县人,一说奉化县人。登绍定二年进士第。事迹无考。

《宝庆四明志》卷十《进士》:"绍定二年黄朴榜:刘圭,友德子。"《延祐四明志》卷六《人物考下》:"绍定二年黄朴榜:刘圭,友德子。"《光绪鄞县志》卷二十《选举表一》:"绍定二年己丑:刘圭。"《光绪奉化县志》卷十九《选举表一》:"绍定二年己丑:刘圭,友德子。"

杨珏　字君实。庆元府鄞县人。登绍定二年进士第。初授上虞尉、赣州教授,时仓廪空虚,杨氏自捐之。后为德兴令,惩治奸民,积钱百万,丰裕谷仓,旱时出籴。景定时为朝议大夫,论对极切,出知肇庆,劾罢。

清徐时栋《宋元四明六志校勘记》卷二《佚文二》:"杨珏,字君实,绍定二年进士。初调上虞尉、赣州教授。廪饩不给,捐私橐以助。知饶州德兴县,境多奸民,前令往往堕其机穽,珏言于宪使赵崇徽捕治之,奸始屏迹。邑居四山之中,民多艰食,力为节用,积钱百万,置米千斛贮仓,岁歉出之以平市价。景定间迁朝议大夫,入对,条陈三策:一任正人以黜奸邪;二与民利以培治本;三讲武备以图恢复,帝称善,将授馆职,不果。出知肇庆府,以不行公田为御史朱貔孙劾罢。

"珏为人刚介,不为权贵所挠,去之日,民莫不悲泣,卒年七十四。"

《宝庆四明志》卷十《进士》:"绍定二年黄朴榜:杨珏。"《延祐四明志》卷六《人物考下》:"绍定二年黄朴榜:杨珏。"《光绪鄞县志》卷二十《选举表一》:"绍定二年己丑:杨珏。"

杨埴　一作植。庆元府鄞县人。登绍定二年进士第。事迹无考。

《宝庆四明志》卷十《进士》:"绍定二年黄朴榜:杨埴。"《延祐四明志》卷六《人物考下》:"绍定二年黄朴榜:杨埴。《光绪鄞县志》卷二十《选举表一》:"绍兴二年己丑:杨埴。"

何宗琰　庆元府鄞县人。登绍定二年进士第。事迹无考。

《宝庆四明志》卷十《进士》:"绍定二年黄朴榜:何宗琰。"《延祐四明志》卷六《人物考下》:"绍定二年黄朴榜:何宗琰。"《光绪鄞县志》卷二十《选举表一》:"绍兴二年己丑:何宗琰。"

汪辉　庆元府鄞县人,汪廷衡曾孙。登绍定二年进士第。官庆元府学直学。

清徐时栋《宋元四明六志校勘记》卷七《作者上》:"汪辉,鄞县人,廷衡曾孙。绍定初,为庆元府学直学,后中二年进士。"

《宝庆四明志》卷十《进士》:"绍定二年黄朴榜:汪辉,廷衡曾孙。"《延祐四明志》卷六《人物考下》:"绍定二年黄朴榜:汪辉,廷衡曾孙。"

沈叔简　庆元府鄞县人。登绍定二年进士第。事迹无考。

《宝庆四明志》卷十《进士》:"绍定二年黄朴榜:沈叔简。"《延祐四明志》卷六《人物考下》:"绍定二年黄朴榜:沈叔简。"《光绪鄞县志》卷二十《选举表一》:"绍兴二年己丑:沈叔简。"

张霆振　字谦叔。庆元府鄞县人。登绍定二年进士第。淳祐四年为太常博士、秘书丞,后为著作郎、将作少监。

宋陈骙《南宋馆阁续录》卷七《官联二》:"丞……淳祐以后……张霆振,字谦叔,四明人。习诗赋,己丑黄榜进士及第。四年四月,以太常博士除丞,仍兼沂靖惠王府教授。九月除著作郎兼权侍右郎官。"宋陈骙《南宋馆阁续录》卷八:"著作郎……淳祐以后……张霆振,四年九月除,五年八月除将作少监。"

《宝庆四明志》卷十《进士》:"绍定二年黄朴榜:张霆振。"《延祐四明志》

卷六《人物考下》:"绍定二年黄朴榜:张霆振。"

陈笿　庆元府鄞县人。陈纪侄,陈箆之兄。登绍定二年进士第。事迹无考。

《宝庆四明志》卷十《进士》:"绍定二年黄朴榜:陈笿,纪侄,箆兄。"《延祐四明志》卷六《人物考下》:"绍定二年黄朴榜:陈笿,纪侄,箆兄。"《光绪鄞县志》卷二十《选举表一》:"绍定二年己丑:陈笿,箆兄。"

陈箆　庆元府鄞县人。陈箆之兄。登绍定二年进士第。事迹无考。

《宝庆四明志》卷十《进士》:"绍定二年黄朴榜:陈箆,纪侄,箆兄。"《延祐四明志》卷六《人物考下》:"绍定二年黄朴榜:陈箆,纪侄,箆兄。"《光绪鄞县志》卷二十《选举表一》:"绍定二年己丑:陈箆,箆兄。"

林溥　庆元府鄞县人。林大节之孙。登绍定二年进士第。事迹无考。

《宝庆四明志》卷十《进士》:"绍定二年黄朴榜:林溥,大节孙。"《延祐四明志》卷六《人物考下》:"绍定二年黄朴榜:林溥,大节孙。"《光绪鄞县志》卷二十《选举表一》:"绍定二年己丑:林溥,大节孙。"

周时举　庆元府鄞县人。登绍定二年进士第。事迹无考。

《宝庆四明志》卷十《进士》:"绍定二年黄朴榜:周时举。"《延祐四明志》卷六《人物考下》:"绍定二年黄朴榜:周时举。"《光绪鄞县志》卷二十《选举表一》:"绍定二年己丑:林溥,大节孙。"

赵希镃　庆元府鄞县人。赵师晨之子,赵希镒之兄。登绍定二年进士第。

《宝庆四明志》卷十《进士》:"绍定二年黄朴榜:赵希镃,师晨子,希镒兄。"《延祐四明志》卷六《人物考下》:"绍定二年黄朴榜:赵希镃,师晨子,希镒兄。"《光绪鄞县志》卷二十《选举表一》:"绍定二年己丑:赵希镃,师晨子。"

赵崇倎　庆元府鄞县人。赵崇侪之兄,赵崇俉从弟。登绍定二年进士第。官添差临安府东厅。

《宝庆四明志》卷十《进士》:"绍定二年黄朴榜:赵崇倎,崇俉从弟。"《延祐四明志》卷六《人物考下》:"绍定二年黄朴榜:赵崇倎,崇俉从弟。"《光绪鄞县志》卷二十《选举表一》:"绍定二年己丑:赵崇倎,崇侪兄,添差临安府东厅。"

赵崇侪　庆元府鄞县人。赵崇倎之弟。登绍定二年进士第。曾任州官,后遭斥退,降为从事郎。

《永乐大典》卷七千三百二十五《赵崇侪降授从事郎制》:"敕:具官某:吏以贪勤民久矣。朕方嘉与士大夫更始。尔为州从事,不能佐良两千石,共宣德意，而乃狃弊习，控于吏评，其何以赞察方国哉？褫所居官，仍镌二秩。尔其退自省循。可。"

《宝庆四明志》卷十《进士》："绍定二年黄朴榜：赵崇侪，崇俣弟。"《延祐四明志》卷六《人物考下》："绍定二年黄朴榜：赵崇侪，崇俣弟。"《光绪鄞县志》卷二十《选举表一》："绍定二年己丑：赵崇侪。"

胡渊 庆元府鄞县人。登绍定二年登进士第。事迹无考。

《嘉靖宁波府志》卷三《选举表·进士·宋》："绍定二年鄞：胡渊。"《光绪鄞县志》卷二十《选举表一》："绍定二年己丑：胡渊。"

姚元哲 字叔愚，姚颖之子。庆元府鄞县人。登绍定二年进士第。初授连江主簿，有政绩。又为萧山令，修筑堤坝、重修县学，文治大兴。后历任监行在榷货务都茶场、知饶州，卒。

宋程珌《洺水集》卷十《姚饶州墓志铭》："君讳元哲，字叔愚。其先吴兴人，后徙明，今为庆元府。……君生二岁而孤，随母育外氏。外之祖即左丞相鲁国王公淮也。校书泽不及，朝之士与校书同年者以君志尚卓绝，词学茂异，乃合言于朝，特延赏其主福州连江簿。胪分户赋，井井不紊，省视抄目，虽少靡遗。秩满，敕授剂局，织悉药物，用广惠民之意。

"今丞相深嘉其才，陶冶曲至。傅公伯成以著述科荐，谓其刻志问学，思欲以文章议论著，为文有法度，急于营养，虽就延赏，其学与文方进不已，奖而成之，必有可观。贰卿一时鸿宿，不轻予可，乃期许若是，然则可知已。秩满，敕授激赏酒官，凡秣稻麴蘖水泉陶器，靡细不密。于是酒最京师。改选为萧山。邑素土瘠，且岁患潮汐，君焦思尽瘁，卒使公私俱立。宝庆乙酉，龙辀东涉，君主县之宿顿，为责尤重，乃殚力毕心，涂潦不避，迄事无阙。邑序久圮，亟加修缮，宣圣从祀之象咸新之，且申固江岸，使水不得齧。砥石筑路余百里，行不病涉。人德之，相与祠诸学。治状浸白，表荐日盛。主管城南左厢事，左厢最延袤，五方稠杂，讼牒填塞，君早受夜决，事不逾宿，吏莫铢两欺。初，江湄舟如鳞，各占强宗，官不得使，君悉籍之，俾之番迭，无幸免，亦无苛役。金谓柔不茹，刚不吐，君其几焉。岁丁亥，肇称禋祀，大而圜丘方泽，次而百司应给，昕莫骏奔，巨细肃然。厢事小间，则又辟廨门，新系室，作堂窿然，扁以清风。前后官此者困于溇冗，君独振之，咸谓中兴此官者。

"差监行在榷货务都茶场，君以邦计所司，出纳宜谨，率未昕趋治，追晡方退。甫再考，朝廷以君履践深，治行著，差知饶州。居亡何，属微疾逝，惟以不克终养为大恨。年四十有九，位不究才，年不称寿，天也。"

《宝庆四明志》卷十《进士》："绍定二年黄朴榜：姚元哲。"《延祐四明志》

卷六《人物考下》："绍定二年黄朴榜：姚元哲。"《光绪鄞县志》卷二十《选举表一》："绍定二年黄朴榜：姚元哲，颖子。"

徐灼　庆元府鄞县人。登绍定二年进士第。官丹徒令、国子博士、行军参谋。

《宝庆四明志》卷十《进士》："绍定二年黄朴榜：徐灼。"《延祐四明志》卷六《人物考下》："绍定二年黄朴榜：徐灼。"《光绪鄞县志》卷二十《选举表一》："绍定二年己丑：徐灼。案《诗汇》：丹徒令，国子博士，历行军参谋。"

董亨复　庆元府鄞县人，一说奉化县人。登绍定二年进士第。事迹无考。

《宝庆四明志》卷十《进士》："绍定二年黄朴榜：董亨复。"《延祐四明志》卷六《人物考下》："绍定二年黄朴榜：董亨复。"《光绪鄞县志》卷二十《选举表一》："绍定二年己丑：董亨复。"《光绪奉化县志》卷十九《选举表一》："绍定二年己丑：董亨复。"

赵希畬　庆元府鄞县人。登绍定二年进士第。事迹无考。

《光绪鄞县志》卷二十《选举表一》："绍定二年己丑赵希畬，师俑子。"

董淮　庆元府鄞县人。登绍定二年进士第。事迹无考。

《宝庆四明志》卷十《进士》："绍定二年黄朴榜：董淮。"《延祐四明志》卷六《人物考下》："绍定二年黄朴榜：董淮。"《光绪鄞县志》卷二十《选举表一》："绍定二年己丑：董淮。"

陈宗仁　字元善，号菊庄。庆元府鄞县人。登绍定二年进士第。师从朱熹。曾为县尹，擢秘书监，后入孟珙幕府，孟氏荐为四川制置使、知重庆府，兴文教，颇为民敬仰。咸淳四年卒。陈宗仁《清明前一日友人招泛东湖二首》诗收于《甬上宋元诗略》，《宋会要辑稿》收录其奏稿。

清王梓材等《宋元学案补遗》卷四十九《判使陈菊庄先生宗仁》："陈宗仁，字元善，号菊庄。明州人。幼习经学，私淑考亭，得其真传。登绍定己丑进士。由县尹擢秘书监，继擢参谋孟珙军事。珙荐于朝，命为四川制置使知重庆府。教以孝悌忠信，在郡六年，民爱如父母，以时政日非，屡疏陈谏，不报，遂乞归。咸淳四年卒。"

《宝庆四明志》卷十《进士》："绍定二年黄朴榜：陈宗仁。"《延祐四明志》卷六《人物考下》："绍定二年黄朴榜：陈宗仁。"《光绪鄞县志》卷二十《选举表一》："绍定二年己丑：陈宗仁，据宝庆补。案《诗汇》由县令擢秘书监，出知重庆府。"

李词伯　字希岳，号清岩老子，庆元府奉化县人。少受兄学，为楼钥所赏识。六十岁时,登绍定二年进士第。初授南漳县尉,后为光化军判官、京湖宣抚司机宜文字,提举浙西安抚司,日日讲学。开禧时在史馆修书,多有所著,擢宗正丞、著作郎。官终右文殿修撰。

李询伯诗文皆雄奇,著《省府禧嘉会编》、《心鉴》、《艺游集》等书,已佚。

清王梓材等《宋元学案补遗》卷七十六《提举李清岩先生询伯》:"李询伯,字希岳,初名询伯,避景献太子讳改焉。奉化人。长兄礼部受学于乡先生文靖舒公,渊源正学以授诸季。先生自少年俊声藉甚,气体严重,言动必于绳矩,喜诱掖后进,见片善则奖成之。楼宣献谓其天资近道,学力过人,进取未效,士已期之,盖确论也。

"年几六十,始成进士,授襄阳府南漳尉,帅一见以师儒礼之。签书光化军判官,差充京湖宣抚司机宜文字。端平元年,改浙西安抚司,议幕辨疑,决滞心诚,求之和靖,画堂初建,亹亹为诸生讲说。除太府簿兼枢密院编修官。开禧以来,史馆时政,修撰勘后,时会往复,烦滞不举,先生仿日历自开禧迄嘉定,凡朝廷处分,将帅申请,边防得失与夫甲兵储峙,赏罚黜陟之类别为三十卷曰《省府禧嘉会编》,以其副牒史院,上览而善之,命改秩。历为宗正丞兼敕令所删修官,改兼沂靖惠王府教授。擢著作郎、崇政殿说书兼国史编修实录校,讨论帝王之学,本于正心,欲正心者,必有所事。遂集诸经为《心鉴》一卷上之,复言时政得失,大臣有不悦者,除提举湖南常平茶盐兼武冈军节制军马,以年丐祠,授右文殿修撰提举祐神观,卒。

"盖其学以毋欺为本,议论政事皆实学之发,顾不得久于朝,竟老外服识者慨焉。中年为诗千余篇,游江汉巫峡,文益奇,诗书讲义数百章,杂文骈俪五十卷,名《艺游集》藏于家,自号清岩老子。"

《宝庆四明志》卷十《进士》:"绍定二年黄朴榜:李询伯。"《延祐四明志》卷六《人物考下》:"绍定二年黄朴榜:李询伯。"《光绪奉化县志》卷十九《选举表一》:"绍定二年己丑:李询伯,元白弟。"

陈良辅　庆元府鄞县人。陈概之孙。登绍定二年进士第。事迹无考。

《民国鄞县通志·文献志·贡举一》:"理宗绍定二年陈良辅,概之孙。"

王渭翁　台州府宁海县人。登绍定二年进士第。事迹无考。

《弘治赤城新志》卷九《人物一·进士》:"绍定二年黄朴榜:王渭翁,宁海人。"《光绪宁海县志》卷九《选举表·宋·进士》:"绍定二年己丑:王渭翁,石桂人。

王龙荣　庆元府奉化县人。登绍定二年进士第。知兴国军。

《宝庆四明志》卷十《进士》:"绍定二年黄朴榜:王龙荣。"《延祐四明志》

卷六《人物考下》："绍定二年黄朴榜：王龙荣。"《光绪奉化县志》卷十九《选举表一》："绍定二年黄朴榜：王龙荣，时会孙，知兴国军。"

方略　台州府宁海县人。登绍定二年进士第。事迹无考。

《弘治赤城新志》卷九《人物一·进士》："绍定二年黄朴榜：方略，宁海人。"《光绪宁海县志》卷九《选举表·宋·进士》："绍定二年己丑：方略，爵里未详。"

陈有辉　台州府宁海县人。登绍定二年进士第。事迹无考。

《弘治赤城新志》卷九《人物一·进士》："绍定二年黄朴榜：陈有辉，宁海人。"《光绪宁海县志》卷九《选举表·宋·进士》："绍定二年己丑：陈有辉，爵里未详。"

国炳奎　字晦叔。台州府宁海县人。登绍定二年进士第。官庆元府司户参军，曾上陈五事，宋亡后，不仕元。

《光绪宁海县志》卷十《列传》："国炳奎，字晦叔。居西洋，理宗绍定二年进士。任庆元司户参军，条陈五事累万言，宋社既屋，敛迹家山，益究心理之学。"《光绪宁海县志》卷九《选举表·宋·进士》："绍定二年己丑：国炳奎。"

郑霖　字景说，号雪岩，台州府宁海县人。登绍定二年进士第。初授南安军教授，后知嘉定、赣州，又居官平江府，有惠政，喜结社。贾似道欲用之，郑霖拒之，卒年七十二。郑氏著述《中庸讲义》、《雪岩集》皆已佚。仅《全宋诗》录诗八首。

明钱谷《吴都文粹续集》卷二《郡守郑霖会三学同舍序》："淳祐己酉月正人日郡守郑霖会三学同舍序拜于天庆斋堂会者四十二人：天台郑霖景说……"

清王梓材等《宋元学案补遗》卷七十九《直阁郑雪岩先生霖》："郑霖，字景说，宁海人。绍定进士。除南安教授，历知嘉定、赣州、平江，除淮浙发运。贾似道当国。欲加擢用，先生恶其为人，不与言，似道衔之，后以将作监、礼部郎官召，又终不就，卒年七十有二。赠龙图阁直学士，所著有《中庸讲义》、《雪岩集》。"

《光绪宁海县志》卷二十一《登台桥碑》："宁海县东七十五里，濒巨海，有黄公渡，是为登陆之会。其东曰西洲，发运尚书二郑公居焉。发运公讳霖，名茂德，为世津梁，所谓雪岩先生也。……丁未岁，公起家持浙西常平使者。"

《光绪宁海县志》卷九《选举表·宋·进士》："绍定二年己丑：郑霖。"

赵崇显　庆元府奉化县人。登绍定二年进士第。官长兴知县。

《宝庆四明志》卷十《进士》:"绍定二年黄朴榜:赵崇显,内舍。"《延祐四明志》卷六《人物考下》:"绍定二年黄朴榜:赵崇显,内舍。"《光绪奉化县志》卷十九《选举表一》:"绍定二年己丑:赵崇显,长兴知县。"

赵汝湣 庆元府鄞县人。林惟孝婿。登绍定二年上舍释褐第。绍定时为修职郎、抚州州学教授,后为文林郎、新差监行在会子库造纸局。

《宝庆四明志》卷十《进士》:"绍定二年黄朴榜:赵汝湣,上舍。"《延祐四明志》卷六《人物考下》:"绍定二年黄朴榜:赵汝湣,上舍。"《光绪鄞县志》卷二十《选举表一》:"绍定二年己丑:赵汝湣,上舍。"

林宗一《宋林惟孝墓志》:"女二,……次适修职郎、新抚州州学教授赵汝湣。"注:是志撰于宋绍定三年(1231)。

林宗任《宋杨惟玉墓志》:"女二,……次适文林郎、新差监行在会子库造纸局赵汝湣。"注:是志撰于宋淳祐八年(1248)。

臧元士 庆元府鄞县人。登绍定二年上舍释褐第。事迹无考。

《宝庆四明志》卷十《进士》:"绍定二年黄朴榜:臧元士,植子,上舍。"《延祐四明志》卷六《人物考下》:"绍定二年黄朴榜:臧元士,植子,上舍。"《光绪鄞县志》卷二十《选举表一》:"绍定二年己丑:臧元士,上舍。"

何宗琰 庆元府鄞县人。登绍定二年进士第。事迹无考。

《宝庆四明志》卷十《进士》:"绍定二年己丑:何宗琰。"《延祐四明志》卷六《人物考下》:"绍定二年己丑:何宗琰。"《光绪鄞县志》卷二十《选举表一》:"绍定二年己丑:何宗琰。"

绍定二年己丑(1229)武举焦焕炎榜

张时举 庆元府鄞县人。登绍定二年武举进士第。事迹无考。

《宝庆四明志》卷十《进士》:"绍定二年武举焦焕炎榜:张时举,逊之侄孙。"《延祐四明志》卷六《人物考下》:"绍定二年武举焦焕炎榜:张时举,逊之侄孙。"《光绪鄞县志》卷二十《选举表一》:"绍定二年己丑:张时举,逊之侄孙。"

何濬 庆元府人。登绍定二年武举进士第。事迹无考。

《宝庆四明志》卷十《进士》:"绍定二年武举焦焕炎榜:何濬,内舍。"《延祐四明志》卷六《人物考下》:"绍定二年武举焦焕炎榜:何濬,内舍。"

绍定四年辛卯(1231)上舍释褐

沈辉 庆元府鄞县人。登绍定四年上舍释褐第。事迹无考。

《宝庆四明志》卷十《进士》:"绍定四年庆寿上舍释褐:沈辉。"《延祐四明志》卷六《人物考下》："绍定四年庆寿上舍释褐:沈辉。"《光绪鄞县志》卷二十《选举表一》："绍定四年己丑:沈辉。"

叶成子　庆元府鄞县人。叶澄侄。登绍定四年上舍释褐第。事迹无考。

《宝庆四明志》卷十《进士》："绍定四年庆寿上舍释褐:叶成子,澄侄。"《延祐四明志》卷六《人物考下》："绍定四年庆寿上舍释褐:叶成子,澄侄。"《光绪鄞县志》卷二十《选举表一》："绍定四年己丑:叶成子。"

严畏　庆元府鄞县人。严仲熊孙。登绍定四年上舍释褐第。事迹无考。

《宝庆四明志》卷十《进士》："绍定四年庆寿上舍释褐:严畏,仲熊孙。"《延祐四明志》卷六《人物考下》："绍定四年庆寿上舍释褐:严畏,仲熊孙。"《光绪鄞县志》卷二十《选举表一》："绍定四年己丑:严畏。"

绍定五年壬辰(1232)徐元杰榜

王得一　庆元府鄞县人。登绍定五年进士第。曾为太常博士。

宋刘克庄《后村先生大全集》卷六十三《王得一太常博士制》："刘歆欲列《左氏》于学宫,众议不同,歆移书惟太常博士之责,岂非其时通称博士,而未有师儒、礼官之辨乎?厥后隶泽宫者职教,列颂台者典礼议谥,其选高于师儒矣。如独孤及、柳伉,或以文学行,或以名节显。朕察尔之贤,置之寅清之地,尔其懋哉,罔俾及、伉专美于有唐。可。"

《宝庆四明志》卷十《进士》："绍定五年徐元杰榜:王得一。"《延祐四明志》卷六《人物考下》："绍定五年徐元杰榜:王得一。"《光绪鄞县志》卷二十《选举表一》："绍定五年壬辰:王得一。"

叶龙友　庆元府鄞县人。叶奭之兄。登绍定五年进士第。事迹无考。

《宝庆四明志》卷十《进士》："绍定五年徐元杰榜:叶龙友,奭兄。"《延祐四明志》卷六《人物考下》："绍定五年徐元杰榜:叶龙友,奭兄。"《光绪鄞县志》卷二十《选举表一》："绍定五年壬辰:叶龙友,奭兄。"

边之问　庆元府鄞县人。边恢族人。登绍定五年进士第。事迹无考。

《宝庆四明志》卷十《进士》："绍定五年徐元杰榜:边之问,友闻从孙,恢侄。"《延祐四明志》卷六《人物考下》："绍定五年徐元杰榜:边之问,恢子。"《光绪鄞县志》卷二十《选举表一》："绍定五年壬辰:边之问。"

边之基　庆元府鄞县人。边友闻侄孙,边恢侄。登绍定五年进士第。事迹无考。

《宝庆四明志》卷十《进士》："绍定五年徐元杰榜：边之基，友闻侄孙，恢之侄。"《延祐四明志》卷六《人物考下》："绍定五年徐元杰榜：边之基，友闻侄孙，恢之侄。"《光绪鄞县志》卷二十《选举表一》："绍定五年壬辰：边之基，友闻从孙"

吴颙　庆元府鄞县人。登绍定五年进士第。事迹无考。

《宝庆四明志》卷十《进士》："绍定五年徐元杰榜：吴颙。"《延祐四明志》卷六《人物考下》："绍定五年徐元杰榜：吴颙。"《光绪鄞县志》卷二十《选举表一》："绍定五年徐元杰榜：吴颙。"

王侣道　庆元府奉化县人。登绍定五年进士第。事迹无考。

《宝庆四明志》卷十《进士》："绍定五年徐元杰榜：王侣道。"《延祐四明志》卷六《人物考下》："绍定五年徐元杰榜：王侣道。"《光绪奉化县志》卷十九《选举表一》："绍定五年壬辰：王侣道，博士。"

何德新　庆元府鄞县人。何武伯从弟。登绍定五年进士第。事迹无考。

《宝庆四明志》卷十《进士》："绍定五年徐元杰榜：何德新，冲从侄，武伯从弟。"《延祐四明志》卷六《人物考下》："绍定五年徐元杰榜何德新，冲从侄，武伯从弟。"《光绪鄞县志》卷二十《选举表一》："绍定五年壬辰：何德新，武伯从弟。"

汪之野　字莘仲，庆元府鄞县人。登绍定五年进士第。其擅诗赋，官知江阴军、枢密院编修官，后擢秘书监。

宋陈骙《南宋馆阁续录》卷七《官联一》："丞，淳祐以后：汪之野，字莘仲，四明人。习诗赋，壬辰进士。九年十月，以枢密院编修官兼权右司郎官除，兼职依旧。"

《光绪江阴县志》卷十一《职官二》："淳祐十一年汪之野，朝请郎。"《宝庆四明志》卷十《进士》："绍定五年徐元杰榜：汪之野，立中侄。"《延祐四明志》卷六《人物考下》："绍定五年徐元杰榜：汪之野，立中侄。"《光绪鄞县志》卷二十《选举表一》："绍定五年壬辰：汪之野，立中从子。"

袁充《宋袁商墓志》："表侄朝散大夫主管建康府崇禧观汪之野填讳。"注：是志撰于宋景定五年（1264）。

宋拱之　庆元府鄞县人，一说奉化县人。登绍定五年进士第。事迹无考。

《宝庆四明志》卷十《进士》："绍定五年徐元杰榜：宋拱之。"《延祐四明志》卷六《人物考下》："绍定五年徐元杰榜：宋拱之。"《光绪鄞县志》卷二十

《选举表一》："绍定五年壬辰：宋拱之。"《光绪奉化县志》卷十九《选举表一》："绍定五年壬辰：宋拱之。"

陈大方（1186—1255） 庆元府鄞县人，陈曦曾孙。登绍定五年进士第。官至中书舍人。陈大方有诗三首录于《甬上宋元诗略》。

清董沛《甬上宋元诗略》卷九《陈大方》："大方，曦曾孙，绍定五年进士，官至正言权中书舍人。"

《宝庆四明志》卷十《进士》："绍定五年徐元杰榜：陈大方，曦曾孙，概从侄。"《延祐四明志》卷六《人物考下》："绍定五年徐元杰榜：陈大方，曦曾孙，概从侄。"《光绪鄞县志》卷二十《选举表一》："绍定五年壬辰：陈大方，曦曾孙。"

陈野 庆元府鄞县人。登绍定五年进士第。事迹无考。

《宝庆四明志》卷十《进士》："绍定五年徐元杰榜：陈野，甫侄孙"《延祐四明志》卷六《人物考下》："绍定五年徐元杰榜：陈野，甫侄孙。"《光绪鄞县志》卷二十《选举表一》："绍定五年壬辰：陈野。"

林一之 庆元府鄞县人。登绍定五年进士第。事迹无考。

《宝庆四明志》卷十《进士》："绍定五年徐元杰榜：林一之，嵩曾孙。"《延祐四明志》卷六《人物考下》："绍定五年徐元杰榜：林一之，嵩曾孙。"《光绪鄞县志》卷二十《选举表一》："绍定五年壬辰：林一之，嵩曾孙。"

赵汝峃 庆元府鄞县人。赵汝惮从弟。登绍定五年进士第。淳祐时曾官岳阳，重修岳阳楼。

宋李曾伯《可斋杂稿》卷二十一《重建岳阳楼记》："越明年九月，郡侯浚仪赵汝峃书来，以图示，则危阑杰观，葺废址而新之，君山本来面目，欣然如对立。"注：浚仪在河南开封，此当为宗室之籍贯。

《宝庆四明志》卷十《进士》："绍定五年徐元杰榜：赵汝峃，汝惮从弟。"《延祐四明志》卷六《人物考下》："绍定五年徐元杰榜：赵汝峃，汝惮从弟。"《光绪鄞县志》卷二十《选举表一》："绍定五年壬辰：赵汝峃，汝惮从弟。"

赵汝楁 庆元府鄞县人。赵善湘之子，赵汝楳等之弟。后出继赵善潼。登绍定五年进士第。事迹无考。

《宝庆四明志》卷一〇《进士》："绍定五年徐元杰榜：赵汝楁。善湘子，汝橚、汝㮨、汝楳弟，今为善潼子。"《延祐四明志》卷六《人物考下》："绍定五年徐元杰榜：赵汝楁。善湘子，今为善潼子。"《光绪鄞县志》卷二十《选举表一》："绍定五年壬辰：赵汝楁，善湘子。"

顾铨 庆元府鄞县人。登绍定五年进士第。事迹无考。

《宝庆四明志》卷十《进士》:"绍定五年徐元杰榜:顾铨。"《延祐四明志》卷六《人物考下》:"绍定五年徐元杰榜:顾铨。"《光绪鄞县志》卷二十《选举表一》:"绍定五年壬辰:顾铨。"

顾樨 庆元府鄞县人。登绍定五年进士第。事迹无考。

《宝庆四明志》卷十《进士》:"绍定五年徐元杰榜:顾樨。"《延祐四明志》卷六《人物考下》:"绍定五年徐元杰榜:顾樨。"《光绪鄞县志》卷二十《选举表一》:"绍定五年壬辰:顾樨。"

徐应和 庆元府鄞县人。登绍定五年进士第。事迹无考。

《宝庆四明志》卷十《进士》:"绍定五年徐元杰榜:徐应和。"《延祐四明志》卷六《人物考下》:"绍定五年徐元杰榜:徐应和。"《光绪鄞县志》卷二十《选举表一》:"绍定五年壬辰:徐应和。"

黄锷 庆元府鄞县人。登绍定五年进士第。事迹无考。

《宝庆四明志》卷十《进士》:"绍定五年徐元杰榜:黄锷。"《延祐四明志》卷六《人物考下》:"绍定五年徐元杰榜:黄锷。"《光绪鄞县志》卷二十《选举表一》:"绍定五年壬辰:黄锷。"

韩应祥 庆元府鄞县人。登绍定五年进士第。事迹无考。

《宝庆四明志》卷十《进士》:"绍定五年徐元杰榜:韩应祥。"《延祐四明志》卷六《人物考下》:"绍定五年徐元杰榜:韩应祥。"《光绪鄞县志》卷二十《选举表一》:"绍定五年壬辰:韩应祥。"

楼济 庆元府鄞县人。登绍定五年进士第。楼镛之子。事迹无考。

《宝庆四明志》卷十《进士》:"绍定五年徐元杰榜:楼济,镛子。"《延祐四明志》卷六《人物考下》:"绍定五年徐元杰榜:楼济,镛子。"《光绪鄞县志》卷二十《选举表一》:"绍定五年壬辰:楼济。"

楼澤 庆元府鄞县人。登绍定五年进士第。楼镛之子。事迹无考。

《宝庆四明志》卷十《进士》:"绍定五年徐元杰榜:楼澤,镛子。"《延祐四明志》卷六《人物考下》:"绍定五年徐元杰榜:楼澤,镛子。"

楼濂 庆元府鄞县人。登绍定五年进士第。楼钥从子,事迹无考。

《宝庆四明志》卷十《进士》:"绍定五年徐元杰榜:楼濂,钥从子。"《延祐四明志》卷六《人物考下》:"绍定五年徐元杰榜:楼濂,钥从子。"《光绪鄞县志》卷二十《选举表一》:"绍定五年壬辰:楼濂,钥从子。"

楼瀚 庆元府鄞县人。登绍定五年进士第。楼异曾孙。事迹无考。

《宝庆四明志》卷十《进士》:"绍定五年徐元杰榜:楼瀚,异曾孙。"《延祐四明志》卷六《人物考下》:"绍定五年徐元杰榜:楼瀚,异曾孙。"《光绪鄞县志》卷二十《选举表一》："绍定五年壬辰:楼瀚,昇曾孙。"

臧梦祥　庆元府鄞县人。登绍定五年进士第。事迹无考。

《宝庆四明志》卷十《进士》："绍定五年徐元杰榜:臧梦祥。"《延祐四明志》卷六《人物考下》："绍定五年徐元杰榜:臧梦祥。"《光绪鄞县志》卷二十《选举表一》："绍定五年壬辰:臧梦祥,植从子。"

薛师傅　庆元府鄞县人。登绍定五年进士第。其著《雪蓑集》已佚。其有《六桥闲步》一诗录于《甬上耆旧诗》。

清厉鹗《宋诗纪事》卷六十四《薛师傅》："师傅,鄞人。绍定五年进士。有《雪蓑集》。"

《宝庆四明志》卷十《进士》："绍定五年徐元杰榜:薛师傅。"《延祐四明志》卷六《人物考下》："绍定五年徐元杰榜:薛师傅。"《光绪鄞县志》卷二十《选举表一》："绍定五年壬辰:薛师傅。

戴埙　庆元府鄞县人。登绍定五年进士第。曾为史岩之门生,官提举建宁府武夷山冲佑观,爵鄞县开国男。

《宝庆四明志》卷十《进士》："绍定五年徐元杰榜:戴埙,机孙"《延祐四明志》卷六《人物考下》："绍定五年徐元杰榜:戴埙,机孙。"

史玭卿等《宋史岩之墓志》："门生中大夫右文殿修撰提举建宁府武夷山冲佑观鄞县开国男食邑三百户戴埙填讳。"注:是志撰于宋咸淳七年(1271)。

宋自强　庆元府鄞县人,一说奉化县人。登绍定五年进士第。淳祐时为从政郎、建康府府学教授。

《景定建康志》卷二十八《义庄记》："时淳祐十一年十一月既望,从政郎、差充建康府府学教授宋自强撰。"

《宝庆四明志》卷十进士》："绍定五年徐元杰榜:宋自强。"《延祐四明志》卷六《人物考下》："绍定五年徐元杰榜:宋自强。"《光绪鄞县志》卷二十《选举表一》："绍定五年壬辰:宋自强。"《光绪奉化县志》卷十九《选举表一》："绍定五年壬辰:宋自强。"

高指　庆元府鄞县人。登绍定五年进士第。高开曾孙。事迹无考。

《宝庆四明志》卷十《进士》："绍定五年徐元杰榜:高指,开曾孙。"《延祐四明志》卷六《人物考下》："绍定五年徐元杰榜:高指,开曾孙。"《光绪鄞县志》卷二十《选举表一》："绍定五年壬辰:高指,开曾孙。"

陆耜(?—1266)　字景思,号云西,庆元府鄞县人,陆佃五世孙。一说会稽人。登绍定五年进士第。曾任尚书礼部员外郎、崇政殿说书,后为起居舍人。其诗收录于谢翱《天地间集》,此书收于《四库全书》。

宋陈骙《南宋馆阁续录》卷七《官联一》:"少监,……宝祐以后……陆叡,字景思,绍兴府人。习诗赋,壬辰进士。五年七月以尚书礼部员外郎暂兼侍立修注官兼翰林权直兼国史院编修官、实录院检讨官兼崇政殿说书,除少监,兼职依旧,当年八月除起居舍人。"

清厉鹗《宋诗纪事》卷六十八《陆叡》:"叡字景思,号云西,会稽人,佃五世孙。绍定五年进士。官礼部员外,崇政殿说书。谢皋羽编《天地间集》,列于文、谢诸公后。"

《宝庆四明志》卷十《进士》:"绍定五年徐元杰榜:陆叡。"《延祐四明志》卷六《人物考下》:"绍定五年徐元杰榜:陆叡。"《光绪鄞县志》卷二十《选举表一》:"绍定五年壬辰:陆叡。"

王与义　庆元府鄞县人,一说奉化县人。王宗道之子。登绍定五年进士第。事迹无考。

《宝庆四明志》卷十《进士》:"绍定五年徐元杰榜:王与义。"《延祐四明志》卷六《人物考下》:"绍定五年徐元杰榜:王与义。"《光绪鄞县志》卷二十《选举表一》:"绍定五年壬辰:王与义。"《光绪奉化县志》卷十九《选举表一》:"绍定五年壬辰:王与义,宗道子,特奏名。"

宋泊　庆元府鄞县人,一说奉化县人。宋炳之弟。登绍定五年进士第。事迹无考。

《宝庆四明志》卷十《进士》:"绍定五年徐元杰榜:宋泊,炳之弟。"《延祐四明志》卷六《人物考下》:"绍定五年徐元杰榜:宋泊,炳之弟。"《光绪鄞县志》卷二十《选举表一》:"绍定五年壬辰:宋泊,炳弟。"《光绪奉化县志》卷十九《选举志一》:"绍定五年壬辰:宋泊,炳弟。"

潘景孟　庆元府鄞县人。登绍定五年进士第。事迹无考。

《宝庆四明志》卷十《进士》:"绍定五年徐元杰榜:潘景孟。"《延祐四明志》卷六《人物考下》:"绍定五年徐元杰榜:潘景孟。"《光绪鄞县志》卷二十《选举表一》:"绍定五年壬辰:潘景孟。"

王似道　庆元府奉化县人。登绍定五年进士第。官博士。

《宝庆四明志》卷十《进士》:"绍定五年徐元杰榜:王似道。"《延祐四明志》卷六《人物考下》:"绍定五年徐元杰榜:王似道。"《光绪奉化县志》卷十九《选举表一》:"绍定五年壬辰:王似道,博士。"

王世威　绍兴府余姚县人。王远从孙。登绍定五年进士第。事迹无考。

《宝庆会稽续志》卷六《进士》:"绍定五年徐元杰榜:王世威。"《光绪余姚县志》卷十九《选举表》："绍定五年壬辰：王世威，远从孙。"

任严　字汝翼，任正之子。庆元府昌国县人。早年贫困好学，登绍定五年进士第。初授德安民曹，后擢建阳令，有政绩，官终广德军。

宋刘克庄《后村大全集》卷九十《建阳县增买赈籴仓田》："淳祐辛亥余行役道溪上，士民遮道曰：'前人增仓田，率不能多。惟杨侯几二百石，今任侯捐三千缗，所增过杨侯之数，昔未有也。'"

《大德昌国州图志》卷六《叙人》："任严，字汝翼。父正之，早膺乡荐，隐德弗耀。公忍贫力学，预乡荐，一举擢进士第。初调德安民曹，试令建阳，分刺台城，迁匠簿，知广德军。"

《宝庆四明志》卷十《进士》："绍定五年徐元杰榜：任严。"《延祐四明志》卷六《人物考下》："绍定五年徐元杰榜：任严。"《大德昌国州图志》卷六《进士题名》："任严，绍定五年徐元杰榜。"

林虙　庆元府昌国县人。登绍定五年进士第。事迹无考。

《宝庆四明志》卷十《进士》："绍定五年徐元杰榜：林虙。"《延祐四明志》卷六《人物考下》："绍定五年徐元杰榜：林虙。"《大德昌国州图志》卷六《进士题名》："林虙，绍定五年徐元杰榜。"

桂去疾　庆元府慈溪县人。登绍定五年进士第。事迹无考。

《宝庆四明志》卷十《进士》："绍定五年徐元杰榜：桂去疾。"《延祐四明志》卷六《人物考下》："绍定五年徐元杰榜：桂去疾。"

桂锡孙　字予之，号芳所，桂万荣侄。庆元府慈溪县人（一作江西兴国人）。登绍定五年进士第。官御史、崇政殿说书，官至集英殿修撰。归里后，专注讲学，赈灾济贫，为乡间所重。

桂锡孙著《日录遗稿》、《芳所集》等，皆已佚。仅存《慈溪县浚普济湖记》和《广利桥记》二文，见于《光绪慈溪县志》。

宋陈骙《南宋馆阁续录》卷八《官联二》："校书郎……景定以后……桂锡孙，字予之，兴国人，习诗赋及《春秋》，壬辰进士，元年八月以宗学谕召试，除校书郎。"

《光绪慈溪县志》卷二十五《列传二·宋》："桂锡荣，万荣从子。通《春秋》，十岁试童子科，号为神童。登绍定五年进士。历官御史兼崇政殿说书，忤旨罢。寻以集英殿修撰，召不起。里居教授，师道日尊，学者四集，户外屦恒满。赈贫恤孤，非义弗举，言行慥慥，人服典型，有《日录遗稿》一百二十卷、《芳所集》二十卷，芳所，其号也。

桂锡孙《宋孙孝子祠记》："朝散郎主管建康府崇禧观桂锡孙撰。"注：是文撰于宋咸淳初年。

《宝庆四明志》卷十《进士》:"绍定五年徐元杰榜:桂锡孙,万荣侄。"《延祐四明志》卷六《人物考下》:"绍定五年徐元杰榜:桂锡孙,必之孙,万荣侄。"《光绪慈溪县志》卷十九《选举上·宋》:"绍定五年壬辰徐元杰榜:桂锡孙,万荣侄。《延祐志》:必之孙。"

陈焕　绍兴府余姚县人。登绍定五年进士第。官知邵武军,咸淳时为中奉大夫、知连州州军事等,爵余姚县开国男。

《宝庆会稽续志》卷六《进士》:"绍定五年徐元杰榜:陈焕。"《光绪余姚县志》卷十九《选举表》:"绍定五年戊辰:陈焕,知邵武军。"

向有勋《宋向元庆墓志》:"中奉大夫新知连州军州兼管内劝农使节制军马提举民兵余姚县开国男食邑三百户借紫陈焕书讳。"注:是志撰于宋咸淳元年(1266)。

杨释回　绍兴府余姚县人。登绍定五年进士第。事迹无考。

《光绪余姚县志》卷十九《选举表》:"绍定五年壬辰:杨释回。"

孙子秀(1212—1266)　字元实,绍兴府余姚县人。登绍定五年进士第。初授吴县主簿,时太湖传有水怪,巫祝横行,子秀沉之,亦兴学助教,声誉日隆。改教授滁洲、金坛县令,减免赋税,压抑豪民,抚恤流民。后为庆元府通判、提举浙西常平盐,政绩突出。又为太常丞、大宗正丞、金部郎官、国史院编修官等,于任上均有政声。官至朝议大夫、太常少卿。

其文有《题东坡书天庆观乳泉赋》,收于《全宋文》,另有《四明山》、《游东山石洞》等诗,均收于《全宋诗》。

宋黄震《黄氏日抄》卷九十六《安抚显谟少卿孙公行状》:"公讳子秀,字元实,越余姚之四明人。越今绍兴府,余姚初隶明州,其地即四明山西北偏,气势融结,有峭岸飞瀑之胜。孙氏自唐时长官者世居其下为望族,然未有兴者,至公始显。弱冠登绍定壬辰进士第,积阶至朝议大夫,官太常少卿,职直显谟阁。尝为吴县主簿,淮东总领所中酒库,教授滁州,知金坛县,通判庆元府,知衢州、常州、婺州,提举浙西常平盐,寻提点其刑狱,移浙东,又移江东。其在内尝干办行在诸司粮科院,除太常丞,迁大宗正丞,迁金部郎官兼国史编修官、实录院检讨官,兼左司,兼右司,又尝兼知临安府,最后再差知婺州,未行,卒,年五十五。

"初,吴县有妖称水仙太保,自诡能祸福人,远近倾动。郡太守王公遂将使治之,莫敢行,公独奋然请往,焚其庐,碎其所事神像,而沉其人于太湖,曰:'实汝水仙之名矣。'妖遂绝。在邑日诣学官,与诸生切磨义理。间以事出乡，扁舟径诣，毫发得实，里正或不知官之涉吾境。入而议台郡幕，拟断如流，无敢干以私。由是台郡交荐，声望如山起泉涌。以选辟总所官，一日，檄催宜兴县围田租，公行县释不催，归而白水灾状，总饷者恚曰：'军饷所关，而敢若此，独不为身计乎？'公曰：'何敢为身计，宁罪去尔。某此行泛舟田上来，岂复有可催之租乎？'争辩久之，旁观汗下，而公自若。宜兴卒得免，而公名益高，以选辟教授滁州。甫之官，又以选改辟知金坛。金坛素剧邑，加之连歉，至而败、望而避者累数政。公至，严保伍，厘经界，结义复而免义役田之和买税，籴米平价，及借贷免息，以惠街郭，劝分大家，使一顿折济，以惠乡井。凡前此民兵虚籍之扰、民船连军粮之扰、赐宴低价买物及凡官司敷抑制之扰，皆次第访求而汰绝之。既一切与民休息矣，民有闾里自为不靖之讼，则使讼者赍牒自诣里正核实，并邻证来然后行，不实者往往自匿其牒，不以诣，诣者类已气平，折而归邻里和议。顽者再至，再使自核，则扰不及所怨，而徒自扰，亦气索而止。惟豪黠者有犯，则痛绳不少贷，合邑至无敢斗狠。淮民流入以万计，则又为赈给抚恤，区处庐舍，或括田亩使耕，拔其能者为总辖，使分御之，亦无敢哗。乃崇学校，明教化，行乡饮酒礼。复访国初茅山书院故址，一新之，以待远方游学之士。在邑四年，政成信洽，民不忍其去。

"庆元府通判，主管浙东盐事，旧例诸场解盐百袋附五袋补盐仓耗折，名五厘盐。未几，提举官并取为正数，重为民困。至是，公奏蠲之。其他郡事之倚办者不胜纪。淳祐十一年，入为诸司粮科。明年，衢州寇攘事闻，水复冒城郭，朝廷择守，属公使行。公谓捕贼之责虽在有司，亦必习熟土俗之人，乃能罄其凭依，截其奔突。至即严结保伍，选用土豪，首旌常山县令陈谦亨、寓公周还淳等捍御之劳，且表于朝，乞加优赏，人心由是竞劝。未几，盗复起江山、玉山间，甫七日而众擒四十八人以来，贼知士人非官兵不能久驻者比，终公之任不复动。水潦所及，则为治桥梁，修堰闸，补城壁，浚水源，助葺民庐，赈必钱米，招通邻籴，奏蠲秋苗一万五千石有奇，尽代纳其夏税，并除公私一切之负。坍溪沙壅之田，则又请于朝，永蠲苗税，民困复苏。初，先圣阙里子孙依庙而居，自南渡寓衢州，有诏权以衢学奉祀，因循逾百年，子孙无专飨之庙。公撤普圆废佛寺，奏立先圣家庙如阙里。既成，行释菜礼，退讲《中庸》'仲尼祖述尧舜'一章，剖析吾儒与释氏之所以冰炭者，穷极蕴奥，皆先贤所未发。

"宝祐二年，遂以政最除太常丞，有忌者劾去之。未几，除大宗正寺丞，迁金部。金部旧责州郡以必不可办之泛数，州郡亦自知称塞无期，唯以嘱吏延岁月，或并当解者亦不解，而金部益以匮，吏益得以颠倒为奸。缴纳牌匣，有累日不呈拆者;解人赴部,有逾月不到者;报解钱帛,有官不预知者。公日夜讨论,参州郡十年逐色最高岁分,以本部每月实用之数斟酌,均配给册,使州郡亲自批认,而呼各州郡承受人之家行在者递册,使私自程督,约稍稽侍刻,即责有归。承受人忧责切身,程督过于己事,故不遗一字一卒,而纲解悉如批认之约,吏几可束高阁,一时上下便安之。三年,除将作监、淮东宗领,辞;改知宁国府,辞。

"四年,除左司,再兼金部。以抗丁大全去国,差知吉州,寻镌罢。时有嬖倖朱熠以武弁辱台察,至是凡三劾公,公归四年而大全败。开庆元年,诏起为浙西提举。先是,大全以私人为之,尽夺亭民盐本钱充献羡之数,不足则又估籍虚摊,一路骚动,亭民多流亡。公甫建台,首还前政盐本钱五十余万贯,蠲虚摊诸色欠钱十余万贯,奏省华亭茶盐分司官,一洗苛扰之根,宽其限期,使诸场皆得专达。复改定秤斛之非法多取者,流民复业,盐课遂为近年之最。明年,改元景定,差权浙西提刑兼知常州。时江防正急,公初至,有新招淮军数百人浮寓贡院,给饷不时,死者相继。公为请于朝,创名忠卫军,截拨上供赡之,训练不两月,皆成精锐,置寨并江之傀村以屯之。前宪使亦兼知常州,常有故家子吴大椿城居而被劫,前宪使讳其事,诬大椿与兄之子焴争分而自劫其家,追毁大椿官,编置千里外,臧获皆徒黥而囚锁之,声其冤者载道。公为两引,审得实,乃奏复大椿元官,而尽释其家之囚者。寻以兼郡则行部非便,得请专臬事。自是澄清一道,击贪举廉,风采凛然。每将巡历,先期密帖,分选州县官之能者,不移时入狱,抄名件人数先飞甲,故移藏罪囚之弊尽革,至轵犴狱为清。二年,除大理少卿,又除直华文阁,提点浙东刑狱兼知婺州。婺多大家,其俗或误以不纳官赋为豪,至有田连阡陌而官无户名,由是官赋失陷,而小民受多纳之苦。公奏行挨究法,使官民户各置册,自疏计田若干,就以其册参都保扦量册□□。约扦量册有其田而自实,册不载者没之官,大家多不便。婺有贵人通在朝,因喉言者罢公归,四诏除湖南转运副使,以迎养非便,再除提点浙西刑。

"提点久阙官,所在狱户充斥,平江去台治咫尺,所禁四百五十余人。公以隆暑领事,即周行巡历者两阅月,八郡三十九县之狱,自庚申距今,方又再为之一清。安吉州有孟五娘者,诉其夫与仆二人俱被杀而无辟囚,郡守悬赏万缗,踪迹其形似而连系考掠者十余人,终莫得其实。公入境密访之,所谓辟囚,乃即号呼索命之孟五娘自为之,盖私买宗室赵良夫杀其夫,仆救之,并杀其仆以灭口也,臧佐具在,一引即伏诛,远近称神明。丹徒刘显忠因聚博若颜千八用伪会,更四狱,历三载,次第根连,其所从得至庐州姓刘人无其名不可追而止矣，然伪会法重，而关朝省，例无敢与理雪，不死尽不止。公尽释所禁十七八，而闻于朝曰：'慎不过误用，岂可例拘文法，使尽死于狱，以违圣天子好生之德？金坛有伪会狱，亦先释其明不伪造者数人，闻者为缩颈，然朝廷亦讫不问，宁我负人者自孤朝廷耳。'其余平反雪冤，类此甚众，列城风动焉。初，浙西监司狱讼之滞，皆由期限之不应，每监司下车，必首以此申儆，或亲书与州县约戒勿违，而违如故，则怒之。怒之，改匣，又违则又重怒之，至再至三，而专卒四出，明知其扰不暇恤，曰：'我非不恤州县，而负作者有在矣。'不知缴引抱匣，官司例责之承引走卒，而行移之筑底，又皆巡尉小司存力不能堪。缴限抱匣到司之费不赀，则势不容于不违，其失正在上而不在下也。

"公初为提举，洞开内外门，许州县到限者径诣听事，下吏不提要索而限无复违。至是再为提点刑狱，思之愈精，则又创循还总匣，属各州主管官，凡州之管内诸司报应皆并入匣，一日一遣以来，本司之公移，则又总实于匣以往。每晡时坐衙，八郡之递兵旗铃杂沓，各以总匣至，而事无小大，纤悉具是，并赍抱者亦免矣。公之在浙西称明监司，此最为要法，而公既去辄废，滞违如故。其后之人各出聪明，耻相袭耶？将吏有不便，抑之不以告耶？是足为后来法，不可不书者也。而风闻者反谓公以专恣凌州县，劾罢之，公笑而已。五年，除提点江东刑狱。甫阅月，而今皇上改元咸淳，诏除太常少卿兼右司，寻兼知临安府。时物价方踊，公思抑之以便民，民听未孚，而言者已罢之去。明年，差知婺州，责以了前岁挨究法，辞未就。俄以疾卒于家。此其践履之大略，当获施于财赋、讼狱、期会者如此，而实志存当世之大计。

"……呜呼惜夫！公生于嘉定壬申十二月之四日，卒于咸淳丙寅七月之十三日，葬上虞县建隆嵞兑山之原，以咸淳戊辰十二月之某日。娶张氏，封宜人。子二人，长凝，乡贡进士；次焱，将仕郎。女一人，孙男女各一人。先葬期，二子以其行事来求状。震畴昔受信用者也，不敢辞，并具其本末大致如此，以求当世立言之君子述焉。谨状。是年五月朔，门人文林郎、新除史馆检阅黄震状。"

《宋史》卷四百二十四《孙子秀》："孙子秀字元实，越州余姚人。绍定五年进士。调吴县主簿。有妖人称"水仙太保"，郡守王遂将使治之，莫敢行，子秀奋然请往，焚其庐，碎其像，沉其人于太湖，曰：'实汝水仙之名矣。'妖遂绝。日诣学宫与诸生讨论义理。辟淮东总领所中酒库，檄督宜兴县围田租。既还，白水灾，总领恚曰：'军饷所关，而敢若此，独不为身计乎？'子秀曰：'何敢为身计，宁罪去尔。'力争之，遂免。

"调滁州教授，至官，改知金坛县。严保伍，厘经界，结义役，一切与民休息。讼者使齎牒自诣里正，并邻证来然后行，不实者往往自匿其牒，惟豪黠者有犯，则痛绳不少贷。淮民流入以万计，振给抚恤，树庐舍，括田使耕，拔其能者分治之。崇学校，明教化，行乡饮酒礼。访国初茅山书院故址，新之，以待远方游学之士。

"通判庆元府，主管浙东盐事。先是，诸场盐百袋附五袋，名'五厘盐'，未几，提举官以为正数，民困甚，子秀谓捕贼之责，虽在有司，亦必习土俗之人，乃能覈其凭依，截其奔突。乃立保伍，选用土豪，首旌常山县令陈谦亨、寓士周还淳等捍御之劳，且表于朝，乞加优赏，人心由是竞劝。未几，盗复起江山、玉山间，甫七日，而众禽四十八人以来。终子秀之任，贼不复动。水潦所及，则为治桥梁，修堰堨，补城堡，浚水原，助葺民庐，振以钱米，招通邻籴。奏蠲秋苗万五千石有奇，尽代纳其夏税，并除公私一切之负；坍溪沙壅之田，请于朝，永蠲其税，民用复苏。

"南渡后，孔子裔孙寓衢州，诏权以衢学奉祀，因循逾年，无专飨之庙。子秀撤废佛寺，奏立家庙如阙里。既成，行释菜礼。以政最迁太常丞，以言罢。未几，迁大宗正丞，迁金部郎官。金部旧责州郡以必不可辨之泛数，吏颠倒为奸欺。子秀日夜讨论，给册转递以均其输，人人如债切身，不遣一字而输足。迁将作监、淮东总领，辞。改知宁国府，辞。为左司兼右司，再兼金部。与丞相丁大全议不合，去国。差知吉州，寻镌罢。

"时嬖倖朱熠凡三劾子秀。开庆元年，为浙西提举常平。先是，大全以私人为之，尽夺亭民盐本钱，充献羡之数；不足，则估籍虚摊。一路骚动，亭民多流亡。子秀还前政盐本钱五十余万贯，奏省华亭茶盐分司官，定衡量之非法多取者，于是流徙复业。徙浙西提点刑狱兼知常州。淮兵数百人浮寓贡院，给饷不时，死者相继，子秀请于朝，创名忠卫军，置砦以居，截拨上供赡之。盗劫吴大椿，前使者讳其事，诬大椿与兄子焇争财，自劫其家，追毁大椿官，编置千里外，徙黥其臧获。子秀廉得实，乃悉平反之。寻以兼郡则行部非便，得请专臬事。击贪举廉，风采凛然，犴狱为清。

"进大理少卿，直文华阁、浙东提点刑狱兼知婺州。婺多势家，有田连阡陌而无赋税者，子秀悉核其田，书诸牍，势家以为厉己，嗾言者罢之。寻迁湖南转运副使，以迎养非便辞，移浙西提点刑狱。子秀冒暑周行八郡三十九县，狱为之清。安吉州有妇人愬人杀其夫与二仆，郡守捐赏万缗，逮系考掠十余人，终莫得其实。子秀密访之，乃妇人略宗室子杀其夫，仆救之，并杀以灭口。一问即伏诛，又释伪会之连逮者，远近称为神明。

"初，狱讼之滞，皆由期限之不应。使者下车，或亲书戒州县勿违，而违如故，则怒之。怒之，改匦，又违则又重怒之，至再三。而专卒四出，巡尉等司缴限抱匦费不赀，则其势必违。子秀与州县约，到限者径诣庭下，吏不得要索，亦无违者。其后创循环总匦属各州主管官，凡管内诸司报应皆并入匦，一日一遣，公移则又总实于匦以往。于是事无小大，纤悉毕具，而风闻者反谓专卒凌州县，劾罢之，子秀笑而已。移江东提点刑狱。度宗即位，进太常少卿兼右司，寻兼知临安府，以言罢。起知婺州，卒。

"子秀少从上虞刘汉弼游，磊落英发，抵掌极谈，神采飞动。与人交久而益亲，死生患难，营救不遗力。闻一善择手录之。"

《宝庆会稽续志》卷六《进士》："绍定五年徐元杰榜：孙子秀。"《光绪余姚县志》卷十九《选举表》："绍定五年壬辰：孙子秀，徐元杰榜。"

杨栋《宋故知府安抚显谟国史大卿朝议孙公墓志铭》："前知临安府、显谟、常卿孙公，讳子秀，字元实，会稽余姚人。……公自弱冠登进士第，调平江府吴县主簿。……继辟淮东总领所中酒库。……以选辟知金坛县。……在邑四年，民不忍其去。通判庆元府。……除干办诸司粮科院。出知衢州。……公彻普圆废寺立焉，遂以政最除太常丞。未几，罢。再除大宗正丞，迁金部郎□□□□□□□□□□院检讨官。迁将作监，辞。改知宁国府，辞。除左司兼金部，为大全所□。开庆元年，诏起公浙西提举。……改提刑兼知常州。……除直华文阁、提点浙东刑狱兼知婺州。……再除浙西提刑。……每晡时坐衙，八郡之总□皆至，役简事□□□□□□□□□□刑□□□□诏除太常少卿兼右司□□□□□□□□□□□□□差知婺州，未往卒。……公生于嘉定壬申，卒于咸淳丙寅，享年五十有五，葬上虞县建隆岙。"注：是志撰于宋咸淳五年（1269）。

孙自中 字时仲。绍兴府余姚县人。年少聪颖，二十二岁即为乡贡。登绍定五年进士第。初授霍丘尉，未赴。后任光化尉、襄阳军仓监、湖广总领所瞻军酒库登职，咸淳时泸州兵乱，遇难。年仅三十七岁。

《宝庆会稽续志》卷六《进士》："绍定五年徐元杰榜：孙自中。"《光绪余姚县志》卷十九《选举表》："绍定五年戊辰：孙自中，通判。"

孙自申《宋孙自中墓志》："先兄讳自中，字时仲，姓孙氏，世家山阴，徙余姚。……庆元六年闰二月乙卯，先兄以生。幼警悟，十岁能属文，二十二贡于乡。登绍定五年进士第，授霍丘尉，未赴，台阃交辟。三岁间，凡易任者五，初尉光化，次监襄阳大军仓，次监湖广总领所瞻军酒库，次淮西制置司干办公事。使杨公恢易蜀阃，邀先兄以□教授沔州。杨公按行诸垒，檄先兄董

孙自中
像取自清代修《浙江余姚孙氏宗谱》

饷。舟自成都会于泸,杨公已去泸。泸军乱,人告之□毋往。先兄曰:"王事也,其可以避往。"遂死之,实端平三年十一月辛未也,年三十七。呜呼!痛哉!"注:是志撰于宋嘉熙三年(1239)。

曹巽　庆元府慈溪县人。登绍定五年进士第。开庆时曾出资协助吴潜等修缮双河堰。

《开庆四明续志》卷三《水利》:"双河旧有碶闸,在慈溪之鸣鹤,与越之余姚上林乡接境。上林居西而地势高,鸣鹤居东而地势下,久雨,上林之水东注邻壤为壑,置闸以限之。然舟行则闸启,而水之患如故。近岁乡人曹氏于闸之左,为双河堰以便车船,意亦善矣,而舍堰而趋闸者,则不可遏也。乡人病之。开庆元年五月请于郡大使丞相委制干赵若璂莅其事,俾塞双河闸为实地,给钱一千贯文,于双河堰之傍立屋两间,四挟择巨木为车柱,埋石备缆,悉如诸大堰之制,已塞闸基之上,则为屋三间,以处堰丁曹进士,且措置租余五十石以供打造索缆之费焉,规模一定,自此永无侵冒之祸矣。"

《宝庆四明志》卷十《进士》:"绍定五年徐元杰榜:曹巽。"《延祐四明志》卷六《人物考下》:"绍定五年徐元杰榜:曹巽。"《光绪慈溪县志》卷十九《选举上》:"绍定五年壬辰徐元杰榜:曹巽。"

张琦　庆元府慈溪县人,张珩从弟。登绍定五年进士第。事迹无考。

《宝庆四明志》卷十《进士》:"绍定五年徐元杰榜:张琦,珩从弟。"《延祐四明志》卷六《人物考下》:"绍定五年徐元杰榜:张琦,珩从弟。"《光绪慈溪县志》卷十九《选举上·宋》:"绍定五年壬辰徐元杰榜:张琦,珩从弟。"

董仁森　庆元府奉化县人。登绍定五年进士第。董子焱从弟。官辰州州学教授。

《宝庆四明志》卷十《进士》："绍定五年徐元杰榜：董仁森，子焱从弟。"《延祐四明志》卷六《人物考下》："绍定五年徐元杰榜：董仁森，子焱从弟。"《光绪奉化县志》卷十九《选举表一》："绍定五年壬辰：董仁森，徐元杰榜，子焱从弟，辰州教授。"

冯容　庆元府慈溪县人。登绍定五年进士第。冯轸从孙。事迹无考。

《宝庆四明志》卷十《进士》："绍定五年徐元杰榜：冯容，轸从孙。"《延祐四明志》卷六《人物考下》："绍定五年徐元杰榜：冯容，轸丛孙。"《光绪慈溪县志》卷十九《选举上·宋》："绍定五年壬辰徐元杰榜：冯容，轸丛孙。"

孙困绣　庆元府慈溪县人。登绍定五年进士第。事迹无考。

《光绪慈溪县志》卷十九《选举上·宋》："绍定五年壬辰：孙困绣。"

杨炎　绍兴府余姚县人。登绍定五年进士第。事迹无考。

《宝庆会稽续志》卷六《进士》："绍定五年徐元杰榜：杨炎。"《光绪余姚县志》卷十九《选举表》："绍定五年徐元杰榜：杨炎。"

赵希羔　庆元府奉化县人。赵希羊从弟。登绍定五年进士第。官溧阳县令。

《宝庆四明志》卷十《进士》："绍定五年徐元杰榜：赵希羔，希羊从弟。"《延祐四明志》卷六《人物考下》："绍定五年徐元杰榜：赵希羔，希羊从弟。"《光绪奉化县志》卷十九《选举表一》："绍定五年壬辰：赵希羔，希羊从弟，溧阳知县。"

赵时晤　庆元府昌国县人，一作赵时悟。登绍定五年进士第。事迹无考。

《宝庆四明志》卷十《进士》："绍定五年徐元杰榜：赵时晤。"《延祐四明志》卷六《人物考下》："绍定五年徐元杰榜：赵时悟。"《大德昌国州图志》卷六《进士题名》："赵时悟，绍定五年徐元杰榜。"

楼梓　庆元府鄞县人。楼异曾孙。登绍定五年进士第。事迹无考。

《宝庆四明志》卷十《进士》："绍定五年徐元杰榜：楼梓，异曾孙。"《延祐四明志》卷六《人物考下》："绍定五年徐元杰榜：楼梓，异曾孙。"《光绪鄞县志》卷二十《选举表上》："绍定五年壬辰：楼梓，异元孙。"

刘燧　庆元府象山县人。刘遵之孙。登绍定五年进士第。事迹无考。

《宝庆四明志》卷十《进士》："绍定五年徐元杰榜：刘燧，遵孙。"《延祐四明志》卷六《人物考下》："绍定五年徐元杰榜：刘燧，遵孙。"《乾隆象山县志》

卷四《选举》："刘燧,绍定五年徐元杰榜。"

戴铎　绍兴府余姚县人。登绍定五年进士第。事迹无考。

《宝庆会稽续志》卷六《进士》："绍定五年徐元杰榜:戴铎。"《光绪余姚县志》卷十九《选举表》："绍定五年徐元杰榜:戴铎。"

湛若《宋故宣教郎左藏戴君墓志铭》："已而,君与弟铎接踵入太学,弟立中贡于乡,铎既擢壬辰科,而君自舍选,其子浩自乡举为戊戌同年进士。"注:是志撰于宋淳祐九年(1250)。

孙愿质　字去华,孙枝之子,孙起予之弟。庆元府昌国县人,亦有作鄞县人。登绍定五年进士上舍第。初授池阳教授,后为言官,官至朝散大夫、工部侍郎。

《至正四明续志》卷二《人物》："次子愿质,登绍定五年进士第。后中教官科,终工部侍郎。"

《大德昌国州图志》卷六《先贤》："次愿质,字去华。未弱冠,入太学,作赋有声,由舍选登绍定壬辰进士第,初任分教池阳,历清要,除谏官,入中书,官至朝散大夫。"

《宝庆四明志》卷十《进士》："绍定五年徐元杰榜:孙愿质,枝子,起予弟。"《延祐四明志》卷六《人物考》下："绍定五年徐元杰榜:孙愿质,枝子。"《光绪鄞县志》卷二十《选举表一》："绍定五年壬辰:孙愿质。"

麻允实　字公秀,台州府宁海县人。登绍定五年进士第。事迹无考。

《光绪宁海县志》卷九《选举表》："绍定五年壬辰:麻允实,徐元杰榜,字公秀,麻墺人。"

厉大本　台州府宁海县人。登绍定五年进士第。事迹无考。

《光绪宁海县志》卷九《选举表》："绍定五年壬辰:厉大本。爵里未详。"

刘桂　台州府宁海县人。登绍定五年进士第。事迹无考。

《光绪宁海县志》卷九《选举表》："绍定五年壬辰:刘桂,爵里未详。"

胡一之　字宗之,台州府宁海县人。登绍定五年进士。官福建提举。

《光绪宁海县志》卷九《选举表》："绍定五年壬辰:胡一之,字宗之,上胡人,福建提举。府志、通志作天台人。"

李光　台州府宁海县人。登绍定五年进士。事迹无考。

《光绪宁海县志》卷九《选举表》："绍定五年壬辰:李光。"

绍定五年(1232)武举林梦新榜

臧元龟　庆元府鄞县人。臧植、臧格从侄,臧元庆之弟。登绍定五年武举进士第。

《宝庆四明志》卷十《进士》:"绍定五年武举林梦新榜:臧元龟,植、格从侄,元庆弟。"《延祐四明志》卷六《人物考下》:"绍定五年武举林梦新榜:臧元龟,元庆弟。"《光绪鄞县志》卷二十《选举表一》:"绍定五年壬辰:臧元龟,植从子。"

楼苿　庆元府鄞县人。楼采之弟。登绍定五年武举进士第。事迹无考。

《宝庆四明志》卷十《进士》:"绍定五年武举林梦新榜:楼苿,采弟。"《延祐四明志》卷六《人物考下》:"绍定五年武举林梦新榜:楼苿,采弟。"《光绪鄞县志》卷二十《选举表一》:"绍定五年武举:楼苿,采弟。"

鲁英　庆元府慈溪县人。登绍定五年武举进士第。事迹无考。

《宝庆四明志》卷十《进士》:"绍定五年武举林梦新榜:鲁英。"《延祐四明志》卷六《人物考下》:"绍定五年武举林梦新榜:鲁英。"

绍定五年癸巳(1233)特赐进士

史宇之(1215—1293)　字子发。庆元府鄞县人。史弥远之子,史宅之弟。登绍定六年特赐进士第。理宗登基后,以敷文阁待制知婺州,时婺州大饥,宇之赈之。后守处州,断狱甚平。宝祐时以兵部尚书、焕章阁学士知绍兴府,抑制豪强,开辟义田,一时越州百姓传诵之。后知建宁、建康府,能施仁政于百姓。宋亡后不仕,元至正时卒。

宋王应麟《四明文献集》卷五《故观文殿学士正奉大夫史宇之墓志铭》:"公讳宇之,字子发,世为明之鄞人。……绍定五年中吏部铨,自宝章阁至右文殿修撰,奉佑神祠,除将作少监,赐同进士出身,迁枢密副都承旨。忠献薨,服阕。除司农、太府少卿、集英殿修撰,仍畀佑神祠,即家授沿海制置使参议官,进宝章阁待制,赐金带。升华文阁,知严、处、温三州,皆力辞。

"理宗眷受遗定策之勋,日笃不忘,公兄忠清公宅之既践扬中外入式枢机,公怡默自持,淡于荣进,上欲试之治民,乃以敷文阁待制守婺,时淳祐八年也。婺比岁旱饥,出橐装籴浙右米三万石往赈贷,民罔捐瘠。易守处州,始至,狱多淹繁,阅实,上部使者谳诀,圜扉一清。赋税三年,民苦之,公倚阁其一年。版部期会苛迫,以己俸代民输。未几,督趣如故,公以累年之逋一朝求足,民必重困,奏以三十年最高者为数,疲甿感悦。忠清之丧,以在原急难谒告奔赴,得请遂行,耄稚遮道攀留。

"召为兵部侍郎,辞不拜,进待制宝文阁,提举佑神观。擢工部侍郎,权尚书。愿就散秩,宝章阁学士、提举万寿观,奉朝请。宝祐二年,召为兵部尚书,以焕章阁学士知绍兴府、浙东安抚使。惟祖惟兄,遗爱在越,公来镇棠阴,耆老欢迎。念绍先哲,壹以宽和,抚柔此民。初,忠定作牧,创义田,为士大夫贤而贫者丧嫁之助。岁久实惠不沾,至是柅弊栉蠹,始复旧规。越为南阳乡,公宽而有制,无所回挠。郡大阅,一夫径造厅事,乃卒伍怙王邸势者,公曰:'犯阶级有常刑。'执而黥流之,军民慑服,咸曰仁者之勇。甫期,治最转闻,尔书褒美,升徽猷阁学士,因任。寻除工部尚书,五年进长兵部,兼工部。宗祀明堂,为桥道顿递使。礼成,拜端明殿学士。时畀执政恩数,恳避至再,御章批答曰:'卿继忠孝,谨牧养,予维宠嘉之。祖孙父子昆弟先后列政涂,惟吕氏暨卿门,式克钦承,以为邦家光。'

"景定二年,进资政殿大学士、知建宁府。承叶公梦鼎、陈公昉之后。廉明勤俭,遵其成规。南方多岚雾,日高乃视事,公常夙兴见吏民,不以素贵少懈。夏潦,崇安松溪水泛滥,民惩壬子灾厄,携扶入郭,公盛服露祷,为民请命,移时澄霁。桥梁岌焉几坠,民凛凛沉垫,亟募舟楫拯之,有阻渡剽攘者罚无贷。黎明水退,民以更生胥庆。建俗饥鬼,恶少身殉淫祠,愚氓神事之,公捕为首者正其罪。溪流湍悍,竞渡斗争多覆溺,严为科禁,俗遂革。阅岁再召,进观文殿学士,提举万寿观,奉朝请。

"居生母齐韩国夫人林氏忧,哀毁过礼。咸淳二年终制,以旧职知宁国府。郡上供米隶淮东、西两饷,俾其属受委输。淮西使者治建康地,追符尤峻,或转馈江北,跋涉耗失,纲欠数十万计,而郡官兵饩廪常不继。公控吁于朝,始得专隶淮东,郡以稍纾。明年祈闲,提举洞宵宫,优游里第垂十载。自是闿光戢华,若未始有轩冕。晚岁阖门养疾,一榻萧然,人希识其面。至元三十年,病革却药,遂不起,春二月十三日也,年七十有九。阶自初命至正奉大夫,爵自鄞县开国至奉化郡公,食邑四千六百,实封户六百。"

《宝庆会稽续志》卷二《安抚题名》:"史宇之,宝祐二年十月以焕章阁学士、太中大夫知,十二月十四日到任,四年正月,以职事修举特除徽猷阁学士,仍知。十月八日召赴行在,十一月一日除工部尚书。"

《延祐四明志》卷五《人物考中》:"幼子宇之,官至观文殿学士,谦俭不自奉,冬月,居败屋,葛帱敝衾,后疾革,问疾者入卧榻,皆惊异之。"

《光绪鄞县志》卷二十《选举表一》:"绍定五年壬辰:史宇之。"注:此志记载误。

李言似《宋李该墓志》:"□□观文殿学士正议大夫提举临安府洞霄宫奉化郡开国公食邑四千三百户食实封六百户史宇之书讳。"注:是志撰于宋咸淳九年(1273)。

史宅之（？—1240）　庆元府鄞县人。登绍定元年特赐进士第。史弥远之子，史宇之兄。嘉熙至淳祐时官知吴郡、越州，营建春雨堂，稽查浙西诸田，官至同知枢密院事，户部尚书。

史宅之

像取自清光绪十八年八行堂木活字本《浙江萧山史氏宗谱》

明钱谷《吴都文粹续集》卷八《春雨堂记》："淳祐二年春，平江府治作新堂于池上。秋，工役告备，显谟阁直学士、通奉大夫、知军府事兼浙西两淮发运使史宅之拜疏闻于上曰：'臣蒙恩再领苏郡，赖天子仁圣格于上下，物不疵疠而年谷熟获，与民相安。郡治北池旧有亭曰池光，郡太守澡心雪神、思政虑善之地，陋且圮焉。深惟一日必葺之义，捐餐钱，节冗费，更建为堂。堂成，顾名弗称。窃伏惟念昔者幸备推择，守藩于兹，粗知究心牧养，叨被圣奖，遣使赐御书'家有膏雨、户有阳春'八大字，昭回下饰，吴人以为荣。臣不佞，敢敬奉'春雨'二字冠斯堂，以扬宠光，以撢德意，以丕迪圣训，惟陛下裁幸。'"

《宝庆会稽续志》卷二《安抚题名》："史宅之，淳祐四年七月以华文阁学士、通奉大夫知，十月十九日到任，十二月磨勘，转正议大夫。五年十一月以职事修举除敷文阁学士，依旧知。六年三月十六日，除工部尚书。"

《绍定吴郡志》卷十一《题名》："史宅之，朝议大夫、依旧徽猷阁待制，改知平江府兼浙西提举。嘉熙二年闰四月初三日，升宝文阁待制，二十四日到任。六月八日，节制许浦都统司水军。十八日，节制在府军马，仍旧节制许浦水军。三年正月一日，召赴行在。"

《延祐四明志》卷五《人物考中》："子宅之,幼习明国家之典制。理宗入继大统,宅之甫弱冠,预其议,后官至同知枢密院事,为户部尚书。括浙右田,虚籍几百万,理宗大悦,后按其田,皆诸道旧隶,始罢征而田籍宗社亡犹在,至今病之。"

《光绪鄞县志》卷二十《选举表一》："绍定五年壬辰:史宅之。"注:此志记载误。

史棣孙《宋史尧卿墓志铭》："考宅之,金紫光禄大夫,守同知枢密院事致仕,奉化郡开国公,赠少师,谥孝惠。"注:是志撰于宋咸淳元年(1265)。

史柏孙《宋史汲卿墓志铭》："本生父讳宅之,金紫光禄大夫、守同知枢密院事,奉化郡开国公致仕,赠少师,谥恭惠。"注:是志撰于宋咸淳五年(1269)。

端平二年乙未(1235)吴叔告榜

王子槐 庆元府鄞县人。登端平二年进士第。事迹无考。

《宝庆四明志》卷十《进士》："端平二年吴叔告榜:王子槐。"《延祐四明志》卷六《人物考下》："端平二年吴叔告榜:王子槐。"《光绪鄞县志》卷二十《选举表一》："端平二年乙未:王子槐。"

王奎 庆元府鄞县人。王明发从孙。登端平二年进士第。事迹无考。

《宝庆四明志》卷十《进士》："端平二年吴叔告榜:王奎,明发从孙。"《延祐四明志》卷六《人物考下》："端平二年吴叔告榜:王奎,明发从孙。"《光绪鄞县志》卷二十《选举表一》："端平二年乙未:王奎,明发从孙。"

方肃 庆元府鄞县人。方季仁侄孙。登端平二年进士第。事迹无考。

《宝庆四明志》卷十《进士》："端平二年吴叔告榜:方肃,季仁侄孙。"《延祐四明志》卷六《人物考下》："端平二年吴叔告榜:方肃,季仁侄孙。"《光绪鄞县志》卷二十《选举表一》："端平二年乙未:方肃。"

邬文伯 庆元府鄞县人,一说奉化县人。登端平二年进士第。事迹无考。

《宝庆四明志》卷十《进士》："端平二年吴叔告榜:邬文伯。"《延祐四明志》卷六《人物考下》："端平二年吴叔告榜:邬文伯。"《光绪鄞县志》卷二十《选举表一》："端平二年乙未:邬文伯。"《光绪奉化县志》卷十九《选举表一》："端平二年乙未:邬文伯。"

注:《全宋词》中宋赵闻礼《阳春白雪》卷七有《翻香令》词一首,原题邬文伯作,而王仲闻、唐圭璋修订《全宋词》时改为邬处作。详见《全宋词》、王仲

闻《全宋词审稿笔记》(中华书局 2009 年版)。

吴惟助　庆元府鄞县人。登端平二年进士第。事迹无考。

《宝庆四明志》卷十《进士》:"端平二年吴叔告榜:吴惟助。"《延祐四明志》卷六《人物考下》:"端平二年吴叔告榜:吴惟助。"《光绪鄞县志》卷二十《选举表一》:"端平二年乙未:吴惟助。"

余梆　庆元府鄞县人。绍定时已为庆元府学斋长,当有学声。登端平二年进士第。

《宋元四明六志校勘记》卷七:"余梆,鄞县人。绍定初为庆元府学斋长,后中端平二年进士。"

《宝庆四明志》卷十《进士》:"端平二年吴叔告榜:余梆。"《延祐四明志》卷六《人物考下》:"端平二年吴叔告榜:余梆。"《光绪鄞县志》卷二十《选举表一》:"端平二年乙未:余梆。"

汪龙友　称汪文子。庆元府鄞县人。登端平二年进士第。林子燕之徒,与杨简等有交往。

宋楼钥《攻媿集》卷五十一《春秋后传左氏章指序》:"迨卒,于嘉泰三年而此书始出,其婿林子燕最得其传。又四年而后,长子师辙与其徒汪龙友以二书来。"

宋杨简《慈湖先生遗书》卷三《汪文子请书》:"文子界纸求书,所欲言某思古学。"

《宝庆四明志》卷十《进士》:"端平二年吴叔告榜:汪龙友。"《延祐四明志》卷六《人物考下》:"端平二年吴叔告榜:汪龙友。"《光绪鄞县志》卷二十《选举表一》:"端平二年乙未:汪龙友。"《光绪奉化县志》卷十九《选举表一》:"端平二年乙未:汪龙友,了翁从子。"

汪汲　或作汪伋。庆元府鄞县人。汪镇五世孙。登端平二年进士第。事迹无考。

《宝庆四明志》卷十《进士》:"端平二年吴叔告榜:汪汲,镇五世孙。"《延祐四明志》卷六《人物考下》:"端平二年乙未吴叔告榜:汪汲,镇五世孙。"《光绪鄞县志》卷二十《选举表一》:"端平二年乙未:汪汲,镇五世孙。"

张槃　庆元府鄞县人。张虑从子。登端平二年登进士第,事迹无考。

《宝庆四明志》卷十《进士》:"端平二年吴叔告榜:张槃,虑从子。"《延祐四明志》卷六《人物考下》:"端平二年吴叔告榜:张槃,虑从子。"

陈梦举　庆元府鄞县人。登端平二年登进士第。事迹无考。

《宝庆四明志》卷十《进士》:"端平二年吴叔告榜:陈梦举。"《延祐四明志》卷六《人物考下》:"端平二年吴叔告榜:陈梦举。"《光绪鄞县志》卷二十《选举表一》:"端平二年乙未:陈梦举。"

陈蕰　庆元府鄞县人。陈纪之子。登端平二年进士第。事迹无考。

《宝庆四明志》卷十《进士》:"端平二年吴叔告榜:陈蕰,纪子。"《延祐四明志》卷六《人物考下》:"端平二年吴叔告榜:陈蕰,纪子。"《光绪鄞县志》卷二十《选举表一》:"端平二年乙未:陈蕰,纪子。"

周福孙　庆元府鄞县人。登端平二年进士第。事迹无考。

《宝庆四明志》卷十《进士》:"端平二年吴叔告榜:周福孙。"《延祐四明志》卷六《人物考下》:"端平二年吴叔告榜:周福孙。"《光绪鄞县志》卷二十《选举表一》:"端平二年乙未:周福孙。"

赵希囿　庆元府鄞县人。登端平二年进士第。淳祐时与曾原一同游桂林,独秀山有其石刻题名。赵希囿《临江仙》收于《全宋词》,石刻题名可见《桂林石刻总集辑校》(中华书局2013年版)。

宋赵希囿《临江仙》:"淳祐辛亥,岁嘉平月既望,赣曾原一、汴赵希囿同游独秀峰之阴,循山而东,径益幽窅,徘徊久之。希囿赋此,书于崖壁。"

《宝庆四明志》卷十《进士》:"端平二年吴叔告榜:赵希囿。"《延祐四明志》卷六《人物考下》:"端平二年吴叔告榜:赵希囿。"注:赵氏虽自注为汴人,盖因宗室旧籍,实为鄞县人也。

袁铉　庆元府鄞县人。登端平二年进士第。事迹无考。

《宝庆四明志》卷十《进士》:"端平二年吴叔告榜:袁铉。"《延祐四明志》卷六《人物考下》:"端平二年吴叔告榜:袁铉。"《光绪鄞县志》卷二十《选举表一》:"端平二年乙未:袁铉。"

夏嚞　庆元府鄞县人。登端平二年进士第。时仙居有令章氏,有善政,淳祐时夏嚞继之,一遵成法,仙居百姓称之为"章夏"贤令。

《宋元四明六志校勘记》卷七《作者上》:"夏嚞,鄞县人。绍定初为庆元府学斋谕。后中端平二年进士。淳祐七年任仙居令。始端平间有章敏子者令仙居,作兴学校,湔剔凤弊,吏不敢欺。嚞到官,一遵成法,并著贤称,时号章夏。"

《宝庆四明志》卷十《进士》:"端平二年吴叔告榜:夏嚞。"《延祐四明志》卷六《人物考下》:"端平二年吴叔告榜:夏嚞。"《光绪鄞县志》卷二十《选举表一》:"端平二年乙未:夏嚞。"

高深　庆元府鄞县人。登端平二年进士第。事迹无考。

《宝庆四明志》卷十《进士》:"端平二年吴叔告榜:高深。"《延祐四明志》

卷六《人物考下》:“端平二年吴叔告榜:高深。”《光绪鄞县志》卷二十《选举表一》:“端平二年乙未:高深。”

高衡孙 庆元府鄞县人,高文善之子。登端平二年进士第。为刑部侍郎、户部侍郎、临安尹、浙西安抚使等职,后史宅之括公田以增官秩,高氏辞之,落职。高衡孙有《高塘桥》一诗,见于《甬上宋元诗略》。

宋刘克庄《后村先生大全集》卷五十五《赐高衡孙辞免除户部侍郎兼知临安府浙西安抚使恩命不允诏》:“敕衡孙:昔在祖宗朝,三司使、开封尹必用臣拯、臣襄之流为之,以德不颛以才也。卿生长故家,议论犹接前辈绪言,勤劳四方,政事不失儒者大指。前曾勇退,出处有光;今特召归,望实采重。朕以地官天府命卿为真,犹列圣选、擢儒臣之意。视印无几何,雾潦之洽化为晴霁,怨咨之声转为欢愉,亦可以见天意人心矣。卿其即就,力疾治事。”

宋刘克庄《后村先生大全集》卷六十三《高衡孙权刑部侍郎》:“内重外轻,唐世有登仙之羡,出藩入从,汉家严选表之规,乃畴牧守之庸,复置论思之列。具官某:传祖训而得髓,取世科如摘髭。南渡师儒,古所谓礼法士;庆元典册,今号为文章家。在省闼则纲举目张,临郡国则政平讼理。既持橐衮衮而登矣,乃拂衣落落而去之。镜湖之兴甚浓,颇适贺公之趣;颍川之治莫揜,首褒黄霸之贤。惟古人敬狱而恤刑,况累圣以仁而立国。爰升时望,俾贰秋卿。噫!法三尺安出哉,固有后王之所是;刑一成不变者,尤宜君子之尽心。岂惟淑同之长,尚赖嘉猷之告。可。”

元袁桷《清容居士集》卷二十一《高一清医书十事序》:“高氏衣冠为四明望,至大宗伯衡孙为端平正士,修仪伟貌,年八十余,手抄见闻及方技诸书,亹亹道旧不辍。”

《咸淳临安志》卷四十九《秩官七》:“景定二年辛酉高衡孙,是月四日以太中大夫、刑部侍郎时暂兼知,十九日除户部侍郎兼知十月四日衡孙免兼。”

《延祐四明志》卷四《人物考上》:“文善子衡孙为户部侍郎,尹临安。为检正时,史宅之括浙西公田,官属皆增秩二等,衡孙知不便,独辞赏,以寿终。”

《宝庆四明志》卷十《进士》:“端平二年吴叔告榜:高衡孙,文善子。”《延祐四明志》卷六《人物考下》:“端平二年吴叔告榜:高衡孙,文善子。”《光绪鄞县志》卷二十《选举表一》:“端平二年乙未:高衡孙,文善子。”

林宗一《宋林惟孝墓志》:“女二,长适通仕郎高衡孙。”注:是志撰于宋绍定三年(1231)。

林宗任《宋杨惟玉墓志》:“女二:长适朝奉郎、通判建康军府事、借绯高衡孙,即戎监宫舍之子也。"注:是志撰于宋淳祐八年(1248)。

桂锡孙《宋孙孝子祠记》:"通奉大夫提举江州太平兴国宫奉化郡侯食邑一千五百户高衡孙篆额。"注:是文撰宋咸淳初年。

汪之林《宋楼君成父墓志铭》:"中奉大夫赐紫金鱼袋鄞县开国子食邑五百户高衡孙题盖。"注:是志撰于宋开庆元年(1259)。

楼昭　庆元府鄞县人。楼昉之弟。登端平二年进士第。事迹无考。

《宝庆四明志》卷十《进士》:"端平二年吴叔告榜:楼昭,昉弟。"《延祐四明志》卷六《人物考下》:"端平二年吴叔告榜:楼昭,昉弟。"《光绪鄞县志》卷二十《选举表一》:"端平二年乙未:楼昭,昉弟。"

楼棁　庆元府鄞县人。楼异玄孙。登端平二年进士第。事迹无考。

《宝庆四明志》卷十《进士》:"端平二年吴叔告榜:楼棁,异元孙。"《延祐四明志》卷六《人物考下》:"端平二年吴叔告榜:楼棁,异玄孙。"《光绪鄞县志》卷二十《选举表一》:"端平二年乙未:楼棁,异元孙。"

楼澖　庆元府鄞县人。楼汶之弟。登端平二年进士第。事迹无考。

《宝庆四明志》卷十《进士》:"端平二年吴叔告榜:楼阓,汶弟。"《延祐四明志》卷六《人物考下》:"端平二年吴叔告榜:楼阓,汶弟。"《光绪鄞县志》卷二十《选举表一》:"端平二年乙未:楼阓,汶弟。"

楼樟　庆元府鄞县人。楼常、楼异族人。登端平二年进士第。事迹无考。

《宝庆四明志》卷十《进士》:"端平二年吴叔告榜:楼樟,常六世孙。"《延祐四明志》卷六《人物考下》:"端平二年吴叔告榜:楼樟,异五世孙。"《光绪鄞县志》卷二十《选举表一》:"端平二年乙未:楼樟,常六世孙。"

臧棐　庆元府鄞县人。臧格从弟。登端平二年进士第。事迹无考。

《宝庆四明志》卷十《进士》:"端平二年吴叔告榜:臧棐,格从弟。"《延祐四明志》卷六《人物考下》:"端平二年吴叔告榜:臧棐,格从弟。"《光绪鄞县志》卷二十《选举表一》:"端平二年乙未:臧棐,格从弟。"

史越翁　庆元府象山县人。登端平二年进士第。事迹无考。

《宝庆四明志》卷十《进士》:"端平二年吴叔告榜:史越翁,师雄从侄孙。"《延祐四明志》卷六《人物考下》:"端平二年吴叔告榜:史越翁,师雄从侄孙。"《万历重修象山县志》卷二《选举表》:"史越翁,端平二年。"注:李之亮《宋两浙路郡守年表》以引《湖州志》称史氏曾为安吉州知州,然查诸《湖州府志》,均不见。

沈一举　庆元府定海县人。登端平二年进士第。事迹无考。

《宝庆四明志》卷十《进士》:"端平二年吴叔告榜:沈一举。"《延祐四明志》卷六《人物考下》:"端平二年吴叔告榜:沈一举。"《嘉靖定海县志》卷四《选举》:"沈一举,端平二年。"

林月卿　台州府宁海县人。登端平二年进士第。官江州刺史。

《弘治赤城新志》卷九《人物一·进士》:"端平二年吴叔告榜:林月卿。"《光绪宁海县志》卷九《选举表·宋·进士》:"端平二年乙未:林月卿,江州刺史。"

舒游之　庆元府奉化县人。端平二年登进士第。官太常少卿。

《光绪奉化县志》卷十九《选举表一》:"端平二年乙未:舒游之,泳之弟,次常少卿。"注:《光绪浙江通志》该榜有"舒浙之",实乃"舒游之"。

赵希偼　字诏我。台州府宁海县人。登端平二年进士第。官提辖左藏库。

《弘治赤城新志》卷九《人物一·进士》:"端平二年吴叔告榜:赵希偼。"《光绪宁海县志》卷九《选举表·宋·进士》:"端平二年乙未:赵希偼,字诏我,希傭弟,提辖左藏。"

赵崇暖　庆元府奉化县人。赵汝柄弟。一说为其从子。登端平二年进士第。官阆州通判。

《宝庆四明志》卷十《进士》:"端平二年吴叔告榜:赵崇暖,汝柄弟。"《延祐四明志》卷六《人物考下》:"端平二年吴叔告榜:赵崇暖,汝柄弟。"《光绪奉化县志》卷十九《选举表一》:"端平二年乙未赵崇暖,吴叔告榜,汝柄从子,阆州通判。"

郑杰　台州府宁海县人。端平二年登进士第。事迹无考。

《弘治赤城新志》卷九《人物一·进士》:"端平二年吴叔告榜:郑杰,宁海人。"《光绪宁海县志》卷九《选举表·宋·进士》:"端平二年乙未:郑杰。"

储国秀　字材文,台州府宁海县人。登端平二年进士第。中第前为乡里先生,从学者达数百人,人称"理所先生"。中第后授知江阴军,侍奉双亲,卒。《光绪宁海县志》卷二十有其《宁海县赋》一文。

清王梓材等《宋元学案补遗》之《别附》卷二《储先生国秀》:"储国秀,字材文,宁海人。端平进士,历知江阴军事,乞侍养亲,殁,哀毁骨立。未第时,从学者数百人,称曰理所先生。"

《光绪宁海县志》卷九《选举表·宋·进士》:"端平二年乙未:储国秀,吴叔告榜。"

陈建　台州府宁海县人。登端平二年进士第。事迹无考。

《光绪宁海县志》卷九《选举表·宋·进士》:"端平二年乙未:陈建。"

应惟嵩 台州府宁海县人。登端平二年进士第。事迹无考。

《光绪宁海县志》卷九《选举表·宋·进士》:"端平二年乙未:应惟嵩。"

刘辉 庆元府象山县人。登端平二年进士第。事迹无考。

《宝庆四明志》卷十《进士》:"端平二年吴叔告榜:刘辉。"《延祐四明志》卷六《人物考下》:"端平二年吴叔告榜:刘辉。"《万历重修象山县志》:"刘辉,端平二年。"

汪之林 庆元府鄞县人。汪之野之兄。登端平二年上舍释褐第。少时即为楼钥所赞,有声誉,据说少年贾似道和其曾有交游,贾母许之。登第后为诸王宫教授、知汀州,后归里,因贫故。

元袁桷《清容居士集》卷三十三《先君子蚤承师友晚固艰贞习益之训传于过庭述师友渊源录》:"汪之林,里人,龙图阁学士大猷族孙。为诸王宫教授,守汀州。晚岁十年不通时相书,逮识楼宣献公,言出处,大致不可易。居同里巷,贫益甚,卒。"

宋陈骙《南宋馆阁续录》卷八《官联二》:"著作郎,……景定以后,汪之林,四年十月以著作佐郎除,十一月知汀州。……秘书郎,景定以后……汪之林,字德仲,习诗赋,庆元人。三年九月除秘书郎,十一月兼沂靖惠王府教授。"

《延祐四明志》卷五《人物考中》:"汪之林,字德仲,尚书大猷之族孙。幼岁见楼宣献公。言行渊懿,善尺牍,见后进,道嘉言善行,洒洒不倦。旧与贾丞相游,贾相少岁时事游狎,其母禁止之,闻与德仲游,不复语。晚守汀州,归里自守,益贫甚以终。"

《宝庆四明志》卷十《进士》:"端平二年吴叔告榜:汪之林,之野兄,上舍。"《延祐四明志》卷六《人物考》下:"端平二年吴叔告榜:汪之林,之野兄,上舍。"《光绪鄞县志》卷二十《选举表一》:"端平二年乙未:汪之林,之野兄,上舍释褐。"

汪之林《宋楼君成父墓志铭》:"友人通直郎汪之林撰。"注:是志撰于宋开庆元年(1259)。

张自明 庆元府慈溪县人。张虑从子。登端平二年上舍释褐第。事迹无考。

《宝庆四明志》卷十《进士》:"端平二年吴叔告榜:张自明,虑从子,上舍。"《延祐四明志》卷六《人物考下》:"端平二年吴叔告榜,张自明。虑从子,上舍。"《光绪慈溪县志》卷十九《选举上·宋》:"端平二年乙未吴叔告榜:张自明，處从子，上舍。"

端平二年乙未（1235）武举朱熠榜

王大用　庆元府鄞县人。登端平二年武举进士第。咸淳时随王虎臣守沙洋，城破，其与王虎臣殉国。

清万斯同等《宋季忠义录》卷九《王虎臣王大用》："王虎臣，咸淳时为统管。十年十月元兵既陷鄂州，遂趋沙洋，荆湖宣抚司命虎臣往救，元人遣俘囚赍黄榜檄文，入城招降，虎臣斩俘，焚其榜。吕文焕亲至城下招之，亦不应。日暮，风大起，元伯颜命顺风掣金汁炮焚其庐舍，烟焰障天，城遂陷。虎臣及守隘官王大用被执不屈死，德祐元年四月赠大用三官、虎臣二官，荫其二子。"

《宝庆四明志》卷十《进士》："端平二年武举朱熠榜：王大用。"《延祐四明志》卷六《人物考下》："端平二年武举朱熠榜：王大用。"《光绪鄞县志》卷二十《选举表一》："端平二年乙未：王大用。"

徐用之　庆元府鄞县人。登端平二年武举进士第。事迹无考。

《宝庆四明志》卷十《进士》："端平二年武举朱熠榜：徐用之。"《延祐四明志》卷六《人物考下》："端平二年武举朱熠榜：徐用之。"《光绪鄞县志》卷二十《选举表一》："端平二年乙未：徐用之。"

何自明　庆元府人。端平二年武举进士第。事迹无考。

《宝庆四明志》卷十《进士》："端平二年武举朱熠榜：何自明。"《延祐四明志》卷六《人物考下》："端平二年武举朱熠榜：何自明。"

嘉熙二年戊戌（1238）周坦榜

贝斗南　庆元府鄞县人。登嘉熙二年进士第。事迹无考。

《宝庆四明志》卷十《进士》："嘉熙二年周坦榜：贝斗南。"《延祐四明志》卷六《人物考下》："嘉熙二年周坦榜：贝斗南。"《光绪鄞县志》卷二十《选举表一》："嘉熙二年周坦榜：贝斗南。"

史本之　庆元府鄞县人。史弥远从子。登嘉熙二年进士第。事迹无考。

《宝庆四明志》卷十《进士》："嘉熙二年周坦榜：史本之。"《延祐四明志》卷六《人物考下》："嘉熙二年周坦榜：史本之。"《光绪鄞县志》卷二十《选举表一》："嘉熙二年戊戌：史本之，弥远从子。"

刘埏　庆元府鄞县人。登嘉熙二年进士第。事迹无考。

《宝庆四明志》卷十《进士》："嘉熙二年周坦榜：刘埏。"《延祐四明志》卷六《人物考下》："嘉熙二年周坦榜：刘埏。"《光绪鄞县志》卷二十《选举表一》："嘉熙二年戊戌：刘埏。"

李淦 庆元府鄞县人，一说奉化县人。李元白从弟。登嘉熙二年进士第。官淮安主簿。

《宝庆四明志》卷十《进士》："嘉熙二年周坦榜：李淦。"《延祐四明志》卷六《人物考下》："嘉熙二年周坦榜：李淦。"《光绪鄞县志》卷二十《选举表一》："嘉熙二年：李淦。"《光绪奉化县志》卷十九《选举表一》："嘉熙二年戊戌：李淦，补，元白从弟。淮安主簿。"

汪之邵 庆元府鄞县人。汪立中侄。登嘉熙二年进士第。淳祐时为迪功郎、吉州庐陵县永和镇酒税兼烟火公事。

《宝庆四明志》卷十《进士》："嘉熙二年周坦榜：汪之邵，立中侄。"《延祐四明志》卷六《人物考下》："嘉熙二年周坦榜：汪之邵，立中侄。"《光绪鄞县志》卷二十《选举表一》："嘉熙二年戊戌：汪之邵，立中从子。"

赵时拯《宋韩氏墓志铭》："迪功郎新差监吉州庐陵县永和镇酒税兼烟火公事汪之邵书讳。"注：是志撰于宋淳祐七年(1247)。

陆采 庆元府鄞县人。陆佃之孙，陆之瑞之弟。登嘉熙二年进士第。事迹无考。

《宝庆四明志》卷十《进士》："嘉熙二年周坦榜：陆采，佃孙，之瑞弟。"《延祐四明志》卷六《人物考下》："嘉熙二年周坦榜：陆采，佃孙，之瑞弟。"《光绪鄞县志》卷二十《选举表一》："嘉熙二年戊戌：陆采。"

陆点 庆元府鄞县人。陆佃玄孙。登嘉熙二年进士第。事迹无考。

《宝庆四明志》卷十《进士》："嘉熙二年周坦榜：陆点，佃元孙。"《延祐四明志》卷六《人物考下》："嘉熙二年周坦榜：陆点，佃元孙。"《光绪鄞县志》卷二十《选举表一》："嘉熙二年戊戌：陆点。"

陆埏 庆元府鄞县人。陆之瑞之孙。登嘉熙二年进士第。事迹无考。

《宝庆四明志》卷十《进士》："嘉熙二年周坦榜：陆埏，之瑞孙。"《延祐四明志》卷六《人物考下》："嘉熙二年周坦榜：陆埏，之瑞孙。"《光绪鄞县志》卷二十《选举表一》："嘉熙二年戊戌：陆埏。"

陆晰甫 庆元府鄞县人。陆佃玄孙。登嘉熙二年进士第。事迹无考。

《宝庆四明志》卷十《进士》："嘉熙二年周坦榜：陆晰甫，佃元孙，銎从叔。"《延祐四明志》卷六《人物考》下："嘉熙二年周坦榜：陆晰甫，佃玄孙。"《光绪鄞县志》卷二十《选举表一》："嘉熙二年戊戌：陆晰甫。"

陆熊 庆元府鄞县人。陆佃玄孙。登嘉熙二年进士第。事迹无考。

《宝庆四明志》卷十《进士》:"嘉熙二年周坦榜:陆能,佃元孙。"《延祐四明志》卷六《人物考下》:"嘉熙二年周坦榜:陆熊,佃玄孙。"《光绪鄞县志》卷二十《选举表一》:"嘉熙二年戊戌:陆熊。"

陆燴　庆元府鄞县人。陆佃玄孙。登嘉熙二年进士第。事迹无考。

《宝庆四明志》卷十《进士》:"嘉熙二年周坦榜:陆燴,佃元孙,游侄孙。"《延祐四明志》卷六《人物考下》:"嘉熙二年周坦榜:陆燴,佃玄孙。"《光绪鄞县志》卷二十《选举表一》:"嘉熙二年戊戌:陆燴。"

陈了翁　庆元府鄞县人。登嘉熙二年进士第。事迹无考。

《宝庆四明志》卷十《进士》:"嘉熙二年周坦榜:陈了翁。"《延祐四明志》卷六《人物考下》:"嘉熙二年周坦榜:陈了翁。"《光绪鄞县志》卷二十《选举表一》:"嘉熙二年戊戌:陈了翁。"

陈大震(1203—1265)　庆元府鄞县人,陈大方之弟。登嘉熙二年进士第。事迹无考。

《宝庆四明志》卷十《进士》:"嘉熙二年周坦榜:陈大震,大方弟。"《延祐四明志》卷六《人物考下》:"嘉熙二年周坦榜:陈大震,大方弟。"《光绪鄞县志》卷二十《选举表一》:"嘉熙二年丁酉:陈大震,大方弟。"

陈策　庆元府鄞县人。登嘉熙二年进士第。事迹无考。

《宝庆四明志》卷十《进士》:"嘉熙二年周坦榜:陈策。"《延祐四明志》卷六《人物考下》:"嘉熙二年周坦榜:陈策。"《光绪鄞县志》卷二十《选举表一》:"嘉熙二年戊戌:陈策。"

林公玉　庆元府鄞县人。登嘉熙二年进士第。淳祐间为迪功郎、长乐令。

《宝庆四明志》卷十《进士》:"嘉熙二年周坦榜:林公玉。"《延祐四明志》卷六《人物考下》:"嘉熙二年周坦榜:林公玉。"《光绪鄞县志》卷二十《选举表一》:"嘉熙二年戊戌:林公玉。"

林公玉《宋汪弋道墓志》:"表叔迪功郎新特差福州长乐县令主管劝农公事林公玉书讳。"注:是志撰于宋淳祐九年(1249)。

林宗称　庆元府鄞县人。林嵩曾孙。登嘉熙二年进士第。事迹无考。

《宝庆四明志》卷十《进士》:"嘉熙二年周坦榜:林宗称,嵩曾孙,间礼子。"《延祐四明志》卷六《人物考下》:"嘉熙二年周坦榜:林宗称,间礼子。"《光绪鄞县志》卷二十《选举表一》:"嘉熙二年戊戌:林宗称,嵩曾孙。"

林爽邦　庆元府鄞县人。林维孝从弟。登嘉熙二年进士第。事迹无考。

《宝庆四明志》卷十《进士》:"嘉熙二年周坦榜:林爽邦,维孝从弟。"《延祐四明志》卷六《人物考下》:"嘉熙二年周坦榜:林爽邦,维孝从弟。"《光绪鄞县志》卷二十《选举表一》:"嘉熙二年戊戌:林爽邦,惟孝从弟。"

林震　庆元府鄞县人。登嘉熙二年进士第。事迹无考。

《宝庆四明志》卷十《进士》:"嘉熙二年周坦榜:林震。"《延祐四明志》卷六《人物考下》:"嘉熙二年周坦榜:林震。"《光绪鄞县志》卷二十《选举表一》:"嘉熙二年戊戌:林震。"

赵希元　庆元府鄞县人,赵师晨之子。登嘉熙二年进士第。事迹无考。

《延祐四明志》卷六《人物考下》:"嘉熙二年周坦榜:赵希元,师晨子。"《光绪鄞县志》卷二十《选举表一》:"嘉熙二年戊戌:赵希元。"

赵希釜　庆元府鄞县人。赵希晨之子,赵希镣、赵希镒弟。登嘉熙二年进士第。事迹无考。

《宝庆四明志》卷十《进士》:"嘉熙二年周坦榜:赵希釜,希晨子,希镣、希镒弟。"《延祐四明志》卷六《人物考下》:"嘉熙二年周坦榜:赵希釜。"《光绪鄞县志》卷二十《选举表一》:"嘉熙二年戊戌:赵希釜,师晨子。"

赵若瀂　庆元府鄞县人。登嘉熙二年进士第。事迹无考。

《宝庆四明志》卷十《进士》:"嘉熙二年周坦榜:赵若瀂。"《延祐四明志》卷六《人物考下》:"嘉熙二年周坦榜:赵若瀂。"《光绪鄞县志》卷二十《选举表一》:"嘉熙二年戊戌:赵若瀂。"

赵崇儋　庆元府鄞县人。登嘉熙二年进士第。事迹无考。

《宝庆四明志》卷十《进士》:"嘉熙二年周坦榜:赵崇儋。"《延祐四明志》卷六《人物考下》:"嘉熙二年周坦榜:赵崇儋。"《光绪鄞县志》卷二十《选举表一》:"嘉熙二年戊戌:赵崇儋。"

黄千之　庆元府鄞县人。登嘉熙二年进士第。事迹无考。

《宝庆四明志》卷十《进士》:"嘉熙二年周坦榜:黄千之,铠侄,演兄。"《延祐四明志》卷六《人物考下》:"嘉熙二年周坦榜:黄千之,铠侄,演兄。"《光绪鄞县志》卷二十《选举表一》:"嘉熙二年戊戌:黄千之。"

黄演　庆元府鄞县人。登嘉熙二年进士第。事迹无考。

《宝庆四明志》卷十《进士》:"嘉熙二年周坦榜:黄演,铠侄,千之弟。"《延祐四明志》卷六《人物考下》:"嘉熙二年周坦榜:黄演,铠侄,千之弟。"《光绪鄞县志》卷二十《选举表一》:"嘉熙二年戊戌:黄演。"

楼条　庆元府鄞县人。楼异五世孙。登嘉熙二年进士第。事迹无考。

《宝庆四明志》卷十《进士》:"嘉熙二年周坦榜:楼条,异五世孙。"《延祐四明志》卷六《人物考下》："嘉熙二年周坦榜：楼条，异五世孙。《光绪鄞县志》卷二十《选举表一》："嘉熙二年戊戌：楼条，异五世孙。"

楼侃　庆元府鄞县人。登嘉熙二年进士第。事迹无考。

《宝庆四明志》卷十《进士》："嘉熙二年周坦榜：楼侃，异五世孙。"《延祐四明志》卷六《人物考下》："嘉熙二年周坦榜：楼侃，异五世孙。"《光绪鄞县志》卷二十《选举表一》："嘉熙二年戊戌：楼侃，异五世孙。"

楼桝　庆元府鄞县人。登嘉熙二年进士第。事迹无考。

《宝庆四明志》卷十《进士》："嘉熙二年周坦榜：楼桝。"《延祐四明志》卷六《人物考下》："嘉熙二年周坦榜：楼桝。"《光绪鄞县志》卷二十《选举表一》："嘉熙二年戊戌：楼桝。"

楼梓　庆元府鄞县人。楼钥侄。登嘉熙二年进士第。事迹无考。

《宝庆四明志》卷一〇《进士》："嘉熙二年周坦榜：楼滓，钥从子。"《延祐四明志》卷六《人物考下》："嘉熙二年周坦榜：楼滓，钥侄。"《光绪鄞县志》卷二十《选举表一》："嘉熙二年戊戌：楼梓，钥从子。"

魏峻　庆元府鄞县人。登嘉熙二年进士第。累迁兵部尚书。

《绍定吴郡志》卷十一《郡守题名》："魏峻，朝散大夫、集英殿修撰，知平江府兼两淮浙西发运副使、节制许浦都统司水军，淳祐四年四月二十六日到任。八月，以经筵彻章转朝请大夫。五年四月，御笔除宝章阁待制，赐带。八月，招籴及数转朝议大夫。十二月，磨勘转中奉大夫。六年，又以招籴转中大夫。三月十三日，御笔除刑部侍郎。"

宋洪咨夔《平斋文集》卷十七《魏峻除太社令杨璪除耤田令制》："敕：具官某等：社耤置令，类以公卿佳子弟处之，鸾停鹄峙于梧竹间，贵其称也。尔峻貂蝉世家，风度凝粹。尔璪笔橐名裔，气禀开敏。或司国社，或掌帝籍，列在容台，培养远器，其益励于学，以对宠荣。可。"

宋洪咨夔《平斋文集》卷十九《太社令魏峻上殿特改宣教郎制》："敕：具官某：朕待天下士靡亲疏之间，日博士有以奏篇可采通金闺之籍者矣。尔气和姿整，将以儒雅，便殿入对，首陈天命人心坚凝之本，其味悠然而长。懿戚大家，好学喜文，良用嘉叹。升之京秩，仍司右社，显融舄奕，懋称厥家。可。"

宋洪咨夔《平斋文集》卷二十《颜颐仲司农寺丞魏峻军器监簿制》："敕：具官某：三代盛时，因井田以制军赋，乃积乃仓，与干戈戚扬非二事也。农寺戎监，故并建属，尔颐仲抱材通敏，治郡可纪，其归以丞治粟之司。尔峻赋姿爽亮，立朝可观，其进以簿储戎之府。太仓武库虽异，厥职农以养兵，兵以卫农,尚于斯有考。可。"

宋洪咨夔《平斋文集》卷二十一《李以制除大理寺丞赵师楷太府寺丞卫洙大理寺簿魏峻太府寺簿制》:"敕:具官某:文帝明习国家事,首以决狱、钱谷为问,仁俭一念之发也,朕此意每于分职授任见之。以制学业粹明,心术平厚,勾稽棘谳惟允,故进之以丞廷尉。洙庄静有守,宽夷无竞,则擢繇司匦,为之簿。师楷宗枝秀颖,吏能通畅,讨论外计盖熟,故来之以丞外府。峻风规娴整,志尚简远,则辍繇储戎,为之簿。狱者生民之司命,财者天下之血脉,朕甚重焉。尔等惟良折狱而不留狱,惟正理财而不伤财,斯副体仁行俭之意。可。"

宋洪咨夔《平斋文集》卷二十三《魏峻除宗正寺簿杨璪太府寺簿赵与爽藉田令制》:"敕:具官某等:梗柟杞梓之材生于邓林,其地美矣,非雨露之养不成。尔峻简而温,雅而文。尔璪茂而通,整而练,尔与爽颖而秀,韶而明,英英世家,翘翘天支。朕皆欲养其材以待用,故进峻簿正于瑶牒,璪继峻簿外府,与爽继璪令帝籍,前辉后暎,其各懋于自献。可。"

宋刘克庄《后村先生大全集》卷六十《魏峻兵部尚书》:"日月积累之法,以待常材;朝夕论思之贤,固宜不次。乃登时彦,以冠夏卿。具官某:秀整而温恭,清通而简重。虽生贵阀,自奋名场,临政无俗吏操切之风,持论有儒者正大之意。书先汉循良之传,奚愧昔人;作元和会计之图,尤通世务。尽瘁版曹之调度,叶心省闼之弥缝。人无间言,朕所属意。矧久仪于囊列,盍遂听于履声。噫!用天之五材,安有去兵之理;掌邦之九伐,属当诘禁之时。益勤简稽,以称宠遇。可。"

《宝庆四明志》卷十《进士》:"嘉熙二年周坦榜:魏峻,通直郎。"《延祐四明志》卷六《人物考下》:"嘉熙二年周坦榜:魏峻,通直郎。"《光绪鄞县志》卷二十《选举表一》:"嘉熙二年戊戌:魏峻。案:宝庆志,官通直郎。"

应文炳 庆元府鄞县人,一说奉化县人。登嘉熙二年进士第。官上元尉。

《宝庆四明志》卷十《进士》:"嘉熙二年周坦榜:应文炳。"《延祐四明志》卷六《人物考下》:"嘉熙二年周坦榜:应文炳。"

《光绪鄞县志》卷二十《选举表一》:"嘉熙二年戊戌:应文炳。案:《嘉靖志》:宝庆二年及是年俱有文炳姓名,而一列于鄞,一列奉化,殊误。"《光绪奉化县志》卷十九《选举表一》:"嘉熙二年戊戌应文炳,周坦榜,上元尉。"

贝良金 庆元府奉化县人。登嘉熙二年进士第。官丹徒知县。

《宝庆四明志》卷十《进士》:"嘉熙二年周坦榜:贝良金。"《延祐四明志》

卷六《人物考下》："嘉熙二年周坦榜:贝良金。"《光绪奉化县志》卷十九《选举表一》："嘉熙二年戊戌:贝良金,丹徒知县。"

袁灏　绍兴府余姚县人。登嘉熙二年进士第。事迹无考。

《宝庆会稽续志》卷六《进士》："嘉熙二年周坦榜:袁灏。"《光绪余姚县志》卷十九《选举表》："嘉熙二年戊戌:袁灏。"

孙嚞　绍兴府余姚县人。登嘉熙二年进士第。官常州太守,宋亡后不仕,隐居四明山,建耕宽堂以自居。

孙嚞喜白居易诗,撰《孙常州摘稿》一书,但已佚。《姚江逸诗》录有其诗《赠汪将军携游白云寺》、《游丹山》二首。

《光绪余姚县志》卷二十三《列传五·宋》："孙嚞,嘉熙二年进士,历官常州守。属吏黄良贵,伉直士也,嚞优礼之,见者多其识大体。宋亡不仕,归四明山中,筑耕宽堂,口不及名谈势语,好白居易诗,辄效其体为之,有《孙常州摘稿》传世。"

《宝庆会稽续志》卷六《进士》："嘉熙二年周坦榜:孙嚞。"《光绪余姚县志》卷十九《选举表》："嘉熙二年戊戌:孙嚞。"

张玘　一作张玘。台州府宁海县人。登嘉熙二年进士第。官浙西宪干,多次上书言天下事,遭斥贬岭南,不久卒。

《光绪宁海县志》卷十《列传》："张玘,字子佩,嘉熙二年进士,历官浙西宪干。伏阙三上书言天下大计,斥死岭表,天下冤之。"《弘治赤城新志》卷九《人物一·进士》："嘉熙二年周坦榜:张玘,宁海人,浙西宪干。"《光绪宁海县志》卷九《选举表》："嘉熙二年戊戌:张玘。"

舒滋　庆元府奉化县人。登嘉熙二年进士第。淳祐时为朝请郎、司农少卿,领江淮茶盐所、江东路转运判官,兼任尚书省提领分司财用,后任大理寺卿。舒滋撰《复置平籴仓奏》一文,见于《景定建康志》卷二十三。

《景定建康志》卷二十三《城阙志四·诸仓》："淳祐省札:朝请郎、试司农少卿、提领江淮茶盐所兼江东路转运判官兼尚书省提领分司财用臣舒滋。"

《光绪奉化县志》卷十九《选举表一》："嘉熙二年戊戌舒滋,浃弟,大理寺卿。"

杨杰　字子章。台州府宁海县人。登嘉熙二年进士第。官国子监丞。

《弘治赤城新志》卷九《人物一·进士》："嘉熙二年周坦榜:杨杰,国子监丞。"《光绪宁海县志》卷九《选举表·宋·进士》："嘉熙二年戊戌:杨杰,周坦榜。"《府志》:字子章,国子监丞。"

杨瑶　一作杨珶。绍兴府余姚县人。杨瑾之弟。登嘉熙二年进士第。

事迹无考。

《宝庆会稽续志》卷六《进士》:"嘉熙二年周坦榜:杨瑶,瑾弟。"《光绪余姚县志》卷十九《选举表》:"嘉熙二年戊戌:杨瑶。"

赵崇淲　庆元府奉化县人。登嘉熙二年进士第,官淮安金判。

《宝庆四明志》卷十《进士》:"嘉熙二年周坦榜:赵崇淲。"《延祐四明志》卷六《人物考下》:"嘉熙二年周坦榜:赵崇淲。"《光绪奉化县志》卷十九《选举表一》:"嘉熙二年戊戌:赵崇淲,淮安金判。"

赵嗣贤　绍兴府余姚县人。登嘉熙二年进士第。事迹无考。

《光绪余姚县志》卷十九《选举表》:"嘉熙二年戊戌:赵嗣贤。"

刘炤　庆元府象山县人。刘遵之孙,刘俣侄,刘炳之弟。登嘉熙二年进士第。事迹无考。

《宝庆四明志》卷十《进士》:"嘉熙二年周坦榜:刘炤,遵孙,俣侄,炳弟。"《延祐四明志》卷六《人物考下》:"嘉熙二年周坦榜:刘炤,遵孙。"《乾隆象山县志》卷四《选举》:"刘炤,嘉熙二年戊戌科周坦榜。"

刘熺　庆元府象山县人。刘遵之孙,刘俣侄,刘炳之弟。登嘉熙二年进士第。事迹无考。

《宝庆四明志》卷十《进士》:"嘉熙二年周坦榜:刘熺,遵孙,俣侄,炳弟。"《延祐四明志》卷六《人物考下》:"嘉熙二年周坦榜:刘熺,遵孙,俣侄,炳弟。"《乾隆象山县志》卷四《选举》:"刘熺,嘉熙二年。"

钱绅　绍兴府余姚县人。钱移哲曾孙,孙大年门人。登嘉熙二年进士第。官庆元府通判,咸淳时为承议郎行在点检所主管文字。

《宝庆会稽续志》卷六《进士》:"嘉熙二年周坦榜:钱绅。"《光绪余姚县志》卷十九《选举表》:"嘉熙二年戊戌:钱绅,移哲曾孙,庆元府通判。"

孙凝等《宋孙大年墓志》:"门人承议郎新差充行在点检所主管文字钱绅填讳。"注:是志撰于宋咸淳四年(1269)。

戴浩　绍兴府余姚县人。戴得一之子。登嘉熙二年进士第。事迹无考。

《宝庆会稽续志》卷六《进士》:"嘉熙二年周坦榜:戴浩,得一子。"《光绪余姚县志》卷十九《选举表》:"嘉熙二年周坦榜:戴浩,得一子。"

湛若《宋故宣教郎左藏戴君墓志铭》:"已而,君与弟铎接踵入太学,弟立中贡于乡,铎既擢壬辰科,而君自舍选,其子浩自乡举为戊戌同年进士。"注:是志撰于宋淳祐九年(1250)。

戴得一　字元道。绍兴府余姚县人。戴浩之父,戴铎之兄。登嘉熙二年进士第。幼年聪敏,从学于楼昉,登第后历任莆阳教授、从政郎,监行在左藏封椿库,后因病致仕,淳祐八年卒。

《宝庆会稽续志》卷六《进士》:"嘉熙二年周坦榜:戴得一,铎兄。"《光绪余姚县志》卷十九《选举表》:"嘉熙二年周坦榜:戴得一,周坦榜,铎兄。"

湛若《宋故宣教郎左藏戴君墓志铭》:"君世为余姚人,盖次公苗裔也。……君幼而敏,诵书能尽卷,不错一字。长乃偕其弟从四明迁斋楼先生游,今参知政事应公实□门友,相厚□□问渊源,浚之深,疏之广矣。已而,君与弟铎接踵入太学,弟立中贡于乡,铎既擢壬辰科,而君自舍选,其子浩自乡举为戊戌同年进士。……自幼阶教授莆阳,……关升从政郎。……秩满,陈公自政府出帅湖湘,欲罗而致之幕下,辞不就,监行在左藏封椿库。俄得疾,遂乞致仕未行,淳祐八年五月辛酉卒于官,年五十九。……君讳得一,字元道。"注:是志撰于宋淳祐九年(1250)。

韩元志　庆元府定海县人。登嘉熙二年进士第。事迹无考。

《嘉靖定海县志》卷四《选举》:"韩元志,嘉熙二年。"

张玘　庆元府慈溪县人。登嘉熙二年进士第。事迹无考。

《宝庆四明志》卷十《进士》:"嘉熙二年周坦榜:张玘,内舍。"《延祐四明志》卷六《人物考下》:"嘉熙二年周坦榜:张玘。"《光绪慈溪县志》卷十九《选举上》:"嘉熙二年周坦榜:张玘,内舍。"

潘㘝　庆元府象山县人。登嘉熙二年进士第。事迹无考。

《乾隆象山县志》卷四《选举》:"潘㘝,嘉熙二年。"

蒋燧　庆元府象山县人。登嘉熙二年特奏名进士第。事迹无考。

《乾隆象山县志》卷四《选举》:"蒋燧,嘉熙二年特奏名。"

章士元　庆元府鄞县人。登嘉熙二年上舍释褐第。开庆间为朝散郎、大理寺少卿、崇政殿说书。贾似道不喜四明士,只好回乡,与高衡孙等结交。

元袁桷《清容居士集》卷三十三《先大夫行述》:"贾相尝曰:'浙东唯温、处士可任事,四明士不宜用。'于时高公衡孙、赵公汝楳以户部侍郎,汪之林以汀州,陆合以军器少监,章士元以太常少卿,赵孟传以赣州,合执政官至守倅凡六十余人,皆家居,月为一集,约讨论先哲言行,不得议时事。"

《宝庆四明志》卷十《进士》:"嘉熙二年周坦榜:章士元,上舍。"《延祐四明志》卷六《人物考》下:"嘉熙二年周坦榜:章士元,上舍。"《光绪鄞县志》卷二十《选举表一》:"嘉熙二年戊戌:章士元,上舍。"

汪之林《宋楼君成父墓志铭》:"朝散郎守大理少卿兼崇政殿说书章士元书。"注:是志撰于宋开庆元年(1259)。

戴埴　字仲培,庆元府鄞县人。登嘉熙二年上舍释褐第。事迹无考。

戴氏著有《鼠璞》一书,有《四明丛书》本。

清王梓材等《宋元学案补遗别附》卷二《戴先生埴》:"戴埴,字仲培,桃源人。著有《鼠璞》一卷、《书中楮券源流》一条,历陈庆元、开禧、嘉定之弊,知其为南宋末人,故《书录解题》著录而《读书志》不著录也。

云濠谨案:《四库提要》称《鼠璞》云:是书皆考证经史疑义及名物典故之异同,持论多为精审。又云其他辩正如谓《诗》序《丝衣》篇引高子灵星之言,知有讲师附益之类,率皆确实有据,足裨后学。其曰《鼠璞》者,盖取周人、宋人同名异物之义,《文献通考》列之小说家失其伦矣。"

《宝庆四明志》卷十《进士》:"嘉熙二年周坦榜:戴埴,上舍。"《延祐四明志》卷六《人物考》下:"嘉熙二年周坦榜:戴埴,上舍。"《光绪鄞县志》卷二十《选举表》:"嘉熙二年戊戌:戴埴,上舍。"

岑全 字全之。绍兴府余姚县人。其以词学登嘉熙二年进士第,初授临安府教授兼诸王府赞读,淳祐年间为太学博士,后进校书郎,又为丞相深恶,出为婺州酒税监,因赈灾事,引疾还乡。平生侍奉母亦特孝。

其撰《秘集录》、《经传考疑》等,均已佚,仅《姚江逸诗》录其诗《贺墅》一首。

《光绪余姚县志》卷二十三《列传五·宋》:"岑全,字全之。嘉熙间两贡于乡荐,试词学擢第。授临安府教授兼诸王府赞读。淳祐初,进太学博士兼宗武二学,旋试秘书省校书郎。尝与边俦轮对,言近日密院所任皆庸鄙,自封不图国计,上为罢右丞相一人。是夏,乞外补,丞相有恶其尝论己者,乃出监婺州酒税。会水溢,上遣使振恤,使者怠缓,全面数之,使者怒,全即引疾。

"归时,母王年八十六,全六十余,晨必冠带,立闾外候,寤乃敢入问安否,夜分必俟寝息始退。初母以嫠居,恒昼夜纺绩,至暮龄或通夕不寐,全亦通夕侍之,人以此称为至孝。著有《秘集录》十二卷、《经传考疑》八卷。"

《光绪余姚县志》卷十九《选举表》:"嘉熙二年戊戌:岑全。"

嘉熙二年戊戌(1238)武举刘必成榜

蒋琚 庆元府鄞县人。登嘉熙二年武举进士第。事迹无考。

《宝庆四明志》卷十《进士》:"嘉熙二年武举刘必成榜:蒋琚。"《延祐四明志》卷六《人物考下》:"嘉熙二年武举刘必成榜:蒋琚。"《光绪鄞县志》卷二十《选举表一》:"嘉熙二年戊戌:蒋琚。"

淳祐元年辛丑(1241)徐俨夫榜

王应麟(1223—1296) 字伯厚,号深宁居士,学者称深宁先生,王㧑子,王应凤兄。登淳祐元年进士第，又举宝祐四年博学宏词科。初授衢州县主簿、监平江百万东仓、扬州教授等职，后入朝廷，丁大全为相时，任太常寺主簿，多论边事，为丁氏斥出。丁氏败亡，汤汉推荐于贾似道，得贾氏赏识，为著作郎、秘书少监，因支持贾似道辞相，为其所忌，以母忧去。贾氏败亡，任中书舍人礼部尚书，上疏言边事，不得朝廷采纳，辞官归乡，入元后杜门不仕，卒于乡。

王应麟
像取自清光绪十六年刻本《王深宁先生年谱》

王应麟著述颇多，有《玉海》、《困学纪闻》、《通鉴地理考》等传世。

元袁桷《清容居士集》卷三十三《先君子早承师友晚固艰贞习益之训传于过庭述师友渊源录》："王先生应麟，兄弟中博学宏词科，为翰林学士、礼部尚书。咸淳诏册辞命，皆先生所作。著书有《春秋考》、《逸诗考》、《古易考》、《通鉴义例考》、《困学纪闻》，《玉海》一百卷，文集一百卷。先子命桷受业门下十年。"

元脱脱等《宋史》卷四百三十八《儒林八》："王应麟，字伯厚，庆元府人。九岁通六经，淳祐元年举进士，从王埜受学。

"调西安主簿，民以年少易视之，输赋后时。应麟白郡守，绳以法，遂立办。诸校欲为乱，知县事翁甫仓皇计不知所出，应麟以礼谕服之。差监平江百万东仓。调浙西提举常平茶盐主管账司，部使者郑霖异待之。……调扬州教授。

"初应麟登第，言曰：'今之事举子业者，沽名誉，得则一切委弃，制度典故漫不省，非国家所望于通儒。'于是闭门发愤，誓以博学宏辞科自见，假馆阁书读之。

"……迁国子录，进武学博士，疏言：'陛下阅理多，愿治久。当事势之艰,舆图蹙于外患,人才乏而民力殚,宜强为善,增修德,无自沮怠;恢弘士气,下情毕达,操纲纪而明委任,谨左右而防壅蔽,求哲人以辅后嗣。'既对,帝问其父名,曰:'尔父以陈善为忠,可谓继美。'

"丁大全欲致应麟,不可得。迁太常寺主簿,……时大全讳言边事,于是应麟罢。未及,大全败,起应麟通判台州。召为太常博士,擢秘书郎,俄兼沂靖惠王府教授。彗星见,应诏极论执政、侍从、台谏之罪,积私财、行公田之害。……时直言者多迕权臣意,故应麟及之。迁著作佐郎。

"度宗即位,摄礼部郎官,草百官表。旧制,请听政,四表已上;一夕入临,宰臣谕旨增撰三表,应麟操笔立就。丞相总护还,辞位表三道;使者立以俟,应麟从容授之。丞相惊服,即授兼礼部郎官、兼直学士院。

"马廷鸾知贡举,诏应麟兼权直,俄兼崇政殿说书。迁著作郎,守军器少监。……迁将作监。……擢兼侍立修注官,升擢直学士院,迁秘书少监兼侍讲。上疏论市舶,不报。

"会贾似道拜平章事,叶梦鼎、江万里各求去,似道亦求去。应麟奏,孝宗朝阙相者亦逾年,帝亟取以谕之。似道闻应麟言,大恶之,语包恢曰:'我去朝士若王伯厚者多矣,但此人素著文学名,不欲使天下谓我弃士。彼盍思少自贬!'恢以告,应麟笑曰:'迕相之患小,负君之罪大。'迁起居舍人,兼权中书舍人。……

"应麟牒阁门直前奏对,谓用人莫先察君子小人。方袖疏待班,台臣亟疏驳之,由是二史直前之制遂废。以秘阁修撰主管崇禧观。久之,起知徽州。其父挈尝守是郡,父老皆曰:'此清白太守子也。'擢豪右,省租赋,民大悦。

"召为秘书监,权中书舍人,力辞,不就。兼国史编修、实录检讨兼侍讲。迁起居郎兼权吏部侍郎,指陈成败逆顺之说,且曰:'国家所恃者大江,襄、樊其喉舌,议不容缓。朝廷方从容如常时,事几一失,岂能自安?'朝臣无以边事言者,帝不怿。似道复谋斥逐,适应麟以母忧去。

"及似道溃师江上,授中书舍人兼直学士院,即引疏陈十事。……因请集诸路勤王之师,有能率先而至者,宜厚赏以作勇敢之气,并力进战,惟能战斯可守。进兼同修国史、实录院同修兼侍读,迁礼部侍郎兼中书舍人。日食,应诏论答天戒五事,陈备御十策,皆不及用。

"寻转尚书兼给事中。左丞相留梦炎用徐囊为御史,擢江西制置使黄万石等,应麟缴奏曰:'囊与梦炎同乡,有私人之嫌;万石粗戾无学,南昌失守,误国罪大。今方欲引以自助,善类为所搏噬者,必携持而去。吴浚贪墨轻燥,岂宜用?况梦炎舛令慢谏,谠言弗敢告,今之卖降者,多其任用之士。'

疏再上，不报。出关俟命，再奏曰：'因危急而紊纪纲，以偏见而咈公议，臣封驳不行，与大臣异论，势不当留。'疏入，又不报，遂东归。

"诏中使谭纯德以翰林学士召，识者以为夺其要路，宠以清秩，非所以待贤者。应麟亦力辞。后二十年卒。

"所著有《深宁集》一百卷、《玉堂类稿》二十三卷、《掖垣类稿》二十二卷、《诗考》五卷、《诗地理考》五卷、《汉艺文志考证》十卷、《通鉴地理考》一百卷、《通鉴地理通释》十六卷、《通鉴答问》四卷、《困学纪闻》二十卷、《蒙训》七十卷、《集解践祚篇》、《补注急救篇》六卷、《补注王会篇》、《小学绀珠》十卷、《玉海》二百卷、《词学指南》四卷、《词学题苑》四十卷、《笔海》四十卷、《姓氏急就篇》六卷、《汉制考》四卷、《六经天文编》六卷、《小学讽咏》四卷。"

宋陈骙《南宋馆阁续录》卷七《官联一》："少监……咸淳以后……王应麟，三年十月四日以将作监兼侍立修注官权直学士院兼崇政殿说书除，兼职依旧，是月升兼侍讲。"

宋陈骙《南宋馆阁续录》卷八《官联二》："著作郎……咸淳以后……王应麟，元年七月以著作佐郎除兼权翰林权直，十二月除军器少监兼职依旧。秘书郎……景定以后……王应麟，字伯厚，开封人，寄居庆元府。治诗赋，辛丑进士，丙辰宏词，五年五月以太学博士除，十二月为著作佐郎。著作佐郎……景定以后……王应麟，五年十二月以秘书郎除，咸淳元年七月为著作郎。"

《延祐四明志》卷四《人物考上》："王先生应麟，字伯厚。年十九登进士第。父㧑性严急，每授题设巍坐，命先生与其弟应凤坐堂下刻烛以俟，少缓，辄叱怒，由是先生为文称敏疾。

"调衢州西安簿，习博学宏词，初，真文忠德秀从傅伯寿为词科，后金华王器之与文忠相后先，源绪精密，先生得其传。宝祐四年就试，既选，迁太常寺主簿，丞相丁大全以会计得幸于上，擅奏拟，台谏承风旨，大全招先生谕意，将拜为御史，先生即上书，言边事方警，重敛必失军民心。大全怒，台疏论先生，遂得补外，通判台州。大全败，一时附和者皆禁锢。先生讫召为太常博士，汤文清公汉为少卿，与先生邻墙居，朝夕讲道，言关洛建上江西之同异，永嘉制度、沙随古《易》，蔡氏图书经纬，西蜀史学，通贯精微，剖析幽渺。汤公作而言曰：'吾阅士良广，惟伯厚甫为真儒。使真文忠在，愿同在弟子列。'会文清耄年，力祈去，遂荐先生于丞相贾似道。

"理宗崩，度宗嗣位，先生为礼部郎，掌丞相笺表。故事，听政御正殿，丞相上四表即允。一夕，百官会临宫中，丞相命省吏致命于临次，曰："嗣君入篡大统,让礼宜加多,愿郎中增多三表。"即临次具以进。丞相护山陵事毕,复命作辞表三通,吏拱立以请,先生复皆授之。丞相大惊,始命入翰林,复掌外制,侍经筵。于是丞相专拜平章,左右相叶梦鼎、江万里皆畏避去,缺相数月,侍从在经筵,唯唯不敢言事。似道且数求去邀上,上懦恐,不知所以。先生言孝宗时亦缺相者逾年,上如先生所言,慰谕之。似道大疑,上语安所从得。后知从经筵所授,深忌之。授右史,直前奏事,相益怒,即斥去,出知徽州。为政仁厚,而先生父亦尝守徽,咸曰:"吾清白太守子也。"刘克壮、汤汉死,众论掌制,以先生、陈合、冯梦得三人为首。冯、陈适以故去,先生守徽方逾年,似道始曰:"非伯厚不可。"召为秘书监。迁吏部侍郎,仍兼中书舍人。先生以忧去。德祐元年,似道溃师,先生复除舍人,兼给事中。于时朱祀孙降江陵,黄万石降江西,丞相留梦炎犹除拜二帅不止。先生疏驳之,并言梦炎,疏入,不报,即引归。

"先生晚岁自号深宁老人,自为志铭,有曰:其仕其止,如偃如图。年七十四,终于家,官至翰林学士、礼部尚书。所著书有《诗考》《诗地理考》《集解践祚篇》《补注急就章》《王会篇》《姓氏急就篇》《通鉴地理考》《地理通释》《汉艺文志考》《汉制考》《蒙训》《困学纪闻》《小学绀珠》,文集八十卷,内外制四十五卷,学者尊之曰深宁先生。"

《宝庆四明志》卷十《进士》:"淳祐元年徐俨夫榜:王应麟,扐子。"《延祐四明志》卷六《人物考下》:"淳祐元年徐俨夫榜:王应麟,扐子。"《光绪鄞县志》卷二十《选举表一》:"淳祐元年:王应麟,扐子。"

注:王应麟研究自明清以来为学界所重视,钱茂伟《王应麟与中国传统学术形态嬗变》(中国社会科学出版社 2011 年版)中《近五十年来王应麟研究的学术史考察》一章研究较全面。

王轰 庆元府鄞县人。王勋曾孙。登淳祐元年进士第。事迹无考。

《宝庆四明志》卷十《进士》:"淳祐元年徐俨夫榜:王轰,勋曾孙。"《延祐四明志》卷六《人物考下》:"淳祐元年徐俨夫榜:王轰,勋曾孙。"《光绪鄞县志》卷二十《选举表一》:"淳祐元年辛丑:王轰,勋曾孙。"

贝斗山 庆元府鄞县人。贝斗南之弟。登淳祐元年进士第。事迹无考。

《宝庆四明志》卷十《进士》:"淳祐元年徐俨夫榜:贝斗山,斗南弟。"《延祐四明志》卷六《人物考下》:"淳祐元年徐俨夫榜:贝斗山,斗南弟。"《光绪鄞县志》卷二十《选举表一》:"淳祐元年辛丑:贝斗山,斗南弟。"

方端 庆元府鄞县人。方季仁之侄。登淳祐元年进士第。事迹无考。

《宝庆四明志》卷十《进士》:"淳祐元年徐俨夫榜:方端,季仁之侄。"《延祐四明志》卷六《人物考下》:"淳祐元年徐俨夫榜:方端,季仁之侄。"《光绪鄞县志》卷二十《选举表一》:"淳祐元年辛丑:方端。"

方震龙 庆元府鄞县人。登淳祐元年进士第。事迹无考。

《宝庆四明志》卷十《进士》:"淳祐元年徐俨夫榜:方震龙。"《延祐四明志》卷六《人物考下》:"淳祐元年徐俨夫榜:方震龙。"《光绪鄞县志》卷二十《选举表一》:"淳祐元年:方震龙。"

史胄之 字子夔,史弥巩之子。曾任扬州参军,咸淳时知严州。

《景定严州续志》卷二《知州题名》:"史胄之,朝请大夫,在任转朝议大夫。咸淳元年十二月初六日到任,二年二月十日去任。"

元脱脱《宋史》卷四百二十三《史弥巩》:"五子,长肯之,终刑部郎官,能之、有之、胄之俱进士。肯之子蒙卿,咸淳元年进士,调江阴军教授,早受业邑川阳恪,为学淹博,著书立言,一以朱熹为法。"

《光绪鄞县志》卷三十《人物传五》:"胄之,字子夔,俱进士。胄之为扬州参军。"《宝庆四明志》卷十《进士》:"淳祐元年徐俨夫榜:史胄之,弥巩子。"《延祐四明志》卷六《人物考下》:"淳祐元年徐俨夫榜:史胄之,弥巩子。"《光绪鄞县志》卷二十《选举表一》:"淳祐元年:史胄之。"

史能之 字子善,庆元府鄞县人,史弥巩之子。登淳祐元年进士第。初授武进县尉,积极巩固江防,一县数千百姓赖以活。嘉熙时知高邮,咸淳时为常州令,政事文学皆为当时人所称赞。

咸淳时史能之修《咸淳毗陵志》,即今常州一带方志。收录于《宋元方志丛刊》。

宋刘克庄《后村先生大全集》卷六十七《史能之贞州分榷倍增转朝奉郎》:"宿师于边,财殚粟竭,朕知筦榷之病民而未能弛也。尔以选往莅其事,所入倍蓰然,未尝有析秋毫之谤,可谓才矣,晋秩外郎,益勉事功。可。"

《宋史》卷四百二十三《史弥巩》:"五子,长肯之,终刑部郎官,能之、有之、胄之俱进士。肯之子蒙卿,咸淳元年进士,调江阴军教授,早受业邑川阳恪,为学淹博,著书立言,一以朱熹为法。"

《光绪鄞县志》卷三十《人物传五》:"弟能之,字子善。淳祐元年进士。初尉武进,廉恪不扰,尝以江警给官舟,活者数千人。县乡弓兵额才数辈,能之稽籍补新濒江十砦,已而寇至,以有备无患。嘉熙中知高邮州军,咸淳二年由太府寺丞知常州,撙节浮费以浚后河,民赖其利,不数月州治清理。重修郡志,网罗见闻,义例精当,当世称其政事文学云。"

《宝庆四明志》卷十《进士》："淳祐元年徐俨夫榜:史能之,弥巩子,出继。"《延祐四明志》卷六《人物考下》:"淳祐元年徐俨夫榜:史能之,弥巩子,出继。"《光绪鄞县志》卷二十《选举表一》:"淳祐元年辛丑:史能之。"

邱达可　一作丘达可。庆元府鄞县人。邱之才之孙,邱复之弟(一说邱复侄)。登淳祐元年进士第。事迹无考。

《宝庆四明志》卷十《进士》："淳祐元年徐俨夫榜:邱达可,之才孙,复侄。"《延祐四明志》卷六《人物考下》:"淳祐元年徐俨夫榜:丘达可,之才之孙,复之弟。"《光绪鄞县志》卷二十《选举表一》:"淳祐元年辛丑:邱达可。"

任节　庆元府鄞县人。登淳祐元年进士第。事迹无考。

《宝庆四明志》卷十《进士》："淳祐元年徐俨夫榜:任节。"《延祐四明志》卷六《人物考下》:"淳祐元年徐俨夫榜:任节。"《光绪鄞县志》卷二十《选举表一》:"淳祐元年辛丑:任节。"

刘拭　庆元府鄞县人,一说奉化县人。刘涛侄孙,刘致一侄。登淳祐元年进士第。事迹无考。

《宝庆四明志》卷十《进士》："淳祐元年徐俨夫榜:刘拭,涛侄孙,致一侄。"《延祐四明志》卷六《人物考下》:"淳祐元年徐俨夫榜:刘拭,涛侄孙,致一侄。"《光绪鄞县志》卷二十《选举表一》:"淳祐元年辛丑:刘拭,致一从子。"《光绪奉化县志》卷十九《选举表一》:"淳祐元年辛丑:刘栻。"

孙洙　庆元府鄞县人。登淳祐元年进士第。事迹无考。

《宝庆四明志》卷十《进士》："淳祐元年徐俨夫榜:孙洙。"《延祐四明志》卷六《人物考下》:"淳祐元年徐俨夫榜:孙洙。"《光绪鄞县志》卷二十《选举表一》:"淳祐元年辛丑:孙洙。"

杨宗卿　庆元府鄞县人。杨琛侄。登淳祐元年进士第。事迹无考。

《宝庆四明志》卷十《进士》："淳祐元年徐俨夫榜:杨宗卿,琛侄。"《延祐四明志》卷六《人物考下》:"淳祐元年徐俨夫榜:杨宗卿,琛侄。"《光绪鄞县志》卷二十《选举表一》:"淳祐元年辛丑:杨宗卿。"

何日新　庆元府鄞县人。何冲侄,何武伯弟,何德新兄。登淳祐元年进士第。事迹无考。

《宝庆四明志》卷十《进士》："淳祐元年徐俨夫榜:何日新,冲侄,武伯弟,德新兄。"《延祐四明志》卷六《人物考下》:"淳祐元年徐俨夫榜:何日新,冲侄,武伯弟,德新兄。"《光绪鄞县志》卷二十《选举表一》:"淳祐元年辛丑:何日新,德新兄。"

张庆祖　庆元府鄞县人,一说奉化县人。张珩侄,一说张珩孙。登淳祐元年进士第。事迹无考。

《宝庆四明志》卷十《进士》："淳祐元年徐俨夫榜：张庆祖，珩侄。"《延祐四明志》卷六《人物考下》："淳祐元年徐俨夫榜：张庆祖，珩孙。"《光绪鄞县志》卷二十《选举表一》："淳祐元年辛丑：张庆祖。"《光绪奉化县志》卷十九《选举表一》："淳祐元年辛丑：张庆祖。"

陆合　字开叔，庆元府鄞县人。陆佃后辈。登淳祐元年进士第。理宗时官至朝议大夫、将作监、国史院编修官、实录院检讨官。因贾似道不喜四明人，在朝四明人皆斥退，陆合和高衡孙等人在乡结社，月谈哲理。

宋陈著《本堂集》卷九十二《江阴教授史君妻陆氏墓志铭》："父合朝议大夫，将作监、国史院编修官、实录院检讨官。"

宋刘克庄《后村大全集》卷六十二《陆合著作郎兼侍左郎官》："馆职儒臣之高选，著作郎又馆职之高选，史笔属焉。非若校雠是正，矻矻于萤雪间而已。尔奏赋明光第一，盛明海内寡二，国人曰贤而不为，彼相所知，居中不容于中，补外复不容于外，其不苟合如此。朕既取妒贤嫉能者投畀有北，则前日难进易退者，其可尚留滞周南哉！莫清于承明之廷，莫要于铨衡之任，命尔叠组，使学士大夫曰是良史也，选人曰是佳吏部郎也，岂不为本朝之重乎！可。"

元袁桷《清容居士集》卷三十三《先大夫行述》："贾相尝曰：'浙东唯温、处士可任事，四明士不宜用。'于时高公衡孙、赵公汝楳以户部侍郎，汪之林以汀州，陆合以军器少监，章士元以太常少卿，赵孟传以赣州，合执政官至守倅凡六十余人，皆家居，月为一集，约讨论先哲言行，不得议时事。"

宋陈骙《南宋馆阁续录》卷七："丞……宝祐以后……陆合，字开叔。辛丑进士，习《诗》，庆元人。五年十月，以诸王宫大小学教授除。"

《宝庆四明志》卷十《进士》："淳祐元年徐俨夫榜：陆合，佃七世孙。"《延祐四明志》卷六《人物考下》："淳祐元年徐俨夫榜：陆合，佃七世孙。"《光绪鄞县志》卷二十《选举表一》："淳祐元年辛丑：陆合。"

陈瑾　庆元府鄞县人。登淳祐元年进士第。事迹无考。

《光绪鄞县志》卷二十《选举表一》："淳祐元年辛丑：陈瑾。"

罗明复　一作罗复明。庆元府慈溪县人。登淳祐元年进士第。事迹无考。

《宝庆四明志》卷十《进士》："淳祐元年徐俨夫榜：罗明复。"《延祐四明志》卷六《人物考下》："淳祐元年徐俨夫榜：罗明复。"《天启慈溪县志》卷六《选举》："理宗淳祐元年：罗复明。"

赵汝棣　庆元府鄞县人。赵汝檀之弟。登淳祐元年进士第。官临安知县。

《咸淳临安志》卷五十一《县令》："临安县，国朝，赵汝棣。"《宝庆四明志》卷十《进士》："淳祐元年徐俨夫榜：赵汝棣，汝檀弟。"《延祐四明志》卷六《人物考下》："淳祐元年徐俨夫榜：赵汝棣，汝檀弟。"《光绪鄞县志》卷二十《选举表一》："淳祐元年辛丑：赵汝棣。"

赵汝檀　庆元府鄞县人。赵汝棣兄。登淳祐元年进士第。事迹无考。

《宝庆四明志》卷十《进士》："淳祐元年徐俨夫榜：赵汝檀。"《延祐四明志》卷六《人物考下》："淳祐元年徐俨夫榜：赵汝檀。"《光绪鄞县志》卷二十《选举表一》："淳祐元年辛丑：赵汝檀。"

赵若璁　庆元府鄞县人。赵时融子，赵时益侄。登淳祐元年进士第。事迹无考。

《宝庆四明志》卷十《进士》："淳祐元年徐俨夫榜：赵若璁，时益侄，时融子。"《延祐四明志》卷六《人物考下》："淳祐元年徐俨夫榜：赵若璁，时融子。《光绪鄞县志》卷二十《选举表一》："淳祐元年辛丑：赵若璁。"

赵琤夫　庆元府鄞县人。登淳祐元年进士第。事迹无考。

《宝庆四明志》卷十《进士》："淳祐元年徐俨夫榜：赵琤夫。"《延祐四明志》卷六《人物考下》："淳祐元年徐俨夫榜：赵琤夫。"《光绪鄞县志》卷二十《选举表一》："淳祐元年辛丑：赵琤夫。"

蒋觐　庆元府奉化县人。蒋璇曾孙，蒋绅子。登淳祐元年进士第。事迹无考。

《宝庆四明志》卷十《进士》："淳祐元年徐俨夫榜：蒋觐，璇曾孙，绅子。"《延祐四明志》卷六《人物考下》："淳祐元年徐俨夫榜：蒋觐，绅子。"《光绪奉化县志》卷二十《选举表一》："淳祐元年辛丑：蒋觐，璇曾孙。"

舒梦　庆元府鄞县人。登淳祐元年进士第。事迹无考。

《光绪鄞县志》卷二十《选举表一》："淳祐元年辛丑：舒梦。"

潘泉　庆元府鄞县人。登淳祐元年进士第。事迹无考。

《宝庆四明志》卷十《进士》："淳祐元年徐俨夫榜：潘泉。"《延祐四明志》卷六《人物考下》："淳祐元年徐俨夫榜：潘泉。"《光绪鄞县志》卷二十《选举表一》："淳祐元年辛丑：潘泉。"

戴进之　庆元府鄞县人。戴集子，戴埚、戴埴从叔。登淳祐元年进士第。事迹无考。

《宝庆四明志》卷十《进士》："淳祐元年徐俨夫榜：戴进之，集子，埚、埴从叔。"《延祐四明志》卷六《人物考下》："淳祐元年徐俨夫榜：戴进之，集之子，埙、埴之从叔。"《光绪鄞县志》卷二十《选举表一》："淳祐元年辛丑：戴进之。"

沈忞　庆元府鄞县人。登淳祐元年进士第。事迹无考。

《光绪鄞县志》卷二十《选举表一》："淳祐元年辛丑：沈忞。"

王汉英　字彦古，庆元府奉化县人。少年师从楼昉，与郑清之等人有结交。登淳祐元年进士第，官国子学录。其品行高洁，娶病妻徐氏，妻子死后，终身不蓄养婢女，受人弥道。

清王梓材等《宋元学案补遗》卷七十三《国录王先生汉英》："王汉英，字彦古，奉化人。受业楼迂斋，文行不凡。时郑丞相、应学士皆乐与之友。登淳祐元年进士第。魁梧爽朗，朝列伟之。少聘徐氏女，因鼻病腐以貌，自誓不嫁，父母辞曰：'公盛年高科，不患无良配，不敢以辱公。'先生曰：'女有疾，非汉英谁适。'既嫁，相敬如宾。后为国录，妻没，终身不蓄婢。"

《宝庆四明志》卷十《进士》："淳祐元年徐俨夫榜：王汉英。"《延祐四明志》卷六《人物考下》："淳祐元年徐俨夫榜：王汉英。"《光绪奉化县志》卷十九《选举表一》："淳祐元年辛丑：王汉英。"

李起潜　台州府宁海县人。登淳祐元年进士第。事迹无考。

《弘治赤城新志》卷九《人物一·进士》："淳祐元年徐俨夫榜：李起潜，宁海人。"《光绪宁海县志》卷九《选举表》："淳祐元年辛丑：李起潜，深甽人。"

汪元春　字景新，庆元府奉化县人。少年时从学余正君和王贯道，乃诸弟子中之佼佼者。登淳祐元年进士第。初授上虞尉，有政绩，后擢提领户部犒赏所检察官等职，宝祐时为钱塘令，断狱甚平，蠲免逋债，其后在宁国等地任上，政声颇著。官终知兴化军，到任数月，兴修水利，压抑豪强，卒于任上，百姓夹道哭送，黄震将其事和司马光并举。汪元春有《礼记订义序》，见《光绪奉化县志》卷三十四。

宋黄震《黄氏日抄》卷九十六《知兴化军宫讲宗博汪公行状》："咸淳二年秋，福建路安抚司使、兵部侍郎吴公革，与转运使尚书吴公坚、提点刑狱□刘公震孙，同以故知兴化军汪公得人心之事□。时惊传以为异。盖公以是年四月二日领郡□。以病卒于郡。为郡才六十日，而郡之人爱之过于感百年渗漉之恩，甫病而户户为之祷，甫卒而军民无所泄其痛，一夕群起碎其医之家。卒甫三日，而众为之立庙已屹若化成。郡之寓公自后村刘公克庄以八十余大老与凡名流达官及郡之人士以千百计，无一不为文以哭，郡之民罢市巷哭，极而至山崖海角，携老扶幼、焚香诵佛以报德者日填咽城阃，亦无不失声大哭。及公灵辀之归，士之路祭者尚六七百人，细民书哀痛之词于帛拥送,哭不绝声者百数十里。他时生太守得诏趋朝,声焰赫奕,献旗帐道旁以希赏者反不若是之多也。于是一时既惊传以为异,又或从而疑焉,曰:'有是哉,何以得人心如此之速哉?'未几,则闻公灵輀之方归也,众哀其贫、助之费,其弟与子相持而泣曰:'吾兄、吾父廉生死矣,死可反货取以污之乎?'辞不受,众义之,且不忍复取其已助之金也,则以之入郡学,刻凡所哭公之文,如祭诔、如哀辞、如輓章,杂著成二巨编,名之曰《遗爱录》。其文往往流传入京师.士无贤不肖皆惊传之以为异,且或以为疑者,始皆咨嗟叹息,以为至诚之未有不动,古道果未尝不可复行于今,而谓感应之机捷于桴鼓者,果非虚语。余时官中都,闻之亦为泣下,非以其私,为公泣也,为人心之良易感如此,而流俗反厚诬人心谓不可复待以君子长者之道,因公之事,不觉重为之呜咽流涕,而百感生也。嘻!几无以致余此非恨矣。太学应君浩然,公平生交也,忽一日过余而谋曰:'公葬有日矣,将属子状其行,以求铭当世大手笔。而公性谦退不伐善,凡历任善政未尝为人言,虽子弟莫能知其详,当若何为状?'余曰:'昔叶水心述黄子由父鼎瑞之行,以鼎瑞晚年得官,而仕不尽其能,莫可状也,则举其教子由以忠,与上尝问其动息事,曰是则述之大者,以首于状可也。今公之政虽不得尽闻,然其死之日得人心如此,其为可述则大矣。公生好水心文,死用其例,表其事以首于状,亦无不可也。'

"公讳元春,字景新,庆元府奉化县双溪人,世为望族。有霍丘县主簿汝宁者,其高祖也。汝宁生偲,不仕。偲生珪,亦不仕。珪生文简,是为公父,以公贵封承务郎,累赠朝散郎。母戴氏,赠安人。

"公少颖悟好学,受诗于太学余先生正君及宗学谕王先生贯道。二先生四明诗学渊源所自,从之游者常余百人,公独每为称首。嘉熙四年庚子,本府荐公第一人,明年登进士第,调绍兴府上虞县尉,以廉直闻。提点浙东刑狱赵公性之檄公入幕,事多倚决。朝散卒,以忧去官。服阕,调扬州司理参军,未行。浙东提举茶盐司议置盐仓定海,而经始难其人,佥谓请从事浙东者莫公若也,辟公盐官。公至,一新廒宇,民不知役而事速办。凡所立出内,去后人皆可遵守,然犹曰:'此等岂我辈事也?'甫补足前任考即去之。以选辟沿海制置司准备差遣,又以选改辟浙东提举常平司准备差遣,俄又以选改辟提领户部犒赏所检察官。自是声闻日高,中朝士大夫皆有引使自近之意矣。犒赏属畿漕,公在幕裨民政为多。所管酒库余六十所,月有酒馈,独公不纳。宝祐三年春,以考举改宣教郎,淮东制置使丘公岳辟公乌公宰,会裕斋马公光祖尹京,亟请于朝,易以宰钱塘。钱塘所谓赤县也,旧多阉臣,挟内庭修造称科率,吏因挟之以扰民,民讼率不时决,明曰:'将于是乎应科率也。'令亦太息不敢言。公至，独慨然首为申免科率，而讼至立断，吏不得售其奸，多散去。昼静帘垂，焚香对圣贤而已。僧有讼百姓负长生库息者，公谕明日偕头首僧以库簿来，来则阅其簿，示之曰：'然则取息已多，汝僧自号脱离生死，视世上为昨梦空华，何必乃尔？汝僧自有忏罪法令，今为汝焚此簿，汝幸行道诵经赞献之，助汝成一善因缘。'僧不知所对，即下阶行诵如公戒，而凡隶于簿者皆得免，不但被诉者一人也。凡其用柔以理，不动声色类如此，而有刚不可回者焉。县附京，凡在街郭者用坊正，吏自以其私人直达文书，外此则尽用里正如他邑，一旦富民惮充役之难，而吏亦幸文书之便，合谋自天府尽改为坊正。公遍诣台省力争，谓果改则县不可复为，乡民亦将受无穷之扰。庙堂是公言，得不改。公因为之排里正一新，至今县厅立石记其事。马公虽吏师，而狱事有不可，公每力争，马公亦屈服。

"四年十一月，以政绩擢提举行在杂卖场。时有武弁朱熠者，嬖倖也，与其后尝切弄相柄、通国以俚语目之曰丁风者，同时辱台察，亦知慕公名，皆荐公自代。公丑之，不谢，亦竟不往谒。熠遂转前日之慕为怨，劾公去国，实五年丁巳六月也。明年，添差通判台州。时右司麋公莘守台，廉介而惠，公故人也。台适旱歉，麋公极意赈恤，公援南丰为倅赈荒自比，借常平米先尽数赈粜，而麋公募富民粜广米续填，台以故虽旱而不饥。提点刑狱何梦祥亦自诡知公，檄公决狱，公为剖决一清。盐商有姓陈者，与都司何子举凤有憾，梦祥观望，欲置之重辟，公争不可。梦祥逮至宪司，破其家，死者六人，众冤之，而叹公之不可屈。明年，改元开庆，十一月丁母忧。

"景定三年，再添差通判宁国府，与守多议不合，惟诸司差决无虚日，常得尽心以救民。且尝告仓司四弊：一曰专人骚扰之弊。谓所至携狱具罗织，视货多寡为拘纵。近到县狱，见一二推款皆贯索，专卒随之出入狱户，此不可以不革也。……三曰狱讼不决之弊。民间久不得直于官，乃意自求胜于刀斧，此不可以不革也。四曰预借重催白纳之弊。官赋之入愈亏，下户之害益迫，此不可不革也。明年，除武学谕。是冬迁博士。五年三月轮对，谓：'端平柄臣不知扶弱而图骤兴，三京之只轮莫归，百年之储积顿竭。戊巳狂奸苛刻转毒，中外之怀怨滋甚。浒黄之偷渡突如。是先戕国脉，而国势随之。今欲转弱为强，惟在遴选牧守。东南半壁，能几州郡？憔悴之余，能几生灵？岂堪戕贼之无艺耶！'十月，除诸王宫大小学教授。咸淳元年五月轮对，时今上新御路朝，公言：'先皇帝四十余年忧勤，仅收一战之功，遗大投艰，正在今日。愿思天命之难谌，愿思人心之难保，愿思直言之难能，愿思财计之难裕，愿思纲纪之难正，愿法艺祖以共济艰难。'又援真宗之蠲免逋欠，乞宽民力。六月，除宗学博士。

"十二月，丐外，差知兴化军。公在宗学凡二年，整规矩，严课试，诸生畏服。又考核财用之出入，知前此为吏所干没者十余万缗，至是不得欺，财用沛然，以修先圣殿及讲堂如新造。其在兴化，妻妾不之官，惟一弟一子侍。旧例免囊山寺岁输，留以充迎新，公至不入寺。旧有例册，皆于赤历外取赢以自丰，公至却例册。旧例，官买物与市异价，公至不许官买。惟蔬饭一盂，终日坐厅事，事至即面问而立决之，其政以教为先，有乖叔侄之分、暌夫妇之义来者，皆化以天理人彝之正。有百姓为势家夺渔利者，久不敢讼，闻公可告，告之，立得还。有为挟势攘其田者，讼四年不得直，公为直于片言之下。有挟亲戚势侵人田四十亩者，其人方诣戟门外欲诉，挟势者已追及，就归之曰："毋使公知也。"其他不可枚举，而其大要皆本于至忧恻怛以行之，故强与弱、胜与负若皆心慊焉。郡有西陂久废，公至半月而修复如旧。其他有可为久长利者，方次第搜举，人方欣若更生，而天已夺之遽。此所以千里之内群起相哭，真如赤子之失慈母也。公英爽不群，刚正而能济之以和。少刻苦自立，终身无所附丽，而人有片善寸长，推毂恐后。为人谋尽忠，而委曲缱绻有情味，故时誉多归之。公尝暇日从容谓余曰："为人如流水，但务平平，偶遇湍激，为奇为变，亦惟行其所自然。"呜呼！此公平生心事也，岂期有为卓绝过人之事哉！及其死而得人心，乃不惟今之人无之，虽古之人亦无之。盖为相数月而薨，举四方之内哭之者，古今惟一司马公；为郡两月而卒，举千里之内哭之者，古今唯一汪公。位不同而事同，皆发于人心之天，而不可强者，此非卓绝过人之事而何？岂由大中至正而行者，其效自有不可及耶？呜呼！向使司马公而不遇，亦不过乡曲一常人耳，此岂可以声音笑貌为哉！

"公生于嘉定元年戊辰九月八日，得年五十九。娶刘氏，知某州某之女。子二人：长性存，太学生；次某，将授遗泽。女一人，嫁邵森，将仕郎。汪虽双溪贵族，而公独贫，至于无家，游学外方，授书养亲，备历艰难，以至入仕。凡三任于越，因寓居于越。其孤将以咸淳四年七月某日就葬于越之某县某乡某原。呜呼！魄体归地，虽赢、博之间可也。魂气无所不之，则庙食将百世于莆，惟公为有之，岂不盛哉！震于公里下士也，亦登宗谕王先生之门，而公先一行不同时，仅识面耳。公既达，宗谕亦下世。震以介僻，例不投人刺，别二十年不相闻。丙辰省试，偶公为考官，批震卷独褒，往谢之，省忆其为同门晚出也，甚欢。自是与往来，每以出处大致相勉励。公之出守兴化，送别浙江亭上，语震以得朝廷科借零会即行，将藉以兑便流通一郡钱楮，且将减官盐价以收零会，使常不出郡境。其所预计者仅此耳，余事临期未前知也。呜呼！公之言犹隐隐于震之耳，讵料一别，遂至于泣视《遗爱录》耶？震与应君共辑公遗事而未多得，因并及其交际之私。盖其言亦有可录者，不忍弃也。虽然，公之大者不特此也，岂无太史氏特书大书，为千万世牧民者劝耶？咸淳四年六月日，门生文林郎、史馆检阅黄震状。”

《宝庆四明志》卷十《进士》：“淳祐元年徐俨夫榜：汪元春。”《延祐四明志》卷六《人物考下》：“淳祐元年徐俨夫榜：汪元春。”《光绪奉化县志》卷十九《选举表一》：“淳祐元年辛丑：汪元春。”

周梦李　庆元府慈溪县人。登淳祐元年进士第。官旌德县尉。

《永乐大典》卷二千五百四十有引《宋周梦李集》一书文字若干，孔凡礼《孔凡礼文存》中有考证。

《乾隆旌德县志》卷六《职官表》：“宋，县尉，淳祐八年，周梦李，迪功郎。”《宝庆四明志》卷十《进士》：“淳祐元年徐俨夫榜：周梦李，常曾孙。”《延祐四明志》卷六《人物考下》：“淳祐元年徐俨夫榜：周梦李，常之曾孙。”《天启慈溪县志》卷四《选举》：“理宗淳祐元年：周梦李。”

陈德载　字宏祖。台州府宁海县人。登淳祐元年进士第。官翰林院侍讲。

《弘治赤城新志》卷九《人物一·进士》：“淳祐元年徐俨夫榜：陈德载，宁海人。”《光绪宁海县志》卷九《选举表·宋·进士》：“淳祐元年徐俨夫榜：陈德载，徐俨夫榜。《府志》：字宏祖，同治稿：浮溪人，翰林院侍讲。”

陈膺祖　绍兴府余姚县人。登淳祐元年进士第。事迹无考。

《宝庆会稽续志》卷六《进士》：“淳祐元年辛丑徐俨夫榜：陈膺祖。”《光绪余姚县志》卷十九《选举表》：“淳祐元年辛丑：陈膺祖，徐俨夫榜。”

张自强　庆元府慈溪县人。张虑侄，张自明之弟。登淳祐元年进士第。事迹无考。

《宝庆四明志》卷十《进士》：“淳祐元年徐俨夫榜：张自强，虑从子，自明弟。”《延祐四明志》卷六《人物考下》：“淳祐元年徐俨夫榜：张自强，虑从子，自明之弟。”《天启慈溪县志》卷六《选举》：“淳祐元年：张自强。”

张自东　庆元府慈溪县人。张济侄孙，一作张齐侄孙。登淳祐元年进士第。事迹无考。

《宝庆四明志》卷十《进士》：“淳祐元年徐俨夫榜：张自东，济侄孙。”《延祐四明志》卷六《人物考下》：“淳祐元年徐俨夫榜：张自东，齐之侄孙。”《天启慈溪县志》卷六《选举》：“淳祐元年淳祐元年：张自东。”

冯平国　绍兴府余姚县人。登淳祐元年进士第。事迹无考。

《宝庆会稽续志》卷六《进士》："淳祐元年辛丑徐俨夫榜：冯平国。"《光绪余姚县志》卷十九《选举表》："淳祐元年辛丑：冯平国。"

杨珏 台州府宁海县人。登淳祐元年进士第。事迹无考。

《弘治赤城新志》卷九《人物一·进士》："淳祐元年徐俨夫榜：杨珏。"《光绪宁海县志》卷九《选举表·宋·进士》："淳祐元年辛丑杨珏，爵里未详。"

赵与达 字尚贤，台州府宁海县人。登淳祐元年进士第。事迹无考。

《光绪宁海县志》卷九《选举表·宋·进士》："淳祐元年辛丑：赵与达，旧志：希望子，字尚贤。"

赵希年 绍兴府余姚县人。登淳祐元年进士第。事迹无考。

《光绪余姚县志》卷十九《选举表》："淳祐元年辛丑：赵希年。"

赵与棨 绍兴府余姚县人。登淳祐元年进士第。事迹无考。

《光绪余姚县志》卷十九《选举表》："淳祐元年辛丑：赵与棨。"

郑熙载 字宅之。绍兴府余姚县人。登淳祐元年进士第。淳祐间会稽校官。其文收于《赣石录》卷一，载于《石刻史料新编》。

宋郑熙载《龙虎岩题记》："淳祐戊申莫春上浣，校官会稽郑熙载宅之。"

《宝庆会稽续志》卷六《进士》："淳祐元年辛丑徐俨夫榜：郑熙载。"《光绪余姚县志》卷十九《选举表》："淳祐元年辛丑：郑熙载。"

罗信夫 绍兴府余姚县人。登淳祐元年进士。事迹无考。

《光绪余姚县志》卷十九《选举表》："淳祐元年辛丑：罗信夫。"

罗叔晟 一作罗叔盛。庆元府慈溪县人。登淳祐元年进士第。事迹无考。

《宝庆四明志》卷十《进士》："淳祐元年徐俨夫榜：罗叔晟。"《延祐四明志》卷六《人物考下》："淳祐元年徐俨夫榜：罗叔晟。"《天启慈溪县志》卷六《选举》："淳祐元年：罗叔晟。"

王真锡 庆元府鄞县人。王明发从孙。登淳祐元年上舍释褐第。淳祐时官迪功郎、汉阳军军学教授。

《宝庆四明志》卷十《进士》："淳祐元年徐俨夫榜：王真锡，上舍，明发从孙。"《延祐四明志》卷六《人物考》下："淳祐元年徐俨夫榜：王真锡，上舍，明发从孙。"《光绪鄞县志》卷二十《选举表一》："淳祐元年辛丑：王真锡，明发从孙，上舍。"

王谊孙《宋王规墓志》："忝眷迪功郎汉阳军军学教授王真锡书讳。"注：是志撰于宋淳祐六年（1246）。

王履正 庆元府鄞县人。登淳祐元年上舍释褐第。事迹无考。

《宝庆四明志》卷十《进士》："淳祐元年徐俨夫榜：王履正，上舍。"《延祐四明志》卷六《人物考》下："淳祐元年徐俨夫榜：王履正，上舍。"《光绪鄞县志》卷二十《选举表一》："淳祐元年辛丑：王履正，上舍。"

蒋兴永　庆元府鄞县人。蒋绰之子。登淳祐元年上舍释褐第。事迹无考。

《宝庆四明志》卷十《进士》："淳祐元年徐俨夫榜：蒋兴永，内舍，绰子。"《延祐四明志》卷六《人物考下》："淳祐元年徐俨夫榜：蒋兴永，内舍，平叔绰子。"《光绪鄞县志》卷二十《选举表一》："淳祐元年辛丑：蒋兴永，内舍。"

淳祐四年（1244）留梦炎榜

卢垚　庆元府鄞县人。登淳祐四年进士第。事迹无考。

《宝庆四明志》卷十《进士》："淳祐四年留梦炎榜：卢垚。"《延祐四明志》卷六《人物考下》："淳祐四年留梦炎榜：卢垚。"《光绪鄞县志》卷二十《选举表一》："淳祐四年甲辰：卢垚。"

安刘　字景周，又字子阳，庆元府鄞县人。登淳祐四年进士第。其家居鄞江，钻研《诗》学颇深，登第后初授柳州教授，又得贾似道赏识，三任秘书郎官、丞，然终未大用。

宋周密《癸辛杂识》之别集卷上《安刘》："安刘字景周，一字子阳，四明人。嘉熙丁亥，太学解试魁，戊戌周榜，初任柳州教授。及瓜惮行，使人以身代往，既而其人卒于官，郡以实言，久之乃往。归投贾于维扬，为作委曲，使言者拈出而加以遣罚，于是死灰复然。自是寝加朝武，出守括苍，末得入馆，丞秘省，得宜春以出，旋又劾去。未几，郡亦不守矣。安素与同郡孙愿质，孙无恙时，常祝其族子中以不合远之，命更一子，殂，出子乃复谋归。安患之，未有以绝其来。其人仕至信州李曹，会农寺有逋券四千缗，正在秋厅，安以为奇货，嘱承吏使迫之，自投于井而死。时弁涤为卿，张汝诰为丞，以此并免。未几，弁、张皆殂。"

宋刘克庄《后村大全集》卷六十三《秘书丞安刘太常簿戴良齐为思正上遗表各转一官》："朕简求名儒，辅导近属。尔刘、尔良齐与焉。每于讲说，有所规益，比览宗老拖绅之奏，深念旧府执经之僚，遗言甚悲，故典具在，其迁华秩，以奖前劳。可。"

宋陈骙《南宋馆阁续录》卷七《官联一》："丞……景定以后……安刘，字景周，贯庆元府，甲辰进士。元年六月以太府寺丞除，二年三月除淮南东路转运判官。"

元袁桷《清容居士集》卷三十三《先君子早承师友晚固艰贞习益之训传于过庭述师友渊源录》:"安刘,汴人。居鄞之小溪。以《诗》义冠多士,善清言。三历秘丞郎官,素为贾相客。安以科目自持,卒不得显用。"

清黄宗羲《宋元学案》卷七六《吏部安先生刘》:"安刘,汴人,居鄞之小溪。以《诗》义冠多士,善清言,三历秘丞郎官,素为贾相客。安以科目自持,卒不得显用。按:先生官至吏部,其《诗》学得庆源辅氏之传。"

《宝庆四明志》卷十《进士》:"淳祐四年留梦炎榜:安刘。"《延祐四明志》卷六《人物考下》:"淳祐四年留梦炎榜:安刘。"《光绪鄞县志》卷二十《选举一》:"淳祐四年:安刘。"

孙梦发　庆元府鄞县人。孙洙侄。登淳祐四年进士第。事迹无考。

《宝庆四明志》卷十《进士》:"淳祐四年留梦炎榜:孙梦发,洙侄。"《延祐四明志》卷六《人物考下》:"淳祐四年留梦炎榜:孙梦发,洙侄。"《光绪鄞县志》卷二十《选举表一》:"淳祐四年留梦炎榜:孙梦发,洙从子。"

张正国　庆元府鄞县人。登淳祐四年进士第。事迹无考。

《宝庆四明志》卷十《进士》:"淳祐四年留梦炎榜:张正国。"《延祐四明志》卷六《人物考下》:"淳祐四年留梦炎榜:张正国。"《光绪鄞县志》卷二十《选举表一》:"淳祐四年甲辰:张正国。"

张钦　庆元府鄞县人,一说奉化县人。登淳祐四年进士第,亦说为特奏名进士。事迹无考。

《宝庆四明志》卷十《进士》:"淳祐四年留梦炎榜:张钦。《延祐四明志》卷六《人物考下》:"淳祐四年留梦炎榜:张钦。"《光绪鄞县志》卷二十《选举表一》:"淳祐四年甲辰:张钦。"《光绪奉化县志》卷十九《选举表一》:"淳祐四年甲辰:张钦,特奏名。"

赵汝枣　庆元府鄞县人。登淳祐四年进士第。事迹无考。

《宝庆四明志》卷十《进士》:"淳祐四年留梦炎榜:赵汝枣。"《延祐四明志》卷六《人物考下》:"淳祐四年留梦炎榜:赵汝枣。"《光绪鄞县志》卷二十《选举表一》:"淳祐四年甲辰:赵汝枣。"

赵希愃　庆元府鄞县人。登淳祐四年进士第。事迹无考。

《宝庆四明志》卷十《进士》:"淳祐四年留梦炎榜:赵希愃。"《延祐四明志》卷六《人物考下》:"淳祐四年留梦炎榜:赵希愃。"《光绪鄞县志》卷二十《选举表一》:"淳祐四年甲辰:赵希愃。"

俞舜申　庆元府鄞县人。登淳祐四年进士第。咸淳时为建康府同知。《俞家山志》载其文集三十卷,但今未见,仅存《源流一览记》。

俞舜申《源流一览记》："时在咸淳六年五月端阳日吉旦赐进士出身任建康府同知十世孙舜申题。"

《宝庆四明志》卷十《进士》："淳祐四年留梦炎榜：俞舜申。"《延祐四明志》卷六《人物考下》："淳祐四年留梦炎榜：俞舜申。"《光绪鄞县志》卷二十《选举表一》："淳祐四年甲辰：俞舜申。"

萧文会　庆元府鄞县人。萧垚之弟。登淳祐四年进士第。事迹无考。

《宝庆四明志》卷十《进士》："淳祐四年留梦炎榜：萧文会，尧弟。"《延祐四明志》卷六《人物考下》："淳祐四年留梦炎榜：萧文会，尧之弟。"《光绪鄞县志》卷二十《选举表一》："淳祐四年甲辰：萧文会，尧弟。"

黄应春　庆元府鄞县人。登淳祐四年进士第。官宗正寺主簿、宗学博士。

宋刘克庄《后村大全集》卷六十七《黄应春除宗正寺簿制》："麟寺名掌属籍，实以纂述瑶编为职，地清天近，非名流不轻授。尔经明而行修，年高而德邵，《书》所谓耆德、《语》所谓先进、《诗》所谓典刑人也。繇博士赞司宗，一代大典，皆与讨论焉。尔既兼史官学识之长，朕非责俗吏簿书之务。可。"

宋刘克庄《后村大全集》卷六十九《黄应春除宗学博士制》："我朝学制大备，中兴仅创太、武学而宗庠犹未之及。先皇慨然经始，壹如承平盛时，英才彬彬辈出，与寒畯等，其师氏之选尤遴。尔齿发之宿，德义之尊，可以辅导朱邸而作成青衿矣。"

宋刘克庄《后村大全集》卷七十一《秘书郎王世杰宗学博士黄应春为周汉国公主遗表各转一官》："朕乃者馆甥，为之择友。尔世杰文律高古，尔应春诗学博士。于是烦耆寿隽，傅佳公子，凡闺门雍睦，琴瑟静好者，亦尔辅导之功。曾谓秾华，遽至奄忽。遗奏来上，怆然予怀。加恩府僚，各迁一秩，以昭朕厚伦崇儒之意。可。"

《宝庆四明志》卷十《进士》："淳祐四年留梦炎榜：黄应春。戊戌特科，甲辰正奏。"《延祐四明志》卷六《人物考下》："淳祐四年留梦炎榜：黄应春。戊戌特科，甲辰正奏。"《光绪鄞县志》卷二十《选举表一》："淳祐四年甲辰：黄应春。"

任西之　绍兴府余姚县人。登淳祐四年进士第。事迹无考。

《宝庆会稽续志》卷六《进士》："淳祐四年甲辰留梦炎榜：任西之。"《光绪余姚县志》卷十九《选举表》："淳祐四年甲辰：任西之。"

李以益　李元白之子，庆元府奉化县人。官赣州教授。

清黄宗羲《宋元学案》卷七十六《博士李三江先生元白》："先生子以称、

以制、以益,从弟□伯诲、伯森,皆踵世科,而以称与先生同登第,时人传为佳话。"

《宝庆四明志》卷十《进士》:"淳祐四年留梦炎榜:李以益,元白子,以称、以制弟。"《延祐四明志》卷六《人物考下》:"淳祐四年留梦炎榜:李以益,元白子,以称、以制弟。"《光绪奉化县志》卷十九《选举表一》:"淳祐四年甲辰:李以益,元白子,赣州教授。"

余东　庆元府慈溪县人。俞元弻侄孙。登淳祐四年进士第。事迹无考。

《宝庆四明志》卷十《进士》:"淳祐四年留梦炎榜:余东,元弻侄孙。"《延祐四明志》卷六《人物考下》:"淳祐四年留梦炎榜:余东,元弻侄孙。"《天启慈溪县志》卷六《选举》:"淳祐四年:余东。"

袁燧　庆元府奉化县人。登淳祐四年进士第。官乐清县丞。

《宝庆四明志》卷十《进士》:"淳祐四年留梦炎榜:袁燧。"《延祐四明志》卷六《人物考下》:"淳祐四年留梦炎榜:袁燧。"《光绪奉化县志》卷十九《选举表一》:"淳祐四年甲辰:袁燧,乐清县丞。"

陈肖孙　字伯岩。庆元府奉化县人。登淳祐四年进士第。累迁户部郎官。

《延祐四明志》卷五《人物考中》:"陈肖孙,字伯岩。奉化人,中进士第。鲠介清苦,操笔决词讼,曲当事理。贾似道为相,不喜四明士,独黄震、陈肖孙为名监司,士论莫易也。以提点刑狱守嘉禾郡,帑不妄用,绝互送礼,蠲逋钱二十万、米四万。子侄合食,惟蔬食脱粟,人呼为菜汤知府。会安吉寇作,以措置失宜罢,泽不及子,朝议惜之,遂官其子。丞相署曰:'陈肖孙一廉可取,当官其子。'年六十一终。"

《宝庆四明志》卷十《进士》:"淳祐四年留梦炎榜:陈肖孙。"《延祐四明志》卷六《人物考下》:"淳祐四年留梦炎榜:陈肖孙。"《光绪奉化县志》卷十九《选举表一》:"淳祐四年留梦炎榜:陈肖孙。"

孙桂发　字伯□,台州府宁海县人。登淳祐四年进士第。官国子监主簿、太常寺主簿、太子舍人。

宋刘克庄《后村大全集》卷六十六《孙桂发国子监簿庄文教授制》:"寺监皆有簿正,而列于胄庠者尤清,异时有就拜紧官者,壁记历历可数也。尔在场屋则韦布重其文,处家庭则宗族称其孝,出而仕则士大夫誉其贤者如出一口,才全而德备,是可以羽仪圜璧、辅导朱邸矣。益培清望,嗣有殊擢。可。"

宋刘克庄《后村大全集》卷七十《孙桂发除太常寺簿兼太子舍人制》:"朕

于士之怀才抱艺者,惟恐不知之,既知之惟恐其伏于下僚,而腾上之不速也。尔修于家庭,人无间言,行乎州里,立乎本朝,士无异论,所谓达才成德者。礼官清于学省,储寀要于藩邸。朕为官择人,非为尔择官也。尔其懋哉,以封殊擢。可。"

《弘治赤城新志》卷九《人物一·进士》:"淳祐四年留梦炎榜:孙桂发,宁海人。"《光绪宁海县志》卷九《选举表·宋·进士》:"淳祐四年甲辰:孙桂发,字伯□,楦树人,侍讲。"

孙豹　庆元府慈溪县人。登淳祐四年进士第。事迹无考。

《宝庆四明志》卷十《进士》:"淳祐四年留梦炎榜:孙豹。"《延祐四明志》卷六《人物考下》:"淳祐四年留梦炎榜:孙豹。"《天启慈溪县志》卷六《选举》:"淳祐四年:孙豹。"

孙乾　字伯辉。台州府宁海县人。登淳祐四年进士第。官都御史。

《光绪宁海县志》卷九《选举表·宋·进士》:"淳祐四年甲辰:孙乾,留梦炎榜。字伯辉,樟树人,都御史。"

张良孙　绍兴府余姚县人。登淳祐四年进士第。官鄞县令。

《宝庆会稽续志》卷六《进士》:"淳祐四年留梦炎榜:张良孙。"《光绪余姚县志》卷十九《选举表》:"淳祐四年甲辰:张良孙,留梦炎榜,鄞县令。"

舒泌　庆元府奉化县人。舒璘之孙。登淳祐四年进士第。初授象山县学典教,致仕后主持广平书塾,有兴教之功。

《至正四明续志》卷十一《广平书塾记》:"先生有孙泌,明经,世其学,晚始对策集英,典教象山县庠,退而紬楹书启迪后昆,惟昔先生尝题户册曰广平书塾。游于斯,讲于斯,群叟聚辨于斯。先生没,门人敬事不息,肖象祠于塾,乃遹追先志,奂饰堂序,帅子若孙,暨宗族之秀,朝益暮习,春秋舍菜先圣,岁时朔望,谒祠齿拜讲说。冠屦翼如,诵弦蔼如。"

《光绪奉化县志》卷十九《选举表一》:"淳祐四年甲辰:舒泌,璘孙。"

赵若淮　绍兴府余姚县人。登淳祐四年进士第。事迹无考。

《光绪余姚县志》卷十九《选举表一》:"淳祐四年甲辰:赵若淮。"

戴鑫　庆元府奉化县人。登淳祐四年进士第。官太平州通判。

《宝庆四明志》卷十《进士》:"淳祐四年留梦炎榜:戴鑫。"《延祐四明志》卷六《人物考下》:"淳祐四年留梦炎榜:戴鑫。"《光绪奉化县志》卷十九《选举表一》:"淳祐四年甲辰:戴鑫,留梦炎榜,太平通判。"

应叔采　台州府宁海县人。登淳祐四年进士第。事迹无考。

《弘治赤城新志》卷九《人物一·进士》:"淳祐四年留梦炎榜:应叔采,宁海人。"《光绪宁海县志》卷九《选举》:"淳祐四年甲辰:应叔采。"

淳祐七年丁未(1247)张渊微榜

王应龙　庆元府鄞县人。登淳祐七年进士第。事迹无考。

《宝庆四明志》卷十《进士》:"淳祐七年张渊微榜:王应龙。"《延祐四明志》卷六《人物考下》:"淳祐七年张渊微榜:王应龙。"《光绪鄞县志》卷二十《选举表一》:"淳祐七年丁未:王应龙。"

王霆瑞　庆元府鄞县人。登淳祐七年进士第。事迹无考。

《宝庆四明志》卷十《进士》:"淳祐七年张渊微榜:王霆瑞。"《延祐四明志》卷六《人物考下》:"淳祐七年张渊微榜:王霆瑞。"《光绪鄞县志》卷二十《选举表一》:"淳祐七年丁未:王霆瑞。"

贝良臣　庆元府鄞县人。登淳祐七年进士第。事迹无考。

《宝庆四明志》卷十《进士》:"淳祐七年张渊微榜:贝良臣。"《延祐四明志》卷六《人物考下》:"淳祐七年张渊微榜:贝良臣。"《光绪鄞县志》卷二十《选举表一》:"淳祐七年丁未:贝良臣。"

朱祐之　庆元府鄞县人。登淳祐七年进士第。事迹无考。

《宝庆四明志》卷十《进士》:"淳祐七年张渊微榜:朱祐之。"《延祐四明志》卷六《人物考下》:"淳祐七年张渊微榜:朱祐之。"《光绪鄞县志》卷二十《选举表一》:"淳祐七年丁未:朱祐之。"

郧秀实　庆元府鄞县人,一说奉化县人。郧文伯之子。登淳祐七年进士第。官太和知县。

《宝庆四明志》卷十《进士》:"淳祐七年张渊微榜:郧秀实,文伯子。"《延祐四明志》卷六《人物考下》:"淳祐七年张渊微榜:郧秀实,文伯子。"《光绪鄞县志》卷二十《选举表一》:"淳祐七年丁未:郧秀实。"《光绪奉化县志》卷十九《选举表一》:"淳祐七年丁未:郧秀实。补,文伯子,太和知县。"

吴龙朋　庆元府鄞县人。吴正平玄孙。登淳祐七年进士第。事迹无考。

《宝庆四明志》卷十《进士》:"淳祐七年张渊微榜:吴龙朋,正平元孙。"《延祐四明志》卷六《人物考下》:"淳祐七年张渊微榜:吴龙朋,正平玄孙。"《光绪鄞县志》卷二十《选举表一》:"淳祐七年丁未:吴龙朋,正平元孙。"

何垓　庆元府鄞县人。何冲侄孙,何日新侄。登淳祐七年进士第。事迹无考。

《宝庆四明志》卷十《进士》:"淳祐七年张渊微榜:何垓,冲侄孙,日新侄。"《延祐四明志》卷六《人物考下》:"淳祐七年张渊微榜:何垓,日新侄。"
《光绪鄞县志》卷二十《选举表一》:"淳祐七年丁未:何垓,日新从子。"

应逢子　庆元府鄞县人。登淳祐七年进士第。事迹无考。

《宝庆四明志》卷十《进士》:"淳祐七年张渊微榜:应逢子。"《延祐四明
志》卷六《人物考下》:"淳祐七年张渊微榜:应逢子。"《光绪鄞县志》卷二十
《选举表一》:"淳祐七年丁未:应逢子。"

周岳　庆元府鄞县人。登淳祐七年进士第。事迹无考。

《宝庆四明志》卷十《进士》:"淳祐七年张渊微榜:周岳。"《延祐四明志》
卷六《人物考下》:"淳祐七年张渊微榜:周岳。"《光绪鄞县志》卷二十《选举表
一》:"淳祐七年丁未:周岳。"

郑士胄　庆元府鄞县人。登淳祐七年进士第。郑清之侄,官将仕郎。

《宝庆四明志》卷十《进士》:"淳祐七年张渊微榜:郑士胄,敕授将仕郎,
清之从子。"《延祐四明志》卷六《人物考下》:"淳祐七年张渊微榜:郑士胄,敕
授将仕郎,清之从子。"《光绪鄞县志》卷二十《选举表一》:"淳祐七年乙未:郑
士胄,清之从子。"

赵希墫　庆元府鄞县人。赵希埵之弟。登淳祐七年进士第。

《宝庆四明志》卷十《进士》:"淳祐七年张渊微榜:赵希墫,希埵弟。"《延
祐四明志》卷六《人物考下》:"淳祐七年张渊微榜:赵希墫,希埵弟。"《光绪鄞
县志》卷二十《选举表一》:"淳祐七年丁未:赵希墫,希埵弟。"

赵崇戡　原名赵崇辛。庆元府鄞县人。登淳祐七年进士第。事迹
无考。

《宝庆四明志》卷十《进士》:"淳祐七年张渊微榜:赵崇戡。原名崇辛。"
《延祐四明志》卷六《人物考下》:"淳祐七年张渊微榜:赵崇戡。元名崇辛。"
《光绪鄞县志》卷二十《选举表一》:"淳祐七年丁未:赵崇戡,原名崇辛。"

赵崇骊　庆元府鄞县人。登淳祐七年进士第。事迹无考。

《宝庆四明志》卷十《进士》:"淳祐七年张渊微榜:赵崇骊。"《延祐四明
志》卷六《人物考下》:"淳祐七年张渊微榜:赵崇骊。"《光绪鄞县志》卷二十
《选举表一》:"淳祐七年丁未:赵崇骊。"

胡时中　庆元府鄞县人。登淳祐七年进士第。事迹无考。

《宝庆四明志》卷十《进士》:"淳祐七年张渊微榜:胡时中。"《延祐四明
志》卷六《人物考下》:"淳祐七年张渊微榜:胡时中。"《光绪鄞县志》卷二十
《选举表一》:"淳祐七年丁未:胡时中。"

姜辉　庆元府鄞县人。姜燧从弟。登淳祐七年进士第。事迹无考。

《宝庆四明志》卷十《进士》："淳祐七年张渊微榜：姜辉，燧从弟。"《延祐四明志》卷六《人物考下》："淳祐七年张渊微榜：姜辉，燧从弟。"《光绪鄞县志》卷二十《选举表一》："淳祐七年丁未：姜辉，燧从弟。"

袁采　庆元府鄞县人。登淳祐七年进士第。事迹无考。

《宝庆四明志》卷十《进士》："淳祐七年张渊微榜：袁采。"《延祐四明志》卷六《人物考下》："淳祐七年张渊微榜：袁采。"《光绪鄞县志》卷二十《选举表一》："淳祐七年丁未：袁采。"

袁符　庆元府鄞县人。袁章孙。登淳祐七年进士第。事迹无考。

《宝庆四明志》卷十《进士》："淳祐七年张渊微榜：袁符，章孙。"《延祐四明志》卷六《人物考下》："淳祐七年张渊微榜：袁符。"《光绪鄞县志》卷二十《选举表一》："淳祐七年丁未：袁符，章孙。"

徐日宣　庆元府鄞县人。登淳祐七年进士第。事迹无考。

《宝庆四明志》卷十《进士》："淳祐七年张渊微榜：徐日宣。"《延祐四明志》卷六《人物考下》："淳祐七年张渊微榜：徐日宣。"《光绪鄞县志》卷二十《选举表一》："淳祐七年丁未：徐日宣。"

黄知崇　庆元府鄞县人。黄千之之子，黄演侄。登淳祐七年进士第。事迹无考。

《宝庆四明志》卷十《进士》："淳祐七年张渊微榜：黄知崇，千之子，演侄。"《延祐四明志》卷六《人物考下》："淳祐七年张渊微榜：黄知崇，千之子。"《光绪鄞县志》卷二十《选举表一》："淳祐七年丁未：黄知崇，千之子。"

舒济世　庆元府鄞县人，一说奉化县人。舒琮之孙。登淳祐七年进士第。事迹无考。

《宝庆四明志》卷十《进士》："淳祐七年张渊微榜：舒济世，琮孙。"《延祐四明志》卷六《人物考下》："淳祐七年张渊微榜：舒济世，琮孙。"《光绪鄞县志》卷二十《选举表一》："淳祐七年丁未：舒济世。"《光绪奉化县志》卷十九《选举表》："淳祐七年丁未：舒济世，琮孙，总金。"

楼枝　庆元府鄞县人。登淳祐七年进士第。事迹无考。

《宝庆四明志》卷十《进士》："淳祐七年张渊微榜：楼枝。"《延祐四明志》卷六《人物考下》："淳祐七年张渊微榜：楼枝。"《光绪鄞县志》卷二十《选举表一》："淳祐七年丁未：楼枝。"

楼梿　庆元府鄞县人。登淳祐七年进士第。事迹无考。

《宝庆四明志》卷十《进士》："淳祐七年张渊微榜：楼梿。"《延祐四明志》卷六《人物考下》："淳祐七年张渊微榜：楼梿。"《光绪鄞县志》卷二十《选举表一》:"淳祐七年丁未:楼炜。"

楼洌　庆元府鄞县人。楼肖五世孙,楼钌从子。登淳祐七年进士第。事迹无考。

《宝庆四明志》卷十《进士》:"淳祐七年张渊微榜:楼洌,肖五世孙,钌之从子。"《延祐四明志》卷六《人物考下》:"淳祐七年张渊微榜:楼洌,肖五世孙。"《光绪鄞县志》卷二十《选举表一》:"淳祐七年丁未:楼洌,钌从子。"

楼楳　庆元府鄞县人。楼异玄孙。登淳祐七年进士第。官承议郎。

《宝庆四明志》卷十《进士》:"淳祐七年张渊微榜:楼楳,异元孙。"《延祐四明志》卷六《人物考下》:"淳祐七年张渊微榜:楼楳,异玄孙。"《光绪鄞县志》卷二十《选举表一》:"淳祐七年丁未:楼楳,异元孙。"

楼澪　庆元府鄞县人。楼钥从子。登淳祐七年进士第。事迹无考。

《宝庆四明志》卷十《进士》:"淳祐七年张渊微榜:楼澪,钥从子,滓□。"《延祐四明志》卷六《人物考下》:"淳祐七年张渊微榜:楼澪,钥从子。"《光绪鄞县志》卷二十《选举一》:"淳祐七年丁未:楼澪,钥从子。"

缪应符　庆元府鄞县人。登淳祐七年进士第。事迹无考。

《宝庆四明志》卷十《进士》:"淳祐七年张渊微榜:缪应符。"《延祐四明志》卷六《人物考下》:"淳祐七年张渊微榜:缪应符。"《光绪鄞县志》卷二十《选举表一》:"淳祐七年丁未:缪应符。"

王珪　庆元府鄞县人,一作奉化县人,登淳祐七年进士第。官抚州州学教授。

《宝庆四明志》卷十《进士》:"淳祐七年张渊微榜:王珪。"《延祐四明志》卷六《人物考下》:"淳祐七年张渊微榜:王珪。"《光绪鄞县志》卷二十《选举表一》:"淳祐七年丁未:王珪。"《光绪奉化县志》卷十九《选举表一》:"淳祐七年丁未王珪,张渊微榜,抚州教授。"

赵孟墅　庆元府鄞县人,一作慈溪人。赵师岘曾孙。登淳祐七年进士第。事迹无考。

《宝庆四明志》卷十《进士》:"淳祐七年张渊微榜:赵孟墅,师岘曾孙,与仕续训,与楒亲侄。"《延祐四明志》卷六《人物考下》:"淳祐七年张渊微榜:赵孟墅,师岘曾孙,与仕续训,与楒亲侄。"《光绪鄞县志》卷二十《选举表一》:"淳祐七年丁未:赵孟墅。"《天启慈溪县志》卷六《选举》:"淳祐七年:赵孟墅。"

蒋晓　字尧臣,庆元府奉化县人,蒋峤子。登淳祐七年进士第。在贵池、仙居、宁海、武进、严州、温州等地为官,政声极著,官至将作监主簿。喜唐代金石，又好巍坐，仪态威武，所言多为前朝之事。著《三径联珠集》十卷，但已佚。

元袁桷《清容居士集》卷二十九《将作监主簿蒋公墓志铭》："朝奉大夫、将作监主簿蒋公讳晓，字尧臣，淳祐七年进士。以至元二十四年卒，年七十有一，葬奉化州长寿乡邵奥之麓。曾祖梗，朝奉郎、通判台州，赠中奉大夫。祖如愚，朝请郎、通判隆兴府，赠太中大夫。曾祖妣张氏、杨氏、伍氏，赠令人。祖妣诸葛氏，赠安人，赠淑人。考峤，文林郎、池州贵溪县丞，赠朝奉大夫。妣汤氏，赠宜人。既葬三十有六年，长子景先卒，无子。次子昭先次其先德家谱，来请曰：'蒋实望族，七世昭穆皆钜公，著铭罔缺轶。我先人在时，子以子孙礼见，且承学。今子在太史，非子铭，其谁宜？'

"蒋姓宗姬，函亭汉俟。居鄞发祥，唐季是稠。厥孙评事，清净急施。有嗣金紫，益振以义。忠肃陈公，谪明绝朋。俾子允师，连桂以登。曰高祖考，宰邑孤高。相京传私，卒忓以逃。是生台州，继以隆兴。倅贰有声，再世是绳。诜诜贵池，丞邑退卑。厥兄谏议，职穿闻驰。愍弟有孤，将授门功。公谢弗受，迄升南宫。试簿仙居，复摄宁海。却妖节浮，民麾匿贷。入理京狱，直囚不刑。探其隐奸，大尹以惊。出邑武进，遄易分水。严盗獭张，召公颛治。麾磔赢顽，请粟食赈。楮帛赋繁，直疏罢进。神存正祀，学饰亲象。彼庬者叟，祠祝泣想。爰倅于越，抚民弥加。计臣增输，牒谏戙哗。佐饷既终，监舶莅温。香珠翠毳，罔游于门。辑为成书，以儆墨惕。彼相嫉廉，改司轨函。白璧袭缇，卒罢其谗。晚佐缮营，国步日窘。堑窦食贫，绝见喜愠。少窥刑书，复入词学。记言博精，洒墨清莘。谱书庚申，文纪甲子。视阶郎中，泽奏冢嗣。岁行丁亥，九月庚戌。饰巾辞终，寿七十一。厥嫔氏曹，笺诗之曾。子曰景先，无禄绝承。有季昭先，守儒俟征。墓在州南，先域接揙。集藏于家，厥秩为十。维公仪观，伟古动人。前闻后讹，指掌剖陈。巍坐若尸，不倾不陂。彼谣有徒，正色以止。耆旧川沦，来者荒塞。昭铭墓门，以作后则。"

《延祐四明志》卷五《人物考中》："蒋晓，字尧臣。伯父岘为谏议大夫，以京官奏之，谢不受。后登第，作邑有政声。为文劲正，阅唐金石刻最多，其文时似之。后以将作监主簿终。善威仪，巍坐终日不倦，所言皆唐宋遗事。"

清徐时栋《宋元四明六志校勘记》卷二《佚文二》："蒋晓，先世多名流，往还诗文有《三径联珠集》，楼攻媿尝为志序，至晓复为续集，黄晋卿为之序。"

《光绪奉化县志》卷十九《选举表一》："淳祐七年丁未：蒋晓，琬元孙。"

舒玿 庆元府奉化县人。舒杠之子。登淳祐七年进士第。官上海主簿。

《光绪奉化县志》卷十九《选举表一》:"淳祐七年丁未:舒珝,杠子,上海主簿。"

王公大　绍兴府余姚县人。登淳祐七年进士第。事迹无考。

《宝庆会稽续志》卷六《进士》:"淳祐七年丁未张渊微榜:王公大。"《光绪余姚县志》卷十九《选举表》:"淳祐七年丁未:王公大。"

王渊　台州府宁海县人。登淳祐七年进士第。事迹无考。

《弘治赤城新志》卷九《人物一·进士》:"淳祐七年张渊微榜:王渊,宁海人。"《光绪宁海县志》卷九《选举表·宋·进士》:"淳祐七年丁未:王渊,爵里未详。"

吴尚深　庆元府慈溪县人。登淳祐七年进士第。事迹无考。

《宝庆四明志》卷十《进士》:"淳祐七年张渊微榜:吴尚深。"《延祐四明志》卷六《人物考下》:"淳祐七年张渊微榜:吴尚深。"《天启慈溪县志》卷四《选举》:"淳祐七年:吴尚深。"

翁归仁　庆元府慈溪县人。登淳祐七年进士第。事迹无考。

《宝庆四明志》卷十《进士》:"淳祐七年张渊微榜:翁归仁。"《延祐四明志》卷六《人物考下》:"淳祐七年张渊微榜:翁归仁。"《天启慈溪县志》卷四《选举》:"淳祐七年:翁归仁。"

孙梦霆　庆元府慈溪县人。登淳祐七年进士第。事迹无考。

《天启慈溪县志》卷四《选举》:"淳祐七年:孙梦霆。"

孙嵘叟　字仁则,绍兴府余姚县人。登淳祐七年进士第。初授监察御史,官至礼部侍郎,谥号"忠敏"。其著《读易管见》,但已佚。

孙嵘叟
像取自清代修《浙江余姚孙氏宗谱》

清陆心源《宋史翼》卷二十二《孙嵘叟》:"孙嵘叟,字仁则,余姚人。第进士,擢监察御史。论贾似道罪重,法轻当斩以示国法。德祐初,元兵渡江,文天祥起义勤王,而右相陈宜中深结留梦炎,奏勿使人卫,以沮毁之。天祥列上勤王及留屯利害,皆内忌,梦炎莫敢关白。嵘叟取所列径造御前奏之,复乞倚任天祥。窜宜中、梦炎及黄万石、吕诗孟,以作忠义之气。时朝议方倚重师孟,求好于元,不报。嵘叟居官,竭忠尽智,排斥奸回,不为身谋。官至礼部侍郎,卒谥忠敏。"

清黄宗羲等《宋元学案》卷五十五《忠敏孙先生嵘叟》:"孙嵘叟,字仁则,余姚人。第进士,复中博学宏辞科,官至礼部侍郎兼太子宾客。卒谥忠敏,著有《读易管见》。"

《宝庆会稽续志》卷六《进士》:"淳祐七年丁未张渊微榜:孙嵘叟。"《光绪余姚县志》卷十九《选举表》:"淳祐七年丁未:孙嵘叟。"

朱元光　绍兴府余姚县人。登淳祐七年进士第。事迹无考。

《光绪余姚县志》卷十九《选举表》:"淳祐七年丁未:朱元光。"

国之才　一作国子才。台州府宁海县人。登淳祐七年进士第。事迹无考。

《弘治赤城新志》卷九《人物一·进士》:"淳祐七年张渊微榜:国之才,宁海人。"《光绪宁海县志》卷九《选举表·宋·进士》:"淳祐七年丁未:国之才,张渊微榜,旧志作子才,罗溪人。"

张自期　庆元府慈溪县人。张自明从弟,张虑侄。登淳祐七年进士第。事迹无考。

《宝庆四明志》卷十《进士》:"淳祐七年张渊微榜:张自期,虑侄,自明从弟。"《延祐四明志》卷六《人物考下》:"淳祐七年张渊微榜:张自期,虑之侄,自明从弟。"《天启慈溪县志》卷六《选举》:"淳祐七年:张自期。"

张堂　庆元府慈溪县人。登淳祐七年进士第。事迹无考。

《宝庆四明志》卷十《进士》:"淳祐七年张渊微榜:张堂。"《延祐四明志》卷六《人物考下》:"淳祐七年张渊微榜:张堂。"《天启慈溪县志》卷六《选举》:"淳祐七年:张堂。"

罗谦　庆元府慈溪县人,罗明复子。登淳祐七年进士第。事迹无考。

元戴表元《九灵山房集》卷十五《元故冲元处士罗君墓志铭》:"塞翁之后曰明复、曰谦,尝中宋嘉禧四年、淳祐六年进士第。"

《光绪慈溪县志》卷十九《选举上·宋》:"淳祐七年丁未张渊微榜罗谦,明复子。据《九灵山房集·罗世华墓志》补。按墓志:谦中淳祐六年进士第。

考《宋史》,淳祐六年无礼部试,墓志盖误,以发解之时为登第之年,其父明复以淳祐元年登第,墓志书嘉禧四年,亦先一年也。"

张樋之　庆元府奉化县人,一说慈溪县人。张珩侄。登淳祐七年进士第。事迹无考。

《宝庆四明志》卷十《进士》:"淳祐七年张渊微榜:张樋之,珩侄。"《延祐四明志》卷六《人物考下》:"淳祐七年张渊微榜:张樋之,珩侄。"《光绪奉化县志》卷十九《选举表一》:"淳祐七年丁未:张樋之。"《光绪慈溪县志》卷十九《选举上·宋》:"淳祐七年丁未张渊微榜:张樋之,珩侄。"

叶秀发　绍兴府余姚县人。登淳祐七年进士第。事迹无考。

《宝庆会稽续志》卷六《进士》:"淳祐七年丁未张渊微榜:叶秀发。"《光绪余姚县志》卷十九《选举表》:"淳祐七年丁未:叶秀发,张渊微榜。"

葛炳午　台州府宁海县人。登淳祐七年进士第。事迹无考。其撰《后山记》一文,收于《徐霞客古道历代景观诗文选》(宁波出版社2014年版)。

《弘治赤城新志》卷九《人物一·进士》:"淳祐七年张渊微榜:葛炳午。"《光绪宁海县志》卷九《选举》:"淳祐七年丁未:葛炳午。"

舒斗祥　字景韩,舒岳祥之弟。台州府宁海县人。登淳祐七年进士第。其为人生性文雅,崇尚礼学,官长洲县令。

清王梓材等《宋元学案补遗》卷五十五《舒先生斗祥》:"舒斗祥,字景祥。阆风先生弟。赋性文雅,好学尚礼,淳祐进士,官至长洲令。"

《弘治赤城新志》卷九《人物一·进士》:"淳祐七年张渊微榜:舒斗祥,宁海人。岳祥之弟,字景韩。"《光绪宁海县志》卷十《列传》:"舒斗祥,字景韩。岳祥弟。赋性文雅,好学尚礼。淳祐七年进士。长洲令。"《光绪宁海县志》卷十《列传》:"淳祐七年丁未:舒斗祥。"

冯济国　绍兴府余姚县人。登淳祐七年进士第。事迹无考。

《宝庆会稽续志》卷六《进士》:"淳祐七年丁未张渊微榜:冯济国。"《光绪余姚县志》卷十九《选举表》:"淳祐七年丁未:冯济国。"

赵若秀　绍兴府余姚县人。登淳祐七年进士第。事迹无考。

《光绪余姚县志》卷十九《选举表》:"淳祐七年丁未:赵若秀。"

赵时龄　绍兴府余姚县人。登淳祐七年进士第。官扬州通判。

《光绪余姚县志》卷十九《选举表》:"淳祐七年丁未:赵时龄,扬州通判。"

蒋觌　庆元府奉化县人。蒋琬曾孙,蒋规之兄。登淳祐七年进士第。事迹无考。

《宝庆四明志》卷十《进士》:"淳祐七年张渊微榜:蒋觌,琬曾孙,规亲兄。"《延祐四明志》卷六《人物考下》:"淳祐七年张渊微榜:蒋觊,琉曾孙,规兄。"《光绪奉化县志》卷十九《选举表一》:"淳祐七年丁未:蒋觊,琉曾孙。"

萧元龙　台州府宁海县人。登淳祐七年进士第。事迹无考。

《光绪宁海县志》卷九《选举表》:"淳祐七年丁未:萧元龙。旧志作元隆,爵里未详。"

淳祐七年丁未(1247)武举章梦飞榜

汤大全　庆元府鄞县人。登淳祐七年武举进士第。事迹无考。

《宝庆四明志》卷十《进士》:"淳祐七年武举章梦飞榜:汤大全。"《延祐四明志》卷六《人物考下》:"淳祐七年章梦飞榜:汤大全。"《光绪鄞县志》卷二十《选举表一》:"淳祐七年丁未:汤大全。"

戴元质　庆元府鄞县人。登淳祐七年武举进士第。事迹无考。

《宝庆四明志》卷十《进士》:"淳祐七年武举章梦飞榜:戴元质。"《延祐四明志》卷六《人物考下》:"淳祐七年章梦飞榜:戴元质。"《光绪鄞县志》卷二十《选举表一》:"淳祐七年丁未:戴元质。"

淳祐十年庚戌(1250)方逢辰榜

史俊卿　字景善。庆元府鄞县人。登淳祐十年进士第。咸淳间知嘉定县,修缮县学,官至添差临安府东厅。

其有诗《祈雨有感》一首,见于明翟校《练音集补》,此书录于《四库存目丛书》。

《光绪鄞县志》卷三十《人物传五》:"俊卿,字景善。淳祐十年进士。咸淳初以奉议郎知嘉定县,修县大成殿,拨功德寺田七十六亩。又拨废庵田六十二亩于学为缮修费兼备供亿。官至添差临安府东厅。"

《光绪嘉定县志》卷十一《县职》:"宋知县事,咸淳元年:史俊卿,鄞山人。奉议郎。《宝庆四明志》卷十《进士》:"淳祐十年方逢辰榜:史俊卿。"《延祐四明志》卷六《人物考下》:"淳祐十年方逢辰榜:史俊卿。"《光绪鄞县志》卷二十《选举表一》:"淳祐十年庚戌:史俊卿,弥高孙。"

朱端方　庆元府鄞县人。朱定国曾孙(一作曾侄孙),登淳祐十年进士第。事迹无考。

《宝庆四明志》卷十《进士》:"淳祐十年方逢辰榜:朱端方,定国曾侄孙。"《延祐四明志》卷六《人物考下》:"淳祐十年方逢辰榜:朱端方,定国曾孙。"《光绪鄞县志》卷二十《选举表一》:"淳祐十年庚戌:朱端方。"

杨景山　庆元府鄞县人。登淳祐十年进士第。事迹无考。

《宝庆四明志》卷十《进士》："淳祐十年方逢辰榜：杨景山。"《延祐四明志》卷六《人物考下》："淳祐十年方逢辰榜：杨景山。"《光绪鄞县志》卷二十《选举表一》："淳祐十年庚戌：杨景山。"

陈若水（1221—1269）　庆元府鄞县人，陈协之弟。登淳祐十年进士第。初授政和县尉，调任常州别驾、历江阴军判、嘉兴府通判、军器少监。景定五年（1264），与荆湖都统张世杰率师救襄阳，在赤滩圃与元兵交战中阵亡。其有词《沁园春·寿游侍郎》，收于《全宋词》。

《宝庆四明志》卷十《进士》："淳祐十年方逢辰榜：陈若水，协弟。"《延祐四明志》卷六《人物考下》："淳祐十年方逢辰榜：陈若水，协弟。"《光绪鄞县志》卷二十《选举表一》："淳祐十年庚戌：陈若水。"

林禹玉　庆元府鄞县人。林公玉之兄。登淳祐十年进士第。事迹无考。

《宝庆四明志》卷十《进士》："淳祐十年方逢辰榜：林禹玉，公玉兄。"《延祐四明志》卷六《人物考下》："淳祐十年方逢辰榜：林禹玉，公玉兄。"《光绪鄞县志》卷二十《选举表一》："淳祐十年庚戌：林禹玉。"

林焆　一作林渭。庆元府鄞县人。林维孝侄，林宗一之弟。登淳祐十年进士第。事迹无考。

《宝庆四明志》卷十《进士》："淳祐十年方逢辰榜：林焆，惟孝侄，宗一弟。"《延祐四明志》卷六《人物考下》："淳祐十年方逢辰榜：林渭，维孝侄，宗一弟。"《光绪鄞县志》卷二十《选举表一》："淳祐十年庚戌：林焆，宗一弟。"

林潜　庆元府鄞县人。林问礼孙，林宗称子。登淳祐十年进士第。事迹无考。

《宝庆四明志》卷十《进士》："淳祐十年方逢辰榜：林潜，上舍，问礼孙，宗称子。"《延祐四明志》卷六《人物考下》："淳祐十年方逢辰榜：林潜。"《光绪鄞县志》卷二十《选举表一》："淳祐十年庚戌：林潜，宗称子，上舍。"

赵与墭　原名赵与恩。赵希驭子。庆元府鄞县人。登淳祐十年进士第。事迹无考。

《宝庆四明志》卷十《进士》："淳祐十年方逢辰榜：赵与墭，希驭子，元名与恩，省魁。"《延祐四明志》卷六《人物考下》："淳祐十年方逢辰榜：赵与墭，希驭子，原名与恩，省魁。"《光绪鄞县志》卷二十《选举表一》："淳祐十年庚戌：赵与墭，希驭子。"

赵与臻　庆元府鄞县人。赵希镒子。登淳祐十年进士第。事迹无考。

《宝庆四明志》卷十《进士》："淳祐十年方逢辰榜：赵与臻。希镒子。"《延祐四明志》卷六《人物考下》:"淳祐十年方逢辰榜:赵与臻。希镒子。"《光绪鄞县志》卷二十《选举表一》:"淳祐十年庚戌:赵与臻。"

赵若惠　一作赵若愚。赵渭夫孙,赵时择子。庆元府鄞县人。登淳祐十年进士第。事迹无考。

《宝庆四明志》卷十《进士》:"淳祐十年方逢辰榜:赵若愚,渭夫孙,时择子。"《延祐四明志》卷六《人物考下》:"淳祐十年方逢辰榜:赵若惠,渭夫孙,时择子。"《光绪鄞县志》卷二十《选举表一》:"淳祐十年庚戌:赵若惠,时择子。"

胡发　庆元府鄞县人。胡鉴之子。登淳祐十年进士第。事迹无考。

《宝庆四明志》卷十《进士》:"淳祐十年方逢辰榜:胡发,鉴子。"《延祐四明志》卷六《人物考下》:"淳祐十年方逢辰榜:胡发,鉴子。"《光绪鄞县志》卷二十《选举表一》:"淳祐十年庚戌:胡发,鉴子。"

高桂　庆元府鄞县人,高指之兄。登淳祐十年进士第。事迹无考。

《宝庆四明志》卷十《进士》:"淳祐十年方逢辰榜:高桂。"《延祐四明志》卷六《人物考下》:"淳祐十年方逢辰榜:高桂,指兄。"《光绪鄞县志》卷二十《选举表一》:"淳祐十年:高桂,指兄。"

蒋梦符　庆元府鄞县人。登淳祐十年进士第。事迹无考。

《宝庆四明志》卷十《进士》:"淳祐十年方逢辰榜:蒋梦符。"《延祐四明志》卷六《人物考下》:"淳祐十年方逢辰榜:蒋梦符。"《光绪鄞县志》卷二十《选举表一》:"淳祐十年庚戌:蒋梦符。"

虞逢午　庆元府鄞县人。登淳祐十年进士第。事迹无考。

《宝庆四明志》卷十《进士》:"淳祐十年方逢辰榜:虞逢午。"《延祐四明志》卷六《人物考下》:"淳祐十年方逢辰榜:虞逢午。"《光绪鄞县志》卷二十《选举表一》:"淳祐十年庚戌:虞逢午。"

王耒　一作王来。庆元府慈溪县人。登淳祐十年进士第。事迹无考。

《宝庆四明志》卷十《进士》:"淳祐十年方逢辰榜:王耒。"《延祐四明志》卷六《人物考下》:"淳祐十年方逢辰榜:王耒。"《天启慈溪县志》卷六《选举》:"淳祐十年:王来。"

方畿　台州府宁海县人。登淳祐十年进士第。事迹无考。

《弘治赤城新志》卷九《人物一·进士》:"淳祐十年方逢辰榜:方畿,宁海人。"《光绪宁海县志》卷九《选举表》:"淳祐十年庚戌:方畿,爵里未详。"

沈士龙　庆元府定海县人。沈镗孙,沈中文弟。登淳祐十年进士第。事迹无考。

《宝庆四明志》卷十《进士》："淳祐十年方逢辰榜：沈士龙，铠孙，中文弟。"《延祐四明志》卷六《人物考下》："淳祐十年方逢辰榜：沈士龙，铠孙。"《嘉靖定海县志》卷四《选举》："沈士龙，淳祐十年。"

沈发　庆元府慈溪县人。登淳祐十年进士第。事迹无考。

《宝庆四明志》卷十《进士》："淳祐十年方逢辰榜：沈发。"《延祐四明志》卷六《人物考下》："淳祐十年方逢辰榜：沈发。"《天启慈溪县志》卷六《选举》："淳祐十年：沈发。"

胡梦麟　绍兴府余姚县人。登淳祐十年进士第。知寿昌县。

清万斯同《宋季忠义录》卷九《胡梦麟》："胡梦麟，历官知寿昌军，寓治江州。德祐元年正月元兵临城，知州钱真孙迎降，梦麟自杀。"

《宝庆会稽续志》卷六《进士》："淳祐十年庚戌方逢辰榜：胡梦麟。"《光绪余姚县志》卷十九《选举表》："淳祐十年庚戌：胡梦麟，方逢辰榜。"

洪翌　一作洪翼。庆元府慈溪县人。登淳祐十年进士第。事迹无考。

《宝庆四明志》卷十《进士》："淳祐十年方逢辰榜：洪翌。"《延祐四明志》卷六《人物考下》："淳祐十年方逢辰榜：洪翌。"《天启慈溪县志》卷六《选举》："淳祐十年：洪翼。"

洪翚　庆元府慈溪县人。登淳祐十年进士第。事迹无考。

《宝庆四明志》卷十《进士》："淳祐十年方逢辰榜：洪翚。"《延祐四明志》卷六《人物考下》："淳祐十年方逢辰榜：洪翚。"《天启慈溪县志》卷六《选举》："淳祐十年：洪翚。"

袁垚　庆元府奉化县人。登淳祐十年进士第。事迹无考。

《宝庆四明志》卷十《进士》："淳祐十年方逢辰榜：袁垚。"《延祐四明志》卷六《人物考下》："淳祐十年方逢辰榜：袁垚。"《光绪奉化县志》卷十九《选举表一》："淳祐十年庚戌：袁垚。"

桂本　庆元府慈溪县人。登淳祐十年进士第。事迹无考。

《宝庆四明志》卷十《进士》："淳祐十年方逢辰榜：桂本。"《延祐四明志》卷六《人物考下》："淳祐十年方逢辰榜：桂本。"《天启慈溪县志》卷六《选举》："淳祐十年：桂本。"

陈纬　台州府宁海县人。登淳祐十年进士第。官右司郎官。

《弘治赤城新志》卷九《人物一·进士》："淳祐十年方逢辰榜：陈纬，宁海人，右司郎官。"《光绪宁海县志》卷九《选举志·宋·进士》："淳祐十年庚戌：陈纬，右司郎官。"

孙林　绍兴府余姚县人。登淳祐十年进士第。事迹无考。

孙林

像取自清代修《浙江余姚孙氏宗谱》

《宝庆会稽续志》卷六《进士》："淳祐十年庚戌方逢辰榜：孙林。"《光绪余姚县志》卷十九《选举表》："淳祐十年庚戌：孙林。"

舒㮚 庆元府奉化县人。登淳祐十年进士第。官知婺州。

《光绪奉化县志》卷十九《选举表一》："淳祐十年庚戌：舒㮚，婺州知府。"

舒梦刀 庆元府奉化县人。登淳祐十年进士第。官德清知县。

《嘉靖宁波府志》卷三《选举表·宋进士》："淳祐十年，奉化，舒梦刀。"《光绪奉化县志》卷十九《选举表一》："淳祐十年庚戌：舒梦刀，方逢辰榜，德清知县。"

杨㙓 庆元府慈溪县人。杨简侄孙。登淳祐十年进士第。事迹无考。

《宝庆四明志》卷十《进士》："淳祐十年方逢辰榜：杨㙓，简从孙。"《延祐四明志》卷六《人物考下》："淳祐十年方逢辰榜：杨㙓，简侄孙。"《天启慈溪县志》卷六《选举》："淳祐十年：杨㙓。"

杨兴伯 庆元府奉化县人。登淳祐十年进士第。事迹无考。

《宝庆四明志》卷十《进士》："淳祐十年方逢辰榜：杨兴伯。"《延祐四明志》卷六《人物考下》："淳祐十年方逢辰榜：杨兴伯。"《光绪奉化县志》卷十九《选举表一》："淳祐十年庚戌：杨兴伯。"

赵熄夫 台州府宁海县人。赵翰夫弟。登淳祐十年进士第。官宣议郎。

《弘治赤城新志》卷九《人物一·进士》："淳祐十年方逢辰榜：赵熄夫，宁海人,宣议郎。"《光绪宁海县志》卷九《选举表·宋·进士》:"淳祐十年庚戌:赵熄夫,翰夫弟,宣议郎。"

郑震　台州府宁海县人。登淳祐十年进士第。开庆时以国子监丞升著作佐郎,后擢秘书监

宋陈骙《南宋馆阁续录》卷八《官联二》:"著作郎,……郑震,元年正月以国子监丞兼资善堂直讲除,兼职依旧,除著作佐郎。"

《光绪宁海县志》卷九《选举》:"淳祐十年庚戌:郑震。《府志》:秘书郎。《通志》:作秘书监。"

戴杰　字颐仲,一字良英。庆元府奉化县人。登淳祐十年进士第。官拜宗学武学谕,颇为时人重。外任温州,终奉议郎,主管华州云台观。

元戴表元《剡源集》卷五《小方门戴氏居葬记》:"九八府君之长子万廿九府君,讳杰,字颐仲,又字良英,太学上舍,附甲戌进士乙科,仕至宗学武学谕,出倅温州,终于奉议郎,主管华州云台观。"

清王梓材等《宋元学案补遗》卷八《学谕戴先生杰》:"戴杰,帅初伯,祖世多儒科,端平初为宗学谕,笃厚为时辈所尊。"

《宝庆四明志》卷十《进士》:"淳祐十年方逢辰榜:戴杰。"《延祐四明志》卷六《人物考下》:"淳祐十年方逢辰榜:戴杰。"

戴杉　戴杰弟,字怀英。庆元府奉化县人。登淳祐十年进士第。事迹无考。

元戴表元《剡源集》卷五《小方门戴氏居葬记》:"次子万三三府君,讳杉,字怀英,魁丙子乡贡,终于礼部特奏名。"

《光绪奉化县志》卷十九《选举表一》:"淳祐十年庚戌,戴杉,杰弟。"

韩楷彦　庆元府定海县人。登淳祐十年进士第。事迹无考。

《嘉靖宁波府志》卷三《选举表·宋进士》:"淳祐十年,定海韩楷彦。"《嘉靖定海县志》卷四《选举》:"韩楷彦,淳祐十年。"

周坦　庆元府鄞县人。周锷四世孙,周烨、周焯的嫡侄。登淳祐十年上舍释褐第。事迹无考。

《宝庆四明志》卷十《进士》:"淳祐十年方逢辰榜:周坦,上舍,锷四世孙。烨、焯之嫡侄。"《延祐四明志》卷六《人物考》下:"淳祐十年方逢辰榜:周坦,上舍,锷四世孙。烨、焯之嫡侄。"《光绪鄞县志》卷二十《选举表一》:"淳祐十年庚戌:周坦,锷四世孙,上舍。"

宝祐元年癸丑(1253)姚勉榜

马元演　庆元府鄞县人。登宝祐元年进士第。曾为承议郎、知衢州。

马元演撰《游洞霄纪实》一文,见于《诗渊》(书目文献出版社 1985 年影印本)。

《宝庆四明志》卷十《进士》:"宝祐元年姚勉榜:马元演。"《延祐四明志》卷六《人物考下》:"宝祐元年姚勉榜:马元演。"《光绪鄞县志》卷二十《选举表一》:"宝祐元年癸丑:马元演。"

杨公善等《宋杨惠罙墓志》:"眷侄承议郎前知衢州军州兼管内劝农事马元演填讳。"注:是志撰于宋咸淳十年(1274)。

王自然 庆元府鄞县人,一说慈溪县人。登宝祐元年进士第。事迹无考。

《宝庆四明志》卷十《进士》:"宝祐元年姚勉榜:王自然。"《延祐四明志》卷六《人物考下》:"宝祐元年姚勉榜:王自然。"《光绪鄞县志》卷二十《选举表一》:"宝祐元年癸丑:王自然。"《光绪慈溪县志》卷十九《选举上·宋》:"宝祐元年癸丑姚勉榜:王自然。"

李应龙 庆元府鄞县人。登宝祐元年进士第。事迹无考。

《宝庆四明志》卷十《进士》:"宝祐元年姚勉榜:李应龙。"《延祐四明志》卷六《人物考下》:"宝祐元年姚勉榜:李应龙。"《光绪鄞县志》卷二十《选举表》:"宝祐元年癸丑。李应龙。"

汪奎 庆元府鄞县人。登宝祐元年进士第。事迹无考。

《宝庆四明志》卷十《进士》:"宝祐元年姚勉榜:汪奎。"《延祐四明志》卷六《人物考下》:"宝祐元年姚勉榜:汪奎。"《光绪鄞县志》卷二十《选举表一》:"宝祐元年癸丑:汪奎。"

汪翔龙 庆元府鄞县人,一说奉化县人。登宝祐元年进士第。事迹无考。

《宝庆四明志》卷十《进士》:"宝祐元年姚勉榜:汪翔龙。"《延祐四明志》卷六《人物考下》:"宝祐元年姚勉榜:汪翔龙。"《光绪鄞县志》卷二十《选举表一》:"宝祐元年癸丑:汪翔龙。"《光绪奉化县志》卷十九《选举表一》:"宝祐元年癸丑:汪翔龙。"

陈谏 庆元府鄞县人。登宝祐元年进士第。事迹无考。

《宝庆四明志》卷十《进士》:"宝祐元年姚勉榜:陈谏。"《延祐四明志》卷六《人物考下》:"宝祐元年姚勉榜:陈谏。"《光绪鄞县志》卷二十《选举表一》:"宝祐元年癸丑:陈谏。"

陈矞 庆元府鄞县人。登宝祐元年进士第。事迹无考。

《宝庆四明志》卷十《进士》:"宝祐元年姚勉榜:陈矞。"《延裕四明志》卷六《人物考下》:"宝祐元年姚勉榜:陈矞。"《光绪鄞县志》卷二十《选举表一》:

"宝祐元年癸丑：陈鬵。"

林灼　庆元府鄞县人。登宝祐元年进士第。事迹无考。

《宝庆四明志》卷十《进士》："宝祐元年姚勉榜：林灼。"《延祐四明志》卷六《人物考下》："宝祐元年姚勉榜：林灼。"《光绪鄞县志》卷二十《选举表一》："宝祐元年癸丑：林灼。"

赵时泥　庆元府鄞县人。登宝祐元年进士第。事迹无考。

《宝庆四明志》卷十《进士》："宝祐元年姚勉榜：赵时泥。"《延祐四明志》卷六《人物考下》："宝祐元年姚勉榜：赵时泥。"《光绪鄞县志》卷二十《选举表一》："宝祐元年癸丑：赵时泥。"

胡咸中　庆元府鄞县人。胡刚中、胡时中之弟。登宝祐元年进士第。事迹无考。

《宝庆四明志》卷十《进士》："宝祐元年姚勉榜：胡咸中，刚中、时中弟。"《延祐四明志》卷六《人物考下》："宝祐元年姚勉榜：胡咸中，刚中、时中弟。"《光绪鄞县志》卷二十《选举表一》："宝祐元年癸丑：胡咸中，时中弟。"

袁士复　庆元府鄞县人，一说奉化县人。登宝祐元年进士第。事迹无考。

《宝庆四明志》卷十《进士》："宝祐元年姚勉榜：袁士复。"《延祐四明志》卷六《人物考下》："宝祐元年姚勉榜：袁士复。"《光绪鄞县志》卷二十《选举表一》："宝祐元年癸丑：袁士复。"《光绪奉化县志》卷十九《选举表一》：宝祐元年癸丑：袁士复。"

贾万金　庆元府鄞县人。登宝祐元年进士第。事迹无考。

《宝庆四明志》卷十《进士》："宝祐元年姚勉榜：贾万金。"《延祐四明志》卷六《人物考下》："宝祐元年姚勉榜：贾万金。"《光绪鄞县志》卷二十《选举表一》："宝祐元年癸丑：贾万金。"

钱保　庆元府鄞县人。登宝祐元年进士第。事迹无考。

《宝庆四明志》卷十《进士》："宝祐元年姚勉榜：钱保。"《延祐四明志》卷六《人物考下》："宝祐元年姚勉榜：钱保。"《光绪鄞县志》卷二十《选举表一》："宝祐元年癸丑：钱保。"

黄翔龙　庆元府慈溪县人，一说鄞县人。黄震族兄弟。登宝祐元年进士第。咸淳时聘为江西抚州临汝书院山长，入元后不仕。

黄翔龙撰《重修慈湖书院本末记》一文，见于《延祐四明志》。另有《游泽山》、《泽山行馆访吏部不值》二诗，见于《宋诗纪事补遗》。

清庄仲方《南宋文范》卷四十六《江西提举司抚州临汝书院山长厅记》："临汝之有书院创于淳祐九年，实江西提举冯公去疾为之倡。书院之有敕额赐于咸淳七年,实吏部侍郎曾公渊子为之请。是年敕额既颁,始创山长,实提举今殿讲李公雷奋为之。选辟四明黄君翔龙实始膺是选。震时为抚州,实始建之听事,君因属余为之记。震谓听事之始末不足记之,君之所职为甚重,则有不容不记者。……咸淳九年癸酉岁正月吉日朝奉郎知抚州军州事马兼江西提举黄震谨记。"

《光绪鄞县志》卷三十《人物传五》:"翔龙,亦震族兄弟,宝祐元年进士。其《游泽山诗》称前进士,盖入元不仕也。"

《宝庆四明志》卷十《进士》:"宝祐元年姚勉榜:黄翔龙。"《延祐四明志》卷六《人物考下》:"宝祐元年姚勉榜:黄翔龙。"《光绪鄞县志》卷二十《选举表一》:"宝祐元年癸丑:黄翔龙。"《光绪慈溪县志》卷十九《选举上·宋》:"宝祐元年癸丑姚勉榜:黄翔龙。"

蒋峒　庆元府鄞县人,一说奉化县人。登宝祐元年进士第。事迹无考。

《宝庆四明志》卷十《进士》:"宝祐元年姚勉榜:蒋峒。"《延祐四明志》卷六《人物考下》:"宝祐元年姚勉榜:蒋峒。"《光绪鄞县志》卷二十《选举表一》:"宝祐元年癸丑:蒋峒。"《光绪奉化县志》卷十九《选举表一》:"宝祐元年癸丑:蒋峒。"

虞逢酉　庆元府鄞县人。虞敏求侄,虞逢午兄。登宝祐元年进士第。事迹无考。

《宝庆四明志》卷十《进士》:"宝祐元年姚勉榜:虞逢酉,敏求侄,逢午兄。"《延祐四明志》卷六《人物考下》:"宝祐元年姚勉榜:虞逢酉,敏求侄,逢午兄。"《光绪鄞县志》卷二十《选举表一》:"宝祐元年癸丑:虞逢酉,逢午兄。"

臧元孙　庆元府鄞县人。登宝祐元年进士第。事迹无考。

《宝庆四明志》卷十《进士》:"宝祐元年姚勉榜:臧元孙。"《延祐四明志》卷六《人物考下》:"宝祐元年姚勉榜:臧元孙。"《光绪鄞县志》卷二十《选举表一》:"宝祐元年癸丑:臧元孙。"

陆逡　庆元府鄞县人。陆佃五世孙。登宝祐元年进士第。事迹无考。

《宝庆四明志》卷十《进士》:"宝祐元年姚勉榜:陆逡,佃五世孙。"《延祐四明志》卷六《人物考下》:"宝祐元年姚勉榜:陆逡,佃五世孙。"《光绪鄞县志》卷二十《选举表一》:"宝祐元年癸丑:陆逡。"

林峻　庆元府鄞县人,一说慈溪县人。登宝祐元年进士第。事迹无考。

《宝庆四明志》卷十《进士》:"宝祐元年姚勉榜:林峻。"《延祐四明志》卷六《人物考下》:"宝祐元年姚勉榜:林峻。"《光绪鄞县志》卷二十《选举表一》:"宝祐元年癸丑:林峻。"《光绪慈溪县志》卷十九《选举上·宋》:"宝祐元年癸丑姚勉榜:林峻。"

王安道　庆元府昌国县人,一作庆元府鄞县人。王文贯弟。登宝祐元年进士第。少年在乡间有文名,后官婺水学官。

《大德昌国州图志》卷六《叙人》:"弟安道,先以文名与公同领乡书,甲午再荐,擢宝祐癸丑进士第,终于婺水学官。"

《宝庆四明志》卷十《进士》:"宝祐元年姚勉榜:王安道,文贯弟。"《延祐四明志》卷六《人物考下》:"宝祐元年姚勉榜:王安道,文贯弟。"《大德昌国州图志》卷六《进士题名》:"王安道,宝祐元年姚勉榜,兄文贯。"《光绪鄞县志》卷二十《选举表一》:"宝祐元年癸丑:王安道。"

王良　庆元府慈溪县人。王休子。登宝祐元年进士第。事迹无考。

《宝庆四明志》卷十《进士》:"宝祐元年姚勉榜:王良,休子。"《延祐四明志》卷六《人物考下》:"宝祐元年姚勉榜:王良,休子。"《光绪慈溪县志》卷十九《选举上·宋》:"宝祐元年癸丑:王良,休子。"

李硕　绍兴府余姚县人。登宝祐元年进士第。官白州教授。

《宝庆会稽续志》卷六《进士》:"宝祐元年癸丑姚勉榜:李硕。"《光绪余姚县志》卷十九《选举表》:"宝祐元年癸丑:李硕,白州教授。"

何炳炎　台州府宁海县人。登宝祐元年进士第。官县令。

《弘治赤城新志》卷九《人物一·进士》:"宝祐元年姚勉榜:何炳炎,宁海人,知县。"《光绪宁海县志》卷九《选举表·宋·进士》:"宝祐元年癸丑:何炳炎,姚勉榜。府志:横渡人。官县令。"

林霆　庆元府慈溪县人。登宝祐元年进士第。事迹无考。

《宝庆四明志》卷十《进士》:"宝祐元年姚勉榜:林霆。"《延祐四明志》卷六《人物考下》:"宝祐元年姚勉榜:林霆。"《光绪慈溪县志》卷十九《选举上·宋》:"宝祐元年癸丑姚勉榜:林霆。"

施泰　孙庆元府慈溪县人。施琼侄。登宝祐元年进士第。事迹无考。

《宝庆四明志》卷十《进士》:"宝祐元年姚勉榜:施泰孙,琼侄。"《延祐四明志》卷六《人物考下》:"宝祐元年姚勉榜:施泰孙,琼侄。"《光绪慈溪县志》卷十九《选举上·宋》:"宝祐元年癸丑姚勉榜:施泰孙,琼侄。"

陈梦卓　绍兴府余姚县人。登宝祐元年进士第。宝祐时为迪功郎、黄岩县尉。

《宝庆会稽续志》卷六《进士》:"宝祐元年癸丑姚勉榜:陈梦卓。"《光绪余姚县志》卷十九《选举表》:"宝祐元年癸丑:陈梦卓,膺祖从子。"

郭元逸《宋故钱公墓志铭》:"亲末迪功郎台州黄岩县尉陈梦卓书丹。"

注:是志撰于宋宝祐五年(1258)。

孙炳炎 字起晦,孙子秀侄,绍兴府余姚县人。登宝祐元年进士第。初授福州教授,入淮东幕,在太平县任官时,力减赋税。出知饶州,见官米大损,上书朝廷,分期补偿之。时江西贼乱,广东、广西大扰,孙氏竟不费兵卒平定,以言罢官,不久卒。孙炳炎有《题元实弟姚山别业》一诗,见于黄宗羲《四明山志》。

清王梓材等《宋元学案补遗》卷七一《孙先生炳炎》:"孙炳炎,字起晦。子秀从子。以进士为福建教授,历迁宗正丞,权吏部郎,出知饶州,按视亏运米二十万石,请得分限补偿,诏从之。赣寇出没,二广为患,先生不折一矢解散之,广帅刘应龙举以自代,会以言罢,遂不起。"

《光绪余姚县志》卷二十三《列传五·宋》:"孙炳炎,字起晦,子秀从子。宝祐元年进士。为福州教授,历湖南路帅干官,改淮东饷幕,皆尽职。添倅太平,护郡符,却横租四十八万有奇。入为宗正丞,权吏部郎。出知饶州,按视亏运米二十万石,请分限补偿,乞免专官专吏之扰,其新米则按月转输,诏从之。赣寇出没,二广为患,炳炎不折一矢解散之,广帅刘应龙举以自代,会江上师溃,叹曰:'此国家危急存亡之秋。'勒所部将校进屯丰城以拒寇。除军器监,以言罢归。官宗正丞时,轮对札子言:天子大计,切劘君德,整齐纪纲。懔懔有古诤臣风。"

《宝庆会稽续志》卷六《进士》:"宝祐元年癸丑姚勉榜:孙炳炎。"《光绪余姚县志》卷十九《选举表》:"宝祐元年癸丑:孙炳炎。"

孙象先 绍兴府余姚县人。登宝祐元年进士第。事迹无考。

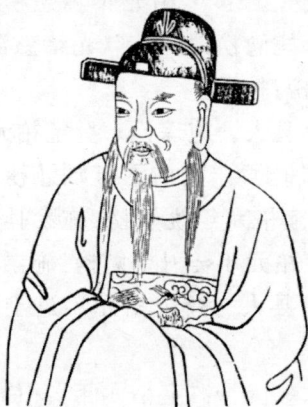

孙象先
像取自清代修《浙江余姚孙氏宗谱》

《宝庆会稽续志》卷六《进士》："宝祐元年癸丑姚勉榜：孙象先。"《光绪余姚县志》卷十九《选举表》："宝祐元年癸丑：孙象先。"

孙震孙 庆元府慈溪县人。登宝祐元年进士第。事迹无考。

《宝庆四明志》卷十《进士》："宝祐元年姚勉榜：孙象先。"《延祐四明志》卷六《人物考下》："宝祐元年姚勉榜：孙象先。"《光绪慈溪县志》卷十九《选举》："宝祐元年癸丑姚勉榜：孙震孙。"

孙獬孙 庆元府慈溪县人。登宝祐元年进士第。事迹无考。

《光绪慈溪县志》卷五十《孙孝子祠记》："魁省则因梦观，擢第则困，斯撙、震孙、獬孙。"

《宝庆四明志》卷十《进士》："宝祐元年姚勉榜：孙獬孙。"《延祐四明志》卷六《人物考下》："宝祐元年姚勉榜：孙獬孙。"《光绪慈溪县志》卷十九《选举上·宋》："宝祐元年癸丑姚勉榜：孙獬孙。按：嘉靖、天启、雍正志并误姚獬孙。姚獬孙，天启、雍正志有传，云：宋末举乡荐，授国子监助教，是未尝成进士也。孙獬孙登第有桂锡孙撰《孙孝子祠记》可证。"

孙困 庆元府慈溪县人。登宝祐元年进士第。宝祐时官平江府通判，咸淳时为浙东安抚司主管机宜文字。

《光绪慈溪县志》卷五十《孙孝子祠记》："魁省则因梦观，擢第则困，斯撙、震孙、獬孙。

《光绪慈溪县志》卷十九《选举上·宋》："宝祐元年癸丑姚勉榜：孙困。按宝祐六年桂锡孙撰《广利桥记》结衔朝奉郎、新通判平江军府兼管内劝农，事见《开庆志》。又咸淳元年《浚普济湖记》结衔朝奉大夫、新□浙东安抚司主管机宜文字。《孙孝子祠记》亦作于咸淳初，称为浙东帅，记并见金石。"

孙斯撙 庆元府慈溪县人。登宝祐元年进士第。事迹无考。

《光绪慈溪县志》卷五十《孙孝子祠记》："魁省则因梦观，擢第则困，斯撙、震孙、獬孙。

《光绪慈溪县志》卷十九《选举上·宋》："宝祐元年癸丑姚勉榜孙斯撙。"

单德旗 庆元府奉化县人。登宝祐元年进士第。官处州教授、会稽理曹掾。

元戴表元《剡源集》卷十六《单君范墓志铭》："按单氏之籍，自婺迁明，奉化凡三枝。居湖山枝，称会稽理曹掾德旗。"

《宝庆四明志》卷十《进士》："宝祐元年姚勉榜：单德旗。"《延祐四明志》卷六《人物考下》："宝祐元年姚勉榜：单德旗。"《光绪奉化县志》卷十九《选举表一》："宝祐元年癸丑：单德旗，处州教授。"

舒渚　字起潜,庆元府奉化县人。舒琼孙。登宝祐元年进士第。官奉议郎、绍兴府通判,提点浙东刑狱。

《光绪奉化县志》卷二十三《人物传一》:"舒渚,字起潜,广平人。宝祐元年进士。官奉议郎、绍兴府通判。多惠政,□浙东□刑狱,多平□廉明仁恕云。"

《宝庆四明志》卷十《进士》:"宝祐元年姚勉榜:舒渚。"《延祐四明志》卷六《人物考下》:"宝祐元年姚勉榜:舒渚。"《光绪奉化县志》卷十九《选举表一》:"宝祐元年癸丑:舒渚,琼孙。"

舒梦庚　庆元府奉化县人,一说慈溪县人。舒瑾子。登宝祐元年进士第。官嘉兴知府。

《宝庆四明志》卷十《进士》:"宝祐元年姚勉榜:舒梦庚。"《延祐四明志》卷六《人物考下》:"宝祐元年姚勉榜:舒梦庚。"《光绪奉化县志》卷十九《选举表一》:"宝祐元年癸丑:舒梦庚,瑾子,嘉兴知府。"《光绪慈溪县志》卷十九《选举上·宋》:"宝祐元年癸丑姚勉榜:舒梦庚。"

舒漳　庆元府奉化县人。舒琥孙。登宝祐元年进士第。官江西提刑。

《宝庆四明志》卷十《进士》:"宝祐元年姚勉榜:舒漳,琥孙。"《延祐四明志》卷六《人物考下》:"宝祐元年姚勉榜:舒漳,琥孙。"《光绪奉化县志》卷十九《选举表一》:"宝祐元年癸丑:舒漳,琥孙。江西提刑。"

杨壁　庆元府慈溪县人。登宝祐元年进士第。事迹无考。

《宝庆四明志》卷十《进士》:"宝祐元年姚勉榜:杨壁。"《延祐四明志》卷六《人物考下》:"宝祐元年姚勉榜:杨壁。"《天启慈溪县志》卷六《选举》:"宝祐元年:杨壁。"

刘三清　庆元府奉化县人。登宝祐元年进士第。官太师。

《光绪奉化县志》卷十九《选举表一》:"宝祐元年癸丑刘三清,姚勉榜,仕至太师。"

潘梦说　台州府宁海县人。登宝祐元年进士第。事迹无考。

《弘治赤城新志》卷九《人物一·进士》:"宝祐元年姚勉榜:潘梦说,宁海人。"《光绪宁海县志》卷九《选举表·宋·进士》:"宝祐元年癸丑:潘梦说,爵里未详。"

赵与缙　绍兴府余姚县人。登宝祐元年进士第。事迹无考。

《光绪余姚县志》卷十九《选举表》:"宝祐元年癸丑:赵与缙,姚勉榜。"

戴得之　庆元府鄞县人。戴权子。登宝祐元年上舍释褐第。事迹无考。

宋王应麟等《深宁先生文钞摭余编》卷一《戴氏桃源世谱序》："余观《桃源世谱》，第进士者六人，特科二人。"

《宝庆四明志》卷十《进士》："宝祐元年姚勉榜：戴得之，权子，上舍。"《延祐四明志》卷六《人物考下》："宝祐元年姚勉榜：戴得之，权子，上舍。"《光绪鄞县志》卷二十《选举表一》："宝祐元年癸丑：戴得之。"

史有之　庆元府鄞县人。史弥巩之子。登宝祐元年上舍释褐第。事迹无考。

《宝庆四明志》卷十《进士》："宝祐元年姚勉榜：史有之，上舍，弥巩子。"《延祐四明志》卷六《人物考下》："宝祐元年姚勉榜：史有之，上舍，弥巩子。"《光绪鄞县志》卷二十《选举表一》："宝祐元年癸丑：史有之，上舍。"

宝祐四年（1256）丙辰文天祥榜

王应凤　字仲仪，号默斋，王应麟之弟。少年时与其兄同受父王㧑教育，长于文史。淳熙时以父荫补将仕郎，后登宝祐四年进士第。官监通州狼山税、仪真郡文学掾。开庆时与兄同举博学鸿词科，为淮南主管机宜文字、军器监丞。王应麟时在官枢，为避嫌，改出淮西。不久后得文天祥推荐，德祐时以太常博士入临安，遂卒。

其有《默斋集》、《订正三辅黄图》二书，皆已佚。仅存诗《送袁明府衡任满入都》一首，见于《四明诗萃》（清董沛抄本，国家图书馆藏）。

佚名《宋宝祐四年登科录》卷二《第一甲》："王应凤，第九人，迪功郎。字仲仪，小名若凤，第二十三，慈侍下。年二十七，七月二十九日寅时生，外氏陈。治赋，一举。兄应麟，从事郎。娶罗氏，曾祖安道，观察使，祖睎亮，武经郎，父㧑，直秘阁。本贯开封府祥符县，寄居庆元府鄞县，祖为户。"

清陆心源《宋史翼》卷十六《王应凤》："王应凤，字仲仪，号默斋，鄞县人㧑之子。与应麟生同日，兄弟丽讲矻矻，忘寝食，其学淹博精切，刿心文圃，根柢左氏、班马。父性严急，每授题，设巍坐，命与应麟坐堂下，刻烛以俟，少缓辄叱怒，由是为文称敏捷，援笔立就。淳熙十一年，荫补将仕郎。登宝祐四年进士，廷对，披腹尽言，以甲科第九人赐第，监通州狼山税，五年为仪真郡文学掾，开庆元年中博学鸿词科，应麟亦先中是科，诏褒谕之。由架阁佐淮南，主管机宜文字，笺记填委，每入阁，口占命吏即上马志。寻除军器监丞，时应麟方草制，以嫌改差淮西制置司参议官。未几，文天祥荐其学宜在翰墨之选。德祐元年，召为太常博士，将以内制处之，甫入国门即死，年四十六。"

《成化宁波府志》卷八《人物考》："王应凤，字仲仪，鄞人。与兄应麟丽讲矻矻，忘寝食，刿心文囿，根柢左氏、班马。淳祐十一年荫补将仕郎。明年登文天祥榜：进士，监通州琅山税。宝祐间廷对，披腹尽言，上以甲科第九人赐第，或谓曰：‘此丽泽先生名第也，盍以异科自见？’仲仪学益淹。贯开庆元年博学宏词科，历官至主管机宜文字，寻除军器监丞。时应麟方掌制，以连茹之嫌，不果。入改差淮西制置司参议官。未几，文天祥荐其学宜在翰墨之选。除太常博士以终，寿四十六。所著有《默斋稿》及《订正三辅黄图》诸书藏于家。”

《宝庆四明志》卷十《进士》：“宝祐四年文天祥榜：王应凤。”《延祐四明志》卷六《人物考下》：“宝祐四年文天祥榜：王应凤。”《光绪鄞县志》卷二十《选举表一》：“宝祐四年丙辰：王应凤，应麟弟。”

杜梦冠（1212—？）　字叔范，文字景范。庆元府鄞县人，一说奉化县人。登宝祐四年登进士第。师学于李元白，与黄应春齐名，官举常平、浙西茶盐使。

佚名《宝祐四年登科录》卷三《第五甲》：“杜梦冠，第一百四十八人，字叔范。第一，偏侍下。年四十五，十一月九日卯时生。外氏方。治《诗》，一举。兄弟三人。娶宓氏。本贯庆元府鄞县，祖为户。”

元戴表元《剡源集》卷十三《送杜子问赴学官序》：“若辟雍习《诗》者，望其风不敢与奉化齿。主司第甲乙，或至榜中连题奉化五七辈，然后及他州，公论莫不以为当然。数十年间，名字脍炙，籍籍于诸人之口，李秘书景平、杨博士子献、黄知郡义甫、杜常平叔范，其尤也。四者之中，李、杨、黄尝立朝，位望相埒，而叔范官若不逮。”

《光绪奉化县志》卷二十三《人物传一》：“时杜梦冠亦受诗学于元白，与应春齐名。梦冠，字景范，登宝祐四年进士第，官浙西茶盐使。”

《宝庆四明志》卷十《进士》：“宝祐四年文天祥榜：杜梦冠。”《延祐四明志》卷六《人物考下》：“宝祐四年文天祥榜：杜梦冠。”《光绪鄞县志》卷二十《选举表一》：“宝祐四年：杜梦冠。”《光绪奉化县志》卷十九《选举表一》：“宝祐四年丙辰：杜梦冠。”

章霆瑞　字文轰。庆元府鄞县人，后迁慈溪。登宝祐四年进士第。长于治赋。

《宝祐四年登科录》卷三《第五甲》：“□□□，第三十三人，字文轰，小名立礼，小字起恭。第仲六，严侍下。年四十，五月十五日卯时生。外氏郑。治《赋》，四举。兄弟二人。娶方氏。曾祖景初，祖天祐，父珪。本贯庆元府鄞县，寄居慈溪县，父为户。”

《宝庆四明志》卷十《进士》：“宝祐四年文天祥榜：章霆瑞。”《延祐四明志》卷六《人物考下》：“宝祐四年文天祥榜：章霆瑞。”《光绪鄞县志》卷二十《选举表一》：“宝祐四年丙辰：章霆瑞。案《同年录》五甲三十三人，脱姓名，而小注云：本贯鄞县，寄居慈溪。字文羲，小名立礼，小字起恭。以《宝庆志》核之，知即霆瑞也。”《光绪慈溪县志》卷十九《选举上·宋》：“宝祐四年丙辰文天祥榜：章霆瑞。”

李璹　庆元府鄞县人，一说庆元府奉化县人。登宝祐四年进士第，开庆元年再对二等。事迹无考。

《宝庆四明志》卷十《进士》：“宝祐四年文天祥榜：李璹，己未再对二等。”《延祐四明志》卷六《人物考下》：“宝祐四年文天祥榜：李璹，己未再对二等。”《光绪鄞县志》卷二十《选举表一》：“宝祐四年丙辰：李璹。”《光绪奉化县志》卷十九《选举表一》：“宝祐四年丙辰：李璹，以制曾孙。”

陈著（1214—1297）　字子微，又字谦之，号本堂，陈德刚之子，陈桱先祖。庆元府鄞县人，一说奉化县人。少有文名。登宝祐四年进士第。初授饶州商税监，改光州教授，景定时被任命为鹭洲书院山长。吴潜荐陈著于朝，为贾似道所忌，出为外官，幸又得赵与訔推荐，为芜湖茶官、著作郎。贾似道行公田法和为母丁忧逾制时，均激烈上书，一时为人所钦佩。又曾知嵊州，有善政。

其有《本堂集》（亦有作《希本堂集》）、《历代统纪》和《至元奉化县志》等，仅存《本堂集》一书，其余已佚。

元任士林《松乡先生文集》：“先是，前朝请大夫赵公崇憲有志改筑，卒不就。檝下日，其犹子必摹图宝鹿山以进，其婿前太学博士陈先生著规示之，于是州达鲁花赤察罕、知州事李侯炳，与其貳星侯槩、李侯居安议允协，其属臧君湀、郑君元均赞甚力，以工给其役，以吏董其事。”

元佚名《宝祐四年登科录》卷三《第五甲》：“陈著，第十七人，字子微，小名祥孙，小字谦之。第四一，永感下。年三十二，六月十三日戊时生。外氏竺。治赋，二举。兄弟二人。娶童氏。曾祖宏，祖仲，父德刚。本贯庆元府鄞县，寄居武康县，自为户。”

清黄宗羲等《宋元学案》卷八十六《知州陈本堂先生著》：“陈著，字本堂，鄞县人，习庵侄也。文天祥榜进士。贾似道当国，讽其及门曰：‘宁不登朝，不可屈节。’授安福令，改知嵊县。时嵊为戚畹所居，有司不得行其政，阙之者十七年，先生整葺之，威令肃然。及迁，后令李兴宗问政，答曰：‘义利明而取予当，教化先而狱赋后，识大体而用小心，爱细民而化巨室，如斯而已。’嵊民乞留不得，祖账塞路，至城国岭上，因名曰陈公岭。后知台州。"

清王梓材等《宋元学案补遗》卷八十六《知州陈本堂先生著》："梓材谨案：先生字子微，本堂其号也。著有《希本堂集》九十五卷，别撰《历代统纪》以淑子弟，可知学士柽之史学固其家学也。"

《光绪鄞县志》卷三十《人物传五》："陈著，字子微，号本堂，德刚子。六岁能文，为举子声日起，诸公争致之，授简客右，出语往往惊其坐人。宝祐四年进士。初监饶州商税，调光州教授。景定元年任鹭洲书院山长，相国吴潜以著才可大用，荐于朝。时贾似道当国，讽其及门，著曰：'宁不登朝，不为此态。'遂出为安福令。未几，浙漕提领赵与訔辟监三石桥酒库，湖南帅赵必普辟帅准，既而与訔为江淮提领，复辟芜湖茶官。四年贾似道买公田于浙西，著时为著作郎，上疏曰：'似道居外阃则志在欺君，处端揆则务于瘠民，未有将相如此而能致隆平者，乞罢买公田，斥逐似道，庶可以救国安民。'似道怒，出知嘉兴。咸淳四年，改知嵊县，先是宗室外戚有居嵊者，持一邑权，前令率被谴去，且布党僻地，剥剥行人役于家，及造白契占人田产。著至，独持风裁，诸豪乃敛，戢民赖以安。在嵊四年，迁通判扬州，去，乞留不得，祖帐遮道数十里，至城固岭，民依依不舍，因易岭名曰陈公岭，以识去思，代者李兴宗问：'何以教我？'著曰：'义理明而取予当，教化先而狱赋后，识大体而用小心，爱细民而公巨室，如是而已。'寻改临安签判转通判，擢太学博士。十年，贾似道归越，治母丧，诏以天子卤簿葬之，起坟拟山陵者，著率诸生上疏切陈，以为自古未闻有如此者，不听。似道衔之，比还，朝欲远窜者，著上不可，后以监察御史知台州，除秘书监，不就。

"著为人抗节不屈，雅操足以厉俗说，论足以匡政而卒阨于枋臣，不得大用。德祐时试士，著预参文衡，得一策，痛陈时事，持白其长，宜置前列，闻者为瑟缩而掩抑之。著每对人道，其屈气弗膺。未几，国事非矣。宋亡，避兵迁徙，流离困顿，晚居四明山中，不与世接，感慨君国时事，见之诗文。奉化县尹丁济以著先朝宿望，聘修县志，卒年八十四。"

《宝庆四明志》："宝祐四年文天祥榜：陈著。"《延祐四明志》卷六《人物考下》："宝祐四年文天祥榜：陈著。"《光绪鄞县志》卷二十《选举表一》："宝祐四年丙辰：陈著。"《光绪奉化县志》卷十九《选举表一》："宝祐四年：陈著，文天祥榜，寄籍鄞县。"

注：陈著研究较早见于欧阳光《宋元诗社研究丛稿》（广东高等教育出版社 1996 年版）中"陈著与鄞县诗社"一节，将陈著在乡里的结社活动和交游网络进行初步梳理。2010 年张韶华、刘荣平在《闽西职业技术学院学报》发

表《陈著生平系年》一文,对生平有所考证。另有涂静文的《宋末元初文人陈著研究》。

卓云(1238—?)　庆元府鄞县人。登宝祐四年进士第。事迹无考。

元佚名《宝祐四年登科录》卷三《第五甲》:"卓云,第八十三人。年十九,四月生。治赋,一举。曾大渊。祖遇。本贯庆元府鄞县,父为户。"

《宝庆四明志》卷十《进士》:"宝祐四年文天祥榜:卓云。"《延祐四明志》卷六《人物考下》:"宝祐四年文天祥榜:卓云。"《光绪鄞县志》卷二十《选举表一》:"宝祐四年丙辰:卓云。"

罗雷发(1219—?)　字子囷,庆元府鄞县人,一作慈溪县人。登宝祐四年进士第。事迹无考。

元佚名《宝祐四年登科录》卷二《第四甲》:"罗雷发,第五十七人,字子囷,小名昇,小字日大。第囗,具庆下。年三十八,十月四日辰时生。外氏方。治《周礼》,二举。兄弟三人。娶郑氏。曾祖天锡,将仕郎。祖津。父迪功郎。本贯庆元府鄞县,见居慈溪石台乡,父为户。"

《宝庆四明志》卷十《进士》:"宝祐四年文天祥榜:罗雷发。"《延祐四明志》卷六《人物考下》:"宝祐四年文天祥榜:罗雷发。"《光绪鄞县志》卷二十《选举表一》:"宝祐四年丙辰:罗雷发。"《光绪慈溪县志》卷十九《选举上·宋》:"宝祐四年丙辰文天祥榜:罗雷发。按是年登科录云:雷发,四甲第五十七人。字子囷,小名昇,小字日大,治《周礼》。本贯庆元府鄞县,见居慈溪石台,卿父为户。《光绪鄞县志》引此称是科同年录阙父为户三字,而以见居为寄居。"

赵必聪　字明叔,登宝祐四年进士第。事迹无考。

元佚名《宝祐四年登科录》卷二《第四甲》:"赵必聪,第二百二十六人,字明叔。第再四,严侍下。年二十九,六月四日丑时生。治赋,一举。兄弟必霁,漕请。曾祖善纠。祖汝荷。父崇篆。本贯玉牒所。"

《宝庆四明志》卷十《进士》:"宝祐四年文天祥榜:赵必聪。"《延祐四明志》卷六《人物考下》:"宝祐四年文天祥榜:赵必聪。"《光绪鄞县志》卷二十《选举表一》:"宝祐四年丙辰:赵必聪。"

赵崇回　字希道,庆元府鄞县人。登宝祐四年进士第。事迹无考。

元佚名《宝祐四年登科录》卷二《第四甲》:"赵崇回,第二百五人,字希道,小名回老。第四十。年二十,六月十七日申时生。外氏王。治《书》,举。兄弟三人。曾祖不枯,仕。祖善眣,父汝隋。本贯庆元府,已为户。"

《宝庆四明志》卷十《进士》:"宝祐四年文天祥榜:赵崇回。"《延祐四明志》卷六《人物考下》:"宝祐四年文天祥榜:赵崇回。"《光绪鄞县志》卷二十《选举表一》:"宝祐四年文天祥榜:赵崇回。"注:该年登科中另有一人名赵崇回,乃第四甲二百零一名,不可混淆。

史即之　庆元府鄞县人。登宝祐四年进士第。事迹无考。

《宝庆四明志》卷十《进士》:"宝祐四年文天祥榜:史即之。"《延祐四明志》卷六《人物考下》:"宝祐四年文天祥:史即之。"《光绪鄞县志》卷二十《选举表一》:"宝祐四年丙辰:史即之。"

史常之　庆元府鄞县人。登宝祐四年进士第。事迹无考。

《宝庆四明志》卷十《进士》:"宝祐四年文天祥榜:史常之。"《延祐四明志》卷六《人物考下》:"宝祐四年文天祥榜:史常之。"《光绪鄞县志》卷二十《选举表一》:"宝祐四年丙辰:史常之。"

刘南强　庆元府鄞县人。登宝祐四年进士第。事迹无考。

《宝庆四明志》卷十《进士》:"宝祐四年文天祥榜:刘南强。"《延祐四明志》卷六《人物考下》:"宝祐四年文天祥榜:刘南强。"《光绪鄞县志》卷二十《选举表一》:"宝祐四年丙辰:刘南强。"

李国宝　庆元府鄞县人。登宝祐四年进士第。事迹无考。

《宝庆四明志》卷十《进士》:"宝祐四年文天祥榜:李国宝。"《延祐四明志》卷六《人物考下》:"宝祐四年文天祥榜:李国宝。"《光绪鄞县志》卷二十《选举表一》:"宝祐四年丙辰:李国宝。"

余梅叟　庆元府鄞县人。登宝祐四年进士第。事迹无考。

《宝庆四明志》卷十《进士》:"宝祐四年文天祥榜:余梅叟。"《延祐四明志》卷六《人物考下》:"宝祐四年文天祥榜:余梅叟。"《光绪鄞县志》卷二十《选举表一》:"宝祐四年丙辰:余梅叟。"

陈鼎　庆元府鄞县人。陈焘弟,陈了翁兄。登宝祐四年进士第。事迹无考。

《宝庆四明志》卷十《进士》:"宝祐四年文天祥榜:陈鼎,焘弟,了翁兄。"《延祐四明志》卷六《人物考下》:"宝祐四年文天祥榜:陈鼎,焘弟,了翁兄。"《光绪鄞县志》卷二十《选举表一》:"宝祐四年丙辰:陈鼎,了翁兄。"

郑士洪　庆元府鄞县人。登宝祐四年进士第。官御史。其诗有《牡丹亭》一首,收录于《甬上宋元诗略》。

《宝庆四明志》卷十《进士》:"宝祐四年文天祥榜:郑士洪。"《延祐四明志》卷六《人物考下》:"宝祐四年文天祥榜:郑士洪。"《光绪鄞县志》卷二十《选举表一》:"宝祐四年丙辰:郑士洪。案:《诗汇》:御史。"

夏已震　庆元府鄞县人。登宝祐四年进士第。事迹无考。

《宝庆四明志》卷十《进士》："宝祐四年文天祥榜：夏已震，嘉之子。"《延祐四明志》卷六《人物考下》："宝祐四年文天祥榜：夏已震，嘉子。"《光绪鄞县志》卷二十《选举表一》："宝祐四年丙辰：夏已震，嘉子。"

楼世仁　庆元府鄞县人。登宝祐四年进士第。事迹无考。

《宝庆四明志》卷十《进士》："宝祐四年文天祥榜：楼世仁。"《延祐四明志》卷六《人物考下》："宝祐四年文天祥榜：楼世仁。"《光绪鄞县志》卷二十《选举表一》："宝祐四年丙辰：楼世仁。"

赵若棋　庆元府鄞县人。登宝祐四年进士第。事迹无考。

《宝庆四明志》卷十《进士》："宝祐四年文天祥榜：赵若棋。"《延祐四明志》卷六《人物考下》："宝祐四年文天祥榜：赵若棋。"《光绪鄞县志》卷二十《选举表一》："宝祐四年丙辰：赵若棋。"

王刚中　台州府宁海县人。登宝祐四年进士第。

元佚名《宝祐四年登科录》卷二《第四甲》："王刚中，第二百三十八人。治《易》，一举，曾祖延、祖裴，父坚叔，迪功郎。本贯台州府宁海县，祖为户。"

《光绪宁海县志》卷九《选举表》："宝祐四年丙辰：王刚中。"

胡三省（1230—1302）　字身之，一字景参。登宝祐四年进士第。得贾似道荐，官芜湖，时兵乱不用。胡氏博览群书，尤长于史，终生致力于注解司马光《资治通鉴》，得贾似道等人相助，曾有成稿。宋元易代之际，胡氏避居新昌，不料遭兵乱，文稿尽毁。后胡氏重新撰稿，终成《资治通鉴音注》、《资治通鉴释文辩误》。

其著作《资治通鉴音注》是目前通行的《资治通鉴》最佳注本。中华书局出版的点校本《资治通鉴》附有胡注。

元袁桷《清容居士集》卷三十三《先君子早承师友晚固艰贞习益之训传于过庭述师友渊源录》："胡三省，天台人，宝祐进士。贾相馆之，释《通鉴》三十年。兵难，稿三失。乙酉岁，留袁氏塾，日手抄定注。己丑，寇作，以书藏窖中，得免。定注今在家。"

元袁桷《清容居士集》卷四十三《祭胡梅涧文》："维先生负渊海之学，执事物之枢，用功于青云决科之前。大究若讷，小得若愚。纲罗搜抉，极竹素之秘。而其微细委琐，犹不遗于初虞。袭释例于杜氏，著履霜坚冰之旨，条分目举。而牛李弃地之争，党子制父之议，前人之有疑者，虽取舍有在，以明逗叟当时之不得已。至于孜孜卫异，拾遗补误，亦几乎司马氏之忠臣而无负。江上之策，不行于老奸。蒙昧草野，避声却影。年运而往，知吾道之愈难。写心声之悲愤，听涧水之潺湲。阴阳倚伏，何得而非辱，何失而非福。匪历代消长，融会胸臆，其何能若是之茛谷？甲申之岁，先生出峡，访先子于城南。桷时弱冠气盛，望先生之道，不知珮玉之利于徐趋，驾车之不可脱衔也。先生微机以抉之，再而报，三而竭，垂头却立，毕志以请业。由是始得知：二千余年之内，论事不可以一概。而所谓非三代不陈者，实要君以行怪。忧患荒落，负先生之训。相望信宿，犹冀往复，以自振迅。书来自冬，属托孔懃，谆谆已近于期耈之语。感多而疑成，惧不能以久亲。语未脱口，而会事已陈，一老之憝，斯文之所系，而不肖所受之深者，恩不止于玉成，哀不止于流涕。痛遗书之已粹，异夫草玄之隘。苟志愿之不泯，虽少屈而何害。扫儿童之哀悼，陈一殇以自誓。盖事有至难而可成，时不可以终逝。炳然之书，安能久名山之副藏，迄垂阐于盛世。公之精诚，理宁有昧。矢兹一言，以俟其会。溪流奔隧，云木黯霄。相此皦如，魂兮其返旆也。尚飨。"

元苏天爵《国朝文类》卷三十二《新注资治通鉴序》："乙巳，先君卒，尽瘁家蛊，又从事科举业，史学不敢废也。宝祐丙辰，出身进士科，始得大肆其力于是书。游宦于外，率携以自随；有异书异人，必就而正焉。依陆德明《经典释文》，厘为《广注》九十七卷，著《论》十篇，自周讫五代，略叙兴亡大致。咸淳庚午，从淮壖归杭都，延平廖公见而韪之，礼致诸家，俾雠校《通鉴》以授其子弟，为著《雠校通鉴凡例》。廖转荐之贾相国。德祐乙亥，从军江上，言辄不用，既而军溃，间道归乡里。丙子，浙东始骚，辟地越之新昌；师从之，以孥免，失其书。乱定反室，复购得他本之为注，始以《考异》及所注者散入《通鉴》各文之下；历法天文则随《目录》所书而附注焉。讫乙酉冬，乃克彻编。凡纪事之本末，地名之同异，州县之建置离合，制度之沿革损益，悉疏其所以然，若《释文》之舛谬，悉改而正之，著《辩误》十二卷。"

元佚名《宝祐四年登科录》卷三《第五甲》："胡三省，第一百二十一人。字景参，小名薄孙，小字子持。第宁三，慈侍下。年二十七，四月二日丑时生。外氏周。治赋，一举。兄弟二人。娶张氏。曾祖友闻，祖须，父钥。本贯台州宁海县新宁乡。"

清黄宗羲等《宋元学案》卷八十五《朝奉胡梅涧先生三省》："胡三省，字身之，天台人。博学能文章，尤笃于史学。宋宝祐进士。德祐元年，以贾似道辟，从军芜湖，言辄不用。及师溃，问道归。宋亡，隐居不仕。著《资治通鉴音注》及《释文辩误》百余卷。史失其传，不知其卒于何时。据先生自序，德祐丙子，浙东始骚，避地越之新昌，遭乱失其书，是年宋亡。先生乱定反室，复购得他本为之注，以乙酉彻编，实至元二十二年也。"

《光绪宁海县志》卷九《选举表》:"宝祐四年丙辰:胡三省。"

注:胡三省研究具有代表性的著述,一是1999年香港大学黎启文的《胡三省史学研究》;二是林嵩编的《通鉴胡注论纲》,该书对20世纪以来的胡三省和胡注研究有了基本的梳理,并从胡氏生平、胡注的编纂、内容、欠缺及其在史籍注释上的地位加以论述,颇具学术价值。

何井(1221—?)　字茂远,绍兴府余姚县人。会稽、余姚诸志作何林。登宝祐四年进士第。刘黻擢为沿海制置司干办公事,善治边事。对乡有贡献,创立严光祠、高节书院。

元佚名《宝祐四年登科录》卷二《第三甲》:"何井,第十八人。字茂远,小名贯老,小字伯礼。第千十九,永感下。年三十六,七月二十七日寅时生。外氏晏。治赋,一举。兄弟应酉,进士。曾祖雅,将仕郎,祖□,父渊,本贯绍兴府余姚县,自为户。"

《光绪余姚县志》卷二十三《列传五·宋》:"何林,字茂远,宝祐四年进士。刘黻为沿海制置使,辟林干办公事,号为知己。时缘边多事,林善适权变,济以忠勤,举措皆当,客星山,故有严光祠。林谋诸黻创高节书院,语在学校、典祀两志。"

《宝庆会稽续志》卷六《进士》:"宝祐四年丙辰文天祥榜:何林。"《光绪余姚县志》卷十九《选举表》:"宝祐四年丙辰:何林。"

姚会之　字文叟,绍兴府余姚县(一作绍兴府会稽县)人。登宝祐四年进士第。官崇仁县令。

元佚名《宝祐四年登科录》卷二《第二甲》:"姚会之,第三十九人。字文叟,小名安国,小字君辅,第一,严侍下。年二十二,五月十一日亥时生。外氏黄,治书乡举,娶孙氏。曾祖思震,祖汝为,父友龙。本贯绍兴府会稽县状元里,父为户。"

《宝庆会稽续志》卷六《进士》:"宝祐四年丙辰文天祥榜:姚会之。"《光绪余姚县志》卷十九《选举表》:"宝祐四年丙辰:姚会之,文天祥榜,崇仁县令。"

莫子材(1211—?)　字材卿,莫子纯弟。绍兴府余姚县人。登宝祐四年进士第。事迹无考。

元佚名《宝祐四年登科录》卷三《第五甲》:"莫子材,第六十八人。字材卿,小名吉孙,小字元吉。年四十六,三月二十四日。治《书》,二举。曾祖涛,本贯绍兴府余姚县。"

《宝庆会稽续志》卷六《进士》:"宝祐四年丙辰文天祥榜:莫子材。"《光绪余姚县志》卷十九《选举表》:"宝祐四年丙辰:莫子材,子纯弟。"

张颐孙 一作张熙孙,张良孙之弟。绍兴府余姚县人。登宝祐四年进士第。事迹无考。

元佚名《宝祐四年登科录》卷三《第五甲》:"张颐孙,第一百五十人。字景川。永感下。年四十九,九月二十九日寅时生。治赋,免举。兄弟终鲜,娶赵氏。曾祖筹,祖俨,迪功郎,父世美,进士。本贯绍兴府萧山县,已为户。"

《宝庆会稽续志》卷六《进士》:"宝祐四年丙辰文天祥榜:张颐孙。"《光绪余姚县志》卷十九《选举表》:"宝祐四年丙辰:张颐孙,良孙弟,《乾隆通志》作熙孙。"

注:《宝祐四年登科录》作张颐孙为萧山县人,且兄弟极少,则和《余姚志》所作或非一人,《余姚志》谬误的可能性更大。

赵时泰 赵彦悈从孙,绍兴府余姚县人。登宝祐四年进士第。官鄞县令。

《光绪余姚县志》卷十九《选举表》:"宝祐四年丙辰:赵时泰,彦悈从孙,鄞县令。"

黄震(1213—1280) 字东发,号杕锡山居士,世称"东发先生""于越先生""文洁先生"。庆元府慈溪县人。登宝祐四年进士第。初为吴县尉,吴县豪族势力强大,黄氏不惧,管束之,后摄吴县、长洲、华亭县事,后陆续擢浙东常平司账司文字、史馆检阅,参与修缮宋宁、宋理宗两朝国史、实录,任上多次上疏,针砭时弊,为帝排斥,出知广德。在广德任上,以租代息,减轻民众负担,但禁绝广德祠山张王庙会,为贾似道偃所忌,解官。后历任绍兴府通

黄震
像取自 1928 年修《浙江余姚黄氏宗谱》

判、浙东提举常平司等官。宋亡不仕，隐居乡里著书为学而卒。

黄震是宋末元初四明地区重要的理学家，也是浙东地区朱子学的代表人物之一，开创东发学派，刊刻朱子学的书籍。著有《黄氏日抄》、《古今纪要》、《戊辰修史传》等书，现有何忠礼、张伟《黄震全集》点校本（浙江大学出版社 2013 年版）。

元袁桷《清容居士集》卷三十三《先君子早承师友晚固艰贞习益之训传于过庭述师友渊源录》：“黄震，慈溪县人，以清介闻。贾相知之，守抚州兼本路提点刑狱，迄不能合，坐论去，性不喜乡里，独作书以所为《日抄》一编寄赠。”

清全祖望《鲒埼亭集外编》卷十六《杜洲六先生书院记》：“虽然，慈湖之学宗陆，东发之学宗朱，门户截然，故日钞中颇不以心学为是。由今考之，则东发盖尝预杜洲之讲会，而其后别为一家者也。夫门户之病，最足锢人，圣贤所重在实践，不在词说，故东发虽诋心学，而所上史馆札子，未尝不服慈湖为己之功。然则杜洲祠祭，其仍推东发者，盖以为他山之石，是可以见前辈之异而同也。”

元佚名《宝祐四年登科录》卷二《第四甲》：“黄震，第一百五人。字东发。第五八，永感下。年四十四，五月十四日辰时生。外氏陶，治诗一举，娶赵氏。曾祖允升，祖世尧，父一鹗，本贯庆元府慈溪县，自为户。”

《宋史》卷四百三十八《儒林八》：“黄震，字东发，庆元府慈溪县人。宝祐四年登进士第。调吴县尉。吴多豪势家，告私债则以属尉，民多饥冻窘苦，死尉卒手。震至，不受贵家告。府檄摄其县，及摄长洲、华亭，皆有声。

“浙东提举常平王华甫辟主管账司文字，时钱庚孙守常，朱熠守平江，吴君擢守嘉兴，皆倚婪倖厉民。华甫病革，强起劾罢三人，震赞之也。沿海制置司辟干办、提领浙西盐事，不就。改辟提领镇江转般仓分司。公田法行，改提领官田所，言不便，不听，复转般仓职。

“入为点校赡军激赏酒库所检察官。擢史馆检阅，兴修宁宗、理宗两朝国史、实录。轮对，言当时之大弊：曰民穷，曰兵弱，曰财匮，曰士大夫无耻。乞罢给度僧人道士牒，使其徒老死而消弭之，收其田入，可以富军国，纾民力。时宫中建内道场，故首及此。帝怒，批降三秩，即出国门。用谏官言，得寝。

“出通判广德军，初，孝宗班朱熹社仓法于天下，而广德则官置此仓。民困于纳息，至以息为本，而息皆横取，民穷至自经。人以为熹之法，不敢议。震曰：‘不然。法出于尧、舜、三代圣人，犹有变通，安有先儒为法，不思求其弊耶？况熹法，社仓归之于民，而官不得与。官虽不与，而终有纳息之患。'震为别买田六百亩，以其租代社仓息，约非凶年不贷，而贷者不取息。

"郡有祠山庙，岁合江、淮之民祷祈者数十万，其牲皆用牛。郡恶少挟兵刃舞牲迎神为常，斗争致犯法。其俗又有自婴桎梏、自栲掠以徼福者，震见，问之，乃兵卒。责自状其罪，卒曰：'本无罪。'震曰：'尔罪多，不敢对人言，特告神以免罪耳。'杖以示众。又其俗有所谓埋葬会者，为坎于庭，深广皆五尺，以所祭牛及器皿数百纳其中，覆以牛革，封镝一夕，明发视之，失所在。震以为妖，而杀牛淫祀非法，言之诸司，禁绝之。郡守贾蕃世以权相从子骄纵不法，震数与争论是非，蕃世积不堪，疏震挠政，坐解官。

"寻通判绍兴府，获海寇，僇之。抚州饥起，震知其州，单车疾驰，中道约富人耆老集城中，毋过某日。至则大书'闭粜者籍，强籴者斩'。揭于市，坐驿舍署文书，不入州治，不抑米价，价日损。亲煮粥食饿者。请于朝，给爵赏旌劳者，而后入视州事。转运司下州籴米七万石，震曰：'民生蹶矣，岂宜重困之。'以没官田三庄所入应之。若补刻《六经》、《仪礼》，修复朱熹祠，树晏殊里门曰'旧学坊'，制祭社稷器，复风雷祀，劝民种麦，禁竞渡船，焚千三百余艘，用其丁铁创军营五百间，皆善政也。

"诏增秩，遂升提举常平仓司。旧有结关拒逮捕事系郡狱二十有八年，存者十无三四，以事关尚书省，无敢决其狱者，以结关为作乱也。震谓结关犹他郡之结甲也，非作乱比，况已经数赦，于是皆释之。新城与光泽地犬牙相入，民夹溪而处，岁常忿斗争渔。会知县事塞雄为政扰民，因相结拒，起焚掠。震乃劾罢雄，谕其民散去。初，常平有慈幼局，为贫而弃子者设，久而名存实亡。震谓收哺于既弃之后，不若先其未弃保全之。乃损益旧法，凡当免而贫者，许里胥请于官赡之，弃者许人收养，官出粟给所收家，成活者众。震论役法，先令县核民产业，不使下户受抑于上户。大兴水利，废陂、坏堰及为豪右所占者，复之。

"改提点刑狱，决滞狱，清民讼，赫然如神明。有贵家害民，震按之，贵家怨。又强发富人粟与民，富人亦怨。御史中丞陈坚以谗者言，劾震去；谗者，乃怨震也。遂奉云台祠。贾似道罢相，以宗正寺簿召，将与俞浙并为监察御史，有内戚畏震直，止之，而浙亦以直言去。

"移浙东提举常平，镇安饥民，折盗贼萌芽。时皇叔大父福王与芮判绍兴府，遂兼王府长史。震奏曰：'朝廷之制，尊卑不同，而纪纲不可紊。外虽藩王，监司得言之。今为其属，岂敢察其非，奈何自臣复坏其法？'固不拜长史。命进侍左郎官及宗正少卿，皆不拜。

"震尝告人曰：'非圣人之书不可观，无益之诗文不作可也。'居官恒未明视事，事至立决。自奉俭薄，人有急难，则周之不少吝。所著《日抄》一百卷。卒，门人私谥曰文洁先生。"

元黄儒雅《元黄震墓志》："先君讳震，字东发，姓黄氏，世居明之慈溪。……先君生于嘉定癸酉五月壬子。宝祐乙卯预乡书，次季登进士第，授迪功郎、平江府吴江县尉。秩满，关升从事郎、辟差浙西提举司主管账司文字。会朝廷更革监事，改隶漕司，堂选两浙盐事司干办公事。先君以盐事改隶非便，力辞，改差浙西提刑司同提领镇江府转般仓分司干办公事。景定甲子六月，朝廷方创公田，同日除四分司官，差先君分司镇江府常州江阴军公田所干办公事。先君立陈分司之害，控辞至六七。时相不能夺其志，令仍旧任。咸淳元年乙丑，差充行在点检赡军激赏酒库所检察官。二年，该登极恩，循文林郎。三年，除史馆检阅。四年，考举及格，改宣教郎，继该史馆进书恩，转奉议郎。七月，论对触时忌。九月，添差通判广德军。与郡守贾蕃世不协，六年三月旨别与差遣。四月，改添差通判绍兴府，磨勘转承议郎。七年，差知抚州。八年，以赈荒职事修举，特转朝奉郎。六月，兼权提举江西常平茶盐。九季三月，差提点江西刑狱。闰六月，差主管华州云台观。十年七月，磨勘转朝散郎。德祐元年乙亥，该恩转朝请郎。二月，除宗正寺主簿。三月，差提举浙东常平茶盐。是年，皇叔祖福邸判绍兴府。六月，除直宝章阁兼绍兴府长史，力辞。十一月，召赴行在奏事，寻除侍左郎官，未造朝而国事非矣。自是屏居山林者五年，岁在辛巳正月庚戌，以疾终于先祖墓侧精舍，享年六十有九。"按：是志撰于元至元十八年（1281）。

清黄宗羲等《宋元学案》卷八十六《文洁黄于越先生震》："黄震，字东发，慈溪人，学者称为于越先生。宝祐四年登第。度宗时，为史馆检阅，与修宁宗、理宗两朝《国史》、《实录》。论对，言当时之大弊：曰民穷，曰兵弱，曰财匮，曰士大夫无耻。乞罢给度僧人道士牒，使其徒老死即消弭之，收其田入，可以富军国，纾民力。时宫中建内道场，故首及制。帝怒，批降三秩，即出国门。用谏官言，得寝。出通判广德军。郡守贾蕃世以权相从子，先生数与争论是非，蕃世积不堪，疏先生挠政，坐解官。

"尝师王文贯，其语人曰：'非圣贤之书不可观，无益之诗不作可也。'局官恒未明视事，事至立决。自奉俭薄，人有急难，则周之不少吝。所著《日钞》一百卷。宋亡，饿于宝幢而卒，门人私谥曰文洁先生。

"先生本贯定海，其后徙于慈溪。晚年自官归，复居定海灵绪乡之泽山，榜其门曰'泽山行馆'，其室曰'归来之庐'。已而侨寓鄞之南湖，已而迁寓桓溪,自署杖锡山居士。已而又避地同谷。先生没后,其子孙多居泽山者。泽山本名枥山,先生始改名焉。元至正中,学者建泽山书院以祀之。"

《延祐四明志》卷五《人物考中》:"黄震,字东发,慈溪县人。中进士第。为尉有能名,后为史馆检阅,入对,言危亡灾异在旦夕,而缁黄出入宫禁,亡节,失朝廷体。度宗大怒,谕中书削秩罢,丞相嘉其直,出为通判。广德军郡守贾蕃世,丞相兄子也。恃势以喜怒决郡事,震争不屈,后相知曲由。兄子卒,两易为绍兴府通判。未几,守抚州兼提举常平,复兼提点刑狱,时诸郡社仓法大弊,震言法出三代,犹有损益,减息济民,青苗法非不善也,弊卒不可救,今社仓弊亦在,是遂发所储钱买田以代息,抚人德之。

"震为人清介,自守临川。陆学传四明,震独崇朱氏学,其为文悉本之,又尊其门人黄干书,锓梓于抚。善论利害,奏疏明畅曲尽,人谓其甚似朱氏。后为提举浙东常平,升直宝章阁,福王赵与芮判绍,与朝命俾为长史以佐,震不拜。国事日蹙,朝廷宰辅争避去,震知不可为,归宝幢山中,誓不入城府,所居日湖图籍、器物争掠取,亦不问。在史馆时,以乡先生杨文元公、张文靖公、右军统制吴丛龙死事,乞立传。每阅经史文集,辄疏其精要辩论曰《日抄》一百卷,《春秋》、《礼记》皆为集传。其死也,里人私谥之为文洁先生。"

《宝祐四明志》卷十《进士》:"宝祐四年文天祥榜:黄震。"《延祐四明志》卷六《人物考下》:"宝祐四年文天祥榜:黄震。"《光绪慈溪县志》卷十九《选举上·宋》:"宝祐四年丙辰文天祥榜:黄震。"

注:黄震研究成果以张伟的《黄震与东发学派研究》一书最具代表性,该书对黄震的生平、学术思想、社会思想、史学思想及其门人作了精彩论述。

舒杭(1231—?)　字汝济,庆元府鄞县人,一作奉化县人。登宝祐四年进士第。官宁海县尉。

元佚名《宝祐四年登科录》卷三《第五甲》:"舒杭,第一百九人,字汝济,小名辰孙,小字叔礼。第辛四,永感下。年二十六,三月一日辰时生。外氏陈。治《书》,一举。兄弟二人。曾祖环,祖铭,父汲本,生父汾。本贯庆元府鄞县翔凤乡,己为户。"

《宝庆四明志》卷十《进士》:"宝祐四年文天祥榜:舒杭。"《延祐四明志》卷六《人物考下》:"宝祐四年文天祥榜:舒杭。"《光绪鄞县志》卷二十《选举表一》:"宝祐四年丙辰:舒杭。"《光绪奉化县志》卷十九《选举表一》:"宝祐四年丙辰:舒杭,宁海县尉。"

董楷　字正翁,一作一翁,董亨复之子,董朴之弟。庆元府奉化县人,寄居台州府临海县。登宝祐四年进士第。初授绩溪主簿,后擢洪州、湖州、松江官,皆有政绩。

董氏是朱熹再传弟子,与舒岳祥等交情颇深。其著《克斋集》已不传。仅存《周易传义附录》,收于文渊阁《四库全书》和《通志堂经解》。董氏也有诗文传世,诗《续溪书怀》、《太鹤山》分别见于《宋诗纪事补遗》和光绪《青田县志》,文《松江道院记略》、《重兴寺记略》收于《全宋文》,《古今图书集成》收录《受福亭记》一文。

宋舒岳祥《阆风集》卷十二《祭董正翁文》:"呜呼!正翁学有源委,行有法程,施之政事,又有器能,时论所许,月旦共评,兹不复叙直写交情。

"癸卯之秋,仆游霞城荆溪座中,识君弟兄,论虽罕同,心自此倾。丁未进士,华翁先登,吾季与焉,为同年生。君于丙辰赐第集英,仆厕榜下,又为齐盟。他人有一,好及云仍。而况伯仲,世契叠并。仆过莕雪,君督公田。道旧契阔,对榻分毡。我理归楫,君张祖筵。小饮碧澜,大饮赵园。鲂鲤出罟,橘柚夹舷。时有同集,请即命翰。君曰毋然,陵骋难妍。深造此道,故知其难。自此一别,时徂岁迁。材有利钝,势有泝沿。仆自沉痼,君自鹙鸢。京城重会,襟期朗宣。扣钥启箧,珍玩且干。河豚怒颊,亟命烹鲜。察君眉宇,视我甚怜。仆自方拙,匪君可镌。君漕湖湘,仆滞鄞川。公车上辟,剡荐亟联。心之怀矣,欲往莫前。世事已矣,哽咽何言!君归故乡,转侧闲关。得书及诗,悲喜汍澜。台城祸钜,性命孰全。庐焚书毁,独君幸完。结茅江浦,料理残编。柴桑非乐,浣花且安。道路罕通,书尺莫传。尚期握手,话此辛酸。胡疾之革,去离尘寰。仆亦何乐,与世周旋。君先仆后,谁满百年!有酒盈樽,浇泪抽肝。相以苦词,其哀可弦。尚飨!"

元佚名《宝祐四年登科录》卷三《第五甲》:"董楷,第四十六人。字一翁,小名耆□,第戊九。年三十一,八月初五日亥时生。外氏尹。治《书》,漕举。兄横,从仕郎。娶綦氏。曾祖畴,祖明远,父亨复,朝奉大夫。本贯台州临海县太固乡,父为户。"

清黄宗羲等《宋元学案》卷六十五《吏部董克斋先生楷》:"董楷,字正翁,临海人,御史亨复之子,户部侍郎朴之弟也。登文天祥榜进士。初为绩溪簿,直冤狱,赈饥馑,修城捍水。擢守洪州,有惠政。终吏部郎。先生从潜室陈器之得朱子再传之学,所著有《克斋集》、《程朱易》行于世。"

清王梓材等《宋元学案补遗》卷六十五《吏部董克斋先生楷》:"梓材谨案:《四库书目》著录先生《周易传义附录》十四卷提要称其学出于陈器之,器之出于朱子,故其说易惟以洛闽为宗。"

《光绪奉化县志》卷十九《选举表一》:"宝祐四年丙辰:董楷。亨复子,寄籍临海,礼部郎中。"

舒岳祥(1236—?)　字舜侯,一字景薛,又字东野。读书阆风台,称阆风先生。台州府宁海县人。少时有文名,为乡间士人所追随,吴子良称其文才不亚于贾谊、李贺等人。登宝祐四年进士第。历任定海令、考校国子生校补,仕至承直郎。入元后,隐居不仕。

其有《苏墅稿》等,但已佚。其诗文仅存于《阆风集》,收录《嘉业堂丛书》。

宋舒岳祥《阆风集》附录《舒阆风先生行状》:"公讳岳祥,字舜侯,以旧字景薛行。台宁海阆风里人也。故称阆风先生云。……其初实由复堂发之,自蒙而下至公七世为大宗,公生而气豪骨老,童时出语辄惊人,落笔不肯随人。后踔厉风发,士林老宿,莫不屈辈行与之交。拙斋少从其宗人文靖公璘学得象山大意,微以语公辄悟。是时国家方表章建安朱氏学,公稍长,闻其说于耆老大儒,作原性诸文,实能会朱陆深微之论。弱冠识箕窗先生陈公,公以语荆溪先生,吴公见其文奇之,比之贾谊、终军。……吴公初待公以文字馆选疑未娴为吏,每试以民事,移楗日纷下条分件剖,辞采烂然,益奇之,乃知公材可大用,不第中文字官选也。旋摄令定海,未几,丁复堂忧,服阕,注监广德赡军酒库,未上,有赵公时囊乡人也,守雪以檄公摄其州掌书记,遇度庙登极,例有犒军钱,时朝廷方废十七界会子,而以关子与十八界会子并行。民间讹言十八界亦废,军人必欲得关子而后谢,突入府廷噪谨府军时未有见关,倚公辨集立论遏军人,公立杖主计吏以便宜立具见关,晓以一言,皆诺而退。已而阴察倡乱者,诛之若无事。赵公将闻于朝,辟为真,公谢止之。盖不欲以麄材见目于人,而自是益务敛藏。

"会匊坡赵公与訾尹京,公素相知,以江涨税官辟入府幕,将面荐之上,而故相叶信公时在西府,亦以文字官荐之,被旨考校国子声补试,旦夕且除职事官。……会故人山泉陈公蒙,总饷金陵,以黄州分司大军仓辟入总幕。……复遇故人于山鲍侍郎度除沿海制阃以五乡酒官,辟入制阃。已而于山罢去,继者皆愿留公。而公益自厌将归,遂其初志。……公之文其于南北者,今皆刊本。凡作于丙子以前者有《苏墅稿》四十卷、《史述》十八卷、《汉砭》四卷、《补史》一卷、《家录》三卷;若《避地稿》、《篆畦稿》、《蝶轩稿》、《梧竹里稿》、《三史纂言》、《谈丛》、《丛续》、《丛残》、《丛传》、《丛肆》、《昔游录》、《深夜图说》总二百二十卷,皆丙子以后所作也!……公卒时年八十,无疾病,对客谈笑,吟诗作字,日不废略,不见有老人衰惫意。……越二日而卒。沐浴隐几,略无俗言,门人以故事,士有易名私谥公文清先生,公生于宋嘉定己卯十一月二十七日。其卒以大德戊戌六月十九日。"

元佚名《宝祐四年登科录》卷二《第四甲》:"舒岳祥,第一百十七人,字东野。第诜三,年二十一。外氏王。治赋,一举。娶王氏。曾祖伦,祖垙,父纯。本贯台州宁海县新宁乡,祖为户。"

《弘治赤城新志》卷九《人物一》:"舒岳祥,字舜侯,一字景薛,宁海人。宝祐四年进士。官终承直郎。年二十六时以文见吴荆溪,荆溪称其异禀灵,识如汉贾谊终军,唐李观、李贺,本朝王令、邢居实辈,后果以文学名。奉化戴表元在元大德间为东南大家,其学得于岳祥者为多。多所著,有《史述》、《汉砭》、《补史》、《家录》、《苏堑稿》、《避地稿》、《篆畦稿》、《蝶轩稿》、《梧竹里稿》、《三史纂言》、《谈丛》、《丛续》、《丛残》、《丛传》、《丛肆》、《昔游录》、《深衣图说》凡二百二十卷,学者称为阆风先生。"

《弘治赤城新志》卷九《人物一·进士》:"宝祐四年文天祥榜:舒岳祥,宁海人。字东野,父纯新,宁乡人,四甲一百十七名。"《光绪宁海县志》卷九《选举表》:"宝祐四年戊辰:舒岳祥。"

注:舒岳祥的研究主要有应可军、舒家悦的《阆风先生舒岳祥》(宁海县文联 2005 年自印本)、邱鸣皋的《舒岳祥年谱》(上海古籍出版社 2012 年版)、吴丹旭硕士论文《舒岳祥研究》。

杨应霆　庆元府鄞县人,杨琛侄,杨宗卿兄。登宝祐四年进士第。事迹无考。

《宝庆四明志》卷十《进士》:"宝祐四年文天祥榜:杨应霆,琛侄,宗卿兄。"《延祐四明志》卷六《人物考下》:"宝祐四年文天祥榜:杨应霆,琛侄,宗卿兄。"《光绪鄞县志》卷二十《选举表一》:"宝祐四年丙辰:杨应霆,宗卿兄。"

赵若祺(1231—?)　字圣翁,庆元府象山县人。登宝祐四年进士第。事迹无考。

元佚名《宝祐四年登科录》卷二《第三甲》:"赵若祺,第七十九人。字圣翁,第一,双侍下。年二十六,九月九日亥时生。外氏胡。治《赋》,一举。曾祖彦摹,父时沱沱。本贯玉牒所,寄居庆元府象山县。"

《宝庆四明志》卷十《进士》:"宝祐四年文天祥榜:赵若祺。"《延祐四明志》卷六《人物考下》:"宝祐四年文天祥榜:赵若祺。"

郑瑶(1217—?)　字君玉,台州府宁海县人。登宝祐四年进士第。官嘉定知县。郑瑶参与编纂《景定严州续志》,可见《四库全书总目提要》词条。

《宝祐四年登科录》卷二《第三甲》:"郑瑶,第二十四人,内舍奏名。字君玉。第百三。永感下。年四十。四月九日午时生。外氏王。治《赋》四举。

兄珙,迪功郎。娶葛氏。曾祖穆,祖次荣,父祖远,朝奉大夫。本贯台州府宁海县。

《弘治赤城新志》卷九《人物一·进士》:"宝祐四年文天祥榜:郑瑶,宁海人。"《光绪宁海县志》卷九《选举表》:"宝祐四年丙辰:郑瑶,文天祥榜。按:粤雅堂丛书《登科录》:字君玉。《府志》:嘉定知县。"

刘应老 字绁伯,庆元府昌国县人。登宝祐四年进士第。事迹无考。

元佚名《宝祐四年登科录》卷二《第四甲》:"刘应老,第一百三十一人。字绁伯,小名雅老。第端三,永感下。年四十,十一月十八日辰时生。外氏朱。治赋,一举。兄弟二人,娶余氏。曾祖节夫,承信郎。祖潜,父坦。本贯庆元府昌国县,祖为户。"

《宝庆四明志》卷十《进士》:"宝祐四年文天祥榜:刘应老。"《延祐四明志》卷六《人物考下》:"宝祐四年文天祥榜:刘应老。"《大德昌国州图志》卷六《进士题名》:"刘应老,宝祐四年文天祥榜。"

李以秉 李元白侄。庆元府鄞县人,一说庆元府奉化县人。登宝祐四年进士第。事迹无考。

《宝庆四明志》卷十《进士》:"宝祐四年文天祥榜:李以秉。"《延祐四明志》卷六《人物考下》:"宝祐四年文天祥榜:李以秉。"《光绪鄞县志》卷二十《选举表一》:"宝祐四年文天祥榜:李以秉。"《光绪奉化县志》卷十九《选举表一》:"宝祐四年丙辰:李以秉,元白从子。"

林一枝 庆元府慈溪县人。登宝祐四年进士第。事迹无考。

《宝庆四明志》卷十《进士》:"宝祐四年文天祥榜:林一枝。"《延祐四明志》卷六《人物考下》:"宝祐四年文天祥榜:林一枝。"《天启慈溪县志》卷六《选举》:"宝祐四年:林一枝。"

徐汝周 庆元府鄞县人。登宝祐四年进士第。事迹无考。

《宝庆四明志》卷十《进士》:"宝祐四年文天祥榜:徐汝周。"《延祐四明志》卷六《人物考下》:"宝祐四年文天祥榜:徐汝周。"《光绪鄞县志》卷二十《选举表一》:"宝祐四年丙辰:徐汝周。"

张虞 庆元府慈溪县人。登宝祐四年进士第。事迹无考。

《宝庆四明志》卷十《进士》:"宝祐四年文天祥榜:张虞。"《延祐四明志》卷六《人物考下》:"宝祐四年文天祥榜:张虞。"《天启慈溪县志》卷六《选举》:"宝祐四年:张虞。"

冯懋 庆元府慈溪县人。登宝祐四年进士第。

《宝庆四明志》卷十《进士》:"宝祐四年文天祥榜:冯懋。"《延祐四明志》

卷六《人物考下》:"宝祐四年文天祥榜:冯懋。"《天启慈溪县志》卷六《选举》:"宝祐四年张虞。"

杨垌　庆元府慈溪县人。登宝祐四年进士第。事迹无考。

《宝庆四明志》卷十《进士》:"宝祐四年文天祥榜:杨垌,琰兄,简侄孙。"《延祐四明志》卷六《人物考下》:"宝祐四年文天祥榜:杨垌,琰兄,简侄孙。"《天启慈溪县志》卷六《选举》:"宝祐四年文天祥榜:杨垌。"

应野　庆元府昌国县人。登宝祐四年进士第。事迹无考。

《宝庆四明志》卷十《进士》:"宝祐四年文天祥榜:应野。"《延祐四明志》卷六《人物考下》:"宝祐四年文天祥榜:应野。"《大德昌国州图志》卷六《进士题名》:"应野,太学内舍,宝祐四年文天祥榜。"

开庆元年己未(1259)周震炎榜

于巽　庆元府鄞县人。登开庆元年进士第。于阅曾孙。事迹无考。

《宝庆四明志》卷十《进士》:"开庆元年周震炎榜:于巽,阅曾孙。"《延祐四明志》卷六《人物考下》:"开庆元年周震炎榜:于巽,阅曾孙。"《光绪鄞县志》卷二十《选举表一》:"开庆元年己未:于巽,阅曾孙。"

王复　庆元府鄞县人。登开庆元年进士第。王子槐子。事迹无考。

《宝庆四明志》卷十《进士》:"开庆元年周震炎榜:王复,子槐子。"《延祐四明志》卷六《人物考下》:"开庆元年周震炎榜:王复,子槐子。"《光绪鄞县志》卷二十《选举表一》:"开庆元年己未:王复。"

卢天祐　庆元府鄞县人。登开庆元年进士第。事迹无考。

《宝庆四明志》卷十《进士》:"开庆元年周震炎榜:卢天祐。"《延祐四明志》卷六《人物考下》:"开庆元年周震炎榜:卢天祐。"《光绪鄞县志》卷二十《选举表一》:"开庆元年己未:卢天祐。"

史介之　庆元府鄞县人。登开庆元年进士第。事迹无考。

《宝庆四明志》卷十《进士》:"开庆元年周震炎榜:史介之。"《延祐四明志》卷六《人物考下》:"开庆元年周震炎榜:史介之。"《光绪鄞县志》卷二十《选举表一》:"开庆元年己未:史介之。"

孙真孙　庆元府鄞县人。登开庆元年进士第。事迹无考。

《宝庆四明志》卷十《进士》:"开庆元年周震炎榜:孙真孙。"《延祐四明志》卷六《人物考下》:"开庆元年周震炎榜:孙真孙。"《光绪鄞县志》卷二十《选举表一》:"开庆元年己未:孙真孙。"

李以圭　字景觐,李元白侄,庆元府鄞县人,一说庆元府奉化县人。登开庆元年进士第。官高邮县尉。

《光绪奉化县志》卷二十三《人物传一》："李以圭，字景觐。元白从子。登开庆元年进士第，授高邮尉。寓僧庐，或云此地数有光怪，弗听，一日，瓦砾从空而下，以圭徐起，见廊角土偶曰：'必此妖。'即手剑之，妖立定。自此皆谓：'尉不畏鬼，宁畏人耶！'任满，廨产瑞芝，庭生异菊，人称为善政所致。"

《宝庆四明志》卷十《进士》："开庆元年周震炎榜：李以圭。"《延祐四明志》卷六《人物考下》："开庆元年周震炎榜：李以圭。"《光绪鄞县志》卷二十《选举表一》："开庆元年己未：李以圭。"《光绪奉化县志》卷十九《选举表一》："开庆元年己未：李以圭，诜伯子。"

李以兴　李海伯侄。庆元府鄞县人，一说庆元府奉化县人。登开庆元年进士第。官台州教授。

《宝庆四明志》卷十《进士》："开庆元年周震炎榜：李以兴。"《延祐四明志》卷六《人物考下》："开庆元年周震炎榜：李以兴。"《光绪鄞县志》卷二十《选举表一》："开庆元年己未：李以兴。"《光绪奉化县志》卷十九《选举表一》："开庆元年己未：李以兴，海伯从子。台州教授。"

张兴祖　庆元府鄞县人。登开庆元年进士第。事迹无考。

《宝庆四明志》卷十《进士》："开庆元年周震炎榜：张兴祖。"《延祐四明志》卷六《人物考下》："开庆元年周震炎榜：张兴祖。"《光绪鄞县志》卷二十《选举表一》："开庆元年己未：张兴祖。"

张虞　庆元府鄞县人。登开庆元年进士第。事迹无考。

《宝庆四明志》卷十《进士》："开庆元年周震炎榜：张虞。"《延祐四明志》卷六《人物考下》："开庆元年周震炎榜：张虞。"《光绪鄞县志》卷二十《选举表一》："开庆元年己未：张虞。"

张源　庆元府鄞县人。张霆振侄，张霆龙子。登开庆元年进士第。事迹无考。

《宝庆四明志》卷十《进士》："开庆元年周震炎榜：张源，霆振侄，霆龙子。"《延祐四明志》卷六《人物考下》："开庆元年周震炎榜：张源，霆振侄，霆龙子。"《光绪鄞县志》卷二十《选举表一》："开庆元年己未：张源。"

张霆龙　庆元府鄞县人。张源父，张霆振弟。登开庆元年进士第。事迹无考。

《宝庆四明志》卷十《进士》："开庆元年周震炎榜：张霆龙，霆振弟。"《延祐四明志》卷六《人物考下》："开庆元年周震炎榜：张霆龙，霆振弟。"《光绪鄞县志》卷二十《选举表一》："开庆元年己未：张霆龙，源父。"

郑大津　庆元府鄞县人。登开庆元年进士第。事迹无考。

《宝庆四明志》卷十《进士》："开庆元年周震炎榜：郑大津。"《延祐四明志》卷六《人物考下》："开庆元年周震炎榜：郑大津。"《光绪鄞县志》卷二十《选举表一》："开庆元年己未：郑大津。"

赵与昳　庆元府鄞县人。登开庆元年进士第。事迹无考。

《宝庆四明志》卷十《进士》："开庆元年周震炎榜：赵与昳。"《延祐四明志》卷六《人物考下》："开庆元年周震炎：榜赵与昳。"《光绪鄞县志》卷二十《选举表一》："开庆元年己未：赵与昳。"

赵必衢　庆元府鄞县人。赵崇俟子。登开庆元年进士第。

《宝庆四明志》卷十《进士》："开庆元年周震炎榜：赵必衢，崇俟子。"《延祐四明志》卷六《人物考下》："开庆元年周震炎榜：赵必衢，崇俟子。"《光绪鄞县志》卷二十《选举表一》："开庆元年己未：赵必衢。"

俞道明　庆元府鄞县人。登开庆元年进士第。事迹无考。

《宝庆四明志》卷十《进士》："开庆元年周震炎榜：俞道明。"《延祐四明志》卷六《人物考下》："开庆元年周震炎榜：俞道明。"《光绪鄞县志》卷二十《选举表一》："开庆元年己未：俞道明。"

萧楠　庆元府鄞县人，一说庆元府奉化县人。登开庆元年进士第（一说为特奏名进士）。事迹无考。

《宝庆四明志》卷十《进士》："开庆元年周震炎榜：萧楠。"《延祐四明志》卷六《人物考下》："开庆元年周震炎榜：萧楠。"《光绪鄞县志》卷二十《选举表一》："开庆元年己未：萧楠。"《光绪奉化县志》卷十九《选举表上》："开庆元年己未：萧楠，特奏名。"

蒋世杰　庆元府鄞县人。登开庆元年进士第。事迹无考。

《宝庆四明志》卷十《进士》："开庆元年周震炎榜：蒋世杰。"《延祐四明志》卷六《人物考下》："开庆元年周震炎榜：蒋世杰。"《光绪鄞县志》卷二十《选举表一》："开庆元年己未：萧楠。"

蒋缋　庆元府鄞县人。登开庆元年进士第。事迹无考。

《宝庆四明志》卷十《进士》："开庆元年周震炎榜：蒋缋。"《延祐四明志》卷六《人物考下》："开庆元年周震炎榜：蒋缋。"《光绪鄞县志》卷二十《选举表一》："开庆元年己未：蒋缋。"

楼极　庆元府鄞县人。登开庆元年进士第。事迹无考

《宝庆四明志》卷十《进士》："开庆元年周震炎榜：楼极。《延祐四明志》卷六《人物考下》："开庆元年周震炎榜：楼极。"《光绪鄞县志》卷二十《选举表

一》:"开庆元年己未:楼极。"

楼森圭 庆元府鄞县人。登开庆元年进士第。事迹无考。

《宝庆四明志》卷十《进士》:"开庆元年周震炎榜:楼森圭。"《延祐四明志》卷六《人物考下》:"开庆元年周震炎榜:楼森圭。"《光绪鄞县志》卷二十《选举表一》:"开庆元年己未:楼森圭。"

王桂发 庆元府慈溪县人。登开庆元年进士第。事迹无考。

《宝庆四明志》卷十《进士》:"开庆元年周震炎榜:王桂发。"《延祐四明志》卷六《人物考下》:"开庆元年周震炎榜:王桂发。"《天启慈溪县志》卷六《选举》:"开庆元年己未:王桂发。"

王宝之 庆元府慈溪县人。登开庆元年进士第。事迹无考。

《宝庆四明志》卷十《进士》:"开庆元年周震炎榜:王宝之。"《延祐四明志》卷六《人物考下》:"开庆元年周震炎榜:王宝之。"《天启慈溪县志》卷六《选举》:"开庆元年己未:王宝之。"

朱国英 绍兴府余姚县人。登开庆元年进士第。官鄞县令。

《宝庆会稽续志》卷六《进士》:"开庆己未周震炎榜:朱国英。"《光绪余姚县志》卷十九《选举表》:"开庆元年己未:朱国英,元之孙。鄞县令。"

孟醇 绍兴府余姚县人。登开庆元年进士第。曾为教授。

《宝庆会稽续志》卷六《进士》:"开庆己未周震炎榜:孟醇。"《光绪余姚县志》卷十九《选举表》:"开庆元年己未:孟醇,周震炎榜,教授。"

胡从义 庆元府慈溪县人。登开庆元年进士第。事迹无考。

《宝庆四明志》卷十《进士》:"开庆元年周震炎榜:胡从义。"《延祐四明志》卷六《人物考下》:"开庆元年周震炎榜:胡从义。"《天启慈溪县志》卷六《选举》:"开庆元年:胡从义。"

胡机 庆元府慈溪县人。登开庆元年进士第。事迹无考。

《宝庆四明志》卷十《进士》:"开庆元年周震炎榜:胡机。"《延祐四明志》卷六《人物考下》:"开庆元年周震炎榜:胡机。"《天启慈溪县志》卷六《选举》:"开庆元年:胡机。"

桂壮孙 庆元府慈溪县人。登开庆元年进士第。事迹无考。

《宝庆四明志》卷十《进士》:"开庆元年周震炎榜:桂壮孙。"《延祐四明志》卷六《人物考下》:"开庆元年周震炎榜:桂壮孙。"《天启慈溪县志》卷六《选举》:"开庆元年:桂壮孙。"

晏垚 绍兴府余姚县人。登开庆元年进士第。官隆兴府司法。

《宝庆会稽续志》卷六《进士》:"开庆元年周震炎榜:晏垚。"《光绪余姚县志》卷十九《选举表》："开庆元年己未：晏垚，殊六世孙。隆兴府司法。"

徐润祖 台州府宁海县人。登开庆元年进士第。事迹无考。

《弘治赤城新志》卷九《人物志一·进士》："开庆元年周震炎榜：徐润祖，宁海人。"《光绪宁海县志》卷九《选举表·宋·进士》："开庆元年己未：徐润祖，周震炎榜。旧志：学西人。"

郑应普 庆元府宁海县人。登开庆元年进士第。事迹无考。

《光绪宁海县志》卷九《选举表》："开庆元年己未：郑应普。"

郑梦祚 字庆父，庆元府宁海县人。登开庆元年进士第。官湖广丞。

《光绪宁海县志》卷九《选举表》："开庆元年己未：郑梦祚，字庆父，湖广丞。"

孙善因 字公积。庆元府慈溪县人。登开庆元年进士第。少时有文名，师从杨简、孙应时。登第后初授签书江夏节度判官，后升秘书省校书郎。董槐荐之，升国子监祭酒、直秘阁。因直谏，遭排挤，贬为西安经略使，以宝谟阁直学士致仕。

《光绪慈溪县志》卷二十五《列传二·宋》："孙善因，字公积。性冲澹，雅有器度，读书攻苦，闻见博洽，文笔滔滔，若出神授。从杨简、孙应时游，所造益进。登开庆元年进士第，授签书江夏节度判官，召为秘书省校书郎。丞相董槐取学行全该者十人备上顾问，善因与焉。旋进经筵，常存讽谏，多所开明。授国子监祭酒、直秘阁，疏言：'夷狄之不可亲，和议之不可久，兵不可以太平，而销食不可以充实，而省老成者失于长虑，有识者犹忧致患，陛下岂得以无忧之日，坐致有患之弊，无事之时，暗蹈有事之失哉。'言甚切，直当国者不悦，出为西安经略使，升宝谟阁直学士，上疏劝帝锐志恢复，不纳，遂致仕，屡召不起。"

《嘉靖宁波府志》卷三《选举表·宋进士》："开庆元年：孙善因，慈溪。"《天启慈溪县志》卷六《选举》："开庆元年：孙善因。"

章介甫 庆元府慈溪县人。登开庆元年进士第。事迹无考。

《宝庆四明志》卷十《进士》："开庆元年周震炎榜：章介甫。"《延祐四明志》卷六《人物考下》："开庆元年周震炎榜：章介甫。"《天启慈溪县志》卷六《选举》："开庆元年：章介甫。"

张应龙 一作张龙应。庆元府慈溪县人。登开庆元年进士第。事迹无考。

张应龙有《罗字卿祠堂记》一文，见《至正四明续志》，不过题名书"张龙应"。

《宝庆四明志》卷十《进士》："开庆元年周震炎榜：张应龙。"《延祐四明志》卷六《人物考下》："开庆元年周震炎榜：张应龙。"《天启慈溪县志》卷六《选举》："开庆元年：张龙应。"

赵若镱　绍兴府余姚县人。登开庆元年进士第。事迹无考。

《光绪余姚县志》卷十九《选举表》："开庆元年己未：赵若镱。"

赵时壁　绍兴府余姚县人。赵彦惄孙。登开庆元年进士第。官江西广昌令。黄震为江西提刑时，称其为廉洁之士。

《光绪余姚县志》卷二十三《列传五》："（赵彦惄）孙时壁，开庆元年进士。令广昌，黄震提刑江西，以洁廉善士推之。"《光绪余姚县志》卷十九《选举表》："开庆元年己未：赵时壁。"

罗季禹　一作罗季与。庆元府慈溪县人。登开庆元年进士第。事迹无考。

《宝庆四明志》卷十《进士》："开庆元年周震炎榜：罗季禹。"《延祐四明志》卷六《人物考下》："开庆元年周震炎榜：罗季禹。"《天启慈溪县志》卷六《选举》："开庆元年：罗季禹。"

叶成子　庆元府慈溪县人。登开庆元年进士第。事迹无考。

《光绪浙江通志》卷一百二十九《选举·宋进士》："开庆元年己未周震炎榜：叶成子，慈溪人。"

李明哲　李遇庭从孙。庆元府奉化县人。登开庆元年特奏名进士第。官卢州通判。

《光绪奉化县志》卷十九《选举表一》："开庆元年己未：李明哲，遇庭从孙。卢州通判。特奏名。"

景定三年壬戌(1262)方山京榜

方山京　庆元府慈溪县人，生于绍兴府余姚县。登景定三年进士第，为甲科第一。授官平江军节度判官厅公事，度宗时为秘书省正字、校书郎，后因病致仕（一说辞官教子），卒。方氏为状元后，意气洋洋，有人写诗讥讽，方氏以"有志者事竟成"对之。

方氏有《友德堂记》一文，见于明钱谷《吴都文粹续集》。

明朱希召《宋历科状元录》卷八《理宗朝》："景定三年壬戌状元方山京。方山京，字子高，号砚庵，慈溪人，后徙于余姚。父达材，临安军教授。山京幼孤，旅泊外家，固穷力学，言谨行笃，心平气和，望之知其为吉德君子。擢甲科第一，或病其制策过简，令益数语，山京正色曰：'既彻上览矣，吾谁欺。'

其人愧服。除签书平江军节度判官厅公事。景定甲子秋，衡文天府适彗见，山京举以策士，极言内帑之私，公田之扰。及指谪内廷缺失，同事者缩颈龂舍，请稍讳忌，山京披襟当之，甫出，出院被劾，即日引归。

"山京贫如寒士，亲故为筑室继廪，处之泰然。度宗登极，诏以前官起用，移建康军，不行，寻除秘书省正字，进校书郎，得疾，遂不起。朝野皆惋惜之。葬上虞始隆乡之彭山。

"山京每以状元自期，有轻薄子书其门曰：'方山京气英英，待来科第一名。'方续其后云：'有志者事竟成。'"

宋陈骙《南宋馆阁续录》卷八《官联二》："校书郎。……咸淳以后，……方山景，三年九月以正字兼庄文府教授，除兼职依旧。"

宋陈骙《南宋馆阁续录》卷九《官联三》："正字。……咸淳以后，……方山京，字子高，绍兴人。治《易》。壬戌进士。三年正月以新签书建康军节度判官厅公事，除正字，四月二十三日兼沂靖惠王府教授。"

清王梓材等《宋元学案补遗》卷七十一《判官方先生山京》："方山京，字子高，慈溪人。父嘉定进士、南安军教授季仁馆于余姚孙氏，妻以女。生先生旅泊母家，幼孤，固穷力学。景定三年，廷对第一，或以策尾短简，令增之，先生正色曰：'吾生平所学在，毋自欺，既经上览，将谁欺乎！'授承事郎、签平江军节度判官。比出院，言者劾之，遂归杜门，教子萧然自适。"

《延祐四明志》卷六《人物考下》："景定三年方山京榜：方山京。"《光绪余姚县志》卷十九《选举表》："景定三年壬戌：方山京，状元。"《光绪慈溪县志》卷十九《选举上·宋》："景定三年壬戌方山京榜：方山京。"

孙惠时　庆元府鄞县人。登景定三年进士第。事迹无考。

《延祐四明志》卷六《人物考下》："景定三年方山京榜：孙惠时。"《光绪鄞县志》卷二十《选举表一》："景定三年壬戌：孙惠时。"

练晞颜　庆元府鄞县人。登景定三年进士第。事迹无考。

《延祐四明志》卷六《人物考下》："景定三年方山京榜：练晞颜。"《光绪鄞县志》卷二十《选举表一》："景定三年壬戌：练晞颜。"

闻之奇　庆元府鄞县人。登景定三年进士第。事迹无考。

《光绪鄞县志》卷二十《选举表一》："景定三年壬戌：闻之奇。"

王一桂　庆元府昌国县人，登景定三年进士第。事迹无考。

《延祐四明志》卷六《人物考下》："景定三年方山京榜：王一桂。"《大德昌国州图志》卷六《进士题名》："王一桂，景定三年方山京榜。"

王山甫　庆元府奉化县人。登景定三年进士第。官浙西帅机。

《延祐四明志》卷六《人物考下》："景定三年方山京榜：王山甫。"《光绪奉化县志》卷十九《选举表一》："景定三年壬戌：王山甫，浙西帅机。"

何善孙 一作何喜孙，字君孙。台州府宁海县人。登景定三年进士第。官至博士。

弘治《赤城新志》卷九《人物一·进士》："景定三年方山京榜：何善孙，字君孙，博士。"《光绪宁海县志》卷九《选举表·宋·进士》："景定三年壬戌何善孙。《府志》：字君孙，博士，旧志作喜孙，横渡人。"

沈苣 庆元府慈溪县人，一说庆元府定海县人，也有说临安府人。登景定三年进士第。官镇江府教。

元戴良《九灵山房集》卷十五《鄞沈明大墓志铭》："曾大父苣，镇江府教。"

《延祐四明志》卷六《人物考下》："景定三年方山京榜：沈苣。"《嘉靖定海县志》卷四《选举》："沈苣，景定三年。"《光绪慈溪县志》卷十九《选举上·宋》："景定三年壬戌方山京榜：沈苣。按：戴良撰《沈明大墓志》：苣官镇江府教。又按墓志：苣为清逊之孙，明大之曾祖，埙系慈溪人。"

注：杭州诸志，如《咸淳临安志》亦有其中第之记载，录此备考。

沈淮 庆元府慈溪县人。登景定三年进士第。事迹无考。

《延祐四明志》卷六《人物考下》："景定三年方山京榜：沈淮。"《天启慈溪县志》卷六《选举》："景定三年：沈淮。"

刘扬祖 字弘宗，号介白散人。庆元府慈溪县人。登景定三年进士第。官江州教授，后为崇文院校书郎，上书多直言，为贾似道所忌讳，罢斥为监沅东酒税，又升为通直郎、将乐知县，切指时弊，贾似道再斥之，次年任抚州判官、福建提点刑狱、刑部员外郎，贾似道虽大怒，然迫于舆论，不敢斥之，刘氏恰丁忧，自去。入元不仕，迁居西茅山，营建介白楼，垦田读书，安度余生。

清万斯同《宋季忠义录》卷十四《刘扬祖》："刘扬祖，字弘宗。慈溪人。幼有志操，颖悟绝人。崇伊洛正学。景定三年登进士第。除江州教授，学政修举，推为崇文院校书郎。时贾似道执政，内外争附，扬祖独挺然无忌，言事忤旨。斥监沅东酒税，台官交荐之。起授通直郎，宰南剑之将乐，建言时政利病，似道不悦，再斥之。明年以例起为抚州判官，改守吉州、福建提点刑狱，迁刑部员外郎。入朝益励志节，遇事敢言，似道益恶之。时同郡士以事坐废者六十余人，扬祖与焉，似道迫于公议，寻复故职，进礼部郎中，似道使人歆以富贵，辄谢绝之。值似道崇建台榭，广求珍玩，扬祖疏谓朝廷：不当忘经国大务，坐待其敝。似道又欲斥之。

　　"会扬祖丁内艰，不果，自后国史日蹙，叹曰：'人臣当与国同亡，今大事已去，不可为矣。'遂有肥遁山林之志。逾年而宋物改冠带哀恸。及元下诏求贤，扬祖不忍闻，遂徙家云湖寺山之东原，更求其西茅山，建介白楼以为读书行乐之所。时从弟华亭主簿荣祖季子，参知政事，道中俱未仕，时与讲解经传，议论规饬，正气激发，恳田给食，自号介白散人，以示不臣之意。"

　　《延祐四明志》卷六《人物考下》："景定三年方山京榜：刘扬祖。"《光绪慈溪县志》卷十九《选举上·宋》："景定三年壬戌方山京榜：刘扬祖。"

　　范淳之　台州府宁海县人。登景定三年进士第。事迹无考。

　　《弘治赤城新志》卷九《人物一·进士》："景定三年方山京榜：范淳之，宁海人。"《光绪宁海县志》卷九《选举表·宋·进士》："景定三年壬戌：范淳之，宁海人。"

　　胡元叔　台州府宁海县人。登景定三年进士第。事迹无考。

　　《弘治赤城新志》卷九《人物一·进士》："景定三年方山京榜：胡元叔，宁海人。"《光绪宁海县志》卷九《选举表·宋·进士》："景定三年壬戌：胡元叔，方山京榜。"

　　华景山　绍兴府余姚县人。登景定三年进士第。官临川县主簿。

　　《宝庆会稽续志》卷六《进士》："景定三年壬戌榜：华景山。"《光绪余姚县志》卷十九《选举表》："景定三年壬戌：华景山，临川簿。"

　　孙钧　字平叔。台州府宁海县人。登景定三年进士第。事迹无考。

　　《弘治赤城新志》卷九《人物一·进士》："景定三年方山京榜：孙钧。"《光绪宁海县志》卷九《选举表·宋·进士》："景定三年壬戌：孙钧。旧志作均。同治稿：字平叔。樟树人。本邑训导。按此时无训导，疑误。"

　　黄遇龙　绍兴府余姚县人。登景定三年进士第。官江浙提刑干办公事。

　　《宝庆会稽续志》卷六《进士》："景定三年壬戌榜：黄遇龙。"《光绪余姚县志》卷十九《选举表》："景定三年壬戌：黄遇龙，江浙提刑干办公事。"

　　黄焱　绍兴府余姚县人。登景定三年进士第。官太常博士。

　　《宝庆会稽续志》卷六《进士》："景定三年壬戌榜：黄焱。"《光绪余姚县志》卷十九《选举表》："景定三年壬戌：黄焱，太常博士。"

　　张大圭　一作沈大圭。庆元府定海县人。登景定三年进士第。事迹无考。

　　张大圭有《重修藏记》一文，见于《宁波郡志》卷九。《全宋文》收录时记载为慈溪人，查慈溪诸志，无记载。

《延祐四明志》卷六《人物考下》："景定三年方山京榜：张大圭。"《嘉靖定海县志》卷四《选举》："沈大圭，景定三年。"

张光　庆元府慈溪县人。登景定三年进士第。事迹无考。

《延祐四明志》卷六《人物考下》："景定三年方山京榜：张光。"《天启慈溪县志》卷六《选举》："景定二年：张光。"

张润孙　庆元府慈溪县人。登景定三年进士第。事迹无考。

《延祐四明志》卷六《人物考下》："景定三年方山京榜：张润孙。"《天启慈溪县志》卷六《选举》："景定二年：张润孙。"

舒津　字通叟，舒璘从孙。庆元府奉化县人。登景定三年进士第。官太学博士、改知平江府，与陈著交往颇深。

宋陈著《本堂集》卷八十九《祭内兄舒通叟津太傅文》："维岁次癸巳十有二月壬午朔，越五日丙戌，内弟具官陈某谨以鸡酒之奠，致奠于内兄前太学博士舒公之灵。

"呜呼！兄于为己也，一敬自持；于与人也，一真不欺；于宗族也，有义焉而不可干以私；于乡曲也，有情焉而不可挽以随。是以行足以表，文足以师。于家塾则户屦常满，于太学则解褐优为。达而仕宦，任内外兄更六七，凛然有冰蘗之操；穷而山林，享康宁阅二十载，挺然有松柏之姿。人生有一于此，亦非易得，兄而众人兼备，视世人为几希！人生七十已为希有，兄而寿八十有一，于天命而无亏。居常款接，叹美及之。兄则愀然，为之攒眉。谓：'吾晚而入仕，禄不及养，而血泣于罔极之思'。谓：'吾同气者四，乃独后死，而垂老受诸孤之遗。吾年既耄，所赖一儿，儿亦克家，不坠诗书，奄然夭丧，痛可以支！吾有长女，积病成痴，所恃者母，以食以衣，母又衰病，顾恤者谁？弱而未冠之侄，未必能应门户；幼而未教之孙，未必能绍箕裘。荒江之滨，孤处之屋，既无以迁，而何以安其危？多菜之乡，数亩之田，既粥其半，而何以赡其饥？汝以为吾之心其乐其悲？'余泯默而不答，付哽咽于一歔。余于夏五问兄于一病之后，见其食谈微过，尝告以谨节而养其脾。兄则曰：'吾犹健，嗜其甘肥。'至季秋而再感，察其色之异，则忧其药石而医治。而兄方命其左右，披而出南窗之下，置酒煮饼，详及其遗规：敛必纯于布，而寸帛不施；葬必于商家之山，而他非所规；事办既葬，不必泥流俗之妄推。是又见其治命了了不乱，意犹有少间之期，而竟不获起，讣音随驰。闻之病革，了无他辞，惟戒家人以约余一面，切切焉惟恐其迟迟。越三日而莫余告，竟赍志而为九泉之归。岂其欲言，不过畴昔之所闻；抑有未尽之言，而非予所知。然生前身后，人也有天，亦曰委之天而奚疑。呜呼！予之无良，不及候其属纩，虽自咎而何追。而今而后,溪山之虽阻,岁月之如飞,精神之已耗,筋力之已非,苟尚可以还,可以往,可以纲,可以维,勉强自力,其或庶几。姑曰死而后已,而苟延其能几时。其听予言,举此一卮。尚飨!"

《延祐四明志》卷六《人物考下》:"景定三年方山京榜:舒津。"《光绪奉化县志》卷二十三《人物传一》:"舒津,字通叟,文靖从孙。读书绩学,动期古人。登景定三年进士第。迁太学博士,知平江府。莅政勤敏,雅志澹如。"《光绪奉化县志》卷十九《选举表一》:"景定三年壬戌:舒津,方山京榜,璘从孙。"

赵若诚 一作赵子诚。庆元府定海县人。登景定三年进士第。事迹无考。

《大德昌国州图志》卷六《进士题名》:"赵若诚,宗学,景定三年方山景榜。"《嘉靖定海县志》卷四《选举》:"赵子诚,景定三年。"

赵孟礼 字汉泉。赵与进子。台州府宁海县人。登景定三年进士第。其与舒岳祥等共创赤城书堂,又为南泉总管、督理淮河。

宋王应麟《深宁文钞摭余编》卷一《赤城书堂记》:"前进士舒君岳祥为之长。前进士孙君钧、赵君孟礼、胡君三省、前太学陈君应嵩、刘君壮孙,为之录。"

《光绪宁海县志》卷九《选举表·宋·进士》:"景定三年壬戌:赵孟礼,旧志:字汉泉。与进子。南泉总管,督理淮河。"

应仲龄 台州府宁海县人。登景定三年进士第。事迹无考。

《光绪宁海县志》卷九《选举表》:"景定三年壬戌:应仲龄。"

应翼孙 字子燕,应傃之孙。庆元府昌国县人。工词赋,入太学,登景定三年进士第。官修职郎。

《大德昌国州图志》卷六《名贤》:"孙名翼,字子燕,以词赋入太学。登景定三年进士第。仕至修职郎。"

《大德昌国州图志》卷六《进士题名》:"应翼孙,景定三年方山景榜,太学,祖傃。"

任炳 庆元府奉化县人。登景定三年特奏名进士第。事迹无考。

《光绪奉化县志》卷十九《选举表一》:"景定三年壬戌:任炳,特奏名。"

沈似孙 庆元府奉化县人。登景定三年特奏名进士第。事迹无考。

《光绪奉化县志》卷十九《选举表一》:"景定三年壬戌:沈似孙,特奏名。"

卢震龙 庆元府奉化县人。登景定三年特奏名进士第。元朝时为奉化县主簿。

《延祐四明志》卷三《职官考下》:"奉化县,主簿,卢震龙。"《光绪奉化县志》卷十九《选举表一》:"景定三年壬戌:卢震龙,特奏名。"

宋度宗朝(1264—1274)

咸淳元年乙丑(1265)阮登炳榜

王镳 庆元府鄞县人。王伯庠曾孙。为乡里先生,喜摘录历代人物言行加以教化,袁桷之父袁洪曾从学之。

元袁桷《清容居士集》卷三十三《先君子早承师友晚固艰贞习益之训传于过庭述师友渊源录》:"王镳,济南人。侍御史伯庠曾孙,由次翁始居鄞。敦厚寡言,幼师之。精理学,多录言行教人,不喜矫饰,壬戌进士。"

清王梓材等《宋元学案补遗》卷二十二《进士王先生镳》:"王镳,其先由济南徙鄞,侍御史伯庠之曾孙也。咸淳元年进士。敦厚寡言,精理学,多录言行教人,不喜矫饰,袁清容之父洪尝师之。"

《延祐四明志》卷六《人物考下》:"咸淳元年阮登炳榜:王镳。"《光绪鄞县志》卷二十《选举表一》:"咸淳元年乙丑:王镳。"

史唐卿 字景裘,史蒙卿弟,庆元府鄞县人。登咸淳元年进士第。官徽州通判。

史唐卿撰《方壶存稿跋》一文,见于《皕宋楼藏书志》(光绪八年刻本),收于《续修四库全书》,另有《凤鸣洞》诗见于《甬上耆旧诗》。

清厉鹗《宋诗纪事》卷七十五《史唐卿》:"唐卿与兄蒙卿,同登咸淳元年进士。"

清陆心源《宋诗纪事小传补正》卷四《史唐卿》:"唐卿,字景裘。通判徽州。"

《延祐四明志》卷六《人物考下》:"咸淳元年阮登炳榜:史唐卿。"《光绪鄞县志》卷二十《选举表一》:"咸淳元年乙丑:史唐卿。"

史蒙卿(1247—1306) 字景正,号果斋,自号静清处士。史唐卿兄。登咸淳元年进士第。官授迪功郎、景陵县主簿,又为江阴教授、平江府教授,后致仕。入元后不仕。

史蒙卿在四明学术上的作用很为关键,四明学术多宗陆学,唯黄震、史蒙卿宗朱学,元代甬上著名学者程端礼、程端学从学于史蒙卿,四明朱学之风肇始于史蒙卿。

史氏有《即事》、《有感》诗两首,见元人吴师道《吴礼部诗话》,收录于《丛书集成初编》。

元袁桷《清容居士集》卷二十八《静清处士史君墓志铭》："大德七年，桷官翰林，史先生以书见贻，不获领。后二十年，子璧孙汇其书稿以示，反复痛悼，策励于桷为甚重，今撮要而表之曰：'斯文剥丧，余数十年，师表郡县，学者应格，则得未尝于其人。后生不说学，亦未尝知学，剔伪务实而挽之古，子宜勉焉，非可以虚谈冀也。'又曰：'吾将死，得子文表于墓。'桷拜手读之，泫然以泣，先生于外家为舅氏，犹记拜先生于独善坊，论宦族，缅属文词，显著独缺，自吴丞相开新河，有相者曰：'迩后当踵有之，甥宜自重。'先生于诸经，穷探微旨，证坠缉缺，不溺于谀闻，剖释正大，而折衷一归于前哲，论古今得失，必探情伪，以暴其罪，正色愤悱，若造庭而受其责也，为文邃古，不离异说，手抄口讲，更仆不能以尽，孝悌逊让，知其出自然也。

"先生讳蒙卿，字景正。生而奇颔秀目。七岁善属文。年十二，入国子学，通《春秋》、《周官经》，复兼词赋。江文忠公万里、常参政挺，时为大小司，成器待之。咸淳元年登进士第，授迪功郎、复州景陵县主簿。吕少保文德帅鄂，桷入幕，吕命先生勉蜀帅温和解正阳围，温疑吕，猜阻不肯发。微语撼之，即就道，凡所需器物，一夕以办，温实先公账下校，却立曰：'史监军诚有子。'调穿山盐场，论义劝输，户不知有箠、榎。十年，改江阴教授，复改平江，至是不复仕。故其诗文多感愤自喻。礼部尚书王公应麟尝勉曰：'思深辞悲，学陶靖节，其得之。'维鄞史族，号相门。曾祖讳浤，早夭，赠中散大夫。祖讳弥巩，司封郎中，赠少师。司封以儒学致显，当贵盛时，独卑退自持，乡人称为独善先生。妣臧氏，华国夫人。考讳肯之，中大夫，湖北提刑兼知常德府，赠太中大夫。妣赵氏、周氏，硕人。太中熟边事，折冲料变，有大帅才。时宰尼之。太中在湖北时，谒告归省，从巴川阳公岊学《易》、《春秋》，一年复归国学，乃中上第。士常患固陋株守，皓首不寤。

"先生识足以窥渊懿，经纬一原，合师友之旨，老而弥实，确而不解，故其成就若是。自号静清，晚岁罹厄穷，讲道不辍，从者益众。天台多名山，心乐之，侨居者八年。大德十年七月某日卒，享年六十。疾渐革，语诸子曰：'我死必归葬，不能得资，良累汝，汝有志，其果能成也。'是岁十有一月，柩归祖墓。明年，葬于阳堂乡穆奥之原。娶陆氏，朝请大夫、将作监合之女。子璧孙、墓墓孙、垕孙、台孙。女伯佺，适叶信公梦鼎之孙揆翁。仲忱，适绍兴中书舍人潘公良贵之曾孙世演。二女未行，有文集二十卷、《易究》一十卷，托永远于少贱，诚不敢承命，岁月逾迈，而璧孙能遵守不贰，奉遗言以请，曷敢以不腆为辞。

"铭曰:贞洁陆沉,志裂金石。秉言无邮,厄则执职。骥伏于襄,不称其德。块独洁约,念决胸臆。持丸障澜,尽瘁不休。卒昌者名,屡空靡忧。生为完人,归藏于丘。有子绍学,曷怨以尤。"

元袁桷《清容居士集》卷三十三《先君子早承师友晚固艰贞习益之训传于过庭述师友渊源录》:"史蒙卿,乙丑进士。拙程文,默诵五经,其学喜奇说。礼部尚书王公多传授之,卒以奇不合于王公。"

元戴表元《剡源集》卷十一《史景正字序》:"甬东史君蒙卿,其族昆弟之字皆别以'景'。既有字君景吕者矣。年长,学成而疑之,以书来剡源,曰:'是不慊吾志,愿有易也。'遂为易字曰'景正',而告之以其说。"

《宋史》卷四百二十三《史弥巩》:"弥巩之子蒙卿,咸淳元年进士,调江阴军教授,早受业色川阳恪,为学淹博,著书立言,一以朱熹为法。"

清万斯同《宋季忠义录》卷十三《史蒙卿》:"史蒙卿,鄞人。直华文阁史弥巩子。咸淳元年第进士。仕州县,入元不仕。其感事诗云:宫花攒晓日,仙鹤下云端。总是伤心事,那能着眼看。风沙两宫恨,烟草八陵寒。一掬孤臣泪,秋霖对不干。其亡国之恨,不减黍离麦秀,读者伤之。

"先是南宋时四明学者多宗金溪陆,惟蒙卿与黄东发独宗考亭,后程端礼、程端学兄弟并师蒙卿,尽传其学,由是朱学盛行于四明。"

《至正四明续志》卷二:"弥巩之第三子蒙卿,咸淳乙丑进士,调江阴军教授,早受业于阳先生恪,为学淹博,读书立言,一以子朱子为法,乡人称为果斋先生。"

《延祐四明志》卷六《进士》:"咸淳元年阮登炳榜:史蒙卿。"《光绪鄞县志》卷二十《选举表一》:"咸淳元年乙丑:史蒙卿,弥巩孙。"

注:史蒙卿研究以张伟《史蒙卿与静清学派》一文(载于《2004—2006年度宁波市社会科学优秀成果集》,宁波出版社2007年版)最具代表性。该文对史蒙卿生平、著作和学术流派有较为系统的梳理。

李櫶　庆元府鄞县人。登咸淳元年进士第。事迹无考。

《延祐四明志》卷六《人物考下》:"咸淳元年阮登炳榜:李櫶。"《光绪鄞县志》卷二十《选举表一》:"咸淳元年乙丑:李櫶。"

陆觉　庆元府鄞县人,一说慈溪县人。陆点孙。登咸淳元年登进士第。事迹无考。

《延祐四明志》卷六《人物考下》:"咸淳元年阮登炳榜:陆觉。"《光绪鄞县志》卷二十《选举表一》:"咸淳元年乙丑:陆觉,点孙。"《光绪慈溪县志》卷十九《选举上·宋》:"咸淳元年乙丑阮登炳榜:陆觉。"

王伯林　台州府宁海县人。登咸淳元年进士第。事迹无考。

《弘治赤城新志》卷九《人物一·进士》："咸淳元年阮登炳榜：王伯林，宁海人。"《光绪宁海县志》卷九《选举表·宋·进士》："咸淳元年乙丑：王伯林。"

王峻　绍兴府余姚县人。王世威侄。登咸淳元年进士第。事迹无考。

《光绪余姚县志》卷十九《选举表》："咸淳元年乙丑：王峻，阮登炳榜，世威从子。"

王渭应　字之虎。台州府宁海县人。登咸淳元年进士第。官翰林修撰。

《弘治赤城新志》卷九《人物一·进士》："咸淳元年阮登炳榜：王渭应，宁海人。"《光绪宁海县志》卷九《选举表·宋·进士》："咸淳元年乙丑：王渭应，字之虎，塘心人。翰林修撰。"

朱沐　绍兴府余姚县人。登咸淳元年进士第。事迹无考。

《光绪余姚县志》卷十九《选举表》："咸淳元年乙丑：朱沐。"

吴焱(1224—1307)　字用晦，台州府宁海县人。登咸淳元年进士第。因对策耿直，不得高第。后授迪功郎、东流县尉。丁忧后监绍兴支盐仓。入元不仕。至元间，宁海因征日本之役，被摊派赋税，民众疲苦，吴氏遂卖田上赋，力减民赋。卒后，赵孟頫、胡长孺为其撰铭题字。

明朱存理《珊瑚木难》卷四《吴用晦墓志铭》："吴用晦卒，既禫祭，胡长孺以宁海主簿如府计事舍上蔡，书院士人周仁荣造焉，盖用晦子婿也。以所摭爵里行言与弃官将死之事为状一通，持来拜，且请曰：'今兹惟夫子文辞，子昂篆楷行草书名天下，不得以铭若祖父，非良子孙。夫子幸为仁荣妇翁铭，又幸为请子昂作篆楷，是尚不死。'请弗已，长孺走避不敢当，复还固谢，尤不可，则应曰：'诺！'其明年九月，监造舟海上成，始克阅其状，而为之铭。

"状曰：'焱，吴氏，字用晦，先于越人。唐季年，鼻祖与族人偕徙来台之宁海县仙岩家焉，为县人。十有四世，曾大父大明，宋迪功郎。大父筹、父希尹，宋承务郎。儿时凝然似成人，既冠入州学，有能赋声，为曹偶见推。登咸淳元年进士第，对策语直，不得在高等。明年郊祀，始授迪功郎、池州东流县尉，巡捉私茶盐礬，丁外艰，服阕，循从政郎，监绍兴府支盐仓，弃归其家。

"未第时，乡之先达叶少傅、王提刑年秩盛高，都当世名德，折己贵尊，与为游知交。尉东流时，尝权池州司户参军，以治办闻。持丧哀毁甚。既弃官，冲泊自守，于世若无闻知，独于乡里族姻如诸异日。今至元十八年，浙东造舟者征本村铁百，需赋里民急，不忍其追呼，令子鬻田代输，家以故耗，施意尤未衰。比卒前一岁，衣冠拜哭家祠如辞行礼。将及岁，泊然无语以卒，年八十四，实大德十一年九月癸亥。娶黄州司法参军同郡金桂卿女，子男一人，鼎臣。女三人，其嫡归今任处州路美化书院山长，请铭者也。长归丁寿宝，次归胡福臻。孙三人，男一肖居，女二在室。鼎臣以至大二年九月壬午葬其乡于吴兴之原，得铭距葬日一年。长孺曰：'死生之际微矣，隋唐宋选吏由进士出。'儒先生类曰：'是庸禄利蛊士心，败文体，乱铨法，徒靡风俗，不足得隽。尝试取古举子程文读之，裂道叛经，违理害义，其尤侮圣人之言也。'

"夫固尝著论排斥不少置。俯仰垂千年，卓伟魁杰之士，顾出于其间，何可胜数。近四十年亦得六七公，其尤著者，李瑾登咸淳进士第，既胪传，识时相骄肆，将覆宗社，即日上书阙下，挂冠去。赵卯发权池州，兵薄城，夫妇缢州治。冯骥战独松岭，不胜死。高斯得言丞相当事危急时，弃去归，愿以同列议己说，必偾国。罢同签书枢密院事，还湖州，眠破屋中，或时不食。何应桂权发遣忠安军事，栖霞岭不守，刺血裂衣帛，作书上之，缢州治。留梦炎今吏部尚书，廷沮沙不丁平章政事。抚言贾胡司泉府主市舶司，宰相不可，忤意曳出，复召如初，对得释。此六七公者，视死何如？况区区得丧祸福哉！高材大器，自非畏名息影，长往不招之士。有此积蕴，必求自著见于时而施用于世，固不肯黧面皓首，终老于采薪负耒也。往往视取士途径，勉强委曲以就之，媒致其身见庸之地，又何问贤良中正茂才进士也耶？犹寸珠尺璧，埋瘗尘坌，其光辉发见自有不可得掩者。乃今用晦死生之际，若出入门户，与六七公炳炜映照，可铭已。

"铭曰：司徒俊造堕莫复，吏选哤离道弥黩。浮文程人置科目，进士千载一干禄。已肆礼亡甚桎梏，媟侮圣人恬流俗。卓伟魁杰天所属，高材大器巨潜伏。俯首俯就甘诘曲，奇节峻操袂踵续。死生际若伸暨屈，用晦洞识盍同录，后五百年示陵谷。"

清万斯同《宋季忠义录》卷十三《吴焱》："吴焱，字用晦，宁海人。咸淳进士。授迪功郎、池州东流尉。丁外艰，哀毁甚。服阕，监绍兴支盐仓，弃归。冲泊自守，宋亡，不仕元。至元间，浙东造征日本舟，材铁百，需赋重，民急，焱不忍其号乎，鬻田代输，家以破耗，意犹不怠，卒，赵子昂为题其墓。"

《光绪宁海县志》卷十《列传一》："吴焱，字用晦。居吴墺，咸淳元年进士。未第时，乡先达叶少傅、王提刑俱高年名德，折己与为知交。及登第，以对策语直，不得在高等。授迪功郎、池州东流尉。丁外艰，哀毁甚，服阕，监绍兴支盐仓。宋亡，弃官归。

冲泊自守，于世若无闻。知唐宋选吏由进士出，焱曰：'是庸利禄蛊士心，败文体，乱铨选，徒靡风俗，不足得豪隽。尝试取古今程文读之，裂道，反经违理害义，其犹侮圣人之言也。'元至元间，浙东造征日本舟，材铁百，需赋于民，急不忍其号呼，鬻田代输，家以破耗，意犹不怠。比卒前一岁，衣冠哭拜家祠，如辞行礼。将及岁，泊然无语以卒。赵子昂为题其墓，胡长孺撰文。"

《光绪宁海县志》卷九《选举表·宋·进士》："咸淳元年乙丑吴焱，有传。《赤城志》作炎。"

林子宣　庆元府慈溪县人。登咸淳元年进士第。事迹无考。

《延祐四明志》卷六《人物考下》："咸淳元年阮登炳榜：林子宣。"《光绪慈溪县志》卷十九《选举上·宋》："咸淳元年乙丑阮登炳榜：林子宣。"

林子仪　庆元府慈溪县人。登咸淳元年进士第。事迹无考。

《嘉靖宁波府志》卷三《选举表·宋进士》："咸淳元年：林子仪，慈溪。"《光绪慈溪县志》卷六《选举》："度宗咸淳元年林子仪。"

胡大浩　庆元府奉化县人。登咸淳元年进士第。官教授。

《延祐四明志》卷六《人物考下》："咸淳元年阮登炳榜：胡大浩。"《光绪奉化县志》卷十九《选举表一》："咸淳元年乙丑：胡大浩，宝庆，教授。"

姚梦荐　庆元府慈溪县人。登咸淳元年进士第。事迹无考。

《延祐四明志》卷六《人物考下》："咸淳元年阮登炳榜：姚梦荐。"《天启慈溪县志》卷六《选举》："度宗咸淳元年：姚梦荐。"

桂岩　庆元府慈溪县人。登咸淳元年进士第。事迹无考。

《嘉靖宁波府志》卷三《选举表·宋进士》："咸淳元年：桂岩，慈溪。"《天启慈溪县志》卷六《选举》："度宗咸淳元年：桂岩。"

徐十朋　一作徐十明，又作徐斗明。庆元府慈溪县人。登咸淳元年进士第。事迹无考。

《延祐四明志》卷六《人物考下》："咸淳元年阮登炳榜：徐十朋。"《天启慈溪县志》卷六《选举》："度宗咸淳元年：徐十明。"

《光绪慈溪县志》卷十九《选举上·宋》："咸淳元年乙丑阮登炳榜：徐斗明。按：斗明，《延祐志》本作十朋，盖形近而讹，今据《成化府志》正。又按：《延祐志·职官考》元学录有徐斗明。"

陈大有　字谦夫。台州府宁海县人。登咸淳元年进士第。事迹无考。

《弘治赤城新志》卷九《人物一·进士》："咸淳元年阮登炳榜：陈大有，宁海人，字谦夫。"《光绪宁海县志》卷九《选举志·宋·进士》："咸淳元年乙丑：陈大有，字谦夫。"

陈绍谦　字公孟。台州府宁海县人。登咸淳元年进士第。官吏部主事。

《弘治赤城新志》卷九《人物一·进士》:"咸淳元年阮登炳榜:陈绍谦,宁海人。"《光绪宁海县志》卷九《选举志·宋·进士》:"咸淳元年乙丑:陈绍谦。同治稿字公孟,西墺人,吏部主事。"

孙冶凤　庆元府奉化县人。登咸淳元年进士第。事迹无考。

《延祐四明志》卷六《人物考下》:"咸淳元年阮登炳榜:孙冶凤。"《光绪奉化县志》卷十九《选举表一》:"咸淳元年乙丑:孙冶凤,阮登炳榜。"

黄三接　一作王三接。庆元府慈溪县人。登咸淳元年进士第。事迹无考。

《延祐四明志》卷六《人物考下》:"咸淳元年阮登炳榜:黄三接。"《天启慈溪县志》卷六《选举》:"咸淳元年:王三接。"

曹一新　庆元府慈溪县人。登咸淳元年进士第。事迹无考。

《延祐四明志》卷六《人物考下》:"咸淳元年阮登炳榜:曹一新。"《天启慈溪县志》卷六《选举》:"咸淳元年:曹一新。"

张应奎　台州府宁海县人。登咸淳元年进士第。事迹无考。

《弘治赤城新志》卷九《人物一·进士》:"咸淳元年阮登炳榜:张应奎,宁海人。"《光绪宁海县志》卷九《选举志·宋·进士》:"咸淳元年乙丑:张应奎,爵里未详。"

叶培　台州府宁海县人。登咸淳元年进士第。事迹无考。

《弘治赤城新志》卷九《人物一·进士》:"咸淳元年阮登炳榜:叶培,宁海人。"《光绪宁海县志》卷九《选举志·宋·进士》:"咸淳元年乙丑:叶培,爵里未详。"

叶梦牛　庆元府奉化县人。登咸淳元年进士第。历庆元县尉。

《延祐四明志》卷六《人物考下》:"咸淳元年阮登炳榜:叶梦牛。"《光绪奉化县志》卷十九《选举表一》:"咸淳元年乙丑:叶梦牛,庆元尉。"

葛元善　台州府宁海县人。登咸淳元年进士第。事迹无考。

《弘治赤城新志》卷九《人物一·进士》:"咸淳元年阮登炳榜:葛元善,宁海人。"《光绪宁海县志》卷九《选举志·宋·进士》:"咸淳元年乙丑:葛元善,爵里未详。"

舒济川　庆元府奉化县人。舒济世弟。登咸淳元年进士第。官衢州知府。

《光绪奉化县志》卷十九《选举表一》:"咸淳元年乙丑:舒济川,济世弟。

衢州知府。"

杨椅翁　字安叔。台州府宁海县人。登咸淳元年登进士第。官黄冈令。

《弘治赤城新志》卷九《人物一·进士》:"咸淳元年阮登炳榜:杨椅翁,宁海人,字安叔,黄冈令。"《光绪宁海县志》卷九《选举表·宋·进士》:"咸淳元年乙丑:杨倚翁。旧志:字安叔,黄冈令。"

王应子　字之龙。台州府宁海县人。登咸淳元年登进士第。官吏部尚书。

《光绪宁海县志》卷九《选举表·宋·进士》:"咸淳元年乙丑:王应子。同治稿:字之龙,塘心人,吏部尚书。"

杨应祥　庆元府慈溪县人。登咸淳元年进士第。事迹无考。

《延祐四明志》卷六《人物考下》:"咸淳元年阮登炳榜:杨应祥。"《天启慈溪县志》卷六《选举》:"咸淳元年:杨应祥。"

赵必肌　庆元府昌国县人。登咸淳元年进士第。事迹无考。

《大德昌国州图志》卷六《进士题名》:"赵必肌,咸淳元年阮登炳榜。"

赵必哽　庆元府昌国县人。登咸淳元年进士第。事迹无考。

《大德昌国州图志》卷六《进士题名》:"赵必哽,咸淳元年阮登炳榜。"

赵若诔　庆元府昌国县人。宗室。赵时恪子。登咸淳元年进士第。事迹无考。

《大德昌国州图志》卷六《进士题名》:"赵若诔,宗学,咸淳元年阮登炳榜,父时恪。"

赵时吉　庆元府昌国县人。登咸淳元年进士第。事迹无考。

《大德昌国州图志》卷六《进士题名》:"赵时吉,咸淳元年阮登炳榜。"

郑及之　台州府宁海县人。登咸淳元年进士第。事迹无考。

《弘治赤城新志》卷九《人物一·进士》:"咸淳元年阮登炳榜:郑及之,宁海人。"《光绪宁海县志》卷九《选举表·宋·进士》:"咸淳元年乙丑:郑及之。"

郑新之　字子在。台州府宁海县人。登咸淳元年进士第。官登仕郎。

《光绪宁海县志》卷九《选举表·宋·进士》:"咸淳元年乙丑:郑新之,旧志:字子在,登仕郎。"

郑应之　台州府宁海县人。登咸淳元年进士第。事迹无考。

《弘治赤城新志》卷九《人物一·进士》:"咸淳元年阮登炳榜:郑应之,宁海人。"《光绪宁海县志》卷九《选举表·宋·进士》:"咸淳元年乙丑:郑应之,爵里未详。"

楼岩 庆元府慈溪县人。登咸淳元年进士第。事迹无考。

《延祐四明志》卷六《人物考下》:"咸淳元年阮登炳榜:楼岩。"《光绪慈溪县志》卷十九《选举上·宋》:"咸淳元年乙丑阮登炳榜:楼岩。"

韩福孙 庆元府慈溪县人。登咸淳元年进士第。事迹无考。

《延祐四明志》卷六《人物考下》:"咸淳元年阮登炳榜:韩福孙。"《天启慈溪县志》卷六《选举》:"咸淳元年:韩福孙。"

麻昭伯 字天一。台州府宁海县人。登咸淳元年进士第。事迹无考。

《弘治赤城新志》卷九《人物一·进士》:"咸淳元年阮登炳榜:麻昭伯,宁海人。"《光绪宁海县志》卷九《选举表·宋·进士》:"咸淳元年乙丑:麻昭伯。同治稿:字天一。"

沈震孙 庆元府人。登咸淳元年特赐进士第。景定时为三学舍生,曾上书言彗星事。

沈氏有《大汉典籍著作如何论》,见于宋魏天应《论学绳尺》,该书收录于《四库全书》,也见于《历代文话》。

宋周密《齐东野语》卷十七《景定彗星》:"自是三学京庠,投匦上书者日至。……又有陈梦斗、陈绍中等书,沈震孙、范钥、李极等书。"

《延祐四明志》卷六《人物考下》:"咸淳元年三学前廊赐进士释褐:沈震孙。"注:《全宋文》以其为鄞县人,查鄞县诸志并无载。

蒋元 庆元府人。登咸淳元年特赐进士第。事迹无考。

《延祐四明志》卷六《人物考下》:"咸淳元年三学前廊赐进士释褐:蒋元。"

赵必昌 庆元府奉化县人。登咸淳元年特赐进士第。官鄂州教授。

《延祐四明志》卷六《人物考下》:"咸淳元年三学前廊赐进士释褐:赵必昌。"《光绪奉化县志》卷十九《选举表一》:"咸淳元年乙丑:赵必昌,宗学上舍,鄂州教授。"

舒汤 庆元府奉化县人。登咸淳元年特奏名进士第。历瑞安教谕。

《光绪奉化县志》卷十九《选举表一》:"咸淳元年乙丑:舒汤,瑞安教谕。"

应文煜 庆元府奉化县人。登咸淳元年特奏名进士第。事迹无考。

《光绪奉化县志》卷十九《选举表一》:"咸淳元年乙丑:应文煜。"

咸淳三年丁卯(1267)榜

竺津 庆元府奉化县人。登咸淳三年进士第。事迹无考。

《光绪奉化县志》卷十九《选举表一》："咸淳三年丁卯：竺津，正奏名。"

戴履　庆元府奉化县人。登咸淳三年进士第。事迹无考。

《光绪奉化县志》卷十九《选举表一》："咸淳三年丁卯：戴履，正奏名。"

咸淳四年戊辰(1268)陈文龙榜

李应雷　字伯壹。台州府宁海县人。登咸淳四年进士第。官分水县尉。

《弘治赤城新志》卷九《人物一·进士》："咸淳四年陈文龙榜：李应雷，宁海人。"《光绪宁海县志》卷九《选举表》："咸淳四年戊辰：李应雷。同治稿：字伯壹，上胡人，分水尉。"

葛寅炎　字同叟，号东泉，台州府宁海人。登咸淳四年进士第。官青田县尉。

其有《题三易补遗》一诗和《三易补遗序》一文，收于《三易备遗》，收录于《通志堂经解》。

清陆心源《宋诗纪事补遗》卷七十五《葛寅炎》："葛寅炎，字同叟，号东泉，天台人。咸淳四年进士。青田县尉。"

《光绪宁海县志》卷九《选举表》："咸淳四年戊辰：葛寅炎。旧志：泉水人。"

沈得新　台州府宁海县人。登咸淳四年进士第。事迹无考。

《光绪宁海县志》卷九《选举表》："咸淳四年戊辰：沈得新。"

王祈　台州府宁海县人。登咸淳四年进士第。事迹无考。

《光绪宁海县志》卷九《选举表》："咸淳四年戊辰：王祈。"

陈行　字必达，台州府宁海县人。登咸淳四年进士第。官集贤修撰。

《光绪宁海县志》卷九《选举表》："咸淳四年戊辰：陈行，字必达，集贤修撰。"

范应发　字纯甫，庆元府昌国县人。登咸淳四年进士第。初授迪功郎、嘉兴府崇德县尉，后得李庚赏识，入赵孟传幕府，官终临安府节制司干办公事。因家中筑室祭祀范纯仁，故人称"小范"。

宋陈著《本堂集》卷九十一《故节干范君墓志铭》："四明素多士，山川气分，前辈风流，日以衰落。尚其如吾友范纯甫者，几何人哉？而死矣！他日，其孙鹤孙曳衰踵门曰：'鹤孙大父善于子，葬且有日，敢以状请铭。'余执而哭之，不得辞。

"君讳应发，纯甫其字也。庆元府昌国县人。曾祖庠、祖希颜。父镕，前迪功郎，滁州清流县主簿。君早孤，母赵氏力贫教其子，资之师从。不远千里，文声蔼然旁魄，再宾秋荐，晚始第名奉官，授迪功郎、嘉兴府崇德县尉。县当孔道，吏饕民嚚，号最难治。本之清苦，推以果达，当路才之，业难以委。摘奸钩隐，冤滞滞疏。闻抱牍立台府下，相可仡仡不少动。于门大书云：'更无私入路，常是大开门。'宪使李公庚行部，见之异，下车访问。随事敷答，无遗余。曰：'此非神明尉乎！'即路腾剡。唐公震继之，与郡守俞浙、漕使许公自争出我子。赵公孟传檄入幕。家公铉翁伏其干办临安府节制司公事。厄于时，志不克竟，归老于里。

"吁，命也夫！君平生尝荐于其所知，不以世故迁。其有不辱吾类，容明气扬，称道不离口。其有过，虽凤所敬说，必面折，不以情隐。于家东偏辟一室，放忠宣公遗意，曰'著作林'。家毁，并其先人墓以居，号小范。既而买屋城中，图史左右，日有手抄，惟意所可，曰'自足记'。交游既广，客坐无虚顷，觞咏留连，率竟日乃去。盖其心旷远萧散，所适皆乐如此。

"君生于己巳五月六日，终于戊子十有二月二十有一日，享年八十。娶陈氏，端懿静和，宾敬尽老，越明年十有一月十日，亦以寿七十有七岁终于内寝。子男二：长逢甲，漕贡进士，先君五年卒。次埴，后其姻亲冯氏，前承信郎。女二：长适前礼部进士赵嗣镇，次适前迪功郎赵嗣铨。孙男一，取埴之子，鹤孙是也。女一，适赵必胜。君盖棺甫半月，延燎垂及，鹤孙亟奉之出从于奉化县禽孝乡冯氏墓庐山之阴，为道士墺。君治命：'我死，于此乎葬。'己丑十有二月甲申启菆，以陈氏枢合葬。铭曰：'学以成名，而迟于成。仕以行志，而啬于行。维寿则丰，维心之亨。式宁其归，尚泽云仍。'"

《大德昌国州图志》卷六《进士题名》："范应发，咸淳四年陈文龙榜。"

余廷简 绍兴府余姚县人。登咸淳四年进士第。咸淳时为溧水县丞，元兵攻溧水，不屈而死。

清万斯同《宋季忠义录》卷八《余廷简》："余廷简，余姚人。咸淳间进士。任溧水丞，元兵至，不屈死之。"

《光绪余姚县志》卷十九《选举表》："咸淳四年戊辰：余简，陈文龙榜。

王子兼 字达善，庆元府奉化县人。其少时喜读书，又从游苏浙，结交名人，与戴表元、魏叔高等人交往颇深。登咸淳四年进士第。官常熟县丞。入元后，避居乡里，以吟诗著书自娱。王子兼著《王氏避地编》、《梅谱》等，皆已佚。

元戴表元《剡源集》卷十一《王丞公避地编序》："父党王丞公子兼，字达善。《避地编》古律诗杂著凡七十五篇。始丞公以文学行义杰立乡间间。余初为童，居相距无半舍，不能舍也。来钱塘乃始邂逅，定为忘年之交，聚散数岁，各守一官江浙，不相闻。乙亥之夏，皆失仕归，余又买庐并公为邻，于是畴昔重邮累驾之不可接者，一旦尽得之。

"当是时，两家生产赤立，徒有六经诸史、先秦以来古文、奇刻、处士之书，合数百千卷。每闲暇时，留连聚论，日至五六往返，间又为歌词韵语，以发其燕居之娱，私心甚幸，以为吾徒虽不得志于世，固有以乐矣。明年，兵声撼海上，村郊之民往往持橐束缊而立，伺尘起即遁。余与公势不得止，仓皇弃其故业，指山中可舍者为之归，盖其事不能相谋，而流离转徙，困顿百折，不自意复相出于天台南峡之麓。自是而行同途，止同旅，交同友，客同门，急则传声疾呼，老稚携挈，以遁须臾之命，缓则握手劳苦，流涕謦释，以宽离乡弃土之戚。此于人情何所暇逸，而长篇大章交至迭出。伥伥乎若不知其身之受死祸，而饥渴寒冻之号其后也，将痛极感深，力不可措，遂且猖狂放恣，以畅其郁滞而不自知耶？今观篇中次第一一而在，窃尝想象当时交际间事，惟马隩时为详。或临流据石，伫思而迟成，或褰裳掷笔，率意而立就。独吾丞公须眉老苍，矩步就席，至一字不肯出口，少焉迫之而作，语尽遒妍，音度谐合，比事属辞，默写如注，众客始为倾叹自失，而己若无有焉，是不亦盛德长者人哉。公平生他所论著，悉毁于火，既出峡，率妻孥耕烬地而食，终日言不及利，天果不欲丧斯文乎！何其老而坚也。余虽不材，旦夕从东阡南陌后，和叩牛之歌，续负苓之坐论，尚能为公。"

《光绪奉化县志》卷二十三《人物传一》："王子兼，字达善。先世居青州，其四世祖允迪以干办沿海制置司事，奉母渡江而南，因家奉化。祖植始，字端本，俊朗高岸，以学行见推于乡党，筑双清堂，日与宾友乐饮赋诗其间，学者称为双清先生。父熙，字子和，精毛氏诗学，方允迪之南也。赵侍郎粹中之先亦以其孥皆迁于明，王、赵既丞相家世文章，子孙居明者又皆才良，有时名。两家高阀阅，严婚姻，数世衣冠不衰，而子兼王母沈氏大门以多藏书闻天下，故子兼在龆龀之年渐渍见闻涉猎，词艺已如成人。逮弱冠，连试国子举，连获之进，试于礼部，辄不利，乃出而纵交异方名人。游吴最久，客高全椒家，尝所往来者，寿春魏叔高兄弟、桐城方深源父子最密。当是时，诸公贵者以赀势，贤者以声誉，皆倾力致千里客，客之欲速售者，争趋之。子兼独癯然，好深湛之思，所在闭帘扫阁，穷日夜钞，诵如山林，书生闻奇书、古砚、磬囊中装致之，无吝色。真文忠纂《文章正宗》初出，子兼旁搜得览，为之注释，又作《梅谱》甚悉。

"咸淳四年，对策集英，授迪功郎、遂安县主学，时县主学方创员，以处耄年之不可以莅民者。子兼至遂安,以古文学教诸生,诸生逾山谷,裹粮相从,人人以为得良师。晚有令敬其才,每事咨之,县以大治。郡守见令牍文详明,讶曰:'吾他日闻遂安令不如是,是何书生教之耶?'令以主学王公对,乃郡守游吴时同门客也。大惊,即移署幕府兼钓台山长。会守以三组镇越,子兼亦满遂安。以修职郎改授常熟县丞,未行。秦辟浙东提刑司,准备差遣,留幕府如故。

"始王氏卜地奉化,其聚名王塘,相继名宦,世习清旷。子兼既解幕府,归王塘。明年,火徙宁海马隩,又明年马隩兵返,依王塘毁所,寒漂暑烁,挟册不休,化其家人亦无愠色,平居未尝以诗自名而语趣冲适,格力清妥,往往专名。诗者不及也。子兼谦和乐易,殆出天性,然与之居,终日无欹容狎语,操齐音,尝曰:'我家青州,号义门王氏。'子孙不宜以争讼闻于乡里。少善书法,垂老刻意小学,既而以李斯、许慎之说为未古也,诸所论议讲学,凡若此人,听之若茫洋无垠而要不可废,卒年七十四。葬禽孝乡灵岩村世墓之左。"

《光绪奉化县志》卷十九《选举表一》:"咸淳四年戊辰:王子兼。"

戴矗　庆元府奉化县人。登咸淳四年进士第。官新昌教谕。

《光绪奉化县志》卷十九《选举表一》:"咸淳四年戊辰:戴矗,新昌教谕。"

舒楪　庆元府奉化县人。舒济世子。登咸淳四年进士第。官处州教授。

《光绪奉化县志》卷十九《选举表一》:"咸淳四年:舒楪,济世子。处州教授。"

陈浩然　台州府宁海县人。登咸淳四年进士第。事迹无考。

《弘治赤城新志》卷九《人物一·进士》:"咸淳四年陈文龙榜:陈浩然,宁海人。"《光绪宁海县志》卷九《选举表·宋·进士》:"咸淳四年戊辰:陈浩然,爵里未详。"

陈扆　庆元府昌国县人。登咸淳四年进士第。事迹无考。

《大德昌国州图志》卷六《进士题名》:"陈扆,咸淳四年陈文龙榜。"

陶回孙　一作陶回春。陶椿卿父。庆元府昌国县人。登咸淳四年进士第。平江府任官,卒于任上。

清万斯同《宋季忠义录》卷十四《陶椿卿》:"陶椿卿,字均寿,定海人。以礼经魁。宋末癸酉乡试覆试又魁。父回春,登咸淳进士,倅平江府而卒。庐墓终身,元初被选举,力辞不起,乡邦异之。"

《大德昌国州图志》卷六《进士题名》:"陶回孙,咸淳四年陈文龙榜。"

注:陶回孙生平在何雷书《定海历史名人传录》(中国文史出版社2008

年版)中详述,但书中称其为"临安尹",查《万历杭州府志》,咸淳间知杭州府事者并无陶氏,暂存疑。

孙铭 台州府宁海县人。登咸淳四年进士第。官平江府学正。

《弘治赤城新志》卷九《人物一·进士》:"咸淳四年陈文龙榜:孙铭,宁海人,平江学正。"《光绪宁海县志》卷九《选举表·宋·进士》:"咸淳四年戊辰:孙铭,平江学正。"

叶正己 台州府宁海县人。登咸淳四年进士第。事迹无考。

《弘治赤城新志》卷九《人物一·进士》:"咸淳四年陈文龙榜:叶正己,宁海人。"《光绪宁海县志》卷九《选举表·宋·进士》:"咸淳四年戊辰:叶正己,陈文龙榜。"

舒景云 台州府宁海县人。舒岳祥从弟。登咸淳四年进士第。官节度推官。

《弘治赤城新志》卷九《人物一·进士》:"咸淳四年陈文龙榜舒景云,宁海人。岳祥从弟,节度推官。"《光绪宁海县志》卷九《选举表·宋·进士》:"咸淳四年戊辰:舒景云,岳祥从弟,节度推官。"

冯唐英 台州府宁海县人。登咸淳四年进士第。相传他有教民饲养牡蛎一事。

《弘治赤城新志》卷九《人物一·进士》:"咸淳四年陈文龙榜:冯唐英,宁海人。《光绪宁海县志》卷九《选举表·宋·进士》:"咸淳四年戊辰:冯唐英,字复陶,石孔人。"

注:冯唐英教民饲养牡蛎一事,诸书中只云"相传"、"据说"云云,无载史源。其事可详见《宁海故事精选》(宁波出版社 2005 年版)。

赵必祐 庆元府慈溪县人。登咸淳四年进士第。事迹无考。

《延祐四明志》卷六《人物考下》:"咸淳四年陈文龙榜:赵必祐。"《天启慈溪县志》卷六《选举》:"咸淳四年:赵必祐。"

郑桂开 台州府宁海县人。登咸淳四年进士第。官罗山主簿。

《弘治赤城新志》卷九《人物一·进士》:"咸淳四年陈文龙榜:郑桂开,宁海人,罗山主簿。"《光绪宁海县志》卷九《选举表·宋·进士》:"咸淳四年戊辰:郑桂开,罗山主簿。"

楼嵒 一作楼磊。庆元府慈溪县人。登咸淳四年进士第。事迹无考。

《延祐四明志》卷六《人物考下》:"咸淳四年陈文龙榜:楼嵒。"《天启慈溪县志》卷六《选举》:"咸淳四年:楼磊。"

魏国杰 字汉卿。台州府宁海县人。登咸淳四年进士第。事迹无考。

《弘治赤城新志》卷九《人物一·进士》:"咸淳四年陈文龙榜:魏国杰。"《光绪宁海县志》卷九《选举表·宋·进士》:"咸淳四年戊辰:魏国杰,同治稿,字汉卿,下蒲人。"

臧璧 庆元府慈溪县人。登咸淳四年进士第。事迹无考。

《延祐四明志》卷六《人物考下》:"咸淳四年陈文龙榜:臧璧。"《天启慈溪县志》卷六《选举》:"咸淳四年:臧璧。"

咸淳七年辛未(1271)张镇孙榜

任仲高 庆元府鄞县人。登咸淳七年进士第。入元后任承直郎、台州路总管府判官。

其有诗《挽钱心斋先生》一首,题"任仲高",未知是否为一人。其文有《庆元路学重建大成殿记》。

《延祐四明志》卷六《人物考下》:"咸淳七年张镇孙榜:任仲高。"《光绪鄞县志》卷二十《选举表一》:"咸淳七年辛未:任仲高。"

任仲高《庆元路学重建大成殿记》:"承直郎前台州路总管府判官任仲高撰。"注:是文撰于元至大三年(1310)。

赵孟何 字汉弼,庆元府鄞县人。赵与懬第三子。登咸淳七年进士第。终身不仕,为乡里学者,与戴表元有交。

赵孟何有《春秋法度编》一书,已佚。其文《希叟绍昙禅师语录序》一文收于《全宋文》,另有《云龙碶记》收于《光绪鄞县志》。

元戴表元《剡源集》卷七《春秋法度编序》:"咸淳中,余备员太学。博士弟子见学官月讲必以《春秋》,窃怪而问诸人曰:'是自渡江来以为复仇之书,不敢废也。'夫复仇之说,初非《春秋》本旨。中兴初,胡康侯诸公痛数千年圣经遭王临川禁锢,乘其新败洗雪而彰明之,使为乱臣贼子者增惧,使用夏变夷者加劝,儒者之功用,所为与天地并,如是而可耳。场屋腐生,山林曲士,因而掎摭微文,破碎大道,为可悯叹,及其久也,《春秋》之编未终,仇不得复,而鼎迁科废,学者不待申临川之禁,而绝口不复道矣。虽以余之困而愿学,求欲如昔年从博士后时意气,讵可得耶?

"乡郡赵君汉弼,与予为同年生,精力趣尚,记诵讨论,视余略不衰惰。其先人清敏公,尝以《春秋经传集解》奏之经筵,刻之琬琰者若干言,经火毁灭。汉弼追忆而补存之,摘其出于先公自著者,定为若干言。又评考二百四十二年行事,合于《诗》《书》《六典》,名曰《春秋法度》之编者若干言,无近世掎摭破碎之嫌,而于儒者之功用有所发,於乎!何其能哉!盖汉弼之为人,吾知之,生于纷华之窟而能勤,长于功名之途而能静,老于艰危之境而能泰。故其于是书,亦不以世故炎凉盛衰而夺,抑交游之期于汉弼,何有纪极?汉弼年未甚高,余戊戌春过之,见其萧然一室,几砚在左,杵臼居右,畦蔬汲井,无一毛干世之色,其于《春秋法度》,未可量也。"

《延祐四明志》卷五《人物考中·先贤》:"(赵与懽)三子孟何,咸淳七年进士第。通《春秋》,去褒贬、凡例为法度编。陵阳牟应龙以同年铭其墓曰:'吁嗟!先生白首穷经,无财而富,无爵而荣。'"

《延祐四明志》卷六《人物考下》:"咸淳七年张镇孙榜:赵孟何。"《光绪鄞县志》卷二十《选举表一》:"咸淳七年辛未:赵孟何。"

袁镛　字天与。庆元府鄞县人。登咸淳七年进士第。官平江军节度判官,因丁忧不赴。其人有文武之才,常驻乡里,与庆元知府赵孟传、将作少监谢昌元交好,誓共殉国。德祐二年三月,元兵骚扰庆元城西,袁镛出兵御之,因谢、赵二人出卖而被困、俘虏。被俘后,不听元人劝诱,被烧死。家人闻之,有十七人溺水殉葬。

宋王应麟等《四明文献集》卷五《悼袁进士镛诗》:"天柱不可折,柱折势莫撑。九鼎不可覆,鼎覆人莫扛。袁公烈丈夫,独立东南方。欲以一己力,代国相颉颃。适遭宋祚移,耻为不义戕。奋然抗志起,誓欲扫欃枪。拔剑突前麾,手回日月光。贼势愈猖獗,山摧失忠良。呜呼绝伦志,不得骋才长。妻孥悉从溺,枯骨谁克襄。忠烈动天地,游魂为国殇。山水倍甚悲,抱恨彻穹苍。穹苍率一息,庶几纪星霜。西风白杨路,哀猿号崇冈。解街挂墓柏,泣下沾衣裳。惜哉时不利,抽毫述悲伤。"

明柯维骐《宋史新编》卷一百七十五《徐宗仁》:"有袁天与者,不知何许人。第进士。丁父忧,未仕。厓由宋亡,人劝其退伏草莽,为自全计。天与不听,结义兵,誓复州邑。奋不顾身,兵败骂敌以死。初与谢昌元、赵孟颏约同死国,无何,二人并食元禄,独天与践其言,一门自尽者十七人,只遗一人。"

清万斯同《宋季忠义录》卷八《袁镛》:"袁镛,字天与。鄞人,有大志。邃于《春秋》,登咸淳进士第。以父忧,未即仕。见国事日蹙,窃叹曰:'生则宋臣,死则宋鬼,顾无寸兵,尺地不能捍御以固社稷,得仗义执言,从常山、睢阳于地下,不失为宋臣足矣。'

"适元将遣游兵十八骑驻西山之资教寺,镛悲愤激烈,约沿海制置兼知庆元府赵孟传、将作少监谢昌元共出御敌,二人曰:'尔第先往,我二人当以兵继。'镛遂奋然独往,厉声言曰:'汝主无故谋起干戈,残我土宇,使我人民宛转锋刃之下，天地鬼神所不容，吾恐汝北归无日也。'言未竟，就执，而二人已密往车厩，献版图迎降矣。元将奇镛才，协令降曰：'从则富贵，不从则烧戮汝。'镛骂曰：'我为宋臣，死则死耳，终不从汝也。'元将怒，纵火燎之，须发殆尽，词气愈厉，至死不稍变。其日家人惊悼，赴水而死者十有七人。"

《光绪鄞县志》卷三十《人物传五》："袁镛，字天与。其先南昌人。有子诚者，宋知临安府，以事至鄞，遂留家焉。镛治《春秋》，有文武才，尚气节。尝中省元。咸淳七年成进士。授签书平江军节度判官。以父忧，未即仕。国事日蹙，镛窃叹曰：'所贵乎士者，以有义焉耳。天下之势，殊未可遏。夫生为宋臣，死则宋鬼，顾吾无寸兵，尺地不能捍御以固社稷，得仗义执言，从常山、睢阳于地下，不失为宋国臣则足矣。'

"会宗室赵孟传以沿海制置使镇四明，将作少监谢昌元亦寓于明，故与相友善，镛因倡言曰：'时不利矣，顾公等食君之禄，为国重臣。镛亦忝进士名闻朝廷，为臣死忠，此其日也，幸无忽。'三人因相结纳，誓以死殉国。

"德祐二年，元兵至鄞，遣游骑十八人驻城西山资教寺，孟传、昌元谓镛曰：'尔第先往，晓以逆顺，我二人即将兵继之。'镛往，遇其骑将首，问行在存亡，为之开陈大义，具言四方勤王之师日至，恐汝北归无日。北兵闻之，疑信，犹未决。明日元兵四集，孟传、昌元惧，乃以兵献于慈溪之车厩。镛失援被困，因挺身与接战，自辰至酉，力不支，为所擒。元将爱其才，胁令降曰：'不死且富贵，不降即烧戮汝。'镛骂曰：'我为宋臣，死则死尔，终不从汝。'元将怒取瞰箕穴其中，加于镛颈旁，纵火燎之，须发且尽。镛辞气愈厉，复以刃劫之，骂益振，遂遇害。是年三月十日也。"

《光绪鄞县志》卷二十《选举表一》："咸淳七年辛未：袁镛。"

王叔稣 庆元府奉化县人。登咸淳七年进士第。官嘉兴通判。

《延祐四明志》卷六《人物考下》："咸淳七年张镇孙榜：王叔稣。"《光绪奉化县志》卷十九《选举表一》："咸淳七年辛未：汪叔稣，嘉兴通判。"

陈应相 台州府宁海县人。登咸淳七年进士第。事迹无考。

《弘治赤城新志》卷九《人物一·进士》："咸淳七年张镇孙榜：陈应相，宁海人。"《光绪宁海县志》卷九《选举表·宋·进士》："咸淳七年辛未：陈应相，爵里未详。"

王梦龙 台州府宁海县人。登咸淳七年进士第。事迹无考。

《光绪宁海县志》卷九《选举表·宋·进士》："咸淳七年辛未：王梦龙，张镇孙榜，府志。"

王梦发 台州府宁海县人。登咸淳七年进士第。事迹无考。

《光绪宁海县志》卷九《选举表·宋·进士》："咸淳七年辛未：王梦发，爵里未详。"

孙耕　庆元府慈溪县人。登咸淳七年进士第。事迹无考。

《嘉靖宁波府志》卷三《选举表·宋进士》："咸淳七年：孙耕，慈溪。"《天启慈溪县志》卷六《选举》："咸淳七年：孙耕。"

舒荣　庆元府奉化县人。登咸淳七年进士第。官泉州通判。

《嘉靖宁波府志》卷三《选举表·宋进士》："咸淳七年：舒荣，奉化。"《光绪奉化县志》卷十九《选举表一》："咸淳七年辛未：舒荣，张镇孙榜，泉州通判。"

舒槐　庆元府奉化县人。登咸淳七年进士第。官衢州教授。

《光绪奉化县志》卷十九《选举表一》："咸淳七年辛未：舒槐，衢州教授。"

舒洲　庆元府奉化县人。登咸淳七年进士第。事迹无考。

《光绪奉化县志》卷十九《选举表一》："咸淳七年辛未舒洲，主学，特奏名。"

厉元吉　字无咎，号半村。绍兴府余姚县人。登咸淳七年进士第。岑安卿之师。曾官乌程，宋亡后，隐居山野。厉元吉著《半村集》，已佚。《姚江逸诗》录诗《雨过》、《吐铁》二首。

元岑安卿《栲栳山人诗集》卷上《三哀诗》："厉公予先师，侃侃国氄士。文词奋白屋，名识动丹宸。帝卿眷遇殊，曲宴锡丰侈。青衫何足云，倏忽期显仕。云胡尉苕溪，露泣秋萱死。朔风撼南极，黄屋继隳圮。归栖从山云，松柯荫琴史。泪挥新亭悲，诗穷黍离旨。雪霜转侵凌，故里不可止。漂泊海东西，生计日雕靡。暮年赋归欤，幸遂首丘志。遗经惜无传，嗣绩但耘耔。死别三十春，账未致一慰。何当马鬣封，秋菊荐寒水。

"右故厉先生，先生讳元吉，字无咎，号半村。宋末举进士第，为乌程尉。"

清厉鹗《宋诗纪事》卷七十五《厉元吉》："元吉字无咎，号半村，余姚人。咸淳辛未进士，仕为乌程尉。德祐末，归隐从山。至元中，访求前宋故臣，元吉遯迹湖海，白首始归。有《半村集》。"

《光绪余姚县志》卷十九《选举表》："咸淳七年辛未：厉元吉，张镇孙榜。"

杨潭　绍兴府余姚县人。登咸淳七年进士第。事迹无考。

《光绪余姚县志》卷十九《选举表》："咸淳七年辛未：杨潭。"

戴表元　字帅初，一作率初，又字曾伯，号剡源居士、质野翁、充安老人。庆元府奉化县人。年少时熟稔诗文，冠绝乡学，后为方逢辰等人所赏识，咸淳间入太学,登咸淳七年进士第。初授建康府教授,后为临安府教授、户部掌故,皆不赴。入元后,先不仕,元成宗时官信州教授、婺州教授,因病致仕。

戴氏师从王应麟、舒岳祥,受业颇深,为东南一代文章之冠,其门生有袁桷。其有《剡源集》传世,收于《丛书集成初编》,浙江古籍出版社2014年点校出版《戴表元集》。

元袁桷《清容居士集》卷二十八《戴先生墓志铭》:"先生讳表元,字帅初,一字曾伯。世为庆元府奉化州人。七岁学古诗文,多奇语。年十三,即加冠入乡校,从里师习词赋,辄弃不肯学,诸父强之。乃游临安,于时新定方尚书逢辰、庐陵刘博士辰翁以论策表历进士,得先生程文,大奇之。咸淳己巳入太学,改岁,以三舍法升内舍生。又逾年辛未试礼部第十人,登进士乙科,授建康府教授。越乙亥岁,由建康归,迁临安府教授,行户部掌故,皆不就。积阶至文林郎。大德甲辰,先生年六十一矣。会执政荐于朝,起家,拜信州教授。秩满,授婺州,以疾辞。至大庚戌三月卒,享年六十有七。

"先生在建康时,先处州通守是邦,朝夕互还往,先生眉目烔耸,慷慨自奋,欲以言语、笔札为己任,尝曰:'科举取士,弊不复可改,幸得仕矣,宜濯然自异,斯可也。'后二年,失仕归剡,遂俾桷事先生,始尽弃声律文字,力言:'后宋百五十余年,理学兴而文艺绝,永嘉之学,志非不勤也,挈之而不至其失也萎。江西诸贤,力肆于辞,断章近语,杂然陈列,体益新而变日多,故言浩漫者荡而倨,极援证者广而颣。俳谐之词,获绝于近世而一切直致,弃坏绳墨,梦烂不可举,文不在兹,其何以垂后。'先生深悯焉。

"方是时礼部尚书王公应麟、天台舒公岳祥,师表一代,先生独执子弟礼,寸闻只语,悉囷以为文,其文清深整雅,蓄而始发,间事摹画而隅角不露,施于人者多,尤自秘重,不妄许与。晚岁翰林集贤,以修撰博士二职荐论,而先生不可复出矣。

"维先子与先生总角相厚善,暨先生登进士,年盛气迈,故旧贬抑者不敢自进,先子正色相辅,复以不肖孤托于先生,诱之迪之,获不失其身。往岁解官南归,于是先子捐馆逾一纪矣。先生始怆然曰:'先公之德幸勿坠。'呜呼!朋友道丧久矣,过时而哀,桷实何敢忘。

"自昔孔门,首分四科,历代之士,率不能兼有,尊德行者后文学,世尝病焉。先生为文,尤多于忠厚孝悌之语,后之篹言者,其必有所考。夫文以蕲远,果能远矣,而近者五六十年,或止百余年。其不幸者,又皆为水火毁灭亡纪,使诚尽传也,则世有能名者不一二数。然视今世焯焯所传,又皆无是事噫!传与朽,始固不论也。

"曾祖辛,妣刘氏。祖汝明,妣郑氏。考灏,妣王氏。世多儒科。伯祖杰,端平初为宗学谕,笃厚为时辈所尊。先生诗文若干卷,疾革犹手加缮定,以所居乡名曰《剡源集》,治窆张村,葬以至大元年三月某日,娶陆氏。子男四:初阳,次纪,后庚,幼儒。女四,婿曰:陆孟孙、孙肖翁、徐公说、袁庚孙。孙男女八。始先生两授徒于鄞、于宣、于杭,其徒散处莫会,初阳等谓从学最久,而知吾父者,宜莫如桷,遂俾志其墓,乃泣对不敢辞。

"铭曰:桓桓戴系,立氏以谥。信都九江,集礼秉卫。在汉国钧,守正忠毅。别籍于剡,贞德弥励。琅然孤桐,不谐其逢。浩然衡门,邈焉冥鸿。二季重辉,续其高风。笺经畅隐,雅言春容。厥壤犬牙,旁邑是著。方门之支,本茂叶附。展世斯赫,宗簧攸辅,诜诜余庆。聿踵先武,振声铺华。先生是承,有烨者光。不竦不凌,在泮峨冠,掩耳以行。曲裾长襜,祗系其亨。千途竞讹,一辙交走。正岐前驱,白首莫疚。发其粹精,如痦脱口。如筶在手,如药在肘。屡踬于艰,秉礼益闲,有泉潨潨,有佩珊珊。驾言东游,曰知者天。卒昌其文,以终丘樊。张原之柏,先生手植。彼高为南,彼郁者北。告而嗣子,以顺以则。昭铭墓门,过者必式。"

元《剡源集》卷首《戴剡源先生自序》:"先生姓戴氏,名表元,字帅初,一字曾伯。其世伯可知者,六代祖居奉化县小方门,三传而徙坊廓,又再传而徙剡源之榆林。

"先生生淳祐甲辰,五岁知读书,六岁知为诗,七岁知习古文,十五始学词赋,十七试郡校,连优。补守六经谕,即厌去。游杭,作书言时政,激摩公卿大人无所避,杭学每岁贡士,得三百员,试礼部中者十人入太学,谓之类申,二十六岁己巳,用类申入太学。明年庚午,试中太学,秋举,岁终校外舍生,试优升内舍。辛未春,试南省,中第十名,五月对策,中乙科,赐进士及第,授迪功郎,升学教授。癸酉冬,起升,及乙亥春,以故归旧庐,改杭学教授,辞不就。既而以恩,转文林郎,都督掾,行户部掌故、国子主簿。会兵变,走避邻郡。及丁丑岁,兵定,归鄞,至是三十四岁矣。

"家素贫,毁劫之余,衣食益绝,乃始专意读书,授徒卖文,以活老稚,鄞居度亦不可久,遂卖榆林之地而庐焉,如是垂三十年,执政者知而怜之。荐授一儒学官,因起教授信州。噫!老矣!大德丙午,归自信州,时体气益衰,而婚嫁渐已毕,即以家事属诸子,使自力业,以治养具。然性好山水,每杖策东游西眺,远不十里,近才数百步,不求甚劳,意倦辄止。忘怀委分,自号曰剡源先生,因以名其集,或称质野翁、充安老人云。"

《元史》卷一百九十《儒学二》:"戴表元,字帅初,一字曾伯,庆元奉化州人。七岁,学古诗文,多奇语。稍长,从里师习词赋,辄弃不肯为。咸淳中,入太学,以三舍法升内舍生,既而试礼部第十人,登进士乙科,教授建康府。后迁临安教授,行户部掌故,皆不就。

"大德八年,表元年已六十余,执政者荐于朝,起家拜信州教授,再调教授婺州,以疾辞。

"初,表元闵宋季文章气萎薾而辞骫骳,骳弊已甚,慨然以振起斯文为己任。时四明王应麟、天台舒岳祥并以文学师表一代,表元皆从而受业焉。故其学博而肆,其文清深雅洁,化陈腐为神奇,蓄而始发,间事摹画,而隅角不露,施于人者多,尤自秘重,不妄许与。至元、大德间,东南以文章大家名重一时者,唯表元而已。

"其门人最知名者曰袁桷,桷之文,其体裁议论,一取法于表元者也。

"表元晚年,翰林集贤以修撰、博士二职论荐,而老疾不可起,年六十七卒。有《剡源集》行于世。

"当表元时,有四明任士林者,亦以文章知名云。"

《延祐四明志》卷六《人物考下》:"咸淳七年张镇孙榜:戴表元。"《光绪奉化县志》卷十九《选举表》:"咸淳七年辛未:戴表元。"

注:戴表元的研究成果包括罗永忠的硕士论文《戴表元研究》、刘飞的博士论文《戴表元及其文学研究》、陈璐的硕士论文《戴表元之生平与交友网络》。另有刘飞《戴表元的著述及其流传考略》一文(载于《古籍整理研究学刊》2004 年第 6 期)论及文集版本流传。

舒洽 庆元府奉化县人,舒浃弟。登咸淳七年特奏名进士第。事迹无考。

《光绪奉化县志》卷十九《选举表一》:"咸淳七年辛未:舒洽,浃弟,运干。特奏名。"

咸淳十年甲戌(1274)王龙泽榜

臧梦解 号鲁山居士。庆元府鄞县人。登咸淳十年进士第。宋亡后归附元朝,授官奉训大夫、婺州路军民人匠提举,后得荐改息州知州,不赴,官知海宁州,为政廉洁干练,任上鼓励开垦土地,断狱甚平。后江阴饥荒甚剧,臧氏受江浙行省委派,前去赈灾,全活者众,因功擢同知桂阳路总管府事。至元三十年为奉议大夫、广西肃政廉访副使,广西诸州贪吏顿平。大德时又为江西、浙东、广东肃政廉访副使,颇有政声。后以亚中大夫、湖南宣慰副使致仕,居杭州,后至元元年卒。

臧梦解著《周官考》、《春秋微》，皆已佚。仅有多篇金石文字存世，如光绪《分水县志》载有《守官四铭》，另桂林中学立有其碑文《释奠牲币器服图记》。《乾隆天津县志》卷二十二人载有其《直沽谣》一首。

元刘埙《水云村稿》卷十一《通臧廉使书》："时维孟春，草木生意。恭惟廉使相公鲁山先生，正直所格，神明翕扶，台侯履端多福。去秋上状后，遄往宁都逼腊才归，归而会宪甫知州，言相公荣被除音，移节名部，浙民何幸，吾江西之民何不幸也。辄成拙诗，前寓赞扬，后寓依恋，伏希电烛。惟是礼覆之请，上累钧陶，盖日夕俟之。天下伟人，斯文宗主，舍是何所依归者？第恐吏舍有望，无力计置，全籍相公维持，恃以无恐。宪甫知州，仲春授代，此时或追送至洪。首图俯伏阶墀以谢，不宣。"

元刘埙《水云存稿》卷十一《再通臧廉使书》："月正三日，李舍人行，尝附拙诗以进。越三日，宪甫知道出示珍染，乃知相公轸记孤寒，已为入选。何修何饰，如取如携，'此生恩未报，他日目不瞑'，谨诵此语以谢。区区前任为例革，故短少月日，若接补满考，本自不须再行札履。第去岁尝谍之省房，则曰：'前度札覆文书，未为尽善，恐入选有驳，须要重行札覆相应六字备方稳。'有此疑虑，是以冒昧攀祈而不知止。今赖相公维持，入选无驳，何幸！何幸！然再三细思，终须过此一关。实欲乘今明使者在司，特达成就，即目合用即用，否则存留起咨。失今不图，异日宁复有爱士如珠若明公者乎？闲冷萧条，出门如碍，既不能奔竞计置，惟杖盛心古道，曲成不遗尔。去冬钞到儒选名字，惟袁之萍乡州、瑞之新昌州二正今犹未差，恐有机便，望相公于内造就一处，则阙期近，而士习纯，或可藏拙，待满为告咨地。相公其图利之，敢肃拜以请。年时不肖尝以属之理问白公，得报云'候文书到选，当为出力'，继又闻参政尚公廉正不阿，怜才重道。二君子皆相公所望厚，傥星聚次及之，尤幸。平生沦落，晚遇诸贤，子犯曰：'天赐也。'敢再拜以请。

元刘埙《水云存稿》卷十一《通问浙东臧廉使书》："廉使鲁山先生阁下：自使星移躔，江浙道远，屡欲修敬亡由也。尝于有司榜文间，知澄清所至，神奸扫空，为之赞叹不已，又为之引领，以望重临。盖江西父老皆然，非特区区然也。新秋渐凉，伏惟正直有相，台侯多福。某杜门著书，盖羁穷愁困之所不赦，前载独荷钧陶为致贱名姓上于省，去载已获咨上于朝，今春已入于选，未知铨注之何时。傥霡一命，即水木本原，一出相公所成就。无可以报，报以清苦自厉，不辱师门而已。窃尝自谓平居无营，或藜糁不继，或缊袍不完，然且噤龄苦忍以俟命。若果得一受敕教授，月俸廪粟，视州判丞簿不大相远，足可养廉，吾将守冰蘗以保名节，其尚求多于造物乎？某有一亲友，欲图进身,未有其机,敢恃师门爱厚,辄以籍贯具呈,干大造为立根脚文书。乞从所辖诸府,取一保解,就告体察完备,移牒区用,可乎？盛传使节升除江右荆湖,果尔尤便,当令斯人随马足就钧陶也。有赍由径者,大率结贪浊之奥援;无力发身者,止得投公廉之主人。惟明公哀寒畯之湮沦,为开前程,俾得自见,是公成就无上功德。赞叹何穷？不胜归恩之至。不宣。"

《元史》卷一百七十七《臧梦解》:"臧梦解,庆元人。宋末中进士第,未官而国亡。至元十三年,从其乡郡守将内附,授奉训大夫、婺州路军民人匠提举。未几,例革其所司,而浙东宣慰司举梦解才兼儒吏,可试州郡。朝廷是之,授息州知州。未行,改海宁知州。

"时淮东按察副使王庆之,按行至其州,见梦解刚直廉慎,而学有渊奥,自任职以来,门无私谒,官署萧然。凡有差役,皆当其贫富,而吏无所预。于是民以户计者,新增七百六十有四;田以顷计者,新辟四百四十有三;桑柘榆柳,交荫境内。而政平讼简,为诸州县最。乃举梦解才德兼备,宜擢清要,以展所蕴。而御史台亦以其廉能,抗章荐之。

"二十七年,梦解满去者至是已五年矣。属江阴饥,江浙行省委梦解赈之。梦解不为文具,皆躬至其地,而人给以米,所活四万五千余人。江南行台治书侍御史苟宗道,闻而韪之,举其名上闻,除同知桂阳路总管府事。三十年,擢奉议大夫、广西肃政廉访副使。故事,烟瘴之地,行部省多不躬至,而梦解咸遍历焉。遂按问宾州、藤州两路达鲁花赤,与凡贪官污吏,置于法者无虑八十余人。又平反邕州黄震被诬赃罪,及藤州唐氏妇被诬杀夫罪,凡两冤狱。

"大德元年,迁江西肃政廉访副使。有临江路总管李㑮,素狡狯,而又附大臣势,以控持省宪。梦解按其赃罪,而一道澄清。六年,迁浙东肃政廉访副使。九年,除广东肃政廉访使。梦解至是,既老且病,乃纳禄退居杭州,以亚中大夫、湖南宣慰副使致仕。后至元元年卒。

"梦解博学洽闻,为时名儒,然不少迂腐,而敏于政事,其操守尤为介特。所著书,有《周官考》三卷、《春秋微》一卷。梦解尝自号鲁山大夫,士之称之者,不以官,皆曰鲁山先生云。"

《光绪鄞县志》卷二十《选举表一》:"咸淳十年甲戌:臧梦解。"

萧元瀣　庆元府鄞县人。登咸淳十年进士第。事迹无考。萧元瀣著《达鲁花赤察罕德政记》一文,见于乾隆《奉化县志》。

《延祐四明志》卷六《人物考下》:"咸淳十年王龙泽榜:萧元瀣。"《光绪鄞县志》卷二十《选举表一》:"咸淳十年甲戌:萧元瀣。"

王午龙　庆元府奉化县人。登咸淳十年进士第。官宁海尉。

《延祐四明志》卷六《人物考下》:"咸淳十年王龙泽榜:王午龙。"《光绪奉化县志》卷十九《选举表一》:"咸淳十年甲戌:王午龙,宁海尉。"

王桂开　台州府宁海县人。咸淳十年登进士第。

《弘治赤城新志》卷九《人物一·进士》:"咸淳十年王泽龙榜:王桂开,宁海人。"《光绪宁海县志》卷九《选举表·宋·进士》:"咸淳十年甲戌:王桂开,爵里未详。"

王应高　字潜明。台州府宁海县人。登咸淳十年进士第。官镇江教授。王应高著《山南集》,仅见书目,未见传本。

《弘治赤城新志》卷九《人物一·进士》:"咸淳十年王泽龙榜:王应高,宁海人,镇江教授,有《山南集》。"《光绪宁海县志》卷九《选举表·宋·进士》:"咸淳十年甲戌:王应高,字潜明,镇江教授。"

李洧孙　字甫山,号霁峰。台州府宁海县人。登咸淳十年进士第。早年师从舒津。登第后初授迪功郎、黄州司户参军。宋亡后一度不仕,元成宗大德时至大都,献《大都赋》。后授杭州路儒学教授,延祐时官江浙同考试官,以从仕郎、黄岩判官致仕。天历时卒。

李洧孙有《大都赋》一文,见《光绪顺天府志》卷一,另有《知州马称德去思碑记》一文,见于《光绪奉化县志》卷十二。另据黄溍撰墓志及《浙江方志考》考证,洧孙有《重修台州图经》。

元黄溍《金华黄先生文集》卷三十二《霁峰李先生墓志铭》:"先生讳洧孙,字甫山,姓李氏。其先出唐宗室燉煌房。五代时,避地越之三界。三界者,会稽、上虞、嵊三邑之冲也。乃益东南,至台之宁海家焉。曾大父穆,宋迪功郎。大父开之,弗仕。父演,与同里叶公梦鼎俱受业直龙图阁郑公霖,叶公后由太学释褐至丞相,先生之父故为布衣,人知其宜有后矣。

"先生早岁即能读父书,既成人,师事太学博士舒公津,学日以进。方是时,羁旅之士得群试于漕司,号曰寓试,就试者动以万数。岁甲子,先生年二十有二,以词赋中其选第一,闻者咸叹奇之。已而上春官,不合,乡先达右司郎官陈公纬怜其才,宦游所至,恒引以自近。癸酉,更以国子生预奏名,遂擢甲戌进士第,授迪功郎、黄州司户参军,未上,而黄州以版图归职方。

"先生栖迟海滨者余二十年,有终焉之志。郡府或以先生名剡上,先生为强起,诣京师,述《大都赋》以献,时大德二年也。居亡何而归。六年,乃得杭州路儒学教授。延祐元年,以选为江浙同考试官。三年,以从仕郎、台州路黄岩州判官致仕。天历二年三月二十八日,卒于家,上距生年癸卯得寿八十有七。上以至顺某年某月某日,葬朱开乡何山之原。元配王氏,先五十一年卒,祔葬董公山先墓;继胡氏,先十二年卒,与先生合葬焉。子男四人:长檠,以先生致仕恩,今为某官;次矩;次大德,早卒;次槔。孙男十一人:炯、炫、燧、炳、烨、灼、嗣忠、嗣弘、炤、烜、辉。凡先生为学官,教人有法。其较文,称贤主司。至于兴坏补弊,出内之谨,直其细耳。故侍御史冯公翼,尝荐先生可台职,不报。先生盖仕而未显,固学者因其自号,尊之曰霁峰先生云。

"先生所著诗、赋、赞、颂、箴、铭、表、启、碑、志、序、说,总若干卷,唯《大都赋》今行于世,重修《台州图经》列于官书。潜以先生较文乡闱之岁,忝备荐送。筮仕之始,适在先生所居邑,而获以礼见。先生之将葬也,矩与潜遇于钱唐,泣且言:'愿得铭,刻石冢上。'潜虽不敏,谊不敢辞。

"铭曰:呜呼先生兮,世孰予知?山之幽幽兮,食有蕨薇。谓世无知兮,终不我遗。大龟宝玉兮,其陈以时。褒味虽厚兮,弗厚鼎彝。鼓缶而歌兮,日昃之离。何亏何成兮?式全吾归。清风拱木兮,百年之思。树此贞石兮,昭荐刻辞。"

《弘治赤城新志》卷九《人物一·进士》:"咸淳十年王泽龙榜:李洧孙,宁海人。字山甫,号霁峰。"《光绪宁海县志》卷九《选举表·宋·进士》:"咸淳十年甲戌:李洧孙。"

吴化龙　字伯秀,一字汉翔。庆元府奉化县人。登咸淳十年进士第。与戴表元关系十分密切,又为度宗所喜,官嘉定令。吴化龙著《左氏蒙求注》,收录于《丛书集成初编》。

元戴表元《剡源集》卷七《左氏蒙求序》:"吴伯秀为乡校诸生时,余与之寒同枕,饥同灶。比试于有司,亦同业也。然余性迟,每得有司命题,辄勉强营度,至移晷刻不能办。回视伯秀,引笔书卷,滔滔十已成五六矣。又当是时,学徒如林,问疑请益者八面而坐,人人得所欲。越几日榜发,伯秀嵬然居上游,诸问疑请益者,班班选中。余甚惭而慕之,以为为儒不当如是耶。别十年,余自太学成进士,伯秀亦阶乡举,收礼官之科。各相慰劳满意,年齿又皆壮强,自度非碌碌,必将有所著见于世。既而皆失官家居,流落颠顿,积二十年,颜苍发枯,皆欲成老翁。于是余始悔其旧业,谋以筋力之劳,办治衣食,寻计蒙种树书、陶公养鱼法之类而习之。顾此事亦非旦暮可就,徒矢之而已。而伯秀学益坚,识益深,风节益峻。乃方阃门下帏,躬少年书生之事,取数千年兴亡之说,贤否之迹,皆绲理纂辑,成一家言。

"惟《左氏传》,自其少时即已精熟,盖尝取义类对偶之相洽者,韵为《蒙求》,以便学者。余读之,如斲泥之斤,鸣镝之射,百发百返,而不少差。嘻乎异哉！夫人之材力,相去果若是远乎？伯秀《蒙求》成,于《左氏传》又有《笔记通纂》,于毛氏《诗》又有《集义》等书,次第皆且脱稿。余虽坐前累,不可望有所进,抑攘臂于勇夫之旁,垂涎于饱人之余,意气固未已也。伯秀名化龙,今又字汉翔云。"

《光绪奉化县志》卷二十三《人物传一》:"吴化龙,字伯鱼。咸淳十年进士。度宗知其廉能,授名郡,尝曰:'入世虽须才亦须命运,每官缺,朕先怀吴化龙好。'尝与化龙棋,使中贵至,谕其子台真曰:'金钩清泚,铜池摇飔,既饶佳景,当复剧棋。'守嘉定府,峻洁明断,兴廉让厉,风俗邻郡慕之。"

《延祐四明志》卷六《人物考下》:"咸淳十年王龙泽榜:吴化龙。"《光绪奉化县志》卷十九《选举表一》:"咸淳十年甲戌:吴化龙。"

汪式震　庆元府奉化县人。咸淳十年登进士第。官江西司户。

《嘉靖宁波府志》卷三《选举表·宋进士》:"咸淳十年:汪式震,奉化。"《光绪奉化县志》卷十九《选举表一》:"咸淳十年甲戌:汪式震,王龙泽榜,江西司户。"

沈桂　台州府宁海县人。登咸淳十年进士第。事迹无考。

《弘治赤城新志》卷九《人物一·进士》:"咸淳十年王泽龙榜:沈桂,宁海人。"《光绪宁海县志》卷九《选举表·宋·进士》:"咸淳十年甲戌:沈桂,王龙泽榜。"

宋鉴孙　绍兴府余姚县人。登咸淳十年进士第。官承节郎。

《光绪余姚县志》卷十九《选举表》:"咸淳十年甲戌:宋鉴孙,承节郎。"

周汝暨　绍兴府余姚县人。登咸淳十年进士第。官溧水县尉。

《光绪余姚县志》卷十九《选举表》:"咸淳十年甲戌:周汝暨,溧水尉。"

陈应庚　绍兴府余姚县人。登咸淳十年进士第。官东阳尉。

《光绪余姚县志》卷二十三《列传五·宋》:"陈应庚,咸淳十年进士。官东阳尉,有贤德。"《光绪余姚县志》卷十九《选举表》:"咸淳十年甲戌:陈应庚,王龙泽榜。"

叶仲凯　绍兴府余姚县人。登咸淳十年进士第。登第后遭罢斥,入元不仕。终身在乡里教授学问,大兴乡里敦笃之风,善为诗文,多言故国事。

清万斯同《宋季忠义录》卷十四《叶仲凯》:"叶仲凯,余姚人。博涉经史,善属文。咸淳甲戌礼部正奏名。为当国者所忌,罢归。会代易,终身不仕。或劝之曰:'君未食宋禄,今仕元何不可而甘贫贱？'仲凯对曰:'吾闻周德虽兴,夷齐不厌薇蕨,汉道方盛,黄绮无闲山林,人各有志,奈何违之。'劝者乃止。仲凯教授乡里,敦笃之风蔼然。为诗歌寓废兴存亡之感,故老往往置不忍读,金华黄溍序之。"

《光绪余姚县志》卷十九《选举表》:"咸淳十年甲戌:叶仲凯。"

陈观　字国秀,陈著之弟。庆元府奉化县人。登咸淳十年进士第,官新城尉。入元后,不仕,居于奉化城中,为乡人所仰。终年八十一岁。

陈观著文集《棣萼集》、诗集《窃蚓集》、《嵩里集》,未见传本。仅存《崇福寺记》、《资福庙记》,见于《剡源乡志》,收录《中国地方志集成》。另有《奉化州重建公宇记》,见于《延祐四明志》。还有《樊氏先茔之记》,见于《山右石刻丛编》(山西人民出版社 1988 年版)。《元诗选癸集》录诗六首。

元袁桷《清容居士集》卷二十八《陈县尉墓志铭》:"咸淳阅十祀,诸县独奉化号多士流,出入太学,上南宫,亡虑十余人,于时蜚声秀颖,旁县皆敛手避让,一时传诵习读,谓清选不岁月可驯致。未几,皇元合一,皆失仕归里,挟策授徒,疏粝自给,俱不能享中寿,子弟不自振饬,复归为农。

"陈君亦咸淳甲戌进士,不自矜襮,接幼待贱,谦挹愈加,混迹蒿翳,不知其为故官,而得年且八十有一。有子汉,复能以儒自守,其视前数公,良夐过矣。

"君讳观,字国秀。尝调临安府新城县尉。十世祖棠,尉奉化,因占籍焉。子孙日蕃,其最显者曰太学博士著,于君为兄。博士倅贰临安,君馆于其家,君之考承务亦在馆。既策名客馆,其兄复贺其父,人咸荣之。晚岁,足不入城,府州争迎致,率诸生以请业,君一至即谢去,徜徉岩壑,侍博士穷幽抉奇,连唱属和,有帙曰《棣萼集》,其自为诗文曰《窃蚓集》、《嵩里集》。延祐五年三月疾忽作,犹力书《中庸》一章以授汉,是月某日卒。祖讳某,姚戴氏,以守节著,事见州志。考某,承务郎,姚臧氏、董氏。孙男二:时说、时敏。孙女一已嫁,次未行。今葬剡源乡毕驻里,祔于曾祖迪功某之兆。

"铭曰:日垂崦嵫,亦既见斗。实命不逢,怨则屡疚。布衣便便,迄享大年。执其韦编,戒子于传。维陈令族,诗书是续。作铭昭昭,以告必复。"

《延祐四明志》卷六《人物考下》:"咸淳十年王龙泽榜:陈观。"《光绪奉化县志》卷十九《选举表一》:"咸淳十年:陈观,著族弟。"

孙耘　庆元府慈溪县人。登咸淳十年进士第。事迹无考。

《嘉靖宁波府志》卷三《选举表·宋进士》:"咸淳十年:孙耘,慈溪。"《天启慈溪县志》卷六《选举》:"咸淳十年:孙耘。"

舒栻　庆元府奉化县人。舒滋之子。登咸淳十年进士第。官处州签书判事。

《光绪奉化县志》卷十九《选举表》:"咸淳十年甲戌:舒栻,滋子。处州佥判。"

舒泾 庆元府奉化县人。登咸淳十年进士第。官山阴教谕。

《光绪奉化县志》卷十九《选举表》:"咸淳十年甲戌:舒泾,正奏名。山阴教谕。"

邬济民 字仲宏。台州府宁海县人。登咸淳十年进士第。元时为嵊县令、义乌县尹。

《延祐四明志》卷三《职官考下·鄞县》:"县尹邬济民。"《万历绍兴府志》卷二十八《职官志四·县职·令》:"元,嵊,邬济民,宁海人,(至元)三十一年。"《万历金华府志》卷十二《官师二》:"义乌县,元县尹邬济民,台州人。"《光绪宁海县志》卷九《选举表·宋·进士》:"邬济民,字仲宏。江瑶人,溧水□□,□□按□□□□,三十年任嵊县令。"

赵霆晨 台州府宁海县人。登咸淳十年进士第。官县令。

《弘治赤城新志》卷九《人物一·进士》:"咸淳十年王泽龙榜:赵霆晨。"《光绪宁海县志》卷九《选举表·宋·进士》:"咸淳十年甲戌:赵霆晨,何县令。"

谢天祐 台州府宁海县人。登咸淳十年进士第。事迹无考。

《弘治赤城新志》卷九《人物一·进士》:"咸淳十年王泽龙榜:谢天祐,宁海人。"

应天变 一作应天燮、应天銮。字叔谦,号归耕老人。台州府宁海县人。登咸淳十年进士第,翰林官。

《弘治赤城新志》卷九《人物一·进士》:"咸淳十年王泽龙榜:应天变,宁海人。"《光绪宁海县志》卷九《选举表》:"咸淳十年甲戌:应天燮。旧志作天銮。今从《府志》、《通志》。字叔谦,自号归耕老人。九都人。翰林□权直。"

应瑻 一作应珩,字君哲。台州府宁海县人。登咸淳十年进士第。官会稽知县。

《弘治赤城新志》卷九《人物一·进士》:"咸淳十年王泽龙榜:应瑻,一作珩。"《光绪宁海县志》卷九《选举表·宋·进士》:"咸淳十年甲戌:应珩,字君哲,九都人,任会稽知县。"

应森孙 字文孙。台州府宁海县人。登咸淳十年进士第。官黄岩县尉。

《弘治赤城新志》卷九《人物一·进士》:"咸淳十年王泽龙榜:应森孙,宁海人。"《光绪宁海县志》卷九《选举表·宋·进士》:"咸淳十年甲戌:应森孙。同治稿:字文孙。九都人,黄岩县尉。"

范邦惠 字若宾,台州府宁海县人。登咸淳十年进士第。初授太子正字。宋亡后,更名范大禄,隐居乡里,开垦土地,修造堤坝,为后人纪念。

《光绪宁海县志》卷十《列传》:"范邦惠,字若宾。西仓人。赘溪南金氏,遂家焉,即溪南范氏始祖也。登咸淳进士。授太子正字。遭元乱,更名大禄,隐居清泉之浒,见旷土盈迷,皆可耕植,率里人垦辟,以身先之。又虑平畴艰于浥灌,循溪筑坝曰大溪硙,且分筑小硙者六,各从地势以通远近之流,溉田三千七百有奇,皆恃此无旱暵之患,至今里人尸祝之。"《光绪宁海县志》卷九《选举表·宋·进士》:"咸淳十年甲戌:范邦惠。"

俞宗可 台州府宁海县人,登咸淳十年进士第。官兖州刺史。

《光绪宁海县志》卷九《选举表》:"咸淳十年甲戌:俞宗可,马墺人,兖州刺史。"注:俞氏中第情况,宁海旧志皆无载。兖州在今山东,故其任官当在元朝,可元官制无"刺史"职,或不可信。

周士瑶 台州府宁海县人,登咸淳十年进士第。事迹无考。

《光绪宁海县志》卷九《选举表》:"咸淳十年甲戌:周士瑶。"

李大方 庆元府奉化县人。登咸淳十年特奏名进士第。事迹无考。

《光绪奉化县志》卷十九《选举表》:"咸淳十年甲戌:李大方,特奏名。"

童幼该 庆元府奉化县人。登咸淳十年特奏名进士第。景定时参与重建文公书院。

元任士林《松乡集》卷一《重建文公书院记》:"景定初,橘洲姚公希得建海阃,敬斋谢公昌元方坐幕府,出筹画,前进士李君潇、舒君泌、童君幼该请立书院于津之左。"

《光绪奉化县志》卷十九《选举表》:"咸淳十年甲戌:童幼该,以上二人特奏名。"

元朝进士录

元仁宗朝(1311—1320)

延祐五年戊午(1318)忽都达儿榜

塔海　蒙古族。合鲁氏,汉卿侄。原贯南阳,后为庆元路鄞县人。登延祐五年进士第。曾为庐州路总管,治蝗有功,活者甚多。官至金书枢密院事。

《古今图书集成》之《明伦汇编·氏族典》卷五百四十八《塔姓部》:"塔海,庐州路总管,时飞蝗北来,民患之。海祷于天,蝗引去,亦有堕水死者,人皆以为异。民乏食,开廪减直,俾民籴之,所活甚众。"

清钱大昕《元史氏族表》卷一《铁迈赤亦合鲁氏》:"塔海,金书枢密院事,大都督汉卿兄子。"

《至正四明续志》卷二《进士》:"延祐五年忽都达儿榜:塔海,合鲁氏,本贯南阳路,汝州郏县。"

《光绪鄞县志》卷二十《选举表一》:"延祐五年戊午左榜进士:塔海。"

延祐五年戊午(1318)霍希贤左榜

岑良卿　余姚人,字易直,号海亭,岑士贵兄。登延祐五年进士第。中第前为黄彦实所喜,并娶黄彦实女,教授黄家子孙。中第后初授绍兴路同知,后为松阳县尹,泰定时为东平路宣抚副使、东平路总管同知,时蒙古民编

岑良卿
像取自清代修《浙江余姚岑氏宗谱》

入户籍,骄纵异常,良卿大加裁抑,蒙古民遂平。后为奎章阁学士、参知政事,奏东南沿海海运劳累,减免岁粮二十万石,颇有政绩。

岑氏诗文传世较少,仅存《余姚六仓志》所收《普济寺舍产净发记》、《石人山赋》二文,另有《元诗选癸集》录入《和赵宗吉御史过平江韵》一诗。

清顾嗣立《元诗选癸集》卷丙《岑学士良卿》:"良卿,字易直,余姚人,登延祐五年霍希贤榜进士第。泰定间,任东平宣抚副使知府事,历官至奎章阁学士。"

清王梓材等《宋元学案补遗》卷八十六《岑先生良卿》:"岑良卿,余姚人。黄彦实婿。岑氏馆其家,以诗书授子弟,彬彬于于,钩深纂玄,融液品节,各就条贯,掉鞅于词场者尤宜焉。延祐五年先生以诗义上礼部第二。七年,其弟士贵亦贡于乡云。"

《光绪余姚县志》卷二十三《列传六·元》:"岑良卿,字易直,号海亭。延祐五年进士第。授绍兴路同知,有政声。出为松阳县尹,寻授东平路总管同知,蒙古部落编入民户,恣为骄纵,东平尤甚,良卿痛抑之。民赖以安。擢奎章阁学士、参知政事。是时江南民困于海运,而京仓充满,良卿奏请得减海道粮岁二十万石,未几,卒于官。"

《万历绍兴府志》卷三十三《选举志四·进士》:"延祐五年霍希贤榜,余姚岑良卿榜,奎章学士。"《光绪余姚县志》卷十九《选举表》:"延祐五年戊午:岑良卿,霍希贤榜。"

元英宗朝(1320—1323)

至治元年辛酉(1321)泰不华右榜

铁闾　蒙古族。哈鲁氏。庆元路鄞县人。登至治元年进士第。官余杭州同知、象山达鲁花赤、余姚县丞。

铁闾有《寒草岩》、《昇仙木》二诗,载于《元诗选癸集》。

《至正四明续志》卷二《进士》:"至治元年:铁闾,哈鲁氏。"《万历绍兴府志》卷二十八《职官志四·县职·丞》:"元,余姚,铁闾。"

清顾嗣立《元诗选癸集》卷丙《铁州同闾》:"闾,字充之,鄞县人。登至治元年进士第,官余杭州同知。"

《光绪鄞县志》卷二十《选举表一》:"至治元年辛酉左榜进士:铁闾。案:《诗汇》:泰定间官象山达鲁花赤。"

至治元年辛酉(1321)宋本左榜

岑士贵　字尚周。绍兴路余姚县人。登至治元年进士第。少年受学于黄彦实。后为黄岩令,因和当地大姓李氏有矛盾,被毒死。

岑氏有《凌烟阁赋》一文,收于《历代赋汇》卷七十五,又有《税暑亭记》一文,见万历《秀水县志》(收于《中国地方志集成》)。

元吴莱《渊颖集》卷六《李仲举岑尚周哀诔辞》:"初,溧阳李士良仲举、余姚岑士贵尚周,盖延祐间予同荐于乡。至杭见尚周舟中,年二十余,美凤仪,善言论,洁士也。及来燕邸,乃与仲举相见,其年不后尚周。貌加尪,言若不出诸口,雅士也。

"李本故家,仲举幼病,母爱之甚。及上礼部欲行,乃闭诸户,使不得出。泣目尽肿,且曰:'我家左江右湖,鱼稻丰给。子故多病,又忍以风霜冰雪锢吾子,虽不仕进,无损吾事。'宗党亲戚力勉使去,犹屡遣介致佳米、善药,不绝于道。仲举归,将之官余姚,竟以丁母艰毁死。

"岑自设科以来,兄弟数人,鄞黄彦实授之以学。彦实故儒家子,材高而学邃,尝夜梦坐岑厅上,氍毹四设。尚周年最少,前拜跪,乃脱身所被绿衣之。觉而尚周至,拜跪如梦。彦实惊问,尚周对曰:'士贵幸不坠先生所教。'彦实遂浩然不乐,自撰悲诵一篇,纵酒自恣,卒不起。尚周既任官黄岩,大姓李肩舆甬道入,尚周谁之,曰:'是家隶盐亭,恒执持州县短长。'后颇廉得其私煎盗贩、过赇、鬻狱等罪,丹书之。李憾,复以盐法阴中尚周家。会尚周出巡,乡部遴以食,遇毒死。呜呼!自始至终,未及十年哭吾友。二人盖幼而学,壮或不及行,或既行,又且死,不及究其所学。予方幸此二人者,能有所卓立,乃没没焉若是。枯笔砚,费灯烛,劬简编,欲少觊荣宠于当世,为何如也。夫诔者,哀死而累行者也,我之哀矣,又岂能自己于岁也哉?"

《光绪余姚县志》卷十九《选举表》:"至治三年癸亥:岑士贵。"此志记载错误,无至治三年榜。

元泰定帝朝(1324—1328)

泰定元年甲子(1324)捌剌右榜

揑古伯　蒙古族。哈鲁氏。庆元府鄞县人。登泰定元年进士第。事迹无考。

《至正四明续志》卷二《进士》:"泰定元年捌剌榜:揑古伯,哈鲁氏。"

《光绪鄞县志》卷二十《选举表一》:"泰定元年左榜进士:揑古伯。案:《辍耕录》:官经历。"

注:据《光绪鄞县志》载其人在陶宗仪《辍耕录》中有载,检陶书,未见,或所见有遗漏,录之备考。

泰定元年甲子(1324)张益左榜

史骃孙　字东父,庆元路鄞县人。曾祖为史弥巩。登泰定元年进士第。官承事郎、国子助教。

清陈元龙编《历代赋汇》(收于《四库全书》)收有其《阳燧赋》一文。

《至正四明续志》卷二《进士》:"泰定元年张益榜:史骃孙,字东父,鄞县人。弥巩曾孙,授承事郎、国子助教。"《光绪鄞县志》卷二十《选举表一》:"泰定元年甲子右榜进士:史骃孙。"

程端学　字时叔,号积斋。庆元路鄞县人。登泰定元年进士第。程端礼之弟。中第不久即为国子助教,与史骃孙有交往,热衷钻研《春秋》,自称有《春秋》之癖好。后至元时为筠州幕长,为政廉静、明达,为当地官吏所信任、称赞,可惜卒于任上,年仅五十七。

程端学著《春秋本义》、《三传辨疑》、《春秋或问》、《积斋集》。《春秋本义》等书在元代即颇为统治者看重,将之付梓、颁布,均收于《四库全书》。

《积斋集》,《四库全书》本是四库馆臣重新辑录。

元欧阳玄《圭斋文集补编》卷十四《积斋程君端学墓志铭》:"程君时叔既卒之二十年,子徐来请其墓铭。君,端学其讳,时叔其字,号积斋。程氏系出广平,唐以来家鄱阳。君先世有府君讳珍,自鄱阳迁四明之鄞。其孙仕为唐文林郎、卫率府胄曹参军,杜工部有诗《送程率府归四明》是也。至宋,代有闻人。曾祖振父,承务郎、平江府百万仓司门。妣佘氏。祖在孙,通直郎、知平江府常熟县事。妣卓氏。父立,年十八,为乡贡五经都魁。内附后,当道累荐入仕,不就。今以子贵,赠从仕郎、郊祀署丞。妣王氏、曹氏,并封宜人。

"至治癸亥,予以鸠兹宰,浙省聘为秋闱试官。第二场《四灵赋》,本房得一卷,爱其词气高迥,拟置选中。覆考官谓非赋体,欲黜之。予争之力,且曰:'其人赋场如此,经义必高手。'书三不成字号,督掌卷官封号参索,取其本经观之,至则伟然老成笔也。主司是予言,乃与选。予默识是卷,及拆号,同列秦邮龚璛子敬素知君姓名,谓予曰:'此四明处士程敬叔先生之弟时叔也。微君言,几失此佳士。'明年,君会试中高等榜,名传至江南,予自喜乡者之识鉴不冬烘矣。此予始得吾时叔于程文者也。

"泰定乙丑,予以武攸宰被召为国子博士,时叔已擢为国子助教,上日与同僚史骃孙车甫以门生礼见,骃亦予所得士也。予辞之不获,礼毕,然后同升教席,旁观者趄之。予自是托交时叔,见其心与貌俱古,文与行俱卓。会国学改积分例为升斋等第,助予议甚多。诸生讲授稍暇,即以所作《春秋本义》就予讨论,盖君之精神心术,尽萃是书,朝夕删改不已,寝食为废。尝语之曰:'昔者杜元凯有《左传》癖,君有《春秋》癖邪?'未几,车甫以仂书致疾卒,君亦颇癃瘁多病。予每以是讽之,其勤勚自若。此予继得吾时叔于学行者也。

"后至元丙子,予以国子祭酒谒告南归,假道于筠。君为筠州幕长,卒已二年矣。筠州之长贰僚佐及邦之士友来见予者,予必询时叔,咸谓君为政廉静而明达。初至,吏以为儒者恐不习吏事,君熟于章程,畅于事宜,已而老吏健胥,拱手以服。太守僧嘉讷甚贤,凡事取决于君,及没,素服哭之恸,仰天呼曰:'正人云亡,君何恃乎?'即日移文告老而去。夫能使长官视其存亡为去留,君之能官亦可知矣!此予未得吾时叔于吏治者也。

"宋乾、淳间,朱、陆之学并出,四明学者多宗陆氏,唯黄氏震、史氏蒙卿独宗朱氏。君与伯氏端礼敬叔师史先生,尽得朱子明体达用之指。于是二难自为师友,平居一举动必合礼法。时人以其方严刚正,以二程目之。敬叔发明朱子之法,有《读书工程》若干卷,国子监取其书颁示四方,郡县教官以式学者,后中书以闻,复申饬之。君先与里中同志孙君友仁慨念《春秋》在诸经中独未有归一之说,遍索前代说《春秋》者,凡百三十家,折衷异同,续作《春秋记》。由是沉潜绅绎二十余年,乃作《春秋本义》三十卷、《三传辨疑》二十卷、《或问》十卷,以经筵官申请有司,取其书镂梓传世。

"君早岁不屑为举子业,朋友力劝之就试,及再战再捷,素习者不能过之。会试经义策冠场,试官为惊叹,白于宰相曰:'此卷非三十年学问不能成。使举子得挟书入场屋,寸晷之下,未必能作。请置通榜第一。'后格于旧制,以冠南士,置第二名。

"初调仙居县丞,未行,寻改授国子助教。时隐士张临慎与为司业,君与助教王瓒在中,与张论文不合。当道入张言,君与瓒未及考即注代。平章乌公素闻二公有学,传谕天官,特视考论升转,君与瓒偕予从仕郎、翰林国史院编修官。君在翰林论撰,每为学士雍郡公虞公伯生所推服。中书选考,随处乡试,号称得入。国子生贺据德、李哲尝亲受经于君,后皆为南宫第一人。君长筼幕未久,朝廷拟为太常博士,命将下,终于位。今以子贵,赠奉训大夫、礼部郎中、飞骑尉,追封鄞县男。

"娶余氏,宋参政珍之曾孙,先卒,赠宜人,进封鄞县君。继周氏,宋进士应龙之孙女,封恭人,进封县君。子男四人:复,以荫数调为江浙行省理问所知事;次徐,由翰林从事发身太史院校书郎,迁奉礼郎,选为中书东曹掾,从太师丞相军徐,擢礼部主事,改刑部、户部主事,升中书检校官,拜监察御史,升本台都事,以才谞称于时;次赉,国子生,能文章,胄馆有声,早世;次卫,林州书院山长。女一,适同里乐旭。孙男四人:孚,国学生;式,鄞县教谕;谦、诚。曾孙二人:祖、伊,俱幼。

"君生以前至元十五年戊寅五月丁未,卒以元统二年甲戌十一月癸卯,年五十有七。以次年闰十二月乙酉,葬于邑之阳堂乡太白里之原,余氏自青山迁合葬焉。

"君寿不满德,位不酬能,余庆所被,在其后人为宜。然予两知贡举,两考会试,又尝屡考国学公试及大都、各行省乡试,得士亡虑数百人,其间为名公卿立事功者不少,然求通经学古之士如吾时叔者,甚难其人焉。得之难,故察之审,言之详也欤!铭曰:生于鄞,没于筼。儒之醇,吏之循。抱鲁麟,至终身。呜呼!我元之献民,百世之端人,素王氏之忠臣。"

《元史》卷一百九十《儒学》:"端学,字时叔,通《春秋》,登至治辛酉进士第,授仙居县丞,寻改国子助教。动有师法,学者以其刚严方正,咸严惮之。迁太常博士,命未下而卒。后以子徐贵,赠礼部尚书。所著有《春秋本义》三十卷,《三传辨疑》二十卷,《春秋或问》十卷。"

《至正四明续志》卷二《进士》:"泰定元年张益榜:程端学,字时叔,鄞县人。会试第二名。授将仕郎、国子助教,迁翰林国史院编修官。明《春秋》,著《春秋本义或问》三卷、《辨疑》几六十卷。"

余应珪《元郑大顺墓志》:"女四:……次应玖,适进士程端学。……婿从仕郎前翰林国史院编修官程端学填讳。"注:是志撰于元天历三年(1330)。

注:程端学研究的热点是其《春秋》学的研究,代表人物是周国琴。他以程氏所传《春秋》著作作为研究素材,相继发表《论程端学驳前儒"日月时例"解经》、《元儒程端学对〈春秋〉三传的辩驳》等文,其硕士论文《程端学〈春秋〉三书研究》在辨析程氏生平和程书修撰经过的基础上,着重讨论了程端学的《春秋》观,揭示了程端学的义理观,以史带论,对程端学个人生平研究、《春秋》三书的研究都有重要的启示作用。

黄茂　字茂卿。绍兴路余姚县人。登泰定元年进士第。少年师从吴澄,后乡人多从其学。登第后授官余姚州州判,至顺二年致仕。

《光绪余姚县志》卷二十三《列传六·元》:"黄茂,字茂卿。从学于吴澄,以道自任,邑人多从之学。登泰定元年进士。授本州州判,爱民下士,百姓怀之。至顺二年致仕。以天下将乱,遂教幼子以武。"

《光绪余姚县志》卷十九《选举表》:"泰定元年甲子:黄茂,张益榜。"

泰定四年丁卯(1327)阿察赤李黼榜

翁传心　字君授,一字授道。登泰定四年进士第。庆元路慈溪县人。师从程端礼,中第后不久因直言遭罢黜,后任慈湖书院山长。

翁氏有遗文《慈溪县医学记》,见于《开庆四明续志》,另有诗《慈湖》一首,见于《雍正慈溪县志》。

元程端礼《畏斋集》卷四《四明鹿鸣宴序》:"丙寅之岁翁君再举,其礼遂废,或者非之。"

《光绪慈溪县志》卷二十五《列传二·元》:"翁传心,字君授,一字授道。父德良,官衢州学录,传心从学程端礼,延祐间两与乡贡,后试春官,以直言忤主司意被黜。退休湖山,尝为慈湖书院山长。"

《至正四明续志》卷二《中乡举》:"延祐七年:翁传心,慈溪县人。……泰定三年,翁传心。"

《光绪慈溪县志》卷十九《选举上·元》:"进士,翁传心。按:《至正志·进士表》本不载,据袁桷撰《慈溪县兴造记》称进士翁传心,记作于泰定元年,上距传心乡举时凡七年,中间两试进士,一在至治元年,一在泰定元年,莫能定也。又按《雍正志》:至正十六年摄教谕语本《成化府志》、《遗闻录》转据翁氏家乘以纠之,殊未审矣。"

注:翁传心生平中第情况较为复杂,《光绪慈溪志》将其列为进士,以其中第年为至治元年、泰定元年两榜之一,而未见《至正四明续志》载翁氏泰定三年中乡举榜,据《三场文选》所见江南三省乡试名录记载:翁传心中泰定四年丙寅(1327)的乡试举第九名,所习为《礼》经。因此登第应在泰定四年。翁传心撰《慈溪县医学记》、《慈溪县医学创立讲堂记》二文,内容一致,只字句有差,收于《全元文》。

元文宗朝(1328—1332)

至顺元年庚午(1330)王文烨左榜

黄彰　黄茂长子。绍兴路余姚县人。登至顺元年进士第。官浙江宣司。

《光绪余姚县志》卷二十三《列传六·元》:"子彰登至顺元年进士,任浙江宣司。"

《光绪余姚县志》卷十九《选举表》:"泰定元年甲子:黄彰,王文煜榜。《康熙志》:浙江宣使。"

元惠宗朝(1333—1368)

至正五年乙酉(1345)张士坚左榜

刘希贤　字仲愚,号木石子,世称木石先生。登至正五年进士第。庆元路鄞县人。少年时习《春秋》之学,颇有所得。初授天门书院山长,后为会稽教谕,重定会稽之雅乐礼仪。官终江浙儒学副提举。

刘希贤著《春秋比事》、《缾窝类稿》二书,皆已佚。

《至正四明续志》卷二《进士》:"中乡举,至顺三年刘希贤,鄞县人。"

明徐象梅《两浙名贤录》卷二《儒硕》:"刘希贤,字仲愚,鄞人。少嗜学,长从乡先生薛概学《春秋》,博习强记,为文敏疾。举进士第。授太平路天门书院山长,讲论经传得其旨。归后,改会稽教谕,见雅乐弊弛,喟然叹曰:'圣人制乐,所以格神人,和上下,定民志,讵可缺哉?'乃捐俸率诸生,命工修饬。秩满,升江浙儒学副提举,致仕。所著有《春秋比事》、《鉼窝类稿》,自号曰木石子,人因称为木石先生。"

《光绪鄞县志》卷二十《选举表一》:"至正四年甲申右榜进士:刘希贤。"注:应为左榜进士。

刘环翁 (1303—1345),原名刘环,字环翁,后以字为名。台州路宁海县人。曾大父昌,宋文林郎、昭庆军节度判官。大父应球,宋迪功郎、庆元路慈溪县主簿。父珪,年十六入太学,遂家于杭,元进义校尉、宁海县东奥等处海船上百户。母陆氏。环翁弱冠从名师受《春秋》学。取元统元年(1333)乡荐。会科举废,不懈其业。科举复,至正四年(1344),再荐于乡,登五年进士第,授将仕郎、建德录事。有同年生死于疫,环翁经纪其丧事,亦不幸染疾卒,年四十三。见《金华黄先生文集》卷三十七、《宋元学案补遗》卷五十五。

《重修浙江通志稿》第一百零七册《考选谱》:"至正五年乙酉张士坚榜:刘环翁,宁海人。建德录事。"

至正十四年甲午(1354)牛继志左榜

舒睿 字彦明,号广莫山人。庆元路奉化县人。登至正十四年进士第。官御史。

舒睿有《六艺纲目后序》一文,见舒天民《六艺纲目》一书,收录于《丛书集成初编》。

元舒睿《六艺纲目后序》:"岁书云日从子广莫山人舒睿彦明后序。"

《光绪奉化县志》卷十九《选举表一》:"至正十四年甲午:舒睿,御史。"

至正十七年丁酉(1357)王宗嗣左榜

舒经 庆元路奉化县人。登至正十七年进士第,官宁海教谕。

《光绪奉化县志》卷十九《选举表一》:"至正十七年丁酉:舒经,宁海教谕。"

补　　录

朱介　庆元府昌国县人。登宋某榜进士第。朱介生平活动约和杨简、袁燮同时或稍后,长心学。

清黄宗羲等《宋元学案》卷七十四《征君许止斋先生孚进士朱先生介布衣魏先生矩合传》:"许孚,字□□,号止斋,昌国人也。与徐都曹恭先生为同里。受业杨文元公,终身不仕。以孝义倡乡间,屡征不赴。其时昌国儒者尚有朱进士介、魏布衣矩,皆为杨、袁之学者。

宋元之　字伯允。宋元龟之兄。绍兴府余姚县人。宋高宗至宋孝宗间登进士第。少年时受学于程迥。宋光宗时上疏言冗官登诸时弊,后被召赐对,官知弋阳、庐州通判,擢御史,上章劾苏师旦,论罢。

清黄宗羲《宋元学案》卷二十五《御史宋先生元之宋先生元龟合传》:"宋元之,字伯允,余姚人也。与弟元龟同受《易》于沙随。举进士。光宗受禅,求直言,先生极言官爵冗滥、士风不竞、宰相倚阿、佛老蠹民、武力废弛,皆切中时弊。召赴行在赐对,请得剧邑自效,知弋阳。辅臣荐其可任台谏,乃自庐州判擢御史。抗章言苏师旦不法,以中旨罢。"注:余姚诸志皆不载。

李唐将　绍兴府余姚县人。李唐卿之兄。登特奏名登进士第。官吉州安福尉。

宋袁燮《絜斋集》卷二十《李府君墓志铭》:"有子三人:唐辅为长,仲将以特恩补官,为吉之安福尉。"注:余姚诸志皆不载。

袁楖　字木叔。袁燮之弟。庆元府鄞县人。约开禧时登特奏名进士第。年少时已深研诸经典,见识颇高,后赴试不中,结庐自娱。登第后授迪功郎、黄梅县尉,携家眷抗击贼寇,又赈济灾民,颇有政绩。嘉定时调乐平县丞，县令卒后，摄县事，有官声，卒任上。

宋袁燮《絜斋集》卷二十《亡弟木叔墓志铭》："嘉定六年九月丙午余弟木叔卒于乐平之官舍，将终，谓其子向曰：'吾无他憾，独恨不及见吾兄尔。'哀哉！余尚忍闻之，亟遣子肃往，偕向护丧归葬，向求铭，余痛不能为，又念不可无述，乃叙而铭之。

"木叔名樬，庆元鄞人。自高大父光禄公以儒学起家，袁氏始大。曾祖讳某，左朝议大夫，尚书仓部郎中。祖讳某，考讳某，俱朝奉郎，妣令人戴氏。木叔天资颖悟，年十四五时，已知景慕前修，清敏丰公尝有诗云：'日来月往无成期，好把心源早夜思。'木叔大书之壁，以自规警。长益奋发，究心群书，不专治举子业，持身惟谨，事亲愉色婉容，与余处，怡怡无间，而切偲兼之，尝作《论语》说，有所未合，余告之曰：'儒者能解释此经，始见学问功夫。'木叔自是研求奥旨，日有新益，味虞、夏、周《书》，有所感发曰：'吾道固如是。'读《庄子》曰：'是有傲心，非所敢知也。'余尉江阴，秩满，有旨升擢，而迟之数月，木叔曰：'是岂可复俟。'力赞之决，余感其言，亟求制属，木叔之识高矣。

"两上礼部，退而授徒里中，矩矱端严，私淑者众，门人相继决科，而师犹未第，晏如也。敝庐倚修竹，因以为名，求古人草庐之趣。以累举特恩，授迪功郎，蕲州黄梅县尉。将之官，会边隙渐开，退儒者多易阙内地，木叔勇不顾，挈其妇子以往，时开禧二年冬也。莅职才月余，旁郡被兵，邑人惊扰，木叔以身任之，曰：'朝廷张官置吏，正为今日。'阅弓兵治器械，无日不修守御之备。或曰：'急矣，寄孥彭泽，傥可以逃难。'木叔又不许，厥妇亦曰：'即有缓急，共死于此。'闻者共壮之。先是尉廨将压，邻有宗子森夫者，请易以他地，宰许之矣，木叔至，毅然曰：'是官舍也。若他属，奈公论何。'不果易。于是葺治之，而又创营房，置军器库。舍北有凤台，筑亭其上，名曰览辉，宣献楼公为赋诗焉。岁大祲，捐俸为粥，以活饥民，郡委之赈济。异时，官吏足迹不到处，皆计口给食。罗田有疑狱，久不决，被郡檄鞫之，专精致思，默与理会，具得其实，吏民神之，守大喜，亟移为录参以自近，每事咨焉。再调饶州乐平县丞，郡以前任人旷职，留不遣而督其逋负甚急，木叔请代之偿，许之。严于束吏而宽其民，既偿宿负，复有余财，不假鞭箠而办。邑长不幸卒，木叔摄焉，未几亦病，切于为民，强起从事，遂不可为。卒之前一日，生辰也，整冠对客，酬酢无倦容，将易箦，犹正身危坐，招同僚与之诀，语琅琅不乱，寿六十有四。累以恩赏，进承直郎，病益侵，致其仕，转宣教郎。明年二月丙申葬于县之翔凤乡沧门里钟保夻之原。娶林氏。子三人，今惟向在。四女：长适进士陈定，次适保义郎、新监信州在城酒税曹懋，次适进士李师说，次幼亡。

"木叔才器不群,而强于为善,执亲丧,寝处不离服舍,丘垅之念,终身不暂忘。奉己俭,居官廉,未尝敢妄取,见人有侈费而苟求者,每曰:'吾宁以俭啬贻讥,不欲以轻财邀誉。'洁白自将,始终不变,而于义甚急,故交有贫病而死者,为办其丧葬,而经纪其家,斯心岂独为一身计哉。属辞劲健,有笔力,年逾五十不衰,策名之后,复偕漕计,诗语尤工新,字画亦清遒可爱。喜交贤士大夫,游君诚之、吕君子约官于吾乡,木叔时请益焉,讲切精当,共图不朽,其中未可量也,而止于此,交游且深惜之,况同气之亲乎,诚可痛也。

"铭曰:是为吾弟之藏,匪为吾弟,抑友之良,失此三益,我心悲伤,曷其可忘。"注:鄞县诸志皆不载中第。

王澈 台州府宁海县人,南宋时登进士第。事迹无考。

李训伯《宋故进士汪公墓铭》:"女二人,适台州宁海进士王澈、黄垓。"注:是志撰于宋绍定二年(1229)。宁海诸志不载中第。

黄垓 台州府宁海县人,南宋时中进士第,事迹无考。

李训伯《宋故进士汪公墓铭》:"女二人,适台州宁海进士王澈、黄垓。"注:是志撰于宋绍定二年(1229)。宁海诸志不载中第。

叶铸 明州府奉化县人,南宋时登进士第,事迹无考。

黄垓《宋汪柔正谢柔立墓志》:"汪氏讳柔正,庆元奉化人。……女长适同邑进士叶铸。"按:是志撰于宋淳祐四年(1244)。注:奉化诸志不载中第。

杜邦彦 绍兴府余姚县人,南宋时登进士第。事迹无考。

注:其参与宋高宗绍兴年间两浙东路茶盐司公使库本《资治通鉴》校勘工作,见《中国国家图书馆藏宋版资治通鉴》(国家图书馆出版社 2012 年版)。

陆宭 绍兴府余姚县人,南宋时登进士第。事迹无考。

注:其参与宋高宗绍兴年间两浙东路茶盐司公使库本《资治通鉴》校勘工作,见《中国国家图书馆藏宋版资治通鉴》(国家图书馆出版社 2012 年版)。

顾大冶 绍兴府余姚县人,南宋时登进士第。事迹无考。

注:其参与宋高宗绍兴年间两浙东路茶盐司公使库本《资治通鉴》校勘工作,见《中国国家图书馆藏宋版资治通鉴》(国家图书馆出版社 2012 年版)。

吕克勤 绍兴府余姚县人,南宋时登进士第。事迹无考。

注:其参与宋高宗绍兴年间两浙东路茶盐司公使库本《资治通鉴》校勘工作,见《中国国家图书馆藏宋版资治通鉴》(国家图书馆出版社 2012 年

版）。

张彦衡　绍兴府余姚县人，南宋时登进士第。事迹无考。

注：其参与宋高宗绍兴年间两浙东路茶盐司公使库本《资治通鉴》校勘工作，见《中国国家图书馆藏宋版资治通鉴》（国家图书馆出版社 2012 年版）。

宋国辅　绍兴府余姚县人，南宋时登进士第。事迹无考。

注：其参与宋高宗绍兴年间两浙东路茶盐司公使库本《资治通鉴》校勘工作，见《中国国家图书馆藏宋版资治通鉴》（国家图书馆出版社 2012 年版）。

杜绂　绍兴府余姚县人，南宋时登进士第。事迹无考。

注：其参与宋高宗绍兴年间两浙东路茶盐司公使库本《资治通鉴》校勘工作，见《中国国家图书馆藏宋版资治通鉴》（国家图书馆出版社 2012 年版）。

孙彬　绍兴府余姚县人，南宋时登进士第。事迹无考。

注：其参与宋高宗绍兴年间两浙东路茶盐司公使库本《资治通鉴》校勘工作，见《中国国家图书馆藏宋版资治通鉴》（国家图书馆出版社 2012 年版）。

马纬　绍兴府余姚人，宋代官吏，进士。历仕河南洛阳令、婺州通判、明州同知。

马纬

像取自 1929 年修《浙江上虞干渡马氏宗谱》

董天定 绍兴府余姚人，元代官吏，大德乙巳进士。仕至广州府知府、中宪大夫。

董天定

像取自 1928 年修《浙江余姚云楼董氏宗谱》

邵丙 绍兴府余姚人，南宋时登进士第。历仕潜县知县、川蜀湖襄宣抚使。

邵丙

像取自清代修《浙江余姚邵氏宗谱》

　　孙秉中　绍兴府余姚人。登端平二年进士第。历仕昆山知县、思明府尹、大理寺少卿。

孙秉中
像取自清代修《浙江余姚孙氏宗谱》

　　孙嶒叟　绍兴府余姚人。登淳祐四年进士第。历仕翰林编修、学士。

孙嶒叟
像取自清代修《浙江余姚孙氏宗谱》

孙仁则　绍兴府余姚人。登淳祐七年进士第。历官监察御史、工部右侍郎、礼部右侍郎兼御史左丞,掌台谏事。

孙仁则
像取自清代修《浙江余姚孙氏宗谱》

孙山甫　绍兴府余姚人。登淳祐四年进士第。官至龙图阁大学士。

孙山甫
像取自 1932 年修《浙江余姚孙氏宗谱》

孙师龙 绍兴府余姚人。登宝庆二年明经进士第。历仕慈利县尹、广信府致政。

孙师龙
像取自清代修《浙江余姚孙氏宗谱》

孙松年 绍兴府余姚人。登隆兴二年明经进士第。仕至国子助教。

孙松年
像取自清代修《浙江余姚孙氏宗谱》

孙之潜　绍兴府余姚人。登开禧二年进士第。历仕滁州丞判、扬州太守。

孙之潜

像取自清代修《浙江余姚孙氏宗谱》

孙直大　绍兴府余姚人。登端平二年进士第。历仕昆山知县、思明府尹、大理寺少卿。

孙直大

像取自 1932 年修《浙江余姚孙氏宗谱》

孙革　绍兴府余姚人。咸淳进士。仕至奉议大夫。

孙革
像取自清代修《浙江余姚孙氏宗谱》

孙祖祐　绍兴府余姚人。登嘉定十三年进士第。历仕监华州西岳庙武学博士、通直郎。

虞韶　绍兴府余姚人。登咸淳元年进士第。仕至温州教授。

虞韶
像取自清光绪修《浙江诸暨虞氏宗谱》

沈恒　原籍沈丘(今属河南)人,迁居慈溪(今属浙江)。登建炎二年进士第。历仕太常寺博士、太府卿、乾道朝奉大夫。

沈恒
像取自 1913 年修《浙江慈溪师桥沈氏宗谱》

吴思　原籍吴江(今属江苏)人,迁居奉化(今属浙江)。南宋学者,进士。

吴思
像取自清代修《浙江奉化吴氏宗谱》

赵时溁(1225—?)　字平仲,小名时宝,小字君玉。南宋宗室,寄居绍兴府余姚县。治《尚书》。年三十二岁,登宝祐四年(1256)一甲第二十名进士。

参考文献

[1] （宋）晁补之.鸡肋集.台北:台湾商务印书馆,1986 年影印文渊阁《四库全书》本.

[2] （宋）陈傅良.淳熙三山志.宋元方志丛刊.北京:中华书局,1990 年影印本.

[3] （宋）陈公亮等.淳熙严州图经.续修《四库全书》.上海:上海古籍出版社,1996.

[4] （宋）陈骙.张富祥等点校.南宋馆阁录.北京:中华书局,1998.

[5] （宋）陈骙.张富祥等点校.南宋馆阁续录.北京:中华书局,1998.

[6] （宋）陈耆卿等.嘉定赤城志.宋元方志丛刊.北京:中华书局,1990 年影印本.

[7] （宋）陈世崇.随隐漫录.台北:台湾商务印书馆,1986 年影印本.

[8] （宋）陈严肖.庚溪诗话.丛书集成初编.北京:中华书局,1985.

[9] （宋）陈振孙撰.徐小蛮等点校.直斋书录解题.上海:上海古籍出版社,2015.

[10] （宋）程珌.洺水集.宋集珍本丛刊.北京:线装书局,2004 年影印本.

[11] （宋）程俱.北山小集.宋集珍本丛刊.北京:线装书局,2004 年影印本.

[12] （宋）戴栩.浣川集.台北:台湾商务印书馆,1986 年影印文渊阁《四库全书》本.

[13] （宋）董史.皇宋书录.丛书集成初编.北京:中华书局,1985.

[14] （宋）范成大等.陆振从点校.吴郡志.江苏地方文献丛书.南京:江苏古籍出版社,1986.

[15] (宋)范纯仁.范忠宣公文集.宋集珍本丛刊.北京:线装书局,2004 年影印本.

[16] (宋)丰稷.丰清敏公遗书.四明丛书.扬州:广陵书社,2006 年影印本.

[17] (宋)高似孙著.王群栗点校.高似孙集.浙江文丛.杭州:浙江古籍出版社,2015.

[18] (宋)葛立方.归愚集.丛书集成续编.上海:上海书店出版社,1994 年影印本.

[19] (宋)韩元吉.南涧甲乙稿.丛书集成初编.北京:中华书局,1985.

[20] (宋)洪迈著.何卓点校.夷坚志.古体小说丛刊.北京:中华书局,2006.

[21] (宋)洪咨夔.平斋文集.丛书集成续编.上海:上海书店出版社,1985 年影印本.

[22] (宋)胡榘等.宝庆四明志.宋元方志丛刊.北京:中华书局,1990 年影印本.

[23] (宋)胡宿.文恭集.丛书集成初编.北京:中华书局,1985.

[24] (宋)黄震著.何忠礼等整理.黄氏日钞.黄震全集,杭州:浙江大学出版社,2013.

[25] (宋)孔平仲.孔氏谈苑.丛书集成初编.北京:中华书局,1985.

[26] (宋)李光.庄简集.宋集珍本丛刊.北京:线装书局,2004 年影印本.

[27] (宋)李俊甫.莆阳比事.续修《四库全书》.上海:上海古籍出版社,1996 年影印本.

[28] (宋)李焘.续资治通鉴长编.北京:中华书局,1985.

[29] (宋)刘攽.彭城集.丛书集成初编.北京:中华书局,1985.

[30] (宋)刘敞.公是集.丛书集成初编.北京:中华书局,1985.

[31] (宋)刘克庄.后村集.台北:台湾商务印书馆,1986 年影印文渊阁《四库全书》本.

[32] (宋)刘一止.苕溪集.台北:台湾商务印书馆,1986 年影印文渊阁《四库全书》本.

[33] (宋)刘宰.京口耆旧传.丛书集成初编.北京:中华书局,1991 年影印本.

[34] (宋)刘宰.漫塘文集.嘉业堂丛书.北京:文物出版社,1982 年影印本.

[35] (宋)楼钥.攻媿集.丛书集成初编.北京:中华书局,1985.

[36] (宋)楼钥著.顾大朋点校.楼钥集.浙江文丛.杭州:浙江古籍出版社,2010.

［37］（宋）陆九渊.象山先生全集.四部丛刊.上海：上海书店出版社,1984 年影印本.

［38］（宋）陆游.渭南文集.四部丛刊.上海：上海书店出版社,1984 年影印本.

［39］（宋）陆游著.李剑雄等点校.老学庵笔记.历代史料笔记丛刊.北京：中华书局,1979.

［40］（宋）罗愿等.淳熙新安志.宋元方志丛刊.北京：中华书局,1990 年影印本.

［41］（宋）吕祖谦著.黄灵庚等主编.吕祖谦全集.上海：上海古籍出版社,2008.

［42］（宋）米芾.宝晋英光集.丛书集成初编.北京：中华书局,1985.

［43］（宋）慕容彦逢.摛文堂集.台北：台湾商务印书馆,1986 年影印文渊阁《四库全书》本.

［44］（宋）欧阳守道.巽斋文集.台北：台湾商务印书馆,1986 年影印文渊阁《四库全书》本.

［45］（宋）欧阳修.欧阳文忠公集.四部丛刊.上海：上海书店出版社,1984 年影印本.

［46］（宋）潜说友等.咸淳临安志,中国方志丛书.台北：成文出版社有限公司,1970 年影印本.

［47］（宋）樵川樵叟.庆元党禁.丛书集成初编.北京：中华书局,1985.

［48］（宋）秦观著.徐培均等注.淮海集笺注,中国古典文学丛书.上海：上海古籍出版社,2000 年.

［49］（宋）沈遘.西溪集.台北：台湾商务印书馆,1986 年影印文渊阁《四库全书》本.

［50］（宋）沈括.长兴集.台北：台湾商务印书馆,1986 年影印文渊阁《四库全书》本.

［51］（宋）施宿等.嘉泰会稽志.宋元方志丛刊.北京：中华书局,1990 年影印本.

［52］（宋）史浩.鄮峰真隐漫录.台北：台湾商务印书馆,1986 年影印文渊阁《四库全书》本.

［53］（宋）史能之.咸淳临安志,宋元方志丛刊.北京：中华书局,1990 年影印本.

［54］（宋）释道灿.柳塘外集.台北：台湾商务印书馆,1986 年影印文渊阁《四

库全书》本.

[55] (宋)释志磐.佛祖统纪.续修《四库全书》.上海:上海古籍出版社,1995.

[56] (宋)舒璘等.舒文靖公类稿.四明丛书.扬州:广陵书社,2006 年影印本.

[57] (宋)舒岳祥.阆风集.嘉业堂丛书.北京:文物出版社,1982 年影印本.

[58] (宋)苏轼.东坡外制集.四部丛刊.上海:上海书店出版社,1984 年影印本.

[59] (宋)苏轼著.曾枣庄等点校.栾城集.中国古典文学丛书.上海:上海古籍出版社,1987.

[60] (宋)苏辙著.陈宏天等点校.苏辙集.中国古典文学基本丛书.北京:中华书局,1990.

[61] (宋)孙觌.鸿庆居士集.台北:台湾商务印书馆,1986 年影印文渊阁《四库全书》本.

[62] (宋)孙应时等,(元)卢镇.重修琴川志.宋元方志丛刊.北京:中华书局,1990 年影印本.

[63] (宋)谈钥.嘉泰吴兴志.中国方志丛书.台北:成文出版社有限公司,1983 年影印本.

[64] (宋)唐士耻.灵岩集.丛书集成初编.北京:中华书局,1985.

[65] (宋)王安石著.唐武校.王文公文集.上海:上海人民出版社,1974.

[66] (宋)王称.东都事略.宋代传记资料丛刊.北京:北京图书馆出版社,2006 年影印本.

[67] (宋)王得臣著.俞宗宪等点校.尘史.宋元笔记小说大观.上海:上海古籍出版社,2001.

[68] (宋)王明清.挥麈录.历代笔记丛刊.上海:上海书店出版社,2009.

[69] (宋)王十朋.梅溪前集.台北:台湾商务印书馆,1986 年影印文渊阁《四库全书》本.

[70] (宋)王象之著.赵一生点校.舆地纪胜.浙江文丛.杭州:浙江古籍出版社,2012.

[71] (宋)王洋.东牟集.台北:台湾商务印书馆,1986 年影印文渊阁《四库全书》本.

[72] (宋)王应麟.深宁文钞.四明丛书.扬州:广陵书社,2006 年影印本.

[73] (宋)魏了翁.鹤山全集.台北:台湾商务印书馆,1986 年影印文渊阁《四库全书》本.

[74]（宋）魏了翁撰.张京华校点.渠阳集.湖湘文库.长沙:岳麓书社,2012.

[75]（宋）魏泰撰.李裕民点校.东轩笔录.历代史料笔记丛刊.北京:中华书局,1983.

[76]（宋）吴泳.鹤林集.台北:台湾商务印书馆,1986年影印文渊阁《四库全书》本.

[77]（宋）许应龙.东涧集.台北:台湾商务印书馆,1986年影印文渊阁《四库全书》本.

[78]（宋）杨简.慈湖先生遗书.四明丛书.扬州:广陵书社,2006年影印本.

[79]（宋）杨潜.绍熙云间志.宋元方志丛刊.北京:中华书局,1990年影印本.

[80]（宋）杨万里.淳熙荐士录.丛书集成初编.北京:中华书局,1985.

[81]（宋）杨万里撰.王琦珍整理.杨万里诗文集.南昌:江西人民出版社,2003.

[82]（宋）杨仲良撰.李之亮点校.皇宋通鉴长编纪事本末.哈尔滨:黑龙江人民出版社,2006.

[83]（宋）叶适著.刘公纯等点校.叶适集.北京:中华书局,1961.

[84]（宋）佚名.皇宋中兴两朝圣政.四部丛刊.上海:上海书店出版社,1984.

[85]（宋）佚名.绍兴十八年同名小录.台北:台湾商务印书馆.1986年影印文渊阁《四库全书》本.

[86]（宋）佚名.宋中兴东宫官僚题名.续修《四库全书》.上海:上海古籍出版社,1995.

[87]（宋）佚名.宋中兴官僚题名.续修《四库全书》.上海:上海古籍出版社,1995.

[88]（宋）尹焞.和靖集.丛书集成初编.北京:中华书局,1985.

[89]（宋）俞文豹.吹剑录.笔记小说大观.扬州:广陵书社,1983年影印本.

[90]（宋）袁甫.蒙斋集.丛书集成初编.北京:中华书局,1985.

[91]（宋）袁燮.絜斋集.丛书集成初编.北京:中华书局,1985.

[92]（宋）翟汝文.忠惠集.台北:台湾商务印书馆,1986年影印文渊阁《四库全书》本.

[93]（宋）张淏等.宝庆会稽续志.宋元方志丛刊.北京:中华书局,1990.

[94]（宋）张津等.乾道四明图经.宋元方志丛刊.北京:中华书局,1990年影印本.

[95]（宋）张扩.东窗集.台北:台湾商务印书馆,1986年影印文渊阁《四库全

书》本.

[96] （宋）张嵲. 紫微集. 台北：台湾商务印书馆，1986 年影印文渊阁《四库全书》本.

[97] （宋）张师正撰. 李裕民等点校. 倦游杂录. 上海：上海古籍出版社，2012.

[98] （宋）张守. 毗陵集. 丛书集成初编. 北京：中华书局，1985.

[99] （宋）赵敦临. 竹轩杂著. 宋集珍本丛刊. 北京：线装书局，2004 年影印本.

[100] （宋）郑虎臣. 吴都文粹. 台北：台湾商务印书馆，1986 年影印文渊阁《四库全书》本.

[101] （宋）周必大. 庐陵周益国文忠公集. 宋集珍本丛刊. 北京：线装书局，2004 年影印本.

[102] （宋）周行己著. 周梦江笺校. 周行己集. 温州文献丛书. 上海：上海社会科学院出版社，2002.

[103] （宋）周麟之. 海陵集. 台北：台湾商务印书馆，1986 年影印文渊阁《四库全书》本.

[104] （宋）周密撰. 王根林点校. 癸辛杂识. 历代笔记小说大观. 上海：上海古籍出版社，2012.

[105] （宋）周密撰. 张茂鹏点校. 齐东野语. 唐宋笔记史料丛刊. 北京：中华书局，1983.

[106] （宋）朱熹. 晦庵朱文公文集. 四部丛刊. 上海：上海书店出版社，1984 年影印本.

[107] （宋）朱熹. 伊洛渊源录. 丛书集成初编. 北京：中华书局，1985.

[108] （宋）朱长文. 乐圃余稿. 台北：台湾商务印书馆，1986 年影印文渊阁《四库全书》本.

[109] （宋）朱长文. 吴郡图经续记. 丛书集成初编. 北京：中华书局，1985.

[110] （宋）邹浩. 道乡先生邹忠公文集. 宋集珍本丛刊. 北京：线装书局，2004 年影印本.

[111] （元）岑安卿. 栲栳山人集. 台北：台湾商务印书馆，1986 年影印本.

[112] （元）程端礼. 畏斋集. 四明丛书. 扬州：广陵书社，2006 年影印本.

[113] （元）戴良. 九灵山房集. 丛书集成初编. 北京：中华书局，1985.

[114] （元）冯福京等. 大德昌国州图志. 宋元方志丛刊. 北京：中华书局，1990 年影印本.

[115] （元）黄溍撰. 王颋点校. 黄溍全集. 天津：天津古籍出版社，2008.

[116] (元)孔齐. 至正直记. 丛书集成初编. 北京：中华书局，1991 年.

[117] (元)刘埙. 水云存稿. 台北：台湾商务印书馆，1986 年影印文渊阁《四库全书》本.

[118] (元)马泽等. 延祐四明志. 宋元方志丛刊. 北京：中华书局，1990 年影印本.

[119] (元)欧阳玄著. 汤锐点校. 欧阳玄全集. 成都：四川大学出版社，2010.

[120] (元)任士林. 松乡集. 台北：台湾商务印书馆，1986 年影印本文渊阁《四库全书》本.

[121] (元)脱脱等. 宋史. 北京：中华书局，1985.

[122] (元)王元恭等. 至正四明续志. 宋元方志丛刊. 北京：中华书局，1990 年影印本.

[123] (元)吴莱. 渊颖集. 丛书集成初编. 北京：中华书局，1985.

[124] (元)吴师道撰. 邱居里等点校. 吴师道集，浙江文丛. 浙江古籍出版社，2012.

[125] (元)夏文彦. 图事绘理. 台北：台湾商务印书馆，1986 年影印文渊阁《四库全书》本.

[126] (元)俞希鲁. 至顺镇江志，宋元方志丛刊. 北京：中华书局，1990 年影印本.

[127] (元)袁桷. 清容居士集. 丛书集成初编. 北京：中华书局，1985.

[128] (明)陈相等. 弘治赤城新志，四库全书存目丛书. 济南：齐鲁书社，1997 年影印本.

[129] (明)何乔远著. 厦门大学古籍整理研究所等点校. 闽书，八闽文献丛刊. 福州：福建人民出版社，1995.

[130] (明)黄仲昭等修纂福建图书馆特藏部等整理. 八闽通志，福建地方志丛刊. 福州：福建人民出版社，1990.

[131] (明)解缙等. 永乐大典. 北京：中华书局，1960.

[132] (明)李存信等. 万历泰州志，泰州文献. 南京：凤凰出版社，2014.

[133] (明)陆应锡等. 万历重修象山县志，中国方志丛书. 台北：成文出版社有限公司，1983 年影印本.

[134] (明)彭泽等. 弘治徽州府志，天一阁藏明代方志选刊. 上海：上海书店出版社，2014 年影印本.

[135] (明)钱谷. 吴都文粹续集. 台北：台湾商务印书馆，1986 年影印文渊阁《四库全书》本.

[136] (明)钱谷.吴都文粹续集.台北:台湾商务印书馆,1986年影印文渊阁《四库全书》本.

[137] (明)钱士升.南宋书.四库全书存目丛书.济南:齐鲁书社,1997年影印本.

[138] (明)宋奎光等.崇祯宁海县志,中国方志丛书.台北:成文出版社有限公司,1983年影印本.

[139] (明)宋濂等.元史.北京:中华书局,1976.

[140] (明)汤宾尹.宣城右集.明天启刻本.

[141] (明)王茂德等.万历金华府志.《四库全书》存目丛书.济南:齐鲁书社,1997年影印本.

[142] (明)夏良胜等.正德建昌府志.天一阁藏明代方志选刊.上海:上海书店出版社,2014年影印本.

[143] (明)夏玉麟等.嘉靖建宁府志.天一阁藏明代方志选刊.上海:上海书店出版社,2014.

[144] (明)萧良干等.万历绍兴府志,中国方志丛书.台北:成文出版社有限公司,1983年影印本.

[145] (明)徐象梅.两浙名贤录,浙江文丛.杭州:浙江古籍出版社,2012年影印本.

[146] (明)杨慎编.刘琳等点校.全蜀艺文志.四川师范大学巴蜀文化研究中心学术丛书.北京:线装书局,2003.

[147] (明)姚宗文等.天启慈溪县志.中国方志丛书.台北:成文出版社有限公司,1983年影印本.

[148] (明)尹直.南宋名臣言行录.《四库全书》存目丛书.济南:齐鲁书社1997年影印本

[149] (明)张时彻等.嘉靖定海县志.中国方志丛书.台北:成文出版社有限公司,1983年影印本.

[150] (明)张时彻等.嘉靖宁波府志.明代宁波府志.宁波:宁波出版社,2013年影印本.

[151] (明)张瓒等.成化四明郡志.明代宁波府志.宁波:宁波出版社,2013年影印本.

[152] (明)郑岳.莆阳文献列传.《四库全书》存目丛书.济南:齐鲁书社,1997年影印本.

[153] (明)朱存理.珊瑚木难.台北:台湾商务印书馆,1986年影印文渊阁

《四库全书》本.

[154] (明)朱希召.宋历科状元录,北京图书馆古籍珍本丛刊.北京:北京图书馆出版社,2000 年影印本.

[155] (清)曹秉仁等.雍正宁波府志.清代宁波府志.宁波:宁波出版社,2014年影印本.

[156] (清)曹抡彬等.雍正处州府志.清雍正十一年刻本.

[157] (清)陈梦雷等.古今图书集成.成都:巴蜀书社,1987 年影印本.

[158] (清)程维伊.康熙庆元县志.清康熙十一年刻本.

[159] (清)褚人获.坚瓠集,历代笔记小说大观.上海:上海古籍出版社,2012.

[160] (清)戴枚等.同治鄞县志(光绪鄞县志).杭州:浙江古籍出版社,2015年影印本.

[161] (清)杜春生.越中金石记,石刻史料新编.台北:新文丰出版公司,1979年影印本.

[162] (清)冯可镛等.光绪慈溪县志,中国方志丛书.台北:成文出版社有限公司,1975 年影印本.

[163] (清)高宇泰著.敬止录.杭州:杭州古旧书店,1983 年影印本.

[164] (清)何乃容等.光绪缙云县志.中国地方志集成.上海:上海书店出版社,1993 年版影印本.

[165] (清)侯元棐等.康熙德清县志.清康熙十二年抄本.

[166] (清)黄瑞.台州金石录.嘉业堂丛书.北京:文物出版社,1982 年影印本.

[167] (清)黄宗羲等.宋元学案.黄宗羲全集.杭州:浙江古籍出版社,2005 年.

[168] (清)嵇曾筠.浙江通志.台北:台湾商务印书馆,1986 年影印文渊阁《四库全书》本.

[169] (清)李前泮等.光绪奉化县志,中国方志丛书.台北:成文出版社有限公司,1975 年影印本.

[170] (清)李琬等.乾隆温州府志.中国地方志集成.上海:上海书店出版社,1993 年影印本.

[171] (清)厉鹗.宋诗纪事.上海:上海古籍出版社,1983.

[172] (清)卢元其等.福建地方志编纂委员会整理.乾隆宁德县志.福建旧方志丛书.厦门:厦门大学出版社,2012.

［173］（清）陆心源.宋诗纪事补遗.太原：山西古籍出版社,1997.

［174］（清）潘绍诒等.光绪处州府志.中国方志丛书.台北：成文出版社有限公司,1974年影印本.

［175］（清）钱大昕.元史氏族表.二十五史补编.北京：中华书局,1956.

［176］（清）全祖望.鲒埼亭集.全祖望集汇校集注.上海：上海古籍出版社,2000.

［177］（清）全祖望.全祖望集汇校集注.上海：上海古籍出版社,2000.

［178］（清）邵友濂等.光绪余姚县志.中国方志丛书.台北：成文出版社有限公司,1983年影印本.

［179］（清）史鸣皋等.乾隆象山县志.中国方志丛书.台北：成文出版社有限公司,1983年影印本.

［180］（清）史树骏等.康熙肇庆府志.清康熙十二年刻本.

［181］（清）苏遇龙等.乾隆龙泉县志.中国方志丛书.台北：成文出版社有限公司,1984年影印本.

［182］（清）万斯同.宋季忠义录.四明丛书.扬州：广陵书社,2006年影印本.

［183］（清）王昶.金石萃编.北京：中国书店,1985年影印本.

［184］（清）王瑞成等.光绪宁海县志.中国方志丛书.台北：成文出版社有限公司,1983年影印本.

［185］（清）王梓材等.宋元学案补遗.四明丛书.扬州：广陵书社,2006年影印本.

［186］（清）谢启昆.粤西金石略.历代碑志丛书.南京：江苏古籍出版社,1998年影印本.

［187］（清）徐时栋.四明六志校勘记.宁波历史文献丛书.宁波：宁波出版社,2011年影印本.

［188］（清）徐松辑,刘琳点校.宋会要辑稿.上海：上海古籍出版社,2014.

［189］（清）严正身等.乾隆桐庐县志.中国地方志集成.上海：上海书店出版社,2011.

［190］（清）阎肇焜等.嘉庆县志.清嘉庆二十五年刻本.

［191］（清）余怀.东山谈苑.笔记小说大观.扬州：广陵书社,1983年影印本.

［192］（清）袁钧.四明诗萃.清末董沛六一山房抄本.

［193］（清）战孝曾等.乾隆海宁州志.中国方志丛书.台北：成文出版社有限公司,1985年影印本.

［194］（清）赵良生等.康熙武平县志.民国十九年铅印本.

［195］（清）郑禄勋等.康熙仙居县志.清康熙十九年刻本.

［196］（清）庄仲芳.南宋文范.清光绪十四年江苏书局刻本.

［197］佚名.万历新修余姚县志.中国方志丛书.台北:成文出版社有限公司,
　　　　1983年影印本.

［198］昌彼得,王德毅等.宋人传记资料索引.北京:中华书局,1988.

［199］陈隆瀍等.四明仓基陈氏宗谱.民国二十三年(1934)遗忠堂木活字本.

［200］陈训正等.民国定海县志.中国方志丛书.台北:成文出版社有限公司,
　　　　1970年影印本.

［201］方诗铭.中国历史纪年表.上海:上海书店出版社,2013.

［202］傅璇琮,龚延明等.宋登科记考.南京:江苏教育出版社,2009.

［203］傅璇琮等.全宋诗.北京:北京大学出版社,1993.

［204］傅璇琮等.唐才子传校笺.北京:中华书局,1987.

［205］傅璇琮等.中国古籍总目.上海:上海古籍出版社,2012.

［206］龚延明.宋代官制辞典.北京:中华书局,1997.

［207］龚延明等.鄞县进士录.杭州:浙江古籍出版社,2010.

［208］洪焕椿.浙江方志考.杭州:浙江人民出版社,1984.

［209］李国玲.宋人传记资料索引补编.成都:四川大学出版社,1994.

［210］李修生等.全元文.南京:江苏古籍出版社,1999.

［211］马曙明等.临海墓志集录.北京:宗教文化出版社,2002.

［212］宋慈抱等.两浙著述考.杭州:浙江人民出版社,1985.

［213］唐圭璋等.全宋词.北京:中华书局,1999.

［214］王德毅.元人传记资料索引.北京:中华书局,1987.

［215］魏嵩山.中国历史地名大辞典.广州:广东教育出版社,1995.

［216］曾枣庄等.全宋文.上海:上海辞书出版社,2006.

［217］张忱石等.二十四史纪传人名索引.北京:中华书局,1980.

［218］张传保等.民国鄞县通志.宁波:宁波出版社,2006年影印本.

［219］章国庆.宁波历代碑碣墓志汇编·唐五代宋元卷.上海:上海古籍出版
　　　　社,2012.

［220］章国庆.天一阁明州碑林集录.上海:上海古籍出版社,2008.

进士人名索引

五画

九画

十画

后 记

　　经过三年半的搜集、整理和编纂,《宁波登科录·宋元卷》的初稿终于摆在案头上,看看初稿旁放置的摞摞参考资料,如《宋会要》、《宋诗纪事》、《宋诗纪事补遗》、《宋元学案》、《宋元学案补遗》、《宁波历代碑碣墓志汇编·唐五代宋元卷》、《宋登科记考》、《宁波市志》、《鄞县通志》、《宁波市教育志》、《宋登科记考》、《甬城现存历代碑碣志》,终于有了一点"书山有路勤为径"的感觉。尽管已有学者从《嘉靖〈浙江通志〉》摘录各区县市的进士名录,但是缺乏详细考证,存在讹误。因此,我们在已有的宁波进士录成果基础上,从三个方面拾漏补遗,引据原典。第一,撷取距进士生活年代较近的各种文献,尽量做到原典考据;第二,辑选相关金石资料,尽量做到全面考证;第三,增添进士人物图像,尽量做到图文互补。经过我们的艰辛工作,阅遍数百卷册文献,检索几万次数据库,本书如期达到了研究目标,形成集学术性、参考性和普及性的文献专著。

　　没出书之前想出书,因为是把事情想得太简单;现在有条件出书了,又感觉写书爬格子是一个多么艰辛和孤独的旅程。经历过才能体会到做个基层学人,也要流下很多汗水,经历过才能领悟到做个文化人,要付出多少精力。毕竟走过来了,回头望望,坑坑洼洼的脚印,却也能幸福满满。在这个浮躁的世界,能通过该书获得心灵上的安宁,也就是笔者最大收获。

　　本书编写过程中,鄞州区地方志办公室包柱红研究员提供了大量进士的原始资料和线索,为研究提供了诸多便利;陈英浩先生在部分进士的考证、增补上倾力襄助,出力甚巨,在此特别感谢。就这本书而言,如果没有龚延明老师等学界前辈的研究成果,如果没有徐益波、贺宇红等馆领导鼎力支持,如果没有家人全力支持,能够使我有更多闲暇时间来笔耕不辍,最后肯定就不会有这个婴儿的呱呱落地。当然,本书在 2013 年 12 月被立项为宁波市文化研究工程后,在图书出版经费上更是得到宁波市社会科学院大力支持,尤其科研管理处王仕龙老师为本书编写提供很多方便,否则本书出版不会有如此顺利。浙江大学出版社张小苹老师,对本书的出版,提出许多宝贵意见和建议,在此要特别感谢。最后,我还要深深感谢我的家人,没有他们在生活上的悉心照料,我也不可能顺利完成这项艰苦工作,他们是我笃笃前行的最大动力源泉。

　　因宋元资料较少,同时笔者学术能力有限,本书即便面世,也仍然会存在瑕疵,望广大读者能提出宝贵意见,以使此书更趋完善。本书还有参考诸多宋元史学家的研究资料,尽管笔者已经尽量列出,但难免会有所遗漏,还望各位专家学者谅解和指正。

笔　者

2015 年 12 月 30 日

图书在版编目(CIP)数据

宁波科举录·宋元卷 / 万湘容编. —杭州:浙江
大学出版社,2017.12
ISBN 978-7-308-17460-2

Ⅰ.①宁… Ⅱ.①万… Ⅲ.①进士－人名录－宁波－
宋元时期 Ⅳ.①K827＝2

中国版本图书馆 CIP 数据核字(2017)第 239999 号

宁波科举录·宋元卷

万湘容　编

责任编辑	张小苹
责任校对	杨利军　田程雨
封面设计	木　夕
出版发行	浙江大学出版社
	(杭州市天目山路 148 号　邮政编码 310007)
	(网址:http://www.zjupress.com)
排　　版	浙江时代出版服务有限公司
印　　刷	浙江印刷集团有限公司
开　　本	710mm×1000mm　1/16
印　　张	37
字　　数	645 千
版 印 次	2017 年 12 月第 1 版　2017 年 12 月第 1 次印刷
书　　号	ISBN 978-7-308-17460-2
定　　价	99.00 元